2013
山东地税年鉴

SHANDONG LOCAL TAXATION YEARBOOK

张洪军　主编

中国税务出版社

图书在版编目（CIP）数据

山东地税年鉴.2013 / 张洪军主编. -- 北京：中国税务出版社，2014.1

ISBN 978-7-5678-0032-8

Ⅰ.①山… Ⅱ.①山… Ⅲ.①地方税收—山东省—2013—年鉴 Ⅳ.F812.752.042-54

中国版本图书馆CIP数据核字（2013）第309337号

书　　名：山东地税年鉴（2013）
作　　者：张洪军　主编
责任编辑：陈金艳
责任校对：于　玲
技术设计：刘冬珂
出版发行：中国税务出版社
北京市西城区木樨地北里甲11号（国宏大厦B座）
邮编：100038
http: //www.taxation.cn
E-mail: swcb@taxation.cn
发行中心电话：(010) 63908889 / 90 / 91
邮购直销电话：(010) 63908837　传真：(010) 63908835
经　　销：各地新华书店
印　　刷：北京联兴盛业印刷股份有限公司
规　　格：787×1092毫米　1/16
印　　张：32.75　　彩插　3.25印张
字　　数：605000字
版　　次：2013年12月第1版　2013年12月第1次印刷
书　　号：ISBN 978-7-5678-0032-8
定　　价：260.00元

《山东地税年鉴（2013）》编辑委员会

编辑出版人员

▲2012 年 1 月 11—12 日，山东省地方税务工作会议在济南召开。会议的主要任务是深入学习贯彻中央、山东省一系列的重要会议精神，总结 2011 年全省地税工作情况，表彰先进，研究部署 2012 年全省地税工作任务和措施。要求按照“依法治税、从严带队、科学管理、共建和谐”的基本要求，继续推进“提高收入质量、防范执法风险和新一轮基层建设、干部素质提高”三个重点，大力加强地税系统党的建设和文化建设，深入开展反腐倡廉工作，全面落实税收保障措施，努力推动地税事业科学发展、安全运行，以优异成绩迎接党的十八大和山东省第十次党代会胜利召开

▲2012年1月11日，山东省地方税务局党组书记、局长宋文军在全省地方税务工作会议上作重要讲话，全面总结2011年工作，研究部署2012年工作

▲ 山东省地方税务局党组书记、局长张洪军

▲2012 年 2 月 16 日，山东省地方税务局巡视员吕凤强在全省地税稽查工作视频会议上讲话，要求充分认识稽查现代化建设的必要性和紧迫性，深刻理解稽查现代化建设的基本内涵并准确把握其发展方向，着力抓好税收检查、执法风险防范、信息化稽查和专业化稽查四项重点工作

▲2012 年 4 月 10 日，山东省地方税务局党组成员、副局长赵洪波在全省地税系统国际税务工作会议上，要求提高认识，明确思路，切实把握好国际税收发展的新机遇，突出重点，狠抓落实，扎实做好国际税务工作

▲ 山东省地方税务局党组成员、副局长韩奎祥

▲ 2012 年 1 月 12 日，山东省地方税务局党组成员、纪检组长、监察专员王莉莉在全省地方税务工作会议上指出，全省地税系统要以科学发展观为指导，坚持“标本兼治、综合治理、惩防并举、注重预防”的方针，以提高队伍抗风险能力、减少违法犯罪案件为目标，以廉政教育为基础，以文化建设为引领，以风险防控为重点，以行风建设为品牌，以信息技术为支撑，以责任追究为抓手，扎实推进符合山东地税党风廉政建设和反腐败工作体系

▲ 2012 年 5 月 28 日，山东省地方税务局党组成员、副局长李功在全省地税系统基层经费保障机制建设座谈会上就基层经费保障及财务管理工作作重要讲话，要求强化财经纪律观念，严格执行财经法规制度，同时要强化监督检查，积极化解财务风险

◀ 2012 年 8 月 1 日，山东省地方税务局党组成员、副局长郭凤晓在省局党组理论学习中心组读书会上讲话，要求顺应征管改革发展趋势，围绕提高收入质量、防范执法风险，利用基层建设和干部素质提高的成果，扎实推进现代税收征管体系建设，促进地税事业又好又快发展。

◀ 山东省地方税务局副巡视员杨殿国

▲ 2012 年 6 月 29 日，山东省地方税务局副巡视员李亚在全省纳税服务工作会议上，对当前纳税服务工作面临的形势进行深入分析，并强调要进一步提升纳税服务理念，加强和规范办税服务厅管理，全面深入做好各项纳税服务工作，促进全省地税工作科学和谐发展

▲ 山东省地方税务局副巡视员马奎升

▲ 山东省地方税务局副巡视员于波

▲ 山东省地方税务局副巡视员杨丰仪

▲ 山东省地方税务局总会计师白洁

▲ 山东省地方税务局总经济师张荣琳

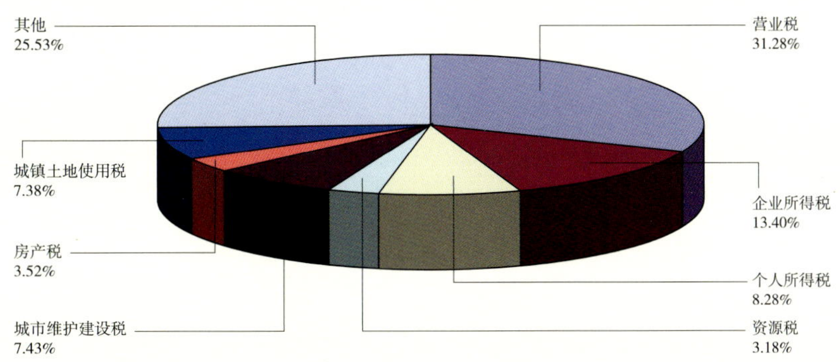

2012 年山东省地方税收收入分税种对比图

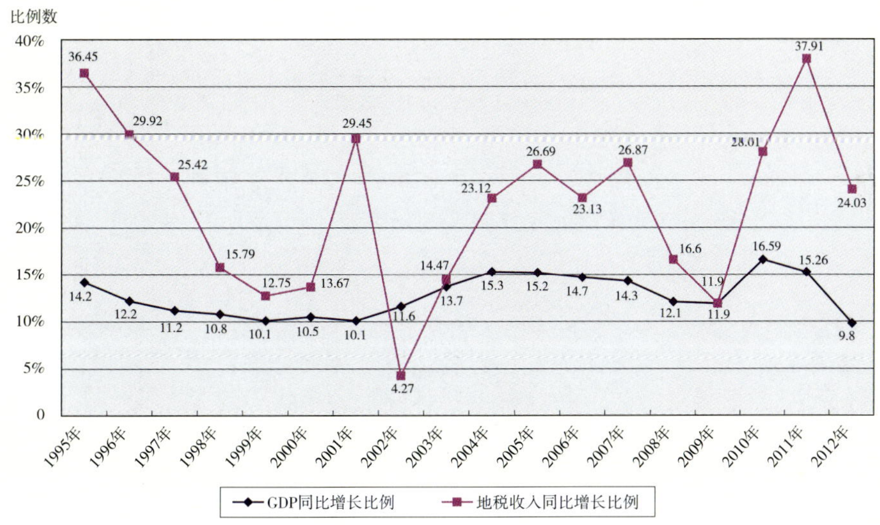

1995—2012 年山东省地方税收收入与国内生产总值（GDP）增长比例对比图

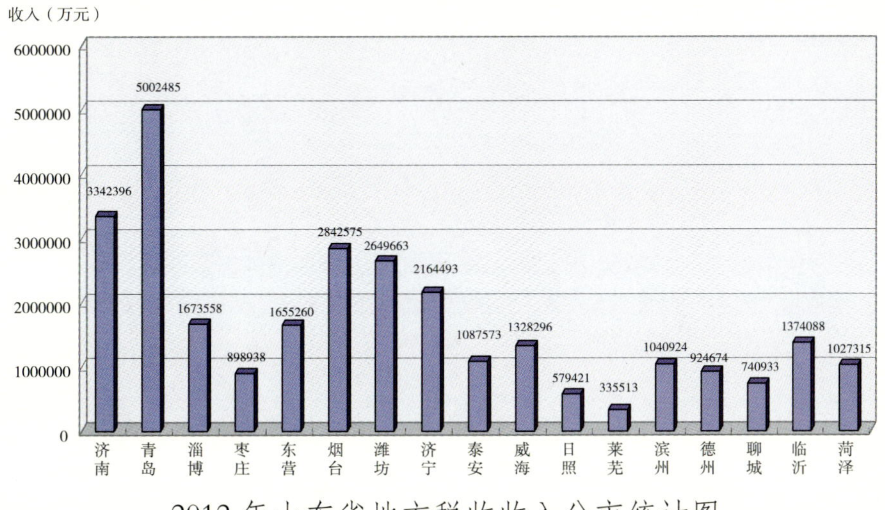

2012 年山东省地方税收收入分市统计图

编　辑　说　明

《山东地税年鉴》是山东省地方税务局组织编写的大型文献资料，记载山东省地税系统的主要工作，各级地税部门在贯彻落实税收法律法规、加强税收征收管理和队伍建设等方面所取得的重要成就，是社会各界了解山东地税情况，实施科学决策、查询获取地税信息资料的大型工具书。

《山东地税年鉴（2013）》主要收录2012年度山东地税系统大事要情，突出反映山东各级地税部门在税收管理、税收服务和队伍建设方面的新举措、新进展、新经验。本卷共分六篇：

第一篇　重要文献。主要收录山东省地税局领导的重要讲话及相关调研文章。

第二篇　全省地税工作。主要内容为全省地方税务工作综述、税收法治、营业税管理、企业所得税管理、个人所得税管理、财产行为税管理、土地房产税管理、国际税收管理、税收征收管理、税源管理、收入规划核算管理、财务管理、督察审计、人事管理、基层工作、纪检监察、税务稽查、重点企业税收管理、机关党建、信息化建设、纳税服务与社会综合治税、机关后勤服务等。

第三篇　各地地税工作。主要内容为各市、各县（市、区）的地税工作情况，包括经济概况、收入概况、工作概述等。

第四篇　统计资料。主要收录山东省各级地方税务机关组织税收收入、税收征管和计算机应用等方面的统计资料。

第五篇　机构和人员。主要收录山东省地方税务局处级以上领导名单、各市地税局领导成员名单以及全省地税系统机构和人员构成情况。

第六篇　附录。主要收录山东省地方税务局大事记、山东地税系统获得省厅级以上荣誉称号的先进单位情况。

《山东地税年鉴（2013）》的编辑出版得到了山东省地税局各处室、各市、县（市、区）地税局和中国税务出版社的大力支持，在此表示衷心的感谢！因水平所限，疏漏和不足在所难免，殷切希望广大读者批评指正。

目　录

第一篇　重要文献

第二篇　全省地税工作

第三篇　各地地税工作

第四篇　统计资料

第五篇　机构和人员

附　　录

第一篇　重要文献

在全省地税工作会议上的讲话

宋文军

（2012 年 1 月 11 日）

同志们：

这次全省地税工作会议，主要是深入学习贯彻中央、省一系列重要会议精神，总结去年的工作，研究部署今年工作任务。根据省局党组研究的意见，讲三个问题，供研究工作参考。

一、围绕中心，服务大局，2011 年全省地税工作取得明显成效

2011 年，是实施《山东地税“十二五”时期税收发展规划纲要》的第一年，在省委、省政府和国家税务总局的正确领导下，系统上下坚持以科学发展观为指导，按照“依法治税、从严带队、科学管理、共建和谐”的基本要求，强化措施，狠抓落实，各项工作都取得了明显成效。尤其令人振奋的是，在新一轮文明创建中，全系统 18 个创建主体有 14 个成为“全国文明单位”。省里几位主要领导都对我们的工作批示肯定。省人大专门听取了我们的工作汇报，省政府姜大明省长、孙伟副省长和省纪委李法泉书记专程到省局视察指导，对我们的工作给予了充分肯定。总结起来，主要有以下三个方面：

（一）充分发挥税收职能作用，服务经济社会发展取得新成效。紧紧围绕省委、省政府关于转方式调结构惠民生的一系列重大决策部署，积极开展经济税收分析研究，认真落实国家税收政策调整措施，大力支持“蓝黄”等重点区域带动战略以及现代服务业发展、战略性新兴产业培育、自主创新、节能减排和保障改善民生工程，较好地发挥了税收调控职能。扎实做好修改后的个人所得税法贯彻实施，减少中低收入者税收负担 21 亿元；严格落实小型微型企业税收优惠政策，认真做好高新技术企业、资源综合利用项目、转制文化企业的税收资格认定和政策落实，依法审核审批税收减免 50 亿元；落实原油资源税从价征收改革政策，12 月组织资源税收入 3.6 亿元，同比增长 9.8 倍；调整娱乐业营业税税率政策，惠及娱乐业纳税人近 5000 户；依法开展企业非核心业务剥离支持服务业发展，新成立企业 1280 户，实现营业收入 233.7 亿元，新增地税收入 14.33 亿元。强化非税收入管理，支持社会事业发展，全年征收文化事业建设费 2.5

亿元，增长 25.4%；征收地方教育费附加 54.94 亿元，增长 150%；代收残疾人就业保障金 5.7 亿元，增长 23.69%。据统计，2011 年，我省“蓝黄”两个经济区共完成地税收入 1120 亿元，占全省地税收入的 52.68%，同比提高 0.7 个百分点。地方级地税收入占地方财政收入的比重达到 57%，同比提高 5.8 个百分点。

（二）深入推进三项重点工作开展，地税事业发展根基更加巩固。总结税收工作发展的基本规律，关键在基层，根本在干部素质，最终目标是提高收入质量、防范执法风险。省局党组立足地税事业的长远发展，按照梯次推进、稳扎稳打、务求实效的原则，在 2010 年实施了新一轮基层建设，开展了干部素质提高工作，有效地振奋了精神，激发了活力，凝聚了力量。在此基础上，从 2011 年初开始调研，7 月党组理论学习中心组读书会作出部署，全力推进提高收入质量、防范执法风险工作。这三项重点工作涵盖了地税工作的基本方面，相互联系，相辅相成，相互促进，较好地贯彻了省局“十六字”基本要求的战略性安排，形成了保障地税事业科学发展、安全运行的完整体系。从实践情况看，各级特别是基层地税部门对三项重点工作的理解、认识和把握能力都有了新的提高，广大干部职工发挥聪明才智，锐意创新，积极作为，贯彻落实的积极性、主动性明显增强，各项工作成效逐步显现。

第一，新一轮基层建设工作深得人心。基层建设三年规划进展顺利，有些县（市、区）局提前一年完成了目标，基层普遍反映有感觉、有变化、有成效。一是基层集中办公整体效应逐步显现。全省有 80% 的县（市、区）局实现了集中办公，基层办公地点由原来的 850 个减少到 432 个，减少 49.18%。适应集中办公的新要求，统一规范了中心税务所标识形象，在人力资源优化、工作协调配合、征管流程改造等方面进行了有益探索。莱西市地税局实行“县域集中”后成立了“中心税务所联合党支部”，加强内部管理，取得很好效果。实践证明，基层集中办公适应了税收改革发展的大趋势，不仅改善了基层条件、节约了办公经费，而且有效地解放了生产力、充实了基层力量、提高了工作效率，为转变征管方式、推进税源专业化管理奠定了基础。二是基层经费保障能力有效提升。在 2010 年投入 3.87 亿元的基础上，去年又投入 1.97 亿元，其中省局投入 1.01 亿元。探索建立基层中心税务所经费保障机制，有 92 个县（市、区）局实现了税务所经费与乡镇政府脱钩。三是基层精神面貌明显改善。全系统进一步形成了重视基层、支持基层、关心基层的良好风气，基层难、基层苦、基层不安全、基层不稳定、基层感到不公平的问题得到有效解决，极大地激发了基层的工作热情，各个方面涌现出了一批创新型的经验做法，营造了风正心齐、奋发图强、加快发展的良好氛围。

第二，干部队伍素质得到全面提高。坚持严格管理与教育培养并重，积极关心干部、爱护干部，提高了素质，激发了活力。一是干部队伍结构进一步优化。坚持干部面向基层，全系统通过竞争上岗提拔干部 327 人。组织招录了 193 名公务员和 84 名事业编制人员，接收养路费稽征人员 556 人，初步确定接收耕、契两税征管人员 450 人，充实了基层队伍，优化了年龄、知识结构。市局领导班子有基层工作经历的达到 80%，全系统县（市、区）局班子成员平均年龄 45 岁，基层中心税务所长平均年龄 42 岁。二是干部队伍活力进一步增强。积极推进干部交流挂职培养锻炼，全系统交流干部 951 人，其中县（市、区）局“一把手”和中心税务所长交流任职 164 人；选派挂职锻炼干部 103 人，其中基层干部到上级机关挂职锻炼的 67 人。三是干部教育培训力度进一步加大。在 2010 年全系统人均培训接近两次的基础上，去年共举办培训班 1261 期，培训 5.8 万人次，其中省局举办 28 期，培训 2256 人次。全系统大学以上文化程度人员达到 60% 以上。省局 10 月在临沂举办了全省地税领导干部党性教育培训班，得到省委组织部的充分肯定。同时，积极做好离退休干部工作，取得了新的成效。

第三，提高收入质量、防范执法风险工作开局良好。各级认真落实省局读书会精神，按照《关于提高收入质量、防范执法风险的实施意见》的要求，上下协调配合，组织开展了收入质量和执法风险专项检查和督导调研，认真排查解决问题，在保持正常组织收入工作的同时，积极消化收入基数不实等历史遗留问题。同时，全面加强税收管理，强化征管状况监控分析，规范了税务登记、临时征收户、代开发票、申报征收等各环节的管理，一定程度上巩固了征管基础。扎实开展税源专业化管理试点工作，全省有 84 个县（市、区）局的 599 个中心税务所运行专业化管理模式；加强分税种分项目税收执法风险防范，改进完善税收预警管理，提高风险防控能力；加强国际税收管理，反避税调查和非居民税收管理取得新成效；积极开展应用房地产估价技术评估存量房交易价格申报质量试点工作，全省 94 个县（市、区）局纳入试点范围；着力推进稽查信息化建设，大力推行电子查账，全年运用电子查账手段检查企业 1272 户，查补收入 2.45 亿元。

通过系统上下的共同努力，在提高收入质量的同时，全省地税收入实现了持续、稳定、良性增长。2011 年，全省各级地税部门组织收入总额达到 2311 亿元，增长 38%，增收 635 亿元。其中，自 3 月起负责征收的耕地占用税和契税分别入库 56 亿元、120 亿元，自 8 月起开征的水利建设基金入库 9.3 亿元。按可比口径计算，全省共组织各项地税收入 2126 亿元，同比增长 26.8%，增收 450 亿元。

（三）坚持统筹兼顾、协调发展，地税工作整体水平有了新提高。一是依法治税工作扎实推进。认真贯彻国务院全面推进依法行政实施纲要，坚持重在治内、重在治官、重在治权，转变执法观念，规范执法行为，加强执法监督，努力营造公平竞争的税收法治环境。特别是深入贯彻落实《山东省地方税收保障条例》、省政府《关于深入贯彻落实〈山东省地方税收保障条例〉的通知》，调整完善已有的社会综合治税组织领导、管理办法和考核奖惩机制，健全信息交换共享机制，全省依托政府网站建立信息采集交换平台159个，共采集涉税信息105万条，新增税款30.5亿元，新增税务登记户3233户。另外，积极贯彻落实车船税法，在全国率先签发省长令颁布《山东省实施车船税法办法》，总局予以通报肯定。二是纳税服务工作不断优化。以“征纳共盈”纳税服务品牌建设为抓手，推进纳税服务标准化建设，有效整合规范办税服务场所，加强税法宣传和咨询辅导，开展了“集中服务企业发展”“地税局长服务日”活动，广泛开展纳税人税法培训。积极向纳税人提供个人所得税完税证明450万份，比上年增长了近一倍。有效整合地税网站，加快推进山东地税网上纳税服务平台建设。潍坊地税开发应用“E票通”发票管理服务平台，有效方便了纳税人。不断深化12366系统管理，为纳税人提供咨询服务93万次。规范了我省注册税务师管理体制，加强了注册税务师行业行政监管。三是系统党的建设深入推进。积极发挥系统党建工作指导组的作用，强化组织领导和指导协调，以纪念建党90周年为主线，举办了全系统庆祝建党90周年暨党建工作、道德模范颁奖大型晚会，开展了庆祝建党90周年优秀征文评选活动，举办了全系统优秀共产党员先进事迹巡回报告会。以创建学习型机关为抓手，举办了三期山东地税大讲堂，开展了“好书荐读”活动。扎实开展创先争优活动，得到中组部副部长、中央创先争优活动领导小组成员兼办公室主任王秦丰的充分肯定。四是反腐倡廉工作实现突破。深入学习贯彻《廉政准则》，认真落实《关于在全省地税系统开展廉政风险防范机制建设的意见》和《山东省地税系统违纪违法案件责任追究暂行规定》，突出强化以税收执法权和行政管理权为重点的两权监督制约，大力推进科技防控，排查廉政风险，分解执法权力，建立岗责体系，实行动态立体预防，初步建立起了廉政风险防范机制，去年以来全系统未发生一起违法犯罪案件，省纪委李法泉书记给予高度评价。在日照市局试点开发应用“廉政和执法风险防控平台”效果明显。认真组织参加行风评议活动，省局在2010年度全省民主评议政风行风活动中荣获行政执法部门第一名，13个市局进入行政执法部门前三名。加强巡视工作，对3个市局进行了经常性巡视检查，较好地发挥了监督、指导和廉政预防作用，促进了重点工作落实。五是信息化建设应用水平进一步提升。坚持一手抓建设，一手抓应用，规范运维管理，推进软件应用，着力优化“大集中”系统，运行效率明显提升。积极推进综合数据应用平台建设，实现了全省税收数据的自动快速加工。加强税收电子数据信息管理，促进了“信息管税”。顺利完成备份机房建设，扎实做好总局金税三期试点各项准备工作。六是行政效能建设迈上新台阶。认真规范落实行政接待、会议组织、督查考核、后勤保障服务等一系列管理制度，不断改进机关作风，提高了行政效能。推进财务管理信息化建设，结合配合做好省长经济责任审计工作，认真落实中央纪委、省纪委的要求，在全系统组织开展了规范津贴补贴整改落实和公务用车问题专项治理工作，建立完善“小金库”治理长效机制，进一步规范了省局机关和全系统的财务支出。实施税收调研科研精品战略，推出了一批研究成果。坚持以群众工作统揽信访工作，积极引导涉税舆情，营造了良好的税收工作环境。

此外，去年成功划转耕、契两税，开征水利建设基金，机构、编制、经费得到理想解决；遗留多年的工人身份过渡公务员工作取得突破性进展。

2011 年，是税收政策、管理体制和人员编制调整比较大的一年，各级各部门协调配合、及时跟进，全系统广大干部职工做了大量艰苦细致的工作，全省地税工作取得了显著成绩，省委、省政府和国家税务总局给予充分肯定和鼓励，各级党委政府、社会各界和广大纳税人给予充分理解和支持。

二、认清形势，把握大局，明确2012 年全省地税工作的总体思路

去年年底召开的中央和全省经济工作会议、全国税务工作会议，深入分析了今年的经济税收形势，明确了政策取向，确定了发展重点，对做好今年的各项地税工作具有重要指导意义。从总体形势分析，既有许多有利条件，也面临一些困难和挑战。

第一，从经济发展形势看，省委、省政府提出，要全面贯彻中央“稳中求进”的工作总基调，统筹推进稳增长、控物价、调结构、抓改革、促开放、惠民生、保稳定各项工作，努力保持经济平稳较快发展，确保实现生产总值增长 9.5%、地方财政收入增长 14% 的预期目标，这为税收增长提供了保障。但是，随着全球经济增长的步伐放缓，我国经济发展中不平衡、不协调、不可持续的矛盾和问题仍很突出，经济下行的风险加大，经济对地税收入的拉动作用明显减弱。

第二，从税收政策调整看，国家税务总局提出，要继续完善结构性减税政策，涉及营业税改征增值税试点改革、资源税征收方式改革、车船税税率调整等多项税收政策调整，对我省地税收入影响较大。新的资源税政策可带来约 32 亿元的增收，但仍难抵消个人所得税政策调整减收 48 亿元的影响，加上增值税、营业税起征点提高和小型微型企业所得税政策调整带来的减收 15 亿元左右的影响，政策性因素实际将减收 31 亿元左右，影响总收入约 1.5 个百分点。

第三，从地税自身工作看，三项重点工作的扎实推进，有效地盘活了资源、带动了全局，促进了整体工作水平的提升。但客观地分析，仍然存在着一些问题和不足，个别地方执行落实省局决策部署力度不够，导致工作开展不平衡；依法行政的意识和能力还需要不断提高，税收管理方式亟待改进，收入质量和执法风险方面的一些深层次矛盾没有得到很好解决；干部培训的针对性和实效性有待提高，业务骨干和高层次人才仍然比较缺乏；廉政风险防范机制有待进一步健全等，制约着地税工作的深入开展。

根据上述形势和任务，省局确定，2012年全省地税工作总的要求是：全面贯彻中央和全省经济工作会议、全国税务工作会议精神，深入贯彻落实科学发展观，牢记为国聚财、为民收税的神圣使命，围绕服务全省经济社会发展大局，按照“依法治税、从严带队、科学管理、共建和谐”的基本要求，继续推进提高收入质量、防范执法风险和新一轮基层建设、干部素质提高三个重点，大力加强地税系统党的建设和文化建设，深入开展反腐倡廉工作，全面落实税收保障措施，积极作为，稳中求进，努力推动地税事业科学发展、安全运行，以优异成绩迎接党的十八大和省第十次党代会胜利召开。各级地税部门要充分认识经济形势变化对税收工作的重要影响，认真履行税收在保持经济平稳较快发展中的重要职责，积极承担税收在惠民生促和谐中的重要使命，有效发挥改革创新在推进地税事业科学发展中的重要作用，准确把握地税部门自身建设面临的重要任务，扎实有效地做好各项工作，努力实现地税收入增长16%左右的目标。

三、突出重点，强化落实，扎实推进各项工作再上新水平

2012年，是实施“十二五”规划承上启下的重要一年，也是三项重点工作全面落实、实现既定目标的关键一年。关于今年各项地税工作的目标任务和具体措施，在《2012年全省地税工作要点（讨论稿）》中已经进行了明确，这次会议之后修改完善尽快下发，各级要结合实际认真抓好落实。这里，着重强调以下几点：

（一）转变税收观念和思路，提高服务经济社会发展的能力和水平。加快经济发展方式转变，保障和改善民生，是中央宏观调控的主要方向，也是税收调控的重要目标。各级要围绕服务转方式调结构惠民生，适应形势发展变化，切实转变税收观念和思路。一方面，切实提高关注民生的程度，落实好相关税收政策措施，减轻低收益、低收入群体的税收负担。在继续落实好个人所得税政策调整以及国家关于支持小型微型企业、高新技术企业、节能环保类企业、现代服务业等税收优惠政策的同时，重点抓好提高营业税起征点政策的贯彻实施。营业税起征点调整到2万元后，全省21万多户、88.31%的个体工商户不用再缴纳营业税金及附加，既减轻了税收负担，又节省了征管力量，达到了党委政府惠民、纳税人满意、税务机关减负三方共赢的效果。各级要结合实际抓好宣传贯彻，确保政策执行到位。另一方面，把征管力量转移到重点行业、重点企业上来。随着基层集中办公和营业税起征点提高，基层征管力量不足的矛盾得到有效缓解，同时基层干部素质、税收征管能力有效提升，改革创新税收征管模式的条件和时机已经成熟。各级要结合税源专业化管理的推行，认真开展调研分析，研究加强对高利润、垄断性企业以及重点领域的税收征管，加强对高收入者、外籍人员的个人所得税征管，调整利益分配，挖掘税收潜力，提高重点税源税收贡献率。要积极推进大企业税收专业化管理试点，探索企业集团特别

是跨区域经营企业税收管理的有效途径，深入开展大企业反避税调查，不断提高大企业税收服务和管理水平。同时，要继续发挥房地产税收的调控作用，特别是积极推进存量房评估工作，按照总局和省政府要求，作为“一把手工程”，完善内部工作机制，加强与政府和有关部门的协调，搞好面向社会的宣传，加快试点推进步伐，确保今年7月1日前全面推广。

（二）深入推进提高收入质量、防范执法风险工作，确保取得明显成效。收入质量问题已经引起了国家税务总局的高度重视，在全国税务工作会议和全国税务系统依法行政工作会议上，明确提出要把依法行政作为税收工作的生命线，牢固树立收入质量观，切实将税收收入计划管理转到收入质量管理上来。各级要在去年工作的基础上，对照省局读书会确定的五个方面的实现途径，认真抓好工作落实，并注意研究把握好以下四点：一是进一步拓宽提高收入质量工作范围。在继续解决虚收空转问题的同时，关注和解决好该收的没有收好、税收政策落实不到位、税收优惠把关不严等问题，全面夯实税收征管基础。积极推进分税种、分行业税收管理，高度重视并加强国际税收和反避税管理，不断强化税务稽查，促进收入质量的全面提高。二是探索建立收入质量全过程监控运行机制。由省局提高收入质量防范执法风险领导小组负责，统筹协调各类管理资源，研究建立从征管基础、税源控管、税款征收、纳税服务到收入核算的有效提高收入质量、防范执法风险的运行机制，实现事前、事中、事后从环节到过程的全程监控。三是研究探索发挥社会中介机构作用促进税收管理。省局已经提出了初步意见，今年将在企业所得税汇算清缴、土地增值税清算、营业税差额征税项目审核、纳税评估、税务稽查以及其他税收业务上，推行借助中介机构的人才、专业优势，提高税收管理质效的做法。同时，可以一定程度上切断企业和税务部门的非正常联系，防范执法风险。要切实加强注册税务师行业监管，各级地税机关和事务所要彻底脱钩。四是严格落实责任追究制度。认真落实《全省地税系统收入质量责任追究办法》，研究建立简便实用的提高收入质量防范执法风险监控指标体系，对各地收入质量方面出现的问题，加大通报力度，依法采取组织措施，严肃追究相关责任人的责任。

（三）大力推进新一轮基层建设，圆满完成三年规划目标。在去年集中办公基本完成的基础上，突出抓好基层集中办公后的科学管理，在人员机构整合、岗责体系调整、工作流程再造、后勤行政保障等方面进行探索尝试，努力实现集中办公效能最大化。一方面，结合基层机构改革，加强对人力资源的调配。市、县机构改革春节后就要铺开，各级要以此为契机，按职能划分科学合理设置各级地税机构，调整优化人员编制，积极从内部挖潜，将集中办公、税源专业化管理和营业税起征点调整节省的人力资源进行重新配置，解决基层征管力量配备不合理问题。另一方面，结合税源专业化管理，建立科学高效的运行机制。优化运转流程，强化分工协作，提高征管质效。省局有关部门要在深入调研、广泛征求意见的基础上，研究制定几套相对规范的操作意见，为基层提供选择。同时，切实搞好纳税服务，搭建应用全省统一的网上纳税服务平台，积极推行同城通办、联合办税、设点服务、预约服务、自助办税等服务措施，防止集中办公后服务断档和缺位。

（四）全面深化干部队伍素质提高工作，增强教育培训的针对性和时效性。在强化干部人事管理、抓好干部培养的同时，认真实施教育培训三年规划，对各级领导干部，侧重领导能力的提高和党性、法制、廉政、道德教育，不断提高驾驭全局能力、选人用人能力、群众工作能力、财务管理能力；对广大干部职工，侧重业务能力培养和职业道德教育，不断提高政治素质、业务能力、职业道德、文化素养和思想境界。一是继续拓展省局培训的范围。按照培训时间服从质量和需要的要求，省局继续组织县局长、中心税务所长、兼职教师培训，扩大省局各业务处室直接培训税收业务骨干人员的范围。省局将在临沂建立山东地税党性教育基地，今年计划组织10批次1000多名地税干部到教育基地接受培训。二是搞好培训教材的编写。省局成立地税系统教育培训丛书编审委员会，修订、更新现有电子辅导材料，按照岗位操作实际，分专业印制成册，为全系统组织培训和干部自学提供更有针对性的教材。三是选配好优良师资队伍。采取聘请高端名师与培养系统内的专家能手（兼职教师）相结合的办法，优先安排系统内兼职教师授课，对授课情况进行跟踪问效，提高培训质量和效果。

（五）深化地税系统党的建设和文化建设，提升整体凝聚力。一是深化系统党建工作。经过两年的努力，大家普遍感到系统党建工作成效很大。各级要以加强党建工作制度化和规范化建设为重点，大力推进党建品牌创建工作，组织实施作风能力建设系统工程，深入推进学习型党组织建设，深化创先争优活动，提升全系统党建工作科学化水平。二是加强地税系统文化建设。当今时代，文化越来越成为民族凝聚力和创造力的重要源泉，丰富精神文化生活越来越成为人民的热切愿望。各级、各部门要深入贯彻党的十七届六中全会、省委九届十三次全会精神，在发挥税收职能作用、大力支持文化改革发展的同时，认真总结规范地税系统文化建设的实践，按照省局指导意见的要求，以建立核心价值体系为主要目标，丰富内涵，规范载体，完善机制，发挥文化引领作用，提升干部队伍的思想境界，提高地税工作的层次和水平。

（六）扎实开展反腐倡廉，提高廉政风险防控能力。在地税系统，行政管理权集中在各级机关，税收执法权主要分散在基层。各级要立足实际，在全面落实反腐倡廉各项制度措施的同时，以“两权”监督为重点，将收入质量、执法风险和廉政风险防范结合起来，扎实推进科技防腐工作，建立有效的内控机制，保护干部不出问题。还有即将召开的专题会议，研究部署推广应用“廉政和执法风险防控平台”，各级要按照省局的统一部署，认真抓好落实。

（七）规范完善各项管理，不断提高工作效能。各级要坚持讲规矩、讲程序、讲原则，严格规范各项管理，确保系统上下协调运转、安全运行。一是切实规范财务管理。财务管理工作在保障地税事业发展中发挥着重要作用。从各方面反馈情况看，各级在财务管理工作中还存在不少管理漏洞和安全隐患。各级地税机关特别是各单位主要领导，要牢固树立依法理财、科学理财的观念，严守财经纪律，强化风险意识，严格按照法律法规和规章制度办事，预防和避免各种财务管理违法违规行为的发生，保证资金使用的质量和效益。今后，各级领导干部尤其是新任的一把手，要进行财会专业知识和规矩的培训。省局将制订财务工作过错责任追究办法，加强内部监督检查，严格责任追究。同时，加强对专项经费和重点项目的绩效评价，对于资金用得规范、效益高的地区，给予适当的鼓励和奖励。二是切实强化信息化建设应用管理。今年金税三期试点到了关键时期，各项工作任务很重，除了必要的应用软件外，省局将不再进行大的软件开发，突出强化大集中系统的运维管理，在确保安全运行的同时，积极解决运行速度慢、软件开发应用不规范问题。目前，需要开发应用的管理软件比较多，相互之间缺乏有效整合，既浪费资源，又加大了基层工作量。要加强业务、技术融合，整合各类应用软件，严格基层开发报审管理，试行基层软件评审办法，建立全系统统一规划、规范有序的信息化建设格局。三是切实加强行政管理。积极贯彻落实中央和省关于厉行节约的有关规定，坚决反对铺张浪费和盲目攀比，严格控制“三公”经费支出，大力压缩公用经费等一般性支出，降低行政运行成本。同时，在政策允许的范围内，积极做好各级地税部门的后勤保障服务，提高和改善干部职工的工作生活条件。

（八）切实加强思想作风建设，有效推进工作落实。面对复杂多变的税收形势和繁重的工作任务，各级地税机关特别是各级领导干部，要进一步增强政治意识、大局意识和责任意识，恪尽职守，勤勉尽责，敢抓敢管，善抓善管，以过硬的作风抓好工作落实。一是要坚持求真务实。注意克服粗放、浮躁的习气，俯下身子，埋头苦干，多干打基础、利长远的事，创造经得起实践、群众、历史检验的业绩。要牢固树立全省地税一盘棋的思想，认真对待每一项工作，定下来的事情要一抓到底，党组部署的任务要抓紧完成，坚决反对弄虚作假和作表面文章。抓落实不单是基层的事情，上级机关责任更大，省、市局领导机关和各级领导干部要以身作则、率先垂范，特别是省局机关各单位要发挥好组织、指导、协调作用，对《工作要点》中提出的任务和目标，要研究制订具体的推进办法和措施，使工作落实有所遵循。二是要密切联系群众。坚持深入实际、深入基层，进行多种形式的调查研究，了解真实情况，解决实际问题，关心一线干部。要做好深入细致的思想工作，畅通纳税人和干部职工诉求表达渠道，注意听取各方面意见和建议，做好舆情分析管理，强化正面宣传引导，理顺情绪，凝聚力量，维护和谐稳定。三是要积极争先创优。引导各级发挥主观能动性，争创一流工作业绩。省局将结合新一轮基层建设和干部教育培训三年规划任务的完成，制定相关办法，总结基层经验，组织评估考核，评选先进单位和先进个人，年底进行隆重表彰，全面展示三年来的丰硕成果。

在省局党组理论学习中心组读书会上的讲话

宋文军

（2012 年 8 月 2 日）

同志们：

这次省局党组理论学习中心组读书会，主要任务是学习贯彻落实省第十次党代会和全国税务系统深化税收征管改革工作会议精神，结合山东地税实际，重点研究税收征管和信息化建设问题。自2010年以来，按照“依法治税、从严带队、科学管理、共建和谐”的基本要求，在全系统循序推进、重点开展了新一轮基层建设、干部素质提高和提高收入质量防范执法风险等项工作，经过全系统广大干部职工的积极努力，已经取得了阶段性成果，逐步得到各级领导机关和社会各界的认可。这次会议，就是要充分运用已形成的工作方式和管理模式基本框架，以及不断完善的数据处理系统，研究管理理念和方式的深化，提高运行速度，提高征收效率，提高监控质量，提高管理水平。

为开好这次读书会，省局从 5 月就开始安排部署，从省局领导到各市局局长、省局机关各单位主要负责同志，都结合实际围绕主题进行了调查研究，并撰写了有针对性的交流发言材料。读书会期间，分别听取了两位专家的主题讲座，郭凤晓同志代表省局党组作了主题发言，部分单位进行了交流发言，传达学习了全国税务系统深化税收征管改革工作会议精神。通过学习交流，大家对目前税收征管现状以及税收征管改革发展方向有了新的认识，对推进税收征管现代化进程、进一步提高收入质量防范执法风险，必将起到积极的促进作用。下面，按照上级有关要求，结合今年以来各地的工作实践，就有关问题谈几点意见，供大家研究工作参考。

一、关于今年以来的工作情况

关于各项工作的进展和成效，在省

局领导、各市局和省局机关各单位的交流材料中已经有所体现，这里重点通报一下主要工作进展情况。

（一）地税收入实现持续稳定增长。今年以来，面对经济增速放缓和政策调整减收的不利局面，各级认真开展调研分析，强化收入预测，加强收入调度，全面掌握总体税源情况和走势，较好地把握了组织收入工作主动权。着力夯实征管基础，深入开展征管状况分析，突出强化非正常户、临时征收户、发票代开、个体定税、征期外大额入库等风险点的管理，取得新的成效；积极研究加强高利润、垄断性企业以及重点领域的税收征管，强化纳税评估和税收预警分析，实施税收专项检查，提高了税收贡献率；加强重点行业税收管理，继续规范货物运输业税收征管，推进应用建筑房地产业项目信息系统，大力强化金融业、民间借贷税收管理，提升了管理水平；扎实开展企业所得税汇算清缴工作，切实加强高收入行业和群体的管理，全面完成了 2011 年度年所得 12 万元以上个人自行纳税申报工作；积极探索加强走出去企业税收服务与管理，加大外资企业和外籍个人税收管理力度，取得良好效果；积极推进地方税收改革，认真做好车船税法的贯彻落实工作，全面落实资源税征收方式改革，扎实开展城建税税源监控分析预警，加快推进存量房评估系统上线运行，深入开展土地增值税清算，有效深化宗地管理，不断规范耕、契“两税”管理，有效提升了地方税征管水平；研究制定《关于发挥社会涉税中介机构作用提高税收管理质效的意见》和《聘用社会涉税中介机构参与税收管理办法》，在税务稽查、所得税汇算清缴、营业税差额征税项目审核等工作中发挥社会涉税中介机构的作用，促进了税收管理质效提高。各项管理增收措施，确保了全省地税收入持续稳定增长。上半年，全省地税系统共组织各项收入 1506 亿元，增长 22.89%，增收 280.49 亿元（不含“两税一金”可比口径共组织各项收入 1328 亿元，同比增长 15.96%，增收 182.83 亿元）。

但综合分析整个经济税收形势，经济增速放缓、结构性减税政策调整等因素，收入增幅呈先冲高后回落的态势。从下半年形势看，经济发展面临的环境仍然十分复杂，地税收入保持高质量、稳增长的压力很大。各级既要正视困难、又要充满信心，切实强化管理增收措施，深入挖掘税源潜力，搞好收入分析调度，及时发现和解决组织收入工作中存在的问题，努力实现全年地税收入增长 16% 左右的目标。

（二）提高收入质量、防范执法风险工作不断推进。今年是全面推进提高收入质量、防范执法风险工作的第二年，也是关键一年。在去年取得初步成效的基础上，各级进一步分析排查问题，测算通报收入质量情况，并充分应用外部检查资料，研究落实改进措施，探索建立收入质量监控运行机制和指标体系，开展收入质量情况测算分析；严格税收政策管理，加强对税收政策调整实施情况的督导检查和政策效应分析，认真落实支持服务业、文化体制改革和文化产业、节能环保产业、小型微利企业发展的各项税收优惠政策，规范高新技术企业税收优惠资格认定和研发费加计扣除政策执行，积极支持企业发展；不断规范税收执法，深入开展“行政程序年”活动，规范税收规范性文件管理，严格税收执法程序，强化税收执法监督，完善执法考核评价体系，有效防范税收执法风险；扎实推进税收信息化建设，积极做好开发应用工作，顺利上线运行“山东地税数据综合应用平台”，山东地税网站群即将上线，完善大企业集团管理查询系统，改进纳税评估系统，优化重点税源管理系统，强化数据管理和服务，有效地提升了信息化支撑能力。

（三）新一轮基层建设带来了基层面貌的深刻变化。各级按照三年规划目标任务，从全面部署、重点突破到典型带动、整体推进，再到拓展深化、全面提高，环环相扣，稳步推进，带来了基层面貌的深刻变化，得到了系统上下和社会各界的普遍认可。从基层的反映来看，主要体现了三个方面的明显变化：一是基层干部的工作热情明显增强。在基层办公、生活条件得到全面改善的基础上，各级立足于激发基层干部队伍活力，力所能及地解决基层干部职工的后顾之忧。特别是集中办公缩小了城区与乡镇的差距，基层干部职工的工作热情得到激发，基层队伍凝聚力明显增强。据统计，到今年底，全省将有159个县区及开发区分局实现集中办公，占全部县区局级单位的85.03%，基层办公地点将由原来的850个减少到397个，减少53.29%。二是基层征管能力明显提升。在推行集中办公过程中，各级按照税源专业化管理的需要，积极整合人力资源，调整岗责体系，优化工作流程，规范行政管理，发挥了集中办公的整体效应、综合效应，提高了基层征管能力和水平。目前，全省已有93个县区局、608个基层中心所运行了税源专业化管理模式，受到总局的高度关注和充分肯定。三是基层税收环境明显改善。基层建设工作的开展，得到了地方党委政府的肯定和支持，对地税工作给予了更多的关心理解。尤其是基层经费保障能力显著提高，目前已有77个县级局通过政府发文形式确立了正式经费保障渠道，有94个县区局的基层中心所实现了基本经费与乡镇政府脱钩，长期以来困扰基层单位的经费无制度保障、无稳定渠道、争取经费占用精力过多、容易引发执法风险和廉政风险的问题得到较好解决。

（四）干部素质提高工作取得新突破。全面落实教育培训三年规划，继续加大干部培训力度，上半年，全系统共举办各类培训班443期，培训干部4.06万人次。其中，省局先后举办山东地税系统领导干部（井冈山）培训班、军转干部培训班、师资培训班等各类培训班37期，培训干部2311人次。组织开展全省地税系统党性教育活动，在临沂建立了党性教育基地，先后举办党性教育培训班10期，培训干部1200多名。围绕完善培训体系、建立教育培训长效机制，省局启动了山东地税岗位培训教材编写工程，省、市局高度重视，作为一项功在当前、利在千秋的重要工作来抓，相关单位积极参与，参编人员认真负责，目前按岗位确定的12册培训教材基本撰写完成，组织校审后9月将正式出版并在全系统发放，引导和督导广大干部职工学习好、吸收好、运用好培训丛书，彻底改变长期以来教育培训没有自己教材的状况。加强教育培训工作的做法，得到了省委组织部的高度关注，高晓兵部长专门予以批示肯定，并在省局机关召开了省直单位干部教育培训工作现场会进行观摩推介。探索使用差额遴选竞争性选拔与常规推荐选拔相结合的方式，先后两批对市局的65名处级干部进行了选拔调整，从省局机关40岁以下的年轻干部中竞争选拔了7名副处级领导干部充实到市局及以下机构任职，市局领导班子及处级领导干部的年龄、知识、专业结构得到进一步改善。响应省委号召，认真组织“第一书记”选派工作，从省局机关选派5名党员干部到莒南县涝坡镇的5个村开展帮包工作，目前已取得初步成效。在去年顺利完成564名公路养路费征稽人员划转的基础上，今年又圆满完成了444名耕、契“两税”人员的划转。

另外，省局直属征收局征收职能已顺利平稳划转济南市地税局，省局直属征收局机构职能调整工作正在协调中，有望尽快确定；在去年核增一个税收管理处基础上，省局督查内审处已经省编办批复，将于近期组建。

（五）党风廉政建设工作取得新成效。在认真贯彻落实中央、省有关会议精神和反腐倡廉工作部署的同时，全力抓好“廉政与执法风险防控平台”在全系统的推广应用。自5月下旬开始，平台应用软件在青岛、烟台、泰安市局先期进行试点运行，在不断修改完善的基础上，7月19日召开了全系统推广应用推进会，在系统全面上线运行。防控平台的上线应用，实现了纪检监察工作信息化的突破，提高了日常工作的规范化水平；实现了纪检监察工作与税收业务工作有机结合的突破，加大了纪检监察工作的监督力度；实现了监督形式和渠道多样化的突破，丰富了监督手段；实现了对税收征管人员由“面上监督”到“点上监督”的突破，提升了税收执法权的监督效果；实现了由单一防控到联合防控的突破，增强了干部廉洁自律的风险意识。省局“廉政与执法风险防控平台”的建设和应用得到省纪委的充分肯定，并被中央纪委作为典型材料收集编纂。

同时，全面落实《关于进一步提高全省地税系统党建工作科学化水平的指导意见》，系统党的建设工作扎实推进，省委宣传部确定省局为理论大众化示范点，省直机关工委将省局党组确定为中心组理论学习示范点。积极开展巡视检查工作，先后对聊城、莱芜市局开展了经常性巡视检查。

总之，今年以来，各级围绕中心工作，突出重点，狠抓落实，做了大量扎实有效的工作。但随着各项工作的深入推进，特别是随着提高收入质量、防范执法风险工作的全面深化，一些深层次问题也随之暴露出来，有些问题还非常严重，既反映了我们以往在管理上存在的薄弱环节，也反映了个别单位领导同志思想认识不到位、工作措施不得力的问题，值得大家认真分析研究、加以整改。

二、关于下一步工作的安排部署

最近，省委、省政府分别召开专门会议分析经济形势。进入第三季度，国内经济还没有形成稳定回升的态势，新情况、新问题不断出现，由此给税收工作带来的困难和压力仍然很大。同时，税收管理工作正处在一个快速变革时期，对传统的管理理念、管理方式、管理手段提出了新的挑战。各级领导干部都要顺应发展趋势，跟上变革步伐，更加有效地领导和指导税收工作开展。

（一）加强学习宣传，深入贯彻落实省第十次党代会和党的十八大精神。省第十次党代会于5月24—28日在济南召开，这是在山东省由大到强战略性转变的关键时期召开的一次十分重要的会议。姜异康书记所作的报告，全面总结了省第九次党代会以来省委的工作，高度概括了取得的巨大成就和宝贵经验，明确提出了今后五年全省工作的总体要求、奋斗目标和主要任务，是今后一个时期我省经济社会发展和党的建设的重要指导性文件。党的十八大将于今年下半年召开，在全面建设小康社会的关键时期和深化改革开放、加快转变经济发展方式的攻坚时期，党的十八大将对党和国家各项事业作出全面部署，进一步明确今后一个时期的发展目标和宏伟蓝图。学习贯彻省第十次党代会和将要召开的党的十八大精神，是全省地税系统的一项重大政治任务，各级地税机关和广大党员干部要切实增强贯彻落实会议精神的自觉性和坚定性，紧密联系地税工作实际，注意做好结合文章，真正做到武装头脑、指导实践、推动工作。特别是对照年初工作计划，认真检查全省地税工作会议各项部署的落实情况，切实加大工作力度，确保全年工作任务的顺利完成。同时，要搞好调查研究，按照省第十次党代会和党的十八大规划的发展目标，在认真总结工作经验的基础上，全面分析存在的问题和不足，提前谋划衔接好明年工作，确保各项工作有条不紊地扎实向前推进。

（二）严格依法行政，深入推进提高收入质量防范执法风险工作。地税收入作为与经济发展水平密切相关的重要指标，各级党委政府越来越重视，有关部门的审计监督力度也在加大。省局党组把提高收入质量、防范执法风险作为一项重点工作来抓，是经过深思熟虑的，也是客观现实需要，已经到了不抓不行、非抓不可的地步。

去年以来，尽管各级做了大量工作，但仍然存在一些不容忽视的问题。今年2月上旬至4月中旬，省审计厅审计组对省局2011年度税收征管情况进行了审计，并对省局直属征收局和济南、烟台、潍坊、德州市局进行了延伸审计。审计发现的主要问题有：少征税款，延缓征收税款，多征税款，改变税种入库，违规退库，委托代征税款解缴入库不及时，利用财政资金虚收空转等。7月中旬，省局组织对部分市局进行了收入质量和执法风险检查督导，也发现了不少问题。与往年相比，收入质量老问题依然存在，新问题性质严重。特别是在我们正下大气力抓提高收入质量、防范执法风险工作期间，仍然发生这些问题，确实需要大家认真反思。省政府领导对此也高度关注，孙伟副省长要求我们认真整改、认真处理，防止类似问题发生。这次会议上，省局已经在进一步调查核实的基础上，按照有关法律法规和《山东省地方税务局收入质量违法违规行为责任追究办法（试行）》等制度规定，对审计情况进行了通报，对有关责任单位和责任人按管理权限进行了责任追究。各级要以此为契机，对照问题举一反三，防止问题和风险继续扩大，并对存在的问题认真分析原因、查找根源，从源头上杜绝同类问题的再次发生。

提高收入质量、防范执法风险是一项综合性工作，涉及方方面面的税收业务，涵盖征收管理的每个环节，需要系统上下各个方面齐抓共管。下一步，各级要结合“行政程序年”活动的开展，认真贯彻省政府和总局关于依法行政的要求，以高度负责的态度认真抓好。既要对国家负责、对上级领导负责，防范好税收流失的风险；更要对干部职工负责，防范好干部执法的风险，避免干部出现问题。省局将继续加大对收入质量违法违规行为的检查和责任追究力度，如果再出问题，将严格责任追究，绝不姑息。最近，国家有关部门连续发文，对收入质量和依法征管提出要求，各级要高度重视，认真落实。

（三）积极推进税收征管改革，不断提高征管质量和效率。7月26—27日，国家税务总局在安徽召开了深化税收征管改革工作会议，确定了深化税收征管改革的基本要求和主要目标任务，这是继1997年以来又一次战略性的全国征管改革。我们这次读书会的主题就是研究解决信息化支撑下提高税收征管质量问题，这个问题解决好了，执法风险就会不断化解，收入质量也就有了根本保障。这与总局深化税收征管改革的思路和部署是一致的。有些工作，如风险管理、专业化管理、重点税源管理以及纳税服务、信息化建设等，我们已经进行了一些有益的探索实践，工作比较主动，有些方面已经走在了全国地税系统前列。关于落实总局会议精神、深化税收征管改革问题，风晓同志在发言中已经进行了阐述。当前，各级要突出抓好以下五个方面：一是切实加强征管基础建设。征管基础支撑保障着税收管理工作，直接影响着收入质量，制约着税收征管改革和征管现代化进程。要以建立现代税收征管体系为方向，搞好整体规划，将征管基础建设置于税收管理的整体布局中思考规划，使征管基础与各项税收管理活动在协调、配合和互动中不断夯实巩固；坚持重点突破，选择事关征管基础建设和征管改革大局的重要事项、关键环节、重大问题集中精力搞突破，以重点突破带动全局；抓好数据质量监控，着力强化数据核查，切实解决系统征管与实际征管不符问题，促进征管质效的全面提高。征管基础问题是能力和水准问题，逃避监控是态度和意识问题，应分别着力、认真解决。二是积极稳妥地推进税收征管模式改革。推行税源专业化管理是税收征管改革的重要内容。要结合集中办公的推进，全面推行集中征收，实现县域范围的集中征收、业务通办；进一步拓展办税服务厅职能，探索取消部分依纳税人申请发起的事前核查事项，将部分由管理所（科）承担的日常任务，简化、前移到办税服务厅进行集约处理，做好办税服务厅执法试点工作，提高服务的层次和水平；突出加强纳税评估和税务稽查，建立适应专业化管理特点的岗责体系，集中配置专业人才，有效组合管理团队，提高税源控管水平；做好专业化改革与机构改革结合的文章，专业化改革的方案设计要兼顾机构设置的实际，机构职责调整、人力资源的配置要满足专业化改革的实际需要。三是强化重点税源控管。积极推动管理体制创新，在省、市两级，以重点税源的扁平化分级管理为方向，明确重点税源的控管范围，提高跨市、跨省、跨境大企业的管理层级，集合专业人才资源，深入开展分析监控、纳税评估和反避税业务，加强对大型企业的管理与服务。四是提高信息化支撑能力。加强征管业务与信息技术的融合，既强调发挥信息化的支撑作用，又注重管理业务的创新。按照依法规范、方便适用的原则，进一步优化大集中系统的功能和流程，既要统筹考虑统一性和规范性，又要适应各地的创新实践，使系统尽可能方便基层操作，更好地发挥系统的支撑保障作用。五是搞好涉税信息的采集和分析利用。深入落实《山东省地方税收保障条例》，推进部门协作和信息交换，提高涉税信息获取能力和共享程度，提高数据质量，深化分析应用，增强信息管税能力。最近，省人大常委会预算工委将对部分市贯彻落实保障条例的情况进行调研督导，各级要认真做好准备。

（四）认真搞好总结，圆满完成基层建设和干部教育培训三年规划目标。今年是这两项工作实施三年规划的收官之年，各级各部门要在前两年扎实工作、取得良好成效的基础上，认真开展“回头看、向前赶”活动，对照检查，查漏补缺，把该做好的工作做好，已经做好的工作争取更上一个层次，确保全面完成三年规划目标。省局将在明年初召开的全省地税工作会议上进行全面总结、隆重表彰，进一步凝聚力量、提升士气。

对于基层建设工作，5月底在日照召开的基层建设经验交流会上已经进行了初步总结和安排部署，各级要认真抓好落实。这里重点讲两点意见：一是基层经费保障问题。建立基层经费保障长效机制，是新一轮基层建设要解决的重要问题之一。省局在认真调查研究、反复征求意见的基础上，研究制定了《山东省地方税务系统基层经费补助管理办法》，这次会上已经印发。总的原则是由省、市、县（市、区）局共同对中心所进行经费补助，省局采取按所补助的办法，贫困县中心所每年补助14万元，非贫困县中心所每年补助8万元；市局采取按人补助的办法，东部地区平均每人每年补助不低于5000元，中部地区不低于4000元，西部地区不低于3000元；除省、市局补助外，不足部分由县（市、区）局负担。办法实行后，中心所所有经费来源全部纳入县（市、区）局经费收入统一核算，严禁擅自通过不正当手段向乡镇政府索取经费。各级要向政府认真汇报，与财政部门搞好协调，尽可能争取上级部门为下级部门提供必要的经费保障。二是基层建设长效机制问题。基层建设是一项长期的系统工程，三年规划完成后还要继续抓、常规抓，尤其是在软件建设方面需要长期努力。各级要在认真总结经验的同时，结合基层机构改革和集中办公，认真研究机构整合、人员配置、职能优化、征管流程创新与规范等问题，逐步建立起科学、有序、高效的运转机制，全面提升基层工作整体水平。

对于干部教育培训工作，经过系统上下的共同努力，基层长期以来一直反映的培训机会少、培训效果差的问题已基本得到解决。下一步，在抓好年度教育培训计划落实、确保三年规划目标顺利实现的同时，要立足教育培训长效机制建设，着手调研拟定今后几年教育培训规划，明确目标任务，改进培训方法，增强针对性和实效性。搞好新一轮骨干人才（业务能手）选拔工作，注重发挥骨干人才的作用。同时，要进一步加强基层班子队伍建设，按照新一轮基层建设和深化税收征管改革的要求，配强、配合理基层单位领导班子，尤其是立足于改善基层班子的年龄结构，认真分析基层班子现状，通过竞争性方式选拔工作急需、年轻优秀的复合型干部充实到基层班子中。

（五）坚持统筹兼顾，全面推进各项地税工作开展。在突出抓好三项重点工作的同时，切实抓好其他各个方面的工作，不断提高综合保障能力。一是要继续强化思想政治工作。既要对干部职工严格要求，更要关心爱护干部职工的合理诉求和正常的成长进步，化解矛盾，凝聚力量，促进发展；积极推进地税系统文化建设，坚持不懈地加强“四德”工程，积极推进群众性精神文明创建活动，激发干部职工的活力。二是要继续抓好反腐倡廉建设和系统党建工作。以“廉政与执法风险防控平台”推广应用为契机，建立完善相关配套制度办法，进一步强化对税收执法权和行政管理权的监督，提高党风廉政建设水平。以提高党建科学化水平为主线，全面落实党建工作责任，增强党建工作的时代感和创新性。三是要继续加强行政管理工作。积极运用现代管理方法和信息化手段，不断强化政务、事务管理职能，切实提高服务能力和运转效率。高度重视安全工作，强化各项安全措施，确保全系统安全稳定运行。四是要继续规范财务资产管理。加强内部财务审计监督，扎实做好政府采购、资产处置和重大财务事项审批工作，进一步夯实财务基础工作，严格财经纪律，确保财务资产安全。

借此机会，对各级领导干部提几点建议和要求，与大家共勉。

第一，领导干部要讲政治、讲团结、讲大局。这是对每一名党员领导干部的基本要求。讲政治，就是要时刻保持坚定的政治立场、政治方向和政治观点，严守政治纪律，提高政治敏锐性，增强政治鉴别力，提升自我认知能力，找准自己的位置，始终在思想上、行动上与中央保持高度一致，严格执行上级组织的部署、规定和要求。讲团结，就是要树立合作共赢意识，坚持大事讲原则、小事讲风格，在大是大非面前不含糊、不和稀泥；在一般问题上讲感情、讲友谊，不利于团结的话不说，不利于团结的事不做，加强沟通交流，彼此包容、相互信任，形成工作合力。讲大局，就是要把自己所从事的工作、所承担的责任放到全省地税系统发展大局中去把握、去思考、去衡量，自觉维护地税事业发展稳定的大局，正确处理好个人与集体、局部与整体的关系。作为垂直管理部门，还应该牢固树立垂管意识，强化组织纪律观念，提高执行力、控制力，确保政令畅通、令行禁止。

第二，领导干部要爱读书、善读书、读好书。读书学习是领导干部加强党性修养、坚定理想信念、提升精神境界的一个重要途径，也是领导干部胜任领导工作的必然要求。要爱读书，深刻认识领导干部的读书学习水平在很大程度上决定着工作水平和领导水平，真正把读书学习当成一种生活态度、一种工作责任、一种精神追求，自觉养成读书学习的习惯，真正使读书学习成为工作、生活的重要组成部分。要善读书，既要有明确的目标、有不移的恒心，还要提高读书效率和质量，讲求读书方法和技巧，坚持阅读与思考的统一、读书与运用相结合，在读书学习中提高思想水平、解决实际问题、实现自我超越。要读好书，坚持干什么学什么、缺什么补什么的原则，有针对性地学习掌握做好领导工作、履行岗位职责必备的各种知识，多读与本职工作相关的新理论、新知识、新技能、新规则的书，努力使自己真正成为行家里手、内行领导。同时，还要读一些能够提升素养、端正品行、提高自身层次的书。

第三，领导干部要转作风、负责任、敢担当。领导干部的作风，历来是社会行为规范的风向标。领导干部的一言一行、一举一动，客观上具有一种示范作用。隋末唐初裴矩“佞于隋而忠于唐”的典故很有启示意义，裴矩在隋炀帝时期做丞相时被人们视为佞臣，而在唐太宗时期以敢于直谏而为人称道，完全判若两人的根本原因，不在臣子而在君王的态度，君为明君，臣子就直；君为昏君，臣子就佞。裴矩的这个典故揭示了领导干部作风的重要性。各级领导干部要切实转变作风，积极倡导实践调查研究的风气、实事求是的风气、敢于担当的风气，不要空洞的理论，不要花架子，更不要做“三拍干部”，不下基层，不搞调研，上情不明，下情不清，“拍脑袋”决策，“拍胸脯”保证，出了事“拍屁股”走人。要增强责任意识和担当意识，从理念、德行、用权和自律等方面严格要求自己，用负责的态度履行好自己的职责，坚决反对那种该抓的不抓、不该管的直插手，绕着矛盾走、围着利益转的行为，在责任和担当中不断提高驾驭复杂局面、解决突发事件的能力，不断提升领导和指导地税工作的水平。

同志们，今年的各项工作能否实现预定的目标、收到预期的效果，做好今后五个月的工作至关重要。希望各级领导干部充分发挥表率示范作用，团结带领广大干部职工进一步振奋精神、真抓实干，确保圆满完成各项工作任务，以实际行动迎接党的十八大胜利召开！

积极作为 重点推进
不断提升稽查工作层次和水平
——在全省地税稽查工作视频会议上的讲话

吕凤强

（2012年2月16日）

同志们：

今天，我们召开全省地税稽查工作视频会议，根据研究的意见，我讲三个方面：

一、转变理念，把握关键，2011年稽查工作取得新突破

2011年，全省各级稽查部门紧紧围绕省局党组确定的新一轮基层建设、提高干部队伍素质，特别是提高收入质量、防范执法风险三项工作重点，转变观念、准确定位，圆满完成了各项工作任务。一是在职能作用定位上进一步优化。省局根据经济形势及税收工作发展需要，取消了对稽查查补收入指标的硬性考核，将工作重点放到案件质量、稽查质效和以查促管上，促进了税务稽查由“收入任务型”到“执法促进型”的转变。二是在工作重心上，将防范执法风险摆上突出位置，贯穿稽查工作全过程。各级稽查部门认真落实省局下发的《全省地税稽查系统防范执法风险实施意见》，增强了对稽查执法风险的认识和防范，强化了文明执法、廉洁执法。去年，全省稽查系统共检查各类纳税人14661户，未发生行政复议和不廉洁行为。三是在稽查工作思路定位上进一步优化。原来，省局将很大的精力放在直接组织开展对大型企业的税收检查上，从打击震慑的影响上是必要的，但从省局担负责任的全面实施和力量条件具备上，还是需要调整和改进的。现在，我们既抓工作组织，又抓系统管理，加强了对工作的整体部署、督导考核和指导服务，如对济南等三市稽查局进行了稽查案件复查等，实行了一系列行之有效的管理措施。全省稽查工作质效进一步提升，干部队伍素质进一步增强，稽查职能作用得到了充分发挥。去年，我省在电子查账、税收专项检查、发票整治、交办督办案件等多方面得到了总局的通报表扬。总的来看，2011年稽查工作思路正确、定位

恰当、措施有力、效果实在，为促进全省地税工作的顺利完成做出了积极贡献。回顾去年的工作，有以下四个特点：

（一）税收检查成果真实显著。这里要注意真实二字，主要是，2011年，各级稽查部门在税收检查工作中转变了“重数量，轻质量”的观念，更加注重税收检查质效的提升，税收检查工作组织扎扎实实，税收检查效果实实在在，不掺水分。经统计，全省共组织检查各类纳税人14661户，查补收入24.63亿元，入库21.11亿元。在检查中，一是加大了对重大涉税违法案件的查办力度，烟台、济宁、泰安等市稽查局严格落实重大税务违法案件管理制度，对省局重点督导查办的案件，认真组织检查实施，有力打击了税收违法行为，维护了税法刚性。二是发挥稽查互动作用，建立了与征管、法规、税政、税源管理等部门的多层次互动机制，形成部门间的职能优势互补，促进了稽查成果转化增值，全年共撰写调研式稽查建议90余条，反馈给相关部门。如济南市稽查局提供的有关印花税征管方面的建议，得到了市局主要领导的批示，并要求相关处室整改，使得印花税收入大幅度增加。三是组织开展精品案例评选，较好地发挥了“以案示查、以案示管、以案示法”的引领带动作用，提高了稽查人员查办案件的业务能力和水平。

（二）发票整治工作成绩突出。全省各级稽查部门按照“查税必查票”“查案必查票”“查账必查票”的总体要求，将发票整治和各项检查有机结合、融为一体，与国税、公安部门配合，组织开展了对部分重点行业和重点企业的发票使用情况检查。去年，共检查纳税人2987户，查处违法纳税人2088户，查出非法票据11.36万份，涉及金额7.39亿元，查补地方各项收入1.3亿元。向司法机关移送发票违法案件28起，曝光78起。青岛市稽查局查处的青岛“1·05”出售假发票、骗购倒卖发票团伙案；济宁市稽查局查处的济宁“3·15”制售假发票案等重大发票案件，得到了总局的充分肯定。去年，我们的发票综合治理工作，也得到了省政法委综治委的表彰，省局被授予“平安山东先进单位”的荣誉称号。东营、济南、枣庄等市稽查局在2011年打击发票违法犯罪活动中措施得力、成效明显，进一步净化了税收环境。潍坊、菏泽等市稽查局在总局部署的福建、云南发票案件协查工作中积极协作、通力配合，得到了总局和兄弟省市的高度评价。

（三）信息化稽查取得新突破。2011年，省局将实行信息化稽查作为提高稽查工作质效的重点和突破口，作为稽查现代化建设推进的切入点。经过省内外的广泛考察、论证，确定对威海市稽查局已试运行的电子查账软件进行全面改版升级，并在全省试运行。各级稽查局在投入大量人力、物力的基础上，经过紧张地设备安装和调试，全省17市、130多个县、市（区）稽查局，全部将网络版的电子查账软件安装到位，并于6月上线运行。为了总结推广并规范全省的电子查账应用工作，去年10月底，省局在威海召开了信息化稽查现场会，采用现场观摩和实地演示的方法，考察和评估了威海市稽查局推行电子查账的做法和经验，并对全省信息化稽查工作进行了全面部署和安排，提出了明确的规划和要求。应当说，去年电子查账软件的开发和应用起步迅速、成果斐然。全年使用电子查账软件检查纳税人1272户，查补收入2.45亿元，户均查补收入19.23万元，并在发现和识别真假账簿方面取得了明显的突破和进展，使税务稽查的效率和质量显著提升。总局稽查局马毅民局长对我省信息化稽查工作给予了高度评价，并专门发来贺电对信息化稽查工作中取得的成果表示祝贺。

（四）基础管理工作进一步加强。加强基础管理是做好稽查工作的基石。去年，全省稽查系统在转变理念的基础上，下大力气抓了系统管理工作，并先后出台了稽查案件复查、重大案件备案督导等一系列措施和办法，有力地促进和推动了稽查管理工作的高效运行。去年的基础管理工作，总结起来就是“三靠”。一靠加强培训，不断提高干部队伍素质。省、市局先后举办各类稽查业务培训班36期，培训稽查人员近2000人次。通过强化业务培训，全省稽查干部业务素质普遍提高，仅掌握电子查账的人员总数就已达到368人，占全部稽查人员的15%。过去组织培训大家不愿去，培训实质上是福利、调节和休息，现在培训确实是需求，事半功倍、一举多得。二靠制度建设，规范完善工作运行机制。去年，省局加大了工作调研力度，并针对稽查工作中存在的问题和薄弱环节，制定了风险防范、电子查账、专项检查、发票整治、软件报备、数据管理等21个制度办法，为规范稽查执法行为、推动工作有效开展提供了政策规范和保障。这是制定制度最多、最实的一年，工作量大，同志们付出也大。三靠改进督导考核，提高稽查工作质效。去年，省局在转变理念的基础上，结合职能定位的调整，对《稽查系统目标考核办法》进行了修改和完善，科学地确定了考核项目、考核重点和考核标准，并且实行了月考核、季通报、年汇总的考核方法，提高了考核的准确性和有效性。同时，先后开展的重大案件备案督导和稽查案件复查工作，也达到了预期的效果，提高了稽查工作的质效。今后，我们要继续坚持“三靠”，并常抓不懈。

去年，全省稽查工作经过各级稽查部门的不懈努力，取得了优异成绩，打造了一系列工作亮点，得到了总局领导和省局党组的充分肯定。成绩的取得，是各级地税机关党组正确领导、大力支持的结果，是有关部门密切配合、精诚协作的结果，也是我们广大地税稽查干部兢兢业业、扎实苦干、奋力拼搏的结果。在此，我代表省局党组，向工作在各级地税稽查岗位上的同志们表示崇高的敬意和衷心的感谢！

在充分肯定成绩的同时，我们也应该清醒地认识到工作中存在的问题和不足：一是稽查队伍整体力量不足，队伍结构有待进一步优化，既存在人员老化的状况，又存在结构不合理的问题，特别是精通查账、能够电子查账的人才匮乏，人员素质有待进一步提高。二是执法不规范，风险防范意识差。执法中程序不合法、资料不齐全、文书不规范、处罚执行不到位、个别环节或个别人廉政稽查不严格等情况依然存在。三是稽查理念更新、方法创新丰富、体制改进优化等方面与稽查现代化要求相比还有差距，对信息化应用的认识和能力不足，人员和资金投入有待进一步增强。这些问题在一定程度上制约了全省稽查工作的持续健康发展，需要引起我们各级领导的进一步重视，并着力加以解决。

二、深化完善，稳步提升，全面推进稽查现代化建设

稽查现代化是一个与时俱进、循序渐进的过程，是一篇没有句号的文章。虽然没有句号，但有阶段性目标。去年，总局在全国税务稽查工作会议上提出了稽查现代化的理念。今年，总局再次强调，提出要持之以恒地推进稽查现代化和国际化建设。去年，全省的稽查现代化建设以电子查账为突破口，以涉税信息采集、共享和应用为支撑，以完善稽查制度、机制和体制为保障，初步搭建了稽查现代化建设的基本框架，并取得了阶段性的工作成果。为此，省局专门向国家税务总局解学智副局长和总局稽查局马毅民局长就山东省推进稽查现代化建设的有关工作开展情况进行了专题汇报，得到了总局领导的充分肯定。今年年初，我受省局党组委托，在全国稽查工作会议上作了题为《统筹规划、重点突破、动态修正、扎实推进税务稽查现代化建设》的典型发言。总局稽查局马毅民局长认为，山东地税从实践信息化建设以及提高核心业务能力入手，阐述了对稽查现代化的理解，方向准确、路子对头，山东地税的做法对全国稽查系统在稽查现代化的理解和把握上提供了很好的借鉴。总局领导的肯定，是鼓励也是鞭策，各级一定要认清形势、振奋精神、加倍努力、自我加压，争取在今年的稽查现代化建设工作中有新的亮点、新的提高、新的成果。

（一）要充分认识稽查现代化建设的必要性和紧迫性。对于为什么要搞稽查现代化建设，不少同志还缺乏足够的认识，他们认为稽查现代化建设目标太高、太大，离我们很远，认为现有的机制体制和检查手段也能够保证检查任务的完成，没有必要下大力气搞稽查现代化建设。对此，大家必须清醒地看到，当前，全省规模以上企业几乎全部实行了会计电算化，大型企业集团多数已经搭建了个性化的 ERP 管理系统，中小企业会计电算化的应用率也超过了 60%，可以说各类企业的会计核算手段和水平在突飞猛进。反观我们的地税系统，近年来业务更新较慢、人员结构不合理、技术手段发展滞后。面对如此状况，我们不能不深刻思考这样一些问题，扪心自问，不搞稽查现代化建设，我们能不能开展会计电算化情况下的税收检查？不搞稽查现代化建设，我们能不能科学有效地防范稽查执法风险？不搞稽查现代化建设，我们能不能引领带动优化内部结构、提升人员素质？不搞稽查现代化建设，我们能不能有效处理来自各方的海量数据信息？要破解上述难题，答案在哪里？我们应当看到，这些问题只有靠推行稽查现代化建设才

能有效解决。可以说，稽查现代化建设是应对稽查当前面临严峻形势的必然选择，也是破解稽查当前发展瓶颈的根本途径。

（二）要深刻理解稽查现代化建设的基本内涵。总局领导在全国稽查工作会议上对稽查现代化作了明确阐述，认为税务稽查现代化是一个随着社会进步和时代发展而不断丰富完善的动态过程，要形成适应我国现代税源结构特征和查处税收违法案件需要的稽查资源配置模式和管理机制；要具备基本适应现代企业管理模式下查处税收违法行为的稽查方式方法；要配备跟上时代步伐的稽查手段和装备建设。由此可见，稽查现代化建设是一个全面的、系统的、综合的、现代的工程，具有丰富的内涵。税收检查案件的数量是不是增加了，稽查查补的税款是不是增长了，干部培训的人数是不是增多了，这些都不是衡量稽查现代化水平是否提高的主要标准。应当看到，稽查现代化水平的高低不是单纯的数字增长，而是主要体现在提高工作的效率和质量上。管理效率是不是提升了、检查手段是不是先进了、检查周期是不是缩短了、检查效果是不是提高了、税务稽查职能作用是不是得到充分发挥了，这些才是衡量稽查现代化水平高低的主要指标。从全省稽查现状看，稽查现代化建设的追求或目标，说简单、实际一点，就是在现有的人员配备和税收法律法规体系下，通过健全制度建设、优化工作机制、提高人员素质、强化系统管理、创新稽查手段，有效配置和整合稽查资源，从而促进稽查工作水平的全面提升。

（三）要准确把握稽查现代化建设的发展方向。作为当前和今后一个时期的重点工作，稽查现代化建设一定要有方向、有目标、有实施、抓重点。省局研究制定的全省稽查现代化建设近期工作目标是“打造电子查账、稽查选案和执法内控三个主体软件，搭建一个涉税信息综合应用平台”，也就是“三个软件、一个平台”，并以此来促进稽查现代化水平的全面提升；总体工作目标是在未来3~5年内逐步打造“体制合理、机制完善、管理高效、手段先进、执法规范、内外协作有力、职能发挥到位、整体效能突出”的税务稽查现代化工作体系。省局还研究起草了《关于加快推进税务稽查现代化建设的意见》，并将尽快下发。《意见》中对稽查现代化建设的思路、目标、方法、措施等进行了详细阐述，各市要认真学习、准确把握稽查现代化建设的深刻内涵，并结合《意见》的有关要求，进一步理清工作思路，把当前和今后一个时期稽查工作的重心转移到现代化建设上来。

（四）全面加快稽查现代化建设的推进步伐。总局解学智副局长在全国稽查工作视频会议上提出：我国的经济总量已经居于世界第二位，而我们的稽查现代化水平是否与经济总量相匹配？可以说，当前，我们国家的稽查现代化水平还是比较低的，与发达国家相比、与经济运行情况相比、与企业发展相比还有较大差距。大家一定要立足当前、着眼长远，进一步树立稽查现代化理念，加大工作调研和交流力度，积极吸收借鉴外地的先进经验，取人之长，补己之短。一是要突出重点。

稽查工作的推进与提高固然与体制、机制、人员素质等众多因素有密切关联，但从当前稽查工作的发展趋势看，推行信息化稽查是破解稽查现代化建设难题的关键，也是推进稽查现代化建设的基础，或者说必由之路。今年，各市要在前期工作的基础上，进一步加大投入，加大工作力度，将信息化稽查工作抓好、抓实、抓出成效。二是要全面推进。稽查现代化建设绝不仅仅是信息化一个方面，而是一个涵盖税务稽查从管理到检查的完整工作链条。各市在推进稽查现代化建设时，要通过推进信息化稽查工作促进稽查现代化建设全面提升，引领带动素质的提升、理念的更新、方法的创新、机制的优化、资源的整合、作用的互动。要善于创新、敢于突破，凡是符合当前稽查工作实际、符合税收政策规定，有利于提升稽查工作效率和质量，有利于现代化稽查推进的改革设想，都可以大胆尝试。现实一点说，比如，为了解决检查力量不足和业务专业性不强的问题，省局决定尝试引入中介机构帮助进行税收检查，各市也要在这方面多做探索。三是要加速推进。当前社会经济发展的主旋律是全球化、高科技和信息化，与此相比，税收事业的现代化、信息化程度更加亟待提高。当前，传统的稽查模式已经越来越无法全面适应社会和经济形势发展的需要。在这种趋势下，不先则后、不进则退、不快则慢、时不我待。因此，我们各级必须充分认识到经济在发展、社会在进步、时间不等人。稽查现代化建设必须在时间紧、任务重、困难多的情况下，加速推进、能快则快。

三、突出重点，狠抓落实，圆满完成2012年稽查工作任务

今年，孙伟副省长在全省财税工作会议上要求：“各级税务机关要坚持依法治税，做到应收尽收、不收过头税；要加大对重点税源的监控，强化税收分析、纳税评估、税务稽查相结合的控管机制；要切实提高收入质量，把收入作实。”我们要深刻理解、坚决落实孙伟副省长这一指示，并把握好四点：一是在依法治税、应收尽收上，为防止税收流失，要把好最后一道关，重在查处偷税漏税和有税不收，做到以查促收，依法管税和收税；二是不收过头税体现在稽查上，就是不要有单纯的任务观点，更不能为完成任务，或者其他原因，不顾一切，硬查、乱查，要在科学选案、准确选案、规范稽查、查本治本上下工夫；三是在税源控管上，充分与有关方面、有关环节互动，做到以查促管和以管带查；四是一定要注重稽查质量，注重稽查成果的真实、客观、全面。

根据孙伟副省长的要求，省局党组也明确提出要继续推进提高收入质量、防范执法风险和新一轮基层建设、干部素质提高三项重点，并在前两年工作的基础上积极作为、稳中求进。税务稽查要围绕孙伟副省长指示精神、省局三项重点工作和稽查现代化建设，着力抓好税收检查、执法风险防范、信息化稽查和专业化稽查四项重点工作。下面，我就如何抓好今年的稽查工作谈几点意见：

（一）要注意把握关键，有针对性地开展税收检查。税收检查既是防止税款流失、堵塞税收漏洞的重要环节，也是依据国家税收法律法规、参与经济调控的一个重要手段。要充分、及时地发挥税务稽查职能，就必须增强税收检查的针对性，也就是要将案件选准、查明、定实和执行整改到位。

一是要准确把握经济发展和国家宏观调控趋向与税收工作总体要求开展稽查工作。从经济运行情况看，去年以来，全球经济低位运行，我国产业转调也处于关键节点，受此影响，经济增速放缓。与此同时，税收收入却同比大幅增长。广大媒体和纳税人对此十分关注，并对税收工作产生质疑，怀疑我们的税收质量是否真实，税负水平是否太高。对税务稽查，他们也产生了一定抵触，认为税收这样增长、税负又这么高，税务部门不应该再查这查那。从税收政策调整情况看，近几年，国家税收政策调整非常频繁，仅去年一年，国家就对资源税、车船税、营业税起征点、个人所得税等政策进行了大的调整，并在上海等地试点"营改增"。这些政策调整对鼓励中小企业发展、提高居民收入具有十分重要的作用，同时，这些政策也对地税收入的增长产生了一定影响，经测算，受结构性减税政策影响，抵消增收因素影响后，今年全省地税收入预计将减收31亿元。从上面的分析我们可以看到，当前中央的意图就是要关注民生、保障民生、惠及民生，鼓励中小企业发展。然而，作为税务部门，组织好税收收入，是我们的主要职责所在。如何处理好落实税收政策和保持税收持续稳定增长之间的矛盾，成为摆在我们面前的一道重要课题。对于税务稽查而言，一方面，无论从政策导向，还是社会压力来看，我们都不应该总是盯着中小企业，不要总想着把所有企业都查全、查透，要给中小企业松绑、减负，要将检查重心转移到社会普遍关注的高利润、垄断性、暴利性行业企业和高收入者个人上来，并通过对这些企业和个人的检查来带动税收收入的增长；另一方面，在安排检查工作时，既要避免唯收入论、唯任务论，又不能忽视税收流失问题，要在提高工作针对性、提高税收检查质量、提高稽查执法水平和强化以查促管上下工夫。

二是要突出抓好税收专项检查和发票整治工作。税收专项检查和发票整治工作是总局安排的常态性工作任务，也是各级稽查部门的主要工作，各级一定要围绕这两项工作重点，积极组织开展税收检查。首先，要充分利用纳税评估、税源管理、税收征管、税政管理和第三方信息，健全选案指标分析和案源分析制度，运用科学的方法进行选案。其次，要强化工作的组织和督导落实，扎实有效地安排好税收专项检查、区域专项整治、重点税源企业税收轮查和发票整治工作，加强对税务稽查的全程监控和管理，切实提高稽查效率和质量。最后，要加强与国税、公安等部门的协作，集中查处一批大案、要案，加大曝光力度，增强震慑力，扩大社会影响。

三是要高度重视并切实规范举报管理。举报案件既是税务稽查的线索来源，又是社会矛盾的焦点指向。不及时、正确地处理举报案件，就有可能引发社会矛盾，从而影响社会的和谐与稳定。各级稽查部门务必要确定专人负责举报案件的受理工作，规范举报案件受理的工作流程，加大对举报案件特别是反复举报案件的查处力度，并在案件查处过程中，注意做到及时、公正，坚决避免因处置不当引发社会矛盾。另外，各市要积极与当地财政部门协调，建立正常的奖励经费来源渠道，切实落实举报奖励，避免因落实举报奖励不及时，而挫伤群众协税护税的积极性。

（二）要完善内控管理，进一步提高执法风险防范能力。近年来，防范执法风险一直是省局党组反复强调并主抓的重点工作。全省地税工作会议上，省局党组书记、局长宋文军同志指出："要深入推进提高收入质量、防范执法风险工作，确保取得明显成效"，并提出了全过程监控的执法风险防范理念。对税务稽查而言，由于流程不合法、执行不到位、文书不规范等情况的存在，导致稽查执法风险的隐患较多。同时，这些问题也是审计和检察部门关注的焦点。客观地说，这些问题的存在不仅给税收执法带来了风险，也会影响到我们干部职工工作、生活的安定。因此，各级领导要率先垂范、以身作则，牢固树立风险防范意识。各级稽查部门要在过程控制、检查质量、文书管理等方面多做探索，将风险防范摆在税务检查的突出位置重点抓好，把一切风险彻底消除在萌芽之中。

一是要建立完善内控机制。去年，各市建立和完善了内控管理机制，部分市局已经或正在探索开发执法过程控制软件，这些工作对提高执法风险防范水平很有帮助。但是，也有一些市局对防范执法风险思想上不重视、行动上不迅速，在工作落实上拖拉懈怠，甚至消极应付。今年，各市一定要进一步理顺和规范稽查工作流程，将权力、岗位、制度、责任有机结合，构建完备的监督和保障体系，确保责任的有效落实和权力的正确行使。各级要注重做好案件自查和复查工作。去年，省局对3个地市进行了案件复查，发现了一些问题，消除了部分执法隐患。今年，省局将加大案件复查的范围和力度，充分发挥事后监督的作用。各市也要建立常态化的案件自查和复查机制，并及时做好问题整改，切实消除风险隐患。

二是要注意加强档案文书管理。稽查的档案文书是对税务检查工作全过程的反映，也是稽查执法问题的最直接证据。从省局调研和检查情况看，档案文书管理依然是稽查工作的一个薄弱环节。一方面，各市档案文书格式不统一，不仅各市局之间不统一，甚至一个市的县区之间也存在较大差别。另一方面，稽查文书的使用也存在一些问题，稽查文书适用错误、案件情况表述不清、法律条文引用错误、填制时间前后颠倒等情况也都存在。上述问题给稽查工作带来一定的风险隐患。今年，各市要根据省局的统一部署和要求，尽快清理、规范本地区的稽查文书，并进一步加强文书管理，安排专人负责，推行工作责任制，坚决避免在档案文书的使用和管理上出现大的疏漏。

三是要进一步加强廉政建设。在全省财税工作会议上，孙伟副省长指出："财税系统是有实权的部门，别人求你的时候多，你求别人的时候少。我们一定要时刻警醒自己，不断增强反腐倡廉的自觉性和坚定性，切实防止在廉政方面出问题，更不能出大案要案。廉政建设不仅可以挽救一名干部，还可以挽救几个家庭、挽救一番事业。"这话语重心长、朴实深刻、发人深省，我们要时刻牢记、警钟长鸣。税务稽查是一个高风险的工作岗位，大家在工作中都有体会，每查办一个案件，来自各方的压力和阻力特别大，纳税人托人情、找关系现象十分普遍。稽查干部如果顶不住压力、抵御不了诱惑就很容易出问题。各级在今年的工作中，一定要注意加强廉政教育，从思想上筑牢预防腐败的防线，坚决杜绝"人情税""关系税"和工作中"层层放水"，做到明明白白检查、干干净净执法，努力塑造一支"能打仗、敢打仗、打得赢、作风正"的地税"铁军"。

（三）要加强软件开发应用，深入推进信息化稽查工作。今年的全省地税工作会议上，宋文军局长对去年信息化稽查工作成效进行了充分肯定，并指出信息化稽查是对转变稽查理念的具体落实。作为推进稽查现代化建设的主要抓手，信息化稽查仍将是今年稽查工作的重头戏。大家要注意做好以下两个方面工作：

一是进一步加强稽查软件开发。今年，省局稽查软件开发的重点主要有两个，一个是对电子查账软件进行升级，切实提高其数据获取能力和查账能力，一个是研究开发执法内控软件。各市要围绕省局工作重点，对企业财务软件应用情况和稽查执法流程执行情况多调查、多分析、多掌握，对税收检查的思路、方法和技巧多总结、多归纳、多提炼，对软件的设计多思考、多探索、多研究，对软件的开发和硬件建设多争取、多尝试、多投入，积极为省局献言献策，协助省局尽早地完成软件开发计划。

二是要切实强化软件应用。开发软件的目的在于推广和应用。再好的软件，不用就失去了应有的价值。另外，一个软件好用不好用，只有使用才知道，只有使用才能评判检验，才能持续改进，才能完善提高。去年，我们组织了大量的人力、物力对电子查账软件进行了完善和推广，并取得了初步成效。今年，各市要切实加强对电子查账软件的应用，在应用中去增强体会、检验效果，在应用中去发现问题、改正问题，在应用中去总结经验、完善软件，在应用中去弥补不足、提高水平。各市要不断提高电子查账比例，充分发挥电子查账高效、便捷的特点，进一步拓宽税务检查覆盖面。今年省局提出了电子查账利用率达到20%的工作目标，但对会计电算化程度高的地区而言，稽查部门还应该进一步加大工作力度，努力扩大电子查账的覆盖面。

（四）要提升业务水平，大力推行专业化稽查。专业化稽查是提高稽查效率和质量的重要举措，也是稽查现代化建设的重要组成部分。专业化稽查面临的主要问题是体制机制和人员素质问题。今年，省局也决定在推行专业化稽查方面做一些探索。

一是要全面推行市区一级稽查运行机制。所谓市区一级稽查，就是在机构、编制和人员暂时不变的情况下，通过变运行机制和方法，在城区范围内实行“统一选案、统一检查、统一审理、分别执行”的检查管理模式。从近几年济南、青岛等市实际运行情况来看，市区一级稽查运行机制确实是提高稽查工作效率、提升案件检查质量的一种有效工作机制，也是实现专业化稽查的基础。今年，各市要按照省局的工作部署，全面推行市区一级稽查的运行机制。

二是要注意提高核心业务能力。稽查系统的核心业务就是税收检查。检查水平的提高是一个不断学习的过程、是一个经验积累的过程、也是一个总结升华的过程。去年，省局组织开展的精品案例评选就是一个很好的举措。今年，应各市的广泛建议，省局决定结合编写全省地税岗位丛书《税务稽查》分册的同时，编写税务检查行业指南，并建立稽查案例库。各市要注意总结税收检查中的做法，归纳税收检查的经验、方法和技巧，剖析税收检查的重点、难点和疑点，及时向省局上报相关的信息和资料，并积极撰写案例和调研，为提高全省的税务稽查专业化水平做出贡献。

三是要培养专家型的人才队伍。干部素质提高是省局党组确定的三项重点工作之一。从稽查角度看，目前迫切需要的是专家型的业务人才。我们的检查人员不一定要各项业务样样精通，但一定要对所负责的工作驾轻就熟。你可以是税收执法的专家，也可以是税收检查的专家，甚至可以是某个行业或某个税种方面的专家。总之，复合型人才和专业型人才都是我们稽查队伍不可缺少的人才。今年，各级要在人员考核评价体系、培训的针对性和建立健全激励机制上下工夫，鼓励各类专家型人才脱颖而出，推动稽查工作整体上水平。

同志们，2012年是实施“十二五”规划承上启下的重要一年，也是省局三项重点工作全面落实、实现既定目标的关键一年。希望各级稽查部门，以这次会议为契机，按照积极作为、稳中求进的工作要求，求真务实、狠抓落实，改革创新、锐意进取，努力推动稽查工作再上新台阶！

在全省地税系统基层建设经验交流会上的讲话

吕凤强

（2012年6月11日）

同志们：

根据新一轮基层建设工作的总体计划，经省局党组认真研究，决定召开这次全省地税系统基层建设经验交流会。对这次会议的召开，省局党组高度重视，宋文军局长两次听取情况汇报，并在省局党组扩大会议上进行了专题研究。这次会议的主要目的是，对新一轮基层建设进行阶段性总结，推介各地涌现出的工作经验和典型，着重解决工作推进中存在的管理跟进、软件不硬、深层薄弱、长效机制建立及落实等突出问题，进一步统一思想，明确方向，树立标杆，加大力度，全力冲刺，再掀基层建设新高潮，确保年底前圆满实现基层建设三年规划既定目标。昨天，我们现场观摩了日照市局部分基层单位，交流了有关单位的经验做法。刚才，大家又进行了分组讨论。下面，根据省局党组研究的意见，我简要讲三个方面。

一、新一轮基层建设工作进展和取得的主要成果

全省地税系统实施新一轮基层建设以来，按照既定方向和目标，从全面部署、重点突破到典型带动、整体推进，到拓展深化、全面提高，有措施、有步骤，目前已经取得了重大进展，取得了重要成果。

（一）基层面貌发生深刻变化。一是基层基础条件明显改善。两年来，各级共投入基层建设经费5.84亿元，其中省局2.99亿元（2010年1.98亿元、2011年1.01亿元），基层一线的取暖改造、计算机配备、食堂建设、交通工具等基础性缺失问题已经得到全面解决。特别是一些基础设施差、条件落后的基层单位，通过修缮、置换、改造、扩建等途径，办公条件得到了全面改善。基层中心所统一形象标识的推行，实现了全省地税系统中心所外观的整齐划一，面貌焕然一新。二是基层经费保障能力显著提高。在新一轮基层实施之前，绝大部分基层单位经

费渠道不固定、不稳定、不规范，基层单位负责人相当大的精力用于争取经费、协调经费，甚至有些单位工资都不能正常发放。事业的发展和创新更是受到制约，同时也给严格执法、给廉政建设带来了很多风险。这一问题带有很大的普遍性，成为“基层苦、基层难”的一个重要方面，也因此成为新一轮基层建设的一个重要关注点。新一轮基层建设实施后，经过上上下下多方面的共同努力，目前，已有77个区县级基层局通过政府发文的形式确立了正式经费保障渠道，109个区县级基层局按惯例方式（历史人头费基数+项目经费+部分提成）可得到基本保障。同时，已有94个县区局的基层中心所实现了基本经费与乡镇政府脱钩，长期以来困扰基层单位的经费无制度保障、无稳定渠道、争取经费占用精力过大的问题得到大面积解决。三是基层干部职工主体地位进一步得到突出。各级坚持以人为本，立足于激发基层干部队伍活力，大力推行民主决策、民主管理，加强人文关怀，并在政策允许的前提下，力所能及地解决基层干部职工的后顾之忧，使基层干部职工的工作热情得到极大激发，基层队伍凝聚力明显增强，“基层苦、基层难，基层感到不公平、不安全”的状况得到全面改善。

（二）基层集中办公呈现出整体效应。随着基层建设的逐步推进，截至2011年底，全省已有135个县区局（含开发区分局）实现了基层集中办公（其中，办公场所集中到一处的30个，集中到2~3处的58个，集中到3处以上的47个），占全部县区局、开发区分局的82.8%，办公地点由原来的850个减少到432个，减少49.17%。从最近的统计情况看，2012年度，全省还将有26个县区局计划推行集中办公，集中办公地点将进一步减少到392个。在集中办公的推进中，各级紧密结合税源专业化管理的推进需要，整合人力资源、调整岗责体系、优化工作流程、整合服务平台、规范行政管理和资产管理，完善制度建设，从而使基层单位的工作流程更为通畅、纳税服务更加优化、工作秩序更为规范、制度体系更为健全，管理质效提升，运行成本下降，集中办公呈现出了很好的整体效应、综合效应。

（三）干部队伍结构全面优化。一是领导班子建设方面，各级积极配齐、配强、配合理基层领导班子，全系统县区局班子成员平均年龄由47岁下降到了45岁，基层中心所长平均年龄42岁。二是拓展基层干部发展空间方面，两年来，全系统通过竞争上岗、选派基层干部到机关挂职等方式，使基层干部发展空间得到很大拓展，特别是在市局机关配备班子成员这方面，高度重视基层工作经历，目前，市局领导班子中有基层工作经历的同志达到了80%。同时，在能手选拔、荣誉评定等方面，积极向基层倾斜，干部成长空间得到进一步拓展。三是优化基层干部队伍年龄结构、知识结构方面，两年来，全系统共招录公务员193名、事业编制人员84人，通过“两税”划转等接受耕契两税征管人员450人、养路费稽征人员556人，全部充实到了基层一线，在一定程度上优化了干部队伍的年龄结构和知识结构，壮大了地税基层干部队伍，缓解了基层人员不足的压力。

（四）干部队伍整体素质大幅度提高。各级坚持把干部教育培训作为基础工程、战略工程和治本之策来抓，严格落实干部教育三年规划。一是拓展了培训范围。在实施分级培训的基础上，尽量向基层延伸。2010年以来，全系统共组织各类培训2029期，培训干部100213人次，省局直接培训达4456人次。二是突出了培训重点。在实行全员培训的基础上，突出抓好领导干部培训、一线人员培训和骨干人才培训三个重点。两年来，共组织领导干部培训班193期，培训3101人次；组织一线人员培训班1352期，培训77139人次；组织骨干人才培训班474期，培训13484人次。三是加大了经费投入。两年来，全系统共投入培训经费14352万元，占日常公用经费的11%，人均3155元，其中省局直接培训支出1004万元，补贴市局1214万元。可以说，新一轮基层建设实施以来的两年，也是地税垂直管理以来干部教育培训力度最大、范围最广、人数最多的两年。全系统干部教育培训工作得到了省委组织部高度关注，省委常委、组织部长高晓兵同志专门作出批示予以肯定，省委组织部在省局召开现场会，对我们的做法进行了观摩推介。

（五）科学管理水平明显提升。各级在“硬件”设施到位的基础上，更加注重“软件”建设，在坚持依法行政、依法治税的基本原则下，积极探索更加有利于提高管理质效、更加符合现代化发展方向的税收征管模式、税源管理办法、税收服务措施、行政管理机制等，创出了很多好经验、好做法，并形成了各具特色的工作亮点。特别是以集中办公为契机，因地制宜地探索符合自身实际的税源专业化管理模式。目前，全省已有84个县区局599个基层中心所运行了税源专业化管理模式，受到总局的高度关注和充分肯定。

（六）其他各项工作得到全面加强。一是文明创建实现重大突破。各级坚持把文明创建有机融入基层建设，以基层建设的扎实开展促进文明创建的稳步推进，以文明创建的丰硕成果带动地税形象提升，省局机关和13个市局进入了“全国文明单位”行列。这一巨大成果，在全国税务系统和省直各个部门都是罕见的。二是基层党建工作全面加强。各级充分发挥垂直管理优势，大力加强和改进系统党的建设，扎实开展“创先争优”“争创优秀基层党组织”等活动，党建工作呈现出了全面发展的可喜局面。2011年，结合弘扬沂蒙精神，省局党组在临沂建立了山东地税党性教育基地，在去年成功举办全省地税领导干部党性教育培训班的基础上，今年又安排10个批次、1280名党员领导干部到教育基地接受教育。省委组织部和省直机关工委都充分肯定了我们的这一举措。三是廉政建设逐步深化。在新一轮基层建设中，各级高度重视廉政建设和执法风险防范工作，深入开展廉政教育和廉政文化进机关、进家庭、进办税场所活动，推广应用廉政和执法风险防控平台，进一步筑牢了廉政风险防线，有效防止了违法违纪行为现象。廉政和执法风险防控平台建设得到省纪委高度重视。四是文化建设有声有色。各级充分认识文化对税收工作的引领和灵魂作用，坚持把文化建设作为新一轮基层建设的重要内容，准确把握文化建设的重点内容、重点环节，深入探索加强文化建设的措施，做了大量工作，比如，作为省局文化建设示范基地的临沂税务文化教育基地以及日照税务文化主题公园、威海市局的电子图书馆、滨州地税开展的“和谐地税、幸福团队”创建活动等，都已经产生了广泛的积极影响。

系统总结新一轮基层建设取得的重要进展、重大成果，可以简单地概括为“三个满意”：一是基层的同志们满意。大家普遍有感觉、有变化、有成效。这一点在前面的回顾中已经有所体现，不再赘述。特别是，作为新一轮基层建设的一个重大新意，我们一改过去的指导基层加强自身建设“一条腿”走路，转变为基层单位加强自身建设与领导机关加强基层服务和基层保障“两条腿”来走路，变抓基层为帮基层。在指导基层加强自建的同时，各级领导机关切实转变工作理念、转变工作作风，积极承担自己的应有职责，在全系统唱响了“重视基层、关心基层、服务基层、帮助基层”的主旋律。这一巨大转变，不但直接推进了基层建设各项具体工作目标的实现，推动了机关作风机关转变，更直接促进了系统上下和谐、干群关系和谐。实践也证明，机关和基层各担其责、各尽其能、上下一心“两条腿”走路的办法，是我们新一轮基层建设的成功举措。二是各级党委政府满意。两年来，姜异康书记、姜大明省长等省领导先后12次对我们的整体工作给予批示肯定。全省17个市地、160多个县区局的党政主要领导先后作出240多次批示，对地税部门的整体工作或者基层建设予以充分肯定。这既是对我们的褒奖，更是巨大的鞭策和鼓舞。三是广大纳税人和社会各界满意。在新一轮基层建设中，无论是基层保障条件的改善，还是基层人员素质的大幅度提升，还是管理科学化的巨大推进，都直接促进了管理资源、服务资源的进一步整合，促进了税收管理流程和税收服务平台的进一步优化，进而直接促进了管理质量和服务质量的大幅度提升，社会各界和纳税人满意度明显提升。在近两年的各级政风行风评议活动中，全部市局和98%以上的基层单位，都在当地进入了优秀行列。其中，省局荣获了行政执法部门第一名的好成绩，13个市局进入了当地行政执法部门前三名。

总之，新一轮基层建设相对于以往的任何一轮基层建设，不能说有几个“最”，但可以总结为几个“更”：一是投入更大；二是工作重点更突出，突出问题解决得更多；三是上下联动性、协调性更强；四是工作部署更加科学统筹、更加有力；五是党委政府和社会各界重视、关注程度更高，得到的党委政府批示和荣誉成果也最多；六是从事基层建设工作的同志地位更高。

二、当前新一轮基层建设推进中存在的突出问题

尽管新一轮基层建设得到了扎实推进，并取得了显著成绩，但客观地讲，基层建设仍存在一些亟待解决的问题。总的来看，这些问题既有建设问题又有管理问题，或者说既有硬件问题又有软件问题，既有表层问题又有深层问题，既有现实问题又有长远问题，这两方面的问题，后者是主要的。当务之急主要是：

一是集中办公问题上，重“物理集中”轻“化学反应”，或者说重硬件建设轻软件建设，个别地方简单地为集中而集中，对集中办公的新运行管理，人力物力资源整合、征管流程再造、纳税服务优化、科学管理推进等，特别是原有的管理体制与新税收管理方式相矛盾的统筹解决，对此在各个层次上还缺乏深入研究和相对确定的对策，集中办公的综合优势尚未得到充分发挥。

二是经费保障问题上，尤其是基层中心税务所经费保障稳定、规范的长效机制还没有建立，存在满足于一时一需，靠争取、靠协调解决的问题，特别是经济欠发达地区尤为突出，在执法上存在着很多风险。

三是工作进展上，工作不平衡、工作不协调的问题仍然存在，有些地方工作存有“死角”。表现在硬件上，有的办公条件、办公环境未得到有效改善，有的基础设施配置不到位，上级拨配的空调、计算机、车辆等没有得到有效利用，有个别地方甚至掩盖困难，贻误解决问题的机遇，也有的基层单位形象标识至今还没有规范到位。在软件上，基层各项管理还存在漏洞和缺位，应有的基层建设各项管理标准和制度办法还有待统筹建立，等等。

四是长效机制建设上，迫切需要对新一轮基层建设开展以来形成的重大工作经验、重要工作创新进行认真梳理，对实践证明行之有效的好经验加以系统全面的固化。围绕长效机制的建立，前期各地做了大量探索，关键是下一步的学习借鉴、推广应用和巩固发展，还有大量工作要做。

我们这次会议的现场之所以确定在日照，主要就是针对工作中的突出问题，有的放矢寻求解决办法，加以借鉴。日照市局在基层建设工作全面推进中，以“标准化”创建为抓手，先后制定了《标准化中心税务所建设标准》《市局机关服务基层标准》《税收征收管理标准化操作规范》等一系列规章制度，科学统筹了税收征管、执法服务、队伍建设、基层党建、行政保障等基层工作的各个方面，形成了一套较为完整的标准化体系和工作运行机制，在基层建设持续开展、工作推进长效机制建设方面，做了深入有效的探索，这些都值得大家学习和借鉴。为了给大家提供更多的借鉴和启发，这次会议所推荐的典型经验，既有整体工作全面推进较好的，如济南、青岛、淄博市局，也有在整体工作推进较好前提下单项工作亮点突出的，如潍坊市局的和谐建设、纳税服务优化，威海市局的干部教育培训

等；既有指导基层、服务基层的典型，如枣庄市局、省局信息中心，也有基层单位加强自身建设的典型，如临沂兰山分局、东营广饶县局；既有税源专业化管理方面的典型，如济南平阴县局、烟台莱州市局、滨州博兴县局，也有基层党建方面的典型，如聊城东昌府分局；既有重点问题得到有效解决的典型，如菏泽市局的经费保障长效机制建设，也有抓住机遇善于创新的，如济宁泗水县局集中办公后固定资产的管理。总之，希望大家认真学习好、借鉴好这些好经验，多思考、多总结自己的实际情况去创新，更好地开展好下一步工作，力争使各项工作有一个大的提升。

三、下一步的具体工作和主要目标

2012年既是落实新一轮基层建设“三年规划”的收官之年，更是实现既定目标的冲刺之年。各级要充分认识在当前形势下召开这次会议的重要意义，正确把握形势，明确发展方向，再鼓精神、再掀高潮，确保圆满完成各项工作任务。

（一）要深入扎实开展“回头看、向前赶”活动。

到今年年底，各项既定目标是否能够全面实现，关键看下一步的行动。我们既要全面总结工作经验和阶段性成果，坚定信心，更要戒骄戒躁，客观地分析工作中的差距和问题，迎头赶上。要对照《关于实施新一轮基层建设工作的指导意见》，认真开展“回头看、向前赶”活动，逐条逐项对照梳理和总结分析，查缺补漏，转弱为强，由软变硬，变低为高，化无为有。既要看既定目标和部署工作的落实情况怎么样，看工作推进中还有哪些困难和问题，也要看工作中出现的新问题、形势发展对我们提出的新要求。通过回顾总结，对已经达到目标的，要抓好巩固深化，力争更上一个新层次；对工作中存在的“死角”，或者进展缓慢的，要分析原因，制定措施，明确落实责任，认真抓好落实；特别是对自身难以解决、难以克服的困难和问题，需要上级支持的，不要遮掩、不要硬撑，积极向省、市局提出来，只要省、市局能够办到的，必定大力支持。三季度，省局还将组织一次大规模的督导和检查，一方面，对这次会议的工作落实情况进行督导；另一方面，对新一轮基层建设的各项既定目标进行总体性检查验收，为年底的大总结、大表彰做好充分准备。

（二）要认真做好各项工作的“拓展深化、全面提高”。

各级要继续保持当前各项工作的良好势头，按照“拓展深化、全面提高”的要求，对各项工作进行认真梳理，找准拓展深化的着力点。

——在集中办公与税源专业化管理结合推进方面，对已推行集中办公的135个县区局和拟推行集中办公的26个县区局，要切实注重做好集中办公与集中征收、服务资源整合、推行税源管理专业化、规范行政管理、加强资产管理等工作的同步进行或后续跟进，围绕税源专业化管理的推行，着力解决好集中办公后征管流程优化、内部机构和岗责体系调整、数据信息平台完善、人力物力资源整合、纳税服务平台优化、强化与地方党委政府的沟通等问题，使集中办公发挥出更大的综合优势。一是要做好机构改革与税源管理相结合的文章。一方面，内部机构的设置和整合，要充分考虑到税源专业化管理的要求，切实发挥保障作用；另一方面，税源专业化改革方案的设计，也要兼顾到统一机构设置的实际情况，努力使两者相互促进，协调发展。当前要突出解决好保机构编制人员、保干部位子职务、保与乡镇党委政府的联络渠道、保对纳税人的方便服务，与资源整合、职责再分、流程再造、人员再组、机制再建的融合难点，实现变与不变的有机统一。在这次会议上，省局制定了《税源专业化管理模式选择的意见（征求意见稿）》，在分组讨论过程中，大家也都谈了各自的意见，省局要求各级必须结合各自实际，因地制宜地选择工作模式，以引导集中办公后征收管理工作上水平、上层次。二是要坚定不移地推行集中征收，有效整合服务资源，实现区域内的同城统办，不断提高服务水平。同时，实现征收和管理的分离，完善内部监督制约机制，有效防范执法风险，提高管理工作质效。三是要积极稳妥推进税源专业化管理，根据征管改革工作的整体部署和安排，结合基层建设的实际，以集中办公、集中征收为切入点，不断优化岗责体系和征管流程，减少运转环节。坚持“统一目标、因地制宜、积极稳妥、求实创新”的原则，加大税源专业化管理的推进力度，积极推动管理体制和管理机制创新，努力提高征管质量和效率。

——在日常经费长效机制方面，下一步要重点对基层中心所的经费体制进行改革。对改革的办法，前期省局形成了一个初步意见，并向各市局征求了意见。日前，省局又连续召开了两个分片座谈会，进一步征求各层次、各方面的意见，具体的办法正在研究形成，争取尽快出台。总的原则是，保证需要，防范风险，规范稳定，长效持续。基本方法是，确定合理标准，确定保障渠道，共同负担，三方补助。即采取基层中心所日常公用经费实行省、市、县局共同负担补助的办法。在实行经费保障办法后，原则上县级地税部门的各个中心所日常公用经费达到相对均衡不再因各自争取经费不同而产生较大差异，保证各个单位正常办公。对基层中心所经费体制的改革，省、市、县局三级都要尽责出力，省局将努力向省财政厅争取更多的资金用于基层中心所经费补助，各市、县（市、区）局也要积极向当地政府说明情况，汇报好、协调好，争取最大的支持。希望大家集思广益，顾全大局，把建立基层中心所经费保障长效机制这项重大工作做好、做实。

——在加强班子队伍建设方面，为改善基层领导班子的年龄、知识和专业结构，省局确立了县区局领导班子至少有1名35岁左右并有3年以上基层工作经历的年轻干部，至少有1名精通税收业务干部的目标，同时要求更加注重培养、选拔和使用优秀基层干部。从目前情况看，经过努力，基层班子的知识和专业结构已经得到很大改善，培养、选拔和使用优秀基层干部的力度也非常大，效果非常明显，

2010年以来，省局已分两批选拔30多名优秀年轻干部充实省局机关，各市局共选拔230多名优秀年轻干部到市局机关任职或挂职，对于改善机关干部队伍机构，增强机关活力，提升工作质效发挥了非常积极的作用。但是，在改善基层单位班子年龄结构方面，进展并不理想。目前，全省基层单位班子中，35岁以下成员的数量很少，不足20人；中心税务所长35岁以下的也不到50人。下一步，要认真分析班子队伍现状，切实把握好基层领导班子成员的年龄、知识和专业结构，尤其要注意发现和培养优秀年轻干部，注重选拔和使用优秀基层干部，尽力为基层单位配备相对年轻的优秀干部；要继续建立系统内上下双向交流挂职锻炼工作机制，使其常态化。

——在干部教育培训方面，要严格按照干部教育培训三年规划，继续将优质培训资源向基层延伸和倾斜，向一线干部职工延伸和倾斜，确保熟练掌握岗位专业知识和技能的一线人员比例达到规划目标，确保获得注税、注会和司法资格证书的人员达到规划目标，确保全面完成“三年内对全系统基层干部职工轮训一遍、三年内每位干部职工脱产培训不少于两个月”的既定目标。同时，要抓紧研究探讨教育培训效果评估方法，围绕针对性和实效性，改进、丰富培训内容，创新、完善培训方法，力求实现新的突破。负责省局教育培训丛书编审的单位，要按照时间服从质量的要求，在坚持质量第一的前提下，认真履行职责，科学修订、完善、更新现有学习材料，编写好各类教材，为全系统教育培训和干部自学应用提供必备工具。

——在文明创建方面，这些年来，各级地税部门创造了很多好的经验，涌现出了一大批先进典型，不但在系统内、而且在全社会都产生了积极影响。下一步，省局将研究制定《关于进一步深化文明创建工作的指导意见》，各级一定要在既往工作的良好基础上，从践行党员先进性、培育核心价值观、倡导文明新风、培养优秀人才、打造文化品牌等方面着手，深入开展富有地税特色的文明创建活动，力争通过扎扎实实的工作、扎扎实实的创建，不断推出新典型、打造新亮点。近日，中央文明委又专门召开视频会议，安排从5月开始，在全国食品行业、窗口行业（含税务部门）和公共场所三个领域开展教育治理活动，任务重点包括广泛开展公民道德教育、集中治理群众反映强烈的诚信问题、深入推进道德实践活动、大力培养良好社会文明道德风尚四个方面。各级要按照中央和省里的有关要求，研究制定好具体的工作方案，认真开展好这项教育治理活动。

——在基层党建方面，实践证明，抓好基层党建，对于促进各项工作具有极大的推动作用。各级要进一步加强对党建工作的领导，突出党建工作重点，不断提升基层党组织的创造力、凝聚力和战斗力；要持续深入开展创先争优活动，组织开展好“学雷锋争先锋”“争做人民满意公务员”等活动，开展好各类创先争优评选，努力培养更多先进典型；要认真开展好“基层组织建设年”活动，认真帮助“第一书记”开展工作，帮助贫困村强班子理路子、解难题办实事，为贫困地区脱贫和发展做出我们应有的贡献。

——在思想政治方面，当前，在一些地方和单位，讲进步多讲奋斗少；对组织讲要求多，讲组织需要少；讲福利待遇多，讲贡献奉献少的现象仍然存在，这实质上是政治素质不高的表现。对此，各级一方面要积极主动地做好思想政治工作，既要对干部职工严格要求，更要关心爱护干部职工的合理诉求和正常的成长进步，注意听取各方面意见和建议，认真负责地做好工作，化解矛盾，凝聚力量，促进发展。另一方面，要突出抓好地税系统核心价值观的教育。在这方面，五莲县局开展的“推进素质再提升，全员争当好税官”主题教育活动效果就很好，给大家提供了一个借鉴。

（三）要认真做好文化建设的启动深化。

文化是事业发展的灵魂，税务文化是兴税之魂。党的十七届六中全会把全面加强文化建设上升为国家战略，省委、省政府和国家税务总局也就文化建设作出了一系列部署，省局于今年2月下发了《关于全面加强全省地税系统文化建设的指导意见》。各级要把文化建设作为深化新一轮基层建设的一项重要内容，按照《指导意见》要求，切实把文化建设纳入事业发展整体战略，摆到突出位置，因地制宜结合自身实际全面启动，要丰富内涵，规范载体，完善机制，实施文化引领，强化人文关怀，增强凝聚力，提升软实力，通过文化建设，营造干部队伍的精神家园，切实让基层干部职工找到团队归属感、事业价值感、职业荣誉感，以文化建设的深入开展，推动新一轮基层建设的深化和升华。

（四）要弘扬、固化工作成果，努力建设长效机制。

所谓长效机制，就是对一些工作规律、工作经验、工作成果等进行固化、完善，形成一套能够长期保证一项工作常态化、制度化、规范化、持续化推进的制度体系、工作机制。新一轮基层建设历经两年多的实践和探索，已经形成了一些成功经验、典型做法，探索到了一些规律。作为一个永恒的主题，一项必须长期坚持持之以恒抓好的工作，我们完全应该把工作中积累的好经验、好做法进行认真总结，提炼出普遍性、规律性、长效性的东西，加以固化和完善，使其成为长期坚持的做法，保证工作持续推进。一是要对基层建设推进中形成的一些好的思路、经验、方法等，进行系统总结，形成完整的体系。这都是多年来基层建设宝贵积累、宝贵收获的系统总结升华，必然影响到今后一个很长时期的工作指导思想和工作思路。二是要对基层建设中制定实施并经实践证明确实有效的制度、规定、办法等，进行汇总整理，升华、固化、系统化，作为工作规范长期坚持，力争在更大范围内推广应用，使之持续发挥作用。这也是这次会议上印发《新一轮基层建设规范指导性文件汇编》的初衷。当然，长效机制也不是一劳永逸、一成不变的，它必须随着时间、条件的变化而不断丰富、发展和完善，必须与时俱进。

（五）要加大工作总结和宣传力度，全面展示新一轮基层建设的成果。

加大工作总结和宣传，不仅是出于展示成果、树立形象的需要，更是振奋精神、鼓舞斗志、促进工作的需要。各级要认真做好总结工作，客观系统地总结新一轮基层建设实施以来所取得的重要经验和主要成果，全面展示三年来的丰硕成果。今年年底，省局将结合新一轮基层建设、干部教育培训两个“三年规划”的全面落实，搞一个大总结、大表彰活动，除继续开展好往年的评选项目外，将与省人社厅联合评选表彰全省地税系统100个“先进单位”、100名“先进工作者”，最近省政府常务会议已经研究同意我们的意见，省局计划在全省地税工作会议上进行隆重表彰。有关评选的程序方法、标准条件等，在这次会议上也作了讨论。各级要按照省局的统一部署，认真组织好推荐评选工作。

同志们，现在到年底还有整7个月的时间，各项工作已进入攻坚克难、全力冲刺的关键时期。希望各级按照这次会议的要求，统筹兼顾，把各方面的工作协调好，把各项任务落实好，确保新一轮基层建设各项既定目标圆满完成，以实际行动迎接党的十八大胜利召开！

开拓创新　务求实效
努力推动全省地税系统国际税务工作
再上新水平

——在全省地税系统国际税务工作会议上的讲话

赵洪波

（2012年4月10日）

同志们：

全省地税系统国际税务工作会议今天召开。这次会议的主要任务是：认真贯彻全国国际税收工作会议和全省地税工作会议精神，总结回顾2011年度全省国际税务工作情况，交流工作经验，安排部署今年的工作任务。下面我讲三点意见。

一、转变理念，求真务实，2011年全省国际税务工作取得新的成效

2011年，全省各级地税部门按照“依

法治税、从严带队、科学管理、共建和谐”的基本要求，坚持以维护国家税收权益为宗旨，进一步转变国际税务工作理念，着力强化跨境税收管理和国际税收人才培养，不断巩固完善，创新提高，国际税务工作取得了新的成效。

（一）加强国际税收宣传引导，系统上下国际税收理念明显转变。去年以来，各级围绕统一思想、转变国际税收工作理念做了大量工作，采取多种方式，进行了多层面的宣传和引导，取得了明显效果。为加快转变国际税收工作理念，在去年召开的全省国际税务工作会议上，省局明确提出：在思想意识上，进一步提高对国际税收工作重要性的认识；在工作重心上，进一步实现从“涉外税收”到“国际税收”的转变；在管理方式上，进一步实现由“相对独立”到“积极融入”的转变；在工作宣传上，进一步实现由“重在对外”到“内外并举”的转变。一年来，经过系统上下的共同努力，这一理念已逐步被接受，为做好全省国际税收工作打下了坚实的基础。在具体工作中，一是广泛宣传，提高认识。省局充分利用《山东地税》内刊，开辟“国际税收”专栏进行宣传，先后刊发了“国际税收大有作为”“国际税收风险浅析与防范”“关于提高国际税务干部业务素质的探索与思考”等文章，宣传国际税收工作。各市局按照省局要求，采取多种方式，加大对基层的宣传、引导。日照、淄博、泰安等市局举办了由市县两级局主要负责人参加的国际税收全员培训，枣庄市局在党组理论中心组学习班上专题讲授了国际税收业务知识，都收到了良好效果。二是突出重点，面向基层。一方面，省局在全省县局局长培训班上作了“国际税收就在身边”的专题讲座，引起了县（市、区）局局长们的很大反响。另一方面，全省绝大多数市局都举办了面向基层一线的国际税收业务培训班。通过系统上下共同努力，各级特别是县（市、区）局对国际税收的认识有了很大转变，国际税收就在身边的意识大大增强，国际税收管理工作开始主动融入到整个税收征管之中，与内税相关部门的配合也在逐步加强并已初现成效。

（二）提高收入质量防范执法风险，跨境税收管理质效明显提升。从去年开始，各级紧紧围绕提高收入质量、防范执法风险这一工作重点，按照省局党组统一要求，认真开展风险分析排查，强化管理措施，提高了跨境税收管理质效。一是认真开展了跨境税收风险排查与防范。牢固树立“外事无小事，外税无小税”理念，强化国际税收风险管理，从特定业务、特定群体、特定行为三个方面排查并确定了12项31个跨境税收风险点，制定了相应的防范措施，并在潍坊市局进行了试点，成效比较显著。潍坊市局通过风险排查，增收非居民税收800多万元。济南市局整理编印了《跨境税源管理风险控管操作指南》，滨州市局印发了《国际税收管理工作指引》。二是强化了非居民税收管理。在信息获取上，各级充分利用综合治税网络、政府财源建设网络，加强与商务、工商、外汇管理、银行、公安等部门的信息交流，多方获取非居民税源信息；在管理措施上，各地以非居民企业股权转让、股息分红、特许权使用费为管理重点，以居民企业源泉扣缴和对外支付税务证明管理为手段，加强事前政策宣传和业务辅导、事中跟踪管理和事后的检查，非居民税收管理水平有了较大提升。2011年，全省共征收入库非居民税收9.34亿元，其中非居民企业所得税6.17亿元，比上年增长229%。非居民企业所得税单笔税款过亿的有2户，分别是青岛市局对某公司非居民股权转让征收1.29亿元，济宁市局对某公司H股股息分红征收1.14亿元；过千万元的有10户，如烟台市局对张裕B股非居民股息分红征收3001万元，对招金公司非居民股息红利征收3470万元；潍坊市局对潍柴动力H股股息分红征收1719万元。2011年，全省共开具对外支付税务证明4602份，组织开展了对外支付税务证明检查，查补税款3233.9万元，进一步规范了税收管理。针对检查中存在的问题，烟台市局健全机制强化了非居民税源的源头控管，临沂市局完善了与外汇管理部门的信息交流机制加强了对银行对外支付税收控管，威海市局进一步规范了各基层税务部门对外支付税务证明的开具审核管理。此外，青岛市局还开展了银行“海外代付”税收情况的检查，查补税款404.6万元，该市仅对“海外代付”业务就征收税款3538万元。三是认真做好协定执行和情报交换工作。加强对税收协定的培训辅导，提高了基层对税收协定的理解和执行能力。认真执行税收协定，以非居民享受协定待遇管理为抓手，严格审批、备案手续，规范了非居民享受税收协定待遇管理，避免了税收流失。济南市局严格执行非居民享受协定待遇政策，按照实质重于形式的原则判定“受益所有人”，对某外国公司股息所得申请5%的优惠税率不予批准，按10%征收，维护了国家税收权益。2011年，全省共办理享受协定待遇申请11件，减免税额1.1亿元。积极开展情报交换工作，全年共收集、制作税收情报536份，涉及美国、日本、韩国、加拿大、澳大利亚等国家。四是探索开展“走出去”企业服务与管理。省局与省商务厅联合举办培训班，对200余家“走出去”企业进行了税收辅导与培训；开展了“走出去”企业需求情况问卷调查，征集信息168条，掌握了“走出去”企业需求，增强了服务的针对性。各市局在“走出去”企业管理上也进行了积极探索与实践，取得了一定成效。临沂市局对“走出去”企业实行了“一户一档”管理，制定了“走出去”税收服务与管理办法；潍坊市局加强境外承包工程和提供劳务税收管理，扣缴营业税等地方税收2746万元。2011年，全省“走出去”企业共申报境外所得补缴企业所得税2091万元，抵免在境外缴纳的税收8016万元。

（三）以企业集团关联交易为重点，深入开展反避税工作。去年省局把推进反避税工作深入发展作为年度工作重点，重点部署，强化措施，取得了良好成效。一是加强企业关联业务往来的申报管理。省局国际税务处与企业所得税处联合下发通知，明确提出了企业关联业务往来申报管理要求，各级结合年度汇算清缴，督促企业按时进行关联业务往来情况的申报。“大集中”数据反映，全省共有2709户企业进行了关联业务往来的报告，调整应纳税所得额4.59亿元。二是围绕重点行业重点企业加大反避税调查力度。年初召开了集培训会、现场会、工作推进会于一体的全省地税系统反避税工作专业会议，确定以集团关联交易为重点、以煤炭行业和大型企业集团为重点调查对象的反避税工作思路。各市局依托企业年度关联业务往来申报，选取存在关联交易的企业集团进行了调查。全省共对124户企业进行了反避税调查，对116户企业进行了纳税调整，增加税收3.71亿元。济宁市局对某煤炭企业进行了预约定价谈判，对2008年度以后的转让定价进行跟踪后续管理，三年增加税收约4.9亿元；日照市局对某集团公司通过关联交易低价转让土地使用权进行纳税调整，调增土地增值税、营业税等税收1.49亿元；枣庄市局对某煤电集团通过转让定价、支付利息方式转移利润进行反避税调查，预计调增所得额1.44亿元，补征企业所得税3600多万元；菏泽东明县局大胆探索，对某化工公司进行了反避税调查调整，补征企业所得税131万元。

（四）强化管理措施，外资企业、外籍人员和重大建设项目税收管理水平进一步提高。各级切实加强外资企业、外籍个人以及重大建设项目税源管理、征收管理和收入管理，各项工作取得显著成效。一是外资企业税收管理质效进一步提升。不断加大重点税源管理力度，加强收入预测、调度和分析，全省实现涉外税收收入221.64亿元，增长51%；加大政策落实力度，认真做好外资企业和外籍个人城市维护建设税、教育费附加和地方教育费附加的征收管理工作，全年征收“一税两附加”46.41亿元；扎实开展与七部门的联合年检工作，共对16429户企业进行年检审核，全面掌握外资企业税源变化情况。二是外籍人员个人所得税管理进一步深化。各地在近年外籍人员个人所得税管理实施“一人一档”、纳税约谈取得成功经验的基础上，大胆创新，积极实践，进一步拓宽了管理渠道，提升了管理层次。淄博市局探索对外籍个人所得税实行汇算清缴管理，威海市局利用“三方信息税收应用平台”进行相应管理分析破解管理难题，效果明显。2011年，全省纳入管理的外籍人员22258名，有税申报人数16491人，缴纳个人所得税14亿元，比上年增长72%，人均年纳税额8.51万元，东营、济宁、聊城等地人均年纳税额超过20万元，日照、淄博、泰安、烟台、济南等地人均年纳税额过10万元。三是重大建设项目税收管理进一步加强。各级依托重大建设项目税收管理系统，不断强化各项管理措施，加大重点环节和跨区域税收管理力度，重大建设项目地方税收收入保持了高速增长。2011年纳入管理的重大建设项目10441个，征收税款477.39亿元，比上年增长32%，占同期全省建筑业和房地产业全部地税收入的75%。其中京沪高铁项目征收2.06亿元，该项目已累计征收税款8.37亿元。

（五）加大培训力度，国际税收干部素质显著提高。各级以贯彻落实省局干部培训“三年规划”总体要求为契机，强化国际税收业务培训，努力提高干部素质，取得了阶段性成果。一方面，广泛开展普及性培训。各市局加大力度，广泛开展面向相关科室和基层一线税收管理人员的国际税收业务知识培训，全省共对6700余名税务人员进行了培训，培训人员之多、范围之广、学习热情之高、效果之好前所未有。青岛、威海市局还组织基层业务人员赴西安税校、扬州税院进行了培训。另一方面，深化专业性培训。省局采取“先考试、后培训、再选拔”的方式选拔全省国际税收及反避税业务骨干，全省共有548人参加选拔考试，对选拔出的60名业务骨干又进行了为期近20天的集中培训，邀请总局和省内外业务专家以及国际知名会计师事务所的专家团队授课。通过改进培训选拔方式、拓展选拔范围、体现专业特色、加大培训深度，取得了显著效果，该培训班被评为2011年度全省地税系统优秀培训项目。培训后，参训人员将所学知识运用到实践中，推动了工作的开展。滕州市地税局以参训人员为骨干开展了非居民税收排查，对特许权使用费、进口设备及相关劳务征收税款1089万元，比上年增加1025万元。各市局纷纷以省局国际税收及反避税业务骨干选拔考试为契机，组织开展人员情况摸底、业务考试、集中培训，对本市国际税收业务熟、英语基础好的人员进行了深入的专业性培训，在此基础上建立自己的国际税收及反避税业务骨干队伍。

（六）加大指导服务力度，基层国际税收工作能力明显提升。国际税收工作基础在基层。各级继续推行“送思路、送方法、送经验、送服务”工作措施，重点加强对市、县局的工作指导与服务，提高了基层处理国际税收业务能力。一是通过巡回讲课辅导为基层提供服务。省局国际税务处全年共派出24人次到15个市局举办的培训班上讲课，各市局也通过以会代训、巡回辅导、座谈研讨、网络教学等方式，帮助基层切实提高业务水平，取得良好效果。二是采取案例示范、典型引路方式对基层进行指导。全省推广了13个市局的工作经验和10个反避税典型案例；充分利用处室网站进行宣传和交流，在内网建立了案例库、协定库，分别录入70个案例和100个税收协定。省局国际税务处被评为全省地税系统服务基层优秀单位。

2011年，全省国际税收工作成效显著，非居民税收管理、反避税、外籍人员个人所得税管理等5项工作受到国家税务总局通报表扬，6次在全国国际税收工作会议及各类专业会议上作典型经验交流。这些成绩的取得，得益于省局党组的高度重视和各级地税机关领导的关心和支持，得益于系统内部各有关部门的配合与协作，更得益于各级国际税务部门的开拓进取和扎实工作，凝聚着全省国际税务战线广大干部职工的心血。在此，我代表省局党组向各位与会代表，并通过你们向关心支持国际税务工作的各级地税局领导和辛勤工作在国际税收战线上同志们，表示崇高的敬意和衷心的感谢！

在总结成绩的同时，我们也要清醒地看到国际税收工作中还存在一些问题和不足：一是有的市局领导对国际税收管理的必要性和重要性缺乏充分认识，一些地方对国际税收工作重视不够。二是国际税收管理的基础不够扎实，管理制度不够健全，跨境税源专业化管理有待深入探索。三是地区之间工作开展很不平衡，一些地方缺乏工作能动性和主动性，有的市局的反避税工作尚未真正开展起来。四是国际税收管理人员业务素质和工作能力不适应工作需要，国际税收专业人才的培养力度仍需进一步加大。五是国际税收信息化建设应用相对滞后。税收协定执行、非居民税收管理、“走出去”企业管理、情报交换等工作还未全面纳入地税信息管理系统，信息化支撑作用有待加强。对这些问题和不足，都需要我们在今后的工作中采取有效措施加以解决。

二、提高认识，明确思路，切实把握好国际税收发展的新机遇

（一）要进一步提高对维护国家税收权益的认识。维护国家税收权益是税收工作的基本要求和重要职责，也是国际税收管理的出发点和落脚点。2008 年发生的国际金融危机正越来越演变为部分国家的财政危机，各国为应对危机纷纷采取措施加强跨境税源征管，争夺国际税源。同时，随着“引进来”“走出去”战略的实施，我国乃至我省的经济国际化程度不断加深。据统计，截至 2011 年底，山东省引进外资项目 17862 个，实际利用外资 557 亿美元，2700 家企业到海外投资经营，182 家企业在境外承包工程和提供劳务。山东省也和全国一样，面临着税源日益国际化的趋势，国际税收事务大量增加。在这种情况下，如果我们不重视加强国际税收管理，在国际税源的竞争中就会处于不利地位，本属于我们的税源就会流失，不仅会给国家税收权益造成不可估量的损失，而且会给税务部门的对外形象带来负面影响，可谓“既丢钱又丢人”。对此，各级地税机关特别是各级地税机关的领导同志要有清醒的认识，绝不能因为一些地方目前国际税收收入的规模相对较小，就忽视这项工作。各级要从维护国家税收权益和经济安全的角度出发，以高度的使命感责任感做好国际税收工作。同时，以发展的眼光和战略性思维，正确认识跨境税收增长潜力，加强领导，储备人才，为国际税收工作长远发展奠定坚实的基础。

（二）要进一步理解掌握国际税收工作的总体思路。刚刚召开的全国国际税收工作会议上，总局提出当前和今后一个时期国际税收工作总体要求是：牢牢把握“围绕一条主线，完善四项机制，强化三个保障”的总体思路，扎实推进国际税收管理体系建设，积极探索跨境税源专业化管理。围绕一条主线，就是加强跨境税源管理，维护国家税收权益。完善四项机制，就是完善反避税工作机制、非居民税收管理机制、“走出去”税收服务与管理机制、国际税收征管协作机制。强化三个保障，就是强化国际税收法律制度保障、国际税收信息保障和国际税收专业人才保障。

其中，“一条主线”充分体现了新时期国际税收工作的职能作用和业务特点；“四项机制”是国际税收工作的核心业务和主要抓手，通过机制的完善和落实，为国际税收职能作用的发挥提供制度保证；“三个保障”为落实“四项机制”提供了法律依据、科技手段和专业人才的保障。这一总体思路，紧贴税收工作主题，符合国际税收实际和发展要求，是衡量国际税收工作质量和效率的标准。虽然有些是属于总局层面需要做的事情，如强化法律制度保障等，但是总体上应是我们各级的奋斗目标和努力方向。所以，希望各地认真领会总局提出的总体思路，准确把握其内涵和实质，在结合实际开展工作时，不要偏离这一总的思路和方向。

（三）要切实把握全省地税系统国际税收工作面临的良好形势。当前，我省的国际税收工作已经进入了一个良好发展期，具备进一步提升的基础和条件，希望各级要切实把握好这一有利形势，大力推动国际税收工作的深入开展。一是省局党组高度重视国际税收工作。多年来，省局党组非常重视国际税收工作，无论在机构设置还是人员配备上都充分考虑了国际税收工作的发展需要。宋文军局长对国际税收工作极为重视，去年对国际税收工作专门作过批示，今年又在全省地税工作会议上提出“要高度重视并加强国际税收及反避税管理”的要求。省局党组的重视为国际税收工作深入开展提供了强有力的支持。二是各级进一步转变和统一了对国际税收的认识。去年以来，各级地税机关的领导和相关部门对国际税收与涉外税收区别、国际税收业务领域范围有了初步的认识，更加重视、关心、支持国际税收工作，为进一步开展好国际税收工作奠定了良好的思想基础。三是我省经济的国际化发展拓展了国际税收的领域和空间。随着我省“走出去”步伐的加快，国际税收的领域和空间进一步拓展，同时也给我们的服务与管理提出了新的任务和挑战。四是国际税收人员素质有了新的提高。通过系统上下共同努力，基层一线人员国际税收敏锐性显著提高，国际税务人员实际操作能力显著提高，为国际税收工作深入开展奠定了坚实的人才基础。五是全省税收观念和思路的转变以及征管力量的转移为加强国际税收带来机遇。随着基层集中办公、营业税起征点的提高，基层的征管力量和精力将向重点税源、重点领域转移，其中就包括向国际税收领域的转移，为加强国际税收管理创造了有利条件。另外，为进一步加强国际税收管理，从今年3月开始，省局决定将重大建设项目税收管理职责从国际税务部门调整到营业税管理部门，此举更有利于国际税务部门集中精力抓好国际税收工作。

三、突出重点，狠抓落实，扎实做好2012年国际税务工作

2012年，是实施“十二五”规划承上启下的重要一年，也是实施新一轮基层建设、提高干部队伍素质和提高收入质量、防范执法风险三项重点工作进一步向纵深发展和实现既定目标的关键一

年。关于今年国际税收工作的目标任务和具体措施，《2012年全省地税系统国际税收工作要点》中已经有了明确要求，各级要结合实际认真抓好落实。这里，根据全国国际税收工作会议精神，再着重强调以下几点：

（一）抓好国际税收风险防范工作。今年是提高收入质量、防范执法风险工作推进的第二年，也是关键的一年，总体要求是治防并举、整体推进。各级要根据《全省地税系统提高收入质量防范执法风险工作的实施意见（试行）》，抓好各项措施的落实。省局将在去年试点基础上，进一步完善国际税收风险防范措施并在全省推行。各地要按照省局的统一要求并结合各自实际，认真抓好落实，堵塞税收管理漏洞，减少跨境税收流失，防范税收执法风险。

（二）推动反避税工作向纵深发展。今年的反避税工作，不仅要有点上的突破，而且还要有面上的铺开。要在去年全面培训基础上，集中力量、下大力气抓好这项工作。一是加强关联申报管理。各地要抓紧时间督促符合条件的企业特别是大型企业集团认真填报《企业年度关联业务往来报告表》，如实申报关联交易的类型和数量，指导基层做好企业关联业务申报信息的分析审核，筛选避税嫌疑企业，为反避税调查奠定基础。省局将通过大集中系统对全省关联申报情况进行查询通报，对工作不力进展不理想的市局提出批评。二是推动反避税工作面上铺开。今年反避税调查的重点是企业集团关联交易、股权转让，每个市局都要选择至少1~2户企业集团进行反避税调查。已有反避税成果和经验的市局，要选择大型企业集团进行调查；尚未开展过反避税的市局可以先选择中型企业集团进行反避税调查。要探索反避税由个案向行业拓展的路子，总结行业避税规律，达到通过个案调整带动整个行业反避税工作开展的目的。三是要实现对重点企业集团反避税和反避税措施运用上的新突破。各级要勇于担当，克服畏惧心理，加大对重点企业集团的反避税调查力度，年内全省要力争完成对2~3户有影响的重点企业集团的反避税调查调整。同时要拓展反避税措施和方法的运用，力争在预约定价、收益法使用上取得突破。四是规范反避税立案、结案审批制度。要按照总局制定下发的《特别纳税调整内部工作流程（试行）》要求，规范反避税流程操作，防范执法风险。今后，各地进行的反避税调查案件，都要上报省局审核并按照立案、结案程序报总局审批。

（三）强化非居民税收管理。非居民税收是国际税收管理的重要内容之一，今年要着重抓好基础管理、信息管理、分类管理和信息化支撑。一是要强化基础管理。非居民税收的征收方式多为源泉扣缴，加强对扣缴义务人的管理，将关口前移，是做好非居民税收管理的基础和根本保证。各地要认真执行《非居民企业所得税源泉扣缴管理暂行办法》，做好扣缴义务人扣缴税款登记和合同备案登记工作。要组织开展非居民税收征管状况调查，掌握我省非居民税收分布情况和规律，为探索实行分类管理奠定基础。二是强化信息管理。掌握信息是加强非居民税收管理的关键。各级要充分发挥《山东省地方税收保障条例》作用，进一步加强与商务、外汇、银行、公安、科技等相关部门的联系，构建多部门、多元化的信息来源渠道。要充分发挥自身工作的主动性、敏锐性，注意从上市公司公告、公司网站、公开媒体上收集涉税信息。加大从省、市级层面获取信息的力度，采取推送方式将获取的信息分发到主管地税务机关核查，督导工作开展。三是探索实行分类管理，锁定非居民税收重点项目。研究制定非居民税收分类管理办法，重点加强对非居民股息分红、股权转让、特许权使用费等项目的监管。四是强化非居民税收信息化管理应用。将非居民税收业务管理从税务登记、合同备案、税务证明开具、申报征收、统计分析、跟踪管理全流程业务纳入大集中系统，提高管理质效。

（四）抓好“走出去”税收服务与管理。要继续按照“摸清底数、优化服务、加强管理”的要求，抓好“走出去”税收服务与管理。一是要摸清底数。要开展“走出去”企业税源情况调查，加强与商务部门的信息交流、与国税部门的信息比对，获取“走出去”企业户数、类型、投资额、申报境外所得等，形成“走出去”企业的基础信息数据库，为加强服务管理提供基础条件。二是做好“走出去”企业的税收服务。要积极通过举办企业座谈会、政策宣讲会等方式，向“走出去”企业提供政策辅导和纳税咨询等服务，帮助其了解投资国税收制度，避免双重征税，促进我省外向型经济发展。同时，做好中国居民身份证明开具工作，帮助我国居民企业和个人在境外及时享受协定待遇。三是加强“走出去”企业的税收管理。加强对“走出去”企业的管理监控，及时掌握其境外经济活动，防止“走出去”企业境外所得在国内延迟纳税和逃避国内纳税义务问题的发生。

（五）提高税收协定执行与情报交换水平。税收协定是国际税收的法律基础，从一定程度上讲，协定执行水平体现了国际税收管理水平和人员素质水平。情报交换是通过国际税收征管协作途径加强国际税收管理的重要手段，在实际工作中要充分发挥这一手段的作用。一是提高协定执行水平。要继续加强税收协定的宣传培训，指导纳税人和基层地税部门正确理解并执行税收协定。认真落实非居民享受协定待遇管理规定，加强非居民享受税收协定待遇的审批和备案工作，加强纳税人身份认定，开展对协定待遇落实情况的汇总及评估，防范套取协定优惠或滥用协定等避税行为。二是提高情报交换水平。一方面要增强情报交换的主动性，积极通过总局向外国税务当局提起情报交换请求，充分利用国际税收征管协作，加强外籍人员和“走出去”企业的税收管理。另一方面，要深入细致核查好每份外来税收情报，力争以点带面堵塞漏洞，强化管理，提高情报使用效益，打击跨境逃避税。要继续做好对外提供自动税收情报工作，认真履行缔约国义务。

（六）提升外资企业、外籍人员管理质效。一是加强外资企业税收管理。要继续加大重点税源控管力度，确保涉外税收收入稳定增长；加强外资企业税收收入分析，进行分国别、分地区的专题性深度分析，为地方政府引进外资提供决策参考。做好外资企业联合年检工作，充分利用联合年检平台，摸清税源底数，掌握税源变化情况，将获取的信息与大集中系统的征管资料全面核查比对，对发现的重点问题、疑点数据进行核实处理，并深化对联合年检信息的拓展应用，据此开展对非居民等国际税务事项的延伸管理。二是在外籍个人所得税管理方面寻求突破。继续做好外籍人员“一人一档”管理和动态更新，确保将符合条件的外籍人员全部纳入税收管理。深入开展全省同国籍、同行业、同职务外籍人员个人所得税分析比对，搞好分析结果的拓展应用，提升全省外籍人员的管理水平。要注重利用情报交换、纳税约谈等手段，解决两处及两处以上取得收入合并申报以及境外收入不申报和低申报问题，确保税款足额入库。

（七）加大国际税收人才培训与培养力度。一是按照省局统一安排，组织编写好《国际税收》培训教材，为各地开展国际税收业务培训、强化国际税收业务能力提供支持。二是要组织开展对各级地税局领导干部特别是分管领导的国际税收培训，增强谋划和指挥国际税收管理的意识和能力。三是要继续组织开展国际税收普及性全员培训，强化基础知识和基本业务的操作，提高基层一线税收管理人员发现国际税收税源和风险识别意识。按照分级分层培训原则，这项工作主要由市局组织开展。四是进一步加强专业性培训。今年省局将在扬州税院举办一期国际税收及反避税业务骨干培训班，旨在提升骨干人才的国际税收业务知识的宽度和深度，提高处理综合、复杂国际税收业务能力。五是加强骨干人才的培养和使用。创新人才使用机制，探索建立专业化管理团队。省局要建立国际税收及反避税人才库，统筹使用国际税收及反避税业务能手，成立非居民税收、反避税、国际税收协定、纳税约谈等专家小组，参与全省国际税收重要事项和重大、复杂案件的调查、审理等工作，充分发挥骨干人才的作用。

（八）推进国际税收管理体系建设。总局即将制定下发《关于加强国际税收管理体系建设的意见》，这将是指导当前和今后一个时期国际税收管理工作的纲领性文件。我们要充分利用这一契机，结合我省实际，认真加以研究，进一步理顺、完善我省的国际税收管理体系。一是建立横向协作配合机制。要建立国际税务部门与同级相关税收业务部门的协作配合机制，特别是建立与法规、税政、征管、税源、稽查、纳税服务等部门的协作配合，将国际税收有机地融入到整个税收征管之中，形成国际税收管理合力。二是完善纵向工作指导协调机制。制定完善系统管理意见，创新工作方法，适应新的工作需要，增强工作指导的针对性、有效性。三是深化与外部门的信息共享机制。以《山东省地方税收保障条例》为依托，加强与国税、商务、外汇等相关部门的联系，争取建立起部门间制度化的信息共享机制。

同志们，做好新形势下的国际税收工作任务繁重，责任重大。各级地税机关和广大国际税务干部要继续保持奋发有为、积极进取的优良作风，认真贯彻总局、省局工作部署，坚定信心，开拓创新，狠抓落实，把全省的国际税收工作提高到一个新水平，为全省地税事业的科学发展做出更大贡献！

在山东地税系统领导干部（井冈山）培训班上的讲话

赵洪波

（2012 年 5 月 15 日）

同志们：

根据省局党组的安排，我讲两个方面的问题，一是通报分析一下 1—4 月全省地税收入情况和全年地税收入形势；二是关于提高收入质量防范执法风险工作的几点意见。

一、关于 1—4 月全省地税收入情况和全年地税收入形势

（一）收入特点分析。1—4 月，全省地税系统共组织入库各项收入 978 亿元，增长 27.2%，其中，税收收入 917 亿元，增长 26.9%，非税收入 61 亿元，增长 32.3%。分税种看，营业税 291 亿元，增长 13.5%；企业所得税 152 亿元，增长 40%；个人所得税 90 亿元，下降 7.4%；城市维护建设税 70 亿元，增长 8.7%；资源税 30 亿元，增长 144.6%；耕地占用税 43 亿元，契税 51 亿元。分产业看，第二产收入 435 亿元，增长 30.3%；第三产业收入 541 亿元，增长 24.8%。初步分析，主要有以下特点：

1. 同口径收入高于全国水平。1—4 月，全省地税收入（扣除“两税一金”）完成 876 亿元，同口径增长 18.8%，增势稳健。其中税收收入 824 亿元，增长 19.2%，高于全国地税 8.7% 的平均水平 10.5 个百分点，高于广东 2.4%、江苏 7.3%、上海 0.3%、浙江 4.8%、北京 -1.5% 的增长水平。

2. 地方级收入增长较快。1—4 月，扣除“两税一金”，中央级收入完成 145 亿元，增长 17.6%，地方级收入完成 731 亿元，增长 19%，其中，省级收入 86 亿元，增长 32.3%，市县级收入 645 亿元，增长 17.4%。

3. 地方其他税种收入增长较快。1—4

月，扣除营业税、企业所得税、个人所得税、城市维护建设税和耕契两税，地方其他税种合计完成221亿元，增长34.1%，高于四大主税14.6%的增幅近20个百分点，增收56亿元，拉动地税收入增长7.6个百分点。

4. 大企业收入增长较快。1—4月，不含两税一金，年纳税100万元以上的大企业入库各项收入589亿元，增收121亿元，增长26%；中型企业入库各项收入252亿元，增收18亿元，增长7.7%；个体经营及定税业户入库各项收入35亿元，减收7474万元，下降2.1%。

（二）增减原因分析。从经济、政策、征管三大因素来看：

1. 经济增速回落。一季度，拉动经济增长的投资、消费、出口“三驾马车”增幅分别由去年全年的21.8%、17.3%、20.7%和同期的21.2%、16.5%、32%回落至20.6%、15.4%、1.3%。其中，受宏观调控影响，房地产行业发展回落幅度较大，一季度商品房销售面积由去年全年的增长3.1%转为下降25.2%，房地产开发投资增长17.7%，比去年同期回落约20个百分点，使得房地产从近几年来拉动地税收入增长的“领头羊”行业变为制约地税收入增长的“拖后腿”行业，而且建筑、建材等与房地产相关的行业也受到较大影响。

2. 政策调整减收。1—4月，受政策因素影响，个人所得税下降7.4%，约减收21亿元，因起征点提高个体经营减收约5亿元，扣除原油、天然气资源税从价征收约增收的14亿元，增减相抵，实际政策性减收约12亿元，拉低总体收入增幅约1.5个百分点。

3. 管理增收较多。1—4月，面对经济增速放缓和政策调整减收的不利局面，各级结合税源专业化管理的推行，认真开展调研分析，研究加强对高利润、垄断性企业以及重点领域的税收征管，深入挖潜，促进了收入的稳健增长。同时各地抓住去年四季度组织收入工作压力较小的有利时机，狠抓收入质量，年底突击集中入库的情况明显减少，为今年收入的持续稳定增长奠定了基础。另外，针对依然复杂的经济税源形势，各地及时对全年的收入情况进行调研、分析和预测，为全年收入目标的确定提供了依据。针对年初元旦、春节等假期对收入稳定增长产生的影响较大，以及保持各月份收入稳定增长的现实需要，各级在坚持组织收入原则的前提下，加大收入调度力度，避免收入增幅的大起大落，实现了收入持续稳定增长的目标。

4. 两大主要税种增长带动。一是营业税完成291亿元，增长13.5%。其中金融保险业营业税完成75亿元，增长39.1%，超过销售不动产和建筑业营业税，成为营业税中总量最大、增幅最高的税目，主要是得益于金融机构贷款余额的增长和利率的提高。销售不动产营业税完成67亿元，下降6.6%；建筑业营业税完成7.2亿元，增长14.3%。其他税目营业税基本保持平稳增长态势。二是企业所得税完成152亿元，增长40%。今年以来，除电力燃气及水的生产和供应业、信息传输计算机服务和软件业企业所得税出现下降外，其他各行业基本呈现高幅增长，其中采矿业、制造业、房地产业分别完成45亿元、48亿元和13亿元，分别增长42.5%、50.5%和56%，合计增收34亿元，占企业所得税全部增收额的80%。金融保险业企业所得税完成3亿元，增长2.3倍，金融业效益好和各地加大了金融业税收的管理力度是增收的主要原因。

（三）当前以及全年收入形势分析。第一，从当前收入形势看，任务压力比较突出。今年中央将召开党的十八大，省里要召开第十次党代会，政治上的大事较多，惠民生增加的支出较多，各级确定的收入任务，无论是与去年的任务相比，还是相对于当前增速放缓的经济形势，以及1—4月组织收入工作的实际状况，都能让我们感受到压力较大，这一点应该是越往基层感受越深。首先在今年经济税源形势更复杂、更严峻的情况下，全省的财政收入14%的计划增幅却比去年高出了2个百分点，再加上各级地方党委政府组织收入工作争先创优的积极性较高，分配给市级地税部门的收入计划增幅很多都在20%以上，到了县级则基本都在25%以上，个别地方甚至超过100%，基层地税部门的收入任务压力很大。国家税务总局分配给我省的税收计划增幅为不含青岛的9.5%和青岛的10%，全省合计接近10%,这一计划增幅包括耕契两税，按照这个口径，1—4月，全省地税税收入增长11%，刚达到总局的计划增幅。虽然总局的计划是一个指导性的计划，基层地税部门也并不直接面对这一计划，但基层面对的本级收入任务压力往往比这个要大得多。

第二，收入质量问题有所抬头。1—4月，非正常组织收入的迹象比较明显，收入稳健增长的税源基础比较薄弱。主要表现在各项收入增长的协调性不强，企业所得税和部分地方小税的增幅畸高。一是企业所得税1—4月增长40%，可比增长25%，大大高于规模以上工业利润总额6.1%的增幅。二是耕契两税4月收入与去年同期相比，各市之间差距很大。耕地占用税有的市增长33倍，有的负增长75%。三是房产税、土地使用税和土地增值税分别增长31.2%、28.2%和23.3%，均高于18.8%的平均增幅。在主体税种受经济影响增长乏力的情况下，为了完成收入任务，基层地税部门不得不把挖掘征收潜力的重点放在了纯地方级收入的小税种上，很大程度上导致了地方小税的高幅增长，也在一定程度上打乱了正常的组织收入工作秩序。

第三，全年收入形势不容乐观。与去年相比增幅将有明显回落，1—4份收入已经有所体现。

从我省经济形势分析，4月18日，姜大明省长主持省政府常务会议，专题对我省一季度经济社会发展形势进行了全面分析，会议认为，我省一季度经济发展受整个国民经济受国际环境和国内宏观调控措施影响，发展速度明显放慢，部分经济指标明显下滑。一季度规模以上工业利润仅增长6.1%，同比回落21.1个百分点。对外贸易增幅回落较大，一季度我省出口总额仅增长1.3%。但整个经济形势在预料之中，一季度各项指标与全国基本一致，部分指标下滑幅度还好于东部部分省市。一季度开局平稳，但目前对国内外经济形势的复杂严峻性不能掉以轻心。会议指出，对今年国内生产总值增长9.5%的目标，要坚定信心，确保完成。在具体的工作中，要稳增长抑制经济的过快下滑，把主要精力放在转方式调结构上，提高企业自主创新能力，加大投入特别是加大服务业的投入。房地产调控坚定不移，同时保障性住房还要上，弥补过快下滑。预期今年如不发生大的问题，三季度经济将开始抬头，四季度将延续好的势头。经济的向好发展，为我们奠定坚实的税源基础。但是我们要看到，经济的发展反映到税收上有一个滞后期，另外，结构性的减税和较高的收入基数对我们今年收入目标的完成带来了一定的压力。

从结构性减税分析，初步测算：（1）原油、天然气资源税改从价计征，可带来约32亿元的增收。（2）个人所得税政策调整减收48亿元。（3）增值税、营业税起征点提高和小微企业所得税政策调整以及娱乐业营业税税率下调减收12亿元。增减相抵，净减收30亿元左右，影响总收入约1.5个百分点。另外，原油、天然气资源税增收全部是省级收入，而主要集中在东营市，因此大部分市特别是市县级收入政策性减收更突出。

从收入基数分析：（1）企业所得税汇算清缴同比增收34亿元；（2）城市维护建设税、教育费附加、地方教育费附加扩大征收范围和提高征收率政策的调整增收60亿元左右。另外，我们还要继续深入推进提高收入质量、防范执法风险工作，消化收入基数中存在的历史遗留问题，都增加了今年收入持续稳定增长的难度。特别是伴随着多年来房地产行业的高速发展，作为纯地方财政收入的耕契两税增长较快，基数较大，而且受房地产调控影响，两税的税源呈萎缩趋势，增长的难度越来越大，2010年征收274亿元，2011年财政地税两家合计征收近300亿元，仅增长9.5%。今年1—4月两税征收94亿元，同比减收46亿元，下降三分之一。

总之，今年的组织收入趋势将呈现前低后高的走势。各级地税部门要坚定信心，努力克服政策减收和基数较高的不利因素，把握经济向好发展的机遇，加强征收管理，确保全年收入增长16%目标的实现。

（四）下一步工作的几点要求。面对当前的组织收入工作形势和可能存在的非正常组织收入的问题，下一步，应重点抓好以下几个方面的工作。

一是要全面准确分析当地经济税源发展趋势，为地方党委政府当好参谋。同时，将省局抓提高收入质量防范执法风险重点工作的意义要求向党委政府做好汇报，争取理解支持，创造好的执法环境。

二是要认真贯彻落实各项税收政策。一方面，落实好国家各项结构性减税的优惠政策，支持转方式调结构和地方经济的发展；另一方面，按照国家法律法规落实好征税政策，促进公平公正，增加地税收入。

三是要切实抓住税收管理的薄弱环节，通过强化管理增加收入。今年收入任务和税源的矛盾比较突出已是不争的事实，各级要切实加大管理挖潜增收的力度，要结合税源专业化管理的推行，落实好各项分行业、分税种的管理措施。如重点项目管理、民间借贷管理、存量房交易评税、宗地管理以及提高土地增值税核定征收率，等等。

四是加大稽查力度。进一步加强对高利润垄断性企业、重点领域、高收入群体、外籍人员的稽查力度，积极推进大企业税收专业化管理试点，积极探索企业集团特别是跨区域经营企业税收管理的有效途径，深入开展大企业反避税调查，促进收入稳定增长。

二、关于提高收入质量防范执法风险工作

今年是提高收入质量、防范执法风险工作的第二年，也是关键的一年。年初宋文军局长在全省地税工作会议上的讲话中提出了具体要求，省局今年的工作意见也做了部署和安排，工作正在向前推进中。总的来看，整体上处于健康发展。但是，也出现了一些新的情况，下面我结合今年审计出的问题谈几点意见：

（一）今年的审计情况。今年2月上旬至4月中旬，省审计厅审计组依法对省地税局2011年度税收征管情况进行了审计，并对省局直属征收局和济南、烟台、潍坊、德州市地税局的13个县局108户纳税单位、4户委托代征单位、3个基层分局或纳税服务中心进行了延伸审计，并于4月16日向省局进行了初步反馈。

1. 审计出的主要问题。这次审计出的问题，有执行税收政策方面的，有税收征管方面的，还有税收管理、税务稽查方面的。与往年相比，收入质量老问题依然存在，新问题性质严重。特别是在我们正下大力气抓提高收入质量、防范执法风险工作期间，仍然发生这些问题，确实需要大家认真反思，高度重视，严肃对待。

2. 关于审计问题的处理。在审计厅反馈会上，宋文军局长明确表态，对被审计单位查出的问题，绝不姑息迁就，一定要认真核查，认真整改，认真处理，再不处理没法向领导交待，要按照《山东省地方税务局收入质量违法违规行为责任追究办法（试行）》进行追究。根据宋文军局长的指示精神，提出以下几点意见：

一是认真核查落实问题。对审计出的问题要逐一依照法规加以确认，对上审计报告的问题要确认，没有上审计报告的不等于没有问题。各地对这一部分问题也要进行认真核查落实，列入今后整改范围。

二是认真整改举一反三。对存在的问题，认真分析发生的原因，逐一梳理，查找问题的根源，拿出具体整改意见，从源头杜绝同类问题的再次发生。并借此契机6月底以前在系统内开展自查自纠活动，对照问题举一反三，认真检查收入质量问题，防止问题和风险继续扩大。

三是认真落实责任追究。《山东省地方税务局收入质量违法违规行为责任追究办法（试行）》已经下发，并从今年1月1日起执行。各地要针对存在的问题，

对照《办法》，对责任人进行责任追究。各地对这个问题要高度重视，不能走过场，不得包庇护短、姑息迁就，尽快拿出初步意见，待审计报告正式下达后，立即报相关部门，争取工作主动。

（二）关于下一步的提高收入质量、防范执法风险工作。关于收入质量存在问题的原因，有客观原因，也有主观原因。从客观上讲，有企业问题，也有政府行为，我们要通过加大税法的宣传力度提高纳税人的纳税意识和政府依法行政的意识；对我们系统内部的问题，要进一步提高认识，眼睛向内深挖根源、强化措施，认真加以解决。关于今年提高收入质量防范执法风险工作的具体要求，在年初已经布置下去了，各地要抓好“三年规划”第二年工作任务的分解、落实。下一步，省局要抓好各地任务分解落实工作的检查督导；尽快下达考核制度办法和指标体系，对各地收入质量进行评估；对收入质量、执法情况在各地自查自纠基础上进行重点检查。

一是进一步加强法纪教育。强化对税务干部的法纪教育，提高在执法中维护税法的自觉性。坚持依法征税、应收尽收、坚决不收过头税的组织收入原则，坚持不懈地抓好“有税不收、无税乱收、税收减免政策不落实不规范”的问题。

二是进一步提高执行能力。将省局党组关于“提高收入质量，防范执法风险”的决策要求贯彻始终。切实解决说得多、做得少，形式多、实效少的问题。提高收入质量、防范执法风险工作确实具有长期性、艰巨性和复杂性，但是大家一定要增强紧迫感。不能老是强调客观原因、政府的原因等，要多从内部、主观方面找原因，还是要先治内、后治外、以内促外。

三是进一步增强垂管意识。各级地税部门要切实增强垂管意识，坚决贯彻执行上级的指示精神，确保政策执行的统一性、一致性，确保政令畅通。基层在执法和组织收入、税收征管中遇到的新情况、新问题，特别是自己难于解决的突出问题，要如实向上级地税机关领导报告，便于上级掌握真实情况，及时指导和帮助协调解决。

四是进一步提高“大集中”数据的运用质量。各级地税机关的征收管理、税收管理、信息中心等部门要开动脑筋，集思广益，认真研究解决大集中条件下的数据信息运用问题，统筹征管、税源、收入规划、执法监督等各方面，集中预警、疑点、分析信息，做到一个平台集约，一个渠道推送，一个机制监控和督促落实，避免交叉内耗，减轻基层负担，切实提高数据运用效率和质量。

五是加快建立健全收入质量考核制度办法和相关指标体系。这次会议后，省局收入质量领导小组办公室要立即召集有关方面研究，起草制度办法，梳理指标体系，先易后难，先考核解决主要矛盾和问题，后考核一般常规性事项，建立相应的管理监控机制，加强机关各处室之间的协调配合，切实形成合力，齐抓共管，系统上下密切配合，同心协力做好今年的提高收入质量、防范执法风险工作。

在全省地方税务工作会议上的讲话

王莉莉

（2012年1月12日）

同志们：

刚才，根据会议的安排，由省局党组书记、局长宋文军同志与各市局一把手签订了2012年度党风廉政建设责任书；日照市局介绍了“廉政和执法风险防控平台”的研发和运行应用情况。下面，根据省局党组研究的意见，我讲两个方面的问题。

一、明确任务，强化措施，认真抓好系统的党风廉政建设和反腐败工作任务的落实

过去的一年，在省委、省政府、省局党组的坚强领导下，各级认真贯彻落实上级关于反腐倡廉建设的一系列重要部署，紧紧围绕税收中心工作，切实抓好以惩治和预防腐败体系建设为重点的党风廉政建设和反腐败斗争，各项工作都取得了明显成绩。主要体现在三个方面：一是省局在全省民主评议政风行风活动中荣获行政执法部门第一名，有13个市局进入行政执法部门前三名；二是去年全系统未发生一起刑事犯罪案件；三是信访举报大幅度下降，较上年度下降了5.7%，没有出现越级到北京和省直部门上访人员。另外，一些重点工作，特别是科技防腐、廉政风险防控、廉政文化建设等，各级都创造出了不少的经验，得到了省纪委主要领导及各级地方党委政府领导的充分肯定，在系统内外都产生了良好的影响。这些成绩的取得，凝聚了整个系统全体职工的心血，凝聚了今天出席会议的各市、县（市、区）局主要领导的心血，在此，向大家表示衷心的感谢！在看到系统反腐倡廉工作取得新成绩的同时，大家也要清醒地看到，当前系统的党风廉政建设形势不容乐观，违纪违规问题仍然存在，损害纳税人利益的现象还时有发生，个别领导班子和领导干部对党风廉政建设和反腐败工作还有“一手硬、一手软”的现象。对于存在的这些问题，各级党组（党委）要高度重视，采取有效措施，认真加以解决。

2012年，是全省地税系统党风廉政建设重要而特殊的一年，是中央提出的《建立健全惩治和预防腐败体系2008—2012年工作规划》的最后一年，我们要

按照中央、省委部署，扎实推进符合山东地税实际的党风廉政建设和反腐败工作体系建设；同时，今年又是各级党委政府换届后的第一年，地税工作将面临着新的形势和新的要求；从系统内部看，特别值得关注的是，去年我们按照上级要求清理规范津贴补贴后，系统干部职工个人收入明显减少，不可避免地产生了一些思想波动，如何确保干部队伍的清正廉洁，已经成为当前各级需要很好研究、认真面对的一个突出问题。宋局长在昨天的讲话中，对系统党风廉政建设和反腐败工作提出了明确要求，我们要坚决贯彻落实好。今年全省地税系统党风廉政建设和反腐败工作总体思路是：深入学习贯彻党的十七届五中、六中全会和十八大会议精神，以科学发展观为指导，坚持“标本兼治、综合治理、惩防并举、注重预防”的方针，以提高队伍抗风险能力、减少违法犯罪案件为目标，以廉政教育为基础，以文化建设为引领，以风险防控为重点，以行风建设为品牌，以信息技术为支撑，以责任追究为抓手，扎实推进符合山东地税实际的党风廉政建设和反腐败工作体系，为地税事业的科学发展和安全运行提供坚强保障。在具体工作中，应重点抓好六个方面的工作：

一是加强对上级和省局重大决策部署贯彻落实情况的监督检查，确保政令畅通。各级要切实抓好对中央、省、国家税务总局和省局党组重要会议精神及重大决策部署的贯彻落实，准确把握基本精神和各项工作要求，加强对重大决策部署贯彻落实情况的监督检查，保证政令畅通。切实加强对省局重点工作落实情况的监督检查，确保省局关于提高收入质量防范执法风险、新一轮基层建设、干部素质提高等措施落到实处。加强对《建立健全惩治和预防腐败体系2008—2012年工作规划》贯彻落实情况的监督检查，确保惩防体系建设任务顺利完成。省局将通过开展巡视检查、督导检查以及明察暗访等形式，推进各项重大决策部署的贯彻落实。

二是全面深化廉政风险防控工作。深入贯彻落实《关于加强全省地税系统廉政风险防控机制建设的意见》，以防止利益冲突为重点，全面推进廉政风险防控工作。要继续把重点岗位和关键环节廉政风险点的排查，作为基础性工作抓紧抓好，研究和加强廉政风险点的动态管理工作。要以对权力运行的监督和有效制约为重点，进一步完善风险防控措施，对属于权力行使方面的，要优化权力结构，特别要规范行政自由裁量权，确保权力能够在有制约的前提下正确行使；属于制度机制方面的，要查找漏洞，完善相关规定；属于思想道德方面的，要开展多种形式的廉政教育，增强党员干部的风险意识。要将廉政风险防控的重心下移至基层，重点研究基层权力分解和制衡措施。要充分运用现代科技手段和省局征管信息化系统，固化工作和制度流程，实现事前预警、事中控制、事后处理的全过程防控，建立起人机结合控权的新机制。在试点完善“廉政和执法风险防控平台”的基础上，上半年在全系统做好推广应用工作。

三是扎实开展党风廉政教育和廉政

文化建设。在教育内容上，重点突出纪律学习教育、道德教育和岗位风险教育。在教育形式上，要在继承以往行之有效教育形式的基础上，探索采取互动式、对比式、启发式、体验式、算账式教育方法，增强教育的针对性，力求入情入理、入脑入心。在教育措施上，一要完善制度。进一步完善党组（党委）理论学习中心组廉政专题学习制度，单位主要负责人讲廉政党课制度，有关领导和专家作廉政形势报告制度，布置廉政作业制度，教育评估、讲评和考核制度等。二要消灭教育盲区。把基层干部职工作为教育重点，将廉政教育覆盖到所有的基层单位、全体干部职工。三要将廉政教育纳入干部教育培训总体规划。各级各类培训班时间在7天以上的，要开设廉政教育课程，并纳入考核。要下大力气抓好廉政文化建设，组织开展廉政文化建设达标和示范点创建活动，力争年内每个市局至少有三个单位达到示范点标准，省局将通报表彰廉政文化建设优秀达标和示范点单位。各市局要筹建一处廉政警示教育基地，每个县（市、区）局都要建立体现本地特色的网上廉政文化教育基地。

四是大力加强政风行风建设。重点抓好“两个纠正、一个规范”，即重点纠正和解决不作为、乱作为、效率低下，以及“吃、拿、卡、要、占、报”等不正之风；纠正违规强行推广纳税申报方式以及乱摊派、乱收费、乱罚款、拉赞助、推销商品等问题；继续清理规范评比达标表彰庆典活动。在工作开展上，要深入推行党务公开、政务公开，把涉及干部群众切身利益问题和群众关心的热点难点问题，涉及纳税人切身利益和影响公正执法的关键环节和内容作为公开的重点，促进权力公开透明运行。要深入开展专项治理工作，积极探索和把握政风行风建设与纳税服务工作的结合点，把化解损害纳税人利益的问题作为“地税局长服务日”活动的重要内容，以纠风工作的实际成效促进纳税服务水平的不断提高。要深入抓好“两个减负”，把操作层面减负与政策、制度层面的减负结合起来，切实减轻纳税人和基层税务机关的负担。要继续组织好“阳光政务热线”上线工作，积极参加政风行风评议活动，力争行风评议进入当地行政执法部门前三名。

五是进一步促进领导干部廉洁从政。认真贯彻执行《党内监督条例》《廉政准则》和《税务系统领导班子和领导干部监督管理办法》等规定，督导各级坚持重大决策、重要干部任免、重大项目安排和大额资金使用集体讨论制度。严格执行党组议事规则，加强对民主集中制执行情况、领导干部廉洁自律和作风状况的监督检查，加强对民主生活会、述职述廉、报告个人有关事项、诫勉谈话和函询等制度执行情况的监督检查，进一步规范领导干部从政行为。充分发挥纪检监察、人事、巡视等监督主体作用，建立统一协调、信息共享、衔接顺畅、主动配合的监督工作机制，综合运用监督成果，形成监督合力。

六是切实加大查办案件工作力度。提高信访举报受理和处置管理质量和水平，加大信访举报直查工作力度。突出案件查办重点，严肃查处在行政审批、纳税评估、征收管理、税务稽查等重点岗位和关键环节徇私舞弊、失职渎职的案件；严肃查处在干部选拔任用、基建工程、政府采购、资产处置、信息化建设等过程中以权谋私的案件；严肃查处在重大涉税案件中玩忽职守、滥用职权的案件；严肃查处税务机关、税务人员与中介机构串通牟利等损害纳税人利益的案件。加大自办案件工作力度，以现场观摩和推进会的形式，认真总结交流自办案件工作经验，积极引导和鼓励各级自办案件。落实案件报告和通报制度。认真分析违纪违法案件的成因，查找监督管理漏洞，每半年通报一次，重大案件一案一报，坚持做到一案一剖析、一案一问责。加强与各级纪检监察、检察、公安、审计等部门的联系沟通，组织开展税检共同预防职务犯罪活动。加大案件查办业务培训，提升案件查办水平。

二、提高认识，强化责任，切实做好推广应用"廉政和执法风险防控平台"工作

去年以来，省局党组把廉政风险防控机制建设作为地税系统惩防体系建设的重要载体，制定出台了《关于加强全省地税系统廉政风险防控机制建设的意见》，科学安排，周密部署，稳步推进。系统上下从重点领域、重点部门、重要环节入手，认真梳理权力事项，排查廉政风险，健全内控机制，规范工作流程，最大限度地把预防腐败的要求融入权力结构和运行机制各个环节，从源头和机制上防范腐败风险。在廉政风险防控工作中，各单位注重发挥信息技术在风险防控机制建设中的作用，勇于实践，大胆创新，进行了许多有益的尝试。其中，日照市局研发的"廉政和执法风险防控平台"就是一个典型。该平台于去年7月在日照市地税局东港分局上线试点运行，8月在日照市局全面上线，经过4个多月的试运行，其功能和效果均达到了一定水平，得到了省纪委主要领导的充分肯定。省局研究决定，在全省地税系统推广日照市局研发的"廉政和执法风险防控平台"。下面我就"廉政和执法风险防控平台"推广应用工作讲几点意见。

一是要充分认识"廉政和执法风险防控平台"推广工作的重要性。当前，随着税收体制机制改革的不断深化，税务干部面对偷税与反偷税、腐蚀与反腐蚀的考验依然严峻，有效防控各类风险的任务将更加艰巨和紧迫。新的形势和任务，对源头防腐、构建大预防工作格局提出了新要求。在地税部门开展廉政风险防控机制建设，是完善地税部门惩治和预防腐败体系的重要途径，有利于地税部门实现由被动接受监督向主动防控转变，强化自我发现、自我纠正、自我完善和持续改进的能力，从源头上预防腐败和有效地保护干部。

日照市局研发的"廉政和执法风险防控平台"，以构建廉政和执法风险预警、执法复查问责、廉政测评监督、考核评价4个机制和搭建网上纪检监察平台为目标，具有并轨运行、节点控制、流程监督、实时监督的特点。从预警信息的产生、预警信息的整改落实，到预警信息的监

察处理，涵盖了廉政风险防控的全过程；设置的16项预警指标突出了容易出现问题的关键岗位和关键环节。尽管这个平台还有一些不尽完善的地方，但就目前来讲，已经具备了推广的基础和条件。“廉政和执法风险防控平台”的开发和应用，对于强化对权力运行的监督和制约，提高广大税务干部的责任意识和风险防范意识，促进管理水平提升，在构建符合山东地税实际的大预防工作格局中将发挥着越来越显著的作用。各级各部门要把对平台的推广应用，作为一项重大工作任务，列入议事日程，深入研究，扎实推进。

二是要切实做好“廉政和执法风险防控平台”推广应用工作。为了抓好“廉政和执法风险防控平台”推广应用工作，省局制订了工作方案，将以市局为基本单位，采用市级集中模式进行部署。为此，各单位务必做到“三个明确”：一要明确工作步骤。推广应用工作计划分三个阶段实施。2—4月为准备阶段。进行资源配置调查，做好环境准备，确定应用软件版本，重新梳理现有数据返还情况，调整完善数据返还环境，编制预算，购置设备，市级骨干师资力量的业务、技术培训；以市局为单位对系统进行动员部署，统一思想，提高认识，增强做好平台推广应用工作的自觉性。5—7月为安装运行阶段。组织开发商，先选择2个市局进行试点运行，并在试点结束后，按计划完成全省范围内的推广实施。8—9月为检查验收阶段。在各地均上线运行的基础上，省局将采取实地检查与网上调度检查相结合的方法，对每个用户进行一次全面检查。凡是达不到规定要求的，责成限期整改，并将情况予以通报。二要明确资源配置要求。市级局资源配置要求数据库服务器和应用服务器。系统软件要求数据库和应用服务器软件。具体要求以工作方案为准。三要明确主要任务。各市局要按照省局要求，做好本地软硬件环境准备工作；配合省局和开发商做好本地软件部署、联调和上线运行工作；负责本市范围内的业务、技术培训工作。

三是要认真落实“廉政和执法风险防控平台”推广工作保障措施。一要加强组织领导。省、市、县（市、区）局都要成立“廉政和执法风险防控平台”推广应用领导小组，具体负责平台推广应用的总体规划和组织领导工作。由单位主要负责人任组长，分管纪检监察、政策法规和信息中心的局领导为副组长，相关部门主要负责人为成员。领导小组下设办公室，办公室设在监察室。二要各司其责，密切协作。各级各部门要强化领导责任和工作职责，积极主动地做好职责范围内的组织协调和协作配合工作。各业务部门要根据职责提供业务支持和业务工作的督导检查；信息中心提供技术支持和系统维护；纪检监察部门在职责范围内做好监督检查和责任追究工作。整个工作要在党组（党委）统一领导下，实行分级分层管理，各部门之间密切配合，形成齐抓共管的整体合力。推广应用工作中有什么问题要及时与省局联系，日照市局要积极做好协助等工作。三要认真督查，抓好落实。各单位要研究制定平台运行考核办法和责任追究办法，加强检查考核和督促工作落实，对出现的执法和廉政风险预警，要迅速组织整改；对出现的廉政问题，要区别情况、明确责任，及时进行责任追究；对在平台推广过程中工作不力、效果不好的单位和个人，要追究主要领导、分管领导和相关人员的责任。检查考核和责任追究结果纳入目标管理考核和领导干部述职述廉的重要内容，以严肃的纪律保证平台推广应用工作落到实处，确保平台的正常运行。

在全省地税系统廉政风险防控平台推广应用推进会暨师资培训班上的讲话

王莉莉

（2012年7月23日）

同志们：

这次省局廉政风险防控平台推广应用推进会暨师资培训班，主要是按照省局党组和宋文军局长的要求，就全省地税系统的廉政风险防控平台推广应用工作，部署上线运行，启动全面应用。会议采取以会代训的形式，突出两个主题，一个是工作推进，另一个是师资培训。对日照市局和青岛、烟台、泰安三个试点的市局来讲，是工作推进；对其他的市局来讲，是先期的师资培训。省局党组对廉政风险防控平台推广应用工作高度重视，党组书记、局长宋文军同志多次听取汇报、经常过问工作进展情况，在人、财、物上也是优先安排，全力保障。下面，我代表党组讲四个方面问题，供同志们参考。

一、探索创新，完善提高，廉政风险防控平台推广应用工作取得阶段性成果

去年，日照市局在全省地税系统率先研发出了“廉政和执法风险防控平台”，经上线运行和实践的检验，其功能和实际运行效果都非常明显，得到了系统上下的普遍认可，特别是赢得了省委常委、省纪委书记李法泉同志的充分肯定。省局党组在去年11月先后两次听取日照市局有关平台建设情况的汇报，研究决定在全省地税系统推广应用日照市局廉政风险防控平台，并成立了省局廉政风险防控平台推广应用领导小组，党组书记、局长宋文军同志亲自担任组长，制定印发了《省局廉政风险防控平台推广应用工作方案》

和《工作计划配档》及《责任分工》等有关文件。在今年年初全省地税工作会议上，省局对廉政风险防控平台的推广应用工作进行了全面部署，提出了明确要求。从年初部署到今天，整整半年的时间。半年来，省局廉政风险防控平台领导小组办公室先后组织了一次大规模的平台推广应用软件版本论证会，三次需求编写会，三次需求评审会，三次上线测试会，召开了十几个不同类型的调研会，在青岛、烟台、泰安市局先期进行了试点，并召开了试点单位工作座谈会。期间，省局对平台推广应用的软件版本进行过无数次的修改和完善，还增加了行政管理部分内容，使平台具有了完整性，实现了对税收执法权和行政管理权“两权”监督的全面覆盖。整个平台，由风险信息采集、风险信息核查、风险事项处理、信访举报处理、督办事项处理、查询统计和系统维护七大模块组成，从风险信息的产生、风险信息的整改落实，到风险信息的监察处理，覆盖了廉政风险防控的全过程。从青岛、烟台、泰安三个市局的试点运行情况来看，这个平台基本架构科学合理、软件版本实用好用、业务边界明确清晰、操作流程顺畅简便，达到和具备了在面上推广应用的条件。

二、认清形势，深化认识，正视和解决好廉政风险防控平台推广应用工作中的突出问题

推广应用廉政风险防控平台，从宏观上讲，是全省地税系统贯彻落实中央和省委、省政府关于运用现代科技手段预防腐败的要求，构建科技防腐体系，提升反腐倡廉工作水平的一项重大举措。从微观上讲，是及时准确地发现风险线索，跟进风险核查，规范税收执法和行政管理，保护干部队伍安全的一项实实在在的具体工作。因此，大家一定要统一思想，形成共识，坚定信心和决心；一定要纠正和克服一些认识误区，排除一切干扰，主动开展工作；一定要解决和应对好来自方方面面的矛盾和挑战，争取有大的作为。

各级要正确认识和把握推广应用廉政风险防控平台的意义之所在。首先，廉政风险防控平台的推广应用是一件新事。平台的研发，是符合科技防腐要求和发展方向的一个新生事物，必然对防范问题的发生起到积极的作用。目前，在省直机关，作为一个业务系统，研发应用廉政风险防控平台，还是没有的，在全国税务系统也没有成型的经验可供借鉴。因此，我们所推广应用的这个平台，无论是功能，还是操作流程，肯定有不尽如人意的地方，需要在今后的实践中不断完善和提高。其次，廉政风险防控平台的推广应用是一件难事。平台的推广应用，把过去单一的监督手段整合了起来，改变了过去人盯人的监督模式，形成了一个教育、制度、科技相结合的科技防腐体系。利用平台对执法和行政的全过程监督，加大了监督的力度和深度，让执法和行政人员感觉到监督无处不在，形成有效地威慑和约束。但是，如何真正的发挥平台的监督作用，形成监督的合力，主动发现问题，认真

解决问题，应该说是一件有难度的事情。最后，廉政风险防控平台的推广应用是一件有意义的事。平台的上线运行，从长远来看，是加强干部队伍建设的重要举措，是地税事业科学发展的保障。从现实来看，是对地税干部的爱护和关心，保证每一名同志都能走好人生之路，安全的度过职业生涯。在推广应用廉政风险防控平台这件事上，我们要敢于创新，敢于迎难而上，确保队伍稳定安全，推动地税事业持续发展。

目前，从我们了解和掌握的情况看，部分同志在思想认识上还存在着一些误区，归纳起来有四个方面：一是有的认为推广应用防控平台是对干部队伍不信任。推广应用廉政风险防控平台的主要作用是规范管理，防范风险。在这个问题上，是对事不对人，与信任或不信任干部没有关联。现实情况是，绝大多数干部职工兢兢业业、廉洁自律、恪尽职守。但也有一些干部，而且还不能说是极个别人，发生了这样或那样的问题，有的甚至相当严重。如果说信任，是不是就不用监督呢？如果说不信任，是不是人人都有问题呢？这显然不是实事求是的态度。推广应用廉政风险防控平台，就是以监督防范为目标，推广一个机制，一项措施，一种办法，不论是谁，不论在哪个岗位，也不论是否存在问题，只要运行权力，都要受到监督制约。二是有的认为推广应用防控平台就是要处理人。推广应用廉政风险防控平台的主要是目的是及时发现和消除廉政和执法风险，进而保护干部，促进队伍健康成长，不是针对干部找碴儿，跟什么人过不去。在防控平台的运行过程中，要重教育、重内部发现问题、重内部纠正整改，最终达到减少违规违纪违法案件发生，保护干部的目的。三是有的认为推广应用防控平台是越界监督。推广应用廉政风险防控平台是省局党组的重大决策，纪检监察部门承担了具体组织协调和监督检查的职责。根据《党章》和《行政监察法》的规定，纪检监察部门具有纪律检查和行政监察两项职责，有责任对税收执法权和行政管理权运行的全过程进行监督检查，任何部门和人员不能脱离于监督之外。四是有的认为推广应用防控平台是纪检监察部门自己的事。这个平台，不单纯是纪检监察工作平台，更是一个综合性的平台，既有税收执法又有行政管理，涉及税收工作的方方面面。平台推广应用领导小组及其办公室、复核工作小组根据省、市局的授权开展工作，负责协调、核查风险信息、督促整改落实等，这是一项全局性的工作，而不是纪检监察一个部门的事情。

在推广应用廉政风险防控平台中，可能会遇到一些矛盾和问题，突出表现在“四个方面的挑战”。

一是对各级领导重视程度的挑战。对于推行廉政风险防控平台，省局党组和宋文军局长非常重视，党组专门召开会议研究推广措施，宋文军局长亲自提出要求，在全省地税工作会议上专题部署，制订下发了在全省地税系统推广应用廉政风险防控平台的工作方案。三个市局的试点工作推进得非常顺利，也体现出了领导的高度重视。各单位在平台推行工作中，要坚持一把手亲自挂帅，党组党委集体研究，坚持工作分工负责制，提高工作推动力和执行力。

二是对基层人员的挑战。基层人员承担了大量的工作，非常辛苦，也长期习惯和适应了过去的一些管理模式。平台的推广应用，改变了以往的监督方式，加大了监督力度，他们有一个接受和适应的过程。同时，基层人多面广，思想认识水平有很大差异，在应对监督的接受能力和接受监督的自觉性上有很大的差别。各级要善于做宣传发动工作，善于做说服教育工作，将推广应用廉政风险防控平台的重要意义、保护干部的重要作用讲深、讲透，使基层人员能够逐步适应监督，进而自觉接受监督。

三是对纪检监察人员素质的挑战。廉政风险防控平台的推广应用，将使监督检查工作跃上一个新的台阶，进入一个监督检查的深水区。伴随着平台推广应用的不断深入，对纪检监察干部队伍素质提出了新的更高的要求。各单位要抓住廉政风险防控平台推广应用的契机，按照编制要求配齐配强纪检监察人员。要把有能力、懂业务、高素质的人员配备到纪检监察岗位。要加强对纪检监察干部税收业务和信息化业务知识的培训，提高纪检监察干部处理复杂问题的能力和水平。要加强对问题的研究和分析，积极探索解决问题的办法和措施，不断积累、丰富处理复杂问题的工作经验，不断完善责任落实考核、追究的措施。

四是对数据真伪的挑战。廉政风险防控平台的推广应用是建立在各项工作高度信息化的基础上，各种信息软件积累的信息数据的真伪，将是制约平台应用效果的关键，也可以说是个瓶颈。数据不真实，平台就没有用。从其他系统的考核来看，每个考核指标都达到了很高的合格率，但有些数据是不准确、不真实的。大家在风险信息提取、筛选过程中，要特别关注数据核查，善于辨别真伪，排除错误数据的干扰，提升工作效能。同时，对错误数据的多发区，要及时进行提醒，督促整改，以监督监察促进数据质量的提升。

三、加强领导，明确责任，将廉政风险防控平台推广应用的各项工作落到实处

关于平台推广应用工作，在年初全省地税工作会议上已经作出了全面部署，提出了明确要求，各级要切实抓好落实。这次平台推广应用推进会暨师资培训班结束后，各市局就要全面运行了，对今后的推广应用工作，再强调以下几点：

（一）健全和完善领导体制和工作机制。在整个平台的应用过程中，推广应用廉政风险防控平台领导小组及其办公室要继续加强对平台应用的领导。其成员凡是因职务调整或其他原因有变化的，要及时进行补充和调整，确保有一个健全的机构，专门领导和负责本单位本系统的平台推广应用工作。实行主要领导负总责、分管领导主抓、纪检监察主办、部门配合、全员参与的领导体制和工作机制。县以上地税机关都要成立廉政风

险复核工作小组，由纪检组长担任组长，监察室主任担任副组长，各行政、业务部门都要指定一名懂业务、有能力的高素质的业务骨干为成员。各复核工作小组成员日常以本部门工作为主，不集中办公，平时根据复核工作需要，由复核工作组组长指定成员组成复核小组，开展复核工作。被指定参加复核工作的成员，在复核工作开展期间，优先保障复核工作。复核小组独立、公正地开展复核工作，不受其他单位、人员的干扰。

（二）明确责任分工和部门协作配合。在廉政风险防控平台的应用过程中，涉及纪检监察、行政管理、税收业务、信息技术等各个部门的工作，更加需要分工负责，密切配合。纪检监察部门负责风险信息提取、传递、组织复核检查，对发现的问题提出处理建议，落实处理措施；复核工作小组专司复核工作，各业务部门要根据职责提供业务支持与指导，保证复核工作小组成员按规定参加复核工作；信息中心提供技术支持和系统维护；在对发现的问题做出移交业务部门处理时，业务部门要积极配合。

（三）牢牢把握好工作原则。首先是坚持先易后难、先推广后完善的原则。任何一项工作的推广，都有它自身的规律，任何一个事物，也都有其自身的成长规律。鉴于推广廉政风险防控平台这样一件新生事物，必须从容易处入手，逐渐积累解决复杂问题的经验；从少量的工作入手，摸清情况，逐步加大工作量，提升工作效能；要先干起来，正确认识在应用初期软件存在的问题，在应用中不断修改、纠正存在的问题，逐渐完善其功能，而不能等到完美无瑕了再推广。其次是坚持层级负责、下管一级的原则。这项原则是保证各级既有权限，又有职责，还有精力和能力处理好问题的根本。第三是坚持重教育、重纠正、少处理人的原则。当前地税干部承受的工作压力都很大，要突出在政治上、工作上、生活上关爱干部，要以教育人、警示人、纠正问题、保护干部为主要目的。

（四）重点研究和解决好三个问题。一是要加强对发现线索手段的研究。如何更加有效地、准确地发现线索，一直是困扰纪检监察工作的一个重要问题。现在，有了廉政风险防控平台这个有力的武器，要充分发挥它的作用，及时发现问题线索。各单位要加强研究，加强交流，相互促进。二是要加强对核查工作方法的研究。能否发现问题，核查工作方法至关重要。核查工作的方法直接决定了核查工作的质量。要丰富完善核查手段，切实发现问题。三是要加强对处理问题措施的研究。就目前的情况来看，利用廉政风险防控平台，能够有效地发现并查出问题，而且很多问题都是我们未曾处理过的。我们要本着宽严相济、少处理人、多处理事的思路，认真研究、有效处理发现的问题。要通过自我发现、自查自纠，把问题消灭在萌芽状态。

（五）切实开展好培训工作。廉政风险防控平台的推广应用，涉及税收业务、税务监察、信息技术等各方面的业务知识，内容多，涉及面广，对纪检监察人员的业务素质要求高。在接下来各单位的应用培训中，一定要发挥好这次师资培训的力量，对纪检监察干部开展全员培训，确保纪检监察人员迅速、全面、熟练地掌握廉政风险防控平台的使用。在今后的应用中，也要加强对复核小组人员的纪检监察业务知识和税收业务知识的培训，提高复核工作水平。同时，纪检监察干部也要积极参加业务部门的培训。

四、健全机制，明确任务，全面做好廉政风险防控平台推广应用的后续管理工作

廉政风险防控平台推广应用工作在这次会议之后，将全面转入运行应用阶段，为确保平台在今后的运行中能够切实发挥作用，应该突出抓好后续的管理工作。

（一）各市局及各区县局要在一个月内组织好应用培训。确保纪检监察人员迅速、全面、熟练地掌握廉政风险防控平台的使用。同时要建立起由各部门业务骨干组成的复核工作小组，确保复核工作随平台运行同时展开。

（二）纪检监察部门在应用培训后要对今年二季度数据进行风险信息的抽取。每个市局和每个县（市、区）局各按照不少于5条信息进行立项，组织复核小组开展复核工作。8—9月，每个市局和每个县（市、区）局每月立项复核的风险信息不得少于10条。

（三）办公室或机关服务中心要在一个月内将车辆管理的相关信息输入平台。确定评估出每台车的百公里油耗。

（四）各市局要在8月底之前，向省局领导小组办公室上报平台应用培训及应用工作开展情况。以后每月的情况于次月的5日前上报一次。

（五）明确数据抽取的时间。目前平台提取的数据是数据源系统发出预警，税务人员整改完毕的数据。鉴于这种情况，考虑到税务人员整改期限的问题，我们要求在每个季度的第一周，提取上一季度的数据，从中抽取需要复核的线索，作为本季度的复核任务。

（六）明确复核工作量。考虑到工作有一个熟悉的过程，今年三季度按照每个市局和每个县（市、区）局每月立项复核的风险信息不少于10条的工作量抽取信息。根据复核工作实际情况，四季度各单位适当增加核查信息数量。

（七）搞好责任认定和责任追究。关于责任认定，要根据复核情况，按照《山东省地方税务局收入质量违法违规行为责任追究办法（试行）》中关于单位和个人责任认定的规定执行。在责任追究问题上，要按照国家税务总局纪检组《税务系统违法违纪行为惩处工作实施办法（试行）》和《山东省地方税务局收入质量违法违规行为责任追究办法（试行）》《山东省地税系统违纪违法案件责任追究暂行规定》以及税收执法责任制有关规定处理。

（八）强化责任考核。各级要加强对应用平台情况的督导检查和考核，其结果要纳入目标管理考核和领导干部述职述廉的重要内容。对各级出现的问题要责令限期整改，逾期不改或整改不到

位的，要在一定范围内进行通报批评。对出现的廉政预警信息要迅速组织调查，落实整改；对出现的廉政问题，要区别情况，明确责任，及时进行责任追究；对在平台推广应用过程中工作不力、效果不好的单位和个人，要追究主要领导、分管领导和相关人员的责任。

（九）切实严肃工作纪律。要保证平台顺利地推广和应用，工作纪律是保证。没有严肃的工作纪律，自行其是，不加以规范，平台不可能顺利推广。各单位要严格按照省局关于推广应用工作的部署，认真落实各项要求，有条不紊地做好推广工作，包括思想认识上要与省局党组保持一致，领导体制与工作机制要进一步健全，纪检监察人员要按省局要求配齐配强，业务培训要全面加强，硬件条件和软件环境必须达到平台推广应用的要求。对于落实推广部署不利，对推广工作造成影响的，要严肃追究相关人员的直接责任和领导责任。

最后，各级要勇于实践和探索，最大限度地发挥平台的效能，积极推动全系统廉政风险防控机制建设，确保干部队伍的安全稳定。

在全省地税系统基层经费保障机制建设座谈会上的讲话

李　功

（2012 年 5 月 28 日）

同志们：

刚才听了大家的发言，感觉很好。可以看出，大家对征求意见稿动了脑子，进行了认真思考。市局分管局长、县（市、区）局局长、中心所所长都能全面掌握本市局、县（市、区）局、中心所情况，而且都从各自所处环境、人员、资金状况来考虑基层经费保障问题；财务科（处）长算账也非常清晰。可以说，我们这次会议达到了预期目的，为我们改革基层经费体制奠定了基础。

下面，关于基层经费保障及财务管理工作，我讲三点意见。

一、关于基层财务管理体制改革问题

基层经费保障问题是新一轮基层建

设要解决的一个重要内容，也是影响地税事业长远发展、迫切需要解决的一个重要问题。解决好这个问题，首先要解决思想认识问题。没有统一的思想，问题永远不会解决，改革永远不会成功。为什么今天将这一问题提到议事日程？实际上早在2010年5月省局召开的基层建设工作会议上，宋文军局长就提出了这一问题。在去年6月底召开的省局党组理论学习中心组读书会上，结合提高收入质量、防范执法风险工作，省局又一次提出建立基层经费保障机制。大家知道，今年是三年基层建设规划的收官之年。应该说，前两年基层建设为解决基层经费保障奠定了一个很好的基础。第一年，省、市局投入大量资金进行基层中心所集中办公，改善硬件设施，办公环境发生很大改变，基层面貌有较大改观。第二年，是软件的变化，主要进行了各个层面的培训，地税人员素质有了进一步提高，精神面貌焕然一新。各级党委政府、纳税人和我们基层干部职工都很满意。从目前情况来看，基层经费保障问题还没有破题。虽然各地按照省局的要求，因地制宜进行了一些探索实践，有的地方也积累了一些经验，取得了一定成效，但从全系统来看，依然缺乏一个制度化、规范化的经费保障体制。为此，省局经认真分析研究，确定对基层中心所的经费体制进行改革。

（一）目前基层中心所经费体制的弊端。现在全省地税系统经费体制除确定的部分上划省级经费外，其余多数仍由各级财政分别负担，特别是多数基层中心所的经费还没有保障，仍依赖当地乡镇财政拨付一定经费。这就有较多弊端：一是经费来源不规范，每年有很大的不确定性，给多少、什么时候给、干什么存有随机性、临时性、多变性问题，个别乡镇甚至以此作为税收征收的附加条件，一些基层税务部门为了获取经费，不惜违规征管，对组织收入产生了较大的执法风险。二是财务监督管理难度大。乡镇拨付给基层中心所的经费往往通过现金等方式，而且随意性大，容易导致单位形成“小金库”，增加了财务监督管理的难度。三是各基层所之间经费争取不平衡，有的差距还比较大，尤其是个别单位领导财经法规意识淡薄，对来源于乡镇的经费在使用上较为随意，违反财务规定开支，极易形成财务管理风险，对干部的健康成长带来隐患和威胁。

（二）改革的初步设想。省局的初步设想是：采取基层中心所日常公用经费实行省、市、县局三级共同负担补助的办法，在补助的比例上对贫困县（市、区）进行适当倾斜和照顾。在实行经费保障办法后，原则上县级地税部门的各个中心所日常公用经费达到相对均衡和一致，以保证各个单位正常办公为目的，不再因各自争取经费不同而产生较大差异。办法实施后，将彻底解决基层中心所经费保障问题。此外，在县（市、区）范围内统一各基层中心所的经费定额标准，避免了各基层中心所之间的差额攀比，减少了基层的矛盾，有利于地税的和谐发展。

（三）相关保障措施。一是统一思想。基层经费改革，不是可搞可不搞，而是必须要搞。我们必须坚定信心。大家要将思想认识统一到省局党组的决策上来，齐心协力，坚定信心，共同解决好一系列问题，我想只要大家思想统一，再多问题，再大困难，我们都能克服和解决好。二是各级资金一定要落实到位，确保向基层倾斜。凡县（市、区）局已经建立经费保障机制，市局也按规定负担比例已向县（市、区）局拨付基层中心所补助经费的，省局按负担比例及时拨付对基层中心所的经费补助。三是各县（市、区）局要结合实际建立相应的预算管理和会计核算、财务管理制度，确保基层中心所日常公用经费的正常需要，同时尽量压缩一般性开支，提倡节约。四是尽快完善出台办法。这个设想已向各市局征求意见，在井岗山培训班上吕凤强副局长又向各市局长讲了这个问题。这次提交会议讨论的办法，在上两次征求市局意见的基础上略有改动，但这个办法目前还没有经过省局党组研究。刚才大家都提出了一些意见，会后，大家要及时向局党组汇报好，进一步研究探讨，及时向省局财务管理处反馈意见建议，我们会认真梳理分析，一并结合上两次征求意见的情况，进一步测算研究，力争建立适合山东地税实际、科学合理的基层经费体制。

总之，建立基层中心所经费保障长效机制是省局党组始终挂在心上的一件大事，不仅对加强基层廉政建设，防范执法风险具有重要意义，也是省局关心基层、为基层创造良好工作生活环境的重要体现，更是保障地税事业持续健康发展的现实需要。省、市、县局三级都要出力，省局将努力向省财政厅争取更多的资金用于基层中心所经费补助，各市、县（市、区）局也要积极向当地政府说明情况，汇报好、协调好，当地政府会支持我们的。希望大家集思广益，顾全大局，把建立基层中心所经费保障长效机制这项重大工作做好、做实。

二、强化财经纪律观念，严格执行财经法规制度

关于财经工作制度，国家的法律、法规规定是详尽的，财政部门近年来也相继出台了关于预算、国库支付、政府采购、资产等多项管理制度，省局也根据全省地税系统实际制定了相应配套的财务工作制度。应该说，现在不是制度不健全，而是如何认真执行落实好这些制度的问题。这是老生常谈的问题。宋文军局长多次在重要会议上进行强调，在每次财务管理工作会议上我都会强调这个问题。为什么审计部门来我们系统内进行审计都会发现被审计单位在遵守财经法纪上存在这样或那样的问题，有的还很严重？为什么中央、省和局党组三令五申，而违反财经法纪的现象仍屡禁不止？可以肯定地说，出现违法违纪问题的单位，并不是没有财务制度，而是财务制度在这些单位落实得不全面，执行得不到位，有漏洞。究其原因，首先是有的单位领导法纪观念不强，依法理财、按制度办事的态度不坚决，存有侥幸心理。其次是一些单位的财务部门，不敢坚持原则，责任感不强。有的对财务制度理解不全面，甚至一知半解，影响了制度的贯彻落实。

一个单位，制度再好，但不执行，形同虚设，这个单位的工作肯定难以开展，更别说把工作干好。因此，指导和督促各项财务管理和监督工作制度的落实，是加强财务工作监管的首要任务。各单位的主要领导、分管领导以及各位相关处科长，一定要清醒认识和高度重视上述存在的问题，在财务管理上做到三讲：一讲原则，按政策、法规、制度办事；二讲规范，建章建制，有内部控制制度；三讲程序，重大财务收支必须坚持集体论证和决策。围绕提高制度执行力的问题，强调三点：

一是牢固树立法纪意识，努力营造依法依规理财的氛围。财经法律法规及相关制度规定是我们做好财务工作的基本准则。各单位的主要领导和分管领导要从依法行政的高度去对待财经法规制度的落实与执行，严格自律、以身作则、身体力行，在单位内部努力营造依法理财、按制度办事、按程序办事的良好氛围，带头遵守制度，执行制度。要支持财务部门严格执行制度。财务部门没有领导支持，工作很难开展。单位领导要多过问财务工作，坚持原则、敢抓敢管，支持财务部门依法履行职责，维护制度的严肃性、权威性；重大经济活动和经济事项要充分听取财务部门的意见，发挥好财务部门的监管和参谋作用。财务部门负责人要切实履行职责，坚持原则，当好参谋。

二是加强财经法规学习和培训。财务工作是专业性很强的工作，熟练掌握财务知识、财经纪律和财务制度，这是做好财务工作的前提。特别是在当前财务体制不断改革，财务制度、会计制度不断变化的情况下，新情况、新问题不断出现，新政策、新制度不断出台，不加强学习就无法适应财务工作发展的新形势，加强财经法规学习和培训势在必行。今年计划，一是省局拟在适当时机对系统内各单位负责人进行财务管理知识的培训，二是省局举办一期市级财务骨干培训班，全面讲授全省地税系统财务管理各个方面的现行制度规定，进一步提高全系统单位负责人和财务管理人员的财务政策水平。

三是明确责任，充分发挥省、市局财务管理部门对所属单位工作的指导和服务职能。省、市局财务管理部门，在做好自身的财务工作之外，加强对下级财务管理部门的工作指导，也是一项很重要的工作任务。要积极推进市级财务机构在省级和县级财务管理之间的衔接和监管作用，一级抓一级，一级指导一级，一级监督一级，从而达到提升地税部门整体财务水平的效果和目的。

三、强化监督检查，积极化解财务风险

经常的、有效的财务监督检查是推进各项规章制度贯彻落实，及时纠正不规范行为，改进管理，提高工作质量的重要保障。近年来，我们在这方面做了大量的工作，如省、市局每年都按计划进行内部财务审计，研发部署上线省级集中式财务管理信息系统，推行重大财务事项报告制度，进行“小金库”治理、津补贴专项检查，等等，目的是尽早发现

问题，改正问题，将问题消灭在萌芽状态，解决在系统内部。但从取得的效果来看，不令人满意。每年我们自身发现不了的问题，审计部门一进点审计就会发现。这一点，值得我们认真反思。各级领导和财务部门要充分认识新形势下加强财务监管的重要性，切实负起责任，采取有力措施，有效加强监督，防范和化解财务风险，避免财务违法行为的发生。

一是强化日常监督检查。财务工作坚持经常性的监督检查，是了解财务管理和预算执行情况的有效手段，有利于规范财务管理和提高资金使用效益。针对财务管理工作中的重点环节，如预算管理、政府采购管理、固定资产管理和财务收支等，要加强日常监督检查。日常监督检查要与日常管理工作紧密结合，将日常监督检查贯穿于日常财务管理工作的各个环节，检查的方式主要是加强上级单位对下级单位的检查督促，促进各项财务管理制度的有效落实。省局每年将有计划的对各市局的日常监督检查工作进行抽查或专项检查，促进各级监督检查工作的有效开展。

二是结合各地实际，积极探索财务检查新方式。针对地税部门基层单位点多分散、经费来源多渠道、管理方式不一、财务监督力量相对不足的情况，各单位要积极探索适应各自实际的财务监督检查新方式。要充分发挥省级集中式财务管理信息系统的作用，利用计算机网络对财务进行日常远程监控，发现违规问题的苗头及时提醒，及时派出财务检查组，把问题解决在萌芽状态。省、市局要抓紧研究网络监控的范围、内容和方法等具体问题，切实发挥数据集中管理的作用。要建立相应的检查评价奖惩体系，使监督检查工作制度化，对于财务管理工作中的好做法和问题失误要有最后的追踪问效奖惩措施，并使这些工作尽量延伸到基层，让基层单位的领导和会计人员耳濡目染，尽快转变观念，提高认识，积极地探索财务管理工作的新经验，为地税事业发展提供有力的基础保障，当好决策参谋。

三是进一步提高内部财务审计工作质量。以往的内部财务审计中，存在“审计严、放得宽、处理松”的问题。往往是碍于情面，下不了“狠心”进行处理和追究，结果内部财务审计的效果不理想，达不到内审作用。从今年起，我们要下决心改变这一状况，有效解决“审而不究”的问题，严格按照责任追究制度追究责任，绝不手软，绝不姑息；要注重成果运用，把审计成果与规范管理相结合，做到“审中有帮、审中有促”，规范财务收支行为，提高资金使用效益；把审计成果与干部监督相结合，强化领导干部的责任意识和自律意识，促进党风廉政建设。

上下联动 层级管理
扎实开展地税系统公务用车问题专项治理
——在全省公务用车问题专项治理会议上的讲话

李 功

（2012 年 1 月 10 日）

各位领导、同志们：

根据《省委办公厅、省政府办公厅关于印发〈山东省公务用车问题专项治理工作实施方案〉的通知》（鲁厅字〔2011〕22 号）要求，省地税局立足地税系统垂直管理的实际，建立“上下联动、层级管理”的工作机制，精心组织，周密部署，在全系统扎实开展公务用车问题专项治理工作，较好地完成了前一阶段的工作任务。下面，简要汇报一下全省地税系统公务用车问题专项治理开展情况及下一步工作打算。

一、充分认识，精心部署，专项治理迅速展开

开展公务用车问题专项治理对全省地税系统转变机关作风、加强反腐倡廉和提升行政效能意义重大。省地税局党组对此高度重视，党组书记、局长宋文军同志明确要求，各级地税机关要按照中央和省委、省政府的统一部署，全面完成好专项治理工作任务，特别是要坚决清理各种超标车、越野车、豪华车和借用车辆。6 月 9 日，省地税局召开局长办公会议，对专项治理工作进行专题研究。6 月中旬，在全省地税局长会议上，宋文军局长特别要求，系统上下统一思想，提高认识，增强使命感和责任感，扎扎实实开展好、完成好，达到预期效果。

一是制订实施方案。公务用车问题专项治理政策性强，标准要求高。省地税局认真学习中央和省里所有文件和政策，多次召开专题会议，吃深吃透精神实质。《实施方案》坚持了“两个提高”，即在规范制度办法、节约经费开支和降低税收成本上要有新提高，在公务用车配备使用、强化行政管理上要有新提高。《实施方案》制定后，迅速下发全省地税系统贯彻执行。

二是建立专职机构。省地税局成立了专项治理工作领导小组，由分管领导

任组长，纪检组、财务管理处、机关服务中心主要负责同志为副组长，并抽调办公室、纪检组（监察室）、人事处、财务管理处、机关服务中心等处室人员组成领导小组办公室，具体负责政策研究、登记摸底、审查核实、重点检查和督促整改等日常工作。同时，各市、县（市、区）地税局也制定了实施方案，分级成立了领导小组及办公室。

三是深入动员部署。6月21日，省地税局组织召开了专项治理工作部署培训会议，通过视频会议的形式，在省、市、县三级地税局传达学习了中央和省委、省政府文件精神，对专项治理工作进行了安排部署，对专职人员进行了报表资料统计的业务培训。通过召开会议，系统上下不断加深了专项治理工作重要性的认识，进一步明确了专项治理的目标、重点和任务，为开展好工作打下了坚实基础。

二、整体联动，突出重点，专项治理稳步推进

地税系统既是垂管部门，又是执法值勤单位，公务用车数量和规模庞大，用车情况较为复杂，专项治理任务非常繁重。为此，我们充分发挥垂管优势，抓住重点，整体配合，分级负责，狠抓落实，确保专项治理顺利进行。

（一）上下联动，形成“一盘棋”。专项治理涉及17个市局、140多个县（市、区）局和800多个基层分局，点多、面广、任务重，为此我们建立了“自上而下”和“自下而上”相结合的整体联动工作机制，做到统一部署，统一指挥，统一行动。省地税局对中央和省里的文件、政策和动态信息，第一时间转发各市局，确保基层准确了解掌握。市地税局发挥好“桥梁”作用，既要督促指导好本地区工作，也要定时收集、上报信息。县（市、区）局和基层分局是专项治理的重点，省地税局明确要求，对上级部署要执行到位，对登记情况要原原本本，对存在问题要限期整改。总之，通过上下联动，密切协作，形成了工作合力，确保了专项治理质量和效率。

（二）抓住关键，不留死角。在登记自查环节，着重做好与交管部门车辆登记信息、与公务用车主管部门车辆档案、与单位资产和财务账目“三比对”，逐车对照审查、核实、甄别，确保了单位编制数、实有车辆数、排气量、购买价格和购车资金等登记信息准确真实，登记自查面达到了实有车辆数的100%。在清理纠正环节，对各种违规车辆进行分门别类，按照政策规定，提出整改意见，抓好整改落实。比对中发现公务车辆登记信息不相符的情况，要求限期改正错误信息资料。对已报废但仍未注销的车辆，限期办理有关手续，相应调整资产账目。对单位违规借用车辆，按照自查改正从轻、被查不改从严的原则进行处理。为保证公开透明，对登记情况一律进行了公示，设立了举报电话，广泛接受干部职工的监督。专项治理期间，全省地税系统全部停止了公务用车的审批和购买。

（三）分级负责，层层落实。建立了“分级负责”职责体系，单位主要领

导负总责，分管领导靠上抓，领导小组成员分工负责，一级带动一级，层层抓落实。省地税局特别要求，对因工作不得力，被上级查处违规车辆和被社会监督曝光的，严格追究单位负责人责任，并取消先进单位评选资格。省、市两级成立了督导检查组，对所辖单位工作情况进行专项检查，检查面达到了80%。

三、乘势而上，真抓实干，确保任务圆满完成

这次会议召开使我们进一步理清了思路，明确了任务，我们将以此为契机，把这次会议精神学习好、传达好、落实好，着重在建章立制、形成长效机制上下工夫，严格总量控制，落实配备标准、降低费用支出，确保公务用车管理规范有序。

（一）抓制度规范。依据新的编制核定标准，研究制定系统公务用车编制管理制度办法，按照审批购买和上交回收对等的原则，使公务用车总量得到有效控制。合理划分一般公务用车和执法执勤用车，积极建立与税收征管实际相结合的执法执勤用车日常管理规范，杜绝与一般公务用车重复配备。对《山东省地方税务局车辆管理办法》进行重新修订完善，加大车辆监管力度，避免低效浪费。执行好公务用车采购的价格和排量标准，严格按照政府采购中心的有关规定和程序办理。

（二）抓机制建设。要抓好源头控管，强化系统内公务用车经费预算管理和购置审批，降低车辆购置和日常运行费用，统一建立采购中心确定的定点加油、维修、保险等制度。近几年来省地税局在税收任务不断增长、能源价格大幅度提高的情况下，通过公共机构节能建设，费用支出逐年下降。要抓好过程监督，加强公务用车的管理使用，深化完善统一调度、派车审批、节假日封存、费用公示等制度办法，强化从业人员的节能培训。要抓好事后评价，积极依托内部管理操作平台，加强公务用车运行费用核算和统计分析，查找问题症结，切实加强管理，堵塞管理漏洞。积极引入奖惩激励机制，定期考核评比。省地税局将研究制定全省地税系统公务用车配备使用管理制度体系，进一步加大源头治理力度，努力构建防止违规问题纠而复生的长效机制。

（三）抓目标考核。将专项治理纳入《全省地税系统目标管理考核》，明晰具体内容、标准要求、完成时限和责任追究。各单位专项治理是否落到实处，重点看单位公车数量是否减少、费用支出是否降低、制度办法是否规范，这些是目标考核的硬性指标，也是专项治理工作最终能否通过检验验收的重要标准。

省地税局专项治理尽管取得了一定成绩，但与上级要求，与兄弟单位相比，还有较大差距，还存在不少薄弱环节。我们要严格按照这次会议提出的部署要求，进一步坚定信心，齐心协力，真抓实干，圆满完成好专项治理工作任务，推动公务用车管理再上新台阶，向党和人民交出一份合格的答卷。

对现代税收征管的理论认知及当前征管问题的现实分析

——在全省地税系统征管业务培训班上的讲话

郭凤晓

（2012年2月10日）

同志们：

当前，我国的税收征管正处于改革发展的重要战略转型期，在向现代税收征管发展演进的关键时刻，有必要进行深刻的反思和深入的研讨，从理论层面上搞清方向在哪里、路该怎么走，从现实层面上明确当前应该做些什么、解决哪些问题。今天，我讲三个方面的内容：一是现代税收征管的基本理念，明确税收征管的价值取向；二是现代税收征管的整体架构设计，探讨税收征管现代发展的一般路径；三是当前征管实际工作中影响发展的主要问题，聚焦点应该放在哪里，如何做好工作。

一、现代税收征管的基本理念和关注焦点

（一）基本理念。对现代征管理念的认知，是为了明确税收征管的目标使命，廓清税收征管的现代特质，从价值观的层面引领税收征管的现代发展。基本理念包括：

一是依法治税。税收征管的根本目的是税务部门完全依照税法实施征管活动，使纳税人的行为符合税法要求，这决定了依法治税是税收征管存在的首要前提，是履行征管职能的基本原则，是征管工作努力实现的终极目标。依法治税是税收征管工作的“灵魂”。

二是以人为本。这是现代社会文明程度的主要标志，是经济社会科学发展的核心要求，是现代组织生存发展的基本内涵，以人为本因此成为推进政府职能转变、建设服务型政府的根本要求。实现依法治税的目标，必须以纳税人为本，促进纳税遵从。这一点在发达国家得到明显体现。1987年，OECD国家在《巴黎宣言》中提出了政府服务的问题；1998年，美国在进行整体征管设计时提出了从“管理为先”向“服务优先”转变的理念；美国国家收入局在制定新时期税收工作规

划时，要求“把努力为纳税人服务放到最前面”，并明确了税收工作的首要原则是“防止纳税人出现问题，尽快解决问题”，也就是要在纳税人税前和税中，首先通过纳税服务防止问题的出现，在税后则通过评估分析发现问题，采取措施尽快解决。这些思路和做法是值得我们借鉴的。

三是质量与效率。追求质量与效率是税收征管的必然趋向，是征管职能履行、征管价值实现的基本标准，现代税收征管讲求以最为适合的资源投入产出最优的结果。我们当前采取的信息管税、风险管理、税源专业化管理等改革创新举措，目的都是有效提高税收征管的质量和效率。

（二）关注焦点。上述三个理念体现了现代税收征管的基本价值观，决定了征管工作需要关注的焦点和所要完成的使命。

一是以纳税人为关注焦点。依法治税决定了纳税人是税收征管的主要作用对象，提高纳税人的遵从度是税收征管的根本目标，而有效达成目标必须充分体现以人为本的要求。这就需要把纳税人作为税收征管的核心关注焦点，设计征管业务模式，根据纳税人的行为方式定制征管措施。这样做，征管工作才是行之有效的。比如，由于区域、规模、行业的差异，纳税人会表现出不同的行为方式，税收征管就要采取相应的应对措施。从区域差异来看，在美国这些发达的资本主义国家，由于是以法治为主导的市场经济，“纳税与死亡是不可避免的”成为一种普遍的观念，在这种思维方式下，纳税人的纳税遵从度比较高，美国的税收征收率在20世纪90年代就达到了83%，因此这些国家大多采取了以纳税服务为主的征管方略；区域上的差异在我国同样明显，经济发达和相对落后地区的纳税人的遵从度会有很大差异，需要采取不同的征管措施。从规模差异来看，个体业户与企业集团在纳税上的行为方式就有很大不同，小的业户采取偷税、逃税、少缴税款的概率往往要大一些，而数额则相对较小；而大的企业由于偷税、漏税的成本很高，往往采取合法避税的方式，通行做法是在一个地方设计，另一个地方生产，在全世界销售，然后在某一个免税地点结算。如仅在英属维尔京群岛这一世界避税港，就有一万多家中国大公司注册避税。在国内，区域间的税收竞争，如地方政府招商引资中的税收返还优惠，也造成了大企业的避税行为。从行业差异看，纳税人行为方式也不尽相同，如餐饮业的流转税通过以票控税管理比较到位，但企业所得税却由于扣除项目中白条太多、成本弹性过大，控管效果很不理想，税款数量非常有限；而对于制造业，企业所得税的控管相对就要好很多，因为核算比较规范，这就是行业特点导致的纳税人行为方式的不同。因此，征管模式的设计和征管措施的实施，首先要考虑纳税人。

二是以社会环境为关注焦点。纳税人和税务部门都存在于具体的社会环境中，与社会环境相互之间具有作用关系，社会环境因此成为税收征管的另一关注焦点。在现实工作中我们可以明显感受到社会环境正负两方面的影响，如在不同的法治环境下，纳税人和税收征管会有很大的反差，西方发达国家由于法治程度高、法制观念强，思考事情和处理事情的优先顺序是法、理、情，而我国受法治程度和文化环境的影响，顺序往往是情、理、法，纳税人依法纳税的意愿不强，而税务部门也存在不少人情税的现象。再如受地方利益因素的影响，在省局反复强调提高收入质量、防范执法风险的情况下，今年全省各地税收的异常增幅仍然很高，一些没有资源的地方出现了大笔资源税，不少地方耕契两税划转后增幅很不正常，这些问题都是因为受到地方财政收入需求等因素的异常影响。社会环境的正面影响也有很多，如社会技术进步、法制日益健全、部门合作加强等因素，都会对税收征管产生深刻的影响，带来巨大的推动作用。

因此，我们在设计征管模式时，要将现代税收征管理念作为出发点和落脚点，从税收征管与纳税人和社会环境的作用关系入手，统筹规划设计，促进征管目标使命的实现。

二、现代税收征管的一般路径及架构设计

从税收征管的理论研究和发达国家的工作实践来看，现代税收征管是有着一定规律和特征可循的，围绕纳税人和社会环境这两大关注焦点，可以探寻出现代征管的一般路径和整体架构。

（一）一般路径。税收征管需要从纳税人的行为方式出发，设计税收征管业务，实施征管业务方略，从发达国家的征管实践中，可以抽象出基本的征管业务序列。

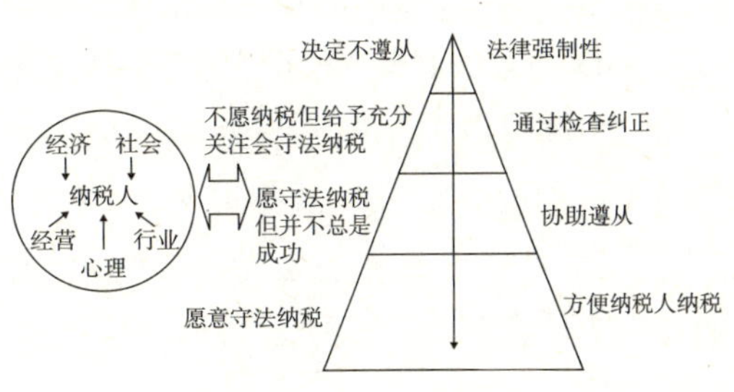

OECD 纳税遵从模型

上图是OECD总结的纳税遵从模型，这一模型是针对纳税人的遵从行为状况，税务部门所采取的响应方式，共分为以下几类：最底层是针对愿意遵从的纳税人，税务部门相应采取纳税服务措施以方便纳税人；第二层是针对纳税人愿意守法纳税但并不总是成功的状况，税务部门通过服务措施以协助遵从；第三层则是针对纳税人不愿纳税但通过充分关注会守法纳税的情况，税务部门采取相应检查、纠正措施以促进遵从；最顶层则是针对执意不遵从的纳税人，税务机关通过法律手段实施强制性打击。这种针对纳税人的行为状况分类采取不同征管措施的方式已成为大多发达国家通行的做法。从中可以清楚地界定出两类基本的征管业务，图中的最底层和第二层的应对措施是纳税服务，第三层和最顶层的应对措施则属于税源管理类措施，可以统称为纳税监控。全世界税务管理者都把纳税服务和纳税监控作为核心业务来研究。以美国为例，美国国内收入局将基本的税收征管方略概括为一个遵从公式：服务+执法=遵从，

这清楚地反映了税收征管的两类基本业务。而从国际货币基金组织的“金字塔”模型中还可以发现，纳税服务和税源管理措施都是围绕纳税人的申报征收行为状态展开的，蕴涵于申报征收的前、中、后全程，因此可以抽象出另一类基本业务：申报征收、纳税服务、申报征收、纳税监控就构成了税收征管的三个基本业务序列，三者不是绝对分开的，而是相互融合、相互支持。

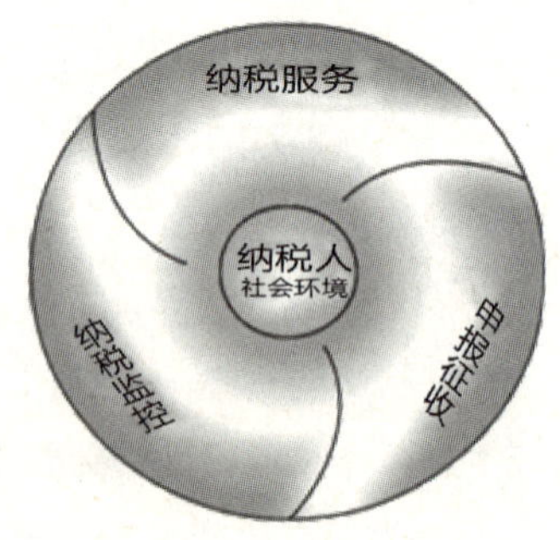

包含三个基本业务序列的征管业务系统示意图

在一定时期内，纳税人的思维模式和行为方式是相对稳定的，面对不同的纳税人行为状态、社会环境和征管能力，征管资源在各类业务上的配置是有很大差异的。发达国家由于法治程度高、征管能力强等原因，往往以纳税服务为主导措施；而我国在很长一个时期内，受各方面因素和条件的制约，需要以税源管理作为主导措施，在税源管理上重点配置资源，这也是当前大力推行税源专业化管理的原因所在。

从我省征管业务状况来看，近年来，纳税服务工作进展较快，系统上下都成立了专门机构，建立起规范统一的办税服务厅，专业化程度越来越高。但纳税服务服务还停留在较低层次的普遍性服务上，给纳税人提供的个性化服务还不是很多，但为大企业提供的一些个性化服务已经破题，如青岛市、区两级地税部门对青啤集团的个性化服务收到了良好的成效。申报征收业务自实现数据省级集中后，基本实现了信息化、自动化，过去重点配置在申报征收业务上的资源，现在需要向税源管理转移。税源管理则是当前税收征管的重中之重，是征管模式改革和征管战略转型的主要内容，前期，总局“34”字征管模式增加的“强化管理”就是要强化对税源的管理，我们所采取的综合治税、以票控税、纳税评估等诸多措施也都是在围绕税源管理在做文章。近几年全国各地税务机关都在积极探索税源管理方式改革，但目前税源管理工作中的问题仍然很突出。

税源管理的主要问题出在哪里呢？就是我们的管理方式有问题。近年来纳税人的状况发生了很大变化，可以通过两组数据来反映：一是国家税务总局大企业管理司定点联系的45户大企业，其税收占到全国税收总量的25%左右。二是中国的500强企业，2010年营业收入规模达到了36.3万亿元，比10年前的500强增长了7倍，而同期我国的GDP年均增长10%多一点。这说明税源的集中度越来越高，加上全球化、商业模式创新等诸多因素的影响，税源状况呈现出高度的复杂性和不确定性。而税务部门的管理仍采取的是在基层“人管户”的方式，一个人管理那么多户，面对那些跨国经营、跨区域经营的企业集团，根本无从管起；特别是面对企业集团搞税收筹划的高素质专业团队时，就更力不从心了。我们的税源管理在方式、能力、信息等诸多方面与大企业相比明显不匹配，这势必造成管理的失位、缺位和职能的失灵。破解这一难题，需要税收管理的相应升级，当前的有效举措是在上级税务机关集中业务人才、组建管理团队，实现管理的扁平化和信息的共享。各级税务机关分级直接介入大企业的微观管理，是改善当前管理状况的有效途径。

（二）总体架构。构建一个完备的税收征管系统，与纳税人和社会环境进行交互作用，仅有各类税收征管业务是不够的，还需要对税收征管的运行模式进行架构性的设计。

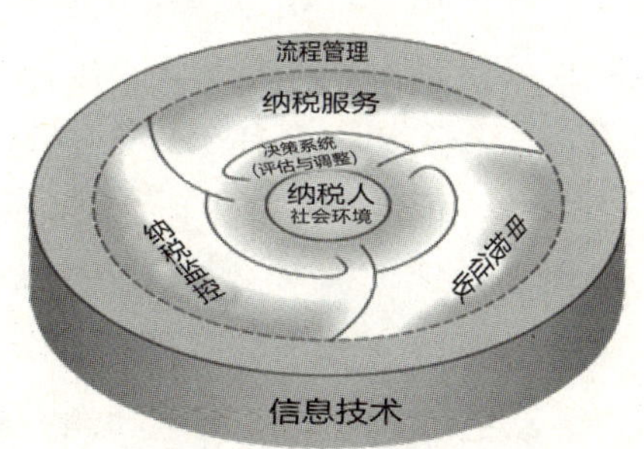

现代税收征管过程模型示意图

当今时代，纳税人和社会环境都处在飞速变化之中，税收征管与之保持同步，才能有效履行征管职能。这就需要建立一个评估与调整系统，来感应和洞察纳税人与社会环境的变化，指挥引领税收征管业务跟进这些变化。这就是上面模型图中的决策系统，具有评估与调整功能和学习变革功能，使税收征管能够动态适应纳税人和社会环境的发展变化。征管决策的执行、业务的运作、目标的达成都需要实施有效的控制，由于任何工作任务都是通过流程实现和完成的，可以用流程管理整合各项控制活动、集成各项控制方法，因此需要建立一个流程管理系统对征管税收征管系统进行有效的控制，保持系统的稳定，改善运行的质量和效率。上述两个系统再加上征管业务子系统，都离不开信息技术支撑，需要信息技术全方位融入各个部位，从而构成一个完整的征管过程模型。该模型的要点之一是要通过决策中枢系统识别适应纳税人和社会环境的变化；要点之二是申报征收、纳税服务、税源管理三类业务在决策系统的引领下通过相互作用来实现职能；要点之三是征管决策系统和业务系统需要在流程管理系统的控制下，才能达成目标和效果。

我们征管科技部门的任务是什么？核心任务就是程序法的贯彻实施，一方面，要为战略决策提供支持，发挥好参谋助手作用，这就要发挥决策系统的评估与调整作用。在现实征管工作中，征管决策的重要性越来越明显，如这次起征点由5000元提高到20000元，经过测算发现，在全省只影响4亿~5亿元的税收，这就为决策层提供了决策依据；起征点调整后，能够带来征管机构、人力资源等的较大范围调整，这就需要征管科技部门进行深入研究，对机构调整、资源配置等方面布局的调整进行合理谋划，为战略层提供决策支持，这将会引发征管工作格局的深刻变化。这个例证就反映出征管决策工作的高度重要性。另一方面，征管科技部门还要适应形势的发展和工作的变化，实施征管业务流程的改造，通过业务重组、流程再造、岗责调整等改善征管的质量和效率状态，控制征管工作的稳定运行和目标的顺利实现，这就是流程管理系统的作用。由此可见，征管科技部门在征管现代化建设过程中承担着关键的角色，发挥着重要职能。

三、当前征管工作的现实分析

近些年来，山东地税的征管工作在信息化的推动下，经历了一个快速发展的时期，尤其是随着数据集中度的提高，在实行省级集中后，税收征管工作实现了质的飞跃，处于从传统步入现代的重大战略转型期。这有些类似于从农业经济向工业经济过渡的时期，生产力水平飞速提升，工作面貌发生根本性变化，但粗放低效的问题亟需在发展过程中解决，通过规范化、标准化、专业化、集约化等方面的改造来实现真正意义上的转型。税收征管在这种阶段性定位下，必须解决好两大问题：一是强化基础；二是聚焦质量。

（一）强化征管基础

当前，总局和省局都在力推“信息化、专业化、立体化”的税源专业化管理改革，这是税源管理工作的发展方向。这一转型的主要目的是在信息化的支撑下推动税收征管由劳动密集型向信息密集型转变，也就是适应经济税源的复杂变化，实现税收管理方式由业务劳作向数据加工转变。在“信息管税”条件下，税收管理是通过数据采集、分析、利用、增值的信息流来实现的。而当前征管工作中数据质量问题尤为突出，数据不真实、不完整、不及时的现象普遍存在，在关键的数据采集环节，数据失真、缺失等质量问题严重，导致产生大量的垃圾数据，不但使工作无法正常开展，而且导致整个数据加工链条的“归零效应”，造成重大的资源浪费和成本损失。可以说，数据质量问题得不到有效解决，税源专业化管理也就徒劳无功，“信息管税”也根本无从实现。数据质量问题已经到了必须解决的地步。

数据质量问题的根源在于征管基础，从登记数据看，纳税人的土地、房产等财产信息都难以做到完整、真实、规范；而申报等底层数据比较混乱，财务报表数据的质量问题则更加突出。在当前全省地税提高收入质量、防范执法风险的大局下，收入质量不高与征管基础同样有很大关系，许多问题是征管基础管理不到位造成的，像临时户问题，成为违规违纪行为的“重灾区”，造成了很大的执法风险，有些地方的临时户比正常户翻了一番，甚至翻了两番，问题非常突出。这样的征管基础，如何谈发展、论改革？面对税收征管的发展进步和改革转型，强化征管基础已经成为必须首先抓、必须切实抓好的重要任务。

导致征管基础弱化的原因有很多，必须找到根源才能对症下药，除了内部管理不规范、不到位和态度不认真、作风不扎实等因素需要切实加以解决外，有些是受外部形势环境的影响。其中，最为突出的是长期以来的“收入任务导向”，这与"执法导向"是相冲突的，这一导向扭曲了税收工作的价值取向，为了完成收入任务，往往造成区域税收竞争、乱拉税款等现象，衍生出许多违规违纪问题。这给我们的征管基础建设造成很大的困难，在工作上面临艰巨的挑战。

（二）聚焦征管"质量"

有专家称21世纪是"质量的世纪"，质量成为当今经济社会发展的重要价值追求，海尔集团的张瑞敏作为一个大师级的管理人物，曾经提出"在新经济时代，什么是克敌制胜的法宝？第一是质量，第二是质量，第三还是质量"。我国"十二五"规划把"加快经济发展方式转变"作为主导性战略任务，这种转方式、调结构的目的就是针对前期经济增长方式粗放、运行效率低下、发展成本过高的问题，实现经济社会发展由注重规模和速度向注重质量和效益的转变，关注质量体现了科学发展的根本要求。当前的地税工作和征管工作同样如此，省局党组近两年来开展的新一轮基层建设、提高干部素质和提高收入质量、防范执法风险这三项重点工作，目的都是为了解决地税事业发展中的深层次问题，以改善发展质量；税收征管在当前的转型期，推行的税源专业化管理等征管改革，核心目的也是转方式、调结构，注重提高税收征管的质量。特别是随着数据集中度的越来越高，从县、市到省局，再集中到总局，数据质量已成为税收征管工作的根基，质量问题更加成为现代征管的本质性要求。因此，必须牢固确立提高质量的工作导向，狠抓征管质量的提高，这是当前征管工作发展进步的必然要求。

提高征管质量是征管部门分内的职责，管好数据质量，征管部门更是责无旁贷。解决征管质量问题，各级征管部门必须颠覆传统的思维方式和工作方式，一是思维方式的颠覆。要引导促进各级工作人员转变态度作风、改变行为习惯，还要同时引导促进纳税人行为习惯的改变。二是工作方式的颠覆。要结合正在进行的"大集中"系统中业务流程的改造，顺着征管业务流程梳理每一项工作，分析质量问题出在哪里，在制度、流程、岗责、标准等方面加以解决；将征管工作评价考核的重心放在征管质量上，注重通过征管质量反映工作绩效。有一个提高征管质量的有效方法是，将ISO 9000质量管理体系、六西格玛管理等现代质量管理的理念、原理、方法等运用到实际工作中去，像PDCA的过程控制方法，通过目标—实施—检查—改进—目标的流程，做到过程记录、落实责任、循环往复、持续完善，把征管工作做实、做细、做到位。数据质量作为重中之重，省局已经下决心重点加强这方面的工作，今后还要召开专题会议，作出具体安排。

（三）推动整体协作

征管基础建设和税源专业化管理改革这两项重大任务，都离不开各方的协作。像征管基础工作中的数据质量问题，单靠征管部门关注数据质量是远远不够的，还要动员所有相关部门共同关注、齐抓共管。专业化改革更是强调高度协同下的精细分工，客观上要求各级各方必须实现空前的合作；税源专业化管理是信息化支撑下的专业化、立体化，协作不够是行不通的，不但达不到预期效果，而且会增加成本、降低效率，起到适得其反的作用。我们已经进入一个推崇协作的时代，无论哪个部门如果不注重协作将有被边缘化的危险，希望有关方面能够充分认识。因此，必须着力解决征管改革创新带来的利益调整下的协调不畅、配合不力等问题。征管部门作为负责征管制度设计、落实的综合部门，有责任在推进专业化的过程中，密切联结各方，推动整体协作，并致力于建设一种高度协同、良好沟通的组织文化。

把握方向夯实基础 扎实推进现代税收征管体系建设

——在省局党组理论学习中心组读书会上的发言

郭凤晓

（2012年8月1日）

同志们：

这次省局党组理论学习中心组读书会，中心议题是贯彻落实全国税务系统深化税收征管改革工作会议精神，研究全省地税系统的税收征管和信息化工作。近几年来，省局党组以科学务实的态度、稳中求进的思维，强基础，抓根本，促发展：2010年，突出新一轮基层建设和干部素质提高两项重点，成为推动地税事业长远发展的治本之策；2011年，明确了“提高收入质量、防范执法风险”的工作方针，抓住了影响地税事业科学发展的关键；今年，顺应征管改革发展趋势，围绕提高收入质量、防范执法风险，利用基层建设和干部素质提高的成果，推进现代税收征管体系建设，这既是实现征管战略转型的必由之路，也是促进地税事业又好又快发展的必然选择。下面，根据省局党组的安排，我谈几点认识和意见，供大家参考。

一、近十年山东地税征管发展历程

进入21世纪以来，伴随着社会主义市场经济的发展和税收征管改革的深入，全省地税征管工作实现了跨越式发展、取得了历史性进步。期间，遵循事业发展的一般规律，经历了两个时期：

（一）快速发展期

21世纪初，面对经济社会的快速发展，税收征管面临重大机遇和挑战，亟须加快由传统向现代的转变，以有效履行征管职能，把经济发展成果转化为税收收入。全省地税按照“定好位、收好税、带好队”的总体要求，围绕落实“以申报纳税和优化服务为基础，以计算机网络为依托，集中征收，重点稽查，强化管理”的征管模式，推动征管改革创新，征管工作面貌发生了显著变化。

理清了征纳双方的法律责任，深化申报征收方式改革，建立起纳税人自主申报条件下的电子多元化申报征收格局，实现了从纳税申报到税款入库的电子一体化，降低了征纳成本，优化了资源配置。

全面强化税收管理，按照“抓大、控中、定小”的工作思路，深化税源分类管理，突出重点税源企业、重点税种、重点行业、重点项目、重点环节等方面的管理，推出房地产一体化、股权转让所得税管理、个税全员全额明细申报、资源税远程监控、大项目管理、第二、三产业分离、跨境税收管理等一系列创新举措，产生了明显的税收效益；全面推行个体业户计算机定税，提高了工作效率，节约了人力资源。针对“疏于管理、淡化责任”的问题，完善管理体制，建立起新型的税收管理员和征管责任区制度，广大税收管理员在动态监控税源、堵塞漏征漏管、落实各项任务等方面发挥了主要作用。

按照重点稽查的职能定位，优化稽查体制，在部分市局推行一级稽查模式；规范运行机制，普遍实行了稽查“四分离”；创新工作手段，探索推行电子查账等现代稽查工作方式；组织开展税收专项检查、区域专项整治、重点税源企业检查和打击发票违法犯罪等活动，税务稽查的职能作用明显显现。

坚持内外并举、重在治内、以内促外的方针，积极推动地方税收法治建设，健全完善制度办法，率先在全国推行执法责任制；开创性地推行社会综合治税，争取社会对地税工作的支持协助，治税环境明显改善。

强化服务意识，围绕优化纳税服务，设立服务机构，健全服务制度，搭建服务平台，改善服务环境，创新服务手段，建立健全普遍性服务方式，方便了纳税人，提高了办税效率；积极向党委、政府提供经济税收决策支持，充分发挥税收政策引导促进经济社会发展的效应，地税工作的社会满意度明显提升。

充分依托信息化手段，推动征管改革创新，加快征管现代化建设，形成了对征管业务的全面覆盖和有效支撑，实现了征管工作由手工方式向计算机网络运作的转变；征管数据的向上集中，带来征管工作的深刻变化，在2003年市级集中的基础上，2008年实现了省级数据大集中，规范了征管方式，统一了征收标准，实现了对全省数据的省级集中监控，为深化征管改革创造了条件。

（二）战略统筹期

在推动税收征管改革发展的过程中，征管工作逐步显露出基础不牢、结构失衡等问题，需要切实解决发展中的深层次、结构性问题，推动征管工作的协调持续发展。全省地税按照“依法治税、从严带队、科学管理、共建和谐”的基本要求，从战略高度统筹协调数量速度与质量效益、发展进步与工作基础、外部驱动与内生动力等方面的关系，着力解决地税事业发展中的基础性、全局性问题，积极作为，稳中求进，夯实发展根基，推动科学发展。

把新一轮基层建设作为激发工作活力、改善发展环境的全局性基础工作。按照重视基层、关心基层、服务基层的指导思想，致力于解决基层的基础建设、经费保障、人才缺乏、减负增效以及征管、执法、服务等现实问题，各级共投入经费近6亿元，85%的县级单位已经和正在实行集中办公，基层的工作、生活、学习条件显著改观，运行成本明显降低。近期，又确定建立基层经费保障机制，进一步加大向基层尤其是贫困地区单位的经费投入，为基层单位的有效运转提供资金保障。历时近三年的基层建设为地税事业发展奠定了坚实基础，为税收征管改革提供了良好环境，在征管资源整合和体制机制调整等方面创造了有利条件。

把干部素质提高作为推动地税事业可持续发展的保障工程。按照分级、分类、分层的原则，突出培训重点，拓展培训范围，加大培训投入，各级共组织培训2029期，培训干部10万人次，投入培训经费1.4亿元，成为垂管以来干部教育培训力度最大、范围最广、人数最多、效果最好的两年；同时，加大干部选拔、交流和培养锻炼力度，不断优化干部队伍的结构。干部素质的提高增强了地税事业发展的内在动力，为培养税收征管专业人才，提高征管能力和水平打下了良好基础。

把提高收入质量、防范执法风险作为地税事业科学发展、安全运行的大事来抓。在全国税务系统前瞻性地提出了“收入质量”这一重大课题，以提高收入质量保障税收职能作用的发挥。大力提高收入分析预测、税收执法、税源管理、政策把握水平，建立收入质量考核评价体系，推动税收收入计划管理向收入质量管理转变；切实加强干部队伍的教育监管，深入排查整治风险隐患，防控违法违纪问题。收入质量观念深入人心，风险意识普遍增强，为税收征管提供了明确的工作导向。

把法治地税建设作为地税事业发展的基本保证。在地方税收立法上实现重大突破，《山东省地方税收保障条例》成为我国第一部省级地方性税收法规，在保障地税收入、加强税收征管、深化社会协助、规范征纳行为、优化税收服务等方面发挥了重要作用；通过贯彻落实地方税收保障条例，进一步推动社会综合治税，在立法和机制层面提高了地方税收的法治化、社会化水平。

把税源专业化管理作为新时期征管改革的重心。全面推行“分类、分级、分岗”管理，基于纳税人税收风险的高低，调整优化机构职能和资源配置，突出加强重点税源管理，设立各级税源管理部门评估监控重点税源；围绕防范税收执法风险和优化人力资源配置，在基层实行分岗管事，促进由管户向管事的逐步转变。山东地税被总局作为全国地税系统税源管理方式改革的两个试点单位之一。

前期税收征管的发展轨迹呈现出三个特点：一是科学理念引领发展。遵循税收工作规律，坚持用先进的理念总揽全局，以科学的思路引领发展，注重统筹协调各方面的关系，保持了又好又快发展的态势。二是创新思维带动发展。各级各部门表现出强烈的进取意识和创新精神，业务创新层出不穷，在全国税务系统处于较高水平，出现了不少首创性成果。三是信息技术促进发展。信息技术成为驱动发展的革命性因素，引发业务变革和管理创新，促进了征管生产力水平质的提升，税收征管现代化进程明显加快。概括起来，前期征管工作的发展成果依赖于科学正确的决策，得益于锐意创新的精神，发端于信息技术的应用。税收征管的职能作用明显显现，全省地税收入由2002年的360亿元增加到2011年的2311亿元，税收征管成为地税收入持续高速增长的重要因素。

二、税收征管面临的环境因素分析

税收征管通过与纳税人和社会环境的交互作用实现自身职能。面对近年来纳税人和社会环境的发展变化，税收征管呈现出一些不适应，征管职能履行面临新的挑战与机遇。

（一）经济税源的变化要求税收征管加快方式转变

随着社会主义市场经济的发展和全球化进程的加快，纳税人的状况急速发生变化。一是税源规模越来越大。纳税人数量急剧膨胀，全省地税登记的纳税人达到180万户，其中企业74万户。税源规模呈现高度集中态势，2011年，全省纳税百强企业的税收规模达到1887.03亿元，占全省税收收入的28.46%；全省地税年纳税额超过50万元的纳税人3.44万户，占纳税总户数的2.33%，今年1—6月缴纳税款1011.93亿元，占总收入的75.76%。二是生产经营越来越复杂。纳税人的组织结构、经营形态、核算方式、利益诉求等复杂多变，企业跨区域、跨行业经营扩张，总部集中控制、分支辐射各地、总分连结紧密的经营网络已成常态，跨区域、跨国境税收管理的压力不断加大。全省地税管辖的515户集团企业，下属成员单位7489户，今年1—6月缴纳税款434.86亿元，占收入总额的32.56%；跨国公司的触角伸向各个领域，境内境外紧密相连，全省现有91户企业在海外上市，许多企业采取设立特别目的公司、滥用税收协定、利用关联交易转移利润等手段逃避纳税义务，省局近期重点组织了4户企业的调查约谈，初步认定应补缴个人所得税2.5亿元以上。企业的资本运作、关联交易等行为复杂隐蔽，商业模式创新层出不穷，新兴经济形态飞速壮大，税收征管面临的复杂性和不确定性日益增强。三是涉税事务处理能力越来越强。企业聘用专业人员或中介机构处理涉税事务，有的企业还设有专门的税务部门或高管，税收筹划、避税等专业知识的研究应用日趋深入；全省规模以上企业几乎全部实行了会计电算化，大型企业集团多数应用了ERP管理系统，中小企业会计电算化的应用率也超过了60%，获取涉税信息的难度日益加大。面对纳税人的快速复杂变化，现行税收征管难以有效应对，履行征管职能面临严峻挑战，税收流失的风险越来越大。

（二）环境形势的发展需要税收征管保持同步跟进

当前，我国正处在改革转型期和矛盾凸显期，要求税收发挥更加重要的职能，税收征管作为税收职能实现的执行因素，必须适应社会环境发展变化的需要。一是适应经济转型的需要。税收作为政府“看得见的手”，在加快经济发展方式转变上至关重要。“十二五”规划在调节收入分配、鼓励支持创新、引导投资消费、推进能源节约型和环境友好型社会建设等方面，对税收职能作用提出了明确要求，实现这些目标最终要看税收征管的政策执行能力。二是适应政府职能转变的需要。在建设服务政府、责任政府、法治政府和廉洁政府的大趋势下，税务部门必须加快职能转变，改善治理结构，提高行政效能，更好地发挥税收政策的执行者、市场主体的服务者、经济活动的监管者的角色。三是适应税制改革的需要。“十二五”期间，税制改革步入结构调整的“深水区”，征管能力是税制结构选择和调整的重要约束条件，两者不相适应，不但会使既定目标落空，还会偏离税制设计的初衷。这需要征管方式的及时调整和征管能力的有效提升，特别是在直接税改革、地方税体系建设等领域。四是适应信息技术进步的需要。日新月异的新一轮信息技术革命，给税收征管带来了新的机遇与挑战，在社会信息化水平飞速提升的浪潮中，征管信息化必须不断提高和持续保持先进性。在环境形势的变化面前，税收征管必须尽量保持同步，才能有效履行自身职能。

（三）征管工作现状必须适应任务需要做出改变

征管工作虽然在前期取得了较大进步，但面对纳税人和社会环境变化提出的更新更高的要求，存在一些不相适应的地方。一是征管能力明显不足。表现为资源配置与经济税源的规模程度不相称，全省9770名一线人员，分布在1174个税务所（科），其中5700人负责70多万户企业的征管，资源分布零散，力量明显不足；职能设置与经济税源的复杂状况不对等，征管工作全面设防、平均用力，只有区域之分，没有轻重之别，那些产业链条庞大、经营幅度广阔、内部架构复杂的大企业，超出了属地划片征管的势力范畴和能力范围；业务能力与企业的涉税事务处理能力不匹配，仅靠基层单位和人员，不足以应对众多不同规模、不同类型企业的专业办税人员和团队。二是发展进步不够协调。体制机制、人员素质、技术支撑、组织文化等各项要素不够配套同步，征管工作发展的系统性不强。层级过多、条块结合的征管组织体系，存在业务链条过长、协调成本较大、整体效能不高等问题。三是基础管理比较薄弱。内部管理不够规范细致，工作责任落实不够到位，部分单位垂管意识还不够强，存在过于注重收入任务导向、忽视税收执法导向的倾向，影响了正常的征管秩序，一些问题屡禁不止。在对2011年度税收征管情况的审计中发现，少征税款26亿多元，延缓征收税款3.26亿元，多征税款4175万元，年内提前征收税款5390万元，改变税种入库4.78亿元。省局对2011年收入过4000万元的553户纳税人进行分析发现，有103户企业的423条大额入库记录存在征期外大额入库、纯地方级税种入库等七类明显异常的风险，涉及税款63.4亿元。四是信息技术效用受到限制。受制度、机构、基础和队伍素质等因素影响，税收信息化建设应用受到很大制约，向前发展遇到较大阻力。

在纳税人与社会环境的发展变化面前，税收征管必须因时而变、因势而变，"转型"成为提高税收征管能力、改善征管工作现状、促进征管职能履行的主题。目前，1997年开始的上一轮征管改革，到2010年基本结束，总局深化税收征管改革工作已正式启动，新一轮征管变革遍及全国，征管战略转型已是大势所趋。

三、现代税收征管的发展方向

深化税收征管改革，推动征管现代化建设，首先需要从理性上对现代征管的价值取向、内在规律和一般路径有清晰的认知，形成具有现代意义又符合实际情况的发展蓝图。

（一）税收征管的目标使命

税收征管的根本目的是税务机关能够最大限度地落实税收制度，纳税人能够最大限度地遵守税收制度，以保证税收职能作用的实现。这决定了依法治税是税收征管的本质要求和基本准则，贯穿征管工作始终。

依法治税包括税务机关依法收税和纳税人依法纳税，从中衍生出征管工作的基本目标：前者要求税务机关坚持依法行政，按照法定权限和程序行使权力、实施征管，公平、公正、公开是对所有税收执法行为及其结果的基本要求。后者则一方面要求纳税人履行税法规定的责任，提高纳税人的税法遵从度；一方面要求让纳税人享有税法规定的权利，提高纳税人的满意度。公平公正执法、提高纳税人的遵从度和满意度是征管工作的主要使命，也是建设法治型、服务型税务机关的应有之义。

（二）现代税收征管的核心理念

以人为本是科学发展观的核心要义。依法治税的作用对象为纳税人和收税人，在征管工作中贯彻以纳税人和收税人为本的理念，既是依法治税的本质需要，也是税收征管科学发展的内在要求。

以纳税人为本，就是站在纳税人的角度理解并解决问题，包含两个方面：一是针对纳税人的行为状况，提高纳税人的遵从度。服务＋执法＝遵从是得到普遍认同的征管方略，服务与执法作为税收征管的"双手"，一般分布在申报征收活动的前后端，针对不同的遵从行为，交替发挥各自的作用，循环提升纳税遵从。服务主要是在前端帮助履行纳税责任，针对的是主动遵从和非故意不遵从的纳税人，作用主要在于防止纳税人出现问题或提前解决问题，这是一种高效、经济的遵从风险防控方式。执法主要是在后端发现纠正纳税问题，针对的是故意不遵从的纳税人。有研究结果表明，查获概率和处罚率是影响纳税遵从的主要因素，"严征管"因此成为税制改革的普遍原则。

以服务为主导的先进高端的征管方式，必须建立在严查重罚的执法基础之上，对偷逃税的有力打击才是对依法纳税者利益的最大保护和依法纳税行为的最大激励。由于我国的税收征管能力和纳税遵从程度与发达国家相比还有很大差距，现阶段征管工作的重心仍是提高执法能力，有效识别打击纳税不遵从行为，为逐步向以服务为主的预先防控方式转变提供坚实的后盾。二是基于纳税人的合法合理需求，提高纳税人的满意度。即树立征纳平等的理念，维护纳税人的合法权益和切身利益，满足纳税人的合理需求，降低时间、费用、心理等方面的遵从成本，营造互信合作的良性征纳关系，履行税务部门应尽的公共服务职能。

以收税人为本，即为税务人员创造良好的、高质量的工作环境，提供充分的培训、公平的机会、高效的工具、有效的激励和顺畅的沟通，促进税务人员在征管工作中创造个人价值和工作价值。并坚持从严带队的方针，围绕公平、公正、公开执法，从理念、制度、管理和技术等层面约束执法行为，防范执法风险，保护干部队伍。

（三）新时期征管改革发展的思路

按照总局深化税收征管改革的总体要求，立足山东地税实际，新时期征管改革发展的基本思路可以确定为：深入贯彻科学发展观，牢记为国聚财、为民收税的神圣使命，落实“依法治税、从严带队、科学管理、共建和谐”的基本要求，以提高纳税人的遵从度和满意度为目标，专业化信息化双轮驱动，优化纳税服务，集约管控税源，深化社会协助，构建具有现代特征又符合现实需要的税收征管体系。

上述“基本思路”表明：“提高纳税人的遵从度和满意度”是税收征管必须履行的职能，是征管工作所要实现的目标；实现目标的必然路径是构建现代税收征管体系，即具有时代条件下先进的征管方式和高效的征管能力，能够达到最好的征管质量和效率水平，趋向最优的征管效能和效益；“专业化”与“信息化”是现代税收征管的基本特征，两者的有机融合是构建现代税收征管体系的实现方式，是提高征管质量和效率的必要条件；“优化纳税服务”和“集约管控税源”是实现征管目标的主导措施，是构建现代税收征管体系的主要内容，“优化”意味着服务方式的升级，“集约”标志着执法方式的转型，通过实质性地提高服务和执法能力、质量和效率水平，实现征管目标；税收征管是经济社会大系统的一个子系统，实现既定目标、构建现代体系是一项社会化工程，“深化社会协助”是税收征管与社会环境交互作用以达成目标的必然选择。

“以提高纳税人遵从度和满意度为目标”，即以纳税人为核心关注焦点，在明晰征纳双方权利和义务的前提下，税务机关按照应尽的职责，促进纳税人履行应尽的义务、享受应有的权利，实现这两个目标的过程是一个建立互信关系、促进征纳和谐的过程。提高纳税申报的准确性是提升纳税人税法遵从度的具体体现，是深化税收征管改革的着力点，主要是基于遵从风险程度的不同，有针对性地采取纳税服务、纳税评估、税务稽查等应对手段引导促进纳税人准确申报。

“专业化信息化双轮驱动”是构建现代税收征管体系的实现方式，信息化为专业化提供必要的条件，专业化为信息化提供科学的内容，两者相辅相成，相互促进。“专业化”是为了建立适应征管生产力要求的生产关系，当前专业化改革的趋向是把以人为本的思想根植于税收征管之中，以把握纳税人行为特征、实施科学分类为出发点，促进税务机关组织结构、业务职能、岗责流程、征管资源等的优化调整；以人力资源的合理配置为落脚点，让适合的人做合适的工作，把骨干人才配置到最能产生效益的领域。“信息化”现已超出“支撑”“依托”等生产工具层面的作用，作用重点将转向税收信息资源加工利用，在服务、执法等领域，开发信息资源的使用效益，促进征管生产力形态向“信息时代”“数字地税”的转型升级。

“优化纳税服务”，就是在完善普遍性、浅层次服务的基础上向个性化、深层次服务拓展。一方面，持续完善涉税受理、税法宣传、纳税辅导、涉税咨询、法律救济等普遍性的服务方式，不断加强与纳税人的信息交互与及时沟通，满足广大纳税人的合法合理需求。一方面，以税收风险防控为核心，整合服务职能，集合服务资源，按户或按类向大企业提供个性化服务，逐步提高专业化服务水平。

“集约管控税源”，就是推动税收征管由分散粗放向集约高效的转变，提高税源管理效益，控制税收流失风险。即体现“合理地配置各种资源、形成精细的分工、紧密的联系和有效的制约、以最小投入求得最大产出的组织社会化大生产”的“集约化”原理，以风险管理为导向，推进征管工作转型。一是统筹征管职能。基于控制税收风险的需要，促进分析、评估、稽查等业务组织实施的一体化，各项业务任务启动、执行、完成的批量化，税源信息采集、分析、利用的流程化，实现税收征管从分散运作向集中式、规模化运作的转变，提高税源控管的整体效能。二是整合征管资源。基于控制重大税收风险的需要，集合人才、信息等资源，配置到重点税源控管等关键领域，建立核心能力，实现从平均用力向集中用力的转变，以合适的资源投入获得理想的税收效益。三是全面有效控制。基于防控内部执法风险的需要，将执法的各个环节放到业务流程和信息系统的“流水线”上，提高工作运行的标准化、流程化、透明化程度，逐步实现内部管理由粗放向精细的转变，提高征管工作质量，促进决策执行落实，制约监督执法行为。

“深化社会协助”，即充分利用社会资源提高征管能力和水平，主要体现在三个方面：一是信息提供。政府部门、有关单位掌握的涉税信息是税收征管必需的资源，获取第三方信息是提高征管能力的必要条件。二是部门协助。在一些税收执法环节，需要行政和司法机关的涉税协助，尤其是在对重大涉税违法问题的解决处理上，离不开有关部门的协作。三是中介参与。利用社会机构承担涉税责任、处理纳税事务、提供纳税援助，能够提高征管质效、降低征纳成本、化解税收风险，达到纳税人、税务机关、中介机构“三方共赢”的效果。

四、当前征管工作的主要任务

构建现代税收征管体系是一个长期的过程，就山东地税目前的状况而言，征管工作中还存在着一些限制发展的现实问题，影响了征管现代化进程。当前的主要任务是先行化解发展中的不可持续因素，从大处着眼，从小处着手，沉下心来解决现实问题，俯下身子抓好基础工作，为深化税收征管改革创造必要条件。

（一）聚焦提高征管质量

有学者认为：20世纪是生产率的世纪，21世纪是质量的世纪，提高效益的巨大潜力隐藏在质量之中。对税收工作而言，收入质量是实现税收职能的必要前提，征管质量是实现征管职能的必要条件，征管质量很大程度上决定收入质量，影响税收职能作用的实现。目前，征管质量问题牵动工作全局，不但制约了征管改革发展进程，而且影响了正常业务工作开展。今年上半年，省局检测了2万户重点企业的37万份财务报表，发现存在空白、异常等问题的报表8.7万份，占总份数的24%，给数据分析利用带来很大困扰。再以税收预警为例，经抽查2011年预警额度较大的312条预警信息，因人为调节税款缴纳进度造成的有57条，由基础数据和申报、财务数据等原因造成的有190条，非正常的质量因素产生的预警信息达到79%。我们被迫投入大量的精力和资源用于拾遗补缺，征管工作陷入低效被动状态。

构建现代税收征管体系，首先需要夯实工作根基，把征管质量抓上去。一是在认识层面，体现现代质量管理“领导作用”与“全员参与”的原则，主要领导必须重视和介入征管质量管理，发挥引导带动作用；同时，积极创造全员参与的环境，改善导致质量问题的思想意识、工作态度和行为习惯，引导干部职工从低质量的无效劳作中摆脱出来。二是在管理层面，立足于长久解决问题，建立标准化、规范化的管理基础，包括顺畅的业务流程、明晰的岗责体系、完善的运作程序、严谨的操作规范、完备的过程记录和严格的考核奖惩，并尽量固化到软件系统之中，增强标准执行的刚性，把问题“关闭”在日常工作中，形成一种问题持续改进、质量循环提升的管理环境。

（二）促进征管方式转变

构建现代税收征管体系的过程是一个转变征管方式的过程，向信息密集型转变，是税收征管由传统向现代转型的发展趋向，是税收征管的一次“产业升级”。当前，亟须在两个方面有所改进。

一是从基础入手，解决数据不可用、不够用与日益增长的数据应用需求之间的矛盾。首先把数据质量作为“信息管税”的根基。着重抓好两方面的工作：一方面抓重点，把利用价值高、需求程度强的重点税源企业的数据质量提上去。省局正在加强全省重点税源企业财务数据的报送、检测、整改，力求这部分数据的质量有较大的改观。一方面抓长久，统一涉税数据的标准、口径，形成贯穿数据采集、存储、查询、应用等全过程的数据管理规范，把好数据入口，加强日常监测，严格过错追究，从源头、日常等方面切实加强数据质量管理。其次是把数据采集作为“信息管税”的前提。比较紧迫的数据缺口有两个：一个是企业的财务核算和生产经营数据，迫切需要加强数据报送管理，创新数据采集手段，把企业尤其是重点税源企业的经营财务数据采集进来。另一个是第三方数据，需要把现有采集进来的 30 多个部门的涉税数据充分利用起来，更为重要的是，深入贯彻落实《山东省地方税收保障条例》，在多年社会综合治税的基础上，采集更多有价值的第三方数据，产生更加明显的效益。如省局利用国土部门的宗地信息实施宗地管理，试点地区年增应税土地面积 1.15 亿平方米，年增土地使用税 7.51 亿元。从长远来说，第三方数据将左右“信息管税”的效益。

二是积极创造条件，解决数据利用意识不强、能力不足与现有数据资源闲置衰减之间的矛盾。最近几年，审计部门从我们的数据库中提取数据，发现不少问题。我们拥有这些数据，却没有发现这些问题，反映了数据解读能力上的差异和数据利用意识的欠缺。这首先需要养成用数据说话的习惯。决策层作为指挥中枢，可以通过收入情况、税源结构、征管状况等方面的数据支持，提高决策的科学性和合理性，尤其是善于利用数据分析结果，发现收入质量问题；管理层作为数据加工利用的中坚力量，需要从面、线、点上为决策层和执行层提供数据支持；执行层最终利用数据产生直接效益，需要养成利用数据按图索骥、开展工作的习惯。其次是增强用数据说话的能力。在利用好数据汇总、报表统计，简单查询和比对分析等表层应用的基础上，向纳税评估、收入预测、税源分析、税负分析、征管状况分析等深层应用拓展，充分挖掘数据利用效益，尤其是提高重点税源的纳税评估水平。

（三）推进体制机制调整

构建现代税收征管体系，体制机制是根本、是关键。当前，优化征管体制机制的着力点是围绕提高收入质量和效益，下大力气解决重点税源管不了、管不好的问题。

在省、市两级，以扁平化分级管理为方向，提高重点税源尤其是跨区域、跨国境大企业的管理层级，强化管理职能，提高管理效益。一是建立分级管理体制。省、市两级对税源结构状况要作深度研究，在摸清主体税源底数的基础上，明确重点税源控管的范围、事权和职责，真正把责任落到实处。二是统筹组织开展工作。集合专业人才资源，统一开展数据采集、加工、处理工作，集中组织和分步实施分析监控、纳税评估、税务稽查和反避税等业务，界定业务边界，理顺工作关系，建立系统的业务流程和完善的运行机制。三是稳步推进实体运作。推进省、市两级管理层的职能转变，各相关部门从各自的业务角度介入重点税源的微观管理，尤其是在高利润、垄断性企业的评估、监管和跨国境企业的反避税等方面寻求突破，力求取得实实在在的效益；打破行政区域限制，逐步推行省、市一级稽查模式，加大对高风险纳税人和恶意不遵从行为的打击力度；合理设置大企业税收管理机构，省局将由直属局负责大企业的管理与服务，有条件的市局也可将市直属征收机构转换职能，并优化干部结构，直接组织实施大企业税收管理与服务。省局将对各级的重点税源控管状况进行跟踪问效，作为衡量评价征管工作的主要内容。

在县一级，利用集中办公的有利条件，推进专业化管理进程，进一步打破属地限制，基于对税源的科学分类调整机构职能，形成以重点企业、重点行业和一般税源为管理对象的机构设置格局；伴随机构职能调整，促进人力资源的优化配置，加强重点税源的征管力量配备，形成合理的重点税源和一般税源的征管力量配比，真正把集中办公的成果转化为资源整合的效益。与此同时，统筹搞好纳税服务业务的布局，逐步扩展县域集中征收、业务通办的范围，完善集中办税服务场所建设，尽量将纳税人发起的事项集中到前台受理和办理，促进前后台服务职能、业务的衔接协作，进一步提高服务水平、规范征收行为。希望各地根据各自的税源结构、区域状况，探索走出适合自己的路子，省局将对不同的模式进行试点。

在建立以重点税源征管为重心的职能设置和资源布局，对重点税源集中用力的同时，需要着力提高税收征管的整体效能，把各层级的线、各部门的面联结为立体式的有机整体，以信息传导、人才交汇、业务合作为纽带密切衔接协作，培养协同默契、有效沟通、和谐良好的关系，逐步形成上下左右一体化的工作格局。做到这一点，征管职能调整和资源优化的效益才能真正实现。

（四）打造专业人才队伍

构建现代税收征管体系，需要高度注重人的因素这一内生作用，突出人才的核心资源地位，基于专业人才需求，培养能力突出、思想过硬的业务骨干，合理配置使用业务人才。一是加强专业能力建设。有针对性地培训急需的知识，有针对性地培养急需的人才，尤其是具有数据解读能力的评估、分析、检查、反避税、纳税服务等方面的人才；注重征管专业知识的衍化创造、交流积累，逐步建立系统丰富的知识储备，促进专业能力的提升，服务业务工作的开展。二是加强专业团队建设。在摸清税源结构和人才结构的基础上，把征管专业人才集中配置到重点税源征管等关键领域，通过建立专业突出、优势互补、灵活多样的团队，将人才的简单集中变为规模集聚，形成税收征管的核心资源。三是加强现代意识培养。根据改革发展的任务要求和解决问题的现实需要，引导干部队伍牢固树立质量意识、风险意识、责任意识、协作意识、成本意识等现代观念，为征管改革发展打下坚实的思想基础。

（五）强化信息化建设

构建现代税收征管体系，需要充分发挥信息技术的“第一生产力”作用，立足当前，着眼长远，切实强化税收信息化建设。一是继续完善现有各应用平台，推动信息化支撑向纵深发展。针对税收征管的发展变化，搞好现有应用系统的功能优化和升级改造，特别是完善“金税三期”上线后继续使用的软件平台的功能，不断提高系统的适用性、有效性和安全性；由全面向深入拓展，以提高信息资源的加工处理能力为重点，完善数据综合应用平台建设，增加云计算、模型分析、数据共享等前沿技术工具的研究和应用，逐步提升信息系统的智能化水平，提高评估监控、决策支持等方面的数据分析成效；遵循信息化发展规律，努力克服传统方式、经验意识、手工意识、权力意识对信息技术应用的制约，使信息化建设与业务工作的推进协调一致。二是做好与“金税三期”的衔接准备工作。面向“金税三期”的建设应用，综合考虑税收征管改革进程、业务调整和职责配置等因素，提前做好衔接应用的各项准备，解决系统转换的适应性问题。三是建立稳定的信息化专业队伍。当前，信息化专业技术人员转岗的问题比较突出，技术人才不足和年龄、知识老化的现象较为严重，影响了信息化工作的开展。这应引起各级领导的重视，从地税事业长远发展的高度，研究信息化专业队伍的管理、培养和使用问题，不断充实年轻力量，保持一支规模适当、结构合理、热情高涨的技术干部队伍。

面向未来、立足基础的提质量、转方式、调结构，是对征管工作中不合时宜的思想观念、工作方式和行为习惯的一次颠覆，是深化税收征管改革的基本前提。希望各级着眼长远、打好基础，为税收征管现代化进程奠定良好的起步基点和进步支点，努力构建现代税收征管体系，为地税事业的又好又快发展作出新的更大的贡献。

在全省纳税服务工作会议上的讲话

李　亚

（2012 年 6 月 29 日）

同志们：

这次全省纳税服务工作会议，是经省局党组同意召开的。会议的主要任务是：传达学习全国纳税服务工作视频会议精神，总结交流近年来全系统纳税服务工作情况，进一步明确形势和任务，务求实效，扎实工作，全面深入地推进纳税服务工作。下面，根据会前研究的意见，我讲三个方面的问题。

一、开拓进取，务求实效，纳税服务工作取得长足进步

几年来，在省局党组的领导和总局有关部门的指导下，全省各级纳税服务部门牢牢把握服务科学发展、共建和谐税收的工作主题，以正确的纳税服务理念为指导，以健全全省三级纳税服务机构为组织保障，以办税服务厅、12366服务系统、外部网站为依托，以创建“征纳共盈”纳税服务品牌为抓手，丰富服务内容，优化服务方式，构建长效工作机制。山东地税纳税服务经历了对纳税服务的思想认识从浅到深、专门机构从无到有、工作分量由轻到重、影响越来越大的发展历程，走出了一条具有山东地税特色的纳税服务发展之路。

（一）凝聚共识，提升理念，引领纳税服务工作。从2004年起，连续几年召开的由各市局纳税服务分管领导参加的全省纳税服务会议，阐释纳税服务理念，研究部署工作；邀请总局有关领导、山东大学等院校的专家学者，系统讲解纳税服务；先后开展20多个纳税服务调研课题研究；在全系统开展“纳税服务年”活动，举办“我看纳税服务”征文比赛、演讲比赛、纳税服务知识竞赛活动等；开展“我为纳税人做一事”和“我为纳税服务献一策”活动；撰写纳税服务文章，在《大众日报》《中国税务报》上发表；各地还借助电台、电视台、报刊和外部网站，加强纳税服务宣传。纳税服务中心按照省局统一部署，目前正在编写《纳税服务》培训教材，共20多万字，从理论和实践两个方面，对纳税服务工作做了全面论述，具有一定的理论性和较强的可操作性。同时，开展了一系列富有成效的服务工作。力求在工作中凝聚共识，加深认识和理解；以理念引领工作，拓展思路，加快发展。目前，征纳双方法律地位平等的理念，纳税服务与税收征管是核心业务的理念，纳税服务是全员全过程服务的理念逐步深入人心，成为全系统共识。随着纳税服务理念的不断提升，系统上下对纳税服务工作的认可度、支持度、参与度越来越深，纳税服务的工作氛围越来越好，服务内容越来越多，越来越丰富。

（二）以有为求有位，务实做好核心服务业务，纳税服务不断深化。一是围绕满足纳税人税法知情权提供服务。加强各类税法宣传，开展“网送税法”等服务；建立纳税人税法培训中心，定期开展税法培训活动，实现培训常态化；规范12366服务热线、网络咨询、现场咨询，编写40多万字的《纳税服务咨询手册》供全系统学习。二是围绕提高办税效率和降低征纳成本提供办税服务。优化服务流程，推行“一站式”服务，形成“前台受理、内部流转、限时办结、窗口出件”的“一站式”服务格局；全面推行首问责任制、一次性告知制、承诺服务制等制度；加强国地税联合办税，实现“进一家门办两家事”；积极推行“免填单”、同城通办等服务措施。三是维护纳税人合法权益。推动实施《山东省地方税收保障条例》，从地方立法层面体现征纳双方法律地位

平等的理念并做出制度安排；开展“地税局长服务日”活动，制定纳税服务涉税事项处理办法，加强纳税人的涉税信息保密，组织开展纳税服务需求和纳税人满意度调查，开展了纳税服务志愿者活动。四是做好信用等级评定和注税监管。组织开展纳税信用等级评定，加强注税行业的行政监管，促进行业健康快速发展。五是服务经济建设和社会发展。在为纳税人服务的同时，积极服务经济建设、服务社会发展，先后开展了“为经济发展建言献策”“优化纳税服务，促进企业发展”“集中服务企业发展”等主题活动，送政策上门，帮企业解忧，取得良好效果，《大众日报》进行了专门报道。随着纳税服务实践的不断深入，纳税服务工作逐步受到重视，各级在部署工作、研究措施时，纳税服务工作触及面越来越广、越来越宽，分量越来越重，影响也越来越大。

（三）夯实基础，强化保障，助推纳税服务全面推进。一是强化组织保障。设立省、市、县纳税服务中心，成为健全三级专业纳税服务机构最早的省份之一；明确职责，配备人员，形成了完整的纳税服务组织体系。二是强化制度保障。制定加强纳税服务工作意见、纳税服务工作规范、纳税服务规划等综合性文件，对纳税服务工作进行整体规划和规范；制定办税服务厅和12366纳税服务系统管理规范，明确“一站式”服务要求，优化办税服务流程，对12366坐席人员实行星级管理，规范纳税服务人员行为；从2008年起，持续开展“征纳共盈”纳税服务品牌创建活动，以此为抓手，建立长效的工作机制。三是强化平台保障。办税服务场所规范化建设持续推进，自2005年全省纳税服务会议明确要求要实现纳税服务中心与有关办税服务厅的有效整合以来，烟台、威海、莱芜、东营、德州市局在全市范围内落实了省局要求，潍坊、济宁、日照、临沂、滨州市局所属全部县（市）局和其他市局部分县（市）局实现了纳税服务中心与有关办税服务厅的整合。从实际成效来看，凡是纳税服务场所按省局要求整合到位的，工作力度都是大的，纳税服务中心也是有地位的。实行纳税服务机构与办税服务场所有效整合并开展服务，在全国也是做得比较早的和比较好的。12366纳税服务系统运行稳定，自2005年3月上线以来，一直发挥着纳税咨询主渠道的作用，截至目前共受理各类电话392万起。实行省局集中与坐席分散相结合的建设模式在全国也是很早的，我们的做法在全国相关会议上进行典型交流，规章制度被总局大量吸收，为全国12366的建设和运行做出了贡献。山东地税网站群建成并运行，经过两年的准备和建设，宣传和服务功能并重、省级集中、技术先进的山东地税网站群即将上线运行，从现有税务网站看其服务功能还是很强大的。服务机构、平台和制度的不断建立完善，保障了纳税服务工作的全面深入开展。

几年来，经过上下的共同努力，全系统纳税服务工作取得了长足的发展和进步，得到了多方面的肯定。总局纳税服务司多位领导参加我们的纳税服务现场会和培训班；全国纳税服务通报10余次对我省的纳税服务予以肯定；总局对全国34个城市开展的两次纳税人满意度测评中，济南市局两次、青岛市局一次入围全国前10名；2007年、2009年、2011年连续三次省局在全国会议上作典型交流发言。先后有20多个兄弟省的地税部门前来考察交流纳税服务工作。全省各级纳税服务中心获得了很多国家级、省级荣誉，济南市局纳税服务中心王芳同志荣获“全国先进工作者”荣誉称号。这些成绩的取得来之不易，是总局和省局正确领导的结果，是全系统其他部门大力支持的结果，更是全系统纳税服务工作人员辛勤努力的结果。在此，我代表省局，代表宋文军局长，向各位并通过你们向关心支持纳税服务工作的所有部门、领导和同志们以及具体从事纳税服务工作的同志，表示衷心感谢！

二、当前纳税服务工作面临的形势

今年是落实纳税服务三年规划和“十二五”规划的重要一年。纳税服务工作面临着新形势、新要求，各级地税部门要认清形势、明确任务，准确理解纳税服务工作总体要求，切实解决当前纳税服务工作中存在的问题。

（一）社会经济发展的变化，给纳税服务工作带来新课题。一是当前我国正处于社会转型的特殊时期，同时也进入了改革深水区、矛盾并发期。贫富差距不断加大，征地补偿、拆迁矛盾、劳动就业矛盾的日益凸显，恶性冲突事件时有发生；社会信用危机蔓延，食品安全、药品安全等问题频发，人们普遍对民生安全担忧和质疑；民主法治意识和维权意识逐渐增强，群众信访、上访等现象不断发生。各种社会矛盾相互交织，多种不稳定因素相互作用，多个社会群体之间矛盾日益尖锐，重大群体性恶性事件时有爆发。在这种社会背景下，税收工作也难以独善其身，种种矛盾折射到税收领域集中表现为征纳矛盾。二是国际国内经济形势变化给税收工作带来影响。从国际看，世界经济形势总体上仍将十分严峻复杂，世界经济复苏的不稳定性和不确定性上升，国际经济环境难以明显好转。从国内看，今年以来，受经济增速下滑等因素的影响，税收增幅相应回落。各级税务机关要认真贯彻省委、省政府的政策部署，坚定信心，扎实工作，实现税收平稳增长。在税收增幅回落的情况下，各级税务机关更要严肃组织收入工作纪律，坚持依法征收，不收过头税，禁止混级混库，积极维护和谐的税收征纳关系。三是各地加快发展关注民生的积极性很高，经济和社会各项事业的发展需要更多的财力保障，财力需求增幅远远超过财力供给增幅，财力需要和供给矛盾突出，税收工作特别是依法组织收入工作更加困难。四是税收关注度日益提高。税收工作本来就是经济利益的焦点，随着媒体、网络对于税收增幅、税收负担问题的高度关注，社会公众对税务部门的执法、管理、服务等行政行为的关注度越来越高，要求也越来越高。一旦有涉税事件发生，很容易被曝光被炒作。一年多来全国就有多起涉税事件被曝光，在社会上造成了很大的负面影响。纳税服务部门处于征收、管理、执法的第一线，纳税服务人员直接面对社会公众和广大纳税人，面临着很大的压力和挑战。

（二）“权为民所赋、权为民所用”的执政理念，对纳税服务提出全新的要求。习近平同志指出各级领导干部要树立马克思主义权力观。概括起来是两句话：权为民所赋，权为民所用。这两句话前者是解释权力是谁给予的，这是一切问题的核心。公共权力就其本质上看是来源于人民，人民通过某种方式授权给政府，由政府使用公共权力来解决公共问题，而政府及其职能部门工作人员就是公共权力的具体实施者。“权为民所用”是解决权力如何运行的问题，是否有违背赋权者的意愿，是否将人民赋予的权力用来为人民服务。“权为民所赋、权为民所用”的理念对政府及其职能部门的执政行为提出了全新的、更高的要求。既然权力来自于人民，那么为人民服务，为纳税人服务就是地税部门的职责所在。必须全心全意为纳税人提供优质高效服务，构建和谐征纳关系，并在执法和服务过程中接受纳税人和社会公众的监督。

（三）征管改革和新一轮基层建设，为纳税服务提供新的机遇和发展空间。1996年确立了“以纳税申报和优化服务为基础，以计算机网络为依托，集中征收，重点稽查”的征管模式，2003年，在原有征管模式的基础上，增加了“强化管理”。无论是“30字”征管模式，还是“34字”征管模式，优化纳税服务始终是征管模式的两项基础工作之一。目前，总局正在研究新一轮的征管改革，其中，税务机关权力本位向纳税人权利本位转变，还权于纳税人，还责于纳税人，是征管改革的重要考量。这一转变的关键在于充分发挥纳税服务对税收征管的先导性、基础性作用，讲究“有限”管理和“无限”服务，征纳双方做好各自分内之事，构建税务机关依法征税、纳税人依法纳税的征纳关系。由此看来，纳税服务在税收管理中的地位和作用，只能加强，不会削弱。

随着新一轮基层建设的推进，推行集中征收，实行集中办公、集约化办公，推进非常顺利。目前，我省80%的县（市、区）局实行了集中办公，出现了两个或两个以上的中心所在一起办公的情形，这时如果每个中心所再单独设立办税服务厅，显然不合适，需要整合。但整合后由哪个部门统一管理，提供专业的征收服务，非常值得研究。当前，全省大部分县（市）局的纳税服务中心与有关办税服务厅实现了有效整合，整合后统一由纳税服务中心管理。这为下一步基层征收机构集中办公后办税服务厅如何整合和管理，提供了很好的借鉴。

（四）纳税服务面临新任务。一是总局“十二五”时期纳税服务规划提出新要求。“十二五”规划对纳税服务工作进行了全面部署，提出了纳税服务的指导思想、基本原则和工作目标，明确了工作重点和具体措施。提出要建立以理论科学化、制度系统化、平台品牌化、业务标准化、组织健全化、考评规范化为主要特征的“始于纳税人需求、基于纳税人满意、终于纳税人遵从”的现代纳税服务体系，这是今后一个时期纳税服务工作的主要任务。二是纳税服务工作中还存在一些问题。在思想观念上，部分税务机关仍然存在重管理、轻服务现象，一些税务人员官本位、权本位思想较重，自觉主动服务意识不强，但纳税人的法律意识和维权意识日益增强；在运行机制上，纳税服务作为核心业务的体制机制还没有建立起来；协作配合机制尚未完全建立，纳税服务合力未能有效发挥；在队伍建设上，税务干部的服务技能和综合素质有待提升，激励机制尚未落实；在业务管理上，现行管理制度与纳税服务发展要求不相适应，“两个减负”需要进一步加强，纳税人权益保护机制有待完善，注册税务师行业服务空间有待拓展、行业监管有待强化。这些问题，需要认真调查研究并加以解决。

三、开拓进取，全面深入做好纳税服务各项工作

今年是实施“十二五”规划承上启下的重要一年。各级要按照“十二五”纳税服务工作发展规划的总体部署和省局要求，做好各项工作。有些工作，如税法宣传、办税服务、纳税咨询、税法辅导、信用等级评定、纳税服务质量评价等，已经讲过，就不再重复了；但有些工作，如纳税服务理念、办税服务厅整合和建设、防范服务风险、注税监管等问题，虽然已讲过多次，还需进一步强调。

（一）进一步提升纳税服务理念。理念问题是根本问题，是做好工作的前提和关键。尽管已经对纳税服务有了比较深的理解和认识，服务理念也正逐步融入实际工作，但与纳税服务工作面临的新形势和新任务相比，还要进一步加深认识，提升服务理念。“权为民所赋，权为民所用”，作为地税部门，就是要为人民掌好权、服好务，为纳税人提供优质便捷服务。要进一步树立征纳双方法律地位平等的理念，以纳税人为本，尊重纳税人，平等对待纳税人，不折腾纳税人；进一步树立纳税服务与税收征管是税务部门核心业务的理念，更加突出纳税服务对税收征管的先导性、基础性作用，以优质服务促进税法遵从，提高征管质效；进一步树立满足纳税人合法合理需求的理念，对纳税人合法的纳税需求，必须不折不扣地予以满足，对纳税人合理的纳税需求，要创造条件尽可能予以满足；进一步秉承全员、全过程的服务理念，将纳税服务工作贯穿于税收工作各环节，融入税收征收、管理、检查和法律救济全过程，形成上下联动，部门协同，全员参与，齐抓共管的工作氛围，确立“全员、全程、全方位”的纳税服务新格局。以服务理念的进一步提升，引领纳税服务工作的进一步优化。

（二）全面推进办税服务厅有效整合和建设。推进办税服务厅与纳税服务中心的有效整合，是省局多年来一直力推的重点工作，也是每次全省纳税服务会议重点强调的工作。现在，又适逢全系统开展新一轮基层建设，其中很重要的一项内容就是基层征收机构的集中办公。目前全省已经有80%的县（市、区）局实现了集中办公，这就为办税服务厅与纳税服务中心的进一步有效整合提供了

良好的契机和机遇。一是全面深入推进办税服务厅与纳税服务中心的有效整合。还没有按照省局统一要求进行整合的，要按照要求，抓住机遇，尽快实施整合，争取年底前完成；已经进行整合但不彻底、不符合要求的，要继续抓紧时间进行完善和规范；还要认真研究，整合后面临的新情况、新问题，采取有针对性的措施，防止服务断档缺位等问题的发生。二是做好办税服务厅执法试点工作。省局确定东营、莱芜市局以及莱阳、博兴、兰山三个县（市区）局作为办税服务厅执法试点单位，这次还专门邀请了开展试点的三个县（市区）局局长参加会议。目前，各试点单位都按照试点方案要求，开展了工作。试点的重点是解决纳税服务中心（办税服务厅）如何行使执法权和如何开展集约服务的问题，这也是深化纳税服务的内在需要。纳税服务中心要配合法规部门做这项工作。下一步，省局要认真总结试点工作经验，完善工作流程，对现有的流程进行细致梳理，明确各岗位的职责和操作的标准，制订全省方案，在全省推广。

（三）进一步加强和规范办税服务厅管理。全面推进纳税服务体系建设，合力加强纳税服务标准化、专业化、信息化、集约化建设，促进办税服务厅规范化建设的全面展开。办税服务厅是税务机关为纳税人、扣缴义务人集中办理涉税事项，提供纳税服务的场所，是征纳双方沟通的主要桥梁和纽带，是展现税务机关和税务人员形象的重要窗口。尽管地税机关内部各部门职责不同，但在纳税人来看，每一个与纳税人打交道的部门都代表地税机关，办税服务厅更是如此。税收工作中效率、流程、体制、机制等原因引发的矛盾和冲突往往集中在办税服务厅爆发，办税服务厅承载了很多非自身原因造成的压力、误解和怨气，成为“出气筒”，成为征纳矛盾集中爆发点。加强和规范办税服务厅管理显得尤为迫切。一是加强办税服务厅规范化建设。省局制定了《办税服务厅管理规范（试行）》，对办税服务厅的建设、业务流程、行为制度、绩效考核等提出了全面要求，各地要认真贯彻执行。第四季度，省局将组织验收。二是要加强办税服务厅应急处理。省局制定下发了《办税服务厅应急处理办法（试行）》，各地要开展应急处理培训教育，加强对应急事件演练，提高对突发事件的应急技能和处理能力。面对严重排队拥挤、系统故障、征纳双方争执、纳税人寻衅滋事、火灾等突发事件时，要冷静、准确地进行判断，按照预案，及时、果断地进行处置。发生重大应急事件，主要领导要靠前指挥，有效处置，最大限度地减少突发事件造成的损害。三要注重加强办税服务厅人员人文关怀。总局和省局一直非常重视对办税服务厅人员的关心。年初总局下发了《关于进一步加强办税服务厅管理的意见》，省局第 1 次局务会议对如何落实《意见》进行了研究，提出了贯彻意见，要求在岗位设置、录用、培养、晋升、轮岗、奖励等方面体现对办税服务厅工作人员的人文关怀。各级纳税服务部门要积极主动协调有关部门，研究具体落实意见，贯彻落实好总局和省局要求，激发办税服务厅人员的工作积极性和内在动力。

（四）切实防范纳税服务风险。地税部门的执法、管理、服务风险主要表现为：增加了纳税人办税成本，侵害其合法权益；税务部门及其工作人员被复议、诉讼、赔偿、被追究行政责任和刑事责任；造成税款流失侵害国家利益。纳税服务是税务部门的行政行为，行政行为本身就有风险。税法宣传、纳税咨询、办税服务、信用管理、权益保护都是纳税服务工作内容，不严格依法按照范围、程序、要求提供各项服务，就可能侵害纳税人的合法权益。同时，纳税服务中心越来越多地承担纳税咨询、税法宣传、纳税申报、税款征收、发票管理及完税凭证规范统一的填开等多种征收服务，如何依法规范征收服务、防范风险，就显得越来越突出，必须引起高度重视。一是要树立服务风险意识，破除服务无风险的观念。加强对干部职工的服务风险教育，查找和梳理现实工作中潜在的风险点，提高服务人员的风险识别和应对能力，减少风险隐患。二是规范服务行为。严格执行税收实体法和程序法各项规定，推行“一站式”服务、承诺服务、一次性告知服务、国地税联合办税、“免填单”服务、两个减负、首问责任、限时办结服务、导税服务、预约服务、提醒服务、延时服务等制度，使纳税人享受到快捷、高效的办税服务。总之，要满足纳税人税法知情权，提高办税效率，节约办税成本，保护合法权益，提高纳税人的满意度和税法遵从度，防范服务风险，提高征管质效。

（五）做好山东地税网站群外网纳税服务栏目的应用和管理。省局决定建设的山东地税网站群具有很强的服务功能，目前开发工作已经进入尾声，各项模块已经部署好，正在测试调试中，近期将上线运行。各地纳税服务中心要配合相关部门，按照省局统一部署要求，做好相关工作。一是做好网站运行前准备工作。各地要尽快梳理、整理和添加市局子网站栏目内容，发现问题及时向省局反映，并配合做好培训和上线运行工作。二是利用网站政策宣传广度，做好纳税辅导，宣传税收优惠政策等工作，应用好纳税咨询、网上税校、提醒服务、涉税查询、服务投诉和质量评价等功能模块建设，为纳税人提供宣传、咨询、提醒、查询、维权等多种服务。三是管理好网站群。省局拟定了《山东地税网站群管理办法》，对网站各栏目的维护、应用、管理、考核等提出了具体标准和要求，下发后各地要认真贯彻执行。

（六）加强注税行业行政监管。加强注税行业行政监管是地税部门的一项法定职责，也是纳税服务工作的一项重要内容，各地要给予足够的重视。一是加强行业监管与支持发展并重。总局《注册税务师行业“十二五”时期发展指导意见》提出了注税行业发展的指导思想、基本原则、发展目标和工作任务，各级地税部门要根据工作职责，认真履行行业管理和监督制度，做好行业监管工作，鼓励支持行业发展。二是要彻底解决“五脱钩”问题。总局和省局三令五申要求实现税务机关与税务师事务所在编制、人员、财务、职能和名称等方面彻底脱钩，但时过多年，目前税务代理人员进驻地税办税服务厅、地税人员为税务师事务所拉业务拉培训、变相指定代理等问题，在一些地方还不同程度地存在，引起纳税人的反感，有的被举报投诉，个别的被媒体曝光，带来很坏的影响。今后，哪个地方再发生违规问题，要追究有关人员的领导责任、管理责任和直接责任。

（七）深入调查研究。调查研究是做好一切工作的前提和基本功，真理源自实践，正确的决策基于调查研究，“没有调查，就没有发言权”。目前，纳税服务已推进到深水区，进入攻坚阶段，许多问题值得研究。如纳税服务的理论支持问题、作为税收工作核心业务的保障体制机制问题、纳税服务在新的征管模式中的地位和作用、纳税服务难点问题如何破解、税源管理方式转变对纳税服务带来的影响、基层征收机构集中办公后如何开展纳税服务工作等，都需要深入调查研究。随着纳税服务成为一项综合性较强的工作，地税工作许多方面都牵涉到纳税服务，需要参与、把关、提意见，如果不调研、不思考，就很难提出有价值的意见和建议，也很难做好纳税服务工作。要充分利用网络资源，及时了解和掌握最新研究动向和成果；要深入实际，调查研究，掌握第一手资料；要通过召开座谈会等形式，集中调研，在交流中实现调研，在调研中加深交流。衡量调查研究搞得成果如何，不是看调查研究的规模有多大、时间有多长，也不是光看调研报告写得怎么样，关键要看调查研究的实效，看调研成果的运用，要研究问题，提出对策，拿出办法，解决问题，推动纳税服务工作再上一个新台阶。

同志们，全省地税系统纳税服务工作取得了很大进步，又面临着新的形势任务和发展机遇，希望全省纳税服务战线的广大干部职工，抓住机遇，乘势而上，扎实工作，奋发有为，全面深入做好各项纳税服务工作，促进地税工作安全运行、科学发展、和谐发展。

关于提高收入质量、防范税收执法风险十个矛盾性问题的认识与处理

张荣琳

今年，全省地税系统在继续抓好基层建设和干部素质提高的同时，把提高收入质量、防范执法风险作为重点工作来抓，我认为这是省地税局党组审时度

势，从全省地税工作服务于经济社会发展大局、科学发展、安全运行、求真务实出发做出的重大决策，符合科学发展观的要求，符合税收执法的特殊性，符合山东地税的客观实际，我们应把思想高度统一到省局党组的要求上来，结合自己的实际抓好落实，切不可当作一般的部署和要求来对待。提高收入质量，防范执法风险，是近年来全国税务系统普遍关注和研究的热点问题，具有普遍性、广泛性和同一性。我们山东地税研究这个课题也有一段时间了，相关的问题越来越清晰，大家逐步形成共识。研究分析是前提、是基础，关键在于是否从山东地税的实际出发，切实解决我们面临的困难和问题。宋文军局长在讲话中指出了收入质量方面存在的问题，主要表现在三个方面：一是税款征收入库人为调节，违法违规，自行其是；二是征管基础薄弱，日常管理松弛，重实体轻程序问题明显；三是法治意识淡薄，有法不依，执法不严，甚至执法犯法。归纳起来，收入质量和执法风险方面的重点问题，主要有三类：一是有税不收；二是无税乱收；三是税收优惠政策落实不到位、减免不规范。这三种表现和三类问题，应集中系统上下、调动系统内外各种积极因素加以解决。

一、关于依法征税，应收尽收与有税不收的矛盾与处理

依法征税，是组织收入原则的第一要求，在认识上和执行上基本没有大的问题。因为税收法定，无法无税。虽然有些税收条例还没有上升到法律的层次，但也是法律体系的组成部分，是经全国人大常委会授权制定的，在法定的属性方面是不容置疑的。问题是，依法征税、应收尽收与有税不收在预算执行方面的矛盾如何处理。在这方面有以下几点：一是如何依法征税。所依的法是那个法，是《预算法》，还是《税收征管法》与税收实体法。我认为，两方面法律都必须遵守，缺一不可，偏废哪一个方面都不是依法征税。税收收入的目标任务，要遵守《预算法》，预算执行的具体操作程序要遵守《税收征管法》与税收实体法。二是如何应收尽收。应收多少，有两种要求、同时也有两种实践做法。一种是应按人代会通过的预算和人大常委会批准追加的预算执行，这是《预算法》的要求，也是人民权力机关的要求，也可以说是人民的要求；一种是按照国家税务总局确定的组织收入原则、理想化的部门职责要求，根据《税收征管法》和实体法，把所有实现的税收都征收上来，实际上是做不到的。在这里对“尽收”的理解，应理解为依法尽可能的征收，而不是穷尽的征收。上述两种要求和实践都具有合法性，但其之间是存有明显矛盾性的。即税收收入目标任务的确定，要服从人大的决定和《预算法》的规定，不能由政府和税务征收机关来决定。根据《税收征管法》和实体法所征收上来的税收数额，并不与人大通过和批准的预算相一致，在这种情况下税务征收机关应如何把握。三是如何均衡入库和收入调控。税务征收机关受多年来计划管理、行政治税的影响，常常存在所谓“首季开门红”“半年双过半”等

惯性思维。在组织收入方面，常常有两种要求，一种是依法征税、应收尽收；一种是瞻前顾后、均衡入库，适当控制增长幅度，要留有一定的余地。虽然合理但不合法。四是如何看待现实操作。就全省整体来说，依法治税与税收收入任务指标的矛盾并不突出。因此，上级不下达任务指标，下级肯定持续增长；上级不太强调开门红、双过半，下级肯定做到并连续实现。但是，在实践中有的地区矛盾仍非常突出。有的经济发展质量较好、速度较快、税源充足的地区，存在完成任务后当期或当年税收不再征收、有税不收、应征不征的现象和问题，使国家税收法规不能完全执行到位，财政经济利益受到损失。有的个别地区和单位，为了完成硬性指标任务，达到表面上的数据满意，寅吃卯粮，应下期或下一年度征收的税款提前征收，侵犯纳税人经济利益。更有甚者，为了完成指标任务，违反规定转引税款，将不应在本地缴纳的税款在本地征收入库；有的人为编造、虚增计税依据，制作虚假纳税凭证；有的属上级财政的税款，入本级财政。有的为了完成税收任务，干预税收执法，既存在应落实的税收优惠不落实，使纳税人合法权益受损，当地经济长远发展受影响；也存在不应减免而减免，破坏公平竞争。这些现象和问题，都是依法治税的原则要求与执法实际的矛盾，是收入质量的第一关键性问题。五是如何处理这个矛盾。一方面，作为税收征收机关，应充分掌控税源，不断进行税源普查，搞好税源规划核算，及时向人大、政府及其财政预算编制部门汇报沟通情况，努力争取收入目标的确定和调整与实际税源相适应、相协调。另一方面，在预算执行和组织收入工作中，要严格依法治税，按照税收法律规范办事，不得玩忽职守、人为操作有税不收；对纳税人延期申报、延期缴纳税款的合理要求，要按照法律规定的条件和程序履行必要的文书和手续；做到既妥善处理矛盾，又避免执法风险。在这方面，要特别注意预防发生玩忽职守、渎职犯罪问题。

二、关于依法治税、应收尽收与无税乱收的矛盾与处理

依法治税、应收尽收的组织收入原则要求，虽然在执行中存在许多困难和问题，但是对无税乱收是针锋相对、完全不相容的。所谓无税乱收，就是从某个主管税务机关来说，不论在时间、空间，还是实体、客体方面，将不存在的税收，变换为类似形成实际税收，作为实际税收任务来实现，其情形有多种多样，有税基问题、级次问题、辖区问题、期限问题等。表现形式：一是虚收空转，弄虚作假，将不存在税源基础的资金转化为税收。二是混级混库，将不属于本级次的税收入到本级金库。三是转引税款，将应由其他税务机关征管的税收转引到本单位征收入库。四是提前征收，将不应在本征期的税收提前入库。五是乱设临时户，随意调剂税款。上述这五种极为混乱的违法违规征收税款的方式，都是在本级次、本辖区、本征期“无”税上乱作文章，都是税收收入质量中的严重

问题，存在着明显的执法风险和廉政隐患。对于上述执法风险性问题造成后果的处理，《税收征管法》《预算法》《刑法》《公务员处分条例》《国务院财政违法违规行为处分条例》《山东省地方税收保障条例》等法律法规和税收执法责任追究制度，都有明确的规定。国家税务总局、省地税局不断下发文件、通报，要求予以高度重视，并以许多案例警示。但是，有的执法人员，执法者和管理者的强势地位意识浓厚，受“民不和官斗”、纳税人一般不与税务机关较真的传统观念影响，明知违法，也知道其行为的后果，而以身试法、明知故犯。口头上依法治税，实际上随意执法，对执法风险麻木不仁，防范执法风险的自觉性不高、主动性不强。有的领导不正视问题，得过且过，姑息迁就，风险问题处理决心不大，措施不果断，查处不及时，追究不到位，甚至任其发展和蔓延。这些问题，严重影响和威胁着山东地税的整体利益，必须尽快坚决予以整改和纠正。

三、关于税收政策制定与执行的矛盾与处理

毛主席曾经教导我们：“政策和策略是党的生命，万万不可疏忽大意。”从税收工作来说，政策是税收的生命，所有税收工作人员，要切实增强政策观念，强化政策意识，熟练掌握政策，全面了解政策出台的背景，准确把握政策规定的具体内容和精神，避免政策执行中的执法风险。我们可以把税收实体法的规定和税收程序法中的实体部分通称为税收政策。如税务登记表的内容、纳税申报表的内容。《税收征管法实施细则》第三十三条规定：“纳税人、扣缴义务人的纳税申报或者代扣代缴、代收代缴税款报告表的主要内容包括：税种、税目，应纳税项目或者代扣代缴、代收代缴税款项目，计税依据，扣除项目及标准，适用税率或者单位税额，应退税项目及税额、应减免税项目及税额，应纳税额或者应代扣代缴、代收代缴税额，税款所属期限、延期缴纳税款、欠税、滞纳金等。”纳税申报从过程、手续、时限上看是程序，从内容上看就是政策。再如纳税人与关联企业之间的业务往来，发生《税收征管法实施细则》第五十四条规定情形之一的可以调整应纳税额，包括“融通资金所支付或者收取的利息超过或者低于没有关联企业的企业之间所能同意的数额，或者利率超过或者低于同类业务的正常利率”。这些规定的实质内容就是政策性问题。从全系统的整体情况看，税收政策水平还不能算太高。一方面，税政管理人员不仅对税收政策研究不够，对与税收政策相关联的金融政策、产业发展政策等研究也不够，对基层政策执行中遇到的问题解释不准确、指导不到位；另一方面，税收征管人员占全系统执法人员的大部分，被动的、囫囵吞枣似地执行政策，这就难免发生税收政策理解和执行的执法风险。税收政策的制定和执行是存在矛盾性问题的。任何一项政策，都不可能解决所有合法性、合理性的问题。政策是合法的，必须按照法律规定程序、权限来制定。但是，存在

也是合理的。在政策执行层面如何解决围绕政策发生的矛盾性问题。一是要全面理解把握政策出台的背景和内容精神。二是以法律法规和政策为准绳，以事实为依据，按照政策精神实事求是的对待和处理业务事项。三是按照法定权限办事，不要越权执法。对客观经济生活中、发展中的合理性问题，在充分调查研究的基础上，及时向上级部门反馈和报告，力求以规范的方式加以解决，不要把自己解决不了、部门和纳税人迫切要求解决的政策性、风险性问题保留在自己手里。四是养成学习研究税收政策的风气，进一步提高全系统整体税收政策水平。

四、关于税收管理制度制定与执行的矛盾与处理

胡锦涛总书记《在庆祝中国共产党成立 90 周年大会上的讲话》中指出："必须坚持用制度管权管事管人""制度更带有根本性、全局性、稳定性、长期性"（注：这也是邓小平多次强调的。）"坚持突出重点、整体推进，继承传统、大胆创新，构建内容协调、程序严密、配套完备、有效管用的制度体系""全党同志都要牢固树立法律面前人人平等，制度面前没有特权、制度约束没有例外的观念，认真学习制度，严格执行制度，自觉维护制度。"以上这些话深刻、完整、准确地阐述了制度的重要性、如何制定制度和执行制度。认真学习并贯彻落实胡锦涛总书记的讲话精神，对山东地税来说也是非常重要的。在制度的制定和执行中存在的问题，就会形成执法风险。全系统各级应该认真检查分析：在制度制定环节，是否存在"处处高压线、处处不带电"的问题。从数量上、形式上来看，好像制度已经健全完善，写在纸上、挂在墙上、说在嘴上，编到书上；但执行起来又感到有利于执行的好制度不多，针对性不强，操作性差，内容不协调，程序不严密，使制度形同虚设。立法与执法，制度制定与执行，成了"两码事""两张皮"。在制度执行环节，是否存在照章（规章制度）办事不如照长（长官意志）办事，按规矩办事不如看领导眼色行事的现象。这其中就包含着领导不带头执行制度，或者制度是管基层的、管下级的，不是管领导的。现实中，有的地方和单位，借口班子团结、关系融洽、队伍稳定，打着和谐社会、以人为本、教育为主、保护干部、体恤基层的旗号，回避矛盾，避开问题，对违法违规行为，特别是领导干部或班子成员之间违反制度的行为，睁一只眼闭一只眼，视而不见，闻而不动，重人情，轻法纪，重情面，轻规范，重潜规则，轻硬规定，大事化小，小事化了，失之于软，失之于宽。我们山东地税自成立以来，税收征管、税收管理、税收稽查、税收执法、纳税服务各方面，都制定了若干制度规范，如果都得到严格执行，上述所说的问题还会发生那么多吗？不能不说我们的制度制定和执行方面存在一定的差距。如何对待和处理？一是在制度建设上，一定要克服繁琐哲学，可搞可不搞的一定不搞，能上级搞的下级

不要搞，要追求质量不要追求数量。二是在制度文本上，要确保制度要素齐备、目标明确、结构合理、逻辑严密、形式规范。三是在制度内容上，要注意协调性。要克服“敲锣卖糖各管一行”的做法，不管是哪个税种管理制度，都要与《税收征管法》及其实施细则相衔接、相协调。四是在制度目的上，一定要科学管用。建立制度不能像栽花，光做给领导、上级看的，要在自己工作中管用好用。五是在制度执行上，要强化领导责任。领导干部要行动先于一般干部，标准高于一般干部，要求严于一般干部，制度不落实首先是领导的责任不落实。六是在监督检查上，要把制度执行情况纳入督查的范围，创新督查方式，整合监督资源，严格责任追究，切实维护制度的权威性和严肃性。

五、关于收入质量、征管质量与执法质量的矛盾与处理

税收工作的主要任务是组织收入，其实现方式和途径是税收征管，其根本前提和保证是依法治税。无法无税及无征管，有法有征管才有收入。收入水平的高低、质量的优劣，体现着征管效率的高低和执法质量的好坏。三者相互联系、缺一不可。既有矛盾性，又有统一性。收入质量体现征管和执法质量，但收入质量不能全部反映税收征管、更不能全部反映税收执法。反过来说，税收的全部活动都是执法，但不都是税收征管，更不都是体现税收收入。税收征管的全部活动都与税收收入有关，但不都是以税收收入质量来评价。税收收入质量存在的问题，必定是税收征管和税收执法风险性问题，反之则不然。因此，税收收入质量虽然在整个税收工作中具有牵一发动全身的地位，对税收工作的成败具有决定性作用，但不能替代其他方面的工作，应以辩证唯物主义和科学发展观为指导，辩证地、实事求是地正确界定各自的内涵和外延以及相互关系，使系统各级各方面按照基本职责合理分工，统筹协调，齐抓共管。要切实抓好执法质量的提高，以执法质量保证征管质量，以征管质量保证收入质量。当前我们抓的提高收入质量、防范执法风险的一些重点问题，一个重要的界限就在于是否符合法律的规定和法律精神的要求。依法治税和规范执法，是税收执法风险存在与否的关键点和分水岭。只有做到依法治税和规范执法，才能从根本上提高收入质量、防范执法风险。各级必须深入贯彻落实依法治国基本方略、《国务院全面推进依法行政实施纲要》和《国务院关于加强法治政府建设的意见》等要求，必须坚持依法治税，切实进一步增强依法行政观念，通过加强法制教育和培训，提高依法行政的能力和水平，养成依法征收、规范执法的习惯，在依法治税能力提高的基础上增强广大干部自觉防范执法风险的内生动力。

六、关于税收实体规定与程序的矛盾与处理

税收实体法和程序法，组成完整的税收法律规范。没有实体法，税收就无

从谈起、就会征收无据；没有程序法，实体规定就无法实现，二者缺一不可。实体决定程序，程序服务于实体，即统一又有一定的矛盾性。所谓税收实体规定，就是指税收征管过程中征纳双方主体的实体权利义务内容的法律规范，就是各税种的具体征税要件，包括纳税主体、征税对象、税目、税率、减免税、违章处理等。税收实体规定的特点是灵活性强，变动比较频繁；大家从税制改革和政策的不断调整中就可以得到验证。税收程序规定是保障实体实现的具体管理措施，也就是执行实体规定时所应当遵循的方式、步骤、时限和顺序。特点是被动性强，相对比较稳定。从我们全系统的收入质量和执法风险性问题来看，执行税收实体法律规定的问题并不突出，也可以说问题很少；但是，反映在程序执法上的问题既多又普遍。其原因，既有税收实体规定出台时缺乏相应的程序规定或者程序规定相对滞后，使实体规定形同虚设，在相当一段时间不发挥效力，也有税收执法中存在着重实体、轻程序的习惯做法。我认为，后者在我们系统执法中是比较明显的，这也是收入质量和执法风险存在的重要原因。在这方面，一是要确立税收执法程序的价值取向。税收执法程序，是防止税收执法权力滥用，防止出现收入质量和执法风险性问题的有效屏障。不经法定程序，不得作出影响纳税人权利义务的决定，不得开展任何税收执法活动，不得进行税款征收、税收管理、税收稽查、税收处罚、行政复议等税收执法行为。二是要认真检查本系统、本单位在执法程序方面存在的问题，有针对性地完善管理、堵塞漏洞，防范风险。三是要加强对程序规定的学习和研究。不仅要学习研究税收程序法和各税种、各单项税收政策的具体程序规定，还要认真学习研究对本地区、本单位税收执法有影响的政府对依法行政的程序规定。最近，省政府出台了《山东省行政程序规定》（第238号省长令），共8章139条，自明年1月1日起执行，规定了行政程序主体、重大行政决策程序、规范性文件制定程序、行政执法程序、特别行为程序、监督和责任追究等，对我们税收执法也将产生积极的影响。

七、税收法律主体的矛盾与处理

在税收法律关系中，税务机关是征税主体，纳税人是纳税主体。税收法律关系的产生、变更和消灭，以税收法律规范的存在为前提，以一定的法律事实的出现为直接原因。没有有关税收的法律规范的存在，就不可能产生税收法律关系；仅有税收法律规范而没有相应的法律事实，税收法律关系也不会自行产生、变更或者消灭。税收征纳矛盾，将伴随着税收的存在而长期存在。我们之所以在税收执法中存在许多不规范的或者说违法违规的问题，一个很重要的原因就是没有正确处理好税收法律关系，从而在组织税收收入中为自己留下了大量的知法犯法的隐患。如何处理好税收法律关系和税收征纳矛盾，我认为要把握好以下几点：一是要切实强化《宪法》观念。《宪法》是依法行政的基础和根本依据。《宪法》

规定“实行依法治国，建设社会主义法治国家”“一切国家机关都必须遵守《宪法》和法律，任何组织和个人都不得有超越《宪法》和法律的特权。”“公民对于任何国家机关和国家工作人员，有提出批评和建议的权利；对于任何国家机关与国家工作人员的违法失职行为，有向有关国家机关提出申诉、控告或者检举的权利。”从《宪法》的规定精神来说，我们税务机关及其工作人员必须接受人民的监督。如果对收入质量、执法风险存在的问题，我们自己不抓紧整改纠正，当纳税人从多方面、多渠道提出申诉、检举或控告时，有关人员受到的处理将是比我们内部的处理更加严厉的。二是要切实认识到税收权利义务的法定性。税收权利义务是法律法规预先规定的，不像民事法律关系由双方平等协商约定的，是不可自由处分和调整的。特别是对于税务机关来说，不仅义务必须履行，而且权力也必须行使，否则就是失职或者渎职。因此，必须应作为时必作为，不应为时不得为。坚决避免有税不收，无税乱收。三是要依法保护纳税人合法权益不受侵犯。对社会经济组织和公民个人经济权利的保护，《宪法》和国家许多法律法规都有明确的规定。《税收征管法》及其实施细则，对多征税款、提前征收、税收保全、强制执行等都有明确的规定和责任追究措施，应该得到严格的遵守。应该认识到，违法违规或者不规范的执法行为，不仅触犯了法律，同时也侵犯了纳税人的合法权益，不能为了所谓的政绩而违法和侵权。四是要切实提高化解税收争议和为纳税人服务的能力。从存在的一些现象来看，税务机关为领导服务、为政府服务比为纳税人服务的力度大、办法多、效率高，对纳税人提出的异议破解能力差、时间长、满意度低，对纳税人的维权服务水平不高。如不会接访、不会回答问题、不会调解纠纷、不会行政复议、不会处罚听证。遇到纳税人诉求互相推诿，不敢应对、不会应对，不愿承担责任，致使应该在基层解决的问题解决不了，造成越级上访、群体上访，由基层税务所直至国家税务总局。大家应该认真反思，自己的依法执政能力高不高，有多高，遇到棘手复杂的执法案件会不会处理、有没有能力和水平处理，并且不能留下后遗症。

八、税务机关依法行政与行政协助的矛盾与处理

地税机关从成立以来，大家就清楚地认识到，我们在依法治税、组织完成税收任务、加强税收征管工作中，遇到的最大的矛盾和困难就是税源信息不对称，大量的经济信息掌握在许多主管部门手里，有关部门对税收的协助支持不及时、不得力，所以造成任务完成压力大。这也是发生有税不收、无税乱收的原因之一。就是有税不知道在哪里，不知道找谁去收，一方面应收的没有收上来，另一方面对重点税源预收、多征。这种现象的长期存在，除去我们内部的责任和主观的原因外，也确有法制不健全、政府部门相关行政协助工作体制机制不完善、社会纳税人税法遵从度低等客观原因。省

局从2002年开始，付出了近10年的努力，力求得到较好的解决，为基层执法创造良好的社会环境，最大限度地减少基层的执法风险。先后通过省政府、省人大出台了《山东省地方税收保障办法》《山东省地方税收保障条例》，特别是《条例》，把税收协助以地方法规性形式规定下来，对各级地方政府、有关部门加强税收保障和协助提供了明确的法律依据。今年，又通过省政府下发了深入贯彻的通知。从执行情况来看，总体上和发展势头都是很好的，《条例》发挥了重要作用，收到了明显的税收效益和社会效益。存在的主要问题是工作开展不平衡，有的地区《条例》颁布后力度大、变化大、收效大，相应的地税地位提高的也比较大；有的地区前后变化不明显，主要原因是领导问题、认识问题、主观能动性问题。在认识上，要认识到在我们国家依法治税与行政协助的矛盾是会长期存在的。在行动上，一要充分发挥主观能动性，不能有了《条例》就万事大吉，什么事都能顺利解决，外因是条件，内因是关键，外部的支持帮助等是等不来的，多主动做工作。二要层层地抓、坚持不懈地抓、注重实效地抓；三要抓项目、具体抓。四是抓住《山东省行政程序》出台的机遇，把《条例》的贯彻落实进一步推向深入。

九、税务机关内部机构协调之间的矛盾与处理

多年来，在省局党组的正确领导下，全系统改革创新的力度、成效都很大，各级局机关干部事业心强、积极工作，不断转变作风，提高为基层的服务水平，应该说基层是基本认可的。但我感到也存在一些问题，例如，机关内部机构之间工作信息共享度、透明度不够，各自为政得多，相互通气、主动协商的不够；抓制度办法制定的多，抓执行落实不够；分散部署工作多，整合安排得不够，基层感到上级部署的任务太多，没有时间精力去很好完成，只能被动应付；骨干人才和管理资源分散化，机制效能发挥不够等。我认为，要认真思考各级领导机关的工作作风、效能和质量，对基层收入质量、执法风险的关系和影响。基层用于应付上级安排的时间和精力多，学习研讨法律和业务的时间精力就少；执行上级相互矛盾和交叉的制度办法多，基层执法风险就大；上级抓政策、规程落实的频率低、力度小，政策、制度落实的质量就会受影响。要不断解决上下级之间、机关内部之间的矛盾性问题，作为上级机关应注意做到：一是不利于提高收入质量、防范执法风险的事不做或者少做；二是保留机构，整合资源，集中优势抓重点；三是敢于改革、善于创新，特别是善于机制创新；四是放权减负，多调研、多指导、少出制度、少搞花样。胡锦涛总书记《在庆祝中国共产党成立90周年大会上的讲话》中指出："马克思主义，理论源泉是实践，发展依据是实践，检验标准也是实践。任何固守本本、漠视实践、超越和落后于实际生活的做法都不会得到成功。"在全系统认真贯彻省局要求，在举全系统之力提高收入质量、防范执法风险的整体活动中，各级局机关应该做什么确实需要认真思考和研究。法规机构要多做基础性工作、保障性工作、机制协调运转的工作、服务的工作和破解难题、化解风险的工作。

十、税务机关政治与业务工作的矛盾与处理

政治是业务的保证，业务是政治的目的和体现，政治和业务都是为中心任务服务的。作为税收执法人员，要做好税收工作，保证收入质量，防范执法风险，必须具有较高的思想政治觉悟。如果思想政治不过硬，仅有一定的税收业务水平，在具体税收执法中不发生违法违规问题也是不可能做到的。政治与业务不应该有矛盾，但是在日常工作、生活中又常常有矛盾，表现为学习时间上的矛盾，业务结合上的矛盾等，我认为，业务干部特别要注意增强政治观念和意识。首先，在思想认识上应搞清楚是为谁执法、为谁服务，是为法律负责、为纳税人负责，还是为虚荣的什么所谓称号负责。如果思想意识不端正，税收执法就容易出差错。其次，在税收业务工作中，要多学习中央、省的方针政策，领会领导讲话的精神实质，不要学习归学习、干活归干活、两回事两张皮，那样业务工作就没有方向，对业务的发展趋势也看不清楚，盲目性、片面性就比较大，就不会有比较理想的结果。再次，要努力培育形成学习的风气，真正建设成为学习型组织、学习型团队、学习型干部，在学习与实践的互动中提高质量、防范风险。

第二篇　全省地税工作

全省地方税务工作综述

经济概况

2012年，全省经济保持平稳发展，实现生产总值（GDP）50013.2亿元，比上年增长9.8%。其中，第一产业增加值4281.7亿元，增长4.7%；第二产业增加值25735.7亿元，增长10.5%；第三产业增加值19995.8亿元，增长9.8%。产业结构调整稳步推进，三次产业比例由上年的8.8∶52.9∶38.3调整为8.6∶51.4∶40。人均生产总值51768元，增长9.2%，按年均汇率折算为8201美元。区域县域经济发展良好，山东半岛蓝色经济区实现生产总值23645.8亿元，比上年增长10.7%。黄河三角洲高效生态经济区实现生产总值7274亿元，增长11.8%。县域经济实力不断壮大，公共财政预算收入过10亿元的县（市、区）达到94个，比上年增加12个；其中过30亿元、40亿元、50亿元的县（市、区）分别达到31个、19个和10个。工业企业规模不断扩大，规模以上工业企业36858家，比上年增加1296家，实现主营业务收入116222亿元，比上年增长15.9%；实现利润7443.3亿元，增长10.9%；实现利税12090.7亿元，增长12.1%。固定资产投资较快增长，全社会固定资产投资31256亿元，比上年增长20.2%。其中，固定资产投资（不含农户）30319.8亿元，增长20.5%。投资结构调整优化，三次产业投资结构由上年的2.1∶47.9∶50调整为2.2∶47.6∶50.2。

收入概况

【税收收入情况】 2012年，全省地税系统共组织各项地税收入2866.81亿元，增长24.03%，增收555.42亿元。按可比口径扣除“两税一金”计算，共组织各项地税收入2530.11亿元，同比增长19%，增收403.97亿元。其中，税收收入2366.05亿元，同比增长19.68%，增收389.07亿元；非税收入164.06亿元，同比增长10%，增收14.9亿元。耕地占用税收入133亿元，契税收入176.5亿元，地方水利建设基金收入27.22亿元。税收收入增幅高于全国增幅3.8个百分点；地方级收入比重达87%，比上年提高1.7个百分点；地方级收入占地方财政收入比重的59%。

【税收收入特点】 一是收入总量突破2500亿元。其中税收收入同比增长19.68%，地方级地税收入达到2157亿元，增长20.77%，地方税收全口径占地方财政收入的比重提高了约4个百分点。二是产业结构调整优化。全省第二产业和第三产业收入分别入库1114.6亿元和1410.6亿元，同比分别增长18.52%和19.34%，三产收入高出二产收入 0.82 个百分点。三是各市、各级次收入全面增长。分地区看，全省 17 个市中有 16 个市的收入增幅在 10% 以上；分级次看，中央级收入完成 373 亿元，增长 9.6%，地方级收入完成 2157 亿元，增长 20.8%；从重点区域看，半岛蓝色经济区收入 1277.5 亿元，增长 22.86%，黄河三角洲生态经济区收入 340.12 亿元，增长 31.97%。四是各税种收入普遍增长。营业税、企业所得税和个人所得税三大主体税种分别完成 896.64 亿元、384.1 亿元和 237.5 亿元，分别增长 17.1%、17.61% 和下降 1.26%，占收入总量的 60%，同比降低 3 个百分点；扣除营业税、企业所得税和个人所得税，其他财产行为税收入共入库 847.81 亿元，同比增长 31.63%，占收入总量的 33.5%，同比提高了 1.33 个百分点。五是不同规模企业收入全面增长。全省年纳税 100 万元以上企业入库各项收入 1657.92 亿元，同比增长 27%；中型企业入库各项收入 758.78 亿元，同比增长 5.8%；个体经营及定税业户入库各项收入 113.41 亿元，同比增长 9.61%。

工作概述

【税收法治】 开展网上执法检查工作，查出疑点数据 18878 条，涉及税款 13.99 亿元。坚持执法预警和执法责任制考核，建立执法争议化解机制；规范税收行政程序，对省级行政审批项目进行了第六次集中清理，调整下放审批项目；贯彻落实《山东省地方税收保障条例》，指导督促各地建立完善地方税收保障体系和依托政府网络搭建信息交换平台，推动各级建立涉税信息共享机制、部门税收协助机制、税收绩效考核机制和税源保障措施落实机制。全省依托社会综合治税网络，全年采集信息 212.6 万条，同比增加 32 万条，增长 18%，增加税收收入 22.7 亿元。

【税种管理】 一是贯彻落实新的个人所得税法，做好征管软件调整、政策宣传、纳税辅导、税法公告、纳税申报环节衔接等工作，全年组织入库个人所得税收入 237.50 亿元，减收 3.02 亿元，减幅 1.26%。二是落实各项所得税优惠政策，全省直接减免 2011 年度企业所得税 28.27 亿元。三是贯彻落实《中华人民共和国车船税法》及山东省实施办法（2012 年 1 月 1 日实施），全年组织车船税收入 35.86 亿元，同比增长 20.64%，其中代收代缴车船税收入 31.16 亿元，占总量的 87%，比去年同期提高 17 个百分点。四是在全国率先实施分油品明细申报制度，为下一步资源税修订综合减征率提供依据。五是做好全省存量房评估工作，全面采集存量房基础数据，开展专项核查，落实土地价值计入房产原值征收房产税的政策规定，全省累计核查 56158 户纳税人，新增房产原值 387.27 亿元，增收房产税 3.1 亿元。

【纳税服务】 全年通过 12366 受理纳税人咨询电话 103 万次，通过山东地税网站群接受纳税咨询问题 1203 个；广泛开展纳税人税法培训，全系统开展各类培训 913 期，培训纳税人 61465 人次；开展“地税局长服务日”活动，接待纳税人39456人次，受理并解决问题38513件。

【税收征管】 一是全面加强税收管理，强化征管状况监控分析，规范税务登记、临时征收户、代开发票、申报征收等各环节的管理。二是开展税源专业化管理试点工作，全年共有170个单位实现县域集中征收，104个单位完成了税源专业化管理方式调整。三是开展纳税评估工作，完善评估方法，健全评估指标体系，全省各级评估纳税人19200户，核实应缴税款21.64亿元。四是推进税收预警工作，提高预警时效性，增强预警反馈能力，全年依托新预警系统共发布预警信息134310条，核实需补税款24.19亿元。

【大企业税收管理】 组织开发企业集团管理系统，实现集团登记、成员维护、查询统计等功能，全年共采集企业集团518户，涉及企业8160户，初步掌控了全省典型企业集团的税收基本情况；加强大企业异地数据交换能力，建立跨市、跨省经营企业信息交换固定模式，方便基层对企业集团的税收管理，全年为基层提供异地数据1436条。

【国际税收管理】 一是推动反避税工作深入开展。加强关联申报及审核，督促企业填报《企业年度关联业务往来报告表》，全省有7722户企业进行了2011年度企业关联业务往来申报，比上年增加4932户；加大反避税调查力度，全年共确定反避税对象153户，已上报总局立案8户，预计调增税款9894万元。二是强化非居民税收管理，重点做好非居民财产转让、股息分红、特许权使用费的税收管理，全省共开具对外支付税务证明3923份，扣缴税款6.3亿元，同比增收2808万元，扣缴非居民企业所得税2.7亿元。三是做好协定执行和情报交换工作，规范非居民享受税收协定待遇管理，全年全省申请享受税收协定待遇的企业41户，减免税款2052万元。核查总局转来的外来税收情报，向美国、日本、韩国、澳大利亚、加拿大等国提供自动情报396份，履行国际税收情报交换义务。

【税务稽查】 年内，全省检查各类纳税人14593户，稽查查补收入28.10亿元，入库税款26.76亿元，入库率96.85%。其中组织企业自查10715户，自查查补收入20.81万元；重点检查企业3877户，查补收入7.29亿元。一是开展税收专项检查，主要对资本交易项目、地方商业银行和股份制银行等6个指令性项目以及房地产、建筑安装等4个指导性项目开展检查，全省共查补收入23.68亿元。二是开展打击发票违法犯罪活动和虚假发票“买方市场”整治工作，全省共查处非法代开或虚开发票案件837起、非法取得发票案件4032起，查处各类非法发票55.7万份，查补各项收入2.09亿元。配合相关部门检查103户，涉及非法发票12.66万份，涉及金额8.8亿元。配合公安等部门开展假发票“卖方市场”的打击整治工作，查处制售假发票案件32起，非法出售发票案件9起，收缴发票265.3万份。三是做好税收违法案件检举工作，在山东地税网站上线试运行税收违法检举软件，全年共受理涉税检举案件475起，查处396起，实现查补收入3707.82万元，入库收入 3280.87 万元。

【信息化建设】 “山东地税数据综合应用平台”（一期）于 3 月在全省上线运行，分担了大集中系统的运行压力；加强网络信息安全管理工作，深化应用网络安全综合管理监控系统；学习研究总局“金税三期”工程相关的技术需求、实施方案，继续做好“金税三期”工程试点准备工作。

【人事管理】 一是完善了干部培养选拔机制。建立落实系统内干部上下挂职锻炼制度、干部交流轮岗制度、新进人员到基层工作锻炼制度等一系列干部管理制度，2010—2012 年共调整县（市、区）局一把手 115 名，班子成员 297 名，中心税务所长 646 名，优化了基层领导班子的年龄、知识和专业结构。二是完善了选人用人机制。建立落实干部竞争性选拔制度，有针对性地探索使用差额遴选、竞争性选拔和常规推荐考察相结合的方式，自 2010 年以来通过竞争上岗选拔干部 2178 人次，提拔 230 名基层优秀干部到上级机关任职。

【教育培训】 按照中央和省委关于大规模培训干部、大幅度提升干部素质的要求，制定实施干部教育培训三年规划，坚持分级管理、分类施训，全系统自 2010 年共投入教育培训经费 25545 万元（其中省局投入 2295.4 万元），组织各类培训班 7075 期，培训 33.22 万人次，实现了全系统干部职工脱产培训时间三年累计不少于两个月、每年不少于 20 天的目标。注重培训载体阵地建设，借鉴招投标的方式选择培训机构，与省内 6 家高校和专业培训机构建立相对稳定的培训合作关系；在临沂建立了全省地税系统党性教育基地，先后举办党性教育培训班 10 期，培训干部 1400 多名；2012 年省局启动山东地税岗位培训教材编写工程，12 册地税岗位培训丛书满足了广大干部职工学习培训的需要。教育培训工作得到省委组织部的关注，在省局机关召开的省直单位干部教育培训工作现场会进行观摩推介。

【基层建设】 一是强化基层投入优先的运行机制。自 2010 年省局实施新一轮基层建设以来，三年共投入基层建设经费 10.73 亿元（其中省局直接投入 4.19 亿元），改善了基层工作生活条件。二是推行基层集中办公管理机制。全省有 85% 的县区局（含开发区分局）实行了集中办公，基层办公地点由原来的 850 个减少到 397 个，减少 53.29%。以此为契机，探索改进税收管理方式，推行税源专业化管理新模式，整合人力资源，优化工作流程，规范行政管理，强化执法监督，减少执法风险。三是建立基层经费保障机制。研究制定《基层经费补助管理办法》，形成“标准合理、渠道固定、共同负担、三级补助”的模式，全省有 121 个区县局的 609 个基层中心所实现了日常经费与乡镇政府脱钩，基层单位经费保障问题得到解决。

【系统党建】 制定落实《关于加强和改进全省地税系统党建工作指导的意见》和《关于进一步提高全省地税系统党建工作科学化水平的指导意见》，在全国税务系统率先成立由主要负责人任组长的党组党建工作指导组，加强各级机关党建工作，加强对全系统党建工作的指导，构建上下联动的系统党建工作新格局。以推行基层集中办公为契机，充实党务力量，强化党性教育，争先创优，发挥各级党组织的战斗堡垒作用和广大党员的先锋模范作用。在全省机关党工委书记会议上介绍了经验，中央驻鲁、省垂管单位加强系统机关党建工作经验交流会在地税系统召开，总结推广“地税系统党建工作指导法”。

【财务管理】 一是基层经费保障机制基本建立。印发《山东省地方税务系统基层经费补助管理办法》，形成“标准合理、渠道固定、共同负担、三级保障”的基层经费长效保障机制，全年共为基层拨付补助经费1.2亿元。二是资产管理规范化。与省财政厅联合制定《山东省地税系统执法执勤用车配备使用管理办法》，对全系统执法执勤用车实行编制管理；对2012年处置资产进行审批，共处置资产73项，账面原值2286万元；完成了2012年全系统的资产产权登记工作。三是加强内部财务审计监督。采用重大财务事项备案、财务分析、网上监督和现场查看相结合等不同手段和方法加强系统日常财务监督；加强系统内部财务审计工作，根据年度巡视计划，组织对部分市局2009—2011年度内部财务审计工作，并对部分县（市、区）局进行延伸审计，纠正存在的问题，提高财务管理水平。

【纪检监察】 全面落实党风廉政建设责任制、廉政教育制度、经常性巡视检查制度，推进具有地税特点的惩治和预防腐败体系建设，综合利用行政和科技手段，开展廉政风险防控工作，推进科技防腐，全面推广应用“廉政与执法风险防控平台”，使纪检监察工作和税收业务工作有机结合，对税收执法工作实行全过程监控和报警，实现风险线索信息化、执法监察效能化和监察任务监控实时化，在省直部门廉政风险防控管理工作推进会上作经验介绍，并被中央纪委作为典型材料收集编纂。自2010年起，从省局党组做起，改进工作作风，在全系统倡导改进文风会风，坚持少发文、发短文、发有用的文，少讲话、讲短话、讲有用的话，少开会、开短会、开有用的会；增强群众观念，心系基层、服务基层，压缩“三公”费用，规范津贴补贴，减轻基层负担，用好的作风凝聚人心、引领队伍，受到基层欢迎。

【政府采购】 一是科学编制政府采购预算，对纳入《省级政府集中采购目录》的项目，做到“应编尽编”，减少规避政府采购行为。二是加强政府采购预算管理，提高政府采购预算执行率。三是逐步完善政府采购工作流程，确保政府采购工作高效有序。2012年对纳入政府采购目录的项目，通过政府采购系统对省局机关和16个市局上报的384个政府采购计划进行审核上报，共完成政府采购预算7144.1万元，节约资金约780余万元。

（蔺　萍）

税收法治

【执法风险防控】 一是做好提高收入质量、防范执法风险工作。参与收入质量考核和推广廉政风险防范平台工作；开展网上执法检查工作，查出疑点数据18878条，涉及税款13.99亿元；坚持执法预警，全年编发预警报告12期，预警问题36个；坚持执法责任制考核，坚持月考核、月通报，强化对申辩调整流程的监控。二是完善管理机制。转发《国家税务总局税收个案批复工作规程（试行）》，结合山东省的实际，提出实施要求；制发《关于发挥社会涉税中介机构作用提高税收管理质效的意见》和《聘用社会涉税中介机构参与税收管理办法》；修订《山东省地方税务局规范税务行政处罚自由裁量权实施办法（试行）》和参照执行标准；组织编写《防范执法风险手册》，建立税收执法风险题库。三是建立执法争议化解机制。下发《关于加强行政复议工作的通知》，要求各级地税机关加强复议工作规范化建设和行政复议机构自身建设。全年受理信访案件5起，办结4起。受理复议案件1起，经调解，申请人主动撤回复议申请。四是协调做好省级预算执行情况和税收征管质量审计监督工作。配合省审计厅对济南、德州、潍坊、烟台市局开展延伸审计。共查出问题金额356976.87万元，其中违规问题金额312545.49万元，管理不规范问题金额44431.38万元。

【税收依法行政】 一是开展“行政程序年”活动。下发《山东省地方税务局“行政程序年”活动实施方案》。年底，17个市局通过当地法制部门验收。其中，滨州、临沂市局接受了省政府法制办的验收检查，菏泽、滨州市局分别被市政府评为“行政程序年”工作先进单位。二是规范税收行政程序。对省级行政审批项目进行第六次集中清理，调整下放审批项目；会同有关业务处（局）完成省级行政处罚及行政审批事项的流程编制工作；配合有关部门做好行政审批网络运行及电子监察系统、行政处罚网络运行及法制监督系统、行政权力事项动态管理平台的测试和使用。加强税收规范性文件管理，制发《关于进一步加强税收规范性文件管理的通知》，对省局制发的4份税收规范性文件进行合法性审核。完成《地方税收规范性文件汇编》（2011年）和4期《地方税收法规公告》的编辑发行工作。规范外部门会签文件办理程序，全年共办理外部门会签文件62份。三是开展税收标准化执法试点工作。指导威海市局、德州平原县局进行税收标准化执法试点工作；组织部分市局编写《税收标准化执法管理手册》，同时制作电子版（Word版）；修订完善山东地税系统税收执法文书标准范本。

【贯彻落实《山东省地方税收保障条例》】　一是建立完善《条例》落实机制。指导督促各地建立完善地方税收保障体系和依托政府网络搭建信息交换平台，推动各级建立涉税信息共享机制、部门税收协助机制、税收绩效考核机制和税源保障措施落实机制。二是依靠人大督导促进《条例》落实。7月，配合省人大预工委对青岛、烟台、泰安、济宁四市贯彻执行《条例》情况进行执法调研，形成调研报告，通过《山东省人大常委会预算工作委员会情况反映》刊发，并抄报省人大常委会领导及相关部门。三是答复人大代表建议和政协委员提案。全年答复人大代表建议2件，政协委员提案9件。

【税收政策效应评估和重点课题调研】　完成政策类调研报告5篇：《关于促进文化体制改革和发展税收政策执行情况的报告》《促进体育业发展税收优惠政策及落实情况报告》《关于支持“两区”建设工作情况的汇报》《促进民营经济发展政策贯彻落实情况》《用好税收政策　强化纳税服务　促进济南区域性金融中心发展报告》。与东营市局合作完成报告4篇：《营业税起征点提高税收政策执行情况分析》《再就业政策执行情况报告》《金融企业应收未收利息营业税政策执行情况》《关于专用设备投资额抵免所得税情况的报告》。按期完成税务总局调研课题——《中小企业公共服务平台税收政策研究》。开展税务行政处罚裁量权基准制度实施情况调研，并撰写《关于建立税务行政处罚裁量权基准制度的调研报告》。

（焦　琴）

营业税管理

【税收管理】　一是坚持把提高收入质量、防范执法风险工作放在首位。强化政策调研分析，实施典型带动策略，加强督导考核，指导基层开展工作。年内全省地税系统累计完成营业税896.64亿元，同比增长17.1%，增收130.91亿元；文化事业建设费2.59亿元，同比增长2.68%，增收674万元。二是开展营业税征管状况质量分析。查找管理漏洞和薄弱环节，形成《关于进一步提升营业税征管质量和效率的思考》，指导全省提高营业税管理水平。三是抓好营业税差额征收管理。落实省局下发的《关于发挥社会涉税中介机构作用提高税收管理质效的意见》，探索开展引进中介机构对营业税差额征税项目进行审核的工作机制，通过中介机构鉴定，提高纳税人的申报质量，减轻基层税务机关的工作量，降低执法风险。

【行业规范管理】 一是抓好项目管理信息系统推进工作。在上年试点成功的基础上，完善"项目管理信息系统"，实现与核心征管、网上申报、外部信息交换三个系统的数据交互，实现网上开具发票。二是抓好金融业营业税税收管理。在全省组织开展金融业营业税税收管理情况调研，解决非金融机构纳税人买卖金融商品、票据贴现、逾期应收未收利息等突出问题。加强民间借贷税收管理，组织编写《全省民间借贷优秀典型案例》，指导各地加强民间借贷税收管理。三是抓好重点行业企业监控管理。下发《关于加强营业税重点行业企业监控管理的通知》，要求全省各级管理部门，重点突出提高收入质量、防范执法风险工作检查和审计工作督查督导的有机结合，全面掌握重点税源大户的涉税动态信息，加强重点行业、企业的税收风险管理。

【政策落实】 促进全省服务业加快发展。年内在省政府召开的全省服务业经济运行调度工作会议上，省局作了《发挥职能作用 强化政策落实 进一步促进全省服务业实现跨越发展》的典型发言。推进企业非核心业务剥离工作。全省通过业务分离和重组新成立881家企业，实现营业收入131.21亿元，直接增加地税收入9.13亿元。落实试点物流企业、中小企业信用担保机构和下岗再就业等营业税优惠政策。截至2012年底，全省共有137户企业纳入全国物流试点范围、23户中小企业信用担保机构享受减免税1190.87万元。二是促进文化体制改革和文化产业发展。配合相关部门做好文化事业单位转企改制审批工作，对新华出版集团转让资产缴纳营业税等涉税事项进行调研。继续抓好文化事业建设费征收管理工作，定期开展文化事业建设费收入分析和比对预警，促进文化事业建设费的征收管理，多次得到省委宣传部批示肯定。三是促进小型微型企业发展。对营业税起征点调整后产生的社会效应、政策效应、对特殊行业的执行情况及存在的问题进行总结，提出下一步加强管理的意见和建议。据统计，营业税起征点政策调整惠及21万余户个体工商户，全省共减免起征点营业税3.6亿元，比上年同期增加2.12亿元，增长142.98%。四是加强娱乐业税率调整后的税收管理。开展娱乐业数据比对分析，利用"以票控税"机制，加强娱乐业发票管理，强化纳税评估和稽查处罚力度，规范娱乐业税收秩序。

【日常管理】 一是抓好重大建设项目管理。下发《关于进一步做好重大建设项目地方税收管理工作的通知》，全省各级营业税管理部门与相关科、处室做好业务衔接，开展项目税收比对预警分析，实现税款入库与工程进度同步，确保将项目税收管理的成果体现到地税收入上来。二是抓好转让自然资源使用权营业税政策调研。到省国土资源厅、省海洋与渔业厅、省水利厅等单位调研和座谈，摸清全省自然资源使用权转让的基本情况，并深入到相关企业进行实地调查，贯彻落实好转让自然资源使用权征收营业税政策。三是抓好营业税培训教材编写工作。根据《山东地税岗位培训丛书编写方案》

的要求，拟定提纲、进行编写，坚持自上而下和自下而上的原则，完成营业税培训教材编写工作。四是抓好营业税改征增值税试点前期准备工作。做好政策宣传培训和解读工作，组织开展交通运输和现代服务业税收调研，向省委、省政府作专题汇报，提出全省试点工作的具体建议。

（王 涛）

企业所得税管理

【职能作用发挥】 注重职能作用发挥，努力把握企业所得税管理新要求。企业所得税是国家实施宏观调控的重要工具。近年来，市场经济的深入发展，转方式、调结构步伐的不断加快，对加强企业所得税管理和规范执法行为提出了新的更高要求。作为省局负责企业所得税管理的职能部门，坚持遵循经济发展客观规律，充分发挥企业所得税职能作用，在工作中重点把握好以下几个方面：一是积极促进社会公平。坚持依法治税，准确落实税法，营造公平竞争的税收环境。二是体现对净所得征税原则。加强政策研究，准确核实税基，着力维护好纳税人合法权益。三是注重发挥调节作用。积极落实税收优惠政策，促进产业结构调整，加快经济发展方式转变。四是进一步优化纳税服务，坚持管理与服务并重，建立和谐征纳关系，营造“征纳共盈”局面。

【政策落实】 一是加大政策宣传辅导力度。重点加强对小微企业、节能减排等税收优惠政策的宣传、解读，联合国税部门下发《关于小型微利企业所得税优惠管理有关事项的公告》，明确优惠政策及要求；出台《关于充分发挥税收职能作用 积极支持小型微型企业发展的意见》，从落实各项优惠政策、优化纳税服务和规范执法行为等方面予以明确。二是统一、规范政策执行口径。修订完善《企业所得税税收优惠管理操作指南》，制定《关于加强企业资产损失所得税税前扣除管理的公告》，出台《山东省高新技术企业认定管理工作规程》，统一业务工作流程，规范政策执行标准。三是落实各项优惠政策。先后对 843 户高新技术企业、199 户资源综合利用企业的 363 项产品、3 户动漫企业、72 户公益性捐赠税前扣除、18 户非营利组织免税资格进行了审查认定，全省共直接减免 2011 年度企业所得税 28.27 亿元。

【企业所得税征收管理】 一是分行业管理。落实《企业所得税行业操作指南》，加强交通运输业、建筑业和煤炭业企业所得税管理。二是推进分事项管理。针对高新技术和研发费用加计扣除两个管理难度较大，存在执法风险的事项进行专题调研，联合相关部门出台《山东省企业研究开发费用加计扣除操作指南（试行）》和《山东省高新技术企业所得税管理工作指南》，涵盖政策解读、资料报送及申报表填写等纳税人需要了解的内容，得到省委副书记王军民的充分肯定。三是加强汇缴管理。重点指导各地加强对纳税人预缴申报和年度申报的后续审核，对企业申报资料的横向和纵向分析比对，纠正和规范疑点问题，全省参加汇缴企业户数、汇缴面和清缴税款均比上年有较大幅度提高。四是推进信息管税。根据总局各项政策和征管要求，修订全省企业所得税征管系统业务需求，完善征管流程。先后完成对6万元以下小微企业优惠的自动统计、总局涉税通软件的优化升级、小型微利企业所得税预缴申报调整等多项工作。五是深化汇缴数据增值应用。编印下发《2011年度企业所得税汇算清缴数据分析资料》，形成“从汇缴数据看企业所得税管理”专题报告，指导各地从八个方面查找薄弱环节，制定加强管理的措施意见。六是开展收入质量分析。按月对收入特点、收入结构和增减因素进行分析，预测收入趋势。年内全省企业所得税征收入库384.1亿元，同比增长17.61%，增收57.49亿元。

【教育培训】 切实加大培训力度，有效提升干部业务能力。一是开展系统业务培训。根据局党组干部教育培训的总体要求，省局分别在扬州税院和潍坊税校各举办两期企业所得税业务系统培训。全系统在上年四季度全国企业所得税业务抽考中获第三名。二是组织编写岗位培训教材。按照省局党组的决策部署，组织业务骨干编写企业所得税岗位培训教材。三是培养高素质人才。注重对业务骨干的培养，在全省考试选拔176名骨干人才充实到省级所得税人才库，作为师资力量进行重点培养和使用。

（孙　振）

个人所得税管理

【新个人所得税法】 2012年是新个人所得税法实施的第一年，做好征管软件调整、政策宣传、纳税辅导、税法公告、纳税申报环节衔接等工作，全省共组织入库个人所得税收入237.50亿元，减收3.02亿元，减幅1.26%。

【全员全额扣缴管理工作】 一是抓好全员全额扣缴申报。重点加强行政事业单位的全员全额扣缴申报工作，多次与财政部门座谈协调，并下发文件，对行政事业单位的全员全额扣缴申报工作提出目标任务和工作要求，推广信息化技术，最大限度地降低财政集中支付扣缴个人所得税的工作量，提高扣缴申报质量，推进全省全员全额扣缴申报管理。二是批量开具个人所得税完税凭证。

按照《个人所得税完税凭证开具规程》和《完税凭证打印软件操作实务》的要求，加强信息审核、组织数据补录，提高完税凭证开具数量和质量。全省（不含青岛）共为纳税个人开具完税凭证588万份，比上年增加108万份。

【高收入行业和个人征管】 一是组织开展高收入个人自行纳税申报。宣传发动、名人带动、内部督导通报、量化考核，重点在四个市级单位通过软件对个人所得进行汇总和比对，查摆符合申报条件的人员，确定申报范围，提高申报对象的准确性，避免主管税务机关工作的盲目性。上年全省（不含青岛）年所得12万元以上自行申报纳税13.6万人，同比增长18%，申报补缴税款2亿元，同比增长19%。二是开展电力行业个人所得税专项检查。落实总局加强高收入者管理的要求，逐步规范高收入行业管理，对电力行业个人所得税代扣代缴情况进行专项检查，并列入全省稽查工作重点。据不完全统计，全省“涉电”企业开展自查262户，其中部门重点稽查129户，检查面49.24%，查处个人所得税1224.55万元。三是继续试行多处所得的比对和征收。总结试点地区工作经验，拟定市局批量处理、归集测算税源、外部邮寄提醒、内部下发落实多处所得征管的基本工作流程，将试点面推广至济南、淄博、临沂等市。试点地区核查多处所得信息共计14660条，补征入库税款896万元。四是探索财产性收入税收管理。根据总局加强高收入者个人所得税管理的通知精神，通过“先税后变更”、源泉控管、核定征收等措施加强个人取得财产性收入的管理。年内全省利息、股息、红利所得征收入库个人所得税46.17亿元，同比增长28.08%；财产转让所得征收入库个人所得税26.07亿元，同比增长51.88%。

【个人所得税申报信息审核】 一是推广年所得12万元以上自行纳税申报审核软件。通过召开现场会和专项培训的形式，推广莱芜地税局年所得12万元以上个人自行纳税申报审核客户端软件，利用该软件，录入纳税人收入信息、生成申报表后，可及时进行报表基础信息和税收收入信息的规范性和逻辑性审核，提高申报准确性。二是制订个人所得税明细数据审核操作办法。针对近年来个人所得税明细数据暨个人所得税完税凭明打印数据中存在的身份证件号码错误、月份和人数信息缺失等问题，在调研和征求基层意见的基础上，下发《审核操作指南》，制订审核工作流程图，使个人所得税明细数据审核的规范化和制度化，提高数据质量。

【经验推广、教育培训】 通过山东地税情况、山东地税网站、公文印发等平台和形式，先后推广了民间融资机构税收管理、限售股减持税收管理、通信行业代办人员税收管理、行政事业单位全员全管理等13个市的16项管理经验，其中，加强民间融资机构的个人所得税管理经验在《中国税务报》上刊登，并得到国家税务总局的充分肯定。组织全省各级个人所得税业务骨干100余人赴扬州总局干部学院进行培训、在莱芜市召开年信息审核软件的现场培训会议，针对不同业务需求，分省、市、县三级开展不同层次、不同培训需求的干部教育培训工作。

（张　倩）

财产行为税管理

【财产行为税收入】 年内全省共组织财产行为税（含代收费）收入578.3亿元，同比增长25.33%；占全省地税各项收入的20.17%，较去年同期提高2.5个百分点。

【贯彻实施车船税法】 《中华人民共和国车船税法》及山东省实施办法于2012年1月1日起正式实施，采取多种形式贯彻落实；制定车船税宣传提纲，指导各市开展税收宣传；实施省、市两级联系人制度，专门负责车船税法的督导落实；按月加强收入督导。会同省保监局制定下发《山东省机动车车船税代收代缴管理办法》；健全规范一系列涉税文书，明确车船税完税（减免税）证明、代收代缴凭证等使用规定；对纳税义务发生时间、提前续保、整备质量确认、新能源车船认定等问题进行统一规范。先后承担国家税务总局车船税调研3项，有12条建议在总局下发文件中采纳；自行开展代收代缴、委托代征、游艇车船税等调研5项。

年内全省车船税收入35.86亿元，同比增长20.64%，其中代收代缴车船税收入31.16亿元，占车船税收入总量的87%，比去年同期提高17个百分点。

【资源税改革】 在全国率先实施分油品明细申报制度。年内全省原油、天然气资源税入库43.35亿元，同比增收33.86亿元，与政策调整前的理论测算值基本一致。督导各市做好铁矿石等政策调整的贯彻落实。重点对临沂、枣庄、烟台、莱芜、泰安等市的铁矿石资源税收入进行比对、分析，仅政策因素增收25%。及时补充完善征管系统中涉及代扣代缴的征收品目表，共新增、调整征收品目3大类22项。

【信息管税取得新突破】 一是资源税远程监控管理经验走向全国。开展“双向推广”工作，即在区域上向其他地区推广，在范围上向其他行业推广。全省共安装中小矿山远程监控管理系统227套，年内实现管理性增收1.2亿元。国家税务总局司长陈杰一行来山东进行专题调研，充分肯定山东地税做法，不仅利用网站平台向全国推介，同时在全国财产行为税征管工作会议上进行专题演示。二是车船税三方信息比对管理经验在全国交流。在威海市试点车船税“三方税收信息应用平台”，重点开展机动车辆信息、保险机构代收代缴数据与车船税征管信息的比对分析。从交警部门采集66万辆机动车基本信息，查补车船税930余万元，其经验做法在全国财产行为税工作会议上进行经验交流。三是印花税信息管税取得新突破。创新行业印花税管理，以电子合同印花税管理为突破口，通过在济南槐荫分局试点，已经在汽车销售和药品流通两个行业取得效果，查补印花税900余万元，并在全省推广济南的做法。

【代收费管理】　一是代收工会经费工作。根据省政府办公厅转办的《省总工会关于委托地税机关代收工会经费的请示》及省局领导批示精神，牵头开展部门座谈、情况沟通、政策调研等共计30余次，提出《在全省承接代收工会经费可行性报告》；与相关处室共同研究，解决预算科目、票证使用等制约代收工作的瓶颈问题；参与文件起草工作，省政府办公厅下发《关于工会经费（建会筹备金）由地税部门统一代收的通知》（鲁政办字〔2012〕172号），确定自2013年1月1日起在全省统一由地税部门代收工会经费；经协调沟通，工会、地税、人民银行三部门联合下发《山东省地税部门代收工会经费（建会筹备金）管理办法》（鲁会〔2012〕114号）。二是附加费收入参与促进社会管理。年内全省共组织教育费附加、地方教育费附加、残疾人就业保障金、地方水利建设基金收入188.42亿元，占全省地税各项收入的6.57%，较去年同期提高0.17个百分点，其中地方水利建设基金入库27.22亿元，比财政部门测算应征数多征收近4亿元。支持了地方教育、水利、残疾人事业的发展。

【政策调整及调研】　配合省国税部门开展原油增值税属地征收的政策调整，维持原油、天然气资源税纳税地点政策的稳定性。加大政策调研工作力度。开展各类调研20余次，其中承接国家税务总局调研8项次，多条建议被采纳，城市维护建设税、印花税联动改革调研受到国家税务总局的表扬；开展全省性政策调研8项次，重点是煤炭、地热行业调研、车船税代收代缴调研、工会经费调研等；开展由部分地区参与的调研5项次，重点是黄金矿资源税、部分行业印花税调研等。

（毕丽辉）

土地房产税管理

【存量房评估】　按照国家税务总局部署，存量房评估于2012年7月起在全省全面实施。各地落实八部门工作协调制度、逐步完善存量房评估工作机制、建立工作流程、操作规范、争议处理、技术标准等15类制度办法，全面采集存量房基础数据，累计采集存量住房基础数据842.54万套，累计评估标准房基准价格24.4万套。房地产信息数据库已初步建立。累计受理存量房交易9.38万套，纳税人申报总价格275.47亿元，评估后总价格为312.89亿元，评估调增计税价格37.42亿元，平均申报价格调增率为13.59%，增收税款1.75亿元，税款调增率为12.33%。其中，先期试点的41个县（区）价格调增率44.92%，税款调增率45.88%。落实房地产调控政策，堵塞阴阳合同、提高征收效率、降低纳税成本，国务院房地产市场督导组给予了充分肯定。

【土地增值税清算】 制定下发《关于进一步加强土地增值税清算工作的通知》，对达到清算条件的房地产开发项目实行计划管理。年内完成清算项目774个，其中核定征收43个，应补缴税款20.06亿元，应退税款1.58亿元。制定下发《关于加强土地增值税核定征收管理的公告》，明确核定征收条件、核定比率，完善职责权限和流程。对程序、文书不规范、收入及扣除项目认定不准确、企业改制划转资产等政策问题，及时研究并统一执行口径。对泰安等市局清算管理经验进行推广，带动全省清算工作。

【宗地管理】 全省宗地管理覆盖17个市，其中有14个市选用试点地区或自行开发软件，各市县均已完成或基本完成了国土部门的信息采集工作。经核查，全省（不含青岛）年增应税土地3.11亿平方米，年增土地使用税15.42亿元，年内实施宗地管理增收税款12.06亿元，近年累计增收税款29.36亿元。各市局根据本地的部门协作环境、信息化程度和征管基础状况，克服国土和地税部门信息管理架构不同等困难，开发应用宗地管理软件，并以县为单位与国土部门进行信息交换。利用宗地信息数据，结合存量房评估系统，探索“地、楼、房”协同征管，推进土地房产税收一体化管理。

【耕契两税管理】 下发适用政策标准说明，拟定住房权属转移契税计税依据通知，分别对购买商品房、存量房及通过法院判决、拍卖、拆迁、交换等方式取得房屋权属的契税计税依据问题进行明确。开展收入质量分析和督查调研，了解地方税收征管中存在的问题及成因，制定《山东省地方税务局关于进一步加强耕地占用税、契税、城镇土地使用税和资源税管理的意见》，对落实政策、规范申报征收等方面提出改进意见和措施。协调省国土资源厅提供农用地转用审批信息，为加强耕地占用税的审查核实、严控虚收入库取得第三方信息依据。会同财政部门做好数据提取、汇总，及时完成两税收入报表编制和交接工作。

【政策管理和落实】 对有关企事业单位改制重组契税政策、物流企业大宗商品仓储设施用地、农产品批发市场房产税和土地使用税政策、技工院校占用耕地免征耕地占用税、邮政速递物流业务重组改制、农村饮水安全工程建设运营等税收政策予以明确，做好政策解答和咨询。严格征免界限，对胜利油田房改房、废弃井、闲置用地有关土地使用税征免、国资部门无偿划转资产土地增值税征免等问题，及时向总局请示，统一政策口径；审查核实，做好房产税、土地使用税、契税的减免税审批及备案。开展专项核查，切实落实土地价值计入房产原值征收房产税的政策规定，全省累计核查56158户纳税人，新增房产原值387.27亿元，增收房产税3.1亿元。协调省法制办明确土地使用税征税范围规定，解决胜利油田关于土地使用税征税范围不确定的问题。

（陈　磊）

国际税收管理

【跨境税收管理】　一是开展跨境税收风险排查与防范。贯彻落实全省地税系统提高收入质量防范执法风险工作的实施意见，强化国际税收风险管理，制定下发《国际税收管理风险防范工作指引》，从税源管理、政策判定、征管执法三个方面排查出15类37个风险点，提出相应的防范措施。二是强化非居民税收管理。重点抓非居民财产转让、股息分红、特许权使用费的税收管理。全省共开具对外支付税务证明3923份，扣缴税款6.3亿元，同比增收2808万元，扣缴非居民企业所得税2.7亿元。开展金融机构“海外代付”业务税收管理调研，摸清情况、查摆问题、提出对策，上年，全省金融机构累计承接“海外代付”业务3233笔，代付金额8.47亿元，扣缴营业税3999万元。三是开展“走出去”企业服务与管理。联合省商务厅、省财政厅、省国税局等八部门对300家“走出去”企业进行政策宣讲和辅导；实行“任务推送工作法”，将全省91户境外上市企业名单分发到各市局进行调查，年内有29户境外上市企业的调查取得实效，入库税款2.59亿元。四是做好协定执行和情报交换工作。加强对税收协定的培训辅导，严格执行税收协定，贯彻落实总局要求，按规定办理审批、备案手续，规范非居民享受税收协定待遇管理；审核《外国税收居民身份证明》，加强纳税人身份认定，防范套取协定优惠或滥用协定等避税行为。至年底，全省申请享受税收协定待遇的企业41户，减免税款2052万元。核查总局转来的外来税收情报，向美国、日本、韩国、澳大利亚、加拿大等国提供自动情报396份，履行国际税收情报交换义务。

【反避税工作】　一是加强关联申报及审核。结合汇算清缴，督促符合条件企业填报《企业年度关联业务往来报告表》，指导基层做好大型企业集团关联申报信息的分析审核，筛选避税嫌疑企业。全省共有7722户企业进行上年度企业关联业务往来申报，比2010年增加4932户。二是反避税调查。督导各市以企业集团关联交易、企业股权转让为重点，加大调查取证、纳税约谈、调整补税力度。年内，全省共确定反避税对象153户，上报总局立案8户，预计调增税款9894万元。

【国际税收培训】 按照省局加强干部队伍建设的总体部署和全省国际税收工作实际，通过多种形式组织对基层税务干部进行国际税收业务培训，年内省局投入培训经费58.85万元，共有1192人参加省局及各市局举办的培训班。按照省局编写山东地税岗位培训丛书的要求，组织业务骨干编写了《国际税收》培训教材。通过业务选拔考试，建立了36人的全省国际税收骨干人才库，有6人入选省局兼职教师。在潍坊税校组织了为期一周、180人参加的全省国际税收业务培训，培训对象为各市局国际税务科、直属局、开发区分局以及部分县（市、区）相关人员。在江苏税校举办了60名业务骨干参加的国际税收及反避税业务培训班。指导各市局开展教育培训，建立专业师资队伍，针对分局一线进行国际税收知识培训，拓宽国际税务管理在基层的广度和深度。

【外资企业和外籍人员税收管理】 全省外资企业登记数为27205户（开业22031户），实现涉外税收收入250亿元，其中纳入重点税源管理的企业4188户，比上年增加1626户，实现地税收入231亿元，占全部涉外税收收入的92%。年内，纳入全省地税系统管理的外籍人员22450人，入库个人所得税13.2亿元，共有6885名外籍人员进行了上年度年所得12万元以上自行申报，补缴税款597.98万元。

（杨琪瑞）

税收征收管理

【税收征管改革】 2012年，国家税务总局召开全国税务系统深化税收征管改革工作会议精神，提出建设现代税收征管体系的目标要求；8月，省局党组理论学习中心组读书会重点研究税收征管和信息化建设问题，明确聚焦提高征管质量、促进征管方式转变、推进体制机制调整、打造专业人才队伍、强化信息化建设的工作思路。落实总局、省局会议精神，推进征管改革：逐步扩大税源专业化管理模式的运行范围，推进税源管理方式改革与集中办公、集中征收。全年共有170个单位实现县域集中征收，104个单位完成税源专业化管理方式调整。根据国家税务总局深化改革的工作要求，组织开展征管改革课题调研，研究起草《深化税收征管改革的工作意见》，明确了下一步改革的整体布局和主要内容。

【征管基础建设】 开展数据分析，抓住影响收入质量的重点内容，专题分析收入过4000万元的553户纳税人的税收状况，对2012年地方四税收入情况和2010—2012年的收入质量情况进行统计。针对临时户税务登记、代开发票和缴纳税款进行分析，找出存在的问题和风险。围绕五个方面、42个主题和79个风险点开展征管状况分析，突出非正常户、临时征收户、发票代开等风险点的提示与建议。根据分析结果整改问题，全年累计清理非正常户15.4万户，占比下降8.1个百分点；临时户登记比上年减少18万户，下降了27%。制定下发《关于加强重点企业财务报表数据质量监控工作的通知》，完成重点企业财务报表监控业务需求，对纳入省级监控的19583户重点企业财务报表采集情况实施重点监测。至年底，重点企业财务报表采集率达到99.2%，空白财务报表由年初的6%降到3%。利用检测软件对基础数据质量实施监测，跟踪监控和定期通报数据整改情况，年内修改异常数据25.7万项，修改率达到100%。

【征管工作制度】 完善税务登记制度。根据户籍管理的薄弱环节，修订完善《关于加强临时征收户登记管理的意见》，明确征收范围，严格操作标准，强化动态监控。健全完善了税务机关代开发票管理、委托代开发票管理、举报奖励办法等制度，制定了网络发票开具及税控发票后台管理实施方案。

【税收信息化建设】 年内对27个和23个县区局分别进行集中征收系统和税源专业化系统调整；全年共回复业务咨询电话3400多个，依托运维平台处理问题826个。新增和优化税务稽查系统、会统报表等11项功能，开发了纳税人自助终端接口和POS机划款缴税直接缴入国库接口等程序。组织财务报表报送、业务运维处理、企业客户端软件试点等培训，配合有关处室，开展车船税和企业所得税调整、项目管理系统、数据平台上线等培训。年内为9个相关处室完成45项数据应用需求的数据源分析提取等工作。参与“金税三期”的需求完善、系统测试等工作，统计整理“金税三期”调查资料3477项。了解“金税三期”的功能测试和重庆试点情况，结合山东地税实际，进行全面评估，做好前期准备。

（王　翔　于华龙）

税源管理

【纳税评估】 2012年，全省各级评估纳税人19200户，核实应缴税款21.64亿元。一是完善评估方法。在现有25个涉税指标评估的基础上，增加10个会计报表项目评估指标，探索涉税指标和项目指标相结合的评估方法，健全评估指标体系。二是组织开展评估。对1114户金融业纳税人进行评估，核实应缴税款3.06亿元，对主要涉税问题、行业管理问题等方面进行分析、通报。三是评选模型案例。组织评选优秀纳税评估模型15个、优秀案例12个，主要涉及制造业、金融业等7个行业。四是编写评估指南。编写、印发房地产开发经营、房屋建筑、住宿、餐饮4个行业的纳税评估指南。五是组建骨干团队。各地通过选拔，推荐148名税源管理骨干人才。

【税收预警】 2012年，依托新预警系统共发布预警信息134310条，核实需补税款24.19亿元。提高预警时效性。将纳税人自行申报的时间作为预警属期，形成纳税人申报次月月初即生成并发布预警信息的动态模式；增强预警反馈能力。梳理预警反馈结论选项，合并相近内容，细化质量选项，初步确定6大类96项选项，客观地分析预警信息产生原因；开发预警值、预警频率等反映风险程度的排序功能，突出对风险较高纳税人预警信息处理情况的检查，增加预警软件复核及后续管理模块，实现对预警信息处理质量及税款入库情况的实时监控。

【大企业税收服务和管理】 按月完成总局45户定点联系企业山东成员单位的数据报送等日常工作，并对其中石油石化行业山东成员单位自查情况进行督导，涉及企业22户，核实入库税款780万元；组织开发企业集团管理系统，一期已成功上线运行，实现集团登记、成员维护、查询统计等功能，采集企业集团518户，涉及企业8160户，初步掌控全省典型企业集团的税收基本情况。二期业务需求的撰写工作已经完成，上线运行后可实现纳税排名、统计分析等功能；建立跨市、跨省经营企业信息交换固定模式，方便基层对企业集团的税收管理，全年共为基层提供异地数据1436条。

【探索税源分析突破方向】 制订翔实的税源分析工作计划，明确省、市、县三级税源管理部门的工作任务，突出各市局税源管理部门之间的配合互动。内容上，从整体性、前瞻性、专题性三个方面选题分析，并将行业评估分析通报及税收预警工作通报纳入日常分析范围。

（张　琪）

收入规划核算管理

【地税收入管理】 2012年组织入库各项地税收入2867亿元，增长24%，增收555亿元，扣除耕地占用税、契税和地方水利建设基金，入库各项收入2530亿元，增长19%，增收404亿元。根据国家的宏观经济政策和全省经济计划指标，分析和把握房地产、金融业、制造业等重点行业的发展趋势，测算有关的政策调整对税收产生的影响，预测全年地税收入增长水平。及时与国家税务总局、人大预工委、财政部门加强汇报、沟通、协调。指导各级加强与当地政府、财政、统计局等部门联系沟通，及时对经济走向进行前瞻性预测分析，把握经济税源形势。在全年分析测算的基础上，确定全年16%的地税收入增长目标。从执行结果看，如扣除不可比因素和一次性因素，年初确定的16%的增长目标比较合理。按照重点行业细化分析，全面反映经济发展变化对收入增减的影响，引导各级把握、应对，掌控好税源形势。按照主要税种细化分析，及时发现税收管理取得成效和存在的不足。按照收入级次细化分析，解剖收入结构异常变化和增长背后的深层次原因，督促有关单位密切关注，防患于未然。开展税收调研，服务经济税收工作决策。重点从税收角度看经济、反映经济，围绕税收管理的难点、经济发展的热点和社会关注的重点以及税收政策调整变化情况，撰写《地税收入与经济增长的差异性分析》《从地税收入实证分析山东省房地产行业经济发展》等5篇调研分析报告。其中《地税收入与经济增长的差异性分析》荣获全省税收科研文章一等奖。利用减免税统计调查数据，对国家支持实体经济发展实施的结构性减税政策效应及时跟踪调研，加强税收优惠政策效应分析，撰写《全省地税系统积极落实减免税优惠政策支持经济发展促进社会和谐》专题报告。

【重点工作】　针对省局有关人员岗位和处室职能有所变化，及时下发《关于调整提高收入质量防范执法风险工作领导小组组成人员的通知》。组织召开多次领导小组办公室会议，研究解决工作推进过程中遇到的问题和困难。针对部分地方税种收入增幅畸高的现象，组织和参与对部分市地方“四税”的调研督导工作，查找问题，规范管理。结合基层建设检查验收活动，开展全省收入质量情况检查，加大工作的考核监督力度。研究起草工作阶段性总结和2013年工作意见。在对上年工作进行全面评估、总结经验、查找问题、明确措施的基础上，组织各成员单位探索建立收入质量监控运行机制，研究制定有关制度办法，初步确立提高收入质量防范执法风险监控指标体系，并对各市收入质量情况进行测算，根据测算情况下发《关于2011年全省地税收入质量情况的通报》。运用总局的收入质量评价指标体系，建立全省的地税收入宏观质量评价指标体系。运用通报，引起各地对收入质量问题的重视，加大工作的推进力度。研究起草提高收入质量防范执法风险领导小组办公室职责意见。按照总局加强税收会计监督管理的有关要求，针对当前税收资金管理现状，制定《山东省地方税务局税收资金运行分析监控管理办法》，对税收资金从应征到入库全过程运行进行全方位、多层次监控。《办法》实施以来，连续三个季度对全省的税收资金运行状况进行分析，发挥了收入规划核算工作的监督作用，揭示和发现了税收资金运行过程中存在的管理上的疑点，及时督促各地纠正和解决不规范的问题，确保税款的安全，提高收入质量。

【创新管理】　发挥收入规划核算部门服务职能，为各级领导、政府部门及系统内部及时掌握收入完成情况及增减变化情况，在原有的基础上，重点结合山东省转方式、调结构以及省局的重点工作，对有关报表和分析表进行专题研究，完善目前分行业、分经济类型报表，调整六大高耗能、装备制造业及四大区域经济的税收分析表，增加和细化分税种的报表。依照新国标行业对会统报表进行相应的修改，为税收分析提供可靠、翔实的数据信息。适应各级政府和领导对各月税收数据的时效性的要求，推行日对账、结账的做法，提高月底结账效率，及时准确地向省政府、省人大、省财政、省统计、省建委等相关部门和系统内部各级部门提供各种税收报表及收入信息，多次被省统计局评为统计工作先进单位。按照国家税务总局的要求，完成了营业税税收资料调查和减免税统计调查工作，得到总局的表彰。与省国税局共同完成了山东省纳税百强的统计发布工作。为保持有关数据信息档案管理的连续性，夯实收入规划核算基础工作，年初，在多次征求市地意见和讨论研究的基础上，制定《全省地税系统收入规划核算部门档案管理办法（试行）》。督促引导各地贯彻执行，泰安推广使用宁阳地税开发的《税收收入规划核算电子档案管理系统》，淄博、青岛等地也相继开发电子档案管理软件，提高档案管理水平，增强信息资料的连续性和整体性，满足有关方面对收入规划核算数据的需求。落实省局教育培训计划和省局提高干部队伍素质的要求，举办为期七天的收入规划核算业务培训班，培训内容坚持理论与实践相结合，结合工作实际需要和“能力年”主题实践活动，学习贯彻省第十次党代会精神，按照《机关学习宣传贯彻党的十八大精神的实施方案》，制订具体的学习计划，转变作风，增强支部的凝聚力和战斗力。按照《山东地税岗位培训丛书编写方案》要求，编写《税收计划会计统计》培训教材一书。编写过程中，先后多次集中人员反复对教材进行研究、修改、审核、校对，确保教材编写质量，增强培训和学习的针对性。

（宋书敏　张　赫）

财务管理

【基层经费保障机制】 年内在调查研究的基础上，连续两次召开全省地税系统基层经费保障问题座谈会，印发《山东省地方税务系统基层经费补助管理办法》，形成“标准合理、渠道固定、共同负担、三级保障”的基层经费长效保障机制。长期以来困扰基层单位的经费无保障、无稳定渠道、争取经费占用精力过大并存在风险隐患等问题得到解决。至年底共为基层拨付补助经费1.2亿元，为新一轮基层建设提供资金保障。

【2013年预算编制】 2013年预算编制采取“两次”会审的办法，先全面后重点。审核中除加大对科目的审核外，重点对中央和省里要求压缩的费用进行重点控制，对“三公”经费实行零增长预算。

按规定程序和要求，做好部门预算和“三公”经费公开准备工作，力争做到以公开促规范、以规范促改革、以改革促提升。

【资产管理】 对全系统执法执勤用车编制进行核定，与省财政厅联合制定《山东省地税系统执法执勤用车配备使用管理办法》，规定全系统执法执勤用车实行编制管理。对2012年处置资产进行审批，共处置资产73项，账面原值2286万元（其中，土地13处，面积31355平方米，原值51万元；房产22处，面积17931平方米，原值1613万元；车辆38辆，原值622万元）。完成了2012年全系统的资产产权登记工作。

【政府采购】 科学地编制政府采购预算，对纳入《省级政府集中采购目录》的项目，做到“应编尽编”，减少规避政府采购行为。加强政府采购预算管理，提高政府采购预算执行率。逐步完善政府采购工作流程。年内对纳入政府采购目录的项目，通过政府采购系统对省局机关和16个市局上报的384个政府采购计划进行审核上报，完成政府采购预算7144.1万元，节约资金约780余万元。

【内部财务审计监督】 采用重大财务事项备案、财务分析、网上监督和现场查看相结合等不同手段和方法加强财务监督。加强系统内部财务审计工作。年内根据巡视计划，组织对聊城和莱芜市地方税务局2009—2011年度内部财务审计工作，并对部分县（市、区）局进行延伸审计，纠正存在的问题，提高财务管理水平。

【机关财务保障】 工作中坚持执行国家财经纪律，规范运作，履行审核把关职责，审核每一笔报销的单据，严格程序，及时改进管理薄弱环节，规范财务管理，保障各项业务工作的顺利开展。按照省财政厅的统一部署，年内省局机关日常支出实行公务卡制度，减少现金流量，提高公用支出的透明度。

（张成家 李春安）

督察审计

【巡视工作】 根据省局党组的统一部署和要求，会同财务管理处、人事处等先后对聊城、莱芜市局开展巡视检查，并延伸巡视检查了3个县（市、区）局。其间，听取了被巡视检查市局党组的工作汇报及组织人事、纪检监察、巡视检查工作的专题汇报；对2个市局党组班子及9名班子成员进行考核测评；对17名省局管理的领导干部落实党风廉政建设责任制和领导干部廉洁自律情况进行民主测评；与不同层面的干部职工谈话178人次；调阅、查看2个市局和3个县（市、区）局近两年来的有关文件资料；发放调查问卷169份，函访纳税企业360多户；走访了2个市的政府、纪委、组织部、检察院、审计局等领导机关和部门；发现2市局在班子建设、队伍管理、税收执法等方面存在的问题7个，并逐条进行了反馈整改。撰写了1.5万字的巡视工作报告编入《山东地税岗位培训丛书》中的《行政管理》一书。

【督察内审处组建】 9月初，省局党组决定正式组建督察内审处。全处人员边学习、边探索、边组建，做好与相关处室的工作衔接。尽快熟悉掌握执法责任制和网上执法检查软件，并对10月、11月全系统执法责任制进行考核；明确了职责分工。根据处室工作职责，督察内审处设综合审计组、执法督察组、巡视检查组；加强了纵横向联系和沟通交流。与税务总局督察内审司对口衔接了工作，到有关部门进行了座谈交流；及时建立起本处室门户网站，设置了执法督察、财务审计、经济责任审计、巡视检查和各地展播5个一级栏目，为全系统督察内审工作的研究交流和工作宣传搭建了平台。

【构建督察内审工作制度】 拟定有关制度、办法，具体包括一个意见，即《关于加强全省地税系统督察内审工作的意见》；四个规程，即《执法督察工作规程》《财务审计工作规程》《领导干部经济责任审计工作规程》和《巡视检查工作规程》；四个指引，即执法督察工作指引、财务审计工作指引、领导干部经济责任审计工作指引和巡视检查工作指引；四个办法，即《督察内审质量控制办法》《督察内审人才库管理办法》《督察内审保密工作办法》和《督察内审工作档案管理办法》；五套方案，即执法督察工作方案、领导干部经济责任审计工作方案、财务审计工作方案、巡视检查工作方案和督察内审工作方案；一本手册，即《督察内审工作手册》。

【税收执法督察】 按照税务总局要求，在原有工作部署的基础上，完成了9月以后税收执法督察各项工作。除原定的结构性减税政策、纳税评估、企业所得税管理等七项内容外，又将招商引资税收政策执行情况列为执法督察重点内容，通过年终考核的方式对部分重点内容进行了抽查。汇总了全省地税2012年度税收执法督察情况报表，上报有关案例分析并撰写了全省地税税收执法督察工作情况报告。通过执法责任制软件完成了9—12月的全省执法情况考核和追究，以及全年的执法责任制目标考核。按照领导要求，牵头协助审计署做好审计山东省财政收支的相关工作，其中，与信息中心配合核实了廉租房和廉租补贴申请人的有关收入情况。牵头配合规范津贴补贴检查组对省局及济南、莱芜、枣庄市局的检查。

（秦　勇）

人事管理与离退休干部工作

【领导班子建设】 落实领导班子民主生活会制度和党组中心组学习制度，把落实省局党组总体工作要求和三项重点工作紧密结合，列入对领导班子年度考核、各级各类培训的重要内容。按照三年规划要求，指导各市局有计划地对基层单位领导班子进行考察调整，把优秀的干部放到各级“一把手”位置上，优先充实年轻干部，合理搭配领导班子。年内，调整县市区局一把手59名，县市区局班子成员118名，中心税务所长222名。按照中央、省委要求，对各市局领导班子进行了2011年度考核，对各市局党组2011年干部选拔任用工作情况、新提拔的干部及试用期满干部进行了测评，对发现的问题及时进行谈话提醒。

【干部管理】 制定《关于对省局备案管理干部实施进一步考察的意见》，备案干部管理规范化。配合省委组织部完成了省局领导班子和省管干部的年度考核、试用期满考核及推荐考察等工作。分两批对15名市局63名处级干部进行选拔调整。完成督察内审处的组建和省局机关9名处级干部、5名科级干部的交流轮岗、7名科级的提拔任职。完成153名备案干部的审核批复和14名达到最高任职年龄、23名达到退休年龄人员的手续办理。按照“干部在基层成长、干部从基层选拔、干部到基层培养”的要求，采取竞争性选拔的方式，从省局机关选拔7名优秀年轻干部到市局及以下单位任职。指导各市局采取组织推荐考察和考试选拔的方式，从基层选拔89名干部到上级机关挂职，从市局机关选派36名干部到基层锻炼。年内指导各级交流干部1561人次。首次探索使用差额遴选、竞争性选拔和常规推荐考察相结合的方式，对市局处级干部进行选拔调整，优化了市局领导班子结构。年内指导各级提拔科级以上干部918人次，其中通过竞争性选拔干部674人次，提拔96名基层优秀干部到上级机关任职，领导干部全部采取竞争性方式选拔，竞争性选拔已成为常态化工作被干部群众普遍接受。

【人事管理】 按照省编办要求，指导市局规范整合机构、人员编制，明确职责、理顺关系，完成市县机构改革工作。结合基层建设和税收专业化管理工作，优化机构设置和职责划分。配合省编办组织开展全系统机构、人员、编制核查工作，将预留的行政编制合理分配到基层单位；向省编办争取，将直属征收局更名为重点企业税收管理局，原部分企业的征收职能移交到济南市局。根据工作需要，及时明确相关处室业务职能，理顺工作关系；按照事业单位人事改革规定，省局纳税服务中心、信息中心完成现有人员岗位聘用工作；面向基层岗位公开招录179名公务员。与有关单位一起，完成443名“两税”划转人员的编制核定及人员划转安置工作；按照省委组织部新的规定和要求，做好干部人事档案材料的日常收集、整理、审核、归档以及系统干部档案查核工作。完成公务员日常登记、职务级别确定、辞职辞退、年度考核等工作。及时办理全系统人员工资变动调整审批业务。做好各类人事统计工作，建立起全系统公务员信息数据系统。

【教育培训】 一是突出培训重点，增强培训针对性。按照教育培训三年规划最后一年的安排，突出三个重点：重点抓好领导干部培训，组织省局、市局负责同志到临沂和井冈山接受党性教育专题培训，举办县（市、区）局长培训班，实现三年将县局长轮训一遍的目标。选拔100名基层优秀中心所长进行集中培训；重点抓好税源管理、纳税服务、税务稽查、税收信息化和大集中系统等岗位的业务骨干和师资培训；重点抓好一线人员培训。全年各市局组织培训班395期，培训32429人次。二是实施现代化教育，实现培训全覆盖。依托资源优势，利用网络教育学院，实施网络教育培训，实现系统全员实时学习，学员登录已达到506万人次；开展骨干人才选拔，顺利完成7个岗位序列667名骨干人才的选拔，在后续培养，发挥骨干人才的示范带头作用方面有长足进步；学历（学位）教育和在职学习又上了一个新的台阶，指导各市局开展一日一读、一周一讲、一月一题、一季一考活动，营造良好的学习氛围。截至年底，全系统大学以上文化程度达到69.7%，比2009年提高7.4%，取得注册税务师、注册会计师、司法（律师）执业资格的1803人，占7.8%，比2009年提高2.6%。三是注重考核和结果运用，提高教育培训质效。组织实施年度教育培训总结评估，对评选出的优秀培训项目通报表彰；指导市局通过考试方式选拔业务骨干参加脱产培训；组织系统业务骨干编写出470万字的《山东地税岗位培训丛书》，全系统在职干部职工人手一套，成为山东地税教育培训的基本教材和干部必备的工具书。

【离退休干部管理】 按规定、政策落实离退休干部的各项待遇，定期通报工作情况，开展健康有益的活动，多次组织老干部赴外地考察交流，坚持政治学习活动，及时向老同志介绍地税发展情况，听取他们的意见和建议，帮助他们解决实际困难，发挥离退休干部作用。

【其他工作】 做好对口支援服务工作。先后两次到“第一书记”帮包村实地调研，及时与省选派领导小组和省财政厅等部门沟通，争取资金支持和对帮包工作的宣传报道。配合省委组织部完成博士团援疆人员的期满考核、资金援助等工作。做好出国（境）管理工作。落实出国（境）管理有关规定，全年为165人办理出国（境）审核报批手续，并组织赴加拿大现代税务稽查技能培训班。做好医疗改革工作。按照省人社厅统一部署，启动全局干部职工医保改革工作，采集汇总全局250余名干部职工的6000

余条电子信息，及时讲解医保政策规定，发放就医指南。开展干部选拔任用及监督管理政策法规集中学习活动，进行专题辅导和知识测试，达到了省委组织部提出的目标要求。在机关开展“双向约谈”活动，印发《省局开展“双向约谈”工作实施意见》，畅通了干部职工交流沟通渠道。

（张秀臻　林　健）

基层工作

【新一轮基层建设】 各级加大对基层经费投入，三年累计投入资金10.73亿元（其中省局投入4.19亿元），基层环境条件得到改善，建立起基层经费保障长效机制，解决了基层中心所经费不足的问题。各地三年规划实行集中办公的159个基层单位，全部完成既定目标，跟进资源优化配置、征管流程再造、岗位体系完善工作。基层队伍管理、税收管理、执法服务管理、基层保障、作风建设和文化建设等形成一系列基层建设长效机制。制定下发《关于全面加强全省地税系统文化建设的指导意见》，引导各级结合基层建设，启动文化建设，形成各具特色的文化阵地、文化品牌。年底，各级围绕新一轮基层建设进行总结表彰，省局与省人力资源和社会保障厅联合，在全系统评选表彰了100个“全省地税系统先进集体”、100名“全省地税系统先进个人”，制作《真情——山东地税新一轮基层建设汇报》专题片和“新一轮基层建设工作展板”，编印《心系基层·情注基层——山东地税新一轮基层建设巡礼》和《山东地税——新一轮基层建设专刊》，并在《大众日报》《中国税务报》、内外网站等媒体对新一轮基层建设进行了报道，在社会上引起强烈反响。

【税收宣传】 围绕“税收·发展·民生”主题和“共建征纳和谐，服务经济民生”理念，开展了第21个税收宣传月活动，组织开展了“税务局长在线访谈”“榜样的力量——学习宣传典型人物先进事迹”“齐鲁大讲坛·税收大讲堂”联合税宣、“税收连着你我他”地税拍客有奖大赛、“税收政策进万家”税法普及、“地税（所）长服务日”“我为提升税收征管质效建言献策”有奖征文等多项活动，得到国家税务总局领导的肯定。全省地税系统5项宣传活动被总局评为全国税收宣传月活动优秀项目，分别在总局“税收好新闻”“全国税务系统动漫大赛”“漫画大赛”活动中获得奖项，省局报送的新闻作品获得中国产业报协会颁发的“全国第二十六届产经新闻摄影奖”三等奖。开展日常税收宣传，组织开展全省地税系统优秀宣传项目和优秀新闻作品评选，借助《地税时空》《大众日报》《齐鲁晚报》《中国税务报》等宣传媒体，宣传各地的税收新闻、经验、做法。

【文明创建工作】 根据国家税务总局和团中央要求，完成2011—2012年度全国青年文明号评选材料上报，与团省委联合命名2010年度山东省青年文明号，组织上报2011—2012年度地税系统山东省青年文明号材料。制定《关于组织开展学雷锋活动的实施意见》，组织首届山东地税系统“十佳我身边的好税官”评选，评选出10名“我身边的好税官”。制定完善《关于深入开展文明创建工作的意见》，组织开展全省地税系统第二届羽毛球比赛、第三届登山比赛。

【涉税舆情管理】 组建涉税舆情联络员队伍，指定专人负责涉税舆情观察，建立税收舆情报告和通报制度，及时做好系统内外的沟通协调。加强舆情监测和分析处置，及时搜集、分析各类媒体及网络平台对税收工作的报道及评论，掌握税收舆情动态信息，引导涉税舆论和防范、化解舆论危机。规范涉税信息公开，对重要税收政策、税收收入、政策调整、税务案件、税收管理等公开宣传内容严格把关，防止信息传播失真、失控。在应对网络涉及的地税系统多项重大涉税舆情事件中，及时调查核实、妥善处理，正面作出回应，引导舆论导向；联系相关部门处置，消除负面影响，化解舆情风险和危机，维护地税形象。

【《山东地税》（内刊）】 全年《山东地税》出刊12期，编辑文字80万字，图片860余幅，成为全省地税系统理论学习的阵地、传播信息的通道、展示形象的窗口、交流经验的平台。《山东地税》得到省新闻出版局的高度评价，通过2012—2014年刊号(鲁连内资第01192号)审批，被评为“山东省优秀连续性内部资料出版物”，获准使用“山东省优秀连续性内部资料出版物”徽志。

（舒　强）

纪检监察

【党风廉政教育】 开展“恪守从业道德、保持党的纯洁性”主题教育活动，弘扬从政道德，提升地税形象。汇集系统发生的34起典型案例，组织开展反腐倡廉警示教育巡回展览，全系统组织巡展332场次，观众达23800多人，实现廉政教育全覆盖。组织开展廉政文化建设达标和示范点创建活动，普遍建立廉政警示教育基地和网上廉政文化教育基地。参加省纪委组织的全省廉政单幕剧和“廉政之歌”创演活动，创作出一批高水准、高品位的廉政文艺作品，被省纪委表彰为突出单位。其中，东营、威海市局创作的《一枚钻戒》《搭桥》

等廉政短剧，济南、淄博、济宁、枣庄市局创作的《永恒的信念》《赞歌献给税务官》《廉洁奉公歌》《地税廉政之歌》等廉政歌曲被评选为优秀剧目，受到省纪委通报表彰。

【科技防腐】 制定《山东省地方税务局推进科技防腐工作的意见》，实现省局网络与山东省电子政务外网的链接，将省局行政审批、行政处罚事项全部纳入省政府行政审批、电子监察、法制监督系统。全面推广“山东省地税系统廉政和执法风险防控平台”，开展推广应用版本论证、功能完善、上线测试、试点运行、操作规程编写，以及配套文件的起草等工作。青岛、烟台、泰安市局承担了试点工作任务。“山东省地税系统廉政和执法风险防控平台”上线以来，运行质量和效果得到普遍认可，《新华社高管信息》予以刊登，省纪委书记李法泉作出批示给予肯定，该平台的建设和应用被评选为2012年度山东省反腐倡廉工作创新成果，受到省纪委通报表彰，被中央纪委作为典型材料收集编纂。

【政风行风建设】 落实特邀监察员、税企联系制度，开展向纳税人述职述廉、廉情回访等活动，组织特邀监察员赴淄博进行集中检查活动。对纳税人反映强烈的地税干部不作为、乱作为、效率低下、吃拿卡占要等问题开展专项治理。组织参加“山东纪委书记在线”活动，加强与纳税人的联系沟通。省局领导两次参加“阳光政务热线”直播活动，接听并解决群众咨询或举报电话21个，群众满意率100%。组织参加行风评议活动，在2011年度民主评议政风行风活动中荣获行政执法部门第二名，烟台、潍坊、威海、日照、临沂、菏泽6个市局获得第一名，东营市局为免评单位。

【落实廉洁从政规定】 贯彻执行《廉政准则》和《党内监督条例》，严格执行民主生活会、领导干部述职述廉、诫勉谈话、函询、报告个人重大事项等制度，规范领导干部廉洁从政行为。各级主要负责人和纪检组组长同下级主要负责人谈话1473人次，廉政谈话779人次，诫勉谈话270人次，函询64人次；全系统填报个人重大事项4176份，领导干部述职述廉5229人次；有6人主动上交违规礼金，上缴金额2.2万元。

【案件查办工作】 完善信访举报、网络举报受理机制，山东地税网站“税务干部违纪举报栏目”开通运行。落实案件通报制度，在山东地税系统领导干部培训班上，派驻纪检组长对系统案件情况进行专题通报。督导个别市局做好长期上访老户在省纪委等机关门口无理缠访的罢访稳定工作，消除重大信访隐患。协助上级做好有关案件的调查工作。在济南召开自办案件工作会议，对系统自办案件工作进行研究部署，邀请省纪委一室主任刘志青作专题授课。年内，省局共受理信访举报72件次，全部按规定办理。系统内部调查处理并给予党政纪处分14人，9人被司法机关追究刑事责任。

【纪检监察队伍建设】 省、市局纪检组落实组务会、专题工作会议、重点工作项目管理、大事记载等制度，加强日常管理和考核，促进纪检监察工作规范运行。全系统共组织纪检监察干部培训678人次，纪检监察队伍整体素质和履职能力得到提高，人员配备趋于合理，年龄、知识和专业结构得到改善。

（丘　晴）

税务稽查

【概述】 2012年，全省稽查系统围绕省局党组确定的提高收入质量、防范执法风险的目标任务，以提高稽查工作质效为目标，以税收专项检查、打击发票违法犯罪活动和深入推进电子查账为重点，履行职责，强化税务稽查“以查促收、以查促管、以查促改、以查促查”的职能作用，得到总局领导和省局党组的肯定。年内，全省共检查各类纳税人14593户，稽查查补收入28.10亿元，入库税款26.76亿元，入库率96.85%。其中，组织企业自查10715户，自查查补收入20.81万元；重点检查企业3877户，查补收入7.29亿元。

【税收专项检查】 按照总局和省局党组的部署安排，科学选案，检查质效，全省共查补收入23.68亿元，得到总局的通报表彰。其中，组织企业自查9922户，自查查补收入16.85亿元；重点检查企业2956户，查补收入6.83亿元。行业税收重点检查1595户，查补收入3.68亿元，主要对资本交易项目、地方商业银行和股份制银行等6个指令性项目，房地产、建筑安装等4个指导性项目开展检查，在“查深查透”上做文章，提高检查质效；区域税收专项整治检查1876户，查补收入4942万元；重点税源企业检查方面，省局直接组织了对中国重汽集团有限公司等企业及驻鲁成员单位、分支机构的检查，各市局根据年初计划从重点税源企业中选择部分企业进行检查，省市两级共检查823户，查补收入2.55亿元。

【打击发票违法犯罪活动】 全省各级稽查部门按照“查税必查票”“查案必查票”“查账必查票”的总体要求，深入开展打击发票违法犯罪活动。一是开展虚假发票“买方市场”整治工作。全省共查处非法代开或虚开发票案件837起、非法取得发票案件4032起，查处各类非法发票55.7万份；查处违法受票企业2837户，查处非法发票份数13.3万份，查补各项收入2.09亿元；配合相关部门检查103户，涉及非法发票12.66万份，涉及金额8.8亿元。二是配合公安等部门开展假发票“卖方市场”的打击整治工作。查处制售假发票案件32起，非法出售发票案件9起，捣毁制售假发票窝点8个，打掉作案团伙11个，收缴作案机器10台，抓获犯罪嫌疑人29人，收缴发票265.3万份。

【税收违法案件检举】　统一组织更新了省局、各市、县区举报电话，新的税收违法检举软件在山东地税网站上线试运行，检举管理工作实现“同一管理流程、同一管理文书、同一应用平台”。全年，全省共受理涉税检举案件475起，查处396起，实现查补收入3707.82万元，入库收入3280.87万元。

【依法聘用中介机构参与税务稽查】　在法律法规框架内，省局创新稽查手段，通过购买服务的方式，依法聘用中介机构参与对中国重汽集团有限公司等重点税源企业及驻鲁成员单位、分支机构进行检查，共查补各项税款1.13亿元。采用公开招标方式聘用中介机构参与税收检查，在全国税务系统内尚属首次，税务总局《税务简报》2012年第48期予以专门刊发推广。

【电子查账工作】　组织部分稽查业务骨干精心编写房地产业、餐饮业和工业制造业的软件升级业务需求，对电子查账软件完善升级，协同征管等部门加强对使用会计电算化软件企业财务软件的报备工作，全年报备43547户。年内，全省使用电子查账软件检查纳税人1633户，增长28.38%；实现查补收入3.41亿元，增长39.32%，全省电子查账户数占全部检查户数的比例达44.55%。

【稽查管理】　借助社会综合治税系统，整理、分析和分类汇总全省各类产权、资产转让信息近1500条，提取、解码、梳理并归类企业股权变更、新设立企业投资方注入资产信息资料20余万条，破解信息不对称等难题，为各市稽查局提供准确全面的资本交易项目选案线索。根据总局《税务稽查工作规程》和新下发的税务稽查执法文书式样，组织人员编写相关业务需求，对“大集中系统”稽查模块进行梳理、调整，实现新稽查文书上线使用。下发《信息化稽查数据管理办法（试行）》，对电子查账的数据采集、归档及安全管理等进行了统一规范。组织撰写《全省稽查干部队伍状况调研报告》；围绕稽查体制改革等组织人员赴江苏、黑龙江等省进行考察学习；组织撰写《建立纳税评估和税务稽查良性互动机制的思考》，获全系统科研成果一等奖。

【稽查队伍建设】　结合专项检查工作重点，将资本交易、金融、房地产行业的税收检查和电子查账作为重点培训内容，分3期在山东税校对全省200余名稽查骨干进行每期13天的培训，提升稽查业务能力。10月8—28日，省局党组成员、副局长郭凤晓带队，一行18人赴加拿大多伦多国际学院参加为期21天的税务稽查技能培训班，开辟稽查工作现代化、国际化建设领域。按照省局的统一部署，组织编写全省地税岗位丛书《税务稽查》分册，系统地介绍税务稽查的经验方法，探索当前稽查业务的热点和难点问题。将电子查账列为选拔考试的重要内容，以稽查理论业务能力和信息化稽查能力“双考核”的方式组织了第四周期稽查骨干人才选拔考试，调整充实省级稽查人才库。

（张建明　吴姝虹）

重点企业税收管理

【原直属征收局职责任务】 一是依法组织税收收入。按照省局“提高收入质量，防范执法风险”的要求，建立和完善“全面监控、过程跟踪、分类管理”的工作模式，确保各项收入增长。上半年完成各项收入8.06亿元，同比增长9.29%，增收6857万元，占全省地税收入总额的0.54%。二是税收政策管理。对所辖企业落实各项税收优惠政策，规范高新技术企业税收优惠资格认定和研发费加计扣除政策执行，支持企业发展。年内，办理文化体制改革减免、创业投资减免、高新技术减免、研发费用税前扣除等免税、退税2.02亿元，使纳税人享受税收优惠。三是提供个性化纳税服务。按照“始于纳税人需求，基于纳税人满意，终于纳税人遵从”的原则，坚持执法与服务并重，以企业实际需求为导向，突出纳税人平等地位，解决纳税人反映强烈的问题，把优化纳税服务贯穿于税收工作的全过程。四是整改审计查出问题。分类整理近三年审计中发现的问题，举一反三，督促相关企业改正。明确预缴企业所得税须经审核后才能入库，将事后监督变为事前干预。年内，省审计厅延伸审计所辖多户企业，未发现任何收入质量和税法执行方面的问题。五是完成交接工作。按照省局党组的要求，起草《关于山东省地方税务局直属征收局管辖纳税户移交济南市地方税务局征收管理的通知》，制订移交工作计划，核实具体企业名单和登记涉税事项，清查内部票证资料，加强与有关方面的沟通衔接，确保所管辖企业移交济南市进行管理。

【重点企业税收管理局职责任务】 一是基础工作。重点企业税收管理局是新成立之局，按照省局领导的要求调整内部科室设置，建立健全工作制度，在山东地税网站上发布《省局重点企业税收管理局正式成立》的工作动态。制定《省局重点企业税收管理局筹建期间人员分工、职责、岗位衔接和工作程序》和《重点企业税收管理局近期工作配档表》，使工作按部就班地进行。明确各市重点企业税收管理部门、分管领导，确定相关人员及联系方式，建立全省重点企业税收管理通信录。召开部分市局分管领导和负责同志参加的重点企业税收管理工作座谈会，广泛征求意见。将省重点企业税收管理局成立情况向总局汇报，总局大企业司领导肯定了山东地税的做法，并对工作提出具体要求。二是定岗定责。围绕重点企业税收管理职责范围设置、内部机构、管辖范围、运转程序、工作边界划分、大企业筛选标准等问题到广东、湖南省地税、四川省国税进行学习考察。提出省重点企业税收管理职责、内设机构等意见和建议。按照统筹管理、分级负责、实体运作的原则，拟定了省局重点企业税收管理工作职责。按照因事设岗、按岗定员的原则，拟定了省局重点企业税收管理局的内部架构。借鉴总局和兄弟省市大企业管理经验，结合全省地税实际，采取综合衡量、突出特点、兼顾地区和行业等特点，并与总局联系企业不相冲突的原则，确定了省局重点联系企业名单三是税收服务和管理。借鉴其他省市重点企业税收管理经验，探索山东省重点企业税收管理工作规律，梳理工作流程，对每一个环节的工作任务、标准和责任进行细化、量化。拟定《关于省局重点企业税收专业化服务与管理工作的意见》，明确重点企业税收服务和管理的指导思想、基本原则、主要任务和机构职责、保障措施等，使各项服务与管理工作做到有法可依，有章可循。拟定《关于省局重点企业税收管理涉税事项协调会议制度》，规范协调重点企业税收管理涉税事项，为定点联系企业个性化纳税服务提供制度保障。组织开展“我为重点企业税收管理献计献策”活动，要求每人撰写一篇加强重点企业税收管理方面的文章。其中，“新形势下做好重点企业税收管理的思考”一文，在《山东地税》杂志第11期发表；“突出重点，积极作为，大企业税收管理机构设置取得新突破”一文，在全国大企业税收管理工作会议上进行交流。

（吕晋生）

机关党建

【概述】 2012年，机关党委在省地税局党组的领导下，贯彻落实党的十八大精神，落实全省地税工作会议对加强党建工作的要求，以提高党建科学化水平为主线，以开展“能力年”主题实践活动为重点，选准载体，搭建平台，扎实开展系统机关党建工作，为地税三项重点工作开展提供支持。分别在年初省委省直机关工委召开的全省机关党工委书记会议、4月中组部在北京举办的全国基层党组织书记培训班、9月省委省直机关工委召开的全省机关党的基层组织建设经验交流会、10月省委省直机关工委举办的省直机关组织干部培训班上发言介绍党建经验做法。11月初，省委省直机关工委在地税系统召开了中央驻鲁、省垂管单位党建工作经验交流会，推广地税“系统党建工作指导法”。

【学习贯彻党的十八大精神】 召开全省领导干部会议收看党的十八大盛况，传达党的十八大精神。制订省地税局机关学习宣传贯彻党的十八大精神的实施方案。拟制全省地税系统学习宣传贯彻党的十八大精神的意见。11月26日，举办全省地税系统学习党的十八大精神专题报告会，请中央文献研究室研究员、法学博士张贺福作辅导报告。党建网页及时发布系统学习党的十八大精神的信息，省地税局机关购买发放学习辅导书籍，促进全省地税系统干部职工对党的十八大重大意义的认识、对党的十八大精神的理解和把握。12月18日，省地税局机关举办首次党的十八大精神学习体会交流会。5月省十次党代会召开，省地税局机关对学习贯彻省十次党代会精神及时做出安排，开展学习活动。

【党建工作经验做法】 总结推广系统党建工作的新经验、新做法，拟制《关于进一步提高全省地税系统党建工作科学化水平的指导意见》，经省地税局党组审定下发执行。用典型带路，推动和促进《指导意见》的落实。分别在潍坊、淄博、济宁三个市地税局召开党建片会，观摩5个单位党建工作现场，交流经验，转发滨州市地税局等6个单位党建工作经验材料，对全省地税系统落实《指导意见》起到了推动作用。省委省直机关工委在地税系统召开党建经验交流会，现场观摩泗水县、兖州市地税局党建工作现场，省地税局党组书记、局长宋文军在会上介绍地税党建做法，省委省直机关工委书记卢得志给予充分肯定。加强党务干部培训。2月下旬组织各市、部分县（市、区）地税局党务干部和省地税局机关各支部书记(或成员)110人进行了7天培训。邀请7名专家教授就践行社会主义核心价值体系、有效沟通、阳光心态、机关党建经验等与党建工作密切相关的7个专题进行辅导，7个单位介绍了党建经验，12名同志交流了培训心得，赴邹平开展了对比教育活动。结合基层组织建设年活动，8月通过视频系统，举办全省地税系统机关党的基层组织书记培训班，全系统1500多名基层党组织书记参加了培训，中组部党建工作专家、中央党校教授讲授党建工作理论，国家人口与计生委、省直部门的党建工作专家和地税基层党组织书记传授了党务工作经验，开展创先争优活动。推荐评选先进典型，全省地税系统5个单位、10名个人被省委创先争优争做齐鲁先锋活动领导小组表彰为“为民服务创先争优示范窗口单位”“为民服务创先争优服务标兵”。省地税局党组对评选出的“十佳党员示范窗口”“十佳党员先锋岗”“十佳党务工作者”，进行了通报表彰。《党员干部之友》《地税时空》《机关党建》《支部生活》《山东机关建设网》等省级党建媒体刊载文章、电视报道30多篇（次），宣传全省地税系统党建工作，《山东地税》杂志、山东地税系统党建网、省地税局机关宣传专栏推介党建经验做法。省委宣传部将省地税局定为理论大众化示范点，省地税局的“开放式学习工作法”入选中共山东省委宣传部编纂的《山东学习型党组织建设工作100法》一书。刘键锋被评为2011—2012年度全省优秀理论工作者。省委省直工委将省地税局党组定为中心组理论学习示范点，将省地税局机关定为省直单位党务公开示范点。省地税局的党建工作入选省委编写的《2011

年中共山东年鉴》。

【“能力年”等主题实践活动】 召开省地税局机关党员干部大会，进行动员部署，省地税局党组成员、纪检组长王莉莉作动员讲话。制定下发开展“能力年”主题实践活动方案。省地税局机关各支部根据活动方案，开展“提高履职能力人人谈”学习讨论活动。省地税局机关各支部向机关党委推荐了一批优秀履职能力谈征文。陆剑锋荣获省直机关“我的履职能力是从哪里来的”演讲二等奖。在省地税局年底召开的“能力年”活动总结表彰大会上，局机关5个履职先进处室，10名处、科级履职模范受到表彰，5个先进工作法、18篇履职能力征文获奖。开展“弘扬沂蒙精神，做好地税工作”党性教育活动。组织省地税局机关近30名优秀党员、优秀党务工作者和先进党支部代表赴新疆对口学习考察，组织170多名党员到临沂接受沂蒙精神党性教育，开展为党员过政治生日活动。组织撰写心得体会，进行交流。以“山东地税大讲堂”“好书荐读活动”为载体，推动“能力年”建设。请清华大学、山东行政学院、中央党校的教授围绕“以健康的文化观引领工作和生活”“阳光心态”“保持党的纯洁性”、学习党的十八大精神辅导四个专题，举办四次专题讲座。集中省地税局机关党员意见，为全体党员干部统一购置《责任胜于能力》《机关公文》等5本书籍，开展“好书荐读”活动，推动“能力年”建设。

【开展文体活动】 发挥工青妇群团组织作用，建设和谐地税机关。组织书画摄影比赛活动，为有特长的干部提供展示机会，32件书法、绘画、摄影作品获奖。评审专家对局机关书画摄影水平给予较高评价。开展了省地税局机关乒乓球、羽毛球、游泳、登山比赛和园博园健步行活动，活跃了机关气氛。组织了省直文明单位协作区乒乓球比赛，省直13个单位、170多人参加，决出男、女团体等8个项目优胜奖，受到省委省直机关工委好评。搭建机关与基层女干部沟通交流平台。“三八”节之际，组织省地税局机关女干部到日照市地税局，与基层女干部职工开展联谊活动，进行工作学习生活交流，共度节日，密切机关与基层的联系。

（刘键锋　李振彬　李忠民）

信息化建设

【概述】 2012年，信息中心以增强信息化支撑作用为重点，以做好大集中系统运维服务为基础，以规范化管理为保障，数据应用管理在全国税务系统信息中心主任会议上交流经验；信息安全获省级先进单位称号；协助总局“金税三期”工程建设，两次受到通报表扬；4篇课题论文在总局评选中获奖。

【运维规范化管理】 根据运维工作变化情况，完善《运行维护管理规范》，科学调整岗位设置，优化问题处理流程，制作并下发运维人员职责明细表，明确运维责任，理顺问题处理流程；加强对运维服务商的管理工作，实施量化考核，确保其履行好运维服务职责。注重知识库建设，将问题和解决办法分类整理，并以知识库的形式挂接到系统中，供使用人员下载和查阅。全年通过运维支撑平台处理问题5400余个。做好系统优化工作。在调研的基础上，及时收集、整理、归类问题，成立由数据库、应用软件等方面技术专家组成的系统优化小组，逐个分析问题，制定优化方案，利用非工作时间，进行反复测试和验证。全年解决了日报表销号慢等效率低下问题9个，现金票证汇总报错等偶发性错误6个，重点税源软件功能完善11项，发布优化补丁26个，“大集中”系统优化成效明显。做好主动运维。利用运维监控平台，明确监控岗位及职责、监控内容和监控频率，实行7×24小时机房值班，主动运维，将问题消化在萌芽状态，并在第一时间响应突发性事件。规范维保服务，以我为主，与招标选择专业运维公司有效结合，确保网络、小型机、机房等重要基础设施得到有效维护。引入先进技术，开发应用系统运行监控工具，客观展现各应用系统运行指标，实现对各类应用故障的快速、准确定位。全年处理小型机故障25次，存储及带库故障12次，PC服务器故障12次，软件运行故障20次，数据库缺陷修正问题30次。“大集中”系统运行保障能力得到加强。

【数据应用和管理】 经过9个月的开发和系统培训，“山东地税数据综合应用平台”（一期）3月在全省上线运行，具有单户查询、基本查询、主题定制查询等8大功能模块，分担了大集中系统的运行压力，解决了“大集中”系统查询速度慢、口径乱等问题，为全省各级、各业务单位的数据分析利用提供支撑。深化数据加工服务。配合有关处室，按照工作流程，准确高效地从后台加工生成各类统计数据，支持各业务部门的管理工作；适应全省机构调整、财政体制调整等需要，按照流程，及时理清需调整的数据，采取技术手段，进行批量调整，减轻基层负担，加大数据后台加工统计力度，直接在省局生成上级部门需采集和上报的各类数据。全年为各业务部门提供数据加工服务40余次，批量调整数据20余次，加工汇总纳税软件、汇算清缴软件、大企业数据采集平台、个人所得税管理等系统所需数据29次。强化数据存储和安全管理。将正式上线的各类系统纳入统一的数据备份管理范围，定期做好数据备份工作，及时梳理、优化备份机制，通过异地备份、脱机备份等多种形式，确保数据安全；开展数据备份恢复演练，模拟不同灾难场景，进行数据备份恢复，验证数据备份的可恢复性和有效性，形成应急预案，应对突发性事件。

【软件开发项目】 根据税源管理需要，完善税收预警功能，开发企业集团管理系统。税收预警复核及后续管理功能、企业集团管理系统（一期）于7

月正式上线运行。跟进纳税服务平台建设，完成纳税服务平台项目建设及上线工作。做好技术支持工作，及时解决数据库安装、数据同步、网闸穿透等过程中遇到的技术难题。促进纳税服务平台的整体建设及上线试运行等工作。完成全省廉政风险防控平台系统的改造开发及部署推广工作。对项目的实施方案、开发和集成技术、数据接口、运行环境部署等各个环节进行论证和实施。适应政策变化，及时调整完善其他相关软件系统。针对2012年行业代码大范围调整变化及相关政策制度调整等问题，分别对核心征管系统、数据应用平台、重点税源管理、联合办证系统等所有涉及的应用软件进行相应修改和完善，保证工作的连续运行。

【网络信息安全管理工作】 应用网络安全综合管理监控系统。完成全系统网络安全综合管理监控系统服务器及客户端的升级工作，修复程序漏洞10余个，全年阻断1000余次的非正常操作，确保内网系统的运行安全。全面做好网络信息安全检查与评测工作。根据工作需要，组织开展网络信息安全自查和等级保护测评，按既定评测方案对核心征管等9个重要信息系统，从数据库安全等6个方面进行了自查和测评，形成《省局信息安全等级保护差异性分析报告》和《省局重要信息系统加固实施方案》，完成系统整改加固工作。12月，配合总局完成“三合一”安全测评，对网络、主机和数据库进行扫描检查，健全、完善安全管理策略。通过安全自查和测评，各个重要系统的安全保障能力得到提升。

【“金税三期”工程试点准备工作】 学习研究总局“金税三期”工程相关的技术需求、实施方案，参加总局组织的评审和论证工作，全面梳理现有主机、存储、网络等设备资源，为金税三期工程试运行做好准备。编制《金税三期工程山东省地方税务局试点运行经费预算编制说明》。配合总局完成金税三期工程骨干网络与山东地税网络连接工作，按照规划要求，完成省、市、县三级网络设备的调整工作。配合总局完成高清视频会议系统由标清向高清的部署调试工作。

【信息化工作】 开展信息化沟通联络工作和省市两级沟通联络工作，利用信息技术工具，新建信息化负责人、运维联络员等多个专门的联络群，定期召开在线例会，沟通情况，及时收集并答复工作问题，指导各市开展市级沟通联络工作。开展信息化课题研究和论文评比工作。下发年度信息化课题调研任务，组织开展“信息技术队伍现状分析研究”“云计算及深化数据应用探索”等信息化课题研究，组织信息技术论文评比活动，收集各地论文49篇，3篇在全国评比中获奖。宣传信息化工作。利用网站、地方税务、地税情况等信息发布平台，及时报送信息化工作动态、工作亮点、先进人物事迹、工作成果等材料，加大信息化工作宣传力度。全年，共组织信息化联络员在线例会12次，发布信息化工作动态12期，发布人物事迹2篇，信息化简报20篇，信息化经验交流材料30篇，各地工作情况300余篇。结合“能力年”活动，加强信息化队伍培训工作，全年举办全系统联络员综合能力提升、软件技术更新、网络信息安全管理、数据综合应用平台、应用服务器技术5个业务领域的骨干培训，提高省市两级信息技术人员的综合素质和管理技能。派员参加总局举办的各类高端培训11人次，为“金税三期”工程试点储备急需人才。

（彭　军）

纳税服务与社会综合治税

【概述】 2012年，纳税服务中心按照“依法治税、从严带队、科学管理、共建和谐”的基本要求，以“征纳共盈”纳税服务品牌建设为抓手，狠抓纳税服务平台建设，规范服务行为，提升人员素质，提高服务质效，纳税人满意度和遵从度得到显著提高。在国家税务总局开展的全国税务系统纳税人满意度调查评比中，山东地税综合得分第六名，在省会城市、市局、县局的单项调查中，分别获得第五名、第四名、第七名，受到国家税务总局的通报表彰。

【办税服务厅建设】 制定下发《山东省地税系统办税服务厅管理规范（试行）》，对全省办税服务厅在内外标识、功能设置、基本设施、岗位职责、业务流程、管理制度、工作考核等方面提出规范化建设要求。组织开展办税服务厅规范化建设集中检查活动。加强办税服务厅应急管理，落实《山东省地税系统办税服务厅应急处理办法（试行）》，提高办税服务厅突发事件的处理能力。省局纳税服务中心与滨州市局选择10个典型应急项目进行演练，并将演练情况制成光盘下发各地。

【山东地税网站群建设】 按照《山东地税网站群建设实施方案》的安排，建设省、市、县三级网站群。按照需求进行功能开发，经过反复测试和修改，最终确定纳税服务质量评价、提醒服务、政策法规库、网上税校等栏目功能定位、工作流程及岗责体系，理顺网站运行机制。充实省、市、县三级网站栏目内容，收集、整理、录入了政策法规库、办税指南、场景式服务、网上税校等栏目486条信息以及5257条税收法律法规。制定详细的迁移方案，迁移市局旧网站信息，完善市局、县（市、区）局网站栏目内容，确保网站群栏目结构完整、内容丰富。9月28日，完成新旧网站切换，上线运行情况良好。

【税法宣传咨询和辅导】 利用12366系统开展咨询服务，加强坐席监控、电话调听、抽查考试和星级考核。全年受理热线电话103万次，同比增长10.5%。利用网站做好咨询服务，全年处理总局纳税咨询平台转办的咨询问题994个，处理山东地税网站群纳税咨询问题1203个，回复率100%。发挥纳税人税法培训中心培训辅导作用，全年全系统开展各类培训913期，培训纳税人61465人次。开展“地税局长服务日”活动，全系统共接待纳税人39456人次，受理并解决问题38513件。

【组织编写纳税服务教材】 按照山东省地税系统教育培训总体规划要求，编写《山东地税岗位培训丛书》中的《纳税服务》分册。组织业务骨干成立编写组，制定教材编写方案。在编写过程中查阅大量相关资料，对纳税服务工作进行了系统梳理和总结，既有理论，又有现实指导价值和可操作性。全书共12章20余万字。

【提高纳税服务人员素质】 组织全省办税服务厅主任培训，围绕纳税服务规划、优化办税服务、阳光心态、提升突发事件应急处理能力、打造情商团队等内容进行讲授，来自全省85名办税服务厅主任参加培训。组织全省12366热线坐席人员培训班，对纳税服务礼仪与沟通技巧、压力缓解与情绪调节、系统应用技巧和系统疑难问题等进行讲解。组织全省纳税服务业务考试，从一线纳税服务人员中随机抽取50余人参加考试，达到以考促学的目的。

【纳税信用等级评定管理】 与省国税局共同制定《山东省纳税信用等级评定管理实施办法(试行)》，严格评定内容、标准、程序及分类管理，对A级以上的纳税人制定税收鼓励政策，除专项、专案检查等检查外，两年内免除税收检查。根据该办法在全省范围内开展第五次纳税信用等级评定工作，共评出A级以上企业4429户，在全省营造诚信纳税的社会氛围。

【综合治税工作】 借助山东省地税系统的社会综合治税网络，实现34个部门、72类信息和758个数据项的涉税信息共享。完善政府奖惩考核机制，大部分市、县（市、区）政府将社会综合治税工作纳入政务督查范围，列为对各部门政绩考核内容。全年采集信息2125842条，同比增加32万条，增长18%，增加税收收入227227.97元。

【注册税务师行业行政监管】 对全省注册税务师行业开展专项检查，检查税务师事务所111家，占总数的35.2%。对131家省内税务师事务所进行年检审查，审批事务所7个、税务师事务所变更备案24项、转籍12人次、税务师备案156人次。参与制定《关于发挥社会涉税中介机构作用提高税收管理质效的意见》《聘用社会涉税中介机构参与税收管理办法》，加强聘用涉税中介参与税收管理的监管，发挥涉税中介行业在税收管理和纳税服务工作中的作用。

【开展“征纳共盈”纳税服务品牌创建活动】 按照《关于在全省地税系统开展“征纳共盈”纳税服务品牌创建活动的意见》的要求，下发《关于评选2012年“征纳共盈”纳税服务品牌创建工作的通知》，明确“征纳共盈”品牌的创建指标及要求，对各市地纳税服务工作进行量化考评。综合两年成绩评出62个单位为2011—2012年度“征纳共盈”品牌创建先进单位。

（国　风）

机关后勤服务

【概述】 年内，完成房产证办理工作。在做好食品安全和卫生管理的基础上，重点抓营养配餐。修订完善各项物业管理规定及考核办法，明细保洁、绿化、安保、维修等服务标准。完成房屋修缮及水、电、暖、通信费用的收缴工作。加强安全防范工作，办公区、宿舍区增设15个安全监控探头，规范车辆停放，确保消防通道畅通。按照省清车办的要求，按时完成全省地税系统一般公务用车、执法执勤车辆的清理工作，落实车辆管理办法，确保行车安全。抓好全省地税系统“政务专网”固话管理，使资费大幅度降低。做好固定资产实物采购、清查、发放和报废工作，抓好临时用工管理意见的落实，为全体临时用工人员增加工资，补缴保险、发放生活补助金，稳定临时用工队伍。做好保健查体工作，受到干部职工一致好评。

（赵风国）

第三篇　各地地税工作

山东地税年鉴·2013

LOCAL TAXATION YEARBOOK OF SHANDONG

济南市地方税务局

在山东省地方税务局和济南市市委、市政府的正确领导下，济南市地方税务局认真贯彻落实“依法治税、从严带队、科学管理、共建和谐”的基本工作要求，大力推进依法治税、信息管税、服务兴税、人才强税“四大战略”，以组织收入为中心的各项工作实现了新的发展和突破。加强税收征管，规范税收执法，收入质量和执法水平稳步提高；优化纳税服务，落实税收政策，积极为经济和社会发展服务。继2006年全市地域各项地税收入首次突破100亿元大关之后，积极应对国际金融危机冲击，努力保持地税收入持续稳定增长。2012年组织各项收入334.24亿元，同比增收42.20亿元，增长14.45%。其中，市以下级公共财政预算收入完成239.10亿元，同比增长19.49%。济南市地税局先后荣获“全国五一劳动奖状”“全国税务系统先进集体”“山东省富民兴鲁劳动奖状”“全国文明单位”等荣誉称号，涌现出了“全国工人先锋号”“全国先进工作者”等一大批先进集体和先进个人。济南市市委、市人大、市政府、市政协等领导先后多次作出重要批示，对全市地税工作给予了充分肯定和认可。

▲ 不断加强税收征管。图为济南市地税局历下分局与公安部门联合执法整治违规使用发票行为

▲ 加强纳税服务，坚持开展“地税局长服务日”活动

▲大力加强干部教育培训。图为济南地税局槐荫分局与长清分局联合举办骨干人才培训班

▲加强税收宣传。图为天桥分局与国税、财政部门联合举办“播种税收文化”与小学生共上一堂税法课活动

▲高度重视廉政教育，依托济南市检察院预防职务犯罪警示教育基地，挂牌成立“济南市地方税务局警示教育基地”

青岛市地方税务局

青岛市地方税务局在山东省地方税务局党组和青岛市市委、市政府的正确领导下，牢固树立和落实科学发展观，坚持依法治税、信息管税、服务兴税、人才强税，廉洁从税，加快建设智慧地税、法治地税、责任地税、平安地税、和谐地税，各项工作不断取得新进展。先后荣获“全国税务系统先进集体”“全国税务系统文明单位”“山东省精神文明单位”“山东省富民兴鲁劳动奖状”“青岛市突出贡献单位”等称号。连续15年荣获“省级文明单位”，连续6年在全市绩效考核中夺优。

全面加强日常税收征管，把组织收入重点放在高盈利行业、高增值资产、高收入人群、高流动税源上，税收收入由2007年的190.02亿元增长到2012年的500.25亿元，年均增长32.65%。在全国率先自主研发了“智慧地税管理平台”，首创了“刷卡缴税直接入库”新模式，多项工作得到总局、省局领导批示、表扬，并召开现场推广会。不断规范税收执法，落实税收优惠政策，强化税务稽查力度，严厉打击涉税违法行为。加强干部队伍建设，开展全员、全年不间断培训，不断提高综合素质，同时建立廉政防控平台，按照“制度＋科技”模式，完善内控机制。2012年行风评议，市局机关和6个基层局获得第一名。2012年，市五大班子领导，先后20余次对青岛市地税局工作给予批示肯定。

▲在全国首创“智慧地税管理监控指挥平台”，实现对组织收入、征收管理、执法服务等的实时监控和动态管理

▲ 加强税收征管，全面推广网络在线开票

▲ 以税收风险管理为导向，与企业税务风险管理机构人员共同排查税收风险点，引导大企业建立税务风险内控体系

▲ 采取多种措施加强纳税服务，推行 24 小时自助办税服务

▲ 不断提高干部队伍素质，利用培训教室对地税干部职工开展全年不间断信息化培训

淄博市地方税务局

近年来，在山东省地方税务局党组和淄博市市委、市政府的正确领导下，全市各级地税部门坚持以“三个代表”重要思想为指导，深入贯彻落实科学发展观，按照省局“依法治税、从严带队、科学管理、共建和谐”的基本要求和市委、市政府“建设殷实和谐经济文化强市”的奋斗目标，积极发扬“务实创新、勇争一流”的淄博地税精神，切实树立“依法征税、科学管税、文明办税、廉洁从税”的淄博地税核心价值观，坚持以组织收入为中心，以“提高收入质量、防范执法风险、新一轮基层建设、干部素质提高”为重点，不断创新、深化、完善各项工作，实现地税事业的又好又快发展。

自1994年组建以来，淄博市地方税务局年组织收入总量从建局之初的4.9亿元跃升至2012年的167.35亿元，年均增幅21.67%，连年超额完成税收任务，为全市经济和社会发展提供了强有力的税收财力保障。扎实推进了税源专业化管理，构建起了“以数据采集真实为基础，以信息化技术为支撑，以税源综合分析、纳税评估预警、数据增值利用为核心，充分发挥综合税源管理中枢作用以及专业税源管理、基层税源管理保障作用，全面、科学、精细的税源管理新模式”。创立了“纳税事事顺”服务品牌，设立了纳税人税法培训中心。加强非劳动所得个人所得税分类控管、税收执法责任制等7项工作在全国税务系统推广或得到总局领导肯定；淄博市地税局被国家税务总局确定为税收执法联系点；加强存量房交易税收征管、研发应用“网上执法检查系统”、提高收入质量防范执法风险、行政事业单位个人所得税全员全额明细申报等49项工作得到省局主要领导批示肯定或在全省地税系统推广。

淄博市地税局在国家税务总局组织的全国税收管理员抽考中取得了全国地税系统第一名的好成绩，在全国税务系统企业所得税业务考试中取得全省第一名的好成绩，15人入选全国企业所得税人才库。市局先后荣获“全国精神文明建设工作先进单位”“全国五一劳动奖状”“全国税务系统信息化建设先进单位”“全国‘四五’及‘五五’普法法制宣传教育先进集体”“全国文明单位”等荣誉称号；所辖9个区（县）局全部获得“省级文明单位”称号；市局连续十四年在全省地税系统目标管理考核中被评为优秀单位，连续八年被淄博市市委、市政府评为市直部门目标管理考核优秀单位，连续十四年被评为全市政风行风建设先进单位。

▲ 不断加强精神文明建设，淄博市地税局荣获“全国文明单位”称号

▲进一步加强教育培训，全面提高人员素质。图为考试选拔业务骨干人才

▶不断加强税收信息化管理，税收征管电子档案系统在试点单位测试运行成功

▲全面加强税源管理。图为税务干部深入企业开展税源调查，摸清税源底数

▲开展形式多样的税法宣传活动，不断提高纳税意识

东营市地方税务局

东营市地方税务局组建于1994年7月，下辖东营分局、河口分局、广饶县局、垦利县局、利津县局5个县（区）局，31个中心税务所。局机关内设11个职能科室和监察室，设置稽查局、直属征收局、油田分局、石化分局、经济技术开发区分局、东营港经济开发区分局和2个事业单位，665名干部职工，其中，党员606名，占91.13%，大专以上学历643人，占96.69%，担负着全市69990户企业和个体工商业户的地方税收征管工作。近年来，在山东省地方税务局党组和东营市市委、市政府的正确领导下，全市各级地税部门全面贯彻落实科学发展观，严格按照“依法治税、从严带队、科学管理、共建和谐”的基本要求，坚持以组织收入为中心，以服务地方经济发展为己任，全面强化基层建设、干部队伍建设、党风廉政建设和精神文明建设，不断加强征管改革和创新，各项工作取得优异成绩。建局以来，连年超额完成上级下达的各项税收任务，累计组织各项收入700余亿元，为全市经济建设和社会稳定提供强大的财力保障。

全系统共涌现出全国文明单位1个，国家级青年文明号和巾帼文明岗6个，全国“五四”红旗团支部、“三八”红旗集体、女职工建功立业示范岗和“五一”巾帼标兵岗各1个；省级文明单位7个、青年文明号18个、巾帼文明岗20个，省级“三八”红旗集体和女职工建功立业示范岗各2个；受到省以上表彰奖励300多人次。

▲ 加强党风廉政建设，东营市地税局组织机关中层以上干部参观廉政教育基地

▲ 不断加强税收征管，多措并举，努力增加税收收入。图为淄博市地税局组织召开全市地税系统挖潜增收做法讲评交流会议

① 进一步加强纳税服务，不断提升服务质效，推行预约服务新举措

② 采取多种形式进行税收宣传，图为市局举办税收沙龙暨第21个税收宣传月启动仪式

③ 创新廉政教育形式，丰富廉政文化内涵。图为淄川区地税局举办“廉政谜语大家猜”活动

枣庄市地方税务局

枣庄市地方税务局在山东省地方税务局和枣庄市市委、市政府的领导下，坚持以科学发展观统领税收工作，按照“依法治税，从严带队，科学管理，共建和谐”的基本要求，把“培育一流的干部素质、实施一流的税务执法、打造一流的纳税服务、营造一流的纳税环境、创造一流的工作业绩、树立一流的社会形象”作为枣庄地税系统的共同愿景，把“厚德载物、海纳百川，艰苦创业、无私奉献”作为枣庄地税系统的核心文化理念。坚持以提高收入质量为主线，以基层建设和队伍建设为重点，以提高依法行政水平、税收管理水平和纳税服务水平为着力点，以税源建设创新、制度机制创新、风险管理创新、地税文化创新为突破口，系统上下形成了风清、气正、心顺、人和的良好局面。市局先后获得全省地税系统目标管理考核优秀单位、全省地税系统先进集体、服务基层优秀单位、全省地税系统“征纳共盈”纳税服务品牌创建先进单位、文明创建先进单位、纪检监察工作先进单位、全省文化建设事业费征收先进集体、全省档案管理先进集体、全市公文处理先进单位、全市纪检监察宣教先进集体、全市就业工作先进集体等荣誉称号。2012 年，在保持“全国文明单位”的基础上，全省地税系统目标管理考核第四名，三年基层建设考核第三名，实现了枣庄地税发展史上第一次质的飞跃，跨入全省地税系统一流行列。

▲ 坚持依法治税，推动市人大开展《山东省地方税收保障条例》执法检查

▲ 不断加强税收征管。图为税务干部职工深入企业进行税收调研

▲ 加大税收宣传力度，提高公民纳税意识

▶ 不断加强精神文明建设，图为东营市地税局组织召开全市地税系统首届道德模范表彰大会，对助人为乐、见义勇为、诚实守信、敬业奉献、孝老爱亲等5类14名道德模范进行表彰

◀ 进一步加强纳税服务，定期召开税企座谈会，倾听纳税人意见，解决纳税人问题

烟台市地方税务局

烟台市地方税务局紧紧围绕全市“一个率先、三个坐标、三个跨越”的奋斗目标，支持地方经济社会建设，连续7年被评为烟台发展突出贡献单位。认真贯彻山东省地方税务局“依法治税、从严带队、科学管理、共建和谐”的基本要求，深入推进实施了信息管税、服务兴税、人才强税、文化立税的基本战略，并以开展“树标”工程、建立重点工作项目推进组为抓手，探索税收发展规律，坚持管理创新，提升税收管理水平。积极推进税收征管改革，构建税源管理核心枢纽机构和风险管理、税务稽查、纳税服务等专业化团队，2012年7月，在总局深化征管改革座谈会上向肖捷局长进行了汇报。开展纳税服务升级工程，推进部分管理分局业务向服务窗口转移，纳税服务窗口业务向网络转移。坚持育人铸魂，开展文化建设，凝练出“忠诚廉洁、务实创新、公正文明、和谐奉献”的新时期烟台地税精神。近年来，烟台市地税局荣获全国“五一”劳动奖状，顺利通过了全国文明单位复审，系统内3个单位荣获全国巾帼文明岗称号，4名干部分别荣获“全国巾帼建功活动先进工作者”“全国五好文明家庭”“全国十佳税务工作者”“全国道德模范提名奖”等表彰奖励。

▲ 加强干部教育培训，不断提高干部素质。图为组织全员进行业务考试

▲进一步加强税收征管。图为税务人员深入企业了解生产情况，加强纳税辅导

▲坚持依法征税，优化纳税服务。图为烟台市地税局联合兴业银行举办了“税银携手助推小微企业”活动，深入企业送政策上门，助企业发展

◀采取多种形式进行税收宣传。图为税务人员参加“12·4”全国法制宣传日活动，向市民讲解地方税收优惠政策和涉税知识

▶加强党风廉政建设，开展“改进作风　严肃纪律　集中教育活动”。图为组织机关全体干部职工到烟台市地税局文化教育基地参观学习，接受传统教育和警示教育

潍坊市地方税务局

潍坊市地方税务局成立于1994年7月，内设13个职能科室，下辖3个直属分局，12个县（市、区）局，5个开发区分局，2个直属单位。全系统在职干部职工2037人，担负着全市14万多户纳税业户的地方税收征管和纳税服务等工作。

在山东省地方税务局和潍坊市市委、市政府的正确领导下，潍坊市地税局求真务实，开拓进取，工作有了新的重要发展。先后探索创新一家查账多家认账、纳税信用等级管理、需求型人性化纳税服务、科技型人性化思想政治工作机制、实务型个性化干部教育培训、科技型潍坊地税网上服务平台、网络3D办税服务厅、快乐学习平台、全国税务系统首个“E票通”发票管理服务平台等被国家税务总局、山东省地税局和潍坊市市委、市政府总结推介的做法。全市地税收入总额由2003年的27.42亿元，增长到2012年的264.97亿元。潍坊市地税局先后被命名为全国文明单位、全国"五一"劳动奖状、全国文明行业示范点、全国青年文明号、山东省政风行风考核先进单位、山东省富民兴鲁劳动奖状、山东省学习型组织标兵单位、全省地税系统目标管理优秀单位、潍坊市“六大建设百项创新”成果奖、市直部门绩效综合考核先进单位、全市经济建设十佳服务单位等称号。

▲探索建设智能化管理实体办税服务新模式，研发运行“潍坊地税办税服务厅智能绩效管理系统”，实现对办税服务厅的实时监控和量化评价，持续提升纳税服务质效

▶定期举办“潍坊地税大讲堂”，邀请政府专家型领导和有关学者为全体地税工作人员作专题辅导，进一步提升地税工作人员素养

▲加强党风廉政建设，组织干部职工集体观看案例警示教育巡回展览，进一步提高廉洁自律意识和道德法纪观念

▲认真落实小型微利企业税收优惠政策，深入企业进行调研和辅导，服务和支持小型微利企业发展壮大

▲组织地税党员干部赴临沂山东地税系统党性教育基地开展党性教育活动，进一步提高党员干部党性修养

济宁市地方税务局

济宁市地方税务局在山东省地方税务局党组和济宁市市委、市政府的正确领导下，坚持以科学发展观为统领，紧紧围绕“依法治税、从严带队、科学管理、共建和谐”的基本要求，牢牢把握“推进济宁地税由收入大市向工作强市转变”的主基调，在抓好整体工作推进的同时，把主要精力和投入放在提高收入质量防范执法风险、推进基层建设和干部素质提高“三项重点工作”上，有效推动了全市地税工作的安全运行、科学发展。继2009年全市地税收入、2011年市县级收入相继突破100亿元后，2012年全市地税收入一举突破200亿元大关。积极推进征管改革，先后实施了“大企业税收专业化管理”“税源一体化管理”等先进管理方式，税收管理质效不断提升。累计投入1.32亿元改善基层办公条件，11个县、市、区局实现了集中办公。积极倡导实践“快乐学习、积极工作、健康生活”理念，全面加强地税系统文化建设，成功承办了中央驻鲁、省垂管单位机关党建工作经验交流会，系统党建和创先争优经验做法在全省推广。先后被省局授予“服务基层优秀单位”“全省地税系统纪检监察先进集体”，被市委、市政府授予“综合考核先进集体”“支持济宁发展突出贡献单位”“群众满意先进单位”等荣誉称号，连续三年获得全市承诺践诺活动垂直部门第一名。市委书记马平昌、市长梅永红先后多次批示肯定地税工作。

▲ 加强纳税服务，认真开展“地税局长服务日”活动

◀ 不断加强教育培训，不断提高干部队伍素质

▲ 全面加强税收管理。图为税务干部深入企业一线进行税源情况调研

▲ 深入做好税收宣传工作，面对面进行税法宣传

▶ 进一步加强党风廉政建设，连续五年把党风廉政建设暨作风建设会议作为年度第一个会议

泰安市地方税务局

泰安市地方税务局在山东省地方税务局和泰安市市委、市政府的坚强领导下，全市地税系统坚持以“三个代表”重要思想和党的十八大会议精神为指导，深入贯彻落实科学发展观，按照“依法治税、从严带队、科学管理、共建和谐”的基本要求，以组织收入为中心，以服务地方经济发展为己任，不断创新管理，完善措施，深化提高，实现了泰安地税工作的又好又快 发展。

目前，全系统共取得或保持国家、省、市三级集体和个人各类荣誉称号435个。市局机关先后被评为争创“五型机关”先进单位、省级文明单位、“山东地税管理创新明星单位”“山东地税系统党建工作先进集体”“全国学习型组织创建优秀单位 ”“全国税务系统纪检监察先进集体”和“全国文明单位”等荣誉称号，所属7个县级局全部被评为省级文明单位。年内，获得全市政风行风评议行政执法类第三名，被评为全省地税系统政风行风建设考核先进单位，顺利通过了全国文明单位复审，市局妇委会荣获全国“三八红旗集体”称号，连续六年获得全市十大文明示范行业。

2013年，全市地税系统将在山东省地税局党组的正确领导下，以深入贯彻落实党的十八大会议精神为指导，牢记为国聚财、为民收税的神圣使命，以全面提高收入质量、防范执法风险为重点，稳步推进税收征管改革，不断优化纳税服务，全面激发队伍活力，持续加强地税系统党的建设和党风廉政建设，强化税收保障，努力推动泰安地税事业科学发展、安全运行，为全市经济和社会发展作出积极贡献。

▲ 坚持依法征税，进一步加强税收征管。图为税务干部职工深入企业进行税源调查

◀ 加强纳税服务，坚持开展“地税局长服务日”活动

▲ 为提高纳税意识，运用多种方式进行税法宣传。图为开展“送税法进社区”活动

▲ 加强精神文明建设，开展书画展评选活动

▲ 进一步加强干部教育培训，努力提高干部队伍素质，组织骨干人才选拔考试

威海市地方税务局

威海市地方税务局在威海市市委、市政府和山东省地方税务局的正确领导下，坚持以科学发展观为统领，深入贯彻落实党的十八大和威海市第十四次党代会精神，按照“依法治税、从严带队、科学管理、共建和谐”的基本要求，以组织收入为中心，以服务科学发展为主线，强力推进“法治、素质、科技、效能”四大建设工程，突出重点，狠抓落实，地税收入平稳较快增长，各项工作取得了新进展、新成绩。地税收入由1994年的3.41亿元增加到2012年的132.83亿元，年均递增22.56%。

先后获得“全国文明单位”“全国税务系统先进集体”“全国创建文明行业活动示范点”“全国精神文明建设工作先进单位”“全国‘五一’劳动奖状”等省级以上荣誉称号251个。被威海市市委、市政府评为“2012年度工作优秀单位”，在全市行风评议中获得行政执法部门第一名；被山东省地税局评为“全省地税系统目标管理考核优秀单位”“全省地税系统服务基层优秀单位”“全省地税系统‘征纳共盈’纳税服务品牌先进单位”；被省人事厅和省地税局评为“全省地税系统先进集体”；三方信息税收应用平台获得了“山东省科技进步”三等奖、“山东省信息化应用成果”二等奖和“威海市科技进步”二等奖等重量级奖项。

▲ 加强税收征管，组织开展房地产项目税收一体化评查活动，实地跟踪掌控项目工程进度，进一步提高房地产项目税源控管水平

▲ 采取多种形式加强税收宣传，联合当地部分中学开展“税收知识进校园”活动，以“税收·发展·民生”为主题，对学生进行税收知识宣传

▲ 为了更好地继承与弘扬雷锋精神，在办税服务大厅设置“学雷锋志愿服务站”，用持之以恒的实际行动维护征纳和谐

▶ 为进一步加强党风廉政建设，组织全体干部职工参观“以案为戒 警钟长鸣”警示教育巡回展

▶ 进一步加强干部教育培训，提高干部队伍素质。为深入学习贯彻党的十八大精神，举办党的十八大精神专题辅导报告会

日照市地方税务局

日照市地方税务局在山东省地方税务局和日照市市委、市政府的正确领导下，全市各级地税部门坚持以科学发展观为指导，按照“依法治税、从严带队、科学管理、共建和谐”的基本要求，进一步提高收入质量，防范执法风险，地税收入实现平稳增长。2012年组织各项收入57.94亿元，增收7.93亿元，同比增长15.84%；坚持以标准化建设为引领，圆满完成了基层建设三年规划各项任务，形成了独具特色的日照地税基层建设品牌，并在全省地税系统基层建设经验交流会议上推广；研发廉政和执法风险防控平台，实现了廉政监督与税收业务的有机融合、相互促进，提升了科技防腐水平，并在全省地税工作会议上推广；进一步加强干部教育培训，三年来共投入教育经费640万元，与高校联合举办培训班13期，大专以上学历、财税专业以及中级以上职称人员分别比2009年提高了6%、4%和5%；扎实开展“征管基础标准化建设年”活动，探索实施税源专业化管理模式，临时征收户入库税款占比同比降低2.7个百分点，代开发票所得税核征面、委托代征税款占比分别由2010年的14.9%、4.7%提高到88%、6%；开展了“身边雷锋”评选活动、全市地税系统登山友谊赛、第四届职工运动会等文体活动，荣获“全国文明单位”“全省地税系统先进集体”“全市目标管理绩效考核优秀单位”“市直政风行风建设先进单位”等荣誉称号。

▲加强党风廉政建设，日照市地税局召开全市地税系统深入推进廉政和执法风险防控平台工作会议

▲坚持依法征税认真落实税收优惠政策，积极扶持小型微利企业发展

▲进一步加大税法宣传力度，不断提高纳税人纳税意识

◀不断提高服务意识，开通“企业直通车”服务纳税人，进一步构建和谐的征纳关系

▶精神文明建设取得丰硕成果。图为日照市地税局召开全市地税系统文化建设和文明建设工作会议并举行“全国文明单位”揭牌仪式

莱芜市地方税务局

莱芜市地方税务局按照“依法治税、从严带队、科学管理、共建和谐”的基本要求和“单项工作争第一、整体工作创一流”的工作目标，强化措施，狠抓落实，各项工作都取得了较好成绩，先后获得“全国文明单位”“全国精神文明建设工作先进单位”“全国模范职工小家”等省级以上荣誉 29 项，树立了地税部门的良好形象，受到了社会各界的一致好评。

基层面貌展现新形象。认真落实新一轮基层建设三年规划，全面加强基层基础设施建设，大力推行集中办公，进一步健全完善基层经费保障机制，基层办公环境、工作条件、作风效能不断提升，基层面貌焕然一新。

干部队伍素质显著提升。认真落实干部教育培训三年规划，积极开展“干部大培训、岗位大练兵、业务大比武活动”。全面落实学费补助、竞争上岗加分等一系列激励措施，引导干部职工树立终身学习的理念，干部队伍的素质进一步提升。

税收管理实现新跨越。牢固树立收入质量观，时刻绷紧防范执法风险这根弦，不断强化措施，创新管理，取得了收入“质”和“量”的双提升。2010 年全市地税系统累计组织各项收入 22.07 亿元，同比增长 7.17%；2011 年组织各项收入 27.78 亿元，同比增长 25.85%；2012 年共组织各项地税收入 33.55 亿元，同比增收 5.77 亿元，增长 20.79 %，其中，组织地方财政收入 24.09 亿元，同比增收 3.85 亿元，增长 19%，地税部门组织地方财政收入占全市地方级税收收入的比重达到 72.66%。为地方经济发展提供了稳定的财力支持。

执法服务实现新提升。深入落实税收执法责任制，全面加强税收执法监督管理，认真开展办税服务厅执法行为试点，积极创建规范化办税服务厅，进一步完善各项服务措施，认真落实各项税收优惠政策，主动当好党委政府的参谋助手，营造了良好的税收环境。

▲ 加强纳税服务，全省第一个税务系统志愿者服务团——“齐鲁志愿者莱芜地税服务团”正式启动

▶ 坚持依法征税，不断提高收入质量和水平。图为全省地税系统个人所得税业务培训及高收入者管理现场会在莱芜召开

▲ 深入开展新一轮基层建设工作，加强基层基础设施建设，基层办公环境、工作条件、作风效能不断提高

▲ 进一步加强党风廉政建设，组织干部职工到莱城地税廉政文化教育基地参观“以案为戒，警钟长鸣——山东省地税局教育巡回展”

◀ 加强精神文明建设，举办庆“七一”——“学习的力量”诗歌朗诵会

临沂市地方税务局

临沂市地方税务局在山东省地方税务局党组和临沂市市委、市政府的正确领导下，临沂市地税局按照“依法治税、从严带队、科学管理、共建和谐”的基本要求和“积极作为、扎实推进、稳步提升、全面发展”的工作基调，紧紧围绕“开展一项主题活动、深化三项重点工作、落实四项保障措施”的工作思路，精诚团结，锐意进取，圆满完成了以组织收入为中心的各项工作任务，全市地税工作在新起点上实现新发展。2012年全市地税系统累计组织各项收入137.41亿元，增收30.75亿元，增长28.8%；其中，市县级收入113.93亿元，增收27.04亿元，增长31.1%。全市地税收入呈现收入进度快、质量效益好、结构优化提升的良好态势。临沂市市委、市政府对地税工作给予充分肯定，临沂市地税局先后被市委、市政府表彰为“2012年度‘十佳’服务企业优胜单位”“2012年度全市服务县域经济发展先进单位”和“全市依法行政先进集体”；在全市财税工作会议上，临沂市地税局被市政府荣记“集体二等功”，17个单位被表彰为“2012年度全市财税征管工作先进单位”，5名同志荣记“二等功”，20名同志荣记“三等功”。

▲加强税收征管，实施“链条式”管理，全面提升重大建设项目征管质效

▲重视教育培训，不断提高干部素质

① 重采用多种形式进行税收宣传，不断提高公民纳税意识

② 加强精神文明建设，开展“道德讲堂”活动

③ 加强廉政建设，参观全省地税系统党风廉政展

德州市地方税务局

德州市地方税务局按照“依法治税、从严带队、科学管理、共建和谐”的基本要求，以“幸福德州、活力地税”建设为总抓手，抓收入，提质量，严管理，强基层，激活力，圆满完成了各项工作任务，整体工作提升到了一个新水平。落实“经济决定税源，管理增加税收”的治税理念，明确了“向经济要税收、向管理要税收、向政策要税收”的工作思路，实现了地税收入的持续稳定增长。2009—2012 年累计组织收入 242.65 亿元，平均增幅 36.81%。注重眼睛向内，不断查摆问题，抓整改落实，严格责任追究，收入质量有效提升。不断深化征管改革，围绕构建现代税收征管体系，以风险管理为导向，以专业化管理为基础，以重点税源管理为着力点，以信息化为支撑，构建起重点税源精细化管理、重点行业专业化管理、中小税源社会化管理的征管格局，有效提升了税源管理水平。进一步强化依法行政，实行事前风险管理、事中标准化执法、事后责任制考核，构建起完善的闭环监督体系，提高了执法的规范化水平。坚持“服务经济、服务社会、服务纳税人”的三服务理念，主动融入当地经济发展大局，在服务决策、调控经济、促进公平、推动发展等方面发挥了积极作用。推行同城通办、服务前移、国地税联合办税等特色服务措施，提高了服务效率，纳税人满意率逐年提高。不断提升基层建设水平，加大基层投入、改善基层条件，统一地税标识，减轻基层负担，基层的征管、执法和服务水平大幅度提高。全面启动“幸福德州、活力地税”建设，进一步明确共同愿景，规范内部管理，加强教育培训，提升干部队伍素质能力，激发活力动力，为地税事业的和谐健康发展奠定了坚实的人本基础。近年来，德州市地税局先后荣获“全国‘五一’劳动奖状”“全国文明单位”“全国模范职工之家”等国家级荣誉 5 项，富民兴鲁劳动奖状、全省地税系统先进集体、全省地税系统政风行风建设考核先进单位、全省地税系统基层建设优秀单位等省级荣誉 10 余项，各类市级荣誉 100 余项。

▲ 不断加大重点行业征收管理，图为税务干部到房地产企业进行税务稽查

◀ 不断加强税收宣传，组织税收宣传“绿色骑行”活动

▶ 税收征管力度不断加强，德州市地税局召开全市地税系统税源管理工作座谈会，研究讨论全市税源专业化管理方向

▲ 进一步加大教育培训力度，德州市地税局组织全系统基层中心所长参加信息技术考试

▲ 全市地税系统廉政教育基地举行揭牌仪式，该基地被德州市纪委确定为“全市廉政文化示范点”和“全市反腐倡廉教育基地”

聊城市地方税务局

聊城市地方税务局在山东省地方税务局党组和聊城市市委、市政府的正确领导下，按照“依法治税、从严带队、科学管理、共建和谐”的总体要求，坚持组织收入与服务经济并举，规范执法与优化服务并重，强化管理与创新手段并行，内强素质与外树形象并进，各项工作均取得了显著成绩。2012年，全市地税系统共组织各项地税收入74.09亿元，收入总量突破70亿元大关，同比增长27.88%，增收16.15亿元，收入增幅高于全省增幅3.85个百分点，列全省17市第7位，为全市经济社会发展作出了积极贡献。全系统先后有721个单位和个人被省（厅）级以上单位授予各类先进荣誉称号。聊城市地税局先后被人力资源和社会保障部、国家税务总局联合授予“全国税务系统先进集体”荣誉称号，被省文明委评为“省级文明机关”和“省级文明单位”。连续多年被市委、市政府授予“支持地方经济发展贡献奖”和全市“目标管理综合考核优秀单位”称号。山东省地税局及聊城市市委、市政府等领导先后多次作出重要批示，对全市地税工作给予了充分肯定和认可。

▲ 加强党风廉政建设，层层签订《党风廉政建设责任书》

▲不断提高干部队伍素质，将读书学习作为干部升华思想境界、提高工作水平的重要途径

◀全面加强税源管理，组织税务干部深入一线开展调研，了解企业经营状况

▲大力加强12万元以上个税自行申报工作，及时为纳税人办理相关业务

▲广泛开展税法宣传进校园活动，教育一个孩子，带动一个家庭，影响整个社会

滨州市地方税务局

滨州市地方税务局在山东省地方税务局党组和滨州市市委、市政府的坚强领导下，坚持以科学发展观为指导，牢记为国聚财、为民收税的神圣使命，按照“依法治税、从严带队、科学管理、共建和谐”的基本要求，落实“抓执法、提素质、强基础、上水平”的工作思路，深入贯彻“阳光、公平、正义”的工作理念，大力倡导“认真深入具体”“用心用脑用力”的工作作风，大胆探索，勇于创新，实现了地税事业新的发展和跨越，特别是连年超额完成组织收入工作任务，2012 年地税总收入实现 104 亿元，首次突破百亿元大关，成为滨州地税发展史上的重要里程碑，为全市经济社会发展作出了积极贡献。近年来开展的地方税源普查、第二、第三产业分离等多项创新工作都得到了省委、省政府和省局的充分肯定，并在全省推广实施。先后获得了“全国精神文明建设工作先进单位”“全国军民共建社会主义精神文明先进单位”“全国‘五一’劳动奖状”“全国职工职业道德建设先进单位”“全国巾帼文明示范岗”“全国青年文明号”“山东省思想政治工作先进单位”、全市“行风评议先进单位”等 200 多项国家、省、市级荣誉称号，连续 13 次被市委、市政府荣记集体二等功。

▲ 滨州市地税局开展“学法纪、提素质、防风险”集中学习教育活动

▶ 滨州市地税局深入开展抓企业带行业活动。图为地税干部深入房地产企业调研

◀ 滨州市地税局举办“预防职务犯罪警示教育报告会”

▲ 滨州市地税局开展“税法宣传进机关”活动

▲ 滨州市地税局积极开展“手拉手、心连心”，困难家庭青少年关爱行动

菏泽市地方税务局

菏泽市地方税务局在菏泽市市委、市政府和山东省地方税务局的正确领导下，在社会各界和广大纳税人的大力支持下，认真落实“依法治税，从严带队，科学管理，共建和谐”和“高境界，高标准，高效率，高效益”的要求，团结拼搏，锐意进取，圆满完成地税各项工作任务，组织收入、依法治税、税源管理、干部队伍建设、党风廉政建设、信息化建设、纳税服务等地税各项工作均取得了显著成绩。1994—2012 年，菏泽市地税系统共组织收入 4309750 万元，年均递增 26.35%，增收 56226 万元。其中，市（县）级收入 3596041 万元，占同期总收入的 83.44%，占同期地方财政收入的 55.53%，年均递增 26.96%，增收 48860 万元。2012 年，全市地税系统累计组织各项收入 1027315 万元，同比增长 28.78 %，增收 229565 万元。市县级收入完成 891613 万元，同比增长 34.45 %，增收 228448 万元。菏泽市地税局和所有县区局及 8 个基层中心税务所先后被评为省级文明单位，市地税局先后被评为“全国文明单位”“全国精神文明建设先进单位”“全国五五普法中期先进单位”“山东省思想政治工作先进单位”“山东省再就业工作先进单位”“山东省扶残助残先进集体”“山东省四五普法依法治理先进集体”“山东省政务公开示范点”“山东省地税系统服务基层优秀单位”“菏泽市民主评议优化经济发展环境优秀单位”“菏泽市职业道德建设先进单位”“菏泽市行风评议优秀单位”“菏泽市依法行政先进单位”“菏泽市服务业先进单位”“菏泽市行政程序年活动先进单位”等。菏泽市国际税收研究会被评为“全国先进学会”，菏泽市地税系统被菏泽市委评为“市级文明行业”，行风评议连年被评为前两名，2010 年、2011 年均被评为第一名。近年来，组织收入、税收征管等 160 多项单项工作先后被菏泽市市委、市政府和省地税局以会议典型发言、信息专刊等形式予以肯定和推广。菏泽市委、人大、政府、政协、纪委和省地税局主要领导同志均专门作出批示，对地税工作给予高度评价和表扬。

▲ 不断加强作风建设。图为菏泽市地税局党组书记、局长刘新建参加行风热线栏目

◀不断提高纳税服务水平，推行“一线工作法”。图为税务干部深入一线进行税收调研，开展重点企业大走访活动，服务企业发展

▲进一步加强税收宣传，不断提高公民纳税意识

▲加强党风廉政建设。图为组织干部职工参观廉政教育展览

▶不断加强教育培训。图为菏泽市地税局积极开展税收业务比武

济南市地方税务局

经济概况

2012年，济南市实现地区生产总值4812.68亿元，增长9.5%。三次产业比例由上年的5.4∶41.5∶53.1调整为5.2∶40.3∶54.5。全市全部税收收入709.3亿元，增长8.5%；地方公共财政预算收入380.8亿元，增长17.0%。

收入概况

2012年，济南市地税局共组织各项收入334.24亿元，同比增收42.20亿元，增长14.45%。其中，市以下级公共财政预算收入完成239.10亿元，同比增长19.49%。地税收入特点：一是各级次收入增幅自上而下递增，市以下级收入贡献突出。中央级、省级、市级和县区级收入分别增长-3.45%、4.12%、14.61%和24.07%，市以下级收入占地税全部收入比重的74.86%，同比提高3.61个百分点。二是地方小税强势增长，主体税种下滑。资源税、契税、土地增值税、土地使用税以及车船税分别增长101.26%、74.07%、46.11%、32.30%和30.54%，合计增收19.66亿元，对收入增长贡献率高达46.59%。营业税、企业所得税和个人所得税三大主体税种受经济形势和结构性减税政策双重影响，全年累计增幅仅为5.72%，出现大幅度下滑。三是金融业及新兴产业税收发展良好，制造业、建筑业、房地产业等支柱行业低位徘徊。金融业、信息传输业、文化体育业分别增长31.34%、17.98%和20.08%，三个行业税收占全部收入比重的21.38%，同比提高1.21个百分点。传统支柱行业增幅回落，制造业受企业利润下滑等因素影响，仅增长10.83%，同比回落14.88个百分点；建筑业、房地产业受房地产调控政策影响增速下滑，两个行业增幅分别为14.25%、9.44%，同比回落17.31和13.38个百分点。

工作概述

【税收管理】 一是夯实征管基础。开展征管状况分析，强化非正常户、临时征收户、代开发票、个体定税等风险点的管理。加强财产登记信息管理，规范跨区县（市）迁移，加强税源监控分析。二是抓好小税种管理。在抓好税源大户、重大建设项目、重点税种和重点行业监控的基础上，研究对地方留成贡献大的财产行为税种管理，地方小税收入快速增长。三是突出清欠、评估和稽查。清理欠税，杜绝新欠，对欠缴的重点税种和欠税大户，逐一落实补缴。全年清理欠税3.71亿元。加大预警评估，评估纳税人1291

户、评估补税1.21亿元，发布预警任务1.9万户项、补缴税款2.19亿元。强化对重点行业、重点企业和纳税大户的检查，对街道办事处、驻济大专院校和新闻媒体业开展调研式稽查，全年稽查入库税款1.94亿元。四是清除管理盲点。加强境外上市企业高管个人所得税管理，分析比对、排查疑点、评估约谈，补征税款8324万元。探索上市公司限售股个人所得税管理，对全市29家上市公司、有限售股的6家公司开展调研，向市委、市政府提出可行性建议并得到采纳。

【纳税服务】 围绕市委、市政府奋斗目标，制定出台《关于推进科学发展优化发展环境的实施意见》，推出四方面29项具体措施，融入全市发展大局。建议市委、市政府调整全市城镇土地使用税单位税额，增加土地税源的税收贡献；争取省直属局113户纳税户移交市局征收管理，保证区级税收增量和市级分成。得到市委书记王敏、市长杨鲁豫的充分肯定。全年为各类企业减免税收40.02亿元。其中，为高新技术企业、文化改制企业、金融资本市场、小微企业减免12.72亿元；落实企业所得税抵免收入及加计扣除额等，减免11.66亿元；营业税起征点调高、个人所得税工资薪金费用扣除标准提高，减免10.86亿元；二手房交易，减免4.78亿元。实施办税服务厅规范化验收，为纳税人提供舒心的办税环境；完成监控系统搭建，加大窗口规范化管理与考核力度；简化业务审批流程，实现部分涉税业务的“即时办结”；实施12366纳税服务热线扩容、推出房产交易办税服务厅双休日值班服务举措等，提升纳税服务质量与效率。

【干部队伍建设】 开展高层次、个性化、专题式培训，先后组织纳税服务、金融行业、房地产、电子查账、信息化应用等培训，全年全系统组织各类培训335期17000余人次，在全省骨干能手考试中取得好成绩。全年选拔调整交流干部223名，干部队伍结构进一步优化。以地税文化建设为平台，开展文化凝聚队伍、推动管理、支撑服务、塑造形象等活动，激发干部队伍活力。开展机关作风效能建设和“三服务”主题活动，得到市作风效能建设巡视督导组的充分肯定。以评选“十佳党员示范窗口”“十佳党员先锋岗”“十佳党务工作者”为载体，开展各类创先争优活动，不断涌现出爱岗敬业、拼搏奉献、锐意进取的先锋集体和先进个人。强化廉政建设。利用市检察院资源，挂牌成立“济南市地方税务局警示教育基地”，开展反腐倡廉警示教育，得到省、市领导的高度关注。推进廉政内控机制建设，拓展廉政风险防控范围。完善“税收执法风险防控平台”，规范具体执法流程，完善执法责任制考核。开展行风评议活动，健全防范监督、及时纠正、落实整改的工作机制，在全市政风行风评议活动中获得重点被评议部门（行政执法类）第5名。全系统获得省级以上荣誉30余项，市五大班子领导先后20次做出批示，给予鼓励和肯定。

【基层建设】 按照“拓展深化、全面提升”的要求，完成新一轮基层建设的各项任务。全系统11个分、县（市）

局全部实现三处集中办公点的要求，全市基层科所集中办公地点由77个缩减为26个，集中征收点由52个缩减为23个，基层办公、生活条件得到全面改善，探索实行分级分类税源专业化管理，推行集中征收和纳税服务集约化、分级分类分岗管理、打破科所界限实现党建工作一体化的新模式。

（于光远）

济南市地方税务局历下分局

经济概况

2012年，历下区实现生产总值844.6亿元，同比增长9.7%，其中：第二产业增加值142.0亿元，同比增长3.2%；第三产业增加值702.6亿元，同比增长11.0%。第二、三产业结构比为16.8 ：83.2。地方公共财政预算收入实现47.08亿元，比上年增收9.9亿元，增长26.61%，完成收入预算任务的110.53%。

收入概况

2012年，历下分局组织各项收入86.70亿元，同比增收12.78亿元，增长17.29%。其中，中央级收入10.08亿元，同比增收0.53亿元，增长5.51%；省级收入12.98亿元，同比增收2.72亿元，增长26.48%；市级收入27.12亿元，同比增收3.61亿元，增长15.33%；区级收入36.51亿元，同比增收5.93亿元，增长19.39%。区级公共财政预算收入完成32.26亿元，增收2.22亿元，增长7.38%。

工作概述

【收入质量】 坚持每月三次收入预测，按月对各科所的预测结果进行公布和量化考核。全年平均预测准确率达98.5%。针对组织收入工作中出现的新情况、新问题，加强调度和监控，把握住组织收入的主动权。加强经济税源分析，定期形成分产业、分行业、分重点企业的分析报告，科学反映区域内经济税收增减变化，剖析原因和趋势，及时向区委区政府汇报，使收入进度与经济税源实际相符，保证收入量、质的协调增长。

【税收征管】 按照“一个时期一个重点”的思路，分别组织开展住宿餐饮业、建筑房地产业、企业所得税汇缴、土地增值税清算、印花税核定征收的检查管理工作，探索分行业、分类型、分规模的精细化管理办法。加强重点税源的管理，选定300户上年纳税在100万元以上的独立核算企业作为重点监控对象，全年实现税收收入73亿元，占地税收入总量的85%。完成15个房产项目土地增值税清算，共清算税款1.16亿元。

【税收执法】 做好执法责任制工作，在明确责任、强化考核的基础上，定期对执法过错形成的原因及规避措施进行分析、总结，有针对性地开展相关业务培训，提高税收执法水平，减少执法过错数量。落实各项税收优惠政策，重点对上年企业所得税税收优惠政策的执行情况进行全面审核。开展发票专项检查和治理，对营业税起征点以上纳税户推广应用税控机。加大对涉税违法案件的检查惩处力度，全年受理税收违法案件27件，查补税款12.14万元，规范税收秩序，维护税法尊严。

【纳税服务】 按照省局统一规划和要求，开展标准化办税服务厅建设，第一批通过全市标准化大厅建设验收。在办税大厅、管理科所等征管一线岗位推出“6S”微笑服务举措，提高服务质量，促进征纳和谐。被国家税务总局网站转载，山东卫视等多家媒体也进行专题报道。办税服务厅荣获济南市委“创先争优争做泉城先锋”活动领导小组授予的“税收征管服务金牌窗口”称号，在全市纳税服务技能比赛中荣获团体第一名的好成绩。在全省地税系统“征纳共盈”纳税服务品牌评选中，被评为先进单位。

【党建工作】 把党建工作与各项重点工作相结合，以依法治税为根本，以服务纳税人为目标，以建设党的阵地为推手，抓党建促队伍，带队伍促发展，形成党员带动、群众响应齐争共创和谐发展的生动局面。年内，省直机关党建工作现场会、省局基层党建工作片区协作会分别在本局召开。局机关党委被中共山东省委授予“齐鲁先锋先进基层党组织”称号，大明湖联合党支部被省地税局评为“十佳基层党支部”。

【干部队伍建设】 在年内骨干人才选拔中，本局有9人进入市局人才库，7人进入省局人才库，4人代表省局参加国家税务总局企业所得税业务考试，在骨干人才考试中取得历史上好成绩。在年初组织的科级干部选拔调整工作中，分局党组坚持干部选拔任用的原则与条件，照章办事，履行程序，全程监督，14人在竞争选拔中脱颖而出。倡导“努力工作，快乐生活”理念，营造历下地税“大家庭”的浓厚氛围。

【精神文明建设】 9月，在市局组织的文化建设推进会上，本局打造阳光地税文化品牌活动被作为先进典型介绍推广。组织开展全国第21个税法宣传月活动，100余人次参加城市志愿者活动，与山东省残联联合举办关注残疾人的“恒爱行动”、庆祝“三八”国际妇女节联谊活动，热心参与社会公益事业，树立地税部门阳光执法、“征纳共盈”、廉洁高效的整体形象。

【党风廉政建设】 落实廉政责任制度，层层签订《党风廉政建设责任书》和《廉政风险防范承诺书》，廉政责任明确到人。落实述职述廉、廉政谈话制度。全年开展廉政谈话、任前谈话等40余次。召开特邀监察员联系会议。发挥其监督和宣传作用。在上年历下区行政执法部门行风评议中，获得第一名。

（倪文建）

济南市地方税务局市中分局

经济概况

2012年，市中区实现生产总值558.5亿元，增长9.3%。全区第一、二、三产业增加值分别完成3.6亿元、101.7亿元、453.2亿元，分别增长3.7%、6.57%和10.1%。地方公共财政预算收入实现33.1亿元，比上年增收6.08亿元，增长22.5%。

收入概况

2012年，市中分局组织各项收入56.6亿元，同比增收9.09亿元，增长19.15%。其中：中央级收入完成9.12亿元，增收1.07亿元，增长13.29%；省级收入完成6.99亿元，增收0.84亿元，增长13.77%；市县级收入完成40.49亿元，增收7.18亿元，增长21.55%。

工作概述

【税收征管】　对金融业、建筑安装业、房地产中开发经营活动、信息传输业四个行业实施行业管理，对住宿餐饮业年纳税50万元以上和其他行业年纳税100万元以上的企业，实施重点管理，一般税源属地管理对地方留成贡献大的小税种，其中契税、土地增值税均实现80%以上的增幅。强化营业税、企业所得税、个人所得税、财产行为税等税种的管理，抓好金融业、房地产业和建筑业的税收管理，三个行业的收入增幅年内均达到20%以上，占总收入比重的57.6%。

【税收执法】　以风险防范为导向，排查关键点。联合开展执法风险环节和风险点排查，加大收入质量情况测算分析；以收入质量为主题，构建监管带。按照新的税源专业化管理要求，强化环节带状管理，实施重点税种线型管理和重点行业专业管理；以执法考核为抓手，构建防护网。采取主动全面、警示有效、保障有力、人机结合的方法，突出环节管理和岗位监督，实现对可能发生问题的倾向性开展预防和警示。

【干部队伍建设】　年内有14名科级干部选拔调整到上一级工作岗位，科级干部职数从三年前的30名提高到现在的37名，增幅24%。按照省局《2010—2012年全省地税系统干部教育培训规划》，全部实现三年内分局干部职工轮训一遍、达到三年脱产培训两个月以上的目标。三年中先后组织集中培训6期，参训人员180余人次，干部队伍素质得到整体提升。结合税源专业化改革，对各岗位进行优化组合，有效实施重点行业和重点税源专业化管理。

【基层建设】　分局纳税服务大厅、办公楼、王官庄办公场地全部建设完成，实现集中办公。三年基层基础建设目标全部实现；对办公场所的外观、内部功能进行合理改造，统一形象标识，统一硬件配备，统一色调风格。依托3个集中办公场所，发挥集中办公的集群效应。

【党风廉政建设】　加强各类廉政知识学习，开设“廉政文化网上教育基地”。落实“一岗双责”，把反腐倡廉建设与业务工作结合起来，将责任分解到位，建立“局—所—个人”三级党风廉政责任制。开展《税收违法违纪行为处分规定》宣传、向纳税人邮寄“征纳共盈，真情汇报”信函，强化干部廉政意识。

（孙志国）

济南市地方税务局槐荫分局

经济概况

2012年，槐荫区实现生产总值282亿元，增长9%，全区第一、二、三产业增加值分别完成3.7亿元、73.9亿元、204.5亿元，分别增长4%、8.3%、9.4%。地方公共财政预算收入17亿元，同比增长21.5%。

收入概况

2012年，槐荫分局共组织各项收入25.55亿元，同比增收4.51亿元，增长21.42%。其中，中央级收入完成3.09亿元，同比减收364万元，下降1.17%；省级收入完成2.61亿元，同比增收2242万元，增长9.41%；市本级完成7.13亿元，同比增收1.71亿元，增长31.59%；区县级完成12.72亿元，同比增收2.61亿元，增长25.78%。

工作概述

【收入质量和执法风险】 利用“数据综合应用平台”征管状况分析功能，选择重点指标和薄弱环节，加强征管分析监控。指导各中心税务所开展分析、整改，形成定期通报、重点监控、分局督导、上下联动的工作机制。加强税收风险点监控，及时进行税收预警，核实处理预警任务1306户项，确认需补缴税款1241.74万元；强化税收资金运行状况分析，加强对应征、欠税、减免、缓征、退税等各环节核算，确保税收资金安全。坚持“一会、三表、一分析”工作举措，科学进行收入调度，按月进行通报，确保收入均衡入库，提高组织收入驾驭能力，收入预测准确率达到99.01%，高于全市预测准确率2.57个百分点。

【税收征管】 利用大集中系统平台和“六位一体”的综合治税机制，加强建筑、房地产“两行业”管理，强化信息采集，掌握投资、工程和税款入库进度，全年建筑业完成4.85亿元，增长53.64%；房地产业完成9.4亿元，增长22.1%。依托重点税源管理软件，分级次、税种、行业、经济性质等多个角度分析百万元以上重点税源状况，完善分析内容，预测增减变化，科学掌握企业经济现状及其税收贡献情况，实现税款20.74亿元，占全局收入总量的81.18%。围绕市局工作要求，完成银行业、制造业、广告业及部分重点税源企业纳税评估任务36户，评估入库税款2856.36万元。强化个体业户管理。个体定税率提高3%，月定税额由58.99万元提高到108.71万元。受理年所得12万元以上个人自行纳税申报1795人，较上年增加214人，补缴税款38.92万元。加大房产信息、地价计入房产原值房产税、汽车行业印花税等涉税事项核查工作，查补入库税款393万元。按照程序和时限办理二手商业房和土地交易“先税后证”工作，征收税款1169万元。

【纳税服务】 开展“在岗一分钟，服务六十秒”学雷锋主题系列活动和“假如我是纳税人，想得到什么样的服务”换位思考大讨论等活动，深化服务理念，增强服务意识。以信息化为支撑创新纳税服务方式，加强宣传引导纳税人运用12366综合服务平台、税务网站等多渠道宣传咨询服务。开辟“绿色服务通道”“亲和服务通道”和“投诉服务通道”，继续推行“预约服务”“延迟服务”等个性化特色服务方式，提升服务质效。

举办纳税服务技能比武，提高服务水平

【干部队伍建设和党风廉政建设】 围绕“提高党员素质，加强基层组织，服务人民群众，促进各项工作”建立完善学习型党组织。按照分局教育培训计划，继续推行分级分类培训和“以考促学”的槐荫特色教育模式，干部队伍素质明显提高。坚持精确测算与调查摸底相结合的原则，利用综合分析、加权平均等方法精确测算出新机构合理的职数配置，重新理顺岗位职责，完成征管机构改革。坚持原则，按程序规定，组织完成科级干部选拔工作，受到市局肯定。以提高队伍抗风险能力、减少违法违纪案件为目标，打造党风廉政建设网上教育基地、廉政风险预警机制和行风政风建设三个品牌，以信息技术为支撑，以责任追究为抓手，推进具有槐荫地税特色的惩防体系建设，为各项地税事业的科学发展和安全运行提供保证。

（刘晨）

济南市地方税务局天桥分局

经济概况

2012年，天桥区实现生产总值294.66亿元，增长9.5%。全区第一、二、三产业增加值分别完成3.54亿元、74.59亿元和216.52亿元，地税收入占生产总值的比重达到8.1%，地方财政收入实现15.48亿元。

收入概况

2012年，天桥分局组织各项收入23.92亿元，同比增收3.63亿元，增长17.88%。其中，区级公共财政预算收入完成11.51亿元，增收1.89亿元，增长19.62%，占全区财政预算收入的74.34%，较上年提高0.99个百分点。

工作概述

【税收征管】 加强重点税源管理。进行重点行业、企业、项目税源调查，对异常情况进行分析、预警和评估，415户重点税源企业实现收入144415万元。强化印花税、土地增值税、房产税、土地使用税等税种管理。通过对土地使用税差异比对、房地产租赁信息评估分析、跨区房产和土地使用情况清理，清缴、补交各类税款726万元。开展欠税专项清理，清缴1500余万元。

【税政管理】 落实营业税、个人所得税、小微企业、涉农税收、二手房等税收优惠政策，816户次享受纳税减免2947万元，备案免税收入47824万元，军转及退役士兵优惠减免税额5万元，二手房交易减征契税31.9万元。

【税收执法】 规范完善税收法规公开公示、减免税集体审批、执法监督评议和执法过错责任追究等10多项制度办法，强化重点环节和岗位人员执法管理。通过税务公告、公开举报电话、设立举报箱和制定奖励、保密措施等形式，畅通监督渠道，实行“阳光办税”。开展经常性执法检查，保证公正公平执法，维护纳税人合法权益。

【纳税服务】 创建“征纳共盈”服务品牌。优化办税环境、完善服务功能、拓宽服务渠道，办税服务厅达到星级标准；简化办税流程，开通网上报税和双委托报税，提供自助办税终端和发票同城办理，开展契税服务进社区活动，山东卫视《地税时空》作了专题报道。优化经济发展环境。重点查处“吃、拿、卡、要、报”“人情税”“关系税”“不作为”“乱作为”等损害经济发展环境的问题。优化发展环境做法在天桥区现场会作了典型发言。

【信息化建设】 为凤凰山集中办公场所安装千兆宽带，征收科宽带由10兆升级到千兆，对外网线路进行改造，安装外网专线，为基层配备台式微机17台、打印一体机16台。

【干部队伍建设】 年内，726人次参加各级专项培训，10人取得本科以上学历、学位。参加省局业务选拔考试取得全市系统第四名，9人入选省、市级骨干能手。开展“天桥新跨越，地税要先行”实践活动，在作风效能建设、推进科学管理、开展“三个服务”、廉洁从税方面做到“四个先行”。进行机构改革，原有基层10个所、科统一整合为7个中心所，机关原有7个科室调整为9个科室。

【基层建设】 加强基层设施、环境、文化建设，完成药山、凤凰山两个片区6个中心所集中办公任务。3年投入资金1200余万元，改造基层办税场所、设施，添置文体设施，基层办公、生活条件得到改善。推进地税文化建设，确立文化建设发展愿景、价值理念和地税精神，形成明晰的天桥地税文化。统一文化标识，制作文化展板，建设文化长廊，营造浓厚的文化氛围。加强税务文化建设的做法被省、市局推广，制作的《文化领航、天地人和》专题片在市局现场会上进行观摩。

【党风廉政建设】 落实领导干部党风廉政建设“一岗双责”责任制和干部教育管理制度，开展领导干部上廉政课、举办预防职务犯罪报告、观看警示片，增强干部党性观念和纪律意识；突出“两权”监督，完善执法、人事、财务等制度；抓廉政和执法风险防控平台建设与应用，防控执法风险。

【精神文明建设】 分局荣获山东省“工人先锋号”、省级优秀纳税服务中心、全省地税系统纪检监察先进集体、济南市优秀职工书屋、天桥区科学发展先进单位、天桥区优化发展环境先进单位等10余项荣誉，连续9年保持省级精神文明单位称号，24人次受到各级表彰，行风评议位列全区行政执法类第二名。

（段永顺）

济南市地方税务局
高新技术产业开发区分局

经济概况

2012年，济南高新技术产业开发区实现国内生产总值436.96亿元，列全市第五位，增长11.3%，增幅高于全市平均水平1.8个百分点。其中，第二产业增加值完成256.67亿元，增长10.4%，第三产业增加值完成180.29亿元，增长12.6%。实现地方财政公共预算收入25.5亿元，增长27.6%。

收入概况

2012年，高新区分局共组织各项收入48.3亿元，同比增收9.9亿元，增长25.85%，完成市局年度计划的108.5%。其中，区县级公共财政预算收入完成17.65亿元，增收4.3亿元，增长32.63%，完成年初收入计划的103.61%，税收收入取得总收入增幅城区第一、区县级增幅全市第一的优异成绩。

工作概述

【税收征管】 探索股权转让个人所得税管理新方式。强化股权转让源头控管，制定相应管理办法，建立三级审核和股权转让信息登记制度，探索股权转让持续、常态化管理新路子，提高股权转让个税管理质效。年内受理审核个人股权转让涉税资料674户，入库股权转让个人所得税2399万元。深化宗地税收管理。延伸管理触角，抓住土地取得、使用、转让“三个环节”，把握开业（变更）登记、政策变化、税收预警“三个时点”，强化与专业化管理、大项目管理、各类专项检查“三个结合”，实现宗地税收的延伸管理和有效增值。年内入库土地使用税1.4亿元，增长77.21%；入库房产税1.3亿元，增长58.99%。开展土地增值税清算工作。制定《土地增值税清算工作流程》、建立地产项目管理电子台账、建立三级审核机制等，加大土地增值税清算力度。全年对10个房地产开发项目进行土地增值税清算，实现税款3706万元。

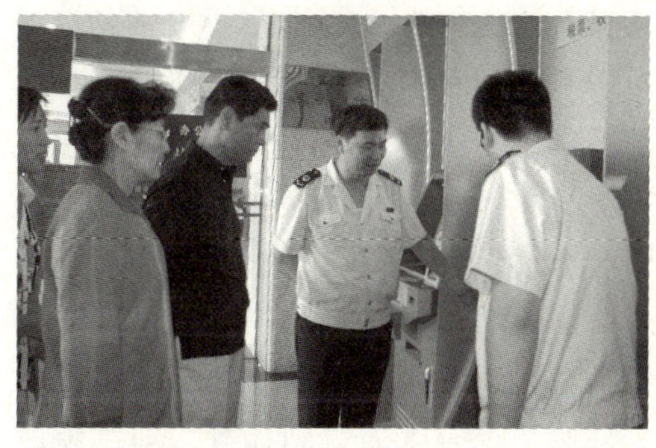

加强税收征管，开发应用个人所得税完税证明自助打印系统

【基层建设】 加强办税服务厅规范化建设，以纳税人需求为导向，将大厅前台窗口设计为半矮墙隔断式独立空间，实现与纳税人的“零距离沟通、面对面服务”；以提升服务质效为落脚点，开设“VIP小包厢式”服务，实现前后台紧密衔接的即时办结服务新模式；以加强人文关怀为切入点，设立“快乐家园”心理舒缓室，帮助一线人员减轻心理压力，提高工作效率。年内，分局办税服务厅被市局党委评为“十佳党员示范窗口”。

【纳税服务】 研发智能催报催缴“短信平台”系统。与市局征管和科技发展处联合攻关开发，使催报催缴工作由原来的3天缩短到15分钟，解决催报催缴工作量大与人力资源不足的矛盾。开发个人所得税完税证明自助打印系统。拓展原有的自助办税终端系统功能，轻松实现为纳税人7×24小时办税服务，得到纳税人的好评。开展个性化税法宣传。

在第21个税法宣传月，利用网络媒体开展“相约网上税客厅”、税企访谈网上直播等活动，制作“泉税小精灵”公益宣传短片，获得社会各界的认可和高度评价。其中，“相约网上税客厅”专题活动被评为2012年全省地税系统“税收宣传月活动优秀创新项目”，“网上税客厅”服务千万家志愿服务活动被团市委评为“济南市志愿服务优秀项目”。

【干部队伍建设】 先后组织安排各类培训30批次，培训人数619人次，干部职工综合素质得到提升。丰富廉政长廊、地税网站等载体内容，开展特邀监察员座谈会、税企恳谈会和双述双评会等会议，全年开展述职述廉活动6期，元旦前夕向8000余家企业邮寄慰问信，行风建设得到加强。年内，在高新区政府部门行风测评中，取得第三名的好成绩。开展多种文体活动，参加市地税局及高新区管委会举办的各类活动，在“地税我来拍”拍客大赛、高新区第二届运动会以及第二届“高新杯”羽毛球比赛上，均取得优异成绩。被省人事厅、省地税局授予“全省地税系统先进集体”，荣获省、市地税系统基层建设优秀单位、“省级巾帼建功示范窗口”“全市地税系统第三届十佳创新项目”“全市地税系统目标管理考核优秀单位”等称号。

（董燕云）

济南市地方税务局历城分局

经济概况

2012年，历城区实现生产总值634.33亿元，同比增长9.2%。其中：第一、二、三产业分别完成增加值39亿元、269.5亿元和325.8亿元。地方公共财政预算收入28亿元。城镇居民可支配收入30347元，农民人均纯收入12885元。

收入概况

2012年，历城分局累计组织各项收入34.16亿元，同比增收3.28亿元，增长10.6%。其中，中央级收入4.19亿元，减收0.65亿元，下降13.4%；省级收入3.33亿元，增收0.09亿元，增长2.8%；市级收入10.19亿元，增收1.27亿元，增长14.2%；区级收入16.45亿元，增收2.57亿元，增长18.5%。

工作概述

【基层建设】 结合实际，确立“一个文体活动中心、三处办公地点”的集中办公思路。三年中，先后投入资金550余万元，对3处基层集中办公场所，5处食堂进行全面改造；为6个基层单位更新了办公桌椅、橱柜80余套，微机设备130余台，工作用车辆6部。完善了党员活动室、职工书屋、职工活动场所；解决基层单位冬季取暖问题。

【税收征管】 开展欠税清理。共对100户欠税纳税人清理入库欠税492万元，加收滞纳金46万元。开展耕契两税清理清查。对85户企业清理入库耕契两税税款6691万元。试点运行企业所得税社会化管理模式。选取了2011年入库税款1000万元以上的企业所得税重点税源，开展企业所得税社会化管理试点工作，调增企业所得税额2574万元。开展餐饮业所得税核定征收工作。全年餐饮业企业共缴纳企业所得税261.3万元，同比增长843.3%；缴纳个人所得税172万元，同比增长647.8%。集中开展土地增值税清算。对辖区内9个房地产开发项目进行了土地增值税清算，补征税款1200余万元。

【综合治税】　推出社会综合治税工作新举措——“税企联谊桥”QQ交流群。累计发布各项税收政策、通知公告60余条，税企互动解答问题140余个，企业互动解答问题100余个，已有包括地税各科所、街镇综合治税部门、重点税源企业在内的用户320余户。

【税收执法与服务】　全年组织400户纳税人进行纳税情况自查，自查入库税款502万元，滞纳金58万元。完成31户企业税收专项检查任务，查补入库税款、罚款154万元。查结各类举报案件12起，查补入库税款708万元，罚款300万元。将上年纳税50万元以上的551户企业列入重点税源监控范围，占分局总收入的70%。全年落实85户企业税收优惠政策，直接减免所得税税额1154万元，通过减计收入、加计扣除等方式减免应纳税所得额6957万元。规范“一站式”“免填单”“免排队”服务，开辟了“办税绿色通道”，开展“党员示范岗”活动。上线“办税服务厅绩效管理系统”。开展“地税局长服务日”和“科所进厅服务日”活动，全年累计接待各类咨询1500余人次，受理问题200余件，发放税收宣传资料4000余份。

【干部队伍建设】　年内组织脱产培训3期，参训人员94人次；组织各类考试20余次，540余人次参考，实现教育培训全覆盖。组织开展科级竞争上岗工作，并进行轮岗交流，人员配置得到优化。

【党风廉政建设】　落实党风廉政建设责任制。坚持“一把手”负总责，逐级签订党风廉政建设责任书、家庭助廉责任书，一级抓一级，层层抓落实。开展廉政教育。学习《廉政准则》等有关党风廉政建设的文件规定，参观廉政展览、观看廉政视频等，提高拒腐防变的能力，坚持每月两期《廉政提醒》制度，累计下发《廉政提醒》77期。推进行风建设。结合“加快科学发展，建设美丽泉城”大形势，在全局干部职工中开展“三个怎么办”大讨论。加强思想道德教育、岗位职责教育、典型示范教育，建立健全年终考核制度、末位谈话制度、内外监督制度、行情通报制度、责任追究制度。行风评议取得执法单位第二名的好成绩。

（于昭瑞）

济南市地方税务局长清分局

经济概况

2012年，长清区实现生产总值204.2亿元，同比增长9.7%，其中：第一产业实现增加值26.6亿元，同比增长4.5%，占生产总值的13.03%；第二产业实现增加值85.7亿元，同比增长11%，占生产总值的41.97%；第三产业实现增加值91.9亿元，同比增长9%，占生产总值的

45%。产业结构优化，三次产业结构实现“三二一”排序。

收入概况

2012年，全局组织各项收入10.7亿元，同比增收2.72亿元，增长34.07%。其中：中央级1.85亿元，同比增收9464万元，增长105.3%；省级1.78亿元，同比增收1336万元，增长12.83%；市级2.57亿元，同比增收3691万元，增长16.78%；区级5.13亿元，同比增收1.27亿元，增长33.06%。

工作概述

【税收征管】 党组成员深入重点税源企业，开展税收调研，内部加大分析预测考核力度。全年将房产税、土地使用税、印花税、土地增值税和资源税作为管理、评估和检查的重点，引导和联合办镇开展房产税、土地使用税专项清理。在省、市局指导下，加强国际税收管理，当年入库税款7800万元，取得历史性突破。开展人性化稽查，进行税务稽查前的二次自查告知提醒，自查阶段入库税款499万元。规范餐饮和石子加工行业所得税的管理，清理入库城市配套费应征契税100万元，多次组织开展货物运输业、驾校培训业、餐饮业和委托代征单位专项检查，公平税负，提高行业管理水平。

【风险防控】 完善制度化解执法风险，严格和规范税务登记注销、非正常户认定等办法，优化外出经营证明开具缴销、外埠纳税人报验注销、代开发票、网开发票和二手房交易等五项办税流程，重新明确跨办镇工程税收管理。“税收执法风险防控平台”完善优化，贴近地税工作实际，得到省市局主要负责同志的肯定，入选市局第三届“十佳创新项目”。

【纳税服务】 优化办税服务，落实税收优惠政策，发挥税收职能作用，呈报的《关于进一步加强协税护税工作的建议》、在区委理论中心组学习会作“招商引资，财源建设”专题报告、在全区开展综合治税专项辅导，助力全区各项事业发展。

【行风建设】 强化税收宣传，开展地税“开放体验日”活动，“地税杯”税收动漫大赛引起强烈反响，部分作品获国家税务总局表彰。强化工作问责和督察督办，增强工作执行力，连续3年蝉联全区优化发展环境民主评议执法部门第一名。

【干部队伍建设】 改善基层办公和生活条件，对新录入人员进行“体验式”培训，迅速进入工作角色。教育培训贯穿全年工作始终，有13人次入选省市局业务能手，创历史最好成绩。按照市局的总体部署，理顺和规范机构职能，科学严谨、公开透明地进行科级干部选拔，充实中层干部队伍。

（靖心悦）

章丘市地方税务局

经济概况

2012年，章丘市实现地区生产总值678.7亿元，增长10.5%。其中，第一产业实现68.4亿元、第二产业实现409.2亿元、第三产业实现 201.2 亿元，分别增长 4.8%、11.4 % 和 10.7 %。三次产业比例为 10.1 ∶ 60.3 ∶ 29.6 。

收入概况

2012 年，章丘市地税局共组织各项收入 23.11 亿元，同比增长 15.50 %。其中，中央级完成 3.06 亿元，同比下降 12.77 %；省级完成 1.98 亿元、市级完成 2.73 亿元、县级完成 15.32 亿元，分别增长 9.58%、2.74% 和 27.49%。

工作概述

【税收征管】 探索创新集中办公后税源专业化管理新模式。打破地域征管范围和各自为战的管理局限，重组管理力量，在保持税务所实际执法主体地位、工作人员所属税务所不变的前提下，对管理人员岗位、权限以及工作流程等进行整合，推行属地外分管理与行业外分管理相结合的税源管理方式，建立税源管理内部互动机制，形成税源管理信息“提报—审核—转办—落实—考核”的科学规范流程，建立税源管理工作一体化协作格局。加强税源精细化管理。加强起征点提高后个体税收的管理，对 1319 户纳税人的定额进行调整，起征点以上纳税人达到了 1414 户，占比由 3.05% 提高到 9.10%；对辖区内地税管理所得税的 34 户餐饮企业确定应税所得率，全部推行按应税所得率核定征收企业所得税；加强印花税核定征收管理，年内印花税核定征收户达到 5507 户，入库印花税 3730 万元。

举办“优化税收环境服务企业上市”座谈会，为企业上市提供全方位税收服务

【纳税服务】 建成高标准、规范化的办税服务厅；实行发票预约服务；利用“一站式”咨询模式节约纳税人的办税时间。免费开展税收政策辅导活动 60 余场；在新闻媒体开辟“地税诚信纳税企业风采”专栏，召开“优化税收环境，服务企业上市”座谈会，打造和谐税收环境。

【基层建设】 在全部实现集中办公的基础上，将所有基层单位的经费、车辆、办公用品等集中，由机关统一归口管理，提高管理效率和使用质量。机关办公楼和纳税服务中心的装修改造、职工书屋建设、办公家具更新、集中办公区职工食堂升级改造全部完成，基层办公生活条件得到改善。被评为“全市地税系统基层建设优秀单位”。

【党风廉政建设】 6 月，在济南市地税系统县级局中第一个成立机关党委。设立 7 个党支部，对全局党员关系进行集中接转，完善党组织设置。编发《税苑兰花草》廉政期刊；坚持“一岗双责”，层层签订《党风廉政责任书》，将党风廉政建设分解落实到每个人；建立政风行风定期明察暗访机制，定期通报。

【干部队伍建设】 开展有针对性的、实用性的教育培训，组织业务考试15场。有5人参加国家税务总局企业所得税业务考试，取得优异成绩，其中，3人进入省级人才库，2人进入济南市级人才库；在全省地税系统骨干人才选拔考试中，共选派13人参加考试，有7人获得省级骨干人才称号，有6人获得市级骨干人才称号。其中，3人考入全省前20%，有1人取得税收管理岗全省第1名的优异成绩。按照程序，本着“公平、公正、公开”的原则开展股级干部竞争上岗工作，共有14人走上股级岗位。对23名股级干部进行调整交流，占全部股级干部的68%。对56名一般干部进行调整，调整交流人员占全部在岗干部职工的58.09%。

【精神文明建设】 探索创新地税文化建设，实施“一五四三”项目，明确以“勇做齐鲁地税管理与服务领跑者”为引领的章丘地税愿景和以“正心为民、忠心于公、贴心服务、精心善管、同心聚众”为内容的章丘地税品格，创立以“春日、春风、春雨、春泥”四大篇章组成的“春暖工程”文化建设品牌，建立起一套科学细致、系统完整、内涵深刻、具体实用的文化体系，被评为济南市地税系统优秀创新项目。被授予“全国职工书屋”、全省地税系统“基层建设优秀单位”、全市地税系统“目标管理考核优秀单位”、章丘市“党风廉政建设标兵单位”“政风行风建设标兵单位”、全方位目标管理考核第一名等多项荣誉称号。

（郑洪树）

平阴县地方税务局

经济概况

2012年，平阴县实现生产总值164亿元，同比增长11.5%。其中：第一、二、三产业增加值分别为26亿元、91亿元和48亿元，分别增长4.8%、13.3%和10.0%，三次产业比例由上年的13.4∶63.9∶22.7调整为15.8∶55.2∶29；实现地方公共财政预算收入8亿元，增长33.4%；完成全社会固定资产投资129亿元，增长32.6%。

收入概况

2012年，平阴县地税局共组织各项收入6.93亿元，同比增长19.69%。其中，县级公共财政预算收入完成3.95亿元，同比增长31.48%，占全县公共财政预算收入的49.37%。

工作概述

【收入质量】 一是重点税源分级管理，细化税源控管措施。年纳税额100万元以上的70户重点税源企业实现各项税收收入4.63亿元，同比增长9.41%，增收3982万元。二是零散税源社会化税收管理，做好“以证控税、以药控税、以地控税、以票控税”等税收管理工作，贯彻落实《山东省地方税收保障条例》。

【税源管理】 完善分行业税源专业化管理，提高分行业税收管理质效。机械建材业重点税源三级管理，建立日常税源巡查、分级税源巡查机制，修订纳税人房产、土地信息。医药食品电力加强新建扩建企业和企业搬迁行为的“收购土地使用权”环节税收管理。建筑房地产行业管理创新“科学化、精细化、规范化、一体化、社会化”的“五化”管理思路。金融业税收管理“抓源头，严监控、细排查”，重点加强应收未收利息收入的税收管理工作。个体税收管理创新“核、定、调”的管理新路子，加强以票控税管理，合理提高个体税负水平。

【税收执法】 围绕“解剖分析、查管互动、挖潜堵漏，推动征管质效持续改进”的工作思路，组织开展税收专项检查工作。开展资本交易项目股权转让行为专项核查、财产保险企业解剖调研式检查。做好分行业检查、电子查账、稽查建议、查管互动等工作，以查促收、促管、促依法治税工作。成立政策管理审理小组，落实税收优惠政策，组织业务知识培训，提高税收政策水平，加强执法风险控制，提升执法风险防范能力。构建集约型纳税评估新机制，采取整合业务骨干力量专业评估和委托中介机构独立评估相结合的方式，开展制造、金融和交通运输业纳税评估工作，加强企业对外支付销售佣金、企业融资、城市改造工作中土地收购补偿款、建筑物拆除等环节税收管理工作。

【纳税服务】 开展“征纳共盈”服务品牌建设，倡导个性化服务，开创多元化服务模式。装修新的办税服务厅，配备各类服务设施和设备，实施服务流程推送，制作纳税知识“小便笺”，提供税控机免费检修等延伸服务，实现硬件设置标准化、纳税引导前瞻化、服务过程链条化、服务资料精细化和延伸服务人性化。

着力构建集约型纳税评估机制，图为税务干部深入重点企业开展纳税评估

【干部队伍建设】 优化人力资源配置，提高学习能力。组织竞争上岗，实施岗位交流调整，选拔5名股级干部充实征管一线。搭建学习平台，实施分岗分类业务培训，7人入选省、市局业务能手（骨干人才），创建学习型地税组织。开展廉洁从税、纪律教育、廉政风险“回头看”等教育活动。开展行风品牌建设。贯彻党的十八大精神，建立健全基层党组织体系，组织开展学习，开展税收宣传、职工文体活动等。发挥集中办公效能，规范公务车辆管理，提高行政效能。荣获全省地税系统基层建设先进集体称号。

（张树恒）

济阳县地方税务局

经济概况

2012年，济阳县地区生产总值完成199.45亿元，同比增长13.6%。其中，第一、二、三产业增加值分别完成43.64亿元、102.12亿元和53.7亿元，分别增长4.95%、16.68%和12.33%。全社会固定资产投资完成138.75亿元，增长21.7%。实现地方财政收入10.02亿元，同比增长25.18%。农民人均纯收入达10749元，增长13.1%。

收入概况

2012年，济阳县地税局共组织各项收入7.73亿元，同比增长25.31%，增收1.56亿元。其中：县级收入5.06亿元，同比增长18.8%，增收8012万元。

工作概述

【税收征管】 加强代开发票管理和对临时户、零申报户的审核和控管。开展高收入者个人所得税自行申报工作，受理个人所得税自行申报199户，完成市局分配指标的114.4%。加强外籍人员个税管理，78名外籍个人申报缴纳个人所得税31.2万元。及时督导企业开展土地使用税补差工作，补缴土地使用税300余万元。落实土地增值税核查工作，25户企业共补交土地增值税1382万元。清缴欠税459万元。加强对外出（来）建筑安装企业的税收管理，320户外来（出）施工企业入库税款3210万元。在全局开展了为期2个月的税种专项检查，查补所得税、土地使用税、房产税等1378万元。

【税收执法】 开展税收执法考核。对省局要求考核的包括设立登记逾期（未）办结率等9个考核指标，运用税收执法管理系统进行重点监控考核，强化执法过错责任追究，有效降低执法过错数量和执法检查过错疑点数量。落实减免税政策。个人所得税和个体工商业户起征点调整，减免140万元，福利企业减免29.38万元，小型微利企业减免18.6万元。经济阳县局重大案件审理委员会审理，对山东旺旺食品有限公司减免契税213万元。开展税收检查。年内辅导企业自查自纠209户，自查入库税款、滞纳金860万元。专项检查纳税企业45户，日常检查11户，注销检查16户，查补税款、滞纳金、罚款268万元。开展企业所得税汇算清缴，344户企业办理企业年度申报，补缴税款1640万元。大力开展纳税评估，完成评估户数82户，评估税款88.9万元。

【干部队伍建设】 抽调业务骨干，参加市局组织的各类专题业务培训。通过考试选拔骨干人才30名，赴青岛大学学习培训。组织干部职工研读“十八大”报告、聆听党的十八大宣讲团成员宣讲。优化干部队伍结构。完成机构改革。调整、交流14人。通过竞争上岗，选拔中心税务所长1名。开展干部选拔工作，选拔10名正股级干部，进行人员调整。加强和谐地税建设。继续开展为干部职工“过生日、送蛋糕”、健康查体、“七一”前夕走访慰问困难老党员等活动，分别组队参加市局第三届登山比赛、全县乒乓球比赛等文体活动，获得登山比赛二等奖。

加强教育培训，举行骨干人才选拔考试

【基层建设】　做好集中办公后续管理工作。拟定《孙耿集中办公地点税源专业化管理实施方案》，对集中办公后税源专业化管理工作进行探索。改善基层办公环境。报经市局批准，投资70余万元，对垛石中心所办公楼进行维修改造，改善基层工作、生活环境。建立经费保障长效机制。经县局争取，县政府下发文件：自2011年起，以2010年县、镇（办）地税经费支出数为经费基数，随地方税收收入的增长而增长，暂按1 : 0.8确定。各中心所所需税务经费，由县局按预算拨付，实现基层中心所经费与乡镇脱钩。县局被省、市两级地税局评为基层建设优秀单位。

（王桥政）

商河县地方税务局

经济概况

2012年，商河县完成地区生产总值128.16亿元，增长10.6%。三次产业比重调整为30.0 ∶ 39.4 ∶ 30.6。第一产业实现增加值38.45亿元，增长4.9%；第二产业实现增加值50.43亿元，增长14.7%；第三产业实现增加值39.27亿元，增长11.4%。三产结构合理，第二产业的比重增加，三产比重提升。

收入概况

2012年，商河县地税局累计组织各项收入4.0亿元，同比增收8196万元，增长30.45%。其中：中央级收入完成2659万元，同比增收146万元，增长5.81%，省级收入完成3737万元，同比增收596万元，增长18.97%，县级收入完成33616万元，同比增收5814万元，增长20.91%。

工作概述

【税收执法】　建立收入质量评价指标体系、税收执法风险预防控制机制、整改落实机制和责任追究制度，完善查管互动工作机制，用制度保障依法治税。全年实现原始执法零过错。实现稽查“以查促依法治税”。全年组织自查73户，查补税款、滞纳金总额370多万元，组织检查24户，查补税款56万元、罚款41万元、滞纳金10万元。

【税源管理】　采取分片包干的方式，对全县纳税人的征管信息、纳税信息和综合治税信息进行分析比对，加强税收电子数据应用管理；定期召开管理例会，建立税收预警定期分析制度，通过在线监控系统和对一户式电子档案对比分析，提出加强税源管理的意见和建议；建立数据管理长效机制，提高数据质量。全年处理预警任务172项，涉及53户纳税人，补缴各项税款390.45万元；对25户企业开展纳税评估，入库税款23.69万元。

【干部队伍建设】　采取党委中心组学习、举办阳光心态讲座、学习十八大精神专题培训班、发送电子廉政刊物《清风苑》等形式，加强干部职工学习。执行干部教育培训三年规划，年内完成最后一批业务骨干培训班，实现三年对全体干部轮训一遍的目标，组织开展日常培训，提高岗位技能和执法服务水平，在济南市地税局举办的纳税服务技能大赛上获团体二等奖；成立巡查督导队、聘请特邀监察员、公开举报电话等，接受监督，加强廉政建设。

不断加强税收宣传，县地税局联合国税、财政、工商，举办联合税法宣传活动

【纳税服务】　初步形成“始于纳税人需求，基于纳税人满意，终于纳税人遵从”的纳税服务新格局，开展工作作风整顿活动，严肃工作纪律，规范工作行为；推行实施“周配档、周通报、周评价”工作方式，推动工作落实；对部分较偏远的纳税人，印制“纳税服务联系卡”，提供预约服务、上门服务；设置导税咨询台，绿色通道，实行发票发售、代开发票免填单服务等，缩短纳税人办税时间，提高服务效率；实行办税服务厅中午值班制度，方便纳税人，密切征纳关系，提高服务质量。

（贾意美）

青岛市地方税务局

经济概况

2012 年，青岛市实现国民生产总值（GDP）7302.11 亿元，同比增长 10.6%。其中，第一产业增加值 324.41 亿元，增长 3.2%；第二产业增加值 3402.23 亿元，增长 11.5%；第三产业增加值 3575.47 亿元，增长 10.5%。全市完成固定资产投资 4153.9 亿元，增长 22.3 %。实现外贸进出口总额 732.08 亿美元，增长 4.2%。年末全市户籍总人口为 769.56 万人，增长 0.42%。城市居民人均可支配收入 32145 元，增长 12.5%；农民人均纯收入 13990 元，增长 13.1%。

收入概况

2012 年，全局累计组织各项收入 500.2 亿元，同比增长 18.5%。其中，完成公共财政预算收入 399.7 亿元，同比增长 18.2%。主要表现为“两高”“两快”。“两高”：一是税收增幅较高。税收增幅在上年增幅超过 30% 的基础上，实现持续平稳增长。二是对地方财政贡献度较高。年内组织地方级税收占青岛市财政收入税收的比重为 73.27%，创“十一五”以来新高。“两快”：一是财产类税收增长较快。财产类税收完成 129.3 亿元，增长 27.3%，增幅比四大主体税种高 12.7 个百分点。二是第三产业税收增长较快。第三产业税收完成339.4亿元，增长20.5%，增幅比第二产业税收高6.5个百分点，占各项收入比重达到67.9%。

工作概述

【税收征管】　加强高盈利行业管理。集成了“地楼房一体化管理系统”，实现对房地产建设、销售、转让、清算等各环节税收的全程控管，征收房地产业税收134.3亿元，增长25.4%。开展银行业营业税与贷款规模比对，征收银行业税收43.4亿元，增长48%。加强高增值资产管理。争取国土房管部门的支持，通过以地控税、房产税清查等方式，组织土地使用税24.2亿元，增长19.5%；征收房产税18.6亿元，增长29.7%；加强与工商部门的配合，实行“先完税、后变更”，征收股权转让个人所得税9.2亿元，增长近1倍。加强高流动税源管理。强化非居民税收源泉扣缴，加强“走出去”企业税收管理，征收涉外收入73.8亿元，增长22.1%。密切与中级人民法院的协作，在财产拍卖环节实行“先完税、后执行”，增加税收4303万元。加强高收入人群管理。搭建高收入人群管理系统，开展两处以上所得比对，提升高收入者税收比例。年内，全市中低收入者工资薪金个人所得税下降33%，个体工商户个人所得税下降10%，而高收入者个人所得税增长11%。

【信息管税】　搭建智慧地税管理平台。在系统内挑选精兵强将，上下联动、团队攻关，自主研发“智慧地税管理平台”，实现对组织收入、征收管理、执法服务等的实时监控和动态管理。推进存量房评估工作。在市内四区试点的基础上，在五市三区全面上线运行存量房评税系统，在青岛市存量房交易面积下降9.5%的情况下，存量房交易实现税收9.5亿元，增长14.8%，增加地方税收，从源头遏制了“阴阳合同”虚假申报问题。提升第三方信息利用水平。获取各部门的第三方数据，与征管数据进行逻辑关联和比对，全年采集各类信息21万条，增加税收15.5亿元。

【依法行政】　规范执法行为。出台《税收规范性文件制定管理办法》，上收基层局规范性文件制定权，清理废止和失效文件123件；联合青岛市国税局，制定全市统一的税务行政处罚标准，对七大类52项处罚行为，明确裁量基准，规范自由裁量权。加大执法力度。开展税务稽查。年内查结纳税人984户，稽查查补入库税款、滞纳金及罚款（含自查）7.8亿元。与公安部门联合行动，查处“1.05”发票专案，捣毁各类发票违法犯罪团伙7个，查获虚假发票5.2万份，涉案金额10亿元。严格执法监督。构建涵盖8个环节、43个收入质量评价指标，作为考核问责的重要依据。全税收征期入库率达97.6%。

【纳税服务】　落实减税政策。按政策功能和导向汇编13大类92条优惠政策，通过“服务纳税人百千万”系列活动，走基层、送税法、解难题。年内依法减免各税48亿元。其中，落实新个人所得税法，为全市工薪阶层减税16.9亿元；落实高新技术企业等鼓励产业转型政策，减税

5.8亿元；落实提高营业税起征点等促进中小企业发展政策，减税5.1亿元。为纳税人办实事。实行“刷卡缴税直接入库”新模式，推行同城通办，实现网上开具税票和真伪校验，解决纳税人多头跑和排长队问题；免收发票工本费，举办“税收政策大讲堂”活动，免费为纳税人提供政策培训，全年为纳税人节约办税成本6400余万元；引入第三方调查机构，委托国家城调队，进行服务满意度调查，纳税人满意率达97.6%。

【干部教育培训】 实施规模脱产培训。举办脱产培训班22期、培训1000余人次；利用自己的师资和教室，开展全员信息化培训，培训干部近2000人；组织开展岗位技能大比武，选拔206名岗位能手，其中70人入选省局人才库；首次与中国海洋大学联合，举办在职研究生班，培养高学历人才。截至年底，青岛地税系统共有81名干部考取了硕士、博士，146人考取“三师”资格，占干部总数的10.2%。

【优化干部队伍结构】 公开选拔50名处级干部和17名科级干部，按照有利于提升班子整体效能的要求，调整充实基层局和市局处室班子，优化班子的年龄、知识和专业结构；选派24名处（科）级干部，到江苏等地挂职锻炼。

【创先争优】 以“为党旗添彩、为税徽增光”党建品牌为统领，各单位争创品牌党组织，涌现出“齐鲁先锋”“为民服务示范窗口”等一批省委组织部授予的品牌党组织。以“五个好、五带头”为标准，广大党员争当先进标兵，涌现出优秀军转干部标兵、信息管税标兵、稽查执法标兵、纳税服务标兵等一大批先进个人。

【党风廉政建设】 开展廉政警示教育，制作警示教育片，用身边事教育身边人；推进科技防腐，查找各类风险点255个，编制《廉政风险防控手册》，运行廉政风险防控平台，提升自我发现、自我防控风险的能力。廉政建设工作，在青岛市廉政风险防控工作推进会上进行典型交流。年内，青岛地税系统参加政风行风评议的单位，全部进入前2名，其中市局机关和6个基层局获得第1名。

（徐　涛）

青岛市地方税务局直属征收局

【税收概况】 2012年，征收局累计组织各项收入60.97亿元，比上年增长19.32%，其中税收收入58.42亿元，同比增长18.81%。

【税收征管】 组建纳税评估处，通过按月下达评估任务、召开集体审议会、实施行业解剖式评估等举措，加强纳税评估工作。年内共评估90户，补缴各项税款847.17万元，滞纳金18.8万元。加强重点税源管理。对重点税源管理员，每月下户、听取工作汇报，掌控企业生产经营、税源变动等情况，提高税源管理水平。创新银行业征管思路，做好银行业营业税代征工作。与37家银行签订委托代征协议，代征营业税80余笔，入库税款140余万元。抓好房产交易中心税收征管工作，受理业务24869笔，完成各项收入

7.83亿元，其中契税6.7亿元。完善“先税后证”和启用“最低限价系统”等举措，增收印花税、房产税、土地税924余万元。做好高收入人群的税收征管，共完成“多处所得”核查2518人，补缴税款68.26万元。做好12万元个人所得税申报工作，完成12万元个人所得税申报11113人，入库税款4.81亿元。申报人数、增幅、增量均位居全市第一。完成企业所得税汇算清缴263户，补税8178万元。售付汇税收征管实现质的突破，补税892万元。

【纳税服务】 落实国家税务总局《纳税服务工作规范》，推行一窗式管理，在青岛市房产交易中心征税窗口安装POS机，办税服务大厅设置VIP单间服务窗口。推行“免填单”服务，实施预约服务、“订单式”“双向互动式”等个性化、人性化服务举措；采取发放纳税服务联系卡、二次优先服务卡、质效评价卡等，提高纳税服务质效。利用纳税人培训学校，按行业对纳税人开展培训，全年培训140余人次，受到纳税人欢迎和好评。纳税服务中心共受理纳税申报12170笔，受理开业、变更、迁移、临时、报验税务登记603余笔，开具核销外管证800余份。完成120户重点税源企业报表的审核上报工作。办理退税业务432笔，完成679户企业上年减免税调查申报，减免税金5亿元。组织第21个税收宣传月活动。推出8个宣传项目，包括“税收万里行”等3项传统项目及“税收与世界行走日同行”等5项创新项目。

【干部队伍建设】 结合新一轮基层建设，坚持“内强素质、外树形象”目标，加强干部队伍建设。推进干部人事制度改革，选拔处级干部4名。新增一个内设机构，对19名干部进行轮岗交流。制定完善行政管理规章制度，规范工作纪律、劳动纪律。加强党风廉政建设。组织参观廉政教育基地，对特邀监察员进行换届并召开座谈会。完善内控机制，依托全省地税系统“廉政风险防控平台”，核查和处置各类风险信息33条。编制廉政风险防控手册，对230个风险点做了风险描述，剖析防控措施652条。每季度开展一次廉政风险点评估监控，全年评估、监控廉政风险点78个，落实防控措施156条。参加“为党旗添彩·为税徽增光”党建品牌创建活动，增强争先创优意识。加强干部教育培训。对企业财务会计集中培训17场次，51课时，850余人次，提高干部业务技能。重视人文关怀，启用理发室，增加干部体检项目，有针对性地开展健康讲座等。开展扶贫帮困、为社会奉献爱心活动，10名同志参与了无偿献血活动。在慈善一日捐助活动中，共捐助14560元。

（齐砚伟）

青岛市地方税务局稽查局

【稽查概况】 2012年，稽查工作以提升稽查质量防范执法风险为中心，以建设“信息化现代化稽查”为目标，发挥“以查促收、促管、促治”的职能作用，依法行政，履职尽责，提升税务稽查现代化水平。年内，开展税警联合查处发票专案、组织税收专项检查、创新推进审计式查账方式等工作，得到国家税务总局、山东省地税局的肯定和通报表扬，荣获全国税务系统打击发票违法犯罪活动先进集体、全省地方税收专项检查工作先进集体、全省地税系统电子查账工作先进单位等称号。

【稽查收入】 年内，全市稽查入库收入（含自查）合计8.09亿元，其中：组织企业自查入库5.23亿元，查补入库2.86亿元。稽查入库收入（含自查）占同期税收收入比例的1.77%。市稽查局查补入库3.55亿元，其中，组织企业自查入库1.48亿元，查补入库2.07亿元。

【稽查执法】 重大案件审理，采取稽查初审、第三方会商评审、纳税人质证陪审等方式，实施多层次专业化审理；探索新的复查工作方式，引入事务所参与集中复查的工作机制，采取分层次步骤化复查，提高复查实效。年内复查案件40余宗，复查税款700余万元；审理案件385件，审结案件383件，审结税款3.91个亿元，审结罚款5948.99万元。组织集体会审18次，提请市局集体审理6次，审理大要、疑难案件上百件（次）。

【税收专项检查】 在全市范围内组织开展资本交易、地方商业银行、房地产、建筑安装、现代服务等重点项目的专项检查；按照“管理增收”的要求，组织各区（市）稽查部门，选择税收征管相对薄弱的区域、行业或环节，有针对性地实施3个行业、2个税种及3类涉税事项的税收专项整治。

【大要案查处】 在专项检查工作中，围绕办案切入点与源头信息，落实“每处一案”和各（区）市稽查局“每局一案”的查处大要案件工作办法，选取4个重点项目实施调研式税收检查，采取联合办案、专案组模式、团队式办案等方式，全年查处百万元以上案件29件。与市公安机关联合行动，先后破获非法骗购虚开发票团伙6个，打掉贩卖假发票团伙1个，查获非法虚开发票50320份，假发票2000余份，涉案金额达10亿余元。对涉案发票的“买方市场”开展为期三个月的专项整治，检查涉案发票11621份，查补税收收入1905万元。全国打击发票违法犯罪活动工作协调小组办公室下发《全国打击发票违法犯罪活动工作简报》，通报青岛税警联合查处多起发票犯罪团伙案的情况。

【查管互动】 与市内各征管局重点研究推进联席会议机制、信息交流多元化和常态化、信息数据深度挖掘与应用、加大联合办案和整治力度、落实稽查建议书、稽查案件集体审理会议制度等工作。及时总结办案经验，年内向市局报送《稽查专报》6期，提出的以查促管工作建议受到市局领导的重视。

【电子查账】 融审计型检查底稿模式与电子查账软件为一体，开发审计式查账软件，从设计理念和技术层面上实现查账过程的规范化、精细化和痕迹化。年内，全市各级稽查部门完成电子查账429户，查补税款超过1.5亿元，其中审计式查账软件使用率达到50%。

【绩效评价】 优化绩效评价手段，在审计式查账软件开发的基础上，完成内控管理软件开发，构筑智能化内控管理平台，有效监控稽查各环节，实现稽查过程痕迹化、评价自动化、管理智能化、风险警示化。

【业务培训】　根据不同层次和岗位人员实际，分层、分类开展案例式、集中式、脱产式培训。年内，组织业务“大比武”竞赛，参加了全省稽查能手选拔工作。全系统参选的22名稽查骨干中，14名荣获稽查能手称号，3名进入全省前20名。

【干部队伍建设】　开展“稽查先锋”党建品牌创建活动，按照“创先争优”的工作要求，健全党建基础制度，强化反腐倡廉、预防职务犯罪和行风建设，克服在部分干部身上存在的“慵懒散”现象，营造和谐向上的氛围。

（李　凯）

青岛市地方税务局市南分局

经济概况

2012年，市南区国民生产总值（GDP）实现710.11亿元，比上年增长11%。其中，第二产业增加值63.2亿元，增长8.5%，第三产业增加值647亿元，增长11.3%。实现地方财政一般预算收入102亿元，增长16%。全社会完成固定资产投资156.9亿元，增长21.9%。全年实现社会消费品零售额366亿元，增长15.5%。实现外贸进出口总额147亿美元，增长6.5%；批准利用外资项目55个，实际利用外资达到1.4亿美元，增长53.8%。年末全区居民人均可支配收入34645元，增长12.7%。

收入概况

2012年，全局累计组织各项收入42.62亿元，比上年增长11.8%，其中税收收入40.44亿元，同比增长11.68%。

工作概述

【税收征管】　落实管理工作要求，提高税收征管质量。规范税收工作流程，修订下发档案管理、股权转让、二手房审查等业务工作规程，形成与税源专业化管理相适应的一系列的规程和管理办法。更新预警指标体系。建立由风险识别、风险排序、风险应对、查询监控4部分组成的风险预警体系。提高企业所得税风险管理水平。对企业申报资料的横向和纵向分析比对查找纳税异常情况，采取发放“风险提醒函”的方式进行催报催缴。形成以“风险管理为先导，评估检查保驾护航”的管理模式。

【税收执法】　开展税源调查，掌握税源变化，建立科学预测体系。将收入计划目标层层分解落实，加强考核。结合市南区政府组织开展的税源普查，对普查结果分类整理，运用任务派发、结果反馈的工作协助机制，指导协助市南区各办事处跟踪落实。抓落实，欠税管理工作取得成效。应用欠税管理的动态电子台账，加大对欠税企业法人的跟踪监控力度，控制新欠户增加。运用土地增值税电子清算模板，对已进入清算审查的项目分别从结论出具、资料归档、税款入库、后续管理等方面进行理顺，对未进行清算的项目及时组织进行清理。

【纳税服务】 创新纳税服务手段，提高纳税服务质效。持续加强纳税服务制度建设。利用《青岛早报》“税收周周谈”专栏平台，以故事、案例等喜闻乐见的形式宣传税法。创设月度纳税服务标兵制度，严格全员考核制度。完善纳税服务硬件设施建设。完善特约服务室特殊功能，为重点税源企业开辟绿色办税通道，实行重点税源企业办税VIP服务。持续创新纳税服务方式。完善预约服务，实行发票预约发售。在办税服务厅设置“自助服务区”，申报期内指定专人帮助解决纳税人遇到的涉税问题。成立“行为礼仪培训小组”，规范服务礼仪，为创新纳税服务奠定基础。

采取多种形式进行税法宣传。图为志愿服务小分队走进社区宣传税法

【干部队伍建设】 按照“缺什么、补什么、用什么、学什么”的原则，依托网络培训学校，突出地税特色，按需施教，确保培训质量实在管用。从强化廉政风险意识入手，开展廉政警示教育活动，组织干部参观廉政教育基地等，引导干部筑牢拒腐防变的思想防线，把反腐倡廉工作纳入目标管理。落实“一岗双责”，层层签订“党风廉政、政风行风建设责任书”，修订完善廉政风险防控手册，促进廉政工作的规范性。

（郝洁泉）

青岛市地方税务局市北分局

经济概况

2012年，市北区国民生产总值（GDP）实现330.45亿元，比上年增长9.2%。其中，第二产业增加值56.19亿元，增长10%，第三产业增加值274.26亿元，增长9%。全区实现地方财政一般预算收入40.51亿元，增长11.3%。全社会完成固定资产投资107.5亿元，增长2.3%。全年实现社会消费品零售额293.4亿元，增长10%。

收入概况

2012年，全局累计组织各项收入40.2亿元，比上年增长17.95%，其中税收收入37.63亿元，同比增长17.5%。

工作概述

【税收征管】 加强重点项目税收征管。依托社会综合治税网络平台，对市北区重大建设项目做到“项目环节无盲区、征管过程无盲点”。年内累计管控大项目86个，入库税收5.64亿元，占税收总收入的20.3%。加强重点行业税收征管。以“信息管税”为抓手，有效破解连锁酒店行业税收管理中信息不完善、不对称的管理瓶颈。对该行业查补入库税款285.97万元，增幅312%。清理欠税堵漏保增收。坚持清理防范并举，把欠税清理与税源管理、征管质效、与优化服务有效结合。至年底清理欠税2679万元。

【纳税服务】　落实纳税服务制度。推行办税服务标准化作业，落实首问负责制、限时办结制、延时服务制，做到着装、语言和行为规范，为优化纳税服务提供保障。拓展纳税服务渠道。在原有的“宁夏路街道纳税人之家”的基础上，又在青岛市大学生孵化基地成立了“纳税人之家”，为大学生就业提供税收优惠保障。整合窗口资源。推出预约服务、限时服务、上门服务等特色服务，纳税人的满意度达到99.7%。

充分依托信息化网络，推出“一机双屏”办税服务，方便纳税人办税

【干部队伍建设】　加强人文关怀。对干部职工遇到生病住院、婚丧嫁娶、岗位调动、思想包袱等，及时谈心、上门慰问，提供帮助。年内为24户干部解决历史遗留的房产证办证难问题。修订《市北分局日常考核奖惩办法》，形成制度管理人、机制激励人、精神鼓舞人的局面。坚持高起点、高层次、高标准开展群众性的精神文明创建活动，组织沙滩趣味运动会、羽毛球及摄影等6项比赛，丰富干部职工的业余文化生活。

【廉政建设】　加强廉政文化建设。以思想道德和职业道德教育为基础，以“两级三层”廉政文化管理模式为平台，以丰富的廉政文化活动为载体，增强反腐倡廉教育的感染力、吸引力、亲和力。年内被评为“青岛市廉政文化示范点单位”。严格干部监督管理。狠抓“两权监督”，做好两个责任制的分解和反腐倡廉任务的落实，强化考核、严格问责，提升干部履行党风廉政建设责任制和廉洁从政的能力。加强廉政风险防控。打造岗位质量标准管理、执法责任追究、社会外部监督“三位一体”的权力内控制度体系。扎实开展民主评议政风行风活动，促进征纳双方和谐共建和机关行政效能的提高，纳税人和社会各界对地税的满意率达99.85%。连续两年在市北区行风评议中名列执法单位第一名。

（万云军）

青岛市地方税务局四方分局

经济概况

2012年，四方区国民生产总值（GDP）实现528.45亿元。其中，第二产业增加值136.69亿元，第三产业增加值391.76亿元。全区实现地方公共财政预算收入66.12亿元。全社会完成固定资产投资230.3亿元。全年实现社会消费品零售额460.1亿元。全区实现外贸进出口总额30.03亿美元。年末全区总人口为871252人。

收入概况

2012年，全局累计组织各项收入22.75亿元，比2011年增长6.6%，其中税收收入21.43亿元，同比增长5.69%。

工作概述

【税收征管】 采取指标比对、发票核实、现场查看等方式，清算土地增值税项目12个，清算税款4800万元。清查建筑业甲方供料，入库税款823万元。清查房地产企业以往年度预收账款26户，清缴税款800余万元。采取分类核查、辅导自查、街道协查等措施强化房产税源普查，查出税款855万元。推动两处以上所得试点成果转化、深化，核实申报652人，查补入库税款及滞纳金100余万元。

【税收执法】 探索服务型行业评估模式，评估交通运输及建安业企业45户，查补税款529万元。实行逐户核实、协议清缴、以票控欠等方式强化欠税清理，清欠入库1106万元。比对国税传递“三税”信息8000余条，查出税款937万元。比对国地税个体登记信息7520条，发现同一地点同一法人办理2~3个税务登记分散开具发票个体纳税人48户，查补税款40余万元。加强举报案件查处，全年受理举报93起，100%按时限完成。实行“一户一档”式阳光注销，办理注销425户，查补税款50余万元。

【纳税服务】 举办税企“半月谈”20期，分行业、类别和共性问题座谈培训纳税人400余户。推行“同城通办”，受理跨区业务217笔，位居全市首位。开展网上培训，组织小微企业税收政策和房产、土地税等部分税收政策在线培训9期。开设流动窗口、开辟复杂业务受理专区，方便纳税人快速办税。为纳税人提供“QQ通”网上联线服务，解答网上咨询1772人次，对外发布涉税事项7875项。对10家用票量较大的信誉企业提供预约售票服务。

创新服务举措，加强同企业的沟通，定期举办税企“半月谈”

【干部队伍建设】 推进党务、政务、业务“三务合一”。开展“学身边模范、展地税风采”“三比一争创”活动。坚持季评“党员先锋岗”、支部轮办党建园地和支部之窗。年内，3人荣获市级以上荣誉称号，13人当选市局岗位能手，2人当选省级岗位能手。

【党风廉政建设】 对235个风险点进行补充确认，完成四方分局廉政风险点库建设，将风险责任落实到具体岗位具体人。落实省市局廉政风险防控平台抽取信息核查，全年核查风险信息40条。依托税企“半月谈”平台，邀请四方区纠风部门作为第三方评议机构，通过调查问卷、当面访谈及暗访等方式对分局进行常态化行风测评。被省局评为全市地税系统先进集体，被青岛市树为基层行风建设示范窗口，年度政风行风测评再次位列四方区行政执法类单位第一名。

（展永福）

青岛市地方税务局李沧分局

经济概况

2012年，青岛市李沧区国民生产总值（GDP）实现272.69亿元，比上年增长11.2%。其中，第二产业增加值133.83亿元，增长7.8%，第三产业增加值138.86亿元，增长15%。全区实现地方财政一般预算收入35亿元，增长25.4%。年内全区累计完成区级财政收入35.92亿元，同比增长24.2%。全社会完成固定资产投资254.2亿元，增长30.9%。全年实现社会消费品零售额225.2亿元，增长15.9%。全区实现外贸进出口总额23.71亿美元，增长101.8%；全年批准利用外资项目4个，实际利用外资达到16.06亿美元，增长10.2%。年末全区总人口为315196人，居民人均可支配收入32145元，增长12.5%。

收入概况

2012年，全局累计组织各项收入33.95亿元，比上年增长37.9%，其中税收收入31.03亿元，同比增长43.3%。

工作概述

【税收征管】 按“行业+属地+特定纳税人”的管理模式，整合税源管理科职能，实行征、管、查相分离，形成“专业化预警+税源分类管理+行业纳税评估”的税收管理新格局。搭建“税收风险控制平台”，对企业所得税、个人所得税、增值税、营业税等实施联动管理。

【税收执法】 依据《青岛市地税局税收执法风险监督管理办法》，进行税收执法风险监督管理责任分解，根据上级执法考核通报情况，严格按照各项指标进行考核。加强税收执法检查，重点对票证管理、企业所得税政策执行、减免税审批等情况进行检查，做到应收尽收。加大“两权”监督力度，加强对重点环节、重点岗位的监督管理。

【纳税服务】 按照人性化服务需求，实现办税服务大厅硬件建设、内部标识、服务模式、办税流程、资料受理“五统一”，按照“窗口受理、内部流转、限时办结、窗口出件”的要求，全面实行“一站式”服务和“一窗全能”办税模式，通过银联POS机缴税业务，开通网络服务叫号器，提升纳税服务质效。利用网络、媒体进行税法宣传。

【干部队伍建设】 与李沧区党校合作办学，成立税务干部培训教育基地，对全局副科级以下干部进行党性知识集中培训；组织内部培训和外请专家授课50次、116个学时，提升干部队伍综合素质能力。通过竞争上岗，1人走上处级领导岗位；22名干部进行轮岗和交流。1个党支部被评为先进党支部，纳税服务厅被评为“十佳党员示范窗口”，1人被评为“十佳党务工作者”，2人获省局业务能手，6人获市局业务能手。

【基层建设】 整合资源、优化配置。启动纳税服务中心筹建工作。改善办公条件和生活设施，及时更换 80 台计算机，对办公楼中央空调系统、消防器材等设施进行维护保养，更换 30 台饮水机，加强车辆使用、登记管理。在李沧区科学发展综合考核中，取得驻区第一名的好成绩，被评为“优秀”等次。

【党风廉政建设】 落实《廉政准则》，与科室负责人签订《廉政责任书》，组织开展发廉政短信、观看警示教育片，深化反腐倡廉教育，创新反腐倡廉教育模式，与李沧区纪委联合创建面向社会开放的“青莲苑”警示教育基地；开展职业道德和行业作风集中教育，组织走访李沧区“五大班子”、街道办事处和纳税人，对存在的问题和建议进行整改和回访，提高执法服务水平。在李沧区民主评议政风行风中，获得行政执法类第一名，“青莲苑”教育基地被青岛市确定为“第二批廉政文化建设标兵单位”。

（罗树金）

青岛市地方税务局
黄岛（经济技术开发区）分局

经济概况

2012 年，经济技术开发区国民生产总值（GDP）实现 1365 亿元，比上年增长 14.5%。其中，第一产业增加值 4.6 亿元，增长 3.8%，第二产业增加值 858 亿元，增长 14.7%，第三产业增加值 502 亿元，增长 14.3%。全区实现地方财政一般预算收入 77 亿元，增长 16%。年内实现利税总额 286 亿元，增长 12%。全社会完成固定资产投资 544 亿元，增长 22.8%。全年实现社会消费品零售额 140.7 亿元，增长 14.6%。全区实现外贸进出口总额 96 亿美元，增长 3.6%；全年实际利用外资达到 8.5 亿美元，增长 11.7%。年末全区总人口为 54.7 万人，城镇居民人均可支配收入 35354 元，增长 12.5%。

收入概况

2012 年，全局累计组织各项收入 66.2 亿元，比上年增长 14.84%，其中税收收入 57.6 亿元，同比增长 12.5%。

工作概述

【税收征管】 建立分局户籍与地方税收贡献管理机制。对区域经济税源贡献度进行全面分析。设立征管质效动态电子信息台账。对部分日常征管基础工作实行动态信息化管理。深化重点税源“体检式”风险管理。建立家电制造业和玻璃制造业评价模型，加强重点税源的风险监控。以饮食业为模板探索中小税源精细化管理。建立预警指标体系、纳税评估模型，编写行业税收控管重点指引。以纳税评估为支点，做好管评、查评、查管互动。部门之间传递书表 30 余份。强化涉税信息采集。建立涉税数据库，固定预警分析模式，分主题进行税收预警。开拓多元化评估办法，综合、专项、日常评估相结合，评估税款 1.29 亿元。

【税收执法】 加强执法责任制考核和执法预警。完善质量考评体系，定期考核通报。上报《执法预警报告》，预防和化解执法问题。开展税收专项检查，推行“审计式”稽查和电子查账，查补入库各项税款和罚款9000余万元。加大发票违法犯罪重点检查和惩治力度。查补税款、滞纳金和罚款224万元。依法落实各项税收优惠政策，减免税款2.4亿元。

【纳税服务】 实行流程化操作，制定一窗全能操作指导手册。采用标准化解答方式，打造现场、网络、电话三位一体的专家咨询岗服务平台，现场接受纳税人涉税咨询。采取人性化服务，增加自助办税装置和叫号屏显功能，简化二手房相关业务表格填写，对老弱病残孕和重点税源纳税人实行办税二次优先制度。实行经常化培训，国地税合作开展新办纳税人培训，每月单独开展两期专题培训。采取信息化支撑，加强网站建设，建立"纳税指南"栏目，及时更新各板块信息，完善在线服务功能，每月发票数据报送实现网上办理。实行绩效化考核，开展第三方评价，对纳税服务情况进行全方位调查。荣获全市地税系统"五星级办税服务厅"荣誉称号。

对大企业实行全程控管，链条式管理，全面提升大项目税收管理质效。图为地税干部到大企业实地核查

【干部队伍建设】 创建学习型组织。确立目标愿景和13项亮点工作，编写年度工作手册，修订平衡计分绩效考核办法，创设业务交流讲坛。开展创先争优活动。开展党建品牌创建、党员先锋示范岗评选、业务能手选拔等活动。荣获"青岛市为民服务创先争优示范窗口""全省地税系统先进集体"荣誉称号。推进党风廉政建设。探索建立风险控制体系。编制廉政风险防控手册，开展风险点查找，风险防控平台上线运行。获得市廉政文化建设示范点称号。在执法单位行风评议活动中，取得第2名。加强队伍建设。对办税服务厅进行扩建；启用新的图书阅览室；为广大干部办好十件实事；开展多项体育比赛活动。建立爱心基金，开展爱心捐助活动，真情帮扶2名患病困难干部职工，入选全市地税系统10件好事受到通报表彰。

（孔德政）

青岛市地方税务局崂山分局

经济概况

2012年，崂山区国民生产总值（GDP）实现364.70亿元，比上年增长10.9%。其中，第一产业增加值4.96亿元，增长0.2%；第二产业增加值203.73亿元，增长11.5%；第三产业增加值156.01亿元，增长10.6%。全区实现地方财政一般预算收入65.31亿元，增长32.6%。年内实现利税（不含青岛卷烟厂）总额56.18亿元。全社会完成固定资产投资126.36亿元，增长18.2%。全年实现社会消费品零售额105.11亿元，增长17.5%。全区实现外贸进出口总额48.97亿美元，增长9.1%；

全年批准利用外资项目27个，实际利用外资达到2.72亿美元，增长94.6%。年末全区总人口为249130人，居民人均可支配收入31473元，增长14.3%。

收入概况

2012年，全局累计组织各项收入64.04亿元，增长17.02%，其中税收收入57.2亿元，增长15.3%。

工作概述

【税收征管】 改进管理模式，完善工作机制。在行业管理上推进“三定一保”管理模式。对8300余户一般税源进行科学划分并确定税负警戒线。组织定量选案计划和评估实施，评估税款4831万元。加强核定征收力度，核定企业达865户。在涉税事项前置的基础上施行前后台联动机制，实现咨询、辅导、涉税事项办理的前（受理）后（审批）台快速联动服务。强化信息管税五个平台建设：崂山区楼宇管理信息交换平台查补税款2100余万元。联系政府搭建税收保障平台，对区相关部门提出17项涉税需求，由政府进行督办。升级国地税信息共享平台，通过自动分析比对方便地筛选出预警数据。架起税企沟通平台，举办“走进地税”活动，邀请各界代表300余人观摩交流。联合国税成立“税企海尔工作站”，构建税企风险防控平台，开展服务、评估、培训等活动8次，涉及税款1894万元。

【税收执法】 推行大选案制度。统一调度稽查和评估选案，使查评工作协调有序开展，有效避免双方因信息不畅导致的各自为政。注重运用网络公共信息打造稽查“天罗地网”式的税收稽查监管平台，确定应税地块，监控网签收入2.7亿元。推广应用审计型稽查底稿，电子查账占37%，提高稽查工作效率。建立“税警全面协作”，提高涉税案件的办案效率，巩固涉税案件的办案成果。协助崂山公安侦破“全省首例特大虚开普通发票案件”，涉案金额达3.2亿。

【纳税服务】 服务大厅全面实现“一窗全能”服务，在系统内率先配备ARM机，简化办税流程。实施免填单、在线预约审核、二次优先等特色服务。成为青岛地税的“知名品牌”，省地税局观摩团参观时给予好评和肯定，区纪委进行多次暗访给予高度评价。

加强纳税服务，建立大型企业和税务机关的沟通平台。图为国地税共同启动“税企海尔工作站”

【干部队伍建设】 开展文明创建，加强人文关怀。采用干部职工自己原创的书画作品建设走廊文化和廉政书画展，陶冶干部情操；全年举行多项文体活动，营造和谐大家庭氛围。成立“生活委员会”，提升后勤保障能力；每月开展“我行我秀”上讲台活动，全年共有44人按规定命题和自选题目登台演讲。讲稿编辑成书，供干部职工交流学习。在加强集中教育的基础上，开展“研讨式”培训学习。

【廉政建设】 抓好党风廉政建设和反腐败各项工作目标的落实，全年未发生违纪违法问题，在行风测评中取得第二名的好成绩。完善廉政风险防控手册，梳理查找廉政风险点逐一落实到岗位和责任人。落实重大涉税事项集体审议制度，全年共组织集体审议12次，提高办税透明度。制定出台“下户工作规范”，对下户实行全程监控。将廉政教育列入学习和培训的重要内容，全年组织讲座、观摩10多次，廉政走访300余人次、解决信访13起、发放信函1000多份、谈话3人次等，反腐倡廉渗透到日常工作中。

（刘　阳）

青岛市地方税务局城阳分局

经济概况

2012年，城阳区国民生产总值（GDP）完成726.6亿元，增长11.2%；公共财政预算收入57.3亿元，增长20.7%；固定资产投资364亿元，增长21.7%。到账外资6.3亿美元，增长29.5%；社会消费品零售总额146亿元，增长18.7%。

收入概况

2012年，全局累计组织各项收入42.1亿元，比上年增长11.8%，其中税收收入38.9亿元，同比增长8.4%。

工作概述

【税收征管】 建立专业化税源分类管理模式，对重点行业专业化管理，完善大企业管理机制，个体税源实施综合治理。对重点企业、行业、税种、事项实行专业化、规范化、精细化管理。制定大企业管理的六项制度，确保大额税源掌控及时不流失。全年100万元以上的96户重点税源实现税收28.8亿元，占总收入的68.41%。落实增收措施，拉动收入增长。推行模板化土地增值税清算，审查项目39个，入库税款1.02亿元；实行房产土地链条式管理，自查核查1.5万户次，入库税款4156万元；加强企业所得税汇算清缴，企业有税率提高2%，亏损面下降3%；对21个税收流失点排查，挖掘税收潜力9000余万元；建立综合治税长效机制，与区法院、工商局、国土局…实行“先缴税后执行”“后变更”“后办证”，入库税款1.1亿元；联合区财源办开展清欠工作，每月“双十”率压减考核，清理欠税8501万元。

【税收执法】 按照法律和相关规定，规范管理员下户和税收检查行为；对立案调查的案件，集体审议评价，透明公开，快查快结，维护纳税人正常的生产经营秩序，保护纳税人的合法权益。加大对涉税违法案件的查处力度，严厉打击涉税违法犯罪行为，整顿和规范地方税收秩序。落实税务行政处罚实施办法，规范自由裁量权的行使，创造公平、公正的纳税环境。年内，组织自查、立案检查企业393户，查补税款6270万元；推送320户纳税评估，缴税款及滞纳金7035万元。

【纳税服务】 推进纳税服务转型升级。办税服务实施集约化、扁平化、一体化工作流程；搭建“大厅受理、自助办理和网络传递”三个办税平台；完善“首问负责、一次告知、税警联防和税企连动”四项制度；推行“六项服务”，即导税服务、专家服务、预约服务、特殊群体服务、大企业直通车服务、自助语音导航服务，提高服务效率。办税服务厅开展“税警联防”，维护正常的办税秩序；国地税协作，进一家门办两家事；“韩资企业税收法律救济中心”挂牌成立，联合律师志愿者、韩资商会对韩资企业提供无偿涉税事项法律援助。

【干部队伍建设】 完善工作机制。落实“一岗双责”要求，层层签订党风廉政建设责任书；制定《党风廉政建设责任制分工》和《内控机制岗位风险等级描述》，完善内控机制风险防范工作平台，加强干部权力运行过程留痕控制。采取梯次培训方式，以案示教与专题培训相结合，加大教育培训力度。全年组织各类培训19期，参训105人次。年内在全省业务能手考试中，有12人获得市级能手称号，6人获得省级能手称号。落实人文关怀，增强干部归属感。利用座谈会、个别谈心等渠道征求并落实建议21条。落实中央规定，制定改进作风的17项规定，定期开展自查自纠，杜绝隐患。建立走访机制，多渠道征求意见建议，走访机关、街道、社区53个，企业563户，走访大代表政协委员220人。向纳税人发放征求意见函900份，针对纳税人的意见和建议与区纪委、纠风办研究解决，聘任16名社会执法监督员，召开座谈会，倾听各界声音。

（冯明鹏）

青岛市地方税务局前湾保税港区分局

经济概况

2012年，保税港区国民生产总值（GDP）实现110.57亿元，比上年增长5.05%。其中，第二产业增加值26.36亿元，下降1.59%，第三产业增加值84.22亿元，增长7.32%。全区实现地方财政一般预算收入5.88亿元，增长15.04%。年内生产企业实现利税总额10.03亿元，下降5.32%，其中利润6.27亿元，下降5.88%。全社会完成固定资产投资4.07亿元，下降10.81%。全年商品销售总额293.73亿元，增长3.23%。全区实现外贸进出口总额84.34亿美元，下降6.7%；全年共批准利用外资项目15个，实际利用外资达到0.66亿美元，增长67.9%。年末全区总人口为29260人。

收入概况

2012年，全局累计组织各项收入5.1亿元，增收1亿元，同比增长24%。其中，实现税收收入4.8亿元，增长26%；地方级一般预算收入3.7亿元，同比增长23%。税收收入中，中央级完成10.2亿元，增长34.5%；青岛市级完成16.8亿元，增长5.6%；市（区）以下完成30.5亿元，增长10.4%。

工作概述

【税收征管】　建立市场交易“源头管控”的代征模式。针对保税港区现有市场交易集群，探讨新的征管思路，在山东省首创利用电子商务平台实现对印花税的委托代征，实现“源头管控”。11月运行至年底，征收印花税100万余元。“化零为整”管理港口交通运输业。对依附于港口的零散运输企业，通过监控平台，构筑起“资金流、货物流、运程流”“三位一体”的税收管理方式，实现营业税增收900万元，有效防止税源流失。拓展信息平台，对港区内贸易公司对外支付涉税情况进行专项评估，确认税款230余万元。

【税收执法】　建立收入质量监控运行机制，重点加强对税收政策实施情况的督导检查。落实支持服务业、高新技术、小型微利企业发展的各项优惠政策。年内落实税收减免、加计扣除等优惠政策共计3600万元。建立健全风险防控机制，严格落实一岗两责，从税务登记、申报征收、税源管理等八个方面查找247个风险点，增强全体干部风险意识，健全党风廉政建设责任制，有效防范执法风险和职业风险。

【纳税服务】　率先在青岛地税系统范围内推出“预受理审核”服务功能，在纳税服务厅设立“预受理岗”，预先受理审核纳税人的涉税资料，对一般事务性业务实现现场办结。在办理发票领购、外管证开具、发票代开方面实现免填单服务，节省纳税人的时间，受到社会公众的欢迎和认可。

【干部队伍建设】　年内，组织开展文体活动12项，做到“月月有活动，内容各不同”。组织干部职工参加各项业务技能培训112人次，在新一轮业务能手考试中，有8人获得市级业务能手称号，占分局总人数的25%，其中6人进入省级能手行列，1人被评为“全国税务系统先进工作者”。

【党风廉政建设】　开展学习“十八大”活动，完善监督制约机制，分析研判预警数据产生原因，排查队伍中不廉洁行为、易发生违规违纪问题的“重点岗位”“重点人”。实行“党员轮流进厅值岗”制度，党员轮流进驻纳税服务大厅窗口一天，与纳税人面对面点对点的进行业务解答、政策指导，每月进行分析、总结、讲评，针对问题进行讨论研究，制定解决改进措施。

【精神文明建设】　开展省级文明单位“双学一创”活动，按照验收标准，推动各项工作提质增效，被授予“省级文明单位”称号。

（庄燕飞）

青岛市地方税务局
高新技术产业开发区分局

经济概况

2012年，青岛市高新技术产业开发区国民生产总值（GDP）增加值总量实现58.53亿元，比上年增长65%。其中，第一产业增加值与上年持平；第二产业增加值13.27亿元，增长56%；第三产业增加值10.23亿元，增长67%。全区实现地方财政一般预算收4.96亿元，增长51.7%。年内实现利税总额13.34亿元，增长23%。其中利润4.22亿元，增长40.21%。全社会完成固定资产投资100.30亿元，增长2.30%。全区实现外贸进出口总额3.42亿美元，增长84.20%。

收入概况

2012年，全局累计组织各项收入5.66亿元，比上年增长54.70%。其中税收收入5.32亿元，同比增长52.4%。

工作概述

【税收征管】 以管理增收和信息管税为重点，实行重点税源重点管理，拉伸重点行业管理链条。建立“月份税收管理分析评价报告”制度，提高税收征管水平。年内重点建设项目入库税收2.21亿元，同比增收4368万元，增长20.2%。重点税源企业入库税收2.89亿元。共有27个项目建成投产，入库土地使用税212万元，房产税167万元。“月份税收管理分析评价报告”制度实现“管理增加税收”1176.02万元，滞纳金38.73万元，纠正错误信息23户112笔数据。企业所得税汇算清缴122户，汇缴面100%，汇缴入库3501万元，同比增长998.6%。完成年所得12万元以上个人所得税申报445人，超计划117人，完成计划的137.72%，入库税款5232万元。经营性房地产房产税共入库地方各税3202万元，滞纳金30.23万元。

【税收执法】 执行岗位职责及工作流程，明确各岗位工作流程，落实责任分工，查找岗位风险点，完善风险防控措施，强化内控机制，防范执法风险。搞好税源预测分析，强化税源动态监控，及时、准确地掌握税源变化，把握组织收入主动权，提高收入质量。建立财源建设长效机制，定期召开财源建设联席会议，搭建以财源办为主导的涉税信息采集平台，全面、及时、准确地采集涉税信息，加强涉税信息分析比对和增值应用，堵塞税收流失漏洞，实现应收尽收。

【纳税服务】 开展“走进地税”“服务纳税人百千万”系列活动，组织3个小组深入260家企业进行走访，对研发费用加计扣除等优惠政策进行宣传、落实，辖区内的高新技术企业加计扣除1408万元，享受所得税优惠550万元。开展导税服务，实行纳税服务前置，开展友情提示，提供个性化辅导。年内举办新办企业培训12期，累计培训纳税人154人次，举办纳税人政策辅导15期，累计培训纳税人463人次，开展送税法上门辅导55次。

广泛开展纳税人税法培训，举办纳税辅导大讲堂

【干部队伍建设】 在主题月开展“基础工作巩固提升月”和“岗位技能掌握提升月”活动。开展征管改革研讨活

动和文明创建活动。制订《高新区分局行政管理若干规定》，修订《高新区分局岗位职责和工作流程》。税收动漫片《税》制作完成并代表青岛市地税局参加"第八届全国税收动漫大赛"。开展"动漫宣税收进幼儿园"、军民共建、庆"八一"走访慰问等一系列活动。组织全体税务干部参观军史馆，接受国防教育。

【党风廉政建设】 坚持党风廉政建设与税收中心工作相结合，健全党风廉政建设责任制，签订《党风廉政建设责任书》。参观青岛市廉政教育基地、城阳区廉政教育基地、山东地税系统案例巡回展。观看教育片《忠诚与背叛》，发挥《廉政文化园地》作用。抓制度落实，做好班子成员重大事项申报制度，组织全体干部查找岗位风险点，提高风险防控意识。

（马仁山）

即墨市地方税务局

经济概况

2012年，即墨市国民生产总值（GDP）实现787.97亿元，比上年增长14.3%。其中，第一产业增加值56.8亿元，增长3.1%；第二产业增加值417.65亿元，增长15.1%；第三产业增加值313.52亿元，增长15.3%。全市实现地方财政一般预算收入50.62亿元，增长33.6%。全社会完成固定资产投资538.3亿元，增长24.6%。全年实现社会消费品零售额264.34亿元，增长16.1%。全市实现外贸进出口总额47.63亿美元，增长4.0%；全年批准利用外资项目79个，实际利用外资5.6亿美元，增长60%。年末全市总人口为1133970人，居民人均可支配收入28609元，增长12.6%。

收入概况

2012年，全局累计组织各项收入26.78亿元，比上年增长7.14%，其中税收收入25.03亿元，同比增长6.46%。

工作概述

【税收征管】 完善岗责流程，实现征管流程再造。以征管流程为导向，明确各部门、各岗位在税源专业化管理工作流程中受理、审查、调查、核实、审核和审批的职能分工，构建分工协作、相互监督的税源专业化管理体系和监控机制；通过加强临时征收户核销和非正常户核销，严格户籍管理制度，规范税务登记库。年内登记开业状态为28435户，其中单位登记14674户，个体12913户，其他登记848户；加强发票管理，实现以票控税，通过发票管理系统对"票表比对"异常数据进行强制监控，对税控系统自动比对出的异常信息及时进行评估核实，补缴营业税及附加256.9万元。

【税收执法】 规范减免税政策，对符合税收优惠政策的120余户企事业单位办理减免税审批事宜，涉及税款9588余万元；加大税务检查、清算力度，查结案件64户，查补入库税款755万元；对符合土地增值税清算条件的23个房地产开发项目进行清算，清算补缴土地增值税6278万余元；加强股权转让税源监控管理，对拟上市企业股东股权变更政策把关，依法征收个人所得税212万元；加强与国土等部门的合作，通过信息交流、比对，查补城镇土地使用税16788万元，耕地占用税6912万元，契税7613万元。

【纳税服务】 考虑纳税人合理需求，按照提高办税效率，降低办税成本的要求，为纳税人提供高效便捷的纳税服务。启用24小时无障碍自助办税服务厅，建立实体、网上、自助办税服务厅“三位一体”、优势互补的办税服务新体系；开发应用“影印扫描系统”，有效解决纳税人重复报送资料，手续复杂的问题；成立“纳税人维权中心”，畅通维权渠道；推行“智能监控评价系统”，实施人机结合，全程监控，效果评价，实现办税效能最大化；开展分类辅导，依托纳税人培训学校，定期开展分类分税种培训，全年共有1200余新办证纳税人和3000人次行业纳税人参加培训；完善工作流程，确保“先税后证”，强化综合治税，确保房地产交易无漏管漏控，保证税款应收尽收。

【干部队伍建设】 组织税收业务脱产培训、信息化培训、岗位练兵和“青春献地税”青年论坛，重温入党誓词，开展“提高文明素养，树立文明风尚”“治理慵懒行为”“党员奉献日”“创建文明城市”“创先争优”“为党旗添彩·为税徽增光”党建品牌创建等活动，发挥基层党组织的战斗堡垒作用和党员的先锋模范作用。

【党风廉政建设】 建立健全党风廉政建设领导体制，成立“党风廉政建设和反腐败工作领导小组”负责全局党风廉政建设责任制的制定、落实、实施工作；编写《廉政风险防控工作手册》，对各等级廉政风险点的防控指标、防控措施以及承担风险的责任部门、责任岗位和责任人作了详尽说明，有针对性地做好事前防范；参加“行风在线”活动，就听众关心的涉税问题作出解答和电话回访，听众回访满意率100%，民主评议政风行风活动中发放问卷调查表760份，社会各界对地税部门的工作满意率达99.4%，政风行风建设取得实效。

（张　喜）

胶州市地方税务局

经济概况

2012年，胶州市国民生产总值（GDP）实现754.28亿元，比上年增长14%。其中，第一产业增加值47.68亿元，增长3.3%；第二产业增加值418.85亿元，增长15.7%；第三产业增加值287.75亿元，增长13.3%。全市实现地方财政一般预算收入45.06亿元，增长25.3%。年内实现利税总额198.3亿元，增长12.7%，其中利润114.7亿元，增长21%。全社会完成固定资产投资527.3亿元，增长24.6%。全年实现社会消费品零售额223.3亿元，增长16.5%。全市实现外贸进出口总额61.2亿美元，增长8.4%；全年批准利用外资项目23个（过千万美元），实际利用外资5.3亿美元，增长38%。年末全市总人口为809435人，城镇居民人均可支配收入28586元，增长12.52%。

收入概况

2012年，全局累计组织各项收入30.95亿元，比上年增长21.77%，其中税收收入29.23亿元，同比增长21.93%。

工作概述

【税收征管】　围绕“管理增收”主线，挖潜增收，堵漏增收。年内，清算土地增值税6025万元，汇缴企业所得税2.39亿元，监控核查421户股权转让信息，增收1.2亿元；加大纳税评估和税收稽查力度，分别增加税收4700万元、4340万元。存量房评估税款3625万元，清理欠税3030万元。通过房产税和土地使用税清查、加强房地产拆迁安置和小产权房税收管理等措施，增加税收8000万元。

【税收执法】　严格税收纪律，加强监督考核力度，坚持依法征收、应收尽收，杜绝预收税款、混税种、混级混库等违法违纪行为，提高收入质量指标，降低执法风险。全年共查结案件67户，查补税收收入4336万元，同比增长86.9%，选案有效率、审结率、结案率等均达到100%。

全面加强税收管理，强化征管状况监控分析。图为税务干部深入企业进行税源调研

【纳税服务】　满足纳税人服务需求，打造流程运行顺畅、服务内涵丰富的“一厅全能服务平台”。具体内容包括：重新梳理服务事项，细化、优化服务流程，将服务项目由54项拓展为82项，其中的58项超过70%实现当场办结，缩短办税时间。将业务科室的审核审批岗位、管理单位的基础管理岗位，前置到办税服务厅，由纳税人发起的所有涉税事项均在大厅内完成，实现“分类辅导、综合受理、内转联动、一厅办结”的目标。

【干部队伍建设】　采取“请进来，走出去”的方式，加强教育培训。完善制度，强化监督。在廉政建设、行政效能等方面没有出现任何问题。税务干部周荣华荣获全国税务系统“地税之星”、青岛市劳模、“我身边的好税官”等称号，并荣获省局“三等功”奖励，为全局干部职工树立了榜样。民主评议政风行风工作获得全市执法单位第二名的优异成绩。获得“全省地税系统基层建设优秀单位”“全市地税系统目标管理考核先进单位”“全市地税系统五星级办税服务厅”等荣誉称号。

（张　帅）

胶南市地方税务局

经济概况

2012年，原胶南市国民生产总值（GDP）实现725.71亿元，比上年增长13.1%。其中，第一产业增加值52.31亿元，增长3.3%；第二产业增加值422.65亿元，增长14.4%；第三产业增加值250.75亿元，增长12.8%。全市实现地方财政一般预算收入51.05亿元，增长33.7%。2012年实现利税（地税+国税）总额49.59亿元，增长28.57%，其中规模以上工业利润80亿元，增长21.5%。全社会完成固定资产投资507亿元，增长22.8%。全年实现社会消费品零售额193.32亿元，增长15.2%。全市实现外贸进出口总额37.1亿美元，增长8.3%；全年批准利用外资项目46个，实际利用外资4.2亿美元，增长36%。年末全市总人口（户籍人口）为843276人，城镇居民人均可支配收入27600元，增长12.5%；农民人均纯收入13879元，增长13.0%。

收入概况

2012年，全局累计组织各项收入31.14亿元，比上年增长32.35%，其中税收收入29.64亿元，同比增长32.16%。

工作概述

【税收征管】 抓住大项目向西海岸转移、集聚的良好机遇，实施“源头监控、过程管理、及时评价”的链条式管理，组织税收12亿元，比上年同期增收4.5亿元；做好房地产业、建筑业匹配管理及税收一体化管理，通过对施工信息前置监控，“地楼房”系统应用，票表比对，建筑成本合理化控制等措施，增加税收4640万元；优化土地增值税清算流程，提高土地增值税清算效率和质量，清算税款11434万元，入库税款6699万元；率先在五市上线运行“存量房评估系统”，运用新的估价技术计算征收税款，全年征收税款6938万元，单套房产均征税款是上年同期的两倍多；组织开展征管盲点难点大讨论活动，对查找出的漏征漏管点实施集中整治，消除征管盲区和疑点，累计落实增加税款6591万元。

【税收执法】 创新税收协助机制，从法院获取拍卖信息，与法院加强执法联动，清缴欠税3451万元；安排部署房地产、建筑企业代开发票专项检查活动，严厉打击制售、使用虚假发票行为，补缴税款625万元、滞纳金52万元、罚款182万元；深化专业化纳税评估，入库税款、滞纳金3018万元，比上年同期增加2118万元；强化稽查选案，推进电子查账，丰富和完善稽查手段，组织各类稽查收入4259万元，比上年同期增加2429万元。

【纳税服务】 开展办税负担调查。对新的办税服务大厅进行整修，改善拥挤落后的办税条件；推行办税服务厅规范化建设，对大厅布局进行重新规划，增设导税员，对纳税人发起事项“扎口”办理进行试运行；推出每月20日“主题服务日”活动，开展外来施工政策、发票查询系统、纳税评估程序及发现问题、建筑业软件及政策等专题咨询；增强纳税人学校培训的针对性和时效性，累计举办培训班20余期，培训纳税人3000余人次。创新税收宣传方式，拓宽宣传渠道，开展大企业“直通车”服务以及“港区企业恳谈会”等系列税收宣传活动。

【干部队伍建设】 强化干部职工岗位技能，坚持“每周一练、每月一测、每季一考”学习制度，开展多层次分类培训，全局数据分析能力及税收成果转化能力提高，在省局组织的业务能手考试中，18人获市级能手，7人获省级能手；确定每月第一周的周五为“局长接待日”，定期组织民主生活会和谈心月活动，及时了解干部思想动态，解决实际问题，增强干部队伍的凝聚力、向心力和战斗力。被省政府评为“山东省精神文明单位”；落实党风廉政建设工作责任制，全员全岗对照查找风险点，推广应用廉政风险防控平台，建立廉政风险点动态库和风险控制手册，每月立项进行风险复核，实施风险防控前置、关口前移；召开特邀监察员换届暨座谈会，开展涉税事项回访活动，聘请纪委进行暗访，查找行风建设中存在的问题和薄弱环节，有针对性地整改规范，增强服务意识，转变工作作风，提高行政效能。年内被评为“青岛市廉政文化示范点”。

（迟锡森）

莱西市地方税务局

经济概况

2012年，莱西市国民生产总值（GDP）实现529.88亿元，比上年增长12.9%。其中，第一产业增加值52.5亿元，增长3.2%；第二产业增加值259.43亿元，增长14.3%；第三产业增加值217.95亿元，增长13.5%。全市实现地方财政一般预算收入28.98亿元，增长21.8%。年内实现利税总额71.36亿元，增长16.20%。其中利润56.58亿元，增长16.40%。全社会完成固定资产投资372亿元，增长22.2%。全年实现社会消费品零售额182.20亿元，增长15%。全市实现外贸进出口总额27.77亿美元，增长15.4%；全年批准利用外资项目46个，实际利用外资3.06亿美元，增长31.90%。年末全市总人口为73.54万人，居民人均可支配收入27594元，增长12.52%。

收入概况

2012年，全局累计组织各项收入11.42亿元，比上年增长16%，其中税收收入10.87亿元，同比增长16.70%。

工作概述

【税收征管】 建立基础数据质量保障长效机制，开展征管基础数据库维护，共清理维护数据4200余条，补充鉴定财务报表77户，财务报表的报送率由78.13%提高到98.58%；开展欠缴税款核查，核查欠税记录5191条；推行欠税常态化管理，制定下发欠税管理办法；加强国地税信息比对，加大非正常户、注销户的巡查巡管力度，规范临时征收户17235户；落实重大建设项目管理，建立大项目管理流程；实施“以税控税”，排查涉税疑点；开展企业土地登记信息核查，核实土地1671宗。

【税收执法】 落实“事前预警税收执法风险、事中监督指导税收执法行为、事后分析总结执法过错原因，及时提出整改意见”的工作机制，加强执法行为在线监控和问题分析。开展电子查账，查补各税及罚款1570万元。加大政务公开力度，对税务登记、税款征收、减免税、办税流程等事项全部公开，实现税收执法公平公正。规范税务行政处罚行为及执法文书，对涉及纳税申报类、税务登记类、发票类税务行政处罚文书制作范本，规范税收执法的合法性和合理性。

【纳税服务】 坚持“始于纳税人需求，基于纳税人满意，终于纳税人遵从”的服务理念，以推进361°纳税服务体系建设为主线，以创建“星级办税服务厅”活动为契机，规范办税服务厅管理，创新服务方式，拓宽服务渠道，加强网站建设，全面提升纳税服务的层次和水平，对纳税人发起的所有涉税事项实施“三统一”：统一办税流程、统一服务标准、统一服务承诺。实现“前台受理、内部流转、限时办结，窗口出件”的办税模式。

【干部队伍建设】 按照“定好位、收好税、带好队”的总体要求，把思想政治工作融入税收工作的全过程，加强人文关怀和心理疏导，帮助干部职工解决工作、生活中遇到的实际问题，构建和谐地税大家庭。以能力建设为主线，以基层一线干部培训和骨干人才培养为重点，采取多种方式，强化教育培训力度，提高干部职工的业务水平和岗位技能，打造一支敢打、能打、善打硬仗的干部队伍，为加快建设智慧地税、法治地税、责任地税、平安地税、和谐地税提供强有力的人才保障和智力支持。

（郝建亮）

平度市地方税务局

经济概况

2012年，平度市国民生产总值（GDP）实现704.47亿元，比上年增长13.31%。其中，第一产业增加值89.05亿元，增长3.42%；第二产业增加值353.45亿元，增长14.51%；第三产业增加值261.97亿元，增长15.33%。全市实现地方财政一般预算收入35.84亿元，增长29.82%。年内实现工业利税总额154.11亿元，增长15.42%，其中利润99.01亿元，增长14.32%。全社会完成固定资产投资427.90亿元，增长22.81%。全年实现社会消费品零售额242.60亿元，增长16.33%。全市实现外贸进出口总额18.23亿美元，增长11.93%；全市外管局到账外资4亿美元，同比增长32.41%。全市农村居民人均纯收入13593元，增长13.10%；城镇居民人均可支配收入为25420元，增长12.53%。

收入概况

2012年，全局累计组织各项收入16.30亿元，比上年增长27.61%，其中税收收入15.23亿元，同比增长27.20%。

工作概述

【税收征管】 以提高收入质量和征管水平为中心，深化信息管税，狠抓房地产、建筑业、土地增值税等管理软件应用。对全局136个房地产项目和1520个建筑项目全部纳入系统管理，土地增值税全部纳入了系统清算，强化数据的分析应用，有效堵塞税收流失。全年房地产和建筑业实现税收分别增长48.5%和21.5%。围绕管理增收主题，在全局开展税收流失点专项排查活动，查找流失点25个。全年通过强化土地增值税清算、所得税汇缴、纳税评估、房产土地税收清理等管理增收措施，增收2.9亿元，拉动税收增长33个百分点。

【税收执法】 加大执法力度，整顿税收秩序，共检查各类纳税人70余户，查补税款及罚款2120万元，查处百万元以上大案2起，其中1起典型案例入选国家税务总局案例库。通过纳税提醒、税收自查等方式，督促纳税人及时依法履行纳税义务，避免或减少不必要的 处罚。

【纳税服务】 理顺和优化内部工作流程，推行预约办税、预审导税等制度，增设办税窗口和自助办税设施。落实税收优惠政策，惠民生，促发展，依法减免税款6000多万元，建立税企联系点120多个，受到社会各界和纳税人的普遍好评，行风评议位列全市第一。

【干部队伍建设】 加强干部的教育培养和量才使用，组织各类业务培训班40余期，培训干部280人次，有21名干部入选青岛市局业务能手，4名干部入选省局业务能手。按照"月月有活动"的要求，开展了象棋比赛、登山健身、书画摄影、拔河比赛、健步行等文体活动，丰富干部业余生活。改善食堂条件，增加饭菜品种。

不断加强税收宣传，提高纳税意识。图为地税局联合工商局、技术监督局等有关部门开展执法宣传活动

【廉政建设】 强化监督制约，建立完善全员全岗廉政风险防控、日常考核和责任追究机制，结合实际，设立每月"廉政警示教育日"，开展廉政教育月、整治庸懒散等专项活动，定期开展预防职务犯罪讲座、警示教育基地参观、观看教育影片活动，增强干部廉洁自律意识。

（胡晓军）

淄博市地方税务局

经济概况

2012年，淄博市经济保持平稳较快发展。全年实现地区生产总值（GDP）3557.2亿元，按可比价格计算，比上年增长10.5%，增幅较上年下降1.5个百分点。其中，第一产业增加值123.7亿元，增长5.2%；第二产业增加值2101.2亿元，增长11.5%；第三产业增加值1332.3亿元，增长9.4%。三次产业比例由上年的

3.6：60.2：36.2调整为3.5：59.0：37.5。人均生产总值77876元，增长10%。全年规模以上工业企业增加值同比增长11.4%；实现主营业务收入10327.8亿元，增长12.3%；实现利税1280亿元，增长9.0%。全年规模以上固定资产投资累计完成1743.3亿元，增长20.5%。实现境内财政总收入518亿元，增长10.5%。完成税收总额427.3亿元，增长8.7%。

收入概况

【税收完成情况】 2012年，淄博市地税系统累计组织各项收入167.35亿元，比上年增长27.85%，增收36.45亿元。其中，中央级收入完成19.42亿元，下降6%，减收1.24亿元；省级收入完成12.49亿元，增长10.25 %，增收1.16亿元；市县级收入完成135.44亿元，增长36.93%，增收36.53亿元。

【收入分析】 第二、三产业分别增收6.25亿元、30.32亿元，占全部增收额的17.15%、83.18 %，三产成为拉动税收增长的主要因素。受铁矿石价格下降的影响，采矿业税收全年大幅度减收，下半年呈现负增长趋势。受经济下行因素影响，全市制造业税收全年低位徘徊。金融业税收保持较稳的高幅增长态势，其中，金融保险业入库9.77亿元，增长21.16%。受政策改革、加强征管和行业监控等因素的影响，资源税、土地增值税、土地使用税增幅明显，分别为181.05%、159.01%和159.01%。房地产业税收得益于土地增值税的增收，虽大幅震荡，但总体趋势向上。

工作概述

【税政管理】 开发运行“矿山远程监控系统”，实现对矿山企业的源泉控管，全市累计入库资源税3.77亿元，同比增长181.05%，增收2.43亿元。规范全市土地增值税征收管理及清算工作，补缴税款1571万元。推进全省商用存量房评估试点工作，实现全市住宅存量房和商用存量房税收管理的无缝隙覆盖。全市行政机关、事业单位实现个人所得税全员全额明细申报。反避税力度不断加大，198户企业实施关联申报，涉及关联交易金额381亿元。境外上市企业税收管理、外籍人员个人所得税汇算清缴后续管理等做法得到省局肯定和推广。

【征收管理】 应用完善“征管状况分析评价系统”，实现对全市征管数据的自动提取、分析和评价。强化对房地产业、通信业、旅游景点和停看车等重点、难点行业发票违规查处力度，发挥以票控税作用。加强纳税评估，组织所得税非地税管理纳税人专项评估、制造业及金融保险业评估和房地产企业逆向房产与计税房产比对等专项评估工作，共完成评估2195户，入库税款1.67亿元。应用完善“税收风险管理平台”，构建人机结合的税收风险管理模式。加强税收预警工作，全年处理预警任务9584户项，补缴税款8328万元。开发“税收预警复核小助手”，得到省局肯定和好评。完善“淄博市综合治税信息管理系统”，全市各级地税部门共采集各类信息6.96万条，入库税款5.9亿元。开展重点行业和重点税源企业的税收专项检查，与公安部门联合开展制售假发票违法犯罪专项整治活动，查补入库各项税款、罚款、滞纳金 1.46 亿元。

【税收执法】　完善和应用“网上执法检查系统”，有关做法在全省地税系统政策法规工作会议上作了典型经验介绍。编写 15 万字的《全省地税系统税收执法风险防范手册》，被省局确定为法制业务培训教材。做好大集中条件下省局执法责任制试点工作，在省局通报中保持自动考核零过错，得到省局的较高评价。

【纳税服务】　加强“纳税事事顺”品牌创建，发挥 12366 纳税服务热线功能，人工受话量居全省前列。拓宽服务纳税人的途径和方式，赠阅《纳税人之友》刊物 1.2 万余册，利用税法培训学校培训纳税人 4700 余人次。贯彻落实《山东地税系统办税服务厅管理规范》，结合市局基层建设工作部署，对全市办税服务厅进行标准化改造。

【信息化建设】　完成云计算和 ITIL 应用两个课题的研究，得到省局肯定并被省局确定为云计算项目试点单位。完成大集中运维、网络安全维护、网络改造升级、软硬件维护、软件开发部署、视频会议保障、技术保障等工作，保证全系统信息网络安全运行。

【干部队伍建设】　完成全市地税系统机构改革任务，在全系统推荐选拔 15 名科级干部，各区县局通过竞争上岗提拔中层干部 40 人，交流、轮岗 242 人。研究制定《关于对新进人员实行“1+2”培养工程的意见》，对新进人员实行试用期满考试考核和导师帮带制度，建立后备骨干人才库和干部成长档案。开展分级分类培训，举办各类培训 62 期；兼职教师在系统内部举办各类专题知识培训 42 期，培训 1500 多人次。33 人入选省局第四期骨干人才库，18 名企业所得税业务骨干代表市局参加国家税务总局组织的企业所得税业务考试，获得全省第一名的好成绩。

不断加强干部素质教育，业务比武如火如荼。图为市局举办 2012 业务比武暨骨干人才选拔考试

【基层建设】　全系统整修办公场所 30 处、改造暖气 23 套、改造食堂 26 个、增配图书 18830 册。全市 9 个区县局有 6 个区县局实现完全集中办公，基层办公地点由原来的 69 个减少到 26 个，减少 63%。全市地税系统 10 个独立核算单位全部建立经费长效保障机制。制定《关于全面构建基层建设长效机制的实施意见》，建立了干部队伍建设、税收管理建设、执法服务建设、作风效能建设、税务文化建设、基础保障建设“六大”长效机制，有效指导基层工作开展。

【党风廉政建设】　建立风险评估

和风险预防机制，开展基层执法人员向纳税人述职述廉活动，开展“恪守从政道德、保持党的纯洁性”教育活动和“党风廉政教育月”活动。全年共组织廉政党课10场次，廉政教育课10场次，廉政讲座和报告会15场，观看警示教育片41部次，参观各类纪念馆、警示教育基地14个（次）。5个区县局被市纪委命名为“廉政文化进机关（家庭）示范点”。省局党组成员、纪检组长、监察专员王莉莉及省局特邀监察员一行11人到市局视察工作，对市局在廉政建设、政风行风建设等方面的工作给予高度评价。

【精神文明建设】 制定《关于巩固全国文明单位创建成果 深化精神文明建设的意见》，加大文明争创力度，全系统共取得21项省级以上荣誉。成功举办全系统第五届体育运动会，在全省地税系统登山比赛和羽毛球混合团体赛中分别获得团体总分第一名和第二名。市局连续14年保持在全省地税系统目标管理考核优秀单位的优异成绩。

（张 静）

淄博市地方税务局张店分局

经济概况

2012年，张店区实现地区生产总值（GDP）723.4亿元，同比增长10.6%。其中：第一产业实现1.4亿元，同比下降22%；第二产业实现342.7亿元，增长10.8%；第三产业实现379.3亿元，增长10.5%。第一产业、第二产业、第三产业结构比例为0.19 ∶ 47.38 ∶ 52.43。

收入概况

2012年，全局共组织各项收入20.78亿元，同比增长60.16%，增收7.8亿元。扣除契税、耕地占用税入库、地方水利基金三项税费收入，共组织各项税收16.28亿元，同比增长30.85%，增收3.8亿元。其中，考核市、区级收入12.71亿元，同比增长36.39%，增收3.39亿元。

工作概述

【税政管理】 2012年，共汇缴企业所得税纳税人1528户，补缴企业所得税9269万元，同比增加5778万元；贯彻落实各项税收优惠政策，办理下岗再就业、军转干部就业、安置残疾人就业、高新技术企业、医疗、教育备案等各类减免税3340.28万元；协调、督促金融机构，加强非居民税收管理工作，代扣非居民税收136.26万元；加强房地产转让环节税收管理，入库各类税收2184万元（不含契税）；运用“淄博市存量房交易价格评估系统”对1606套交易二手房进行了计税价格核定，调高计税依据9278万元，调增契税、营业税等各类税收462万元。

【征收管理】 对前后台资源和业务流程进行有效整合，实现新旧管理模式过渡；构建“管、评、查”互动工作机制，通过整合优化各部门管理资源，综合运用各类征管手段，及时发现和解决税源管理中存在的问题，堵塞了征管漏洞；制定并推行《旅行社税收查验征收管理暂行办法》，对旅游业实行“一团一清单”

和查验征收的管理办法。自9月1日正式实施后，申报税款同比增长300%；与国税部门实现纳税业户注销联动，委托国税部门代开发票环节、超定额补税环节代征税款93万元；开展税收专项清查活动，清查入库税款792万元。

【税收执法】 研究制定《张店分局税收执法风险内审防控管理办法》，筛选17个易出现收入质量和执法风险问题的环节和风险点，制定防控办法和内审机制，以防为主，以审促防；贯彻落实监察部等三部委《税收违法违纪行为处分规定》和省局《税收收入质量违法违规行为责任追究办法（试行）》，提高防范执法风险的意识和能力。与上年初相比，申报入库占总入库税款比重由87%上升到95%，税种登记准确率由户均4.2条，上升到4.9条，申报入库率由96.42%上升到了99.75%。

【纳税服务】 整合服务资源，理顺服务流程，改进服务措施，为纳税人减负。通过合理分区、科学设置窗口及绿色通道、延时服务、预约服务、开办纳税人学校等多种服务方式，实现办税服务的规范化、标准化、人性化；实行绩效考核办法，提高前台服务人员的积极性、主动性，纳税服务质量和效率得到双提高；实行"局长服务日"制度、领导班子成员下基层"实习"制度，拉近领导干部和纳税人的距离。

【信息化建设】 试点运行税企交流平台，通过群发短信提醒纳税人按期申报，配置服务器建立电子档案，以电子资料取代纸质资料，避免纳税人重复提交纸质资料，减轻纳税人的负担，办税程序更加合理、有序、便捷，提高了税收档案管理的完整性、严密性、可调阅性。

【干部队伍建设】 年内开展"争做阳光地税人"活动，成立学雷锋小组、地税风华志愿服务队，参加植树、宣传、捐助等活动，开展"阳光心态""健康美丽时尚人生"等专题讲座；举办税收宣传人员培训班，制作税收动漫宣传片，开展廉政屏保大赛，汇编系列干部职工作品集，营造地税文化氛围。

【基层建设】 年内，开展"班子成员双访"活动、"创先争优"做先锋活动、"我是党员我承诺"活动及党员"结对帮扶"活动，发挥党组织的凝聚力和战斗力；参加全市地税系统示范所争创活动，车站中心税务所通过"示范中心税务所"考核验收。

【党风廉政建设】 广泛开展向纳税人述职述廉、上门问廉活动。开辟多渠道征求社会意见，采取"走出去"发放调查问卷、"请进来"述职述廉、电话回访、上门汇报等形式，受到社会各界的好评；开展"廉政承诺"公开公示活动、"百个科室大家评"问卷测评活动、廉政文化标准化建设达标活动、"家庭助廉"签名活动和廉政屏保设计大赛，每季度组织廉政知识考试，每月向干部职工发送廉政短信。强化干部职工"有限权力、无限责任"的执法观念，筑牢防范税收执法风险的思想防线。

【精神文明建设】 年内，荣获区级以上个人、集体荣誉35项，通过"省级文明单位”复审；被省、市局表彰为“全省地税系统基层建设优秀单位”“全市地税系统目标管理考核优秀单位”。

（刘　海）

淄博市地方税务局淄川分局

经济概况

2012年，淄川区实现地区生产总值535亿元，累计规模以上固定资产投资242.1亿元，社会消费品零售总额189.6亿元，进出口总额10.3亿美元，地方财政收入21亿元，金融机构各项存贷款余额分别达到385.2亿元和134.5亿元；城镇居民人均可支配收入和农民人均纯收入分别达到27210元、12668元。

收入概况

2012年，全局累计入库各项收入13.68亿元，同比增收2.16亿元，增长18.76%。其中：中央级入库2.1亿元，下降0.91%；省级入库8772万元，下降2.71%；市级入库21万元（残保金收入），增长22.99%；区县级入库10.7亿元，增长25.94%。

工作概述

【税政管理】 完善所得税管理。年内共计汇缴企业682户，补缴企业所得税871万。个人所得税自行纳税申报达1172人。通过外籍纳税人的个人所得税汇缴，共缴纳个人所得税320万元。抓好政策管税，将政策增长点转化为税收增长点。按照土地价值并入计税房产原值的规定，补缴上年房产税247万元。按照“严格审批、管理规范、权责对称、公开透明”的原则抓好政策性减免审批工作，年内累计减免税款1487万元。

【征收管理】 加强对重点税源、重大建设项目、重点行业的税收征管和服务，实行跟踪监控、搞好动态税源管理。开展户籍信息对比，严格新办证户管理，加强临时户监管，清理非正常户，及时梳理“营改增”涉税行业纳税人和税种登记信息。配合省、市局“营改增”纳税人调查工作，为“营改增”纳税人转型做好准备。按照“重点税源保收入，综合治税促收入，征管创新增收入”的新思路，探索税源专业化管理模式，构建“科所联动”扁平化纳税评估体系。做好社会综合治税。发挥《山东省地方税收保障条例》的作用，争取地方党委、政府支持。全年共计采集各类综合信息11850条，其中涉税信息7639条，通过综合治税实现入库收入1.3亿元。

【税收执法】 规范执法行为，提升稽查质效。强化执法内控机制建设，推行执法责任制，提升执法质量和执法形象。发挥税务稽查“以查促收、以查促管、以查促依法治税”的职能作用，内查偷漏，外促征管，强化案源和案件管理，提高选案的针对性、检查的质效性和执行的及时性，强化税务稽查促收促管作用。年内在全区政风行风评议中，分局名列执法类部门第一名。

【纳税服务】 推进办税服务场所标准化建设，优化窗口职能，推进一站式服务，促进办税服务质效的提高。开展“局长服务日”活动，接待纳税人超过100人次，处理涉税问题140多个。开展“学雷锋、做先锋、强服务、惠民生”系列税收宣传活动，初步构建起税务机关依法诚信征税和企业依法诚信纳税的“1+1税收诚信体系”。

【机构人员】 截至年底，淄川分局共设置12个部门，包括分局机关（内设9个科室）、稽查局、直属征收局、9个中心税务所，共有干部职工138人，其中中共党员110人，占总人数的80%，民盟会员1人，九三学社会员1人。

【干部队伍建设】 推进党建工作规范化、品牌化建设。机关党委下设8个支部，完成换届选举。创建“高举旗帜促和谐”党建品牌，设计统一标识，不断扩大品牌影响力。干部队伍结构进一步优化，通过民主推荐的方式对中层副职进行充实，增强科所人员的交流调整，对新进人员实行导师帮扶制，加快角色转变。加大教育培训力度。全年共组织参加省、市、区各类培训近40期，参训人员1300余人次，对干部职工进行所得税、金融业、稽查、会计等综合性培训和辅导，实现教育培训与日常工作相互促进。

【基层建设】 开展新一轮基层建设回头看活动，对三年基层建设经验成果进行总结、回顾。落实省市局基层建设的工作部署，完成对龙泉中心税务所的统一标识更换，改善工作环境，提升服务效率，丰富基层建设内涵。完善基层经费保障长效机制，严格新一轮基层建设专项资金的使用和管理，确保专款专用，在保障机关正常工作运行的前提下，办公经费优先倾向基层。分局“暖心工程”被省局评为全省地税系统十件好事。

【党风廉政建设】 贯彻落实党风廉政建设责任制，层层签订《党风廉政建设责任书》和《家庭保廉协议书》，发现问题严肃处理，从源头上预防腐败现象发生。加强税检共建，与区检察院建立定期联席互动机制，邀请检察院领导做预防职务犯罪专题报告。加强政风行风建设，参加“阳光政务热线”和“政风行风热线”节目。广泛开展向纳税人述职述廉和党务公开促监督活动，针对存在的问题进行自纠自改。年内在人大代表评议中，分局测评得分位居双管单位第一名。

【精神文明建设】 开展文明创建，分局连续11年保持省级文明单位荣誉称号，4个省市级文明称号通过复查验收。年内，全局获得71项区级以上荣誉及表彰。其中，分局荣获全省地税系统“征纳共盈”纳税服务品牌创建先进单位及省妇联颁发的幸福进家活动先进单位称号。双杨中心税务所荣获全省地税系统先进集体称号，龙泉中心税务所被表彰为全市“示范中心税务所”。1人被授予“富民兴鲁劳动奖章”，1人被授予“振兴淄博劳动奖章”，26人次获得区委、区政府及工会、团委、妇联的通报表彰，实现税收收入和文明建设的双丰收。

（司志珂）

淄博市地方税务局博山分局

经济概况

2012年，博山区实现地区生产总值（GDP）328.45亿元，按可比价格计算增长8.50%，其中第一产业实现9.78亿元，增长4.70%；第二产业实现191.80亿元，增长8.80%；第三产业实现126.88亿元，增长8.40%。产业结构由上年的3.02∶59.49∶37.49调整为2.98∶58.39∶38.63，第一产业比重同比下降0.04个百分点，第二产业下降1.10个百分点，第三产业上升1.14个百分点。

收入概况

2012年，全局累计完成各项税收收入8.09亿元，同比增收1.23亿元，增长17.91%。其中：中央级完成5196万元，同比减收1719万元，降低24.86%；省级完成6503万元，同比增收729万元，增长12.63%；市级完成8万元，同比持平；区级完成6.92亿元，同比增收1.33亿元，增长23.74%。

工作概述

【税政管理】 完善所得税管理工作，严格规范查账征收，企业所得税管理经验在全市地税系统进行推广，抓好12万元以上个人所得税自行申报工作，提前37天超额完成申报任务。开展土地使用税、房产税清查工作，全年两税累计入库1.62亿元。严格房地产企业土地增值税预征和核对征收，规范清算政策和管理，清理房地产项目5个，预缴税款787.8万元。

【征收管理】 开展征管状况分析，强化非正常户、临时征收户、发票代开、个体定税等风险点的管理。研究加强高利润、垄断性企业及重点领域的税收征管，强化纳税评估和税收预警分析，实施税收专项检查，提高税收贡献率。加强综合治税工作，密切与财政、土地、房管等部门的配合，全年累计采集各类信息9022条，治理户次6625户，新增税款6601万元。

【税收执法】 落实执法责任制，加强内控机制建设，制订执法过错责任追究方案，在省局的自动考核中，保持执法零过错。强化税务稽查，创新稽查工作方式，加大电子查账力度，加强过程监控，全年共检查各类企业72户，查补入库税款2769万元。

【纳税服务】 贯彻落实《山东地税系统办税服务厅管理规范》，对征收大厅进行标准化改造。落实首问责任制、限时办结、一次性告知等制度规定，开展“擦亮窗口，服务纳税人”“地税局长服务日”“集中服务企业发展”等活动，定期召开税企座谈会，落实各项税收优惠政策。

【信息化建设】 为基层配备复印一体机6台，笔记本电脑6台，更换计算机50余台，提升硬件管理水平。加强对大集中各类管理应用系统的运行维护。

【干部队伍建设】 执行干部人事管理制度，对全局70余名干部进行轮岗交流，增强干部队伍活力。运行考勤机系统，完善请销假及考勤制度，健全考勤机制。加强全员教育培训，在省、市局组织的骨干人才选拔考试中，4人入选省、市级人才库。

【基层建设】 开展“示范中心税务所”创建活动，实施典型带动，整体推进。

按标准建立完善党员活动室、道德讲堂、图书室等文化阵地，购置经典励志图书，为干部职工提供学习办公环境。

【党风廉政建设】 上线运行“网上廉政教育基地”，开辟税务廉政文化宣传栏，设立廉政书柜，增强干部职工拒腐防变能力。落实《收入质量违法违规行为责任追究办法》，推行“廉政风险防控平台”，促进廉政风险防范工作落实到位。加强与当地纪检监察部门的沟通协调，推进政风行风建设，分局被市纪委命名为第一批“廉政文化进机关示范点”。

【精神文明建设】 参与全市地税系统第五届体育运动会，夺得团体总分二等奖的好成绩。与博山镇谢家店村结对帮扶，累计投资近30万元，改善村委办公环境，为村民修建蓄水池。争创“全国巾帼文明岗”，开展省、市、区级文明争创活动，获得省级荣誉2项，市级荣誉11项，区级荣誉21项。

（陈　腾）

淄博市地方税务局临淄分局

经济概况

2012年，临淄区实现地区生产总值（GDP）750.20亿元，地方财政收入完成40.01亿元，各项存款余额达605.35亿元，农业总产值实现50.01亿元，规模以上工业企业发展到510家，工业总产值实现2743.56亿元，实现利税利润142.08亿元，全社会消费品零售总额实现71.65亿元。综合实力稳步提升。

收入概况

2012年，全局累计入库各项税费收入24.41亿元，同比增收7.05亿元，增幅40.61%；其中税收收入完成21.21亿元，同比增长28.62%；中央级收入4.3亿元，省级2.1亿元，区乡级14.81亿元，分别增长22.86%、24.54%、36.28%。代征工会经费832.95万元；残保金661.61万元。总收入、税收收入及会费收入均创历史最好水平。

工作概述

【税政管理】 加强上市公司限售股减持个人所得税管理，使上市公司限售股个人所得税成为地方税收的重要增长点。其做法得到省局肯定。按时完成存量房交易计税价格评估系统（商业类）上线运行。临淄分局成为全省首个单独实现商业类存量房交易系统上线的区县局。借助全区开展南部山区综合整治和化工行业综合治理的有利时机，区局介入，分别追缴税款及滞纳金7783万元、712.62万元。矿山企业综合治理走在全市乃至全省前列。

【征收管理】 加强非正常个体户的核查和清理力度，强化征管数据质量监控。坚持执法考核，强化对执法行为的适时监督。打击涉税违法犯罪行为，强化专项检查，重点抓好对资本交易项目、地方股份制银行、医疗机构及电力、房地产、交通运输业等重点行业和重点税源企业的专项整治。针对工作中的热点难点问题和管理中的薄弱环节，组织一次性税源、低税负企业、连续零申报、税收政策落实等专项评估。

【纳税服务】 加强对税务干部纳税服务工作和日常工作的考核，推行局长服务日活动，完善落实“首问责任制”“办税公开”“导税服务制”“一站式服务”“午间值班制”“日常工作纪律”等相关制度。向社会各界推出限时服务、延时服务、预约服务、提醒服务等一系列服务承诺，树立临淄地税良好社会形象。

【信息化建设】 参与淄博市存量房交易价格评估系统推广应用。开展大集中系统日常运维、各类应用软件开发维护、后台技术优化维护、硬件及视频设备保养维护等工作。

【干部队伍建设】 完成全局机构改革任务，分局机关除保留8个科室外，所有临时机构全部取消。对同一工作岗位上工作满三年以上的一般干部全部进行双向选择、轮岗交流。组织53人次外出培训学习。参加全省地税系统骨干人才选拔考试，有5人入选省级骨干人才库。

【基层建设】 围绕“七个统一”的全省规范化办税服务厅要求，对办税服务厅西大厅进行装修改造。先期建设的新办公大楼，于9月竣工使用，金岭中心税务所、南王中心税务所等4个单位进驻。年内，除保留齐都，朱台两个基层中心所外，分局全部实现集中办公。

【党风廉政建设】 完善反腐倡廉工作机制，开展廉政监督，丰富税检共建内容。推广市局“网上廉政文化教育基地”，开展廉政文化建设，推进廉政文化进家庭。

【精神文明建设】 组织开展学习党的十八大主题实践活动，开展能力年活动，加强“四德”建设。年内，获得“全省地税系统先进集体”、省级“巾帼文明岗”“齐鲁工人先锋号”等荣誉称号。一个省级文明单位、两个省级青年文明号和一个市级青年文明号单位通过复评。

（孙卫国）

淄博市地方税务局周村分局

经济概况

2012年，周村区实现地区生产总值（GDP）261.07亿元，按可比价格计算，比上年增长10.6%，其中，第一、二、三产业增加值分别完成8.04亿元、134.23亿元、118.80亿元，同比分别增长5.2%、11.1%和10.5%，三次产业比例由上年的3.3 ∶ 52.6 ∶ 44.1调整为3.1 ∶ 51.4 ∶ 45.5；全年财政收入达到13.06亿元，同口径增长15.17%；规模以上项目完成投资173.75亿元，增长20.78%；社会消费品零售总额完成136.27亿元，增长14.68%；居民消费价格总指数为102.2%；城镇居民人均可支配收入和农民人均纯收入达到2.44万元、1.23万元，分别增长12.88%、12.96%。

收入概况

2012年，全局共组织各项收入9.63亿元，比上年同期增长30.91%。其中，中央级完成5999万元，同比减收2850万元、减少32.21%；省级完成7722万元，同比增收1086万元、增长16.37%；区县级完成7.18亿元，同比增收1.38亿元、增长23.79%。

工作概述

【税政管理】 落实税收优惠政策，对小型微利、劳改、高新技术、资源综合利用和福利企业落实相关政策，共减免税款近2700万元，发挥了税收优惠政策在调结构、转方式中的引导和促进作用。

【征收管理】 加强建筑、房地产业税收管理，落实项目信息计算机控管、以票控税和“先税后证”制度，突出对外来建筑、房地产企业的控管和过往房地产开发项目的税收清算，全年建筑、房地产业税收分别完成9426万元和1.63亿元，同比增长37.83%、10.87%。加强社会综合治税，争取政府支持，协调国土、公安和各镇办开展房产税、城镇土地使用税专项检查，年内分别入库3137万元、1.02亿元，同比增长27.99%、33.75%。集中开展了重点行业的营业税检查和土地增值税清算，入库税款近亿元。

【税收执法】 落实税收执法责任制，运行网上执法检查系统，开展税收执法检查。强化税务稽查，改进稽查方式，落实新稽查工作规程，全年稽查入库各税近1400万元。

【纳税服务】 完成残保金、工会经费和各类附加的代征附征工作。以创“三优”为目标，开展“地税局长服务日”和税法培训活动，应用“纳税服务绩效评价系统”，实现评价系统与排队叫号机、服务评价器、视频监控系统的有机融合，对办税服务厅进行了全面升级改造。

【干部队伍建设】 落实各项学习制度，利用省局“网络教育学院”等平台开展在职自学，2人在全国税务系统企业所得税考试中取得优异成绩。开展党的十八大精神学习活动，强化职业道德教育，开设“道德讲堂”，组织开展为干部职工过生日、送祝福和健康查体等活动。

采取多种形式开展税法宣传

【基层建设】 建立和完善新一轮基层建设各项制度。成立“机关党委”，党委和各党支部进行改选，开展创先争优、职工趣味运动会和在职党员到社区报到服务等一系列活动。分局及下属三个单位分别通过省级文明单位和国家级、省级青年文明号复查验收，3人获得“振兴淄博劳动奖章”“市级三八红旗手”等荣誉称号，分局被表彰为2012年度全省地税系统基层建设优秀单位，萌水中心税务所被评为市级“示范中心税务所”。

【党风廉政建设】 强化廉政责任，层层签订廉政责任书，把党风廉政建设责任制延伸到每名干部。严格制度落实，落实个人重大事项报告、收入申报和廉政谈话等制度。丰富教育形式，观看警示图片展、作廉政作业、开设廉政大讲堂、进行基地化教育。应用“廉政风险防控平台”，查找分析风险信息周村区反腐倡廉警示教育基地被淄博市纪委命名为“淄博市反腐倡廉教育基地”。

（李树才）

淄博市地方税务局 高新技术产业开发区分局

经济概况

2012年，淄博高新技术产业开发区实现地区生产总值（GDP）183.1亿元，比上年增长11.1%。其中，第一产业增加值完成0.9亿元，比上年下降0.1%；第二产业增加值完成124.7亿元，比上年增长11.9%；第三产业增加值完成57.5亿元，比上年增长9.2%。全区实现地方财政收入23.2亿元，比上年增长16.2%。

收入概况

2012年，分局共组织各项收入20.47亿元，比上年增长47.5%，增收6.59亿元。其中，中央级收入完成1.75亿元，比上年下降3.41%，减收617万元；省级收入完成1.44亿元，比上年增长3.83%，增收530万元；市县级收入（不含两税）完成11.45亿元，比上年增长16.88%，增收1.65亿元。

工作概述

【税政管理】 研究制定对营业税差额征收企业的税收专项检查办法，对涉及的广告、货运、保险等行业加强纳税评估检查和纳税稽查，规范营业税差额征收的管理。

【税收征管】 开展重大项目管理、重点企业评估检查、专项纳税评估、专项税务稽查、部分关联涉税信息的分析比对、税收预警处理、清缴欠税、催报催缴等各项税收征管工作。

不断加强税收征管。图为税务干部在项目施工现场进行税收调研

【税收执法】 研究制定分局纳税诚信管理办法，开发应用纳税诚信管理信息系统，加强对纳税人失信记录的源头控管和处理，实现“一处有失信、处处受制约”，促进严格执法。

【纳税服务】 依据省局《办税服务厅管理规范》，制定办税服务厅管理规范。落实“窗口受理、内部流转、限时办结、统一出件”的办税流转模式，减少纳税人“多头跑”“多头找”的现象。对服务承诺、首问责任制、一次性告知等制度重新进行修订，完善纳税服务制度建设。

【信息化建设】 加强软件应用培训和硬件运行维护，落实网络安全管理各项措施，提高信息化水平。

【机构人员】 截至年底，分局内

设7个科室，干部职工51人，其中党员44人，占86%，分局人员全部达到大专以上学历，本科学历人员44人。

【干部队伍建设】 组织干部参加市局在南京、扬州、潍坊、大连、烟台等地举办的培训班。理顺内部机构设置和科室工作职责。组织开展有益身心的文体活动，寓教于乐，增强凝聚力。在全市地税系统第五届体育运动会上取得团体总分一等奖，在高新区机关运动会上实现四连冠。在全局建立党员手册、党小组工作记录簿和党支部工作记录簿，促进党建工作开展。

【党风廉政建设】 开展制度廉洁性评估工作和党风廉政教育月及纯洁性教育活动，组织干部观看警示教育巡回展。开展廉政文化建设达标活动，完善廉政风险防控机制建设，推进网上廉政教育基地建设。

【精神文明建设】 成立“学雷锋”志愿服务队，开展学雷锋“五个一”活动。在创建全国文明城市工作中，被高新区工委评为志愿服务先进集体。通过省级文明单位、省级青年文明号的复查验收。分局被团中央表彰为全国五四红旗团支部，被省局表彰为全省地税系统基层建设优秀单位。

（田 韬）

桓台县地方税务局

经济概况

2012年，桓台县实现地区生产总值（GDP）417.24亿元，比上年增长9.8%；固定资产投资250.04亿元，比上年增长16.7%；入库税收46.46亿元，比上年增长5.4%；地方财政收入25.03亿元，比上年增长16%。

收入概况

2012年，全局共组织各项收入18.04亿元，比上年增收3.75亿元，增长26.27%。其中，中央级收入2.65亿元，减少22.53%；省级收入1.36亿元，增长11.57%；市县级收入14.03亿元，增长45.43%。

工作概述

【税政管理】 创新税收管理方式，外籍个人探亲费征免个人所得税案例和加强股权激励个人所得税的做法分别在省、市局召开的有关会议上介绍经验。落实营业税起征点提高、支持小微企业发展等税收优惠政策，对符合条件的纳税户全部免收发票工本费。严格高新技术企业税收优惠资格认定，避免税收损失1840万元，主要做法得到省、市局肯定。

【征收管理】 强化非正常户、临时征收户、发票代开和征期外大额入库等风险点的管理，定期开展征管质量分析。开展税源管理工作，组织开展地价计征房产税、增值税免抵税额补缴城建税等“四个专项评估”活动，提高征管水平。依托综合治税网络，加强土地交易、股权变更、销售不动产和二手房转让等领域的税收征管，全年通过综合治税征收税款8982万元。

【税收执法】 组织开展执法“零

过错”活动，利用省局“大集中”系统，加强执法预警提醒，规范执法行为。加大税务稽查和专项整治力度，完成省、市局部署的专项检查任务，共补交税款、滞纳金和罚款5055万元，堵塞税收漏洞。县局稽查局被省局表彰为“全省地税系统专项检查先进集体”。

【纳税服务】 优化服务方式，对POS机进行升级改造，方便纳税人刷卡缴税。推行同城通办、税务登记免填单、涉税资料一次性备案制等服务举措，减轻纳税人办税负担。推进纳税服务标准化建设，主要做法得到国家税务总局办税服务厅规范化建设检查考核组的肯定。

【机构人员】 截至年底，县局内设8个科室，下属6个中心税务所、1个直属征收局、1个稽查局。在职干部职工136人，全部达到大专以上学历，其中本科学历125人，占92%；党员113人，占83%。

【干部队伍建设】 加强党建与创先争优工作，喜迎党的十八大，召开庆祝建党91周年大会，表彰先进党支部和优秀共产党员，举办党课教育报告会。抓好干部在职学习，全年有66人次参加省、市局组织的统一调训；13人参加省局骨干人才选拔考试并有8人入选，占全市的26%；2人参加总局企业所得税业务考试均进入全省前10名。

【基层建设】 坚持人财物向基层倾斜，对新招录的公务员、养路费稽征人员和“耕契”两税人员全部充实到基层。优化基层工作生活环境，对新城中心税务所办公楼及附属设施进行全方位改造，对县局篮球场进行大修改造。重视干部职工身心健康，开展全员健康查体活动。

【党风廉政建设】 以“恪守从政道德，保持党的纯洁性”为主题，组织观看案例警示教育展、邀请县监察局领导作廉政报告。强化廉政文化建设，建立桓台地税廉政文化教育基地，打造“心系廉，扬正气”的廉政文化品牌。县局被命名为淄博市第一批“廉政文化进机关示范点”。省局党组成员、纪检组长、监察专员王莉莉一年内先后两次到桓台地税视察，对地税文化建设、政风行风建设和机关党建工作给予充分肯定。

【精神文明建设】 开展创优创新创先活动，在市局举办的第五届体育运动会上夺得团体总分第一名，连续14年在市局目标管理考核中荣获优秀单位称号，连续15年在全县政风行风评议中名列前茅，被省人社厅、省地税局联合表彰为“全省地税系统先进集体”。

（张成领）

沂源县地方税务局

经济概况

2012年，沂源县实现地区生产总值（GDP）208.8亿元，同比增长10.2%，其中第一、二、三产业增加值分别达到24.9亿元、101.6亿元和82.3亿元，分别增长5.6%、11.1%和10.4%；财政总收入22.1亿元，增长13.7%，其中地方财政收入14.1亿元，增长16.6%。

收入概况

2012年，全局共组织入库各项收入

11.53亿元，同比增长44.83%，增收3.57亿元。其中，中央级收入入库2.01亿元，同比下降5.63%，减收1200万元；省级收入入库8358万元，同比增长8.99%，增收690万元；县级收入（政府口径，不含耕地占用税税和契税）入库5.75亿元，同比增长24.42%，增收1.13亿元；另外，征收耕地占用税和契税入库2.66亿元。

工作概述

【税政管理】 抓紧各项政策落实，规范所得税管理，县局加强资本性所得个人所得税经验得到省局肯定。流转税和财产行为税管理得到加强，应用房地产评估技术，规范耕契两税和二手房地产税收管理，耕契两税实现较大幅度增长。开展土地信息清查比对工作，土地使用税实现增收。加强对外付汇和重大建设项目税收管理，国际税务工作取得新成效。

【征收管理】 做好日常管理工作，建立税收征管质量讲评制度和开展征管质量竞赛活动，构建科学评价整改体系的做法在全省地税系统转发。开展纳税评估及后续管理工作，税源管理日益精细化。加大税务稽查和专项整治力度，发挥以查促收促管职能，税收环境得到优化。加强协调配合，社会综合治税工作深入开展。

【税收执法】 开展“零过错”执法活动，利用税收执法责任制考核系统，每月对各类执法指标进行实时监控考核，提出执法“预警”提醒，杜绝执法过错行为的发生。加大执法责任制追究力度，提高税务人员的执法水平。严格执行《减免税管理办法》，做好报批类减免税和备案类减免税的管理，建立健全减免税动态管理监控机制。

【纳税服务】 开展办税服务厅标准化建设规范，规范各项硬件建设。制定《纳税服务工作规范》，落实各项服务措施，纳税人满意度得到提高。开展纳税信用等级评定，营造全社会依法诚信纳税的良好氛围。

开展税法宣传，为纳税人讲解税收政策

【信息化建设】 配备更新信息化办公设备，及时做好硬件维护工作，提高全局信息化建设水平，满足工作需要。完成县所三级网络升级工作，完成“山东省数据综合应用平台”在县局的试点工作。软件运维工作持续完善，网络安全工作加强，成为市局网络安全免检单位。

【干部队伍建设】 按照省市局要求，进行机构改革，对中层以下岗位实行竞争上岗和双向选择，优化人力资源配置，增强队伍活力。教育培训工作创佳绩，6人入选全省地税系统骨干人才库；2人入选总局企业所得税人才库，1人获得全市岗位技能比武公文写作岗位第一名，县局党组被市委授予学习型党组织建设先进单位称号。

【基层建设】 按照“拓展深化、全面提高”的要求，开展基层建设回头看活动并进行认真整改，各项工作目标达到新一轮基层建设要求。参与“双百”争创活动，东里中心税务所被表彰为全省地税系统先进集体。

【党风廉政建设】 网上廉政文化教育基地做法在全市地税系统得到推广，被市纪委命名为首批“廉政文化进机关示范点”。深化检税共建，推进部门联动预防职务犯罪活动开展。参与政风行风评议活动，再次获得全县政风行风评议第一名，县局连续15年在行风评议中名列第一。

【精神文明建设】 参与社会公益事业，协助帮扶村解决实际困难，组织“绿满沂源”植树造林捐款和“慈心一日捐”，完成挂包荒山绿化任务。组织参加市局第五届体育运动会，在全县羽毛球比赛和省局登山比赛中取得优异成绩。做好文明创建工作，县局获得“山东省富民兴鲁劳动奖状”等多项荣誉称号，通过省级文明单位复审。

（刘长鹏）

高青县地方税务局

经济概况

2012年，高青县经济持续快速发展，实现地区生产总值（GDP）143亿元，比上年增长10.2%；其中，第一产业完成21.1亿元，比上年增长5.8%；第二产业完成78亿元，比上年增长13.2%；第三产业完成50.2亿元，比上年增长7.2%；三次产业比例为15：53：32。

收入概况

2012年，全局共组织入库各项收入（不含耕地占用税、契税）6.17亿元，同比增长20.80%，增收1.38亿元。其中：县级收入4.62亿元，同比增长26.25%，增收9602万元。耕地占用税、契税分别完成4784万元、2581万元，代征地方水利建设基金1022万元、残疾人就业保证金137万元。

工作概述

【税政管理】 建设项目税收管理上台阶。通过采取源头控管、部门联动等多种措施，提升土地增值税征收率，共组织入库土地增值税2798万元，增收801万元，同比增长40%，增幅在全市名列前茅。实施房产税、土地使用税“三级鉴定，动态监控”措施，开展土地使用税清查，完善全县宗地信息数据库建设。完善“高青县房屋转让原值查询系统”，规范二手房交易个人所得税管理，共办理房屋转让缴纳个税事项432件，入库房屋转让环节个人所得税140万元，同比增长68%，全县实现二手房交易地方税收2150万元。

【税收征管】 发挥综合治税工作效能，利用综合治税项目指挥部优势，确保“先税后证”制度落实。实行二手房交易集体会审办法，强化对前台征收环节的监督制约。与房管局联合下文规范预售房管理，杜绝通过变更（撤销）房地产交易合同逃避缴纳税款的问题。

【税收执法】 层层签订执法责任书，利用税收执法责任制自动考核监控系统，实现执法“零过错”。承担省、市局“网上执法检查管理系统”的试点开发运行工作，取得成效。推行征管、稽查与法规互动机制，加强稽查过程控管，防范稽查环节的执法风险。

【纳税服务】 全员、全过程、全方位纳税服务工作不断深入和完善，对服务资源进行整合，以新办税服务厅投入使用为契机，实施规范化建设，实现统一标识、功能优化。推行和完善纳税服务责任制，实现纳税服务标准化，进一步提升了纳税服务水平。

不断加强纳税服务工作，图为县局开展的“弘扬雷锋精神、优化纳税服务”志愿活动

【信息化建设】 开展大集中系统日常运维、各类应用软件开发维护、后台技术优化维护、硬件及视频设备保养维护等工作。对办公楼搬迁后的信息化设备各类故障进行集中式应急处理，对各项信息化性能进行跟踪试用，各项设备实现正常运转，保证各项业务工作进行。

【干部队伍建设】 共组织各类培训25次，培训人员达600多人次。在省市局组织的人才库考试中，有11人进入市级人才库，占全局总人数的18%，2人进入省级人才库。在全国税务系统企业所得税业务考试中，3人代表市局参加，并取得全省团体总分第一名。1人入选全市企业所得税培训师资库。

【基层建设】 按照县城统一规划，由县政府筹资运作建设的新办公楼投入使用，在全市地税系统中第一个实现集中办公。规范基层机构设置，优化岗位职责和工作流程，加强内部管理，提高运转效能，实现集中办公效能最大化。

【党风廉政建设】 层层签订党风廉政建设责任书63份；坚持每周一句廉政警言、一个廉政案例在内网发放；7月，建成廉政风险防控教育基地；11月，网上廉政文化教育基地正式上线运行。连续12年在全县政风行风评议活动中获得优秀单位称号。

【精神文明建设】 全省地税系统先进集体、全省地税系统“征纳共盈”纳税服务品牌创建先进单位、全省地税系统廉政文化进机关先进单位、全市廉政文化进机关示范点、先进基层党组织等荣誉称号，持续保持省级文明单位、全国巾帼文明示范岗称号。

（李海明）

枣庄市地方税务局

经济概况

2012年，全市生产总值（GDP）达到1702.92亿元，比上年增长10.7%。其中，第一产业增加值133.0亿元，增长4.2%；第二产业增加值991.33亿元，增长11.7%；第三产业增加值578.59亿元，增长10.4%，三次产业比例由2008年的8.8∶62.8∶28.4调整为7.8∶58.2∶34.0。全年实现高新技术产业总产值485.23亿元，增长16.3%，占规模以上工业总产值比重为15.47%，比上年提高1.08个百分点。年末城市化率达49.4%，比上年提高1.34个百分点。居民消费价格总水平为101.9%，涨幅较上年下降2.9个百分点。工业生产者出厂价格指数为98.0%。其中，生产资料指数为97.6%，生活资料指数为99.1%。非公有（民营）经济户数18.42万户，增长7.3%；从业人数71.26万人，增长6.4%；纳税额122.78亿元，增长8.6%，占税收总额的75.8%。

收入概况

2012年，全局共组织各项收入91.03亿元，同比增长16.36%，增收12.8亿元，其中市以下完成75.46亿元，同比增长26.83%，增收15.96亿元。

工作概述

【税政管理】 加大结构性减税政策宣传力度，排查享受税收优惠政策业户名单，依法为未达起征点的4900户个体工商户和67家娱乐业户落实税收优惠政策，减轻纳税人税收负担，促进全市个体经济和第三产业的发展，取得良好的社会效果。存量房评估系统成功上线，经验做法在全省推广；建筑业企业所得税推行“链条式”管理，增收效果明显；强化煤炭企业关联交易转让定价管理，省局予以充分肯定；准确预测国家推行“营改增”对我市地方经济、地方财力可能产生的影响，全面分析测算，撰写专题报告，发挥税政部门参谋助手作用。

【税收征管】 顺应全国税收发展趋势，大胆探索，创新实践，形成以“纳税服务实体化、纳税评估专业化、税务稽查一体化、重点税源扁平化、一般税源行业化、零散税源社会化”为主要内容的具有枣庄地税特色、分级分类科学控管税源的税收管理新模式，使纳税人满意、干部职工满意、党委政府满意和上级业务部门满意。省局党组书记、局长宋文军专门批示各市局、省局有关处室借鉴枣庄经验。市委书记陈伟也专门批示肯定，认为实践税收管理新模式后“征收效率和管理水平明显提高，促进了地税收入稳步增长”。

【税收执法】 开展丰富多彩的税法宣传活动，大幅度提升纳税遵从度和纳税人的满意度，促进征纳和谐。荣获省局“税收宣传月活动先进单位”称号，2个项目被评为优秀项目。优化执法环境。以人大代表建议方式推动对《山东省地方税收保障条例》实施情况开展执法检查，是2008年以来市人大常委会开展的第一次，也是全省第一家组织的执法检查。宋文军局长对此批示肯定并要求全省借鉴。

【纳税服务】 各区（市）局纳税服务中心与直属征收局办税服务厅进行合并，统一建立具有征收和服务职能的纳税服务局，实现纳税服务实体化。将纳税人发起的所有事项全部由办税服务厅统一受理，健全以“办税服务厅为主、便民服务点为辅”的同城通办服务网络，构建“前台受理、内部流转、限时办结、一窗出件”办税服务新格局。年内，全市办税服务厅由原来的50个集中为8个，新设便民服务点36个，实现区（市）级同城通办，提升办税效率，减轻办税负担，受到纳税人的普遍好评。

【信息化建设】 集中人力、物力，完成全市7个区（市）分局，100多个基层征收单位的网络升级改造工作，将市局至区（市）局10M线路升级为100M线路，市局至乡镇地税所由2M升级为10M数字线路，提高网络带宽，解决影响业务工作办理速度慢的网络瓶颈问题。加强业务与技术的高度融合，完成枣庄市地税局代收费管理系统的开发应用，保障工会经费代收工作；完成税收电子档案系统的开发应用，提高征管资料利用效果；完成重点企业代开发票管理系统的开发应用，保障发票管理和委托代征工作。

【基层建设】 基层建设实现重大突破。压缩各级机关开支，争取各级党委、政府支持，加大对基层经费投入，改善基层工作生活环境。全市基层办公地点由原来的31个减少到19个，减少39%，整合人力资源，强化执法监督，减少执法风险。出台《基层经费补助管理办法》，建立由省、市、区（市）局三级共同补助的经费补助保障机制。三年的基层建设，基层综合管理效能全面提高。

【干部队伍建设】 坚持用事业鼓舞人，用正气凝聚人，汇聚一心一意谋发展的正能量，激发同心同向争一流的活力。贯彻干部成长路线图。先后轮岗、交流50名领导干部，选拔4名中心税务所长充实到区（市）局班子，优化班子的年龄、专业结构。开展教育培训。全系统共投入资金404万元，组织和参加各类培训班85期，参训人员4154人次。在省局第四期征管能手考试和总局所得税抽考中分别获得全省第一名和第三名。28人入选省局人才库。党建工作成效显著。在临沂举办2期党性教育培训班，支持“驻村第一书记”开展工作，推进“税徽闪耀党旗红”党建品牌塑造活动，经验做法被省局在全省推广。

【廉政建设】 对调整交流的7个区（市）局主要负责人开展离任经济责任审计，加强日常监督管理；上线运行“廉政风险防控平台”。区（市）局相继完成网上廉政教育基地建设，创作《地税廉政之歌》，在市纪委汇演中获得二等奖；市局和各区（市）局全部获得行政执法类第一名的好成绩。

【精神文明建设】 进一步浓厚了敢想敢干、勇争一流的氛围，整个队伍的凝聚力和向心力得到强化和升华。在保持“全国文明单位”的基础上，年内，全省地税系统目标管理考核第四名，三年基层建设考核第三名，实现枣庄地税发展史上第一次质的飞跃，跨入全省一流行列。市局先后获得全省地税系统目标管理考核优秀单位、全省地税系统先进集体、服务基层优秀单位、全省地税系统“征纳共盈”纳税服务品牌创建先进单位、文明创建先进单位、纪检监察工作先进单位、全省文化建设事业费征收先进集体、全省档案管理先进集体、全市公文处理先进单位、全市纪检监察宣教先进集体、全市就业工作先进集体等荣誉称号。滕州市局荣获全国税务系统先进集体。在去年换届选举中，2 人被选为市党代表，7 人被选为市人大代表，是当选代表最多的部门之一。

（马灿国）

枣庄市地方税务局市中分局

经 济 概 况

2012 年，市中区生产总值实现 180.11 亿元，增长 10.7%；地方财政收入实现 20 亿元，增长 19%；规模以上工业增加值增长 11.5 %；预计三次产业比例调整为 45 ：57.2 ：38.3。

收 入 概 况

2012 年，分局共组织各项收入入库 15.75 亿元，同比增长 11.69%，增收 1.65 亿元。其中：中央级 1.00 亿元；省级 7966 万元；市级 21 万元；区级一般预算 13.65 亿元，同比增长 17.74%，增收 2.06 亿元。

工 作 概 述

【税政管理】 开展上年企业所得税汇算清缴，全年核定征收的企业户数为 384 户，核定税款 23 万元，核定面达到 56.72%。全年个人所得税 12 万元以上自行申报 301 人，同比增加 41 人，申报个税 698.56 万元，申报补缴个税 3.89 万元。开展经济税源调查和土地使用税专项清查工作，累计清查 1666 户，共计入库税款 2964.77 万元。

【征收管理】 按照市局税收管理新模式的要求，两次调整构建税收管理新架构，搭建起“重点 + 行业 + 区域”的专业化管理新模式，实现重点税源专业化管理、一般税源行业化管理，个体税源社会化管理的新型税收管理模式。加强对 859 户市直下划企业的管理工作，保证征管不断档，收入不降低。健全纳税评估组织体系，及时联系国税部门进行“两税”信息比对，上年，通过纳税评估入库税款 2000 多万元。

【税收执法】 规范文件制定、行政执法程序，开展“行政程序年”活动。采取短期集中培训、利用网上学习系统等方式加强对执法人员的法律知识培训，提升执法能力。发挥稽查以查促管的职能作用，全年共检查各类案件35起，查补税款738万元。

【纳税服务】　根据纳税服务实体化工作要求，设立纳税服务局，规范办税服务工作流程。加强地方税收保障工作，制定下发《地方税收保障工作考核办法》，与29个相关部门建立报送制度，和65家企业签订了委托代征协议，全年累计入库代征税款4671万元。建立纳税人税法培训学校和纳税人维权中心，维护纳税人权益。创办《涉税信息月报》，畅通维权服务渠道。在镇街设立4个地方税收代征服务中心，实现“同城通办”。

进一步加强纳税服务，税务人员深入外企进行税法宣传，并对企业纳税进行指导

【信息化建设】　依托税收预警系统，建立税收预警信息分析机制，强化信息反馈，降低企业纳税风险，提高税收征管质量，实现税收预警与税收征管的良性互动。全年共产生预警信息515条，比上年同期下降了90条，核实处理完成率达到100%。

【干部队伍建设】　制定完善《考勤管理办法》《会议制度》等相关制度，用制度管人、管事、管物。推行“外出告知牌”和“全面清理非办公软件”等活动，改进工作作风。投资30多万元，举办各类培训班16期，参训200余人次，形成“月练　季考　春训　冬赛”的学习品牌。

【基层建设】　按照市局要求，重新调整规范机关内设机构名称及职责，成立纳税评估局和纳税服务局，充实10名精通业务、年富力强的同志。调整局领导工作分工和联系点，明确科室帮包点，实现行政管理的规范、清晰、流畅。拓宽经费来源渠道，建立基层经费保障长效机制。

【党风廉政建设】　落实党风廉政建设责任制，组织完成《廉政作业》和《每周一题》、廉政电子期刊《廉政视线》的编辑工作；开展全员参与的警示教育活动；聘请30名特邀监察员。推广应用“廉政与执法风险防控平台”，实现风险线索信息化、效能化和监控实时化。

【精神文明建设】　开展丰富多彩的文明创建活动。2人当选区第八次党代会代表；被区委评为“宣传思想工作先进集体”；七一前夕，被市委表彰为“创先争优为民服务示范窗口单位”；4个单位通过省级青年文明号验收，2个单位通过市级青年文明号验收，实现文明创建满堂红。

（孔祥雷）

枣庄市地方税务局薛城分局

经济概况

2012年，全区生产总值实现246.52亿元，增长9.4%；地方财政收入实现4.7

亿元，增长15.1%；全社会固定资产投资实现145.04亿元，增长29.9%；规模以上工业增加值增长5.67%；三次产业比例调整为4.74 ： 79.34 ： 15.92。综合实力在全市列第2位。

收入概况

2012年，全局组织各项税收收入10.03亿元，同比增长4.83%，增收0.46亿元。其中：中央、省、市分别完成2.07亿元、0.66亿元、0.6亿元，区级完成6.84亿元。

工作概述

【税政管理】 加强企业所得税汇缴，共准期汇缴企业200户，入库税款5691万元，汇缴面达到100%；个人所得税自行申报233人，完成目标任务的104%；项目管理系统和存量房交易评估系统成功上线运行，重点项目入库税款20435万元，存量房评估房屋272套，增收税款311万元。创新稽查手段，突出抓好对重点行业、重点企业、重点问题的检查，全年共调账检查企业45户，查补税款650万元。

【征收管理】 坚持税收月收入月分析制度等“四个制度”提高收入质量，采取党组成员包片、科室包点、任务分解“到人、到户、到时间点”的措施，完成全年组织收入任务。做好税务登记和计算机定税工作。全年共新增纳税人476户，计算机定税核定个体纳税人1283户，定税率达到100%；加强征管巡查、强化委托代征、多举措做好票表比对和发票管理。全年共委托代征入库税款900余万元，票表比对纳税人305户，补缴税款35万元，安装税控机314台。依托网络系统平台加强企业数据的采集和审核，财务报表报送率、征管数据采集率大幅度提升。信息管税在税收征管中的支撑作用得到充分发挥。积极实践税收管理新模式，一般税源行业化管理开展有力。成立纳税评估局和房地产税收管理办公室，配齐配强骨干力量，年内，房地产业税收入库21113万元，同比增长203.6%，增收14158万元；评估企业92家，入库税款2200万元，“团队管税、专业管税、人才管税”的工作格局初见成效。

【税收执法】 开展“行政程序年”活动。全年实现税收执法零过错。在市人大常委会开展的《地方税收保障条例》落实情况督导检查中，对本局工作给予充分肯定。被评为全市地税系统税收执法先进单位，多家兄弟单位到本局参观学习。

【纳税服务】 立纳税服务局，下设5个便民服务点，开通网上税校，成立纳税人学校，建立纳税人维权中心，开展国地税“联合办税”工作，得到省局认可。年内，被省局表彰为全省地税系统“征纳共盈”纳税服务品牌先进单位。

【信息化建设】 加强“大集中”系统运维和计算机网络安全管理，深化信息化应用知识培训，开展网络安全运行检查，保障计算机网络安全运行。

【干部队伍建设】 加强教育培训，开展政治理论和业务知识学习，参加省市局组织的更新知识培训、税源管理培训、纳税服务培训、党务干部培训等各类培训，全年共组织参加各类培训班16期，培训人员200余人次，8人考入市局骨干人才库。开展全员述职，得到市局主要领导高度评价。开展和谐地税建设。定期组织健康查体，召开老干部座谈会、迎新春茶话会，依托业余兴趣小组开展登山、乒羽、骑行、篮球等健身活动，陶冶情操，激发热情。

【基层建设】 投资100余万元对基层办公场所进行改造，4月，总面积27000平方米的区局财税综合办公大楼封顶，开始装修，办公难题彻底解决。开办机关食堂。年内，被表彰为全市地税系统基层建设先进单位，陶庄中心所被表彰为全省地税系统先进集体。

【党风廉政建设】 定期组织做廉政作业、记廉政笔记、参观廉政警示教育巡回展，上线运行“廉政风险防控平台”，改版升级《清风地税》杂志，增加教育内容。受到各级好评。年内，被枣庄市纪委监察局评为“全市纪检监察宣传教育工作先进集体”。加强政风行风建设，在政风行风评议中，区局和6个基层参评单位全部获得行政执法类第一名的优异成绩。

【精神文明建设】 连续六年保持省级文明单位称号，年度考核位列全市地税系统第二名，被市局表彰为目标考核优秀单位，被中国税务网表彰为通信报道先进单位。2个基层单位被表彰为“市级工人先锋号”“枣庄市文明服务窗口”。省局副局长李功、纪检组长王莉莉，副市长、薛城区委书记张鲁军，市局党组书记、局长段培真，区长吴磊等领导先后到本局调研，对分局各项工作给予充分肯定和高度评价。

（王义广）

枣庄市地方税务局山亭分局

经济概况

2012年，山亭区完成地区生产总值109亿元，同比增长8%；全社会固定资产投资76.3亿元，同比增长22%；地方财政收入3.92亿元，同比增长20%；城镇居民人均可支配收入22490元，同比增长13.9%；农民人均纯收入达到7950元，同比增长20.3%。

收入概况

2012年，分局共组织各项收入34666万元，同比增长30.50%，增收8101万元。其中税收完成33182万元，同比增长31.10%，增收7872万元；教育费附加完成712万元，同比增长6.11%，增收41万元；地方教育附加完成474万元，同比增长8.47%，增收37万元；地方水利建设基金完成233万元，残疾人就业保障金完成42万元。其中：区本级收入完成8560万元，同比增长34.52%，增收2197万元。

工作概述

【基层建设】 在全系统开展以“提振基层士气”和“规范基层基础”为主要内容的基层建设工作。5月，分局办税办公综合大楼确定置换方案，6月，完成设计和招标，9月23日投入使用，实现党组调整后6个月搬新家的目标。筹集资金，建设基层所。选定北庄、冯卯、桑村、西集四个中心税务所作为重点基层建设单位，对主体形象、办公楼墙体、办税“便民点”、制度建设、地税文化等进行装修改造和统一标识，所容所貌焕然一新。

【纳税服务】 按照“集中征收，合理布点，方便纳税人”的原则，成立纳税服务局，设立多个便民服务点。选拔12位政治素质高、业务技能好、操作熟练的业务骨干充实到纳税服务局。实施关口前移举措，制定征管能手和税管能手定期值班制度，提高办税服务厅业务能力和服务水平。推行“集中征收，同城通办，一窗办结”的服务模式，纳税人发起的所有事项统一由纳税服务局受理和办理，实现不受城乡地域限制的同城申报、同城缴税、同城购票的同城通办业务。年底，分局被省局评为全省地税系统“征纳共盈纳税服务品牌”创建先进单位。

【征收管理】 根据市局党组作出的实践税收管理新模式工作部署。区局党组制订方案，明确责任分工和任务目标。结合全区税源实际状况，推进税收管理新模式。扩大重点税源监控范围，加大税源监控力度和管理工作；加强税收预警预测，加强大项目管理，抓好跟踪检查工作；巩固完善科室职能前移做法，零距离服务纳税人；实施管理、服务、评估、稽查良性互动。

【税收执法】 贯彻省市局提高收入质量，防范执法风险的要求，调查研究，结合工作实际制定《枣庄市地税局山亭分局税收业务数据质量和执法考核办法》，调动全区地税系统干部职工的积极性和主动性。

【干部队伍建设】 实施人才素质提升工程，出台鼓励政策，对在各类业务考试、能手考试、“三师”考试及省、市局组织的各项考试中，取得优异成绩的干部给予奖励，增强学习意识，激发学习热情；制定干部职工教育培训规划，拓宽学习领域，丰富学习内容，增强学习的针对性和实效性；建立干部教育培训跟踪问效制度，对外出参加省市局集中培训的干部，采取交流心得体会、举办专题讲座等方式，“一人培训、众人受益”。

加强精神文明建设，开展演讲比赛活动

【党风廉政建设】 引导干部职工扎根山区，无私奉献。开展创先争优活动，培养先进典型。分局荣获“山亭区纪检监察工作先进集体”“政风行风建设先进单位”等称号。

（崔家平）

枣庄市地方税务局峄城分局

经济概况

2012年，全区实现生产总值139.88

亿元，同比增长11.2%；其中第一、二、三产业增加值分别实现14.93亿元、79.47亿元和45.48亿元，分别增长4.7%、12.6%和11.1%。三次产业结构由上年的11：57.6：31.4调整为10.7：56.8：32.5，服务业比重提高1.1个百分点，服务业对经济增长的贡献率达到44.5%。

收入概况

2012年，全局共组织各项收入5.72亿元，同比增长12.43%，增收6324万元。其中：中央、省、市分别完成0.97亿元、0.35亿元和3万元，区级完成4.39亿元，同比增长42.98%，增收1.32亿元。

工作概述

【税收征管】 规范代开发票管理，强化“以票控税”。实行定点督办、培训辅导、按季通报考核等方式，推进财税库银联网。建立、完善数据管理定期监测通报制度，强化考核，提高数据质量。推广应用建筑和房地产业项目管理系统和存量房交易价格评估系统，加强行业专业化管理。对煤炭、水泥、金融等行业企业进行评估，全年评估增收企业所得税、资源税、土地使用税等共计1302万元。加强信息比对，与20多个相关职能部门建立涉税信息交换机制。强化税种管理，优化收入结构，提高收入质量。

【税收执法】 贯彻落实《山东省地方税收保障条例》，建立“政府领导、地税主管、部门配合、社会参与、法制保障”的税收保障机制。开展房地产、建筑安装、金融等重点行业和经济开发区税收专项检查，全年查补入库税款、滞纳金、罚款580万元。

【干部队伍建设】 开展党建文化、廉政文化、税收文化建设，在领导班子中开展争做团结、学习、勤政、廉洁等七个表率活动，打造以“扎根基层、艰苦创业、无私无畏、无怨无悔”为核心内涵的“青檀精神”税务文化品牌。广泛开展征管能手、稽查能手、服务明星等各类标兵争创活动，提高干部业务素质和岗位技能，全年组织各类业务培训班29期，培训人员达801人次，投入教育培训经费51万元。

【基层建设】 投资147万元对3个中心所办公楼和办税服务厅进行升级改造，更新办公设备，建立阅览室，改造基层所职工食堂，购买班车，组织干部职工参与公务员公寓团购，基层工作生活环境得到改善。推进征管改革，整合机构职能，成立重点税源管理局、纳税评估局和纳税服务局，建立集约化、专业化、实体化纳税服务新模式。进行人员配置，在全系统形成人尽其才的用人导向。

【党风廉政建设】 从“旗帜、引领、熏陶、规范、活动”五个方面完善党风廉政教育格局。组织开展书画展、案例警示教育巡回展，编写“清风廉行地税情”教育读本，优化整合《廉政时讯》、廉政提醒助手、“廉政屏保”等软件功能，强化宣教熏陶；推广使用廉政风险防控平台，开展执法预警、行政管理、车辆油耗等专项工作，有效降低廉政风险。

开展“经济环境建设年”活动，荣获全区政风行风建设执法单位第一和窗口单位效能考核评比第一的好成绩，被市局评为枣庄市地税系统政风行风建设先进单位。

【纳税服务】 将8个办税服务厅整合为1个纳税服务局，分设底阁、峨山、阴平、古邵4个办税便民点，征收与管理彻底分离，形成“集中征收、同城统办、一窗通办”的一站式服务模式。开展纳税服务明星评选和文明礼仪培训，提升业务技能。建立、健全服务厅规章制度，规范工作行为。深化办税监督和办税公开，采用电子实时监控系统，接受纳税人和社会各界监督。被市局评为“优秀纳税服务厅”。

【精神文明建设】 在各中心所建立党员活动室，开展“税徽闪耀党旗红”和“党建工作比学看”主题教育活动，争创先锋品牌，以党建促队建。开展丰富多彩的文体活动，激发干部职工的进取意识和团队精神，培养健康向上的生活情趣。区局继续保持着“省级文明单位”荣誉称号，并被评为全区目标管理考核先进集体、全区宣传思想工作先进单位。

（王善楼）

枣庄市地方税务局台儿庄分局

经济概况

2012年，全区生产总值实现138.86亿元，地方财政收入6.2亿元，税收收入9.69亿元，固定资产投资84.47亿元，同比分别增长9.2%、17.8%、16.8%和20%，三次产业比重为10.4∶59.3∶30.3，古城重建带来深远影响，接待游客300万人次，实现旅游综合收入13.6亿元，增长150%。

收入概况

2012年，全局组织各项地税收入4.49亿元，同比增长31.5%，增收1.08亿元，收入增长的主要原因是全区经济的稳定发展和古城建设的持续推进。

工作概述

【税收征管】 按照纳税服务实体化、纳税评估专业化、重点税源扁平化的要求，全面推进税收新模式，对全区房地产、机械等行业集中开展纳税评估，共评估税款1020万元；开展全区山石资源税集中整治活动，共入库山石资源税1530多万元，同比增长277%，增收833万元；开展医疗卫生、股份制银行、乡镇企业、经济园区、假发票集中整治、水泥行业等专项检查活动，查补税款406万元。

【税收执法】 以市人大执法检查为契机，争取区政府把综合治税工作列入专项考核，综合治税工作有序推进，年内，共采集涉税信息3400多条，实现入库571.6万元；组织开展“行政程序年”活动，宣传《行政强制法》《山东省行政程序规定》和省局《关于提高收入质量防范执法风险实施意见》，提高干部职工依法行政意识。

【纳税服务】 新建运河中心所办税服务厅，充实调整12人到纳税服务一线，推进纳税服务标准化、规范化建设，推行“留言代办”“提醒前置”“温馨提示”“特事特办”“同城通办”等服务机制，树强“征纳共盈”服务品牌，问卷调查显示，纳税人对纳税服务的满意率达98%以上。

【基层建设】 开展“回头看、向前赶、谋长远”活动，组织2次外出观摩调研活动，典型带动，比学赶超，全面推进。投资335万元新建运河中心所办公楼，实现整体搬迁办公。被省局评为全省地税系统“基层建设优秀单位”，涧头集中心所被省局评为全省地税系统“先进集体”。

【干部队伍建设】 加大全员培训力度，完成各类主体培训班次11期，培训410多人次；利用自行开发的学习教育平台开展“每日一题”“每周一课”“每月一考”、业务技能等级测试及岗位大比武活动，2人进入省级人才库。

【党风廉政建设】 建立局机关和3个中心所党员活动室，创建“税徽闪耀党旗红”党建品牌塑造活动；选派第一书记到村任职，为村民办实事、解难题。推进“廉政风险防控平台”上线应用，由“人防”向“机防”的转变。开展“干部作风纪律年”活动。在全区执法类单位行风评议中，得分位居第一名。

【精神文明建设】 开展“古城建设，文明先行”活动，组建篮球队、乒乓球队、羽毛球队、文学写作、健身、摄影等文体协会组织；开展“手拉手游古城”、向高考学子献爱心、向贫困儿童助学等一系列活动；争先创优，1人被团省委评为“雷锋好榜样”先进个人、全市“百名爱心志愿者”，3人被评为台儿庄“好市民”。区局连续11年被评为省级文明单位，获得省级“青年文明号”2个，省级“巾帼文明岗”1个，市级文明单位8个。

（贺　海）

枣庄市地方税务局
高新技术产业开发区分局

经济概况

2012年，高新区经济呈现各产业协调增长，综合实力不断增强的良好态势。全区实现生产总值53.86亿元，增长17.3%。第一、二、三产业分别实现增加值1.71亿元、32.99亿元和19.16亿元，分别增长3.8%、22.5%和8.2%。全社会固定资产投资达到85亿元，增长26.9%。地方财政收入累计完成6.14亿元，同比增长17.2%。

收入概况

2012年，全局共组织各项收入46977万元，同比增长36.31%，增收12514万元。其中：税收入库45190万元，同比增长37.72%，增收12376万元；教育费附加累计入库885万元，同比下降0.45%，减收4万元；地方教育附加累计入库591万元，同比下降0.17%，减收1万元。

工作概述

【征收管理】 加强收入预测分析，加大重点税源企业的分析监控力度，保障信息渠道畅通，及时高效传递税源的变化情况，及时制定应对措施。加强对零散税收的清理，防止一次性税源的跑冒滴漏，落实各项税收优惠政策，明确奖惩办法，分管局长及所有中层干部深入到征管一线抓收入，解决实际问题。

【纳税服务】 强化培训。开展形式多样的风险防范管理教育活动，引导干部职工增强风险防范意识，建立健全办税服务制度体系，发挥首问责任制、首办负责制和限时办结制等制度作用，简化办税环节，推行“一站式”服务、预时服务、延时服务等个性化服务。落实信息管税举措，完善纳税人信息库建设，推进财税库银税款征缴入库工作，实现纳税人网上办税，解缴税款便捷模式。

【干部队伍建设】 对省、市局统一举办的培训班，抓好日常考勤，严格纪律，通报培训情况和学习成绩，并将培训情况与效能管理考核挂钩。倾听干部职工对分局工作的意见和建议，及时化解矛盾。贯彻从严治税方针，强化税容风纪管理，坚持从内部做起，从自我做起，树立“我即形象，形象即我”的观念。

【基层建设】 以开展基层建设工作“回头看，向前赶，谋长远”活动为抓手，对兴城便民点办公大楼及办税服务大厅进行重新粉刷装修；整合纳税服务资源，提高纳税服务水平，经过多方筹资，分局新办税服务大厅于上年底揭牌启用；机关一楼大厅进行全面整修改造和配套设施建设，打造成集图书阅览室、党建活动室、廉政教育室和文体活动室为一体的多功能活动场所，丰富干部职工的业余生活。

【党风廉政建设】 利用网上廉政教育基地等载体，学习《中国共产党党员领导干部廉洁自律从政若干准则》，增强党员领导干部的防腐拒腐的忧患意识。开展系列廉政教育活动，定期开展“以案说法，以身讲纪”的警示教育活动。组织全体干部观看各类典型的违法违纪案例，开展大讨论，讲述身边的人和事，“以身讲纪”面对面地进行批评与自我批评。

（张　超）

滕州市地方税务局

经济概况

2012年，全市生产总值突破800亿元，达到830亿元，增长11%；地方财政收入突破50亿元，达到54.37亿元，增长16%；全社会固定资产投资突破400亿元，达到448亿元，增长22.5%；社会消费品零售总额突破200亿元，达到248亿元，增长15%。在2012年《福布斯》中国大陆最佳县级城市排行榜中列第23位；在第十二届全国县域经济基本竞争力百强县中列第25位。

收入概况

2012年，全局共组织各项收入39.76亿元（不包括耕契两税及地方教育附加、地方水利基金收入），同比增长12.76%，增收4.50亿元。其中：滕州市级完成32.59亿元，同比增长21.79%，增收5.83亿元。耕地占用税完成0.93亿元、契税完成1.75亿元、地方教育附加完成0.52亿元、地方水利建设基金0.37亿元。

工作概述

【税收征管】　推进和实践税收管理新模式，成立领导小组，制订实践意见及实施方案，明确指导思想、基本原则、主要内容、职责分工和实施步骤，有效整合人力资源，推进纳税服务实体化和纳税评估专业化管理，实行重点税源扁平化管理，推行一般税源行业化管理，试点零散税源社会管理，均取得实绩。开发上线税收征管电子档案管理系统（一期），解决纸质档案管理难度大、利用效率低等问题，受到各级领导的肯定。

【税收执法】　贯彻落实《地方税收保障条例》，建立地方税收保障运行平台，完善综合治税运行机制，发挥聚财保障作用。开展税收执法检查，制定《税收业务数据质量和执法考核暂行办法》，加强日常税收执法监督考核，使规范执法成为每位干部职工的日常行为准则。

【纳税服务】　推行纳税服务实体化管理。规范统一办税服务厅内外标识、岗位职责、业务流程、管理制度、工作考核等。整合优化办税服务功能区域，添置POS刷卡机、排队叫号机、双屏显示等设备，提高办税效率和服务水平。

【基层建设】　先后对城区内三处办公场所进行了整修、美化。推进规范化基层所建设，统一主体形象标识。组织开展基层建设“回头看、向前赶、谋长远”活动，通过省局基层建设检查组的检查验收。

【干部队伍建设】　组织参加所得税、纳税评估、税务稽查等业务培训，提高各岗位干部职工的业务技能。在省局第四期能手考试中，17人入选省局人才库，占枣庄地税系统入选人数的60%以上。3人入选全国企业所得税人才库。广泛开展“建设幸福滕州地税”建言献策活动。成立文体活动小组，定期开展常态化的文体活动。开展“天天格言”活动，倡导“健康生活、快乐工作”的理念，为每位干部职工订阅杂志，加强“四德工程”建设，受到省委宣传部副部长林建宁等领导的高度评价。

【党风廉政建设】　围绕“筑牢惩防体系，建设阳光地税”，开展廉政风险防范工作，构建分权制衡、流程制约、风险监控、有效预警的内控机制。建立网上廉政教育基地，搭建干部职工网上廉政交流沟通平台。抓好“群众满意度提升年”活动和行风评议活动，促进机关效能作风建设。在全市行评活动中继续保持了行政执法类第一名。

【精神文明建设】　梳理近年来在系统内及各级党委、政府和工、青、团、妇等机构获得的各项荣誉，研究制订争创方案，组织开展各项文明创建工作。荣获“枣庄市地税系统目标管理考核优秀单位”“枣庄市地税系统基层建设先进单位”“全省地税系统先进集体”“全省地税系统‘征纳共盈’纳税服务品牌创建先进单位”“全国税务系统先进集体”等荣誉称号。

（孔德高）

东营市地方税务局

经济概况

2012年，东营市实现生产总值3000.66亿元，同比增长12.1%；规模以上工业实现总产值10312.60亿元，同比增长25.9%；固定资产投资完成1963.00亿元，同比增长23.4%；财政收入571.29亿元，同比增长14.3%，其中地方财政收入158.71亿元，同比增长17.3%；居民人均总收入34691元，增长12.2%；城市居民人均可支配收入30953元，增长13.2%；农民人均纯收入11489元，增长14.60%。

收入概况

2012年，全局共组织各项收入165.53亿元，同比增收52.96亿元，增长47.05%。其中：中央级收入10.3亿元，同比增收1.36亿元，增长15.07%；省级收入52.93亿元，同比增收35.17亿元，增长198.04%；市县级收入102.21亿元，同比增收16.43亿元，增长19.15%，首次突破百亿元。

工作概述

【税政管理】 推进个人收入明细申报，将1.2万户扣缴单位、40多万人纳入申报范围；年所得12万以上自行申报人数达到9214人，同比增长37.5%，增幅列全省第一，全市个人所得税收入突破10亿元。就土地税用税政策模糊问题向上级反映，得到解决；执行各项税收优惠政策，共减免各项税收70余亿元。

【征收管理】 在全省率先试点实施省市级大企业定点联系制度；对金融、保险等6个集中核算的行业实行市局集中管理；对全市跨区域经营的45家集团企业和房地产、建筑、餐饮业的1230户重点行业企业，实行市级重点评估管理。推进《山东省地方税收保障条例》的贯彻落实，提请市政府出台《关于进一步规范完善社会综合治税机制增加财政收入的意见》，与市财政局、工商局联合制定《关于委托工商行政管理部门代征有关税收的通知》，强化股权转让环节税收征管，采集各类信息83629条，同比增加60%，征收税款1.48亿元，新增税款3010万元。按照“税收政策宣传到位、优惠政策落实到位、涉税事项服务到位、税源跟踪管理到位”的要求，准确掌握全市重大建设项目和民生工程项目进展和税款实现情况，共有558个建设项目纳入管理范围，征收税款19.58亿元。加大信息管税力度，试点应用“征管档案电子影像管理系统”；完善财政、国土、住建等部门联动工作机制，全面运行《存量房价格评估系统》，增加税收373万元。推行电子查账，全面推行“阳光稽查”，在市区和两个市级开发区范围内实行一级稽查，检查纳税人383户，查补税款8082万元。

【税收执法】 完善市县所逐级分析、职能科室归口点评、市局汇总通报的“三会两评一通报”制度；拓展巡视检查职能，组织开展3次专项检查和复查；完善税收法治员制度；对照《税收违法违纪行为处分规定》，对工作各个环节进行自查，防止违纪违法苗头的出现，消除执法隐患。

【纳税服务】 3月、9月开展全市税源普查，摸清税源底数；提出促进城乡居民增收和现代高端服务业、装备制造业发展等措施、建议20余项。在全省地税系统率先探索开展办税服务厅执法规范化试点工作；将市局及部分县区局办税服务厅纳入纳税服务中心统一管理，推行POS机划卡缴税，配备打印机、传真机等便民设施。开展第21个税收宣传月活动；定期开展“地税局长服务日”，组织活动96次，接待纳税人近千人次；发挥纳税人税法培训中心作用，累计举办培训班96期，参训人员4500余人次；加强外部网站建设，发挥《黄河口晚刊》每周一期的“地税在线”专版和《东营日报》每月一期的“税收与经济”专栏等平台作用，畅通地税部门与广大纳税人的沟通渠道。

【信息化建设】 做好网络运行安全维护工作，加大硬件建设力度，搭建高性能的云技术服务平台。加强机构建设，在各县区局单独设立信息中心，在市局各直属单位明确专职人员负责信息化管理，专业队伍得到加强。

【干部队伍建设】 开展全员岗位技能培训，研究制定《关于进一步完善激励机制激发干部队伍活力的工作意见》，加强地税系统文化建设，利用文化展厅、兴趣社团、文体活动室等平台，营造文化氛围，组织首届全市地税系统道德模范评选活动。

【基层建设】 为各县区局班子分别选配一名40岁左右的成员，科级非领导职务向基层及表现突出的老同志倾斜；组织基层干部参加各类培训。总结3年工作，探索建立促进基层科学发展的长效机制。

【党风廉政建设】 落实党风廉政建设责任制，推广应用“廉政风险防控平台”；开展廉政教育，建设“东营地税廉政文化”网站，组织举办“地税系统警示教育案例巡展”；开展税检共建活动，在市检察院建立“东营市地方税务局廉政教育基地”，增强干部职工廉洁从税的意识和能力。

【精神文明建设】 市局被中华全国总工会授予“全国五一劳动奖状”，保持“全国文明单位”称号；全系统共受到市级以上表彰奖励51项、42人次。

（张在阳　张净国）

东营市地方税务局东营分局

经济概况

2012年，东营区发挥区位和资源优势，做大做强石油装备、石油化工、机电、精细化工等主导产业，全区各项经济指标稳步提升，规模以上工业企业实现总产值936.7亿元、利税127.1亿元，分别增长24%、38.5%；实现地方财政收入25.88亿元，同比增长17.01%。

收入概况

2012年，全局共组织各项收入15.78亿元，同比增收2.51亿元，增长18.89%。其中：中央级收入9849万元，同比减收458万元，下降4.44%；省级收入1.62亿元，同比增收3241万元，增长25.07%；市区级收入13.17亿元，同比增收2.23亿元，增长20.36%。

工作概述

【税政管理】 加强重大项目建设管理，强化对重点项目和投资1000万元以上建设项目的税收宣传、纳税服务、政策落实和税收管理。全年监控重大项目70个，实现税款15923万元，占全局总收入的14.35%。组织开展企业所得税汇算清缴检查、审批备案类减免税资料核查、自开票年审、执法责任制考核及存量房交易软件上线等工作。

【征收管理】 推进税收征管改革，深化税源分级分类管理，探索改进预警、分析、评估的新方法，提高重点税源分析监控水平，构建征收、管理、评估、稽查联动配合的运行机制，撰写的《新形势下推进征管改革的实践与思考》经验材料在《山东地税情况》全文刊发，在全省地税系统予以推广。

【税收执法】 加强执法责任制考核，坚持“内外并举、重在治内、以内带外”的原则，对内完善大集中系统中的征管数据，通过执法预警信息，发现各单位执法过程中存在的误区、盲区和不规范的执法行为。对外以征管数据中容易产生执法过错的指标为重点，提高执法人员的业务素质和实际操作能力。

【纳税服务】 创新服务方式，在所有办税服务厅安装银联POS机，推广使用叫号机；开展规范办税服务厅执法行为试点工作；健全完善纳税服务质量监督评价系统，实现系统内、外及第三方对纳税服务行为的评价监督，服务质量得到改善。

【信息化建设】 强化信息软件推广应用，提高信息化管理水平，加强对内网中所有客户端机器的管理监控力度，实现对全系统内网的统一管理、监控、报警和审计，保障整个内网边界清晰、安全。

【干部队伍建设】 加大人员培训力度，组织全员更新知识、领导干部能力提升、红色教育等各类培训20余期，培训人员385人次，人均参训天数30天。

【基层建设】 加大基层投入力度，实现人、财、物向基层、向征管一线倾斜。加强基层软实力建设，保证基层干部职工健康的精神文化生活需要。

不断提高自身业务素质，图为东营分局开展的技术大比武

【党风廉政建设】 推进以内控机制为重点的制度建设，建立完善50多项行政管理制度和税收规范性文件；充实纪检监察队伍，在10人以上单位配备兼职纪检监察员。

【精神文明建设】 坚持以创建活动为载体，把加强党建、工会、妇女、共青团工作与学习实践科学发展观相结合，凝心聚力，创先争优，获得省级文明单位、全国模范职工小家、全国三八红旗集体、省级巾帼文明岗、省级青年文明号、市级五一劳动奖状、全区首批党建工作示范点等荣誉。

（隋淑卫）

东营市地方税务局河口分局

经济概况

2012年，河口区实现生产总值198亿元，增长18%，规模以上工业总产值、主营业务收入双双跃上700亿元台阶，增速位居全市前列。

收入概况

2012年，全局共组织各项收入8.47亿元，同比增收1.28亿元，增长17.82%，其中，区级以下收入完成5.74亿元（扣减上划数后的一般预算收入），同比增收7065.8万元，增长14.05%。

工作概述

【税政管理】 发挥税收职能，加强政策调研，服务经济发展。采取上门辅导与问题解答相结合的方式，帮助纳税人及时了解国家最新税收政策。强化纳税申报审核和涉税事项备案，确保国家政策落实到位。

【征收管理】 坚持“依法征税，应收尽收，坚决不收过头税，坚决防止和制止越权减免税”的组织收入原则，结合“三会两评一通报”制度，搞好收入分析预测。做好企业所得税汇算清缴、年所得12万元以上纳税人自行申报、重大建设项目管理等工作。深化纳税评估，搞好税源比对分析，完善重点税源监控运行机制。

【税收执法】 利用执法考核系统监控功能，提前对税收执法行为实施监控，按月发布执法考核情况通报，发挥执法考核对规范执法、防范风险、促进管理、保障权益、共建和谐各方面的作用。

【纳税服务】 围绕“税收·发展·民生”，改进纳税服务方式，结合税源专业化管理模式，探索区分不同类别纳税人的分类服务和个性化服务；改进办税服务厅标准化建设，完善服务设施，简化办税流程，提高办税效率和满意度；开展纳税人税法培训、“地税局长服务日”等活动，征纳关系和谐发展。

【信息化建设】 深化应用“大集中”系统功能，加强数据应用、纳税服务平台等项目建设，完善运维体系，推进信息安全工作，提高科技服务能力。加强干部职工计算机业务技能培训，提高应用操作能力和水平。

【干部队伍建设】 加大教育培训。组织干部职工分两批次70余人到山东科技大学培训。丰富学习内容，建立完善“培训—提高—使用”的学习激励机制。加强干部轮岗交流，达到整合资源、优化组合、提高效率。

【基层建设】 加强基层党建工作。成立中共东营市地方税务局河口分局机关党总支。完善基层办公环境，进行办公环境文化建设，营造浓厚的“责任”文化氛围。分局被评为“2012年度全省地税系统基层建设优秀单位”。

为加强重大建设项目管理，税务干部职工深入企业开展调研，确保税收管理质效进一步提高

【党风廉政建设】 组织干部职工参加省局举办的“以案为戒，警钟长鸣”巡回展览，警醒广大地税干部加强自身廉政教育；推广应用“廉政和执法风险防控平台”，提高基层执法的规范性。

【精神文明建设】 组织“学习贯彻落实十八大会议精神”演讲比赛，开展争创文明行业、文明单位、青年文明号、巾帼示范岗、党员先锋岗等一系列活动，全局累计取得各项荣誉150余项。

（王淑娟）

东营市地方税务局经济技术开发区分局

经济概况

2012年，东营市经济技术开发区实现生产总值300.3亿元，增长18.4%；实现工业总产值1317.5亿元、工业增加值240.6亿元，分别增长29%和20%；实现社会消费品零售总额54亿元，增长15%；实现地方公共财政预算收入13.6亿元，增长25%；实现进出口总额47.1亿美元，增长46.6%，其中出口2.8亿美元，增长64.2%；在商务部公布的国家级开发区综合发展水平评价中排名第39位。

收入概况

2012年，全局共组织各项收入11.37亿元，同比增收1.64亿元，增长24.95%。其中，中央级收入8043万元，同比增收2318万元，增长40.50%；省级收入9935万元，同比增收1489万元，增长17.63%；区本级预算收入9.57亿元，增收1.89亿元，增长24.60%。

工作概述

【税政管理】　对重点税源企业实行专人专户管理，建立健全监控台账，强化评估分析，17户重点税源企业实现税收1.77亿元。对纳入税收管理的62个重大建设项目，全面应用《重大建设项目管理系统》，实施专人负责互动管理，实现重大建设项目全过程、全方位、全环节控管，征收税款4.11亿元。开展税源集中案头评估分析，采取因地制宜、减负增效、整体联动、不下户干扰企业正常经营的原则，组织开展税源集中案头评估活动，通过数据纵向、横向比对，对发现的问题，以告知单形式发放给企业自行整改，以此减少企业涉税风险，实现“增收促管”“岗位技能”与“地税形象”的三提升。

【征收管理】　加强制度建设，完善规范变更、注销税务登记和发票管理等工作规程和管理办法，集中开展财产行为税税源下户巡查，掌握区内企业土地的使用、闲置情况，共搜集、传递相关土地信息236条，清理检查企业54户，清查出有问题企业42户，土地36宗，补税罚款168万元。

【税收执法】　强化执法责任制考核，开展应税信息与纳税情况有差异的纳税人专项核查工作，累计核查企业343户次。深化税收执法监督，突出督察重点，强化查前分析，对上级反馈的问题，做好整改，提升税收执法水平。开展税收专项检查和区域税收专项整治，打击发票违法犯罪活动。

【纳税服务】　开展集中服务企业发展活动，共组织开展“地税局长服务日”活动12次，现场接访纳税58人次，解答问题31项，接听纳税人咨询电话164个，免费发放税收宣传资料380份。在办税服务厅推广使用POS机刷卡代替现金缴税。

【干部队伍建设】　实施竞争上岗和轮岗交流，选拔科级干部3名，轮岗交流8名；制订业务培训计划，举办2期财税知识更新培训班，共有57人次参加为期两周的培训学习，3人入选市局人才库。

【党风廉政建设】　贯彻落实党风廉政建设责任制，落实省、市局深化预防体系建设意见，举办反腐倡廉辅导报告、参观廉政教育基地等形式，加强廉政教育。实施“效能提升工程”，开展“创建群众满意的基层站所”等活动，深化政风行风建设。

加强精神文明建设，图为分局举办的“为党旗增辉，为地税添彩”演讲比赛

【精神文明建设】　保持“全国巾帼文明岗”“省级文明单位”及“省级青年文明号”等荣誉称号；办税服务厅被省局授予“全省地税系统十佳党员示范窗口”称号；被开发区管委会表彰为综合考核先进单位，1人被省人力资源社会保

障厅、省地税局联合表彰为“全省地税系统先进个人”，4人被市地税局评为“全市地税系统道德模范”。

（盖　昊）

东营市地方税务局东营港经济开发区分局

经济概况

2012年，东营港经济开发区完成固定资产投资52.3亿元，同比增长49.2%；实现规模以上工业总产值91.4亿元，同比增长36.8%；实现地方财政收入2.6亿元，同比增长51.6%；以上指标增幅列全市各县区、开发区第一名。

收入概况

2012年，全局共组织各项收入2.73亿元，同比增长56.73%，增收9896万元。其中，中央级收入734万元，同比增收337万元，增长84.89%；省级收入1577万元，同比增收363万元，增长29.90%；区县级收入2.5亿元，同比增收9196万元，增长58.08%。

工作概况

【征收管理】　建立适合港区发展规律的税源分门别类管理办法。将30万元以上纳税大户列为重点税源，实行重点控管、重点服务、重点保障，畅通征管绿色通道。将运营相对稳定、纳税额5万元以上30万元以下的业户作为一般税源，强化日常性税收征管和政策服务。将纳税额在5万元以下的小型微利企业和个体工商户作为零散税源，及时进行政策引导和税收扶持，避免漏征漏管。在办税服务中心设置“前台”和“后台”，前台负责涉税事项办理，后台负责涉税事项审批；实行人员专业分组，区分为“日常管理岗”和“纳税评估岗”；管理科实体化，全面参与税源管理，实现资源优化，建立以“信息共享为基础、分类管理为核心、征管风险为导向、纳税服务为根本”的扁平化管理模式。

【税收执法】　加强征管基础质量建设，规范执法行为。深化征管责任区管理，规范税收管理员制度。狠抓执法监督，召开税企座谈会，全年未发生行政复议和行政诉讼案件。

进一步加强税收征管。图为税务干部深入企业进行税收调研，以便更好地服务地方经济发展

【纳税服务】　印制便民“纳税服务卡”和“税企联系卡”，大力推行网上报税、POS机刷卡缴税、银税联网等多元化申报方式，提高办税效率。

【信息化建设】　购买远程视频设备，实现与省市局的视频会议连接。推广电子申报、税控收款机等现代化管理手段，提高数据的准确性和完整性。开通分局网站，累计发布信息100余条。

【干部队伍建设】 坚持“走出去、请进来、在岗”的培训模式，先后赴烟台、江西等地学习调研。坚持日常学习与班前学习、集体学习相结合，坚持全员参与季度廉政作业考试。

【基层建设】 分局筹集资金购买10套职工宿舍，实现从“居无定所”到“安居乐业”的转变，被评为“全市地税系统2012年十件好事”之一；设立职工之家，丰富业余文化生活，荣获全市地税系统“基层建设优秀单位”称号。

【党风廉政建设】 落实党风廉政建设责任制，全体干部职工层层签订“党风廉政建设责任书”，实行“一岗两责”“一票否决”的制约机制。建立中层领导干部廉政档案，实现连续多年无违纪违规的工作目标。

【精神文明建设】 通过“省级青年文明号”“市级巾帼文明岗”“市级文明单位”“市级青年文明号”复审验收，连续6年被东营港经济开发区管委会评为“目标管理考核工作先进单位”。

（张小峰）

广饶县地方税务局

经济概况

2012年，广饶县共实现生产总值627.9亿元，同比增长16.6%；完成地方财政一般预算收入27.2亿元，增长23%；完成全社会固定资产投资405亿元，增长20.9%。综合实力位居全国百强县第57位、全省科学发展综合实力第12位。

收入概况

2012年，全局共组织各项收入16亿元，同比增收3.35亿元，增长26.5 %。其中，县及县以下税收收入13亿元，不含“耕契”两税及水利基金的一般预算收入11.13亿元，同比增收2.47亿元，增长28.55%。

工作概述

【征收管理】 遵循税收发展的基本规律，按照税源管理专业化的基本要求，推行税源分类分级管理，以风险管理为导向，按事设岗、分岗管事；以信息化为支撑，开展疑点纳税评估，强化税务稽查；提高纳税服务技能，提高服务纳税人的能力和水平。

【税收执法】 坚持依法治税，将依法行政置于各项工作优先位置。宣传实践《山东省地方税收保障条例》；定期对规范性文件进行清理清查，借助税收执法责任制考核系统和指标体系，通过事前执法预警、事中流程监控、事后申辩调整实现对税收执法行为的全程监控。依法成立重大案件审理领导小组，对达到审理标准的重大案件实行集中审理，降低税收执法风险。按照税收行政处罚自由裁量权标准，行使行政处罚自由裁量权，依法实施行政处罚，提高纳税人的税法遵从度。

【纳税服务】 发挥税收经济杠杆作用，落实各项税收优惠政策；做好教育费附加、水利基金和工会经费等代收工作，支持社会发展；加强税收调研和政策研究；推行“一站式”办税服务，提高办税效率。征收服务厅设立“导税台”，推行POS机划卡缴税，坚持开展“局长服务日”12期；由纳税人打分评选“纳税服务之星”48名；开办纳税人学校，培训纳税人800多人次，增强征纳双方的了解互信。

【基层建设】 适应征管改革需要，加大资金投入，更新计算机配备达到信息管税的要求；机关设置文体活动中心，丰富干部职工的文化生活；在全系统配套安装安全监控系统，保障财产安全；对办公楼供水、供电系统及电梯进行维修改造；对各中心所实施整修、绿化美化、统一标识等工作，工作环境改善；加强征管，方便纳税人，对花官中心所进行易址重建。

【干部队伍建设】 加强领导班子思想政治和组织建设，配齐配强领导班子；公开选拔12名中层干部，对45名干部职工进行轮岗交流，激发干部队伍活力。采取请进来教、送出去学、应知应会知识每月一考等多种形式抓学习教育，提高干部业务知识和岗位技能。成立县地税局机关党委，用党的建设引领机关建设，发挥党组织的战斗堡垒及党员先锋模范作用；推进“一带四联”工作，及时下派“第一书记”，开展单位联村共建和党员点对点帮扶工作。组队参加全市地税系统第一届职工运动会，夺得总分第一名的成绩。

（魏志平）

垦利县地方税务局

经济概况

2012年，垦利县共实现生产总值300亿元，增长17.5%；完成公共财政预算收入14.6亿元，增长21.2%；全社会固定资产投资255亿元，增长23.3%；金融机构各项存贷款余额达到206.2亿元、219.9亿元，分别比年初增加29.3亿元、34.2亿元；城镇居民人均可支配收入、农民人均纯收入达到2.8万元、1.15万元，分别增长13.5%、16.1%。

收入概况

2012年，全局共组织各项收入9.70亿元，同比增收1.97亿元，增长25.5%。其中，中央级收入5486.61万元，同比增收208.21万元，增长3.94%；省级收入9600.78万元，同比增收1368.59万元，增长16.62%；区县级收入9.19亿元，同比增收1.91亿元，增长28.43%。

工作概述

【税政管理】 推行分税种、分行业管理模式，对重点税种实行线型专业化管理，对重点企业实行上下结合的专业管理，对重大建设项目实行综控落实式管理。构建“机制规范化、管理专业化、服务个性化、资源集约化”的大企业管理新方式，提升大企业管理与服务水平。开展2007年以来重点项目专项检查，涉及40多个企业、100多个项目，查补入库税款1700余万元。

【征收管理】 严把税务登记等“五个关口”，注重比对分析，提高基础数据质量。先行试点税务征管电子影像档案系统，实现征管资料从源头到流转、保管再到调用的影像信息化管理。推行财税库银横向联网工作、双委托申报方式及POS划卡缴税，签订协议纳税人7267户，签约率达到100%，电子报税成功率高达96%。

【税收执法】 搭建基础数据监控平台，严格监控数据采集环节，提高数据采集质量；搭建综合治税信息平台，定期将涉税数据进行整理、分析，为税收风险分析提供依据；全面推行“双重审核、双预警、一提醒”的服务预警机制，形成一整套数据信息比对、分析、提醒、服务的事前服务预警机制。

【纳税服务】 按照“征、管、查”三分离的税收征管模式，打造以“征管分离、区域通办”为内容，以高效、优质服务为目标的纳税服务新格局；开展人性化服务，将服务窗口整合为“全职能”窗口，实行“一窗受理、一窗出件”，方便纳税人；安装应用POS机刷卡缴税，提高前台办税效率；加强税收宣传，全年被上级新闻单位用稿300余篇，发放征求意见表、《致全县纳税业户的一封信》1000余份。

【信息化建设】 以“信息管税”理念为指导，多次组织开展计算机知识和办公软件培训，提高干部职工的信息化水平；加强网络安全工作，完善《网络办公系统》，实现“事务处理网络化、行政办公无纸化”，行政运行效率大幅度提升。

【干部队伍建设】 围绕“素质能力提升工程”，构建梯级人才培育机制；建立竞争上岗和交流轮岗用人机制，完成股级职位竞争上岗、中层干部优化组合和一般干部轮岗交流工作，实现“能者上、平者让、庸者下”的动态管理机制；完善劳务派遣人员管理，理顺用工关系。

【基层建设】 按照“集中办公、集约管理、降低成本、提高效率”的原则，对部分办公楼进行改造，基层办公、生活条件得到改善；建立中心所、分局经费保障运行机制，向基层倾斜，保障中心所工作运行；建立困难职工救助、干部职工及家属住院探望和退休老干部走访等制度。

【党风廉政建设】 全面落实党风廉政建设责任制，层层签订《党风廉政建设责任书》，严格执行“一岗双责”；做好廉政风险防控，构建符合垦利地税实际的大预防工作格局；组织干部职工公开向纳税人述职述廉，广泛接受社会各界的监督；推进行风政风建设，年内被列为政风、行风免评单位。

【精神文明建设】 确立“崇德尚正、同道致远”的文化核心理念；丰富党员活动载体，打造党建文化长廊，开设“廉政课堂”；组织开展“和美幸福新垦利”歌咏比赛、职工趣味运动会等文体活动；成立“文学、书画、摄影、登山”等兴趣活动小组，形成争先创优、和谐发展、快乐工作的浓厚氛围。被省总工会授予“富民兴鲁劳动奖状”。

（田金龙）

利津县地方税务局

经 济 概 况

2012年，利津县实现地区生产总值201.26亿元，按可比价格计算，同比增长16.9%。其中，第一产业增加值25.16亿元，增长3.9%；第二产业增加值111.65亿元，增长22.4%；第三产业增加值64.45亿元，增长11.5%。三次产业比例由上年的14.0∶55.0∶31.0调整为12.5∶55.5∶32.0。

收 入 概 况

2012年，全局共组织各项收入5.02亿元，同比增收1.3亿元，增长34.87%；其中县以下收入3.87亿元，同比增收9635万元，增长33.19%；县本级收入2.35亿元，同比增收5731万元，增长32.28%。

工 作 概 述

【征收管理】 定期税源调查，加强日常调度、分析和监控，组织汇算清缴，强化社会综合治税促收聚收，零散税收社会化管理程度有新的提升。全面对接税源专业化管理新模式，实现由“管户”向“管事”的转移；落实税收预警、税收执法责任制、纳税评估、三会两评一通报等控管措施，主体税种的征管力度得到全面加强。参与全县开展的房地产开发企业和重大建设项目专项检查；开展欠税清缴专项整治活动，清理挖潜入库税收2777万元。

【纳税服务】 组织开展创建双“十佳”“擦亮窗口，服务纳税人”等活动，加强调研，服务上门；实施服务提速，对征管岗位职责进行调整整合，对涉税业务进行全面梳理；强化税收宣传，多角度宣传税收工作和税收政策；做好下派帮扶工作，累计协调投入资金40多万元，被评为全县“下派帮扶工作优秀单位”。

【干部队伍建设】 通过竞争性选拔，对领导班子和干部队伍进行重新调整，做到人岗相适，人尽其才，才尽其用。加大教育培训力度，分批组织全体干部职工到江西井冈山、浙江大学等地进行革命传统教育和干部能力提升培训；鼓励干部职工参加继续教育和“三师”考试、与县委党校“联合办学”、上好“山东地税大讲堂”，开设“利津地税讲习堂”，实现学教互动、学研互动、学践互动。

【基层建设】 推进新一轮基层建设，注重软件硬件兼顾。组建三个集中办公点，实行“集约化”运行，行政后勤工作统一管理。投资100多万元用于交通工具、办公设施更新，统一标识规范，基层办公条件得到改善。建立干部职工健康档案，加强食堂建设和管理，提高基层干部职工生活水平。

【党风廉政建设】 深化廉政风险防控管理工作，落实党务、政务公开，推广应用《廉政和执法风险防控平台》，做到对行政和执法管理的全过程数字监控。举办“全县地税系统反腐倡廉警示教育展览”、深入开展治理“庸懒散”等活动，坚定地税干部敬业、廉政、勤政的决心。

【精神文明建设】 按照“文化兴局”“文化强身”的总体目标，以制度建设为核心，以庭院文化、楼宇文化为阵地，以丰富多彩的文体活动为载体，塑造形神兼备、文明向上的地税“文化场”。组织开展庆祝中国共产党成立91周年红歌演唱会、第一届职工运动会等活动；开展“热爱地税　敢于担当　奉献利津”“身边的好税官”和“道德模范”评选活动，以18位先进模范为典型，利用身边优秀人物的先进事迹教育大家勤政廉洁、激励大家爱岗敬业，在全局掀起“人人宣传道德模范、人人学习道德模范、人人争当道德模范”的热潮。县局通过“省级文明单位”复查，获得“全省地税系统纪检监察先进集体”等荣誉称号40余项。

（刘　娟）

烟台市地方税务局

经济概况

2012年，烟台市围绕“一个率先、三个坐标、三个跨越”的奋斗目标，加快转变经济发展方式，推进民生改善，经济社会呈现协调发展良好态势。全市实现生产总值（GDP）5281.38亿元，按可比价格计算增长10.3%，其中第一、二、三产业分别实现377.31亿元、2985.09亿元和1918.98亿元，分别增长4.6%、10.2%和11.6%；工业增加值2694.25亿元，增长11.2%；完成固定资产投资3043.92亿元，增长20.5%；实现公共财政预算收入357.36亿元，增长17.9%。

收入概况

2012年，全局共组织各项地税收入284.3亿元，较上年增长29.1%，地税收入占GDP比重达到5.4%，比上年提高0.9个百分点，收入规模和增幅分别位居全省第3位和第4位，增幅高于全省平均水平5个百分点。各项收入中，中央级、省级、市县级地税收入分别完成48.45亿元、24.95亿元和210.86亿元，分别增长39%、21.2%和28%。

工作概述

【收入质量】 加强收入质量监控检查和责任追究，设置收入预测准确率、收入增长均衡度、征期入库率等9项收入质量评价指标，按月发布异常指标、异常区域情况，提取单笔大额税款进行分析监测，实行收入质量内部审计监督制度，组织收入质量自查自纠活动和税收执法实地督察，查找税收执法薄弱环节，防范收入质量问题。

【新一轮基层建设】 做好第三批3个县局集中办公推进工作，组织开展新一轮基层建设“回头看、向前赶”活动，对照三年规划进行了检查验收。2010—2012年，全市地税系统共投入基层建设经费1.45亿元，基层办公场所实现相对集中，办公地点由原来的80个减少到46个，计算机配备、冬季取暖、职工食堂等条件得到改善，教育培训、党的建设、文化建设等工作得到加强，税收执法、税源管理、纳税服务水平得到提升。

【税收征管】 深化征管改革，提高信息管税水平和税源专业化管理能力。制订实施大企业税收管理方案，提高对大企业的税收管理和服务水平。抓好企业所得税汇算清缴数据审核、评估比对、核定征收各环节工作，汇缴税款7.28亿元。加强高收入个人自行申报管理，1.9万人自行申报补缴税款1708万元。加强股权转让监控，实现股权转让个人所得税2.9亿元。推广应用存量房交易评估系统，开发完善宗地管理信息系统，加强土地、房产税收管理。以大型工业企业为重点，引导企业剥离非核心业务，增加地方财力。应用电子查账软件实施稽查，组织开展对高利润垄断性企业、重点税源企业、重点领域企业的税收检查，打击发票违法犯罪行为，全市查补税收收入1.1亿元。

烟台地税全力确保车船税法税法顺利实施。图为2012年1月，税务干部到保险公司检查研究税款代收相关问题

【税收服务】 围绕蓝色经济区、黄三角高效生态经济区、高端产业聚集区建设及全市产业、行业发展重点，支持企业技术更新改造和高新技术企业发展，年内，全市共落实各类税收优惠5.9亿元，其中高新技术企业税收优惠2.2亿元。研究制定支持中小企业发展的意见，认真落实小型微利企业所得税优惠税率、免征小型微型企业行政事业性收费、营业税增值税起征点提高等税收帮扶政策，432户企业享受到小型微利企业所得税优惠税率，全部个体业户和小型微型企业能够无偿使用发票，全市90.5%的个体业户因达不到起征点受益。对市县两级办税服务厅优化重组，建立统一规范的服务标准。推行涉税审批事项“先办后审”制度，与广大群众密切相关的二手房减免税审批、小微企业资格认定等审批项目实现了即时办结。开发电子档案管理系统，购置触摸式查询系统，配备音频视频监控系统、双屏显示器、服务评价卡、LED屏，实现公开阳光办税。

【干部队伍建设】 遵从“忠诚廉洁、务实创新、公正文明、和谐奉献”的新时期烟台地税精神，深化社会公德、职业道德、家庭美德、个人品德“四德”建设，开办道德讲堂，开展“我推荐、我评议、我学习身边好同事”活动。参与省局廉政风险防控平台建设并先行试点，运用信息化手段加强税收廉政风险的事前预警、事中控制和事后处理。年内，市地税局荣获“全省地税系统政风行风建设考核先进单位”“烟台发展突出贡献单位”等称号，系统内2个单位获得“富民兴鲁”劳动奖状、1人被评为“全国十佳税务工作者”。

（代培龙）

烟台市地方税务局经济技术开发区分局

经济概况

2012年，全区生产总值达到1040亿元，按可比价计算，比上年增长12.5%；工业总产值达到3300亿元，比上年增长16%。全年完成各项税收146.54亿元，比上年增长16.4%；实现财政总收入154.08亿元，比上年增长18.7%，其中地方财政收入46.60亿元，增长22.6%。

收入概况

2012年，全局累计组织各项地税收入27.89亿元，增长14.4%。其中，中央级收入3.12亿元，下降14.39%；省级收入2.17亿元，增长1.1%；区级收入21.12亿元，增长19.67%。

工作概述

【税收征管】 遵守组织收入原则，强化收入调度管理，完善收入考核机制，促进收入质量和水平的提高。强化日常管理，完善网上申报，加大对零申报、少申报、异常申报纳税人的监督管理，征期纳税申报率达99%，征期入库率达85%以上，财务报表报送率达95%强。深化专业化管理，对全区纳税100万元以上的纳税大户进行重点监控，逐户排查，全年纳税百万元以上的企业实现地税收入20.31亿元，占地税总量的72.84%。发挥税收预警作用，加强重大建设项目管理，强化责任分解、分析比对和跟踪落实，共入库税款5.5亿元，占全局总收入的19.72%。抓好综合治税管理，采集涉税信息3429条，入库税款1353万元，新增税款868万元。

【税收执法】 加强日常执法监督，按照“两权”监督的工作要求，对不同岗位、各个环节进行全程覆盖，防范执法风险。加强税务稽查，开展日常检查、专项检查、举报案件检查和协查等工作，全年检查企业136户，查补入库税款、滞纳金、罚款1552万元，规范了税收秩序。

【纳税服务】 开展机关效能建设，部分业务窗口与政府行政审批中心联合办公，全面优化和清理行政审批事项，简化规范办税程序，推行“全职能窗口”办税，实现“一窗式”受理、“一站式”服务。开展“擦亮窗口、服务纳税人”活动，设立纳税服务热线，每月一次“局长服务日”活动。落实税收政策，及时为下岗失业人员、高新技术企业、小型微利企业等纳税人落实税收优惠达3367万元。做好代征工作，代征水利基金、地方教育费附加等2.85亿元。

【基层建设】 全面集中办公，规范办公场所，统一更换办公楼内门牌、桌牌等，办税服务厅添置填单台，完善自助服务区，标识形象规范到位。规范窗口业务，简化办事流程，提高行政效率。与开发区管委的沟通协调会同财政部门联合制定《经费管理办法》，建立经费保障机制。加强文化建设，投资建成地税文化公园，完成新一轮基层建设三年规划任务目标，荣获“全省地税系统先进集体”称号。

【干部队伍建设】 加强干部教育培训，推广链式学习法，发挥网络教育学院作用，定期组织业务考试，组织业务能手到外地高校、兄弟单位参观学习，提升干部业务水平，全局有四名干部考取省局骨干人才。加强思想政治工作，强化完善党建工作机制，开展“创先争优”活动，发挥党组织的战斗堡垒作用。加强“四德”建设，注重典型带动，2名干部成为“全区道德模范”。加强和谐地税建设，坚持“感情带队”，解决干部实际困难，改善职工生活。

【党风廉政建设】 开展反腐倡廉工作，强化廉政教育和廉政文化建设，组织干部参加市局和开发区管委组织的警示教育巡回展览。做好廉政风险防控建设，落实党风廉政建设责任制，督促党员干部遵守廉政准则。近年没有发生不廉洁举报案例，在开发区工委、管委组织的民主评机关活动中荣获驻区单位第一名。

（许广军）

烟台市地方税务局福山分局

经济概况

2012年，福山区完成生产总值209.95亿元，比上年增长13.9%；人均生产总值8.01万元，比上年增长12.6%；规模以上工业总产值201.03亿元，增长17.3%；地方财政收入20.04亿元，增长33.1%，其中税收收入15.49亿元，增长22.6%。

收入概况

2012年，全局共组织收入15.13亿元，同比增长31.1%；高于全市平均水平2个百分点；其中耕地占用税、契税分别入库6205万元和6259万元。实现区县级收入10.32亿元（不含耕地占用税、契税），同比增长35.04%。

工作概述

【税政管理】 强化所得税汇算清缴，对669户企业进行汇缴，入库税款452万元。强化年所得12万元以上个人所得税自行申报工作，全区自行纳税申报人数为526人。强化股权转让所得税征管工作，全年办理股权转让监控250笔，入库个人所得税967.01万元、印花税79.88万元。强化房产税和土地使用税宗地管理，全年筛选7.7万条信息，核查2192宗土地，清理入库欠税654万元。突出房产交易环节管理，组织对全区68397套存量房进行评估，评估标准房基准价格1475条；评估存量房786套，调增交易金额8978万元，增收税款540万元。

【征收管理】 深化税源专业化管理，强化数据管理、税收预警处理、纳税评估。全年处理异常数据1212条，异常数据处理完成率100%，数据出错率0.3%，反馈中止率为零。全年处理税收预警1130户，需补缴税款250户，入库税款367万元。把好发票领、用、存的审核关，修订发票缴销管理办法，纠正发票管理存在的问题。对饮食业、交通运输业和部分现代服务业进行票税比对。加强代开发票的管理，对申请人的代开资格、代开条件和所提供的资料进行审核，执行代开发票综合征收率。规范临时征收户管理，明确可以办理临时征收户、代开发票的纳税人范围。加强委托代征管理，对建设单位代扣税款情况进行核实，对未代扣或代扣数额不足的，核实情况，催缴入库。

【税收执法】 年内查办各类涉税案件81起，查补入库税款、滞纳金、罚款1057万元，打击偷、逃、骗税行为，规范税收秩序。

【纳税服务】 每月开展“地税局长服务日”活动，接待纳税人120人次，解答纳税人问题20项。开展提醒服务，发送短信36000条，提醒纳税人及时办理纳税申报及其他涉税事项。开展纳税人税法培训12期，培训人员700人次。

【干部队伍建设】 组织干部参加各类脱产培训25期，培训干部56人次。自主举办内部专题培训6期，培训干部130多人次。落实日常学习制度，组织集体学习21次，每季度根据业务科室指定的学习内容组织考试。

【基层建设】 集中办公、整合机构，加强税源、执法、服务等方面管理，明确工作流程，督促各岗位按程序推行，按流程操作，按时间反馈，实现内部运转快速高效。落实新一轮基层建设三年规划，查找不足完善整改，将基层建设的工作重点放在提高管理水平和运转效能上，为税收工作奠定基础。

【党风廉政建设】 定期组织廉政学习，将各级党风廉政工作会议精神、党员领导干部廉政准则、《税收违法违纪行为处分规定》等作为学习的主要内容。组织干部观看《廉政中国》教育片，每季度完成一次廉政作业，定期举办廉政、预防职务犯罪讲座。推进廉政文化规范化建设，搭建廉政教育载体平台，开辟廉政文化建设基地，设立廉政书柜、廉政荣誉展示柜等。

【精神文明建设】 组织干部职工参加羽毛球比赛和登山比赛，组织干部职工参与了义务献血、爱心捐款和SOS儿童村帮扶等社会公益活动。

（张景云）

烟台市地方税务局牟平分局

经济概况

2012年，烟台市牟平区实现生产总值247.9亿元，比上年增加13%。其中，第一产业增加值31.2亿元，增长7%；第二产业增加值126.8亿元，增长12.8%；第三产业增加值89.8亿元，增长15.4%。完成固定资产投资276.8亿元，增长21.1%；实现社会消费品零售总额106.8亿元，增长15.6%；实现地方财政收入19.3亿元，增长28.6%。

收入概况

2012年，全局共组织地税收入15.4亿元，同比增长21.7%，增收2.74亿元。其中，中央级收入1.6亿元，同比增长35.38 %，增收4182万元；省级收入1.28亿元，同比增长39.96%，增收3649万元；

区级收入 12.51 亿元，同比增长 18.5%，增收 1.95 亿元。

工作概述

【征收管理】 开展征管状况调查分析，强化非正常户、临时征收户、个体定税、征期外大额入库等风险点的管理；运用“山东省存量房评估系统”，累计评估存量房 83000 多套，增收税款 513 万元；应用税收预警和纳税评估系统，处理预警信息 1081 条，评估企业 78 户，补缴税款 600 万元；按照《税源分级分类管理办法》，依托大集中税源监控管理平台，对投资 3000 万元以上的 102 个重大建设项目，及年纳税 500 万元以上的 45 户企业实施跟踪管理，全年入库税款 12.18 亿元，占收入总量的 79%。

【税收执法】 修订完善税收收入考核办法，强化质量指标考核，将应收尽收作为考核评价的落脚点；层层签订《提高收入质量防范执法风险承诺书》，开展收入质量“回头看”活动，全面自查税款入库、征收管理、减免税审批等风险隐患，对存在的问题及时整改，防范各类执法风险。

【纳税服务】 推出“免填单”“多元化”风险提示、“无间隙”自助办税辅导等服务新举措，开展“局长服务日”“税收宣传月”“地税干部进企业集中宣讲”等主题活动，接待纳税人 260 多人次，回复纳税人问题 380 件次，赠发宣传材料 2 万余份，培训辅导企业财会人员 500 多人次。

【基层建设】 提高经费保障能力，改善办公条件，加强基层思想作风和道德建设，开展大谈心、“四德建设”“三信教育”等主题活动，组织党员干部“走进车间换位体验”“缅怀先烈重温誓词”，举办首届羽毛球比赛和第二届登山比赛，在烟台市局组织的登山比赛中蝉联团体第一名。坚持每周组织干部集体学习政治理论、业务技能，投入 20 多万元组织全体干部分批开展专业知识培训，安排业务骨干外出学习、培训 40 多人次，全局教育培训工作取得成效。

加强纳税服务，开通“绿色通道”，为老年人、残疾人等特殊群体提供快捷、方便办税援助，架起一座“沟通顺畅，征纳和谐”的桥梁

【党风廉政建设】 围绕税收中心工作，推进惩防体系建设，落实党风廉政建设责任制和廉政教育制度，推进重大事项、重点环节、重点岗位的控管；运用“廉政与执法风险防控平台”，有针对性地抓重点、抓关键，实现纪检监察工作和税收业务工作有机结合，实现廉政风险的严密监控、及时预警、源头预防。

【精神文明建设】 文明争创工作取得成果，区局荣获“省级富民兴鲁劳动奖状”，被省局授予“2012年度基层建设优秀单位”，被市局授予“全市地税系统基层建设先进单位”“2012年度烟台市地税系统目标管理考核优秀单位”，连续四年被区委、区政府评为“特别贡献先进单位”，纳税服务中心和玉林店中心所分获“省级三八红旗集体”和“全省地税系统先进集体”荣誉称号。

（姜　平）

烟台市地方税务局莱山分局

经济概况

2012年，莱山区实现生产总值200.13亿元，同比增长14.2%。其中，第一产业增加值3.11亿元，增长6.7%；第二产业增加值95.45亿元，增长11.8%；第三产业增加值101.57亿元，增长16.9%。全区规模以上工业增加值66.11亿元，增长18.5%，完成固定资产投资230.61亿元，增长21.2%。社会消费品零售总额68.55亿元，增长15.8%；实现地方财政收入20.15亿元，增长27.9%。

收入概况

2012年，全局共组织入库各项地税收入18.05亿元，同比增长21.32%，增收3.17亿元。其中：中央级收入完成2.04亿元，同比增长10.93%，增收2013万元；省级收入完成1.70亿元，同比增长3.91%，增收641万元；区级收入（不含地方教育费附加）完成13.88亿元，同比增长26.31%，增收2.89亿元。

工作概述

【税政管理】 全面推进宗地管理工作，核查土地428宗，567万平方米，应纳土地使用税4503.7万元。正式运行存量房交易评估系统，评估二手房893套，涉及营业税及附加、个人所得税、契税等税种3376.9万元，增收税款391.2万元。完成年所得12万元以上纳税人个人所得税自行申报852人，补缴个人所得税386万元。

【征收管理】 按照科学、精简、高效的原则，在人员机构整合、岗责体系调整、工作流程再造等方面进行探索。对税源进行全面摸底和分类，在全区范围内按行业、规模、产业结构性质，将税源分为重点、一般两类，并以此重新划分各中心所征管范围，成立重点税源管理分局、服务业管理分局、个体零散税源管理分局和两个制造业管理分局。

【税收执法】 自查和检查各类企业126户，查补税款1500多万元；组织开展地方税收专项检查工作，查补各项收入342万元；受理举报及协查案件15起；推进电子查账工作。

【纳税服务】 开展征管事项“后台推前台”工作，将纳税人在中心税务所办理的9大类36项涉税业务前移至办税服务厅，减轻纳税人的办税负担；对办税服务厅进行升级改造，推行一站式、一窗式、个性化服务，为纳税人创造人性化的办税环境。

【信息化建设】 做好省局数据综合应用平台的配置与培训工作，确保与原有省局数据大集中系统的平稳衔接过渡。强化各层面的管理与监控，优化数据采集的岗责体系，建立科学、人性化的数据质量考核机制。

【干部队伍建设】 开展教育培训，组织参加省市局各类培训59期，自行组织各类培训36期，培训人员1068人次。

加强税法宣传，税务干部送税法进企业

【基层建设】 完成新一轮基层建设三年规划目标任务，实现集中办公，累计投入基层建设经费398.38万元，计算机、取暖、食堂等问题均得到解决，基层办公生活环境得到改善。

【党风廉政建设】 开展“党建工作先进党组”“党建工作示范单位”“先锋基层党组织”“先锋共产党员”等一系列争创活动。推广应用“廉政与执法风险防控平台”，对税收执法工作实行全过程监控和及时预警，使纪检监察工作和税收业务工作有机结合。

【精神文明建设】 荣获全省地税系统先进集体、烟台市地税系统基层建设先进单位、全市地税系统目标管理考核优秀单位、莱山区对外开放先进集体、莱山区党建先锋基层党组织等称号。

（李　艳）

烟台市地方税务局
高新技术产业开发区分局

经济概况

2012年，烟台高新区完成生产总值13.09亿元，同比增长14.7%，其中：第一产业实现7073万元，同比减少13.1%；第二产业实现7.64亿元，同比增长17.8%；第三产业实现4.74亿元，同比增长15.1%；全社会固定资产投资23.78亿元，同比增长29.1%；社会消费品零售额3.19亿元，同比增长15.6%；地方财政收入1.71亿元，同比增长43.6%；农民人均纯收入1.5万元，同比增长14.84%。

收入概况

2012年，全局共组织各项收入（不含工会经费）1.5亿元，同比增长57.44%，增收5459万元。其中：中央级收入完成1745万元，同比增长68.6%，增收710万元；省级收入完成1482万元，同比增长52%，增收507万元；市级收入完成1.17亿元，同比增长56.61%，增收4242万元。

工作概述

【税收征管】 按照税源对象分类、管理主体分级、管理事项分岗的原则，结合高新区实际，将税源划分为重点税源、一般税源。重点税源实行动态管理，一般税源实行按事设岗管理。进行征管资源配置，集中力量进行纳税评估、调查核实、检查清算、数据质量监控、事后审批等。

年内进行纳税评估62户，查补征收税款231万元；调查核实企业125户，核实新增纳税人土地房产、企业注册资本数据等情况，核实税款15.5万元。

加强税收征管，组织税务干部深入企业进行调查走访，实地解答涉税问题，开展纳税辅导

【税收执法】 完善执法责任制考核，防范执法风险，形成目标明确、责任清晰的管理体系。健全督查工作机制，定期召开督查工作例会，加强日常督查，适时组织重点督查，促进各项工作落实。

【纳税服务】 推进“纳税服务窗口业务由场所服务向网络服务转移、部分具体涉税事项由管理科室向服务窗口转移”纳税服务新机制。重新划分税源事项管理权限，整合资源。将税种核定、发票核定、财产信息登记、减免税审批等管理事项划归纳税服务部门负责。重新制定涉税事项办理时限，简化程序。按照先办后审的原则，明确营业税减免备案类业务等24项涉税受理事项由办税服务厅即时办结，事后再由税源管理科核查。开展税法宣传月活动，进行送税法“五进”“税银携手助推小微企业”等税法宣传活动。开展“局长服务日”活动。年内，纳税服务中心被评为烟台市地税局评为“十佳党员示范窗口”。

【基层建设】 实现集中办公，投入8万元购置高拍仪、身份证识别仪等办公设备，提高信息化装备水平。完善各项规章制度，各项工作有章可循。坚持地税文化建设，成立6个兴趣活动小组，营造和谐氛围。

【干部队伍建设】 加强干部管理和教育培训。对内设机构的负责人进行轮岗。按照工作需要和个人素质状况，实行分类分层次培训，提高培训的针对性。年内有1名干部取得注册会计师资格、3名干部考入省局骨干人才库。

【党风廉政建设】 贯彻落实党员领导干部廉政准则、烟台市“十要十不准”规定和禁酒制度等廉政条规；加强廉政风险防控措施，逐级签订《廉政风险防控主要措施承诺书》，组织干部职工观看廉政教育片，听取预防职务犯罪讲座，组织参观预防职务犯罪教育基地和警示教育巡回展，增强干部依法执政、廉洁自律意识。在高新区组织的行风测评中列驻区单位第一名。

（石国华）

龙口市地方税务局

经济概况

2012年，龙口市完成地区生产总值845亿元，实现地方财政收入58.6亿元，同比分别增长12%和23.1%；第一、二、三产业比例为3.5∶62.1∶34.4；规模以上工业企业总产值2517亿元，增长

15%；全社会固定资产投资420亿元；全市进出口总额达30.3亿美元，实际到账外资1.09亿美元；全年出口创汇16.2亿美元，比上年增长17.9%；实现社会消费品零售总额242.9亿元，同比增长15.4%；全市城乡居民储蓄存款余额达到338.9亿元，比上年末增长51.1亿元。

收入概况

2012年，全局共组织各项税收收入46.34亿元，同比增长69.6%，增收19亿元。其中，完成中央级收入4.69亿元，同比增长130%，增收2.65亿元；完成省级收入3.45亿元，同比增长51.61%，增收1.18亿元；完成县级收入38.2亿元，同比增长65.97%，增收15.2亿元。

工作概述

【税政管理】 调查研究，开展房产税、土地使用税计税依据调查，建筑业甲方供料调查和出口货物增值税免抵调查，完成全市16.3万套存量房评估工作，摸清税源底数。完善新型农村社区建设涉税环节管控和财政监管建设资金管理措施，对以黄金采矿、大理石、石灰石等行业为代表的采矿业采用“炸药控税”方式实施资源税代扣，优化地方税收税种结构，促进县级收入增长。

【税收征管】 推行税源专业化管理新模式，打破乡镇属地界限，重新界定各单位征管范围，对全市重点税源实行集中管理，提高税收征管质效。完善税源测算机制，从经济性质、分税种收入情况及纳税额排名情况三个方面，对基层单位的收入结构进行分析，加强税源动态管理。加强信息管税，强化对工商、建委、房管、国土等部门的信息采集、分析与比对，提高征管基础数据的准确性、真实性。

【税收执法】 构建由市局集中进行疑点分析，基层单位具体落实反馈的“集中分散”式纳税评估机制，开展对港口、建筑、金融保险、铸造等行业的纳税评估，编写《货运港口行业纳税评估指南》。开展税收专项检查，按季对稽查工作中发现的问题进行整理，结合实际提出加强管理的相关建议，形成“以查促管”机制。加强零散税源管理，建立定期巡查机制，每季度对游离于登记管理之外的漏征漏管户进行排查和整改。

【纳税服务】 落实税收优惠政策，对符合条件的小型微利企业减按20%税率征收企业所得税；为全市个体工商户和小微企业减免发票工本费30多万元；全市7716户个体工商户因起征点上调而受益，占个体工商户总数的89.45%。开展税收调研，服务地方经济发展，针对当前经济增速放缓、部分重点产业经营困难的情况，从全市经济税收情势分析和助推制造业发展等方面提出加强财源建设的意见与建议。

【干部队伍建设】 学习贯彻党的“十八大”精神，加强基层党建工作。开展分岗位、分层次教育培训，提升干部职工素质。重新修订完善纳税服务行为规范等4项制度，细化工作纪律、税容风纪和监督检查等29项行政规定，提高工作效率，优化机关作风。

不断加强税收宣传，图为税务干部向个体工商户宣传税收优惠政策

【党风廉政建设】 组织全系统干部职工参观全省廉政警示教育巡回展和市局党风廉政教育基地。与干部职工层层签订《党风廉政责任书》，推进廉政风险防控平台建设与应用，打造廉政风险防范制约机制。

【精神文明建设】 被省地税局表彰为“全省地税系统纪检监察先进集体”；被省妇女联合会表彰为“幸福进家活动先进单位”；4名干部分别被评为“山东省地税系统先进个人”“2012年度全省税收调查工作先进个人”“全省地方税收专项检查先进个人”和“全省打击发票违法犯罪活动先进个人”。

（马俊杰）

莱阳市地方税务局

经济概况

2012年，莱阳市地区生产总值完成281.52亿元，同比增长6.2%。规模以上工业主营业务收入644.58亿元，增长6.90%；利润总额39.60亿元，增长5.20%；利税总额50.52亿元，增长5.50%。工业总产值643.96亿元，增长9.6%。社会消费品零售额194.56亿元，增长15%。实际使用外资3079万美元，增长1.90%。固定资产投资104.69亿元，增长20.80%。公共财政收入8.03亿元，增长-14.10%。

收入概况

2012年，全局共组织各项税收收入7.74亿元，增收4172万元，增长5.70%。其中，中央级收入1.04亿元，省级收入6850万元，县级收入6.01亿元，分别增收913万元、61万元、3198万元；增长9.6%、0.9%、5.62%。企业所得税收入1.18亿元，个人所得税收入5587万元，营业税收入2.53亿元，分别增收2897万元、-1376万元、341万元；增长32.57%、-19.76%、1.37%。契税和耕地占用税收入4096万元，增长-54.70%。

工作概述

【税政管理】 做好车船税法实施和税额调整工作的贯彻落实，全年征收车船税1701万元，增长20.04%。做好福利企业房产税恢复征税工作，全年增加地方税收40万元。加强所得税管理，对507户企业进行所得税汇算清缴，补缴所得税3051万元。对772户企业进行所得税征收方式鉴定，缴纳所得税1.17亿元。410人进行年所得12万元以上个人所得税自行纳税申报工作，补缴税款127万元。202户机关事业单位进行个人所得税全员全额明细申报。深化总部经济和第二、三产业剥离工作，分离21户，新分离企业8户，入库税款1844万元。利用存量房交易评估系统，对46套二手房实行按照评估价最低价征收，调增税额4.8万元。

【税收征管】 加强申报征收管理，征期税款入库率平均达95.48%。加强发票管理，对820余户领用地税发票的纳税人月领用发票数量进行重新核定。加强行业发票检查力度，对建筑业、房地产业、金融保险业、餐饮业等用票量较大的行业，按季度进行全面检查。加强纳税评估，对74户制造业、7户金融业企业进行重点评估，评估税款近300万元。

【纳税服务】 推进征管事项前置工作，将25项涉税审批事项直接下放到办税窗口，简化审批程序。推行“一窗式”办税服务，方便纳税人。设置纳税辅导岗，为纳税人提供咨询辅导及涉税资料审核等服务，提高纳税人满意度。6月，山东省地税系统纳税服务工作现场会在莱阳市地税局召开。

加强政务公开，参加“阳光热线”，与听众共话税收，解答群众在生活、工作中遇到的涉税难题

【干部队伍建设】 加强干部教育培训，参加上级局组织的各项培训12期，培训人员30多人次。开展自我教育培训12期，培训人员近600人次。年内在山东省地税局骨干人才选拔考试中，有12人入选省级骨干人才。

【基层建设】 对高格庄、团旺两个中心所实行集中办公，节约征管资源。对局机关食堂进行改造，改善干部职工生活条件。

【党风廉政建设】 推进科技防腐工作，运用廉政风险防控平台，核查和处理36条预警信息，防范税收执法风险。组织开展纳税前100名企业走访活动，增强纳税人对地税工作的理解和监督。

【精神文明建设】 被省地税局确定为规范办税服务厅执法行为试点单位，荣获全省地税系统“征纳共盈”纳税服务品牌创建先进单位、全省地税系统基层建设优秀单位、全省地税系统先进集体、全市地税系统基层建设先进单位等荣誉称号，被烟台市地税局评为目标管理考核优秀单位，在莱阳市委市政府科学发展考核中荣获一等奖。

（徐金波）

莱州市地方税务局

经济概况

2012年，莱州市完成地区生产总值578.7亿元，实现地方财政收入36亿元，分别增长12.4%和18.5%，人均国内生产总值6.75万元，同比增长9.9%。其中，第一、二、三产业分别实现增加值58.6亿元、323.7亿元、196.4亿元，分别增长6.8%、12.2%、14.70%，全市规模以上固定资产投资完成282.8亿元，增长 21.1%，规模以上工业增加值增长 12.6%，社会消费品零售额完成 212.5 亿元，增长 15.1%，跻身全省 10 强县行列，在全国百强县中实现赶超进位。

收入概况

2012 年，全局共组织地税收入 31.37 亿元，同比增长 68.88%，增收 12.79 亿元。其中，莱州市县级收入完成 18.51 亿元，同比增长 33.86%，增收 4.68 亿元。收入总量、增幅、质量实现历史性突破。

工作概述

【税源控管】 推进税源专业化管理，完善工作机制，规范岗位设置，实行分岗定责，严格派工核实；加强税收预警处理，处理预警 1263 户，补缴税款 3490 万元；发挥评估作用，开展重点税源企业、重点行业的评估核查，增收税款 1582 万元；创新纳税评估方法，建筑、餐饮行业评估模型被推荐参加总局百佳模型评选，石材行业评估模型被评为全省优秀模型，房地产等三个行业评估模型被选入省局和烟台市局《纳税评估指南》，经验做法被省局编印推广。

【税收征管】 加强重点企业、重点行业的税源监控，强化分析预测和收入调度，全年入库税收 21.65 亿元；规范重大项目管理，实施以票控税，从立项到税款实现全过程动态管理，入库税收 3.90 亿元；监控大型股权转让项目和拥有黄金探矿权企业股权转让行为，入库税收 7.16 亿元；落实《山东省地方税收保障条例》，明确各部门的工作职责及考核标准，提高涉税信息获取能力和共享程度。

【税收执法】 围绕提高收入质量、防范执法风险，规范委托代征行为，加大欠税清理力度，开展税收执法检查，落实执法责任制；强化税务稽查，推行电子查账，开展行业税收专项检查，加大涉税举报案件查处力度，入库税款 7029 万元。

【纳税服务】 编印纳税服务手册，组织税法培训，开展“地税局长服务日”、纳税人满意度调查等活动，深入企业送政策、送服务，落实税收优惠政策，被确定为莱州市“窗口化服务”工作试点单位；强化税法宣传，助推莱州草辫工艺文化转型系列活动在央视新闻频道《新闻直播间》栏目播出。

【干部队伍建设】 倡树“用心、用力、用脑、真干、实干、苦干”的地税精神，实施全员谈心谈话，开展文体活动，落实教育培训三年规划，构建多元化教育培训工作格局，有 8 人入选省级骨干人才。

【基层建设】 按照基层建设三年规划的要求，实现适度集中，解决机构改革问题；规范经费来源渠道和管理流程，实现基层分局和乡镇党委政府经费脱钩；推行流程管理，开展内部树标，打造工作亮点。基层建设做法在全省总结推广，被授予“全省地税系统先进集体”“烟台基层建设先进单位”称号。

【党风廉政建设】 开展“廉政教育月”活动，把廉政教育与科技防腐有机结合，实现由“面上监督”到“点上监督”；落实廉政责任制，加强内外监督，增强廉洁从税意识，在行风评议中名列驻莱州单位第一名。

加强基层建设，市局领导深入基层对工作情况进行现场督导

【精神文明建设】 注重典型带动，营造比学赶超氛围，蔡京堂同志被国家税务总局授予“中国十大优秀税务工作者”称号。

（原新泉）

蓬莱市地方税务局

经济概况

2012年，蓬莱市实现生产总值425.45亿元，社会消费品零售总额102.14亿元，规模以上固定资产投资258.51亿元，分别增长11.4%、15%和21.1%。全市规模以上工业增加值达到288.33亿元、利税147.05亿元，分别增长11.5%和11%。合同外资、实际到账外资分别达到1.2亿美元、1.04亿美元，分别增长0.6%、3.5%。

收入概况

2012年，全局共组织各项收入15.36亿元，同比增长22.85%，增收2.86亿元。其中，中央级收入完成2.05亿元，同比增长8.28%，增收1568万元；省级收入完成1.07亿元，同比减少4.62%，减收521万元；县级收入完成12.24亿元，同比增长29.02%，增收2.75亿元。

工作概述

【税收管理】 对重大建设项目实行全程动态监控，强化项目登记、双向申报、账实核对、竣工决算等各个环节管理，入库重大建设项目税收2.94亿元。将土地增值税清算作为加强房地产税收控管的突破口，入库土地增值税1.1亿元，增收762万元。强化税收预警管理，处理预警信息1357条，入库税款2500万元。推进营业税差额征税管理，对6个行业187户企业实施营业税差额征税监管，入库税款486万元。制定《房地产行业税收管理规定》，对房产销售备案、退房、更名等行为进行规范，入库房地产业税收2.9亿元。编制《旅游业纳税评估指南》，促进行业纳税评估工作。

【税收执法】 修订完善税收收入考核办法，突出收入总量和均衡入库考核，加大对收入预测准确率和应收尽收执行度的考核，实现组织收入由任务型向执法型转变。层层签订《提高收入质量防范执法风险承诺书》，强化责任落实。建立领导包片联系点制度，强化对组织收入工作的过程督导与监控。定期开展收入质量“回头看”活动，发现问题及时整改，防范执法风险。将税务稽查作为税收征管链条上的重要应对手段和保障环节，基层单位执法遇到阻力时由稽查局介入，打查并举，规范税收秩序。

【纳税服务】 整合优化办税服务

厅资源，使纳税人在每个办税服务厅都可以享受到统一规范的纳税服务。推行涉税审批事项“先办后审”制度，取消后台“发票传递单”制度，对个人二手房交易契税实行“免填单”服务，将管理分局和科室日常审批材料受理业务归并到服务大厅，提高办税效率。拓展税收政策宣传渠道，组织12期纳税人税法培训班，培训纳税人369人次。主动送政策上门，落实各项税收优惠政策，服务地方经济发展。

【新一轮基层建设】 建立日常经费保障长效机制，改善基层办公环境，配备计算机75台、笔记本电脑27台，更新打印机8台。制定《食堂经费管理暂行办法》，统一全局食堂就餐标准。制定《经费支出预算审批管理办法》，对所有公务支出实行事前预算审批制度，细化预算执行，压缩经费开支。

【干部队伍建设】 建立日常学习制度，组织业务科室轮流开展“每月一讲”活动；利用现代通信技术搭建移动教育平台，方便干部职工学习；建立业务试题库，出台《分类考试办法》，以考促学；成立兴趣活动小组，组织开展全员拓展训练，提高队伍的凝聚力、向心力。采取集中学习、召开座谈会、撰写心得体会等多种形式，学习贯彻党的十八大精神。从班子成员、中层领导、一般干部等多个层面建立廉政保障体系，落实各项廉政制度，强化监督约束，确保干部职工廉洁从税、公正执法。在蓬莱市委组织的行风评议中名列前茅。

（宋月红）

招远市地方税务局

经济概况

2012年，招远市完成生产总值551.12亿元，同比增长12.6%；第一、二、三产业构成比为5.7∶57.9∶36.4；实现财政总收入80.21亿元，同比增长6.7%；地方财政收入实现33.81亿元，同比增长18.5%；完成固定资产投资258.89亿元，同比增长21.1%；社会消费品零售总额116.59亿元，同比增长15.6%；城镇居民人均可支配收入2.93万元，同比增长13.5%；农民人均纯收入1.45万元，同比增长14.8%。

收入概况

2012年，全局共组织各项收入27.36亿元，同比增长32.6%，增收6.73亿元。其中，中央级收入完成7.31亿元，同比增长40%，增收2.09亿元；省级收入完成1.94亿元，同比增长27.59%，增收4197万元；县级收入完成18.11亿元，同比增长30.37%，增收4.22亿元。

工作概述

【税收征管】 加强征管基础建设，强化纳税人税务登记、税种登记、房产土地登记等数据的检测，提高基础数据质量；规范制定外管证、注销登记、转非正常户等，减少征管漏洞；加强委托代征管理，对61户多年没有代征业务的委托代征单位终止代征协议。开展发票专项检查，强化“以票控税”，减少税款流失。

强化户籍管理，落实税务登记管理办法，加强对外出经营业户、非正常户、停歇业户、减免税户、未达起征点户、扣缴义务人的监督管理。

【税收执法】 创新税收风险评估监察机制。每半年对基层执法情况进行一次风险评估监察，按照企业类纳税人不低于5%、个体类纳税人不低于2%的比例，随机抽选检查对象，共抽查企业类纳税人440户、个体类纳税人386户，查出涉及3个单位的11条执法过错。通过风险分析，对关键部门、关键环节的纳税评估和税务稽查等实行同步跟踪监察，对6件纳税评估和4件稽查案件进行同步监察。

【税源管理】 深化税源专业化管理，按照“重点税源精细化、一般税源标准化、个体税源定额化”的原则，科学实施税源分类管理。完善重点税源监控管理网络，对重点税源实行专人管理，提高税源管理质量。开展纳税评估，累计评估企业121户，评估税款2617万元。创新远期结售汇业务税收管理，开展“远期结售汇”业务专项检查，查补税款335.36万元，《中国税务报》进行了介绍。

【纳税服务】 践行“始于纳税人需求、基于纳税人满意、终于纳税人遵从”的纳税服务宗旨，开展两次纳税人满意度及纳税服务需求调查，发放调查问卷340份，印制分发办税服务指南宣传单1000份，根据调查结果调整和完善服务措施12项；开展“局长服务日”活动，局领导现场解答纳税人咨询160余人次；落实税收优惠政策，年内减免各类税收850.8万元。

【干部队伍建设】 推进分级分类培训，组织税收征管、税源管理等专项培训5次；赴鲁东大学、潍坊税务学校等单位脱产培训4批次，培训干部75人次；全局干部人均参训近30天，4名干部入选省局骨干人才。召开文化建设研讨会，形成18项地税文化基本理念和10项目标，建设以“金韵”文化为主题的文化基地。创办内刊《金都税苑》，累计出版14期，刊登103名干部的文学、摄影、书画等作品180余篇。

注重廉政教育与文化熏陶相结合，着力提高队伍的自律能力和文化素养。图为税务干部在“为了您和家人的幸福请远离职务犯罪”的横幅上签名

【精神文明建设】 开展机关作风纪律整顿活动，提升群众满意度。在招远市市委、市政府组织的“万人评机关”和行风评议活动中，继续保持垂直管理部门第一名；先后获得县级以上荣誉56项。

（张志刚）

栖霞市地方税务局

经 济 概 况

2012年，栖霞市完成生产总值201.29亿元，增长10.3%，其中：第一、二、三产业分别实现41.03亿元、91.61亿元、68.65亿元，分别增长3.9%、11.6%、12.7%；第一、二、三产业结构比例为20.4：45.5：34.1；社会消费品零售额94.4亿元，增长15.1%；地方财政收入6.3亿元，增长23.5%；农民人均纯收入10742元，增长10.1%。

收 入 概 况

2012年，全局共组织各项收入5.46亿元，比上年增长35.1%，增收1.42亿元。其中：中央级收入完成3714万元，同比增长39.3%；省级收入完成4446.3万元，同比增长29.1%；县级收入完成4.64亿元，同比增长35.4%。代征水利建设基金465万元，工会经费150万元。

工 作 概 述

【税收征管】　完善税收分析制度，加强重点税源的监控，跟踪宏观经济和企业经营形势变化对税收的影响，做好税收预测工作，准确把握收入增减变化和发展趋势。深化税源专业化管理，依据纳税人类型，实施分级分类管理，完善业务流程和工作职责分配，梳理征管业务，实现管户向管事的工作职能转变；精简压缩日常征管事项，减少纳税人报备项目，推进后台业务向前台转移，探索网上登记、短信提醒等服务措施，推进前台业务向网上转移。按照烟台市地税局收入质量内部审计监督制度，制定收入质量评价指标体系，对按季发布的考核指标进行分析，加强对收入质量的日常监控和考核。规范税收执法行为，引导一线执法人员严格遵循执法程序，实现“阳光执法”“透明执法”，提高防范执法风险的能力。

【税收执法】　加强同工商、国土、国税等政府职能部门的沟通协作，强化信息传递，科学分析评估，形成一个集采集、整理、分类、分析、处理、督导为一体的信息处理系统，及时将涉税信息落实到相关部门进行源泉控管，增加税收收入。全年从30个部门采集和录入信息2.6万余条。发挥稽查以查促收、以查促管、以查促依法治税的职能作用，打击偷税、逃税、抗税等涉税违法行为，推行电子查账技术手段，全年检查企业48户，查补税款、滞纳金、罚款共781万元。

【纳税服务】　优化办税环境，规范理顺办税流程，整合办税服务厅窗口功能，推进“一站式”服务，健全多元化办税服务方式，提高办税效率。开展微笑服务、公开服务、首问服务、限时承诺服务、监督服务，丰富服务方式；开展地税局长服务日活动、分类培训服务活动、纳税服务志愿者活动、纳税辅导和服务质效回访活动，提高纳税人的满意度和税法遵从度。年内，纳税服务中心被评为烟台市地税系统“十佳党员示范窗口”。

【基层建设】　新一轮基层建设开展三年，累计投入资金603.9万元，改善基层办公生活环境。关心职工诉求，开展走访慰问，组织文体活动，丰富职工文化生活。三年投入教育培训资金130多万元，参加省、市局举办的各类脱产培训70余次，自行组织各类培训班45期，参训人员达900多人次，全员干部职工平均每年轮训一次。

【党风廉政建设】 以“查找廉政风险、建立防范机制、制定有效措施”为目标，将廉政风险防控与税收执法、行政管理工作相结合，开展检税共建活动，完善“两权”监督措施，组织参加“阳光政务热线”，营造“以廉为荣、以贪为耻”的氛围。

（林建平）

海阳市地方税务局

经济概况

2012年，海阳市完成生产总值277.4亿元，同比增长4.3%；地方财政收入17.5亿元，同比增长8.1%；全社会固定资产投资268.1亿元，同比增长21.1%；规模以上企业主营业务收入244.7亿元，同比增长5.1%。第一、二、三产业结构比例为18.5∶45.8∶35.7。

收入概况

2012年，全局共组织收入12.85亿元，同比增长13.59%，增收1.53亿元；其中市县级收入9.73亿元，同比增长16.77%，增收1.39亿元。

工作概述

【税政管理】 落实国家关于小微企业、就业、环保及社会事业等方面的税收优惠政策，抓好第二、三产业剥离，促进服务业、文化产业发展，努力优化产业结构和税收结构。加大对企业的政策扶持、纳税辅导和税收服务力度，促进重点企业、优质税源企业发展。

【征收管理】 夯实征管基础、强化信息管税，以税源专业化管理为基础、以重点税源管理为抓手、以风险管理为主线，开展税收征管改革，实现重点行业由专门机构实行专业化管理，税源监控由风险防控中心进行分析预警。

【税收执法】 提高收入质量，挖掘税收潜力，开展房地产业、建筑业和房产税、土地使用税专项检查，强化信息比对、实地核查和系统数据修正，制订清欠计划，确保查补税款及时入库。年内，累计查补房地产业、建筑业各项税款8800万元，查补入库房产税、土地使用税77万元。

【纳税服务】 精减业务流程，探索涉税审批事项“先办后审”；推行网上办税，至5月底实现单位纳税人全部网上申报；推行免填单服务和涉税资料首次报送制，实现办税资料内部共享，避免纳税人资料重复报送。多途径、多方式开展税法宣传培训，提高纳税人的税法遵从度和依法维权意识。根据纳税人需求，形成前台宣传、公告宣传和网络宣传相结合的税收宣传模式。

【信息化建设】 加强日常管理维护，保障网络信息安全；定期开展操作技能培训，提升干部职工对大集中系统、数据综合应用平台、网络学院等信息化软件的运用能力，为税收征管提供支撑。

【干部队伍建设】 以解决实际问题为导向，注重从思想政治、业务知识、文化素养等多方面多角度加强干部职工教育培训。推广“链式学习法”，坚持集中培训与日常学习相结合，实体教育与网络学习相结合，以灵活多样的方式引导、提高干部职工的学习意识和学习能力。

【基层建设】 推进新一轮基层建设，基层办公地点由原来的9个减少到4个，完成12000平方米新办公楼的基础建设和内外装修工作，基层办公环境得到改善。实现基层中心所办公经费与乡镇政府脱钩，基层单位人员工资、津贴、补贴由局机关统一发放，基层中心所日常办公经费由县局定额拨付。年内，被烟台市地方税务局授予“基层建设先进单位”荣誉称号。

【党风廉政建设】 健全教育学习、制度约束、监督惩处三位一体的廉政建设体系，开展“庆七一廉政文艺汇演”“廉政作品征集”和参加烟台市地方税务局廉政警示教育巡回展等活动，提升廉洁从政意识。廉政风险防控平台试运行并成功上线。

【精神文明建设】 服务第三届亚洲沙滩运动会，组织干部职工参加相关演练和火炬传递、卫生义务清扫、爱心捐助等活动。强化“四德”精神的学习实践。年内，通过“省级文明单位”复审，荣获“第三届亚洲沙滩运动会筹办工作先进集体”“全省地税系统先进集体”“2012年度全市地税系统目标管理考核优秀单位”“建设海阳红旗单位”等荣誉称号。

（杨晓燕）

长岛县地方税务局

经济概况

2012年，长岛县完成生产总值61.6亿元，增长6.7%，其中第一产业增加值36.5亿元，增长5.4%；第二产业增加值5.4亿元，增长5.7%；第三产业增加值19.7亿元，增长9.5%。全县旅游接待人数为242万人次，增长30%；完成旅游收入17.3亿元，增长14.5%。渔民人均纯收入15048元，增长10.1%。

收入概况

2012年，全局共组织各项收入8172万元，（不含耕地占用税、契税、地方水利建设基金），同比增长13.3%，增收962万元。其中，中央级收入完成664万元，同比增长10.3%；省级收入完成1205万元，同比增长25.1%；县级收入完成6303万元，同比增长11.7%。代收费项目完成44万元。

工作概述

【征收管理】 突出税源管理和纳税服务，整合分局和办税服务厅人员，实现扁平化、链条式管理。办税服务厅列为县局科室，增强服务厅的日常处理功能，所有税收业务实行链条式流程管理。税源管理科、征管和科技发展科、法规税政科实行合署办公，搭建三方信息平台，对所有涉税信息进行分类，划转重点分局或一般分局管理；对纳税评估行业综合建模，协调评估案件；加强审批事项的事后复核和复查管理，考核基层单位征管指标，发挥信息化支撑作用。监察部门依据相关职能加强对管理分局和办税服务厅的权力监督。

【税收执法】 贯彻省、市局防范执法风险三年规划。强化非正常户管理。严格认定，派员实地核查，运用国地税比对的异常信息，对非正常户进行跟踪追查。强化报验登记管理。加强与发改、建管部门信息沟通，及时掌控外来、外出施工的基础信息资料，定期对外出施工企业进行应纳税款清理，核实纳税人完税凭证，对未按规定期限缴纳税款的，及时追缴入库。年内外埠报验登记户24户，全年入库税款73万元。强化代开发票管理。制定代开发票分级分类管理制度，定期对发票代开情况进行监督检查。提高征期入库率。改进组织收入考核机制，重点考核收入质量，征期入库率由上年的74%上升到84%。加强重点税源和重大项目管理。把年纳税在100万元以上的14户企业列为重点税源监控企业，开展从申报入库数据到财务资料的全面分析，确保重点企业税款及时足额入库；把交通运输、金融及旅游相关产业列为重点管理行业，开展税收跟踪管理，及时掌握税源变化情况。加强税务稽查。对金融、房地产、运输、建筑4个重点行业和20个重点税源企业纳入重点检查范围。开展电子查账工作，检查1户金融企业和1户海上运输企业。

【教育培训】 提高干部学习能力、实践能力、创新能力，按照长岛局《2010—2012年干部教育培训工作规划》开展培训。立足海岛税收现状，开展两期纳税评估培训班。完善网院教育平台，严格培训考核标准，确保每名干部参加网院培训课时不少于30课时。完善《教育培训考评办法》，将教育培训结果作为干部上岗、试用转正、能级管理、提拔使用的重要依据。出台《关于开展“学习型机关建设”活动的意见》，引导干部树立终身学习理念，鼓励和支持干部自学。

【党风廉政建设】 落实廉政风险防控工作三年规划，根据市局“五个层面”廉政风险防控措施，全员参与廉政风险防控管理，排查廉政风险，建立健全考核评价和责任追究制度。做好廉政风险防控平台的上线运行及维护工作，实现事前预警、事中控制、事后处理的全过程防控。加强与纪检监察、检察、公安、审计等部门的联系沟通，坚持税检共建联系制度，定期召开座谈会，实现信息交流常态化，强化预防职务犯罪工作。坚持廉政文化建设，开展廉政宣传、廉政课堂、廉政作业等活动。

（王军波）

潍坊市地方税务局

经济概况

2012年，潍坊市生产总值（GDP）完成4012.43亿元，按可比价格比上年增长10.6%。按常住人口计算，人均GDP达到43681元，比上年增长9.8%。三次产业比重由上年的10.14 ∶ 55.38 ∶ 34.48调整为9.73 ∶ 53.99 ∶ 36.28。全市城镇居民人均可支配收入25817.5元，农民人均纯收入11796.9元。公共财政预算收入完成306.1亿元，增长20.6%，增幅高于全省平均水平3.1个百分点，居第3位。

收入概况

2012年，全市共组织地税收入264.97亿元，同比增长28.57%。其中，地方级地税收入总量首次突破200亿元，达到209.6亿元，按可比口径增长22.07%，高于全省平均增幅2.39个百分点，增幅位居全省第4位。占全市公共财政预算收入的比重比上年提高3.3个百分点。

工作概述

【税收征管】 在全国税务系统率先研发应用潍坊地税"E票通"发票管理服务平台，便利纳税人和税源管理。探索创新发票管理服务改革，集中研发并于2月起，在全市范围内推广运行潍坊地税"E票通"发票管理服务平台，纳税人通过登录互联网，即可实现地税发票的申领、配送、开具、缴销、兑奖、验真、代开等全部发票业务。省局给予充分肯定，市政府人代会报告要求推广应用。《中国税务报》和《山东地税》杂志刊发推介。9月，市政府下发《关于实行地税发票先验真后入账的通知》（潍政办字2012〔128〕号），自10月1日起，各单位须在地税发票财务报销环节实行先验真后入账，规范经济秩序，有效防控发票虚开、假发票入账等违法行为，强化数据管税，保护所得税税基。至年底，平台受理纳税人网购发票申请3691户次，EMS配送发票52万份；为1.62万户纳税人委托代开发票11.09万份，代开金额5.5亿元，代征税款2544万元；网开发票461万份，金额267亿元；实施发票验真29万次。

【纳税服务】 探索建设智能化管理实体办税服务新模式，提升新形势下的纳税服务质效。国家税务总局纳税服务调研组给予充分肯定，在全省纳税服务工作会议上作典型发言交流。探索试点办税服务智能化管理，研发试运行办税服务厅智能绩效管理系统，实现对办税服务全过程的实时监控、自动控管和量化评价。试点大厅日办理业务量比系统运行前提高60%左右；探索推进服务流程的规范完善和优化再造，在原办税服务流程起始端增设导税服务和预审服务自选环节，对纳税人资料信息不规范的一次性辅导告知，减少窗口业务办理时间，避免无效排队等候和多次来回跑现象；将纳税人主动到地税部门办理的12类106项涉税业务全部由办税服务厅统一受理，受理后不能即时办结的8类13项涉税审核审批业务，通过后台审核审批岗前置大厅即时办理；探索开展涉税审核审批事项电子化办理，研发试运行电子档案系统，接收、管理纳税人传送电子文书资料，把纳税人报送的纸质资料扫描转化为电子资料，减少纳税人重复报送同一资料的麻烦。

【税源控管】 贯彻《山东省地方税收保障条例》，加强与财政、建设、国土等税收协助义务部门的协调配合，重点在相关涉税环节实行先税后证、先税后审（验）、依法代征，提高税源监控质效，促进财政税收增长。全市全年采集信息97.6万条，同比增长11.6%。其中涉税信息24.4万条，信息处理率达99%以上，新增税款达8.97亿元。

【服务经济发展】 落实各项税收优惠政策，助力小微企业发展。制定下发《潍坊市地方税务局支持小型微型企业发展的税收服务措施》（潍地税发〔2012〕18号），收集国家扶持小微企业和下岗再就业及个体工商户的优惠政策21条，落实开展对新办小微企业实行为期1年的纳税辅导、健全征纳沟通机制、办税服务厅绿色通道等纳税服务措施12项，为小微企业发展提供需求型人性化纳税服务。年内，全市实行小微企业优惠政策管理户数达到567户，优惠金额达198.4万元，分别同比增长4.5倍、3.2倍；组织开展房地产业专项调研，向市政府报送《房地产业地方税收形势简析》，得到采纳。

【干部队伍建设】 增强教育培训针对性和实效性，在山东省直单位干部教育培训工作现场会上作演示交流。开展情景模拟仿真互动式培训，组织地税干部在模拟税收工作热点的仿真环境中应对突发事件和媒体网络，实地感受和现场应对工作情境中可能遇到的问题。在市委党校举办5期培训班；开展自主选学快乐积分式培训，建设完善潍坊地税快乐学习平台，增设学习功能、科目课程，便利地税工作人员在线自主学习；开展有针对性的特色培训，民主推选年轻优秀干部到党委政府办公室等方面跟班学习，组织地税干部到省委党校等举办更新知识培训班。开展职工健身养生文化活动。市局、县局采取统一组织开展、科室轮流牵头主办、兴趣小组自主组织等方式开展活动。被命名为“全省地税系统十件好事”，在全省地税系统基层建设工作会议上作经验交流。开展岗位特色创先争优活动，以党建工作带动地税工作。在全系统评选表彰潍坊地税“十佳先进基层党组织”和“百佳先锋共产党员”，通过数字、光电、多媒体等现代化技术建设党建宣教室，改进宣教方式。省局领导实地考察后给予肯定。

【精神文明建设】 市局通过全国文明单位复审，被授予全国“五一”劳动奖状、全省政风行风考核优秀单位、全市“六大建设百项创新”成果奖、市直部门绩效综合考核先进单位、全市经济建设十佳服务单位等奖项。年内在全市企业评议部门（单位）活动中，市局获得行政执法部门第3名。

（靖树春）

潍坊市地方税务局奎文分局

经济概况

2012年，奎文区生产总值（GDP）完成143.2亿元，同比增长9.5%；第二、三产业增加值分别完成31.4亿元和111.2亿元，分别增长6.8%和10.4%。全区地方财政收入实现20亿元，增长17.2%；全年固定资产投资完成131.4亿元，增长22.4%；社会消费品零售总额完成97.6亿元，同比增长10.1%。

收入概况

2012年，全局共组织入库各项地税收入总额21亿元，同比增长8.62%，增收1.67亿元。其中，区级收入16.3亿元，同比增长11.65%，增收1.69亿元。

工作概述

【税收征管】 多措促收，提高收入质量防范执法风险。对1205户企业完成所得税核定征收，新增所得税1600万元。推进土地增值税清算工作，完成清算项目5个。运行存量房评估信息系统，降低执法风险同时增加税收收入。协调区国税局，安排专人对出口企业在增值税的免抵退过程中可能存在管理漏洞进行清理检查。通过潍坊地税纳税人网上税校、网上访谈直播栏目等多种渠道，加强小微企业纳税辅导，确保小微企业依法及时享受税收优惠政策。对全区的税源情况进行普查，核实和修正应纳税种，掌控房产、土地等应税信息，夯实征管基础。开展部门协作，协调建立以财政、国税、地税、银行、统计等部门参与的经济财税形势分析联席会议，每月开展经济税收形势分析，从收入管理、征收管理、税种管理等方面进行比对分析和通报反馈，收入预测准确率提升到96%以上。

【基层建设】 开展新一轮基层建设工作，提高基层工作质量与效率。成立专门项目组采取逐级征求意见建议的方式，对各项制度进行梳理规范完善，共整理制度73项，对45项过时的制度进行修改或精简。完善人文关怀机制，借鉴国外人力资源管理中的弹性工作制度，实行《错时轮岗制度》，减轻办税人员工作强度。开展健身养生文化活动，建立职工健身养生文化活动项目组，配套完善活动场所和健身设施，在办公区走廊建设“职工文化活动走廊”，采取各单位轮流主办的方式，开展职工健身养生文化活动，累计开展各类活动近70余次，4700余人次参与了活动。

【纳税服务】 办税服务厅推广应用办税服务智能绩效管理系统，全局推广运用“E票通”发票管理服务平台。智能绩效考核系统和“E票通”平台运行后，湖南、深圳、日照等地税局及各部门领导到局考察调研，给予充分肯定。开展“开门评税”服务，多次召开税情恳谈会和“开门评税”座谈会，征集意见建议16条，全部落实处理；聘请116名市区两级软环境监督员为奎文地税特邀监督员，定期情况通报、征求意见、服务回访。

开展小型微利企业税收优惠政策辅导，确保小微企业依法及时享受税收优惠政策

【干部队伍建设】 推行干部公开竞考和职工双向选择，选拔出8名中层副职充实到基层单位，120余名干部职工参与职工双向选择，优化人员配置。开展业务能手选拔，通过考试选拔20名区局“业务能手”和10名“学习标兵”，6人作为全市地税系统骨干人才参加省级业务骨干的选拔工作。开展创先争优活动，设立党员先锋岗，组织“创先争优”专题生活会，群众满意度100%。局机关委员会被区委和市地税局机关党委分别授予“先进基层党组织”称号，5人荣获全市地税系统“百佳先锋共产党员”称号。

【党风廉政建设】 组织全局干部职工收看党的十八大开幕盛况，印发《关于认真学习贯彻党的十八大会议精神的实施意见》（奎地税机党〔2012〕5号）；组织学习省局《案例汇编》等廉政教育资料，开展自查自纠；定期对正副职及重要岗位人员进行廉政谈话；通过廉政和执法风险防控平台、信访举报、审计检查、职工诉求等多种渠道收集案件线索，加大自主查办案件力度，做到预防、教育、监督三位一体。

【精神文明建设】 区局荣获全省地税系统先进集体、2011—2012年度征纳共盈品牌创建先进单位、富民兴鲁劳动奖状、潍坊市女职工建功立业标兵岗、全市综合统计工作先进单位、2012年度全区经济建设十佳服务单位、部门目标管理绩效考核二等奖、招商引资工作先进单位、和谐创建工作先进单位、先进职工之家等多项荣誉称号，行风评议成绩优秀。

（牟作鹏）

潍坊市地方税务局潍城分局

经济概况

2012年，潍城区实现地区生产总值187.5亿元，比上年增长9%；固定资产投资完成160.4亿元，增长22.1%；财政总收入20.95亿元，其中公共财政预算收入12.8亿元，分别增长3.8%和13.3%；社会消费品零售总额完成105.9亿元，增长14.6%；城镇居民人均可支配收入达到25817元，农民人均纯收入达到12445.3元，分别增长14.7%和13.4%。

收入概况

2012年，全局共组织地方税收收入13.854亿元，同比增收1.81亿元，增长15.03%。其中中央级完成1.377亿元，同比减收2926万元，下降7.53%；省级完成1.216亿元，同比增收126万元，增长

1.05%；区县级完成11.261亿元，同比增收2.09亿元，增长22.84%，为地方财政收支平衡和各项社会事业发展提供保障。

工作概述

【税收管理】 推广普及潍坊地税“E票通”。成立工作领导小组，制定《潍坊市地方税务局潍城分局“E票通”推广普及实施方案》，印发“E票通”网开、网购、委托代开发票等操作指南，组织纳税人开展“一对一、面对面、户户到”的发票宣传辅导和巡查巡管活动，推广“E票通”发票管理平台，年内，辖区有840户使用“E票通”，上线率达96.32%，开具发票54万份，开票金额16.2亿元。修订行业划分标准，加强户籍管理。与国税在开业登记、停复业登记、注销登记、非正常户处理等方面展开合作，实行国地税共同登记、共同注销，国地税联合办证系统按期清分率和按期导库率每月均达到100%。组织开展土地使用税、房产税“两税”普查。以查促管、以查促收，通过自查与核查产生应征“两税”税款3440万元，达到预期效果。加强耕、契税两税征收。推广应用存量房评估交易平台，制定实施地税契税征收管理操作规范，落实“先税后证”，积极稳妥做好耕契“两税”和“二手房”交易的税收征管工作。

【纳税服务】 规范和加强办税服务厅管理。联合潍城国税局对国地税联合办税后的业务流程、制度规范进行梳理完善，改进完善《潍坊市地方税务局潍城分局联合办税服务规范》；落实社会服务承诺制度、首问责任制等一系列规章制度，推行“一站式”“一窗式”“二次优先”涉税服务，方便纳税人，提高工作质量和办事效率；抓好税收优惠政策的落实。根据国家对税收优惠政策的调整，通过编制印发《税收优惠指南》，开展税收政策培训，对税收政策进行宣传。组织对辖区内享受优惠政策的业户进行统计汇总，抓好减、免、退税等事项的审核、报批管理，保证税收优惠政策管理到位；征求纳税人意见建议。通过局长服务日、问卷调查、召开恳谈会等，及时了解纳税人的涉税需求。全年发放各类宣传材料16000多份，调查问卷260份，帮助企业解决实际困难和问题67个。

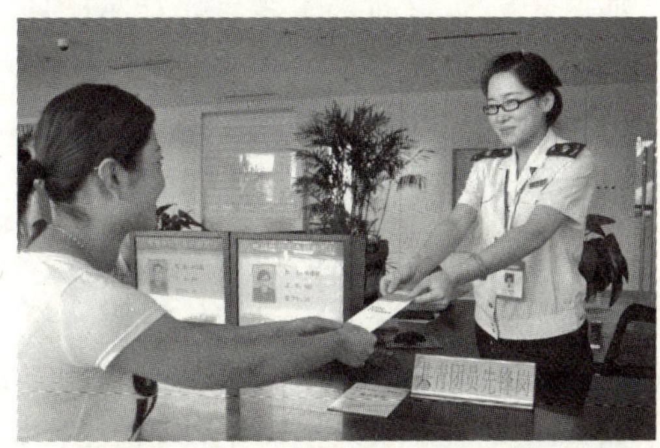

以提高纳税人满意度为服务目标，开展“和谐地税、青春飞扬”为主题的争创“共青团员先锋岗”活动，全方位打造服务热情、语言文明、举止得体的阳光地税形象

【干部队伍建设】 落实市局实务型个性化教育培训工作部署，制定《2012年度干部教育培训工作意见》，依托省、市局网站、潍坊地税快乐学习平台等载体，加强干部队伍业务素质培训，坚持日常学习与定期考试相结合，抓好集中学习和日常自学，全年开展各类职工教育培训19次，考试11场，累计培训人员

1796人次。

【党风廉政建设】 开展党风廉政教育，邀请区检察院领导、专家作“预防职务犯罪辅导讲课”，组织开展“作风建设集中月”“机关作风纪律整顿月”等活动，应用山东地税廉政风险防控平台，定期排查，建立廉政风险防范内控机制，推动党风廉政建设。

【精神文明建设】 推进党建工作。纪念建党91周年，组织开展“十八大学习会”“讲党性、重品行、作表率”“优秀共产党员”评选表彰、走访慰问老党员等一系列主题实践活动，增强基层党组织的凝聚力、向心力和战斗力。开展多种形式的文明创建活动。建立潍城地税道德讲堂，制定《潍城地税道德讲堂2012年度计划》；开展学雷锋志愿者服务。组织志愿者走上街头开展义务执勤、文明劝导、秩序维护活动；参与“能源紧缺体验日”，倡导低碳生活；组织开展冬季附近道路除冰扫雪，方便过往行人、车辆通行安全，增强全局干部职工的集体意识和责任意识。

（徐世宣）

潍坊市地方税务局坊子分局

经济概况

2012年，坊子区实现国民生产总值（GDP）104.30亿元，同比增长10.80%；实现公共财政预算收入7.48亿元，增长18.20%；完成固定资产投资82.40亿元，增长22.10%；社会消费品零售总额达到43.90亿元，增长14.30%；规模以上工业增加值增长12.10%，实现主营收入业务216亿元、利税14.80亿元、利润11.30亿元；新增高新技术企业3家，高新技术产业产值增长10.10%。

收入概况

2012年，全局共组织各级地税收入6.39亿元，同比增长27.59%。其中，区级完成5.12亿元，同比增长28.94%。

工作概述

【税收征管】 落实《山东省地方税收保障条例》，争取政府支持，下发《潍坊市坊子区人民政府办公室关于加强涉税信息传递工作的通知》，在政务外网建立“坊子区涉税信息管理考核系统”，共采集涉税信息6945条，新增税款1579万元。深化电子档案管理系统应用，实现纳税资料和涉税审批事项同步，密切前后台业务衔接，提升行政审批质效。开展土地使用税清理清查工作，共核实土地信息1348条，核实应税土地面积1070万平方米，清查入库税款及滞纳金3167万元。开展纳税评估，重点对在土地使用税、资源税、企业所得税缴纳中存在较大疑点的170户企业进行纳税评估，评估税款350余万元。开展地方税收专项检查，共对18户企业进行调账检查，查补入库税款、滞纳金共530万元。

【纳税服务】 倡树“以服务引导纳税遵从”的服务理念，每月开展“地税局长服务日”和纳税人税法培训，推行“一站式”纳税服务，为大企业提供相关业务的申请受理、咨询、指导、联系、协调等“点对点”服务，受到企业广泛好评。推广应用潍坊地税“E票通”发票管理服务平台，年内实现网开发票纳税人303户、委托代开发票单位4户、网购发票143户次，减轻纳税人办税负担。运行智能绩效评价系统，实现办税服务的全程实时监控、资料提前预审、智能分析预警、绩效量化考核，改进纳税服务工作，提升服务质效。

【文化建设】 实践“本生、重已、贵公、去私”的坊子地税核心理念，倡导“仁爱、宽厚、信义、谦冲、善学、奋发、乐群、容止”的品格修养。开展健身养生文化活动，在内部网站新增“文体之家”和“健康养生”栏目，引导干部职工健康饮食、开心生活。发挥“职工主体、科室主办、项目组主导”作用，组织扑克够级大赛、篮球趣味赛、跳绳等各类活动160余次，增强干部职工的协作意识、奉献意识和争先意识。

组织召开国地税合作联席会议，就涉税信息进行交换，促进国地税合作的有效有序开展

【党风廉政建设】 开展“作风转变年”活动和制度“回头看”活动，将岗位职责、行为规范和奖惩条例编印成《坊子地税员工手册》，引导干部职工遵守践行。开展廉政风险点排查活动和预防风险自查自纠活动，梳理每个岗位、每个部门、每个流程潜在的风险点，制定风险防控措施，将其全部纳入季度考核，促进干部职工依法行政、廉洁从税。研发运行“坊子地税效能管理平台”，实现由“靠领导推动执行”向“靠流程推动执行”的转变，提升基层执行力和落实力。

【精神文明建设】 开展一系列创先争优活动，促进工作作风转变，带动精神文明创建工作。年内，被授予山东省五四红旗团委、富民兴潍劳动奖状、全市档案工作优秀集体、市级政务公开和政务服务工作示范点、全区服务经济建设先进单位等荣誉称号，连续13次荣获全区行政执法部门行风评议第一名。职工书屋被中华全国总工会授予“全国职工书屋建设示范点”荣誉称号，妇委会被省妇联授予先进妇委会荣誉称号。

（倪化同）

潍坊市地方税务局寒亭分局

经济概况

寒亭区是潍坊风筝的发祥地和全国三大木板年画产地之一，面积623平方公里，人口37.1万。2012年，全区实现财政总收入16.4亿元，同比增长7.9%，其中公共财政预算收入完成10.4亿元，同比增长18.1%；全社会固定资产投资完成177.80亿元，同比增长22.1%；全社会消费品零售总额实现61.27亿元，同比增长14.7%。

收入概况

2012年，全局累计入库各项收入6.18亿元，同比增长23.02%，增收1.16亿元，其中区级收入5.23亿元，同比增长33.46%，增收1.31亿元。不含耕、契两税累计入库各项收入5.36亿元，同比增长23.13%，增收1.01亿元，其中区级收入4.41亿元，同比增长35.76%，增收1.16亿元。

工作概述

【征收管理】 加强税源分级分类管理。实行重点税源专业化管理，加强对金融保险、房地产、建筑安装等重点行业管理，对占税收总收入比重较大的重点税源户搞好比对、评估和预警，实施动态监控；深化社会综合治税。加强与发改局、财政局、工商局、住建局、国土局等部门的沟通，形成联动机制。年内，采集各类信息17540条，同比增长11.85%；抓好税收预警和纳税评估。利用税收预警系统和省局纳税评估系统，做好税收预警和纳税评估，制定管理策略和措施，为强化征管、稽查和纳税服务。全年处理税收预警209条，补缴税款1752万元；纳税评估30户，评估税款16万元；开展税收清查。成立专门班子，在全区范围内集中开展土地使用税专项检查、发票管理、餐饮业户规范管理、外出经营规范管理等四项专项检查，强化税收征管，提高纳税遵从度。

【纳税服务】 将原直属局办税服务厅和纳税服务中心整合成一个办税服务厅，优化办税服务厅岗位设置，完善纳税服务制度，整合纳税服务资源，服务纳税人。推广使用“E票通”发票管理服务平台，降低纳税人办理发票业务成本，提高发票管理效率。定期开展纳税人培训，年内举办纳税人培训班12期，培训企业财务人员756人次，新印制纳税服务指南2500册。开展局长服务日活动12次，征求意见建议56条，发放宣传材料1500余份。巧借风筝年画艺术节、潍县萝卜节开展税法宣传，召开税企恳谈会，征求纳税人意见建议，提升服务水平。

【干部队伍建设】 开展务实型个性化干部教育培训，制定《2012年度干部教育培训工作意见》，明确年度教育培训工作思路。通过“快乐学习平台”加强日常学习，分批次对一线工作人员进行脱产全封闭业务知识更新培训，组织开展“寒亭地税业务能手”考选和税收业务知识考试。年内，7人考录入选全省地税系统第四周期骨干人才（业务能手），2人入选全省地税系统企业所得税人才库。

加强税收征管，组织业务骨干深入重点税源企业开展税收调研

【基层建设】 强化硬件建设。投资10余万元整修办公场所，更换部分老旧桌椅，改善办公条件；强化制度建设。

修订目标管理考核办法，完善值班、考勤、工作日中午禁酒、车辆管理等制度，加大监督考核力度；推进和谐地税建设。研究制订职工健身方案，组织开展50余场健身养生文化活动；加强对干部职工人文关怀，畅通职工诉求渠道，及时解决职工的合理诉求。

【党风廉政建设】 实行党风廉政建设责任制，层层签订《党风廉政建设责任书》，确定各单位负责人是党风廉政建设的第一责任人。组织开展“恪守从政道德、保持党的纯洁性”主题教育活动，开展重温入党誓词、参观潍县战役指挥部、优秀影片观影等活动集中进行党性教育。参观潍北监狱，观看省局反腐倡廉警示教育巡回展览，邀请区检察院领导做预防职务犯罪报告，邀请区纪委领导做党风廉政建设专题讲座等，加强廉政教育。

（徐双娣）

昌邑市地方税务局

经济概况

2012年，昌邑市完成地区生产总值297.95亿元，同比增长12.1%。实现财政总收入32.1亿元，其中，公共财政预算收入18.7亿元，增长18%。金融机构各项存、贷款本外币余额分别达到269.8亿元和176.7亿元，增长17.2%和19.4%。规模以上工业企业完成主营业务收入882.6亿元，利税63.5亿元。实现服务业增加值90.88亿元，社会消费品零售总额110.04亿元。城镇在岗职工人均工资、农民人均纯收入分别达到3.86万元、1.19万元，增长11.5%和13%。

收入概况

2012年，全局共组织各项地税收入128442万元。其中：中央级完成12893万元，省级完成8896万元，县级完成106653万元。剔除耕契两税及水利基金，共完成各项地税收入110238万元，较上年同比增长5.8%。

工作概述

【征收管理】 一是加强重点税种管理。企业所得税方面，470户企业进行汇算清缴申报，入库税款1186万元。营业税方面，注重以票控税，重点抓好新版发票及网络税控防伪发票的开具使用管理，加强对建设、房地产项目的管理与监控，管理水平不断提高。个人所得税方面，开展好年所得12万元以上个人所得税自行申报工作，全市619人进行申报，同比增加114人。财产和行为税方面，全面落实契税和耕地占用税征管职能划转工作，累计征收契税13430万元，耕地占用税3276万元。二是保障地方税收工作。推进《山东省地方税收保障条例》落实，拓宽涉税信息采集领域。年内，利用政府网综合治税信息采集系统，全市各部门、单位采集涉税信息22943条，征收入库税款15120万元，同比增收6627万元。通过与发改、规划、建设、国土、财政、经信等部门建立信息传递制度，接收重大建设项目信息183条，控管在建重大建设项目63个，入库地方税收26425万元。三是加强税源专业化管理。税收预警方面，重点抓好税收预警信息处理完成率、任务处理正确率和错误数据修正率的处理工作，重复预警明显减少。纳税评估方面，重点就企业所得税汇算清缴、房地产业、纺织业、制造业等进行评估，为加强税源监控提供支撑。

【纳税服务】 落实总局、省局《2010—2012年纳税服务工作规划》，创建“征纳共盈”纳税服务品牌，组织“地税局长服务日”活动，提升“一站式”服务水平。通过“昌邑市地税局纳税人税法培训中心”，免费为全市企业办税人员举办培训班12期，培训纳税人400余人次。研究运用税收政策支持经济发展的途径和方法，在高新技术企业、小微企业、新能源开发等方面建言献策，为各级党委政府当好参谋助手。年内，征收入库教育费附加4528万元、地方教育附加3019万元、工会经费374万元、水利建设基金1498万元、残保金145万元，支持各项社会事业发展。开展“包千村、联万户、谋发展、促和谐”活动，多方筹措资金为围子街道马部村安装改造自来水，解决全村村民饮水安全问题。

积极借助第三届“山阳梨花节”开幕进行以“税收 发展 民生”为主题的税收宣传活动

【党风廉政建设】 落实《山东省地税系统违法违纪案件责任追究暂行办法》，组织开展“恪守从政道德、保持党的纯洁性”等主题教育活动，加强与纪检、检察等部门的沟通协调，邀请相关部门领导做预防职务犯罪、党风廉政建设、防范执法风险等专题辅导讲座10余次。年内，被中共昌邑市委、昌邑市人民政府授予党风廉政建设先进单位称号。在昌邑市“双评”工作中，列全市行政执法部门第一名。

【精神文明建设】 以创建省级“文明单位”、省级“青年文明号”、全国“巾帼文明示范岗”及精神文明先进个人等活动为动力，扩大创先争优活动成果，组织职工健康查体，举办了趣味运动会、“庆五一话养生”演讲比赛及象棋比赛等健身养生文化活动，参加昌邑市直机关职工运动会，邀请专业人员就交通安全、摄影技巧、消防安全等作系列专题讲座，丰富职工文化生活，增强了队伍凝聚力。

（赵 洋）

昌乐县地方税务局

经济概况

2012年，昌乐县完成地区生产总值214.6亿元，同比增长12.1%；实现财政总收入24.9亿元，地方财政收入15.3亿元，分别增长6.5%和18.6%；规模以上工业实现主营业务收入723.2亿元，增长16.8%。

收入概况

2012年，全局共组织入库地税收入98489万元，同比增长8.85%，增收8008

万元。其中，县级收入80117万元，同比增长10.62%，增收7694万元。

工作概述

【税收征管】 一是加强收入预测分析。完善税收收入分析机制，按月对税收收入情况与上年同期进行纵向比较，与周边县市区进行横向比较，增强税源控管能力，控好增量税源，挖掘潜在税源，管好存量税源。二是强化重点税源管理。抽调业务骨干，采取专人包靠方式，重点加强对房地产业、建筑业、金融保险业和年纳税过100万元以上重点税源企业及重点行业的税收征管；深化"大集中"系统软件应用，强化对重点税源企业的动态监控和数据分析利用，提高重点税源税收贡献率。三是加大调度督导力度。每月召开一次调度会，调度各中心所（分局）收入目标完成进度，并与年初制定的任务目标进行对比，分析增减因素，研究增收措施，确保组织收入工作的进行。对完不成收入调度任务的单位和个人，进行责任追究。

【税收执法】 落实省、市局提高收入质量防范执法风险工作要求，对上年各项重大收入事项逐户、逐笔进行重新审核，结合实际做好税收执法各环节风险点的对照排查，对发现的问题采取措施整改，有效规避；将执法监督贯穿于日常征管全过程，建立对征、管、评、查等业务"全面覆盖，重点监控"的执法监察工作体系，实行全方位内部监控，确保执法规范。通过公开评税、公开办税，增强税收执法透明度，强化外部监督，规范税务人员的执法行为；完善常态化、长效化税务稽查工作机制，重点开展房地产开发、建筑安装、交通运输等重点行业和重点企业的检查，打击偷、逃、骗、抵税款等涉税违法行为，营造公平公正、规范有序的经济税收环境。

【纳税服务】 完善"一站式"服务平台建设，优化办税流程，精简提交资料，减轻纳税人负担；推广应用潍坊地税"E票通"发票管理服务平台，便利税源管理和方便纳税人办税；开展"地税局长服务日"活动，为70余位纳税人解答问题300余个；依托纳税人税法培训中心，每月举办一期税法培训讲座，为企业培训财务人员600余名；宣传落实税收优惠政策，为21户企业减免税款2300万元，支持企业转方式、调结构。

【干部队伍建设】 一是开展干部教育培训。以实务型个性化干部教育培训为导向，抓好山东地税网络教育学院和潍坊地税"快乐学习平台"学习应用，利用晚上开办"税务夜校"，加强干部职工学习。二是优化干部队伍结构。按照干部管理权限和规定，推行公开选拔、竞争上岗的干部选拔任用机制，公推竞考6名年轻中层干部，激发干部队伍活力。

开办"税务夜校"常态化开展教育培训

【基层建设】 一是加大基层经费保障力度。落实《山东省地方税务系统基层经费补助管理办法》，按照每人每年18000元的标准，对中心税务所进行补助，实现中心所经费与乡镇财政拨款脱钩。二是改善职工居住条件。对3栋职工宿舍楼进行暖气改造，解决多年的取暖问题，提高职工的生活和居住条件。三是丰富干部文体生活。以职工健身养生文化活动为载体，先后投入30余万元举办灯谜竞猜、职工消夏晚会、亲子趣味篮球、心理减压讲座等90余次活动，丰富职工文化生活。四是抓好制度精简规范和落实到位。成立项目组，对县局各项制度进行梳理、精简和完善，提高工作质效。

【党风廉政建设】 组织全体地税工作人员参观省局警示教育巡回展、观看廉政教育片，加强警示教育，增强干部职工廉洁从税意识；层层签订《党风廉政建设责任书》，落实党风廉政建设责任制；将加大自主查办案件力度与推广应用“廉政和执法风险防控平台”结合，及时提醒警示干部职工，促进党风廉政建设工作有效开展。

【精神文明建设】 在继续保持省“文明单位”、省“青年文明号”等荣誉称号的基础上，年内被评为省级巾帼文明岗、山东省财贸金融系统“工人先锋号”、全省地税系统先进集体、全省地税系统基层建设优秀单位、潍坊地税“十佳先进基层党组织”、昌乐县经济建设“十佳服务”单位、县直部门（单位）工作实绩考核先进单位、服务业发展先进单位、星级服务窗口单位等多项荣誉称号。

（许海军）

安丘市地方税务局

经济概况

2012年，安丘市实现地区生产总值221.2亿元，比上年增长10.2%；全社会固定资产投资完成165.1亿元，比上年增长22.5%；全社会消费品零售总额实现105.3亿元，比上年增长15.0%；规模以上工业实现主营业务收入352.6亿元，增长12.6%；城镇人均可支配收入1.96万元，增长18%；农民人均纯收入1.08万元，增长15.0%；财政总收入18.93亿元，其中地方财政收入10.01亿元，分别增长18.2%和28.6%。

收入概况

2012年，全局共组织地税收入9亿元，比上年增收1.96亿元，增长27.91%。其中，中央级收入完成6963万元，省级收入完成7608万元，县级收入完成7.55亿元。县级收入比上年增收1.89亿元，增长33.49%。

工作概述

【税收征管】 强化重点税源管理，对年纳税100万元以上的企业重点监控，全年全市重点税源企业入库地方各税6.05亿元，占全部地税收入的67.16%。抽调业务骨干，成立专项评估小组，对全市房地产业及建筑业进行专项评估，促进房地产业、建筑业税收增长。加强土地使用税清理整顿，全年入库土地使用税7262万元，增收874万元。加强社会综合治税，国土、房管、物价、财政、公安、工商、规划、建设等单位发挥部门职能作用，协税护税，堵塞税收漏洞。

【纳税服务】 推行潍坊地税“E票通”发票管理服务平台，纳税人通过互联网实现地税发票的申领、开具、验真等业务，方便纳税人。有90%的目标纳税人使用“E票通”系统，办税服务厅发票代开量减少42%。利用纳税人培训中心，定期为纳税人提供培训服务，全年举办培训班12期，培训人员910人次。每月定期开展“局长服务日”活动，现场与纳税人沟通交流、解疑释惑，接待纳税人咨询213人次，解答纳税人问题189个。被省局评为2011—2012年度全省地税系统“征纳共盈”纳税服务品牌创建先进单位。

【干部队伍建设】 强化干部教育培训，坚持以考促学、全员读书、结对帮扶、能手选拔、快乐学习等，组织业务骨干到辽宁税专脱产培训，提升业务技能。开展职工健身养生文化活动，引导干部职工科学养生和运动健身，保持阳光心态。做好党建工作，召开组织生活会、党支部会，丰富基层组织生活；开展主题实践活动，丰富党建工作内涵，提高党员队伍的凝聚力和战斗力。被潍坊市委授予“潍坊市创先争优先进基层党组织”荣誉称号。

【党风廉政建设】 层层签订《党风廉政建设责任书》，把党风廉政建设责任制落实到地税工作的每个环节和部分。组织中层以上干部到市廉政教育基地和看守所进行党风党纪、党风廉政建设和廉政警示教育，以案释法。组织干部职工参观学习省局案例警示教育巡回展览。开展每季廉政作业答题活动，组织廉政知识考试，检查学习教育成效。

加强税收宣传，在“12·4”全国法制宣传日期间，设立法制宣传站，广泛开展普法宣传

【精神文明建设】 开展一系列健康向上的职工文体活动，参与包村扶贫、学雷锋志愿服务及扶残助学等社会公益活动。经上级文明委复审考核，安丘地税局继续保持省级文明单位荣誉称号，被潍坊市委评为潍坊市扶残助残先进集体，并被评为安丘市扶贫助学模范单位。纳税服务中心被评为省级巾帼文明岗，凌河中心所获得省级青年文明号荣誉称号。直属征收局、纳税服务中心、凌河中心所、大盛中心所、开发区中心所、兴安中心所被评为潍坊市青年文明号。

（焦枢亮）

寿光市地方税务局

经济概况

寿光市地处山东半岛北部，总面积2180平方公里，辖9镇5街，人口108

万，是闻名全国的蔬菜之乡和全国百强县（市）。2012年，全年完成地区生产总值618亿元，实现财政总收入82.8亿元，其中，公共财政预算收入55亿元；城镇居民人均可支配收入达到29260元，农民人均纯收入12805元。荣获“中国改革10强县市”“全国科技进步示范市”“中国人居环境奖”等荣誉称号。

收入概况

2012年，全局共完成地方税收入库43.20亿元，其中，区县级实现35.52亿元，比上年增收9.83亿元，增长38.2%。区县级收入位居全省第二位。

工作概述

【税收执法】 把严格依法治税、防范执法风险作为重中之重，对容易出现风险的十个节点加强管理，在征期申报管理方面，税收按期申报率、入库率等达到上级要求；在登记类信息管理方面，督促修改错误数据1206条，核查清理税收1700万元；在税收预警管理方面，全年预警信息量减少206条，查实补缴税款3095.78万元；完成纳税评估103户，评估入库税款3254万元；税务立案稽查19户，稽查税款768.37万元，加收滞纳金及罚款14.4万元，稽查结案率达100%。

【征收管理】 规范重点税源管理，按期申报入库率达90%以上，比上年提高9个百分点；税收分行业管理。对交通运输业实施以票控税，对金融保险业组织专项检查，对原盐资源税加强联合控管，征收房地产企业土地增值税1.08亿元，企业所得税3419万元，分别比上年增收6376万元、1873万元；存量房交易评估共办理747户业务，系统评估总价比合同交易总价增加2781.56万元，增长84.8%；全年契税、耕地占用税分别完成31454.1万元、32504.6万元。

【纳税服务】 为全市970余户纳税人推行“E票通”网开发票系统，“E票通”网开发票应用率达80.71%，共开具发票360803份，开具金额14.9亿元，累计入库税款7450万元，方便纳税人。按照纳税人需求，邀请专业老师为纳税人授课。共组织税法培训6期，参训人数达1210人。每月组织“开门评税”“局长服务日”活动，面对面为纳税人解决实际问题；为企业落实备案减免5329万元，为7户企业批复财产损失1633万元，为373户小微企业落实税收优惠31万元。

【服务发展】 围绕“建设城乡一体均衡寿光”奋斗目标，组织开展“集中服务企业发展”活动。对企业立项、审批、建设、投产等进行跟踪服务，了解企业需求，维护纳税人合法权益，对企业投诉事项由一把手督办，全力扶持企业发展，全年共为纳税人落实各项税收优惠8700万元；为1475家企业建立税企帮扶档案，开展上门服务，支持“蓝黄”两区建设；为全市1190家小微企业落实税收优惠339万元，税收优惠总额及户数位列潍坊市首位，服务小微企业。

【基层建设】 落实全省地税系统加快推进基层建设工作要求，建立领导联系点制度，局班子成员包括基层中心税务所，为职工办实事、办好事，帮助协调解决实际困难。共为基层所检修及购置空调设施 11 台（套），更新电脑 48 台，更新工作用车 8 部。按照省局要求，加快推进基层集中办公准备工作，年底，新建的局办公大楼竣工。

【干部队伍建设】 组织开展全员培训，年内，有 15 人考取潍坊市地税管理能手，其中 4 人考取省级管理能手，4 人在全国企业所得税考试中成绩优异，以上 8 人入选省级人才库。开展“实务型个性化干部教育培训”，制订年度培训计划，抽调业务骨干组成师资队伍对职工进行培训。开展“党员队伍纯洁机制建设”，全面推进党员队伍的思想、作风和制度建设。

组织参观宣教基地，增强干部职工防腐拒变能力

【精神文明创建】 以廉政文化建设为抓手，落实党风廉政建设责任制，应用执法风险防控平台，加强内外监督，通过全市软环境建设监督员监督、寿光民声网监督、职工诉求平台及诉求电话监督，提高干部职工依法行政、文明服务自觉性，群众满意度在全市 92 个上线单位中保持前列。被潍坊市纪委定为全市“五廉”活动试点单位，被省纪委、省监察厅联合授予全省首批“廉政文化建设示范点”。

（崔忠田）

青州市地方税务局

经济概况

2012 年，青州市实现地区生产总值 449.1 亿元，增长 11.5%。完成全社会固定资产投资 312.6 亿元，增长 22.8%。公共财政预算收入 27.1 亿元，增长 24.6%。城乡居民储蓄存款余额 302 亿元，增长 16.7%。新增贷款 76.4 亿元，增长 29.9%。社会消费品零售总额 150 亿元，增长 16.6%。城镇在岗职工平均工资、农民人均纯收入分别增长 11% 和 13.4%。在全国县域经济基本竞争力百强县中列第 71 位。

收入概况

2012 年，全局共组织各项收入 21.59 亿元，同比增长 24.3%，增收 4.22 亿元。其中，税收收入 16.66 亿元，增长 19. 8%；教育费附加 1.25 亿元，增长 16.4%；地方教育附加 8317 万元，增长 19.7 %。中央级收入完成 1.32 亿元，同比下降 6.9%，减收 977 万元；省级收入完成 1.55 亿元，同比增长 11.4%，增收 1590 万元；县级收入完成 17.41 亿元，同比增长 27.4%，增收 3.74 亿元；完成年度计划的 101.8%，超收 3091 万元。

工作概述

【征收管理】 推广应用潍坊地税“E 票通”发票管理服务平台，便利纳税人和税源管理。截至目前，全市有 769 户纳税人实现网开发票，发票领购成本降低40%左右，代开发票成本减少50%以上。创新“以量控制、从量计征、按月预缴、年终测量清算”的石灰石资源税征管方式，促进石灰石资源税增长，全年入库3949万元，增长190.4%。与交警部门联合办公强化车船税征管，在机动车年审环节对车船税缴纳情况进行审验，全年征收车船税3304万元，同比增收704万元，增长27%。

【税收执法】 提请市政府下发《青州市人民政府办公室关于在全市开展土地使用税房产税房屋租赁装修税收专项清理的通知》，集中开展清理活动，全年清理入库土地使用税、房产税1800余万元。加强与发改、经贸、土地、城建等部门的沟通协调，建立联合监管机制，定期进行信息交换。对1000万元以上重大建设项目信息，全部立项建档，对涉及的所有税款纳入重点监控。强化税务稽查与纳税评估堵漏增收，通过稽查组织入库870万元，通过评估组织入库3300万元。

【纳税服务】 规范办税服务职能，加强前后台业务衔接，推行“一站式”服务，形成“前台为纳税人服务、后台为前台服务”的格局。利用12366服务热线，开展局长服务日、纳税人税法培训等活动，举办纳税人网上税校培训讲座12期，培训500余人次，印制一次性告知手册3000册。举办局长服务日22次，为纳税人解决疑难问题23件，热点问题30件，服务纳税人，营造和谐纳税氛围。

【基层建设】 强化基层保障，做好集中办公后续工作。制作主体形象类、导示类和宣传类标识78块，办公类标识800余套。对3000平方米暖气设施升级改造，对局办公楼进行大规模改造、维护，对宿舍区停车场和草坪进行整修和清理，营造良好的办公、办税、生活环境。强化潍坊地税快乐学习平台学习，全年干部职工学习积分达314万分，列潍坊各县市区局第一名。举办各类培训班28期次，培训3800余人次。14人被潍坊市局确定参加全省地税系统骨干人才选拔考试，6人考取全省地税系统业务能手。

开展爱心捐助贫困学生活动，关注少年儿童学习成长，服务和谐社会发展

【党风廉政建设】 落实省局推广的“廉政与执法风险防控平台”，层层签订《党风廉政建设责任书》。开展年度主题教育活动。搞好检税共建工作，与青州市检察院签订《关于共同开展预防职务犯罪工作的实施意见》责任书，邀请市检察院领导作防范执法风险预防职务犯罪专题辅导报告，组织参观廉政教育警示基地。及时发现和纠正行风建设中存在的问题，改进机关作风。在青州市纪委抽取320名企业代表进行的政风行风网上评议中，青州市地税局列全市69个经济社会管理部门（单位）第一名。

【精神文明建设】 开展职工健身养生文化活动，组织收看视频讲座12期，组织活动近百项，开展“局长职工民主对话日”活动38期；搭建诉求平台，倾听干部职工意见，帮助解决实际问题；开展“双学双促”活动和“以孝治市”活动；加强与文明委和工、青、妇等部门的协调联络，组织开展文明单位、青年文明号等创建活动，精神文明建设迈上新的台阶。

（高树丰）

高密市地方税务局

经济概况

高密市位于山东半岛和内陆结合部，东临海滨名城青岛，西依世界风筝都潍坊，面积1526平方公里，人口87.6万，辖7个镇、3个街道、1个省级经济开发区、1个胶河疏港物流园区、1个胶河生态发展区、1个咸家工业区。2012年完成地区生产总值440亿元，实现财政总收入40亿元，其中地方财政收入28.20亿元。

收入概况

2012年，全局共完成各项收入21.76亿元，同比增收4.17亿元，增长23.71%。其中县级完成收入17.77亿元，同比增收3.59亿元，增长25.31%。

工作概述

【税收征管】 建立“中介参与、律师把关、集体审议、司法监督”为主要内容的“四位一体”税收管理工作机制，将风险理念贯穿于整个税收工作之中；强化对全市房地产、建筑业、纺织业等重点行业以及年纳税额过100万元以上重点税源企业汇算清缴，全年汇算清缴432户，入库企业所得税4299万元；开展“一税两费”比对工作，对全市所有企业上年至6月底前缴纳的增值税、消费税及营业税情况逐户进行比对分析，全年比对入库“一税两费”326万元。

【税收执法】 落实税收执法责任制和过错追究制，年内实现执法责任制考核“零过错”；做好土地使用税自查自纠工作，全年清理2268户，清理入库以前年度土地使用税4217万元；组织对房地产、建筑、金融业等重点行业进行纳税评估和稽查辅导，全年纳税评估辅导159户，入库税款6869万元，税务稽查辅导106户，辅导和查补入库税款2608万元；落实地方税收保障工作，下发《高密市政府关于进一步加强地方税收保障工作的实施意见》《高密市地方税收保障考核办法》，明确目标责任，全年采集处理各类信息112735万条，入库地方税收1.5亿元。

【纳税服务】 强化税法宣传，编发《税收政策专辑》500余册，解决纳税人各类疑难问题450余个，举办纳税人税法培训班18期，培训纳税人1600多人次；组织开展“下基层、听民心、促发展”小型微利企业政策落实“回访”活动，及时了解税收政策落实情况；组织召开“服务企业助发展、密切征纳促和谐”税企座谈会，与60家不同类型的企业进行座谈交流，确保税收政策落实到位。

【干部队伍建设】 加强业务培训，

年内有9人入选省局业务能手（骨干人才），考取人数居全潍坊市地税系统第一位；在潍坊市委党校组织全体中层干部和业务骨干40余人举办“高密地税情景模拟仿真互动式培训班”，进一步提高地税干部的应急管理能力和应对媒体能力；举办“感恩组织、感恩家庭、感恩社会、感恩他人”主题演讲比赛，增强感恩意识。在高密市人大常委会组织的“强化作风、依法行政”综合评议中荣获25个垂直管理部门单位第一名。

举办“感恩组织、感恩家庭、感恩社会、感恩他人”主题演讲比赛，强化队伍建设，提高干部职工素质，增强感恩意识

【党风廉政建设】 编发《廉洁自律手册》，层层签订《党风廉政建设责任书》《家庭廉政监督责任书》；组织参观“山东省地方税务局案例警示教育巡回展馆”和廉政教育基地、公安局看守所，观看警示教育专题片6次，邀请高密市纪委、市检察院领导作党风廉政建设和预防职务犯罪辅导讲座2期；举办“2012高密检税共建乒乓球羽毛球友谊赛”，与高密市纪委、审计局组织开展“喜庆十八大、健身联谊赛”，加强部门之间的沟通交流，推进反腐倡廉工作。

【基层建设】 投资46万元更换新计算机75台，投资3万余元更换办公楼饮水机，投资60多万元改建西办公楼职工餐厅，投资11万元建立职工健身养生活动室、办税服务厅心理减压室，投资12万元实施西办公楼供暖设备改造，为干部职工创造工作生活环境；畅通诉求渠道，组织开展恳谈对话活动60余次，举办不同层面人员座谈会29次，召开情况通报会3次，及时接收和分析处理各类诉求，推进和谐地税建设，年内通过“省级文明单位”复审，被授予“全省地税系统先进集体”称号。

（许　浒）

诸城市地方税务局

经济概况

2012年，诸城市完成地区生产总值581.6亿元，比上年增长13.0%。其中第一产业增加值52.6亿元，同比增长5.3%；第二产业增加值344.4元，同比增长14.4%；第三产业增加值184.6亿元，同比增长12.4%。第一、二、三产业的比重为9.0 ∶ 59.2 ∶ 31.7。

收入概况

2012年，全局共入库地税收入33.54亿元，比上年增收8.06亿元，增长31.6%。其中，中央级收入2.25亿元，省级收入2.63亿元，市级收入30.5万元（全部为残保金），县级收入28.65亿元。县级收入同比增收7.87亿元，增长37.9%。

工作概述

【税源控管】　强化税源分类控管。抓好重点税源。推进重点税源集中专业化管理，将266户重点税源企业纳入县级重点监控范围，全年入库地税收入16.78亿元，比上年增收3.16亿元，增长23.2%。控牢中小企业。年内对506户收入或成本核算不准确的中小企业，按规定实行套率征收，提高中小企业收入水平。规范个体定税。对8915户个体业户进行计算机定税，达到应定税户数的100%。对未达起征点业户、停业注销业户强化动态监控，理顺个体征管秩序。

【税收征管】　深化综合治税。加强部门协作配合，加快涉税信息的采集、传递、处理效率，强化隐蔽性零散税源控管。信息采集量和入库税款位居潍坊各县市前列。强化预警评估。加强对相关行业及税种的税收预警和纳税评估管理，督促企业纠正纳税申报差异。全年通过预警和评估增加税款2468.6万元；探索建立纺织服装企业纳税评估模型，得到潍坊市地税局好评。强化税务稽查。开展房地产、土地利用环节、企业所得税等专项检查活动，全年累计辅导、查补入库税款2713.44万元。推进信息管税。在全市推广应用山东省存量房评估系统和潍坊地税“E票通”发票管理服务系统，提升税源监控水平。

【税收执法】　加强收入质量管理。坚持把提高收入质量、防范执法风险作为工作的重中之重，责任到人，强化领导包靠，定期考核通报，严格责任追究，开展自查自纠活动，提高收入质量和风险防控水平。加强执法流程监控。依托全省地税大集中系统，对征管质量、执法质量和数据质量指标，强化在线监控分析，发现风险点及时提醒并督促整改完善，规范干部的日常执法行为。加大政务公开力度。对纳税人关心关注的税收政策、税收定额、办税流程等信息及时公示公开，定期组织税企互动座谈会、纳税人满意度测评等活动，广泛接受社会各界监督，营造公开透明的执法环境。

【纳税服务】　大力宣传税法。共组织12期税法培训、12次局长服务日、16次集中宣传活动，对小微企业税收优惠政策等内容进行重点宣传和辅导。搞好政策服务。加大政策调研分析力度，为政府科学决策、企业科学转调建言献策，得到广泛好评；全年落实企业研究开发费加计扣除、高新技术企业、小微企业减免税等税收优惠1759万元，支持企业发展。注重服务实效。深化网上服务平台应用，完善一站式服务，提高办税效率；践行服务承诺制度，强化服务技能培训，提升服务水平，纳税服务中心被评为“省级巾帼文明岗”。

依托纳税人税法培训中心，为全市小型微利企业举办税收优惠政策辅导培训，积极服务纳税人

【干部队伍建设】 提高素质能力，实施地税人才库工程，落实“地税能手管理”，开展实务型个性化培训，年内涌现出10名省级业务能手。优化行风作风，在全系统开展“作风建设年”活动，对内部各项管理制度进行清理规范，上线运行山东地税廉政风险防控平台加强干部管理监督，提高队伍执行力。在诸城市2012年度行风评议中位列垂直部门第一名。开展创先争优活动，深化机关党建、文明创建，连续11年保持“省级文明单位”称号，被授予“富民兴潍劳动奖状”“潍坊市第四届创争活动标兵单位”“潍坊地税十佳先进基层党组织”“诸城市经济建设十佳服务部门”等称号。倡导“快乐工作、健康生活”理念，开展职工健身养生文化活动，加强和改进思想政治工作，促进和谐地税建设。

（王婧华）

临朐县地方税务局

经济概况

2012年，临朐县实现地区生产总值181.4亿元，增长10.9%；实现财政总收入14.1亿元，其中地方财政收入7.2亿元，同口径分别增长21.2%和28.5%；全社会固定资产投资完成178.7亿元，增长22.6%；城镇居民人均可支配收入18503元，增长12.5%；农民人均纯收入10512元，增长13.9%。

收入概况

2012年，全局共组织各项地税收入74437万元，同比增长17.71%，增收11201万元。其中，中央级收入完成7328万元；省级收入完成7134万元；县级收入完成59974万元，比上年增长25.37%，增收12135万元。

工作概述

【税收征管】 抓好重点税源、重大建设项目、重点行业的税收管理和服务，实行跟踪监控，搞好动态税源管理。开展户籍信息比对和漏征漏管户清理，加强对非正常户、无证照户、外出经营户和变更、注销、停歇业等业户的户籍控管。深化发票管理，加大潍坊地税“E票通”发票管理服务平台使用推广和宣传，规范发票代开管理，建立完善征管状况定期分析通报制度，提升税收征管质量。

【税收执法】 开展内部监督，主动接受外部监督，形成内外监督体系，提高税收执法监督水平，防范执法风险。完善执法责任和评议考核办法，层层签订《规范执法责任书》，强化对执法人员和执法行为的动态监控考核。采取人机结合方式，加强执法风险预警，及时化解税收人员执法中存在的风险。加大稽查力度，组织实施专项检查，缓解收入压力，规范税收管理秩序。

【纳税服务】 一是推进办税服务场所标准化建设。应用好“一机双屏”、纳税服务质量电子评价器和POS机等方便纳税人的设施设备；运用先进音频视频监控系统，在加强服务监督的同时，实现对纳税服务工作人员的有效保护。二是服务社会发展。履行有关代收代征职责，依法做好各项规费代收代征工作，支持教育、文化、水利、残疾人等社会事业的发展。三是完善和深化纳税服务制度。继续推进全职能窗口建设，以推行“一站式”服务为龙头，推行首问责任、限时服务、延时服务、承诺服务、提醒服务、预约服务、午间值班等服务方式，提升办税服务效率，减轻纳税人等候时间与办税成本，服务纳税人。

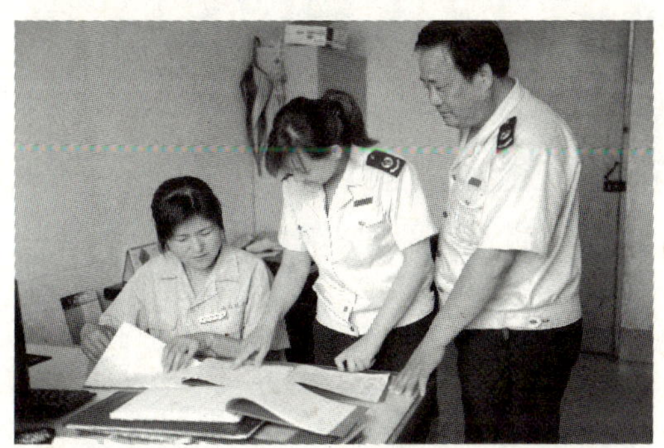

主动深入企业开展纳税辅导，详细了解企业生产经营情况，帮助企业规范账务管理，正确核算税款，进一步提高收入质量，防范执法风险

【信息化建设】 加大硬件设施投入，及时进行软件升级，严格内外网隔离，保障系统的安全稳定运行。整合现有信息资源，利用信息平台加强数据审核和分析处理，全面提升系统信息化建设水平。强化信息化应用培训，提高工作人员的计算机操作应用水平。

【基层建设】 优化和完善基层集中办公点软、硬件设施，改善基层中心所的办公、生活、交通条件。在县局机关党委统一领导下，开展各项基层党建工作，开展形式多样的文体活动，丰富地税工作人员生活，推进地税文化建设。

【干部队伍建设】 组织实施“实务型个性化”教育培训，制定详细的教育培训配档表，根据工作人员知识结构、学历层次、业务范围的不同，进行因需、因知、因岗的针对性培训。做好潍坊地税“快乐学习”平台学习的引导、指导，让工作人员快乐学习、快乐提高。

【党风廉政建设】 完善各项廉政制度，坚持教育、制度、监督并重，通过廉政风险防控平台，将党风廉政、税收预警、执法平台联系起来，提高党风廉政建设的针对性和实效性，强化内部监督；通过聘请社会特邀监察员，推行政务公开等举措，畅通监督渠道，深化外部监督。继续深化廉政文化建设，优化完善廉政文化长廊，提升廉政文化建设的档次和品位。

【精神文明建设】 开展各类文明创建活动，临朐县地税局连续13年荣获“省级文明单位”荣誉称号，并被授予“全省地税系统先进集体”“全省地税系统基层建设优秀单位”“潍坊市学习型党组织 ”“全县经济建设十佳服务单位”等荣誉称号；年内在双评工作中，取得临朐县行政执法部门第一名的好成绩。

（唐晓青）

潍坊市地方税务局
高新技术产业开发区分局

经 济 概 况

2012年，全区完成地区生产总值268.11亿元，同比增长8.4%，其中第一产业增加值0.41亿元，同比增长4.6%；

第二产业增加值171.44亿元，同比增长7.5%；第三产业增加值96.26亿元，同比增长10.2%，第一、二、三产业的比例关系为0.16 ∶ 63.94 ∶ 35.90。全区完成地方财政收入26.09亿元，同比增长14.7%。

收入概况

2012年，全局共组织地方税收40.34亿元，同比增长94.60%，其中，中央级收入16.51亿元，同比增长284.85%；省级收入3.47亿元，同比增长90.66%；区县级收入20.68亿元，同比增长41.74%。

工作概述

【税收征管】 加强税收风险管理，依托信息管税，推进税源专业化管理，提升税源管理科学化、精细化水平。加强地方税收保障工作，加强部门协作配合，深化社会综合治税。加强重点建设项目税收的跟踪问效，及时掌握项目信息，加强信息分析应用，提高监控效果。加强发票管理，推进网开发票，实现信息化条件下的“以票控税”。

【税收执法】 加强税收执法预警管理，健全税收执法预警制度，及时发布预警内容，提高事前防范主动性。开展税收执法检查，强化对税收执法权的监督制约，落实执法责任，提高税收执法和征管工作的质量。加强税法宣传，扶持和服务企业发展，提高社会公众的纳税意识和纳税人的纳税遵从度。

【纳税服务】 优化“一站式”服务，推进网络化纳税服务，发挥纳税呼叫服务、网上办税服务、网上查询服务功能，为纳税人提供便捷、经济、高效的需求型人性化服务。现场倾听纳税人心声，了解纳税人需求。开展培训服务，举办培训讲座，面对面宣讲税收法规政策，直接听取意见和建议，改进工作。

深入贯彻落实《山东省地方税收保障条例》，协调召开年度全区地方税收保障工作会议，努力提高地方税收保障工作水平

【干部队伍建设】 加强群众工作，坚持局长职工民主对话制度，设立局长信箱，畅通诉求表达和沟通交流渠道，推进地税民主管理阳光建设。加大教育培训投入，注重骨干人才（业务能手）的培养。落实党风廉政建设责任制，抓好反腐倡廉教育，加强行风建设，构筑干部职工的思想道德防线。

（高鲁闽）

潍坊市地方税务局滨海经济开发区分局

经济概况

潍坊滨海经济技术开发区是国家级经济技术开发区，2012年，全区完成国内生产总值180亿元，规模以上工业销售收入506亿元，同比分别增长16%和

33%；财政总收入32亿元，地方财政收入16亿元。

收入概况

2012年，全局累计组织各项地税收入10.65亿元。其中，中央级0.5亿元，省级0.49亿元，区级9.64亿元，收入总量与地方级税收保持持续健康增长。

工作概述

【征收管理】 提高收入质量防范执法风险，规范税收执法程序、规范执法行为、加强税收执法监督，加大收入质量控管力度，提高税收风险意识和收入质量防控水平，强化工作中的薄弱环节。确保收入质量的提高。规范税务登记管理，加强发票管理；加强数据质量监控，深化集中整改成果，落实考核指标，提升征管基础数据质量。加强重点税源管理，开展纳税评估和税收预警，完善重点税源管理工作机制。开展房产、土地信息的普查工作。对房地产开发行业的税收进行整顿，强化地方税收保障工作，促进地方税收的有序征管和应收尽收。

【干部队伍建设】 抓好政治思想教育，通过集中学习、个人自学、培训宣讲、座谈研讨等，学习贯彻党的十八大精神。学用结合，把贯彻落实党的十八大精神与研究谋划地税工作结合起来，把学习成果转化成为推动工作的动力。抓好教育培训活动，坚持在每周四晚采取集中培训的方式进行授课，对干部职工培训税收政策及业务知识。开设地税大讲堂，人人讲解工作学习经验。提高培训效果，推行链式学习法，按季进行考试测评，以考促学，提升学习能力。为职工办实事好事。大力开展职工健身养生文化活动，每月结合实际制定活动计划，每周组织开展各类项目的活动，收看道德养生、素养修身、心态养性等方面辅导讲座，组织干部职工到市委党校拓展训练。坚持每周民主对话日活动、每年一次的健康查体制度、邀请市国民体质监测中心为干部职工进行身体机能检测、开展困难职工帮扶救助活动，增强全局干部职工的凝聚力和向心力。

组织干部职工学习《税收违法违纪行为处分规定释义》，自觉规范行政行为，提高执法执纪水平

【党风廉政建设】 修订完善党风廉政建设各项制度，层层签订党风廉政建设责任书。学习上级关于加强党风廉政建设的会议精神，学习《税务系统反腐倡廉基础知识》《税务系统纪检监察实务》《百案说法——税务人员违法犯罪案例选编》等廉政培训教材，观看警示教育展览。在市局指导下应用运行“廉政和执法风险防控平台”，实现对执法过程的实时监控，减少违法违纪问题的发生。

【纳税服务】 开展“地税局长服

务日活动”，每月9日的“地税局长服务日”，分管局长到“为民服务中心地税窗口”面对面指导，解答纳税人咨询的问题，及时处理出现的新情况，提高办税服务质量和效率。由业务骨干担任授课老师，每月举办一次纳税人辅导培训班，共培训企业财务人员800多人次，密切税企关系。推广应用潍坊地税“E票通”发票管理服务平台，全区共有251户纳税人运行潍坊地税“E票通”发票管理服务平台，实现地税发票的申领、配送、开具、缴销、兑奖、验真、代开等全部发票业务，便利纳税人和税源管理。

【精神文明建设】 创先争优，明确文明创建的指导思想、目标任务、活动载体和采取的措施。广泛开展“先进基层党组织”“优秀党员”“巾帼文明示范岗”“十佳纳税服务标兵”等创先争优活动，办税服务厅被评为“诚信文明窗口”。

（刘发仁）

潍坊市地方税务局
农业高新技术产业开发区分局

经济概况

2012年，山东潍坊经济开发区实现财政总收入5.30亿元，增长17.20%；地方财政收入3.40亿元，增长22.10%；税收占地方财政收入比重达94%，列全市各县市区、开发区首位；地区生产总值增长11%，固定资产投资增长22.80%；规模以上主营业务收入、利润、利税分别增长16.60%、10.80%、10.20%。

收入概况

2012年，分局共组织入库各项收入34016万元，同比增收6415万元，增长23.24%。其中，中央级收入完成2086万元，省级收入完成3619万元，区级收入完成28248万元。

工作概述

【税收执法】 规范税收执法行为，改进执法方式，落实问责制度，确保权力与责任一致，监督与责任挂钩。明确工作职责，强化责任落实，严格执行执法过错责任追究制，加强执法监督检查，规范干部执法行为。全面启用税收执法监控考核机制，对执法工作开展情况进行考核，提高执法质量，营造良好税收环境。加大执法力度，严格依法处理涉税违法行为。

【纳税服务】 落实国家出台的加快发展服务业、鼓励循环经济发展等方面税收优惠政策，利用税收优惠政策，促进地方经济发展。全面推进纳税服务体系建设，创新服务方式、服务手段、服务项目，推进以规范化的办税服务窗口为主体的综合服务平台建设，推行“综合服务窗口”，对于部分对地方经济发展具有较强带动作用的重点建设项目、重点税源企业，进行全程跟踪服务、政策上门服务等，提高纳税服务水平。

【信息化建设】 贯彻实践“信息管税”的治税思路，立足省局、市局开发建设的各类信息化管理平台，将征收管理工作向信息化、高效化推进。利用信息化平台推行层级型间接式税源管理新模式，提升税源分析、税收预警和日常监控水平；加强发票微机化管理，对发票核定、审批、代开、发售等各环节均进行规范；强化重大建设项目税收管理，强化相关信息的采集和分析，增强大项目税收管理的系统性和全面性。

【干部队伍建设】　开展岗位培训。在培训方式上体现工作要求，在练兵上体现岗位操作，健全学习培训、考试竞赛、表彰激励的以考促学机制，提高地税干部的实际业务能力。开展基层建设。拓展和深化基层建设内涵至组织收入、规范执法、干部教育培训、办公条件等各个方面，提高基层建设在分局发展中的贡献率。加强党风廉政建设。完善惩防体系建设，落实党风廉政建设责任制，抓好规范权力运行制度落实，开展廉政文化创建活动，推进反腐倡廉各项工作。

不断加强精神文明建设，提升机关形象，推动地税工作顺利开展。图为分局组织开展“道德讲堂”活动

【精神文明建设】　加强精神文明建设，依法治税，开展思想道德教育、廉政建设、机关作风建设、法制教育、地税文化建设等工作。在年度双评工作中，连续四年位列全区执法单位第一名，并连续八年被评为省级文明单位。

（丁　可）

潍坊市地方税务局
峡山生态经济发展区分局

经济概况

峡山生态经济发展区是潍坊市中心城区的“五大发展板块”之一，位于潍坊市东南部，地处山东半岛的咽喉地带，东与青岛相望，南与日照相邻，向西经潍坊与济南相连，北临渤海，既靠近沿海城市又对接内陆，地理位置优越。全区总面积491平方公里，其中峡山湖水域面积144平方公里，辖4个街道，277个行政村，22万人。2012年，全区实现财政总收入12484万元，其中地方财政收入7860万元。

收入概况

2012年，分局共组织入库地税收入7675.18万元，同比增长56.76%，增收2779.02万元，其中地方级收入完成6493.92万元，增收2550.92万元，同比增长64.97%，教育费附加收入220.34万元，地方教育附加收入145.98万元，水利建设基金收入67.15万元，残疾人就业保障金收入41.20万元。

工作概述

【征收管理】　落实税收管理员制度，解决“疏于管理、淡化责任”问题。加强与国税等部门的合作，提高管理的实效性，增强税收执法的透明度。组织开展税源清查，发现税源管理盲区，实行纳税评估和信息采集，促进征管资料规范化，落实征管“六率”考核，保证完成税收任务。严格发票管理，以票控税，规范发票使用。

【税收执法】 开展税法宣传活动，建立税收征纳关系。执行税收政策，抓好管严涉税审批关。组织专项检查清缴工作。对重点项目建设进行专项检查，全面了解峡山区重点工程建设基本情况。

【纳税服务】 树立税收为经济发展服务的意识，服务和支持地方经济发展。发挥参谋作用，及时向党委政府提供有价值、有导向的信息，为领导搞好决策服务。贯彻落实税收优惠政策。完善纳税服务制度，规范办税服务厅建设，推行“一站式”纳税服务，形成前台受理、内部流转、限时办结的服务格局。

进一步精简办税流程，实行“一站式”服务，提高了办税效率，受到了纳税人的一致好评

【信息化建设】 在办税服务厅设立“一机双屏”，拉近与纳税人的距离。全方位严密税源监控，实现税收信息与社会相关部门信息的联通与共享，与国税交流相关税种申报缴纳和其他经营状况指标情况，加强与工商、银行、保险、建设、国土、交通等部门的联系，以信息化促进地方税收保障工作。

【干部队伍建设】 制定完善《财务公开暂行办法》《税源管理目标管理考核办法》《工作纪律考核办法》等13项制度。对现有人员和场所进行整合，对部分职能岗位进行分工，明确职责，确保责任到人、运转流畅，提高干部职工工作的积极性和主动性。

【基层建设】 加强办公区域绿化、亮化、美化，改善纳税人办税和干部职工工作环境。协调建设新职工餐厅，改善干部职工生活就餐条件。

【党风廉政建设】 开展党风廉政教育活动，通过案件剖析、现身说法等方式，增强廉洁自律意识，提高拒腐防变能力。签订《党风廉政建设责任书》，增强廉政责任意识。

【精神文明建设】 普及道德教育，倡导“爱祖国、爱人民、爱劳动、爱科学、爱社会主义”的公德。加强“社会公德、职业道德、家庭美德、个人品德”建设，构建地税和谐文化。加强“道德讲堂”建设，峡山分局被评为潍坊市文明单位。

（曾　鹏）

潍坊市地方税务局综合保税区分局

经济概况

潍坊综合保税区于2011年1月经国务院批准设立，是全国第14个综合保税区，具有“保税加工、保税物流、货物贸易、服务贸易和虚拟口岸”五大功能。总规划面积20平方公里，其中网内保税区5.17平方公里，网外配套区14.83平方公里。2012年，全区实现进出口额3.46亿美元，为潍坊市第1位。

收入概况

2012年，全局共组织地税收入4172万元，比上年增长51.93%。其中，中央级收入完成174万元，省级收入完成548万元，地方级收入完成3450万元。地方级收入比上年增收1243万元，增长56.32%。

工作概述

【税收征管】 利用“大集中”系统，推行信息管税，及时监测征管数据，做好提高收入质量防范执法风险工作。推行潍坊地税“E票通”发票管理服务平台，网开发票14100份，分流办税服务厅发票代开业务量，降低纳税人代开发票成本。落实发票先验真后入账工作，防控发票虚开、假发票入账等行为。抓好重点税源、重大建设项目的税收管理和服务，实行跟踪监控，做好动态税源管理。

【纳税服务】 设立全职能综合服务窗口，推行一次性告知、首问责任制等制度，让纳税人在办税服务厅即可办理涉税事宜，减轻纳税人办税负担。在办税服务厅设立“一机双屏”，纳税人可了解工作人员的办税过程。为纳税人配备填单台、复印机、饮水机等服务设施，满足纳税人办税需求。在办税服务厅放置税收政策宣传材料，供纳税人取阅，累计发放宣传材料3200余份。印制发放700余封《致广大纳税人和社会各界的一封信》，向纳税人和社会各界介绍综合保税区分局的工作情况，征求社会各界意见。开展“地税局长服务日”活动，每月9日值班局长和业务科长为纳税人提供现场咨询服务，听取纳税人意见和建议，解答税收政策咨询200多个。开展纳税人培训工作。组织纳税人集中培训、上门服务、电话交流等，与纳税人互动交流，提高纳税人税法遵从度。

举办潍坊地税“E票通”发票管理服务平台讲座，对相关企业财务负责人和办税人员进行培训辅导

【干部队伍建设】 开展实务型个性化干部教育培训。采取专题培训、以师带徒和个人自学等多种方式，组织干部职工依托潍坊地税“快乐学习平台”学业务、学政治、学技能，提高综合服务水平和能力。建设地税文化，开展职工健身养生、无烟办公场所、党员先锋岗等创先争优系列活动。召开座谈会、开通职工诉求渠道等方式，了解职工思想、工作和生活需求，增强凝聚力，提升执行力。

【党风廉政建设】 组织干部职工做好党风廉政作业，采取集中学习、自主学习等多种方式，提高税收执法工作的规范化水平和法律意识。组织开展案例教育，以案释法，提醒工作人员自觉提高廉洁自律意识。落实市局“六条”禁令和省局“十条”禁令等一系列规定，健全制度，保障工作。设立服务监督台和公开电话，将每名工作人员的照片和编号予以公布，接受纳税人监督。每人自行确定工作座右铭和警示语，制作成桌牌，自我提醒，自我约束。依托廉政风险防控平台，强化内部监督，定期抽取风险信息，对税收征管、行政管理等业务进行监督、监控。签订《党风廉政责任书》，落实党风廉政建设责任制。贯彻落实厉行勤俭节约、反对铺张浪费工作，签订《厉行勤俭节约、反对铺张浪费承诺书》，推进节约型机关建设。

【精神文明建设】 创先争优，加强精神文明建设。分局2人分别被市局评为“科学管理先锋共产党员”“文明服务先锋共产党员”，2人被评为综合保税区“先进工作者”。分局获得综合保税区2012年度“软环境建设先进单位”和“文明单位”荣誉称号。荣获全区行政执法部门行风评议第一名。

（刘文昊）

济宁市地方税务局

经济概况

2012年，全市实现地区生产总值3189.37亿元，增长11.0%。其中，第一产业增加值371.97亿元，增长4.8%；第二产业增加值1673.50亿元，增长12.0%；第三产业增加值1143.90亿元，增长11.3%。三次产业结构比例为11.3 ：52.5 ：35.9。固定资产投资完成1809.74亿元，增长22.3%。城市居民人均可支配收入2.55万元，增长13.61%；农民人均纯收入1.0万元，增长14.8%。实现地方财政收入245.63亿元，增长18.6%。

收入概况

2012年，全市地税系统累计完成各项收入216.45亿元，居全省第五位，首次突破200亿元大关，增长20.44%，增收36.73亿元。其中，中央级收入完成52.37亿元，增长8.53%，增收4.11亿元；省级收入完成17.65亿元，增长14.82%，增收2.28亿元；市县级收入完成146.43亿元，增长26.11%，增收30.32亿元。市县级收入占总收入的比重为67.66%，提高3.05个百分点，市县级收入占地方财政收入的比重为59.62%，提高3.55个百分点。

工作概述

【税政管理】 提报《关于煤炭行业发展有关问题的报告》，制定《关于支持全民创业的60条实施意见》，支持济宁资源型城市转型发展。落实结构性减税政策，依法减免各类税款6.95亿元。

【征收管理】 实行税源一体化管理运行机制，12个县市区局全部完成税源专业化管理新模式转换，工作走在全省前列。完善“大企业税收管理平台”，在煤炭行业不景气的情况下入库煤炭税收91.6亿元，增长15.99%。以“大项目突破年”为契机，对全市589个投资额1000万元以上的已开工项目进行全面监控，入库税款24.43亿元，增长14.73%。启用房地产业、建筑业项目管理信息系统开具发票，聘用专业机构对全市75.48万套存量房进行价格评估。推进土地增值税清算、车船税法贯彻实施及民间借贷管理，分别入库税款7.15亿元、1.9亿元和7288万元。贯彻落实市政府《关于进一步加强地方税收保障工作的意见》，新增税款1.85亿元。加强非居民税收管理，推进反避税工作，地方涉外税收收入连续10年居全省首位。加大户籍管理、税基管理、申报征收及以票控税工作力度。

【税收执法】 开展“行政程序年”活动，推进执法内控机制建设，规范税收规范性文件管理，严格税收执法程序，强化税收执法监督，完善执法考核评价体系，被评为“2012年度全市行政执法案卷评查先进单位”。下发《关于进一步加强税收征管提高收入质量的通知》《关于进一步抓好税收执法确保税收收入质量的通知》《关于进一步加强耕、契两税征管工作的通知》，实行入库100万元以上税款市局审批制度。开展对资本交易项目、医疗器械经营单位、高收入个人和交通运输业税收专项检查，查补税款1.01亿元。

【纳税服务】 12个县市区局全部实现“集中征收、县域通办”办税服务模式，办税服务厅数量由71个减少至14个。组织开展“为企业发展排忧解难”“征纳共盈”纳税服务品牌创建活动，推行局长服务日、国地税联合办税等特色服务。举办136场纳税人培训，参训纳税人8100人。通过网上征纳互动服务平台解答纳税人咨询2200余次，纳税服务QQ群会员增加至916人。12366热线受话总量3.88万次，增长16.3%。4个单位获省局“征纳共盈纳税服务品牌创建先进单位”称号。

【信息化建设】 完成《山东省存量房交易评估系统》《山东省综合数据应用平台》《项目管理系统》的部署上线工作。完善《济宁市地方税务局数据管理平台》建设，添加数据提取功能，增加疑点按户评分查询功能，提高税收数据分析能力和风险排查能力。

【干部队伍建设】 承办中央驻鲁、省垂管单位机关党建工作经验交流会，创先争优、系统党员管理等工作经验在全省45个部门中推广。协助省局调整选拔副处级干部4名，为县市区局配备党组副书记7名、充实班子成员5名，选拔配备基层中心所所长6名，充实科级干部7名，上挂下派干部9名，对77名干部进行试用期满考核。举办内部培训106期，培训人员4900人次，干部队伍素质明显提高。引入“乐学在线平台”，建立6万道试题库，每季进行一次在线考试，制定积分管理办法，及时兑现奖励，激发干部职工的学习乐趣。全系统本科以上学历比例达58.9%，拥有“三师”资格人员140人，48人入选总局、省局骨干人才库。

【基层建设】　召开全市地税系统基层建设经验交流会，开展“回头看、向前赶”活动，完成基层建设三年规划目标。加大对基层单位经费划拨力度，制定落实《基层中心所经费收支管理暂行办法》，争取地方划拨经费纳入地方财政预算管理，初步建立起稳定的经费保障机制。

【党风廉政建设】　开展“党风廉政思想教育月”“反腐倡廉警示教育巡回展”、廉政勤政宣誓、书写廉政勤政承诺书等活动，参加全市“唱响廉政歌曲”比赛和“恪守从政道德、保持党的纯洁性”主题演讲比赛，推广应用“廉政和执法风险防控平台”，对6个单位进行经常性巡视检查，改进工作作风，推进工作落实。

【精神文明建设】　召开全市地税系统文化建设现场会，研究制定《关于全面加强全市地税系统文化建设的意见》。投入60万元在市局办公楼制作以《儒风税苑》为主题的117块灯箱式文化展板。19个省级文明单位，67个市级文明单位通过复审验收。1人被评选为全国税务系统先进个人。

（崔宗太）

济宁市地税局市中分局

经济概况

2012年，全区实现地区生产总值218亿元，其中，第一、二、三产业增加值分别为8亿元、88亿元和122亿元，分别增长9%、13%和17%；地方财政收入13.48亿元，增长32%；固定资产投资103亿元，增长25%；社会消费品零售总额170亿元，增长18%；城镇居民人均可支配收入2.34万元，农民人均纯收入9620元。

收入概况

2012年，分局共组织各项收入14.13亿元，同比增长24.67%，增收2.8亿元，首破14亿元大关。其中，区级地税收入完成10.32亿元，同比增长28.29%，增收2.28亿元，首破10亿元大关。区级地税收入占地税总收入的73%。

工作概述

【税收管理】　制定下发《关于进一步加强建筑业税收管理的实施意见》，实行项目管理系统上线，房地产、建筑行业入库税款6.95亿元，同比增长24.89%，占全部地税收入的49%。对重点税源、主体税种强化管理，实施《征管查互动管理办法》，集中评估重点税源企业72户，入库税款2500万元。对房地产、建筑、金融保险等42户重点企业进行专项检查，入库税款300万元。开展两个月的税源普查，实现税款1000万元，参与区政府组织的税源普查，入库税款400万元。严格未达营业税起征点纳税人发票使用管理，56户纳税人主动申请达点管理。

【执法服务】 对税收形势进行月、季、年度分析，每季向区政府报告工作情况和税收形势分析。扶持小微企业、高新技术产业、弱势群体等纳税人，减免税款512万元。征收教育费附加、残保金、水利基金等规费基金6000万元。贯彻落实《山东省地方税收保障条例》，新增税款1985万元，推行同城通办、自助办税、一站式服务等服务措施，每月开展一次“地税局长服务日”活动，创立“D税快车，征纳共盈”服务品牌，被市中区委评为“十佳为民服务创先争优服务品牌”。

【基层建设】 落实基层建设三年规划，累计投入基层建设资金400万元，先后对6个基层单位办公区装修建设，购买公务用车11辆、计算机88台、空调29台、健身器材17套、图书5000余册，组建小伙房、健身房、图书阅览室、乒乓球室、桌球室、职工理发室。坚持一季一次全员培训考试，与高等院校联合举办6期培训班，完成“三年全员轮训一遍”目标，4人入选第四周期省市局人才库。对税源进行分级分类管理，推动办税服务厅整合，争取地方划拨经费纳入地方财政预算管理，初步建立起稳定的经费保障机制。

【干部队伍建设】 根据《全区地税工作意见》下发《工作任务责任分工》，强化执行力建设。开展学雷锋志愿服务活动。开展登山比赛、税收宣传月摄影大赛、庆七一演唱会等丰富多彩的文体活动。层层签订党风廉政建设责任书，连续三年召开党风廉政建设暨干部作风建设大会，每半年召开一次特邀监察员联席会议，应用《廉政风险防控平台》，荣获市中区行风评议第二名、践诺承诺第三名。高标准建成市中区第一个党性廉政文化教育基地，被区委命名为“廉政文化教育基地”“党员党性教育基地”“青少年思想教育基地”，济宁市委常委、纪委书记李建华莅临基地视察并给予高度评价。

【精神文明建设】 连续12年保持“省级文明单位”荣誉称号，并被省地税局、省人力资源和社会保障厅授予“全省地税系统先进集体”荣誉称号，被省地税局授予“征纳共盈纳税服务品牌创建先进单位”称号，被市中区委、区政府授予“支持中区发展突出贡献单位”“人民群众满意单位”“党组理论学习中心组先进单位”荣誉称号，涌现出“济宁市劳动模范”“济宁市中区劳动模范”“全市地税系统突出贡献奖”“全市地税系统优秀基层中心所所长”等一大批先进个人。

（周　杨）

济宁市地税局任城分局

经济概况

2012年，全区实现地区生产总值256.67亿元，按可比价格计算，增长11.3%。其中，第一产业增加值22.38亿元，增长4.5%；第二产业增加值141.45亿元，增长13.2%；第三产业增加值92.84亿元，增长10.2%。社会消费品零售总额100.45亿元，增长15.7 %。固定资产投资140.8亿元、增长25.3%。实际利用外资2005

万美元、增长120.3%。金融机构年末存款余额166.3亿元，比年初增加28.6亿元，贷款余额97.8亿元，比年初增加8.1亿元。

收入概况

2012年，全区财政总收入41.79亿元，其中，地方财政收入22.5亿元、增长20.6%，税收收入占地方财政收入的比重达到86.19%。全区地税收入18.6亿元，增收2.78亿元，增长17.5%。其中，市县级收入15.15亿元，增收2.75亿元，增长22.2%。

工作概述

【征收管理】 组织制定《进一步加强税收征管基础建设的指导意见》《中小企业税收管理办法》《税收征管资料档案管理办法》《税收征管质量监督员管理办法》等制度（办法），加强户籍管理、申报管理、发票管理、重点税源管理、纳税评估等工作。加强两级监督考核，由基层征收单位税收征管质量监督员每月对本单位征管质量进行分析督导，区局每月开展征管质量分析通报，跟进管理措施，加强征管质量的动态监控和管理。推进宗地管理、民间借贷税收、大项目税收管理、城区出租房管理等重点工作。通过加强宗地管理，入库税款558万元；通过开展民间借贷税收清理，入库税款1250万元；通过加强城区出租房管理，入库税款770万元；通过依托大项目管理系统平台，加强对大项目的监控和分析，入库税款3.1亿元。加强地方税收保障工作，依托政府涉税信息交换平台，共采集涉税信息1.67万条，入库税款1.05亿元，增收1529.8万元。

【税源管理】 推进税源专业化管理，在税收分析、税收征管、纳税评估、税务稽查等方面划分区局与中心所、税收管理员三级管理监控范围，由业务科室采取工作互动、业务事项分流、信息共享的方式，实现管理资源的有机整合和管理环节的互联互通。按照反映情况—发现问题—开展分析—研究对策—监控落实—反馈情况的思路，将区局工作重心转移到税源监控分析、研究对策、发布任务、督导落实上，将中心所工作重心转向实地核查和风险处置上，构建全局流程畅通的处理机制。

【纳税服务】 开展擦亮窗口、服务纳税人和集中服务企业发展活动，依托纳税服务QQ群、短信平台、税企互动邮箱，加强与纳税人的互动交流。全年接待纳税人135名，解答涉税咨询问题171个，受理举报案件25个，全部按时结案。举办15期纳税培训班，培训纳税人2900人次，编写并发放《办税员培训手册》《办税注意事项》等资料5000余份。在城区范围内整合纳税服务机构，推行集中征收、区域通办服务模式，将分散在各职能部门的涉税许可、审批项目整合到前台受理，制定前后台和各科室、中心所内部业务传递规程，建立起前后台无缝连接、运行顺畅的工作格局。

【干部队伍建设】 开展四德建设主题教育活动，加强干部作风建设，全面落实党风廉政建设责任制，明确责任，规范会议、公务用车、公务接待，树立节俭新风。定期组织开展业务培训，运用乐学在线平台加强学习，提高干部队伍素质。2人进入全省地税系统征管能手人才库，1人进入全省地税系统稽查能手人才库，1人进入全市地税系统征管能手人才库。

参加政风行风热线栏目

【精神文明建设】　荣获全国妇女创先争优先进集体、山东省为民服务创先争优示范窗口单位、省级廉政文化示范点、省级文明单位、省级卫生先进单位、全省地税系统纪检监察先进集体等荣誉称号和全市为民服务创先争优服务品牌、全市地税工作先进单位、全市地税系统政风行风建设先进单位、"征纳共盈"纳税服务品牌创建先进单位、党建工作创新单位、创先争优党建工作示范点、纪检监察先进基层分局等称号，在区委、区政府组织的全区单位综合考核中获得第一名，被区委、区政府评为支持任城发展突出贡献单位、为民服务创先争优先进党组织、全区基层行风建设十佳服务窗口、区直先进单位、十佳基层站所。

（郭　浩）

济宁市地税局
高新技术产业开发区分局

经济概况

2012年，济宁高新技术产业开发区实现营业收入1476亿元，增长18.10%；地区生产总值381亿元，增长13.60%；规模工业总产值1118.50亿元，增长20.00%；地方财政收入24.50亿元，增长20.10%；固定资产投资151.70亿元，增长30.80%；实际利用外资2.14亿美元，总量全市第一；进出口总值14.39亿美元，占全市的三分之一；经济总量稳居全国105家国家高新区前30位。

收入概况

2012年，全局完成各项地税收入20.00亿元，同比增长22.52%，增收3.68亿元；完成县区级收入14.86亿元，同比增长26.03%，增收3.07亿元。

工作概述

【征收管理】　一是加强征管基础建设。按月对征管质量进行分析、通报，严格税务登记、数据质量、发票、欠税管理，全面提高征管质效。二是强化重点税种、重点税源管理。做好企业所得税汇算清缴工作，严格企业所得税征收方式鉴定；开展年所得12万元以上高收入个人自行申报工作；做好营业税资料调查工作，共入库企业所得税、个人所得税、营业税合计10.42亿元，同比增长17.20%。对重点企业定期进行实地调研分析；将全部建设项目登记台账并纳入项目管理信息系统，入库建筑业、房地产业税款3.46亿元，增长38.12%；强化对金融保险行业管理，实现税收1.34亿元，增长22.73%。三是小税种管理增幅明显。对新增建设用地及时跟进，坚持“先税后证”等制度，地方小税种共计入库9.53亿元。四是做好纳税评估工作。采取聘请具有涉税审核业务资质的中介机构集中人员、集中地点的方式进行重点税源纳税评估工作，评估重点企业196户，汇缴评估税款合计5760万元。五是上线运行“济宁高新区地方税收保障政府信息交换平台”，及时有效地采集涉税信息，提高地方税收。

【税收执法】 完善税收执法程序，改进税收执法方式，落实税收执法责任制，依托信息化手段对执法行为实施过程监控、自动预警和日常考核，加强对收入质量和执法质量的考核监督，有效防范执法风险。

【纳税服务】 落实各项税收优惠政策，按月开展“地税局长服务日”活动，接待纳税人120余人次；对纳税人加强税法培训，培训人员700余人次。

【干部队伍建设】 加强教育培训，完善落实有关考核、激励机制。推广使用“乐学在线平台”系统，缓解工学矛盾。组织全体人员分两次到高校参加税收业务、礼仪培训，提高人员综合素质。

【基层建设】 执行党建各项基本制度，开展创先争优活动。倡导实践“快乐学习、积极工作、健康生活”理念，开展丰富多彩的文化体育活动，增强干部队伍活力。

【党风廉政建设】 执行党风廉政建设责任制，提高廉政勤政意识。做好“山东省地方税务局廉政风险防控平台”上线运行工作，提高信息化廉政风险防控能力。开展廉政风险防控机制建设，增强干部廉洁自律意识。

加强党风廉政建设，组织开展警示教育

【精神文明建设】 连续9年通过省级“文明单位”复审和省级“青年文明号”复审。被市局授予“2012年度全市地税工作进步奖”。被高新区党工委、管委会授予“2012年度目标管理绩效考核先进单位”“2012年度信访工作先进单位”荣誉称号。

（张秀平）

济宁市地税局
北湖旅游度假区分局

经济概况

2012年，济宁市北湖旅游度假区固定资产投资70.88亿元，增长25.00%。地方财政收入2.715亿元，增长30.49%。

收入概况

2012年，全局完成各项地税收入2.07亿元，同比增长106.7%，增收1.67亿元；完成县区级收入1.85亿元，同比增长111.3%，增收9.73亿元。

工作概述

【征收管理】　一是夯实管理基础。规范各类税务登记，年内办理登记事项526户，其中新增登记28户、报验登记187户、临时登记278户、复业受理3户、变更登记22户、注销8户。二是掌握户籍信息。与国税部门开展户籍信息比对12次，开展税源普查2次，核查外出经营户登记申报与建设单位代征代扣双轨管理524户次，核查房屋土地等财产类信息1812条，强化起征点调整后定期定额户日常监控分析，整理规范征管档案1737卷。三是严格以票控税。全年发售发票24.77万份，缴销发票21.58万份；代开发票902份，代开金额21.07亿元，实现税款7008.5万元；严格审批建筑业分包工程和差额征税准予扣减金额。四是完善征管流程。以市县两级地税机构改革、北湖分局组建设立为契机，优化人员配置，合并职责岗位，减少管理环节。

【税收执法】　牢固树立税收风险意识，细化分解风险点，公开标准阳光办税，流程办理过程控制，防范、杜绝执法不作为、乱作为。全年，未发生执法过错，处理税收预警25个、办结率100%、补税入库率100%。

【纳税服务】　落实鼓励自主创业、就业等方面的优惠政策，接待纳税人政策咨询88人次；参与市局组织的纳税人税法培训，培训纳税人300人次。

【干部队伍建设】　弘扬新区干事创业精神，开展党风廉政建设，倡导践行“快乐学习、积极工作、健康生活”的理念，提高干部队伍综合素质，增强工作效能。

【基层建设】　加强政风行风建设，转变工作作风，强化执行力建设。建立完善上下班签到考勤、工作日志、内部管理制度。创新实施税源一体化管理，保障税源专业化管理。

【党风廉政建设】　深化廉政风险防控管理工作，学习应用省局廉政风险防控平台，用“制度＋科技”的办法，推动权力公开透明运行，推进反腐倡廉各项工作。

【精神文明建设】　开展以文明单位、青年文明号、巾帼建功等为主要内容的文明创建活动，连续4年通过市级“文明单位”复审，被济宁市政府授予“全市行政审批服务工作先进集体”，被团市委授予“青年文明号”。

（李　超）

曲阜市地方税务局

经济概况

2012年，全市实现地区生产总值298.44亿元，固定资产投资145亿元，按可比价格计算，分别增长12.3%、50%。三次产业对人均国内生产总值（GDP）的贡献率分别为3.8%、45.3%和50.9%，三次产业结构比例为9.3∶39.6∶51.1。人均GDP4.67万元，增长12.2%。全市财政总收入21.85亿元，增长21%。其中，地方财政收入12.77亿元，增长17.9%。

收入概况

2012年，全局累计组织入库各项税费收入10.20亿元，首次突破10亿元大关，增长16.23%，增收1.42亿元。其中，入库市县级收入7.13亿元，增长28.49%，增收1.58亿元。市县级收入占地收总收入的比重达到69.89%，提高6.67个百分点，占地方财政收入的比重达到43.99%，提高0.58个百分点。

工作概述

【税政管理】 开展税收调研，加强税法宣传，整顿税收秩序，狠抓税收执法考核，强化房地产、建筑业、旅游业、宗地管理、存量房交易、货运业税收管理，开展营业税、所得税专项清理。

【征收管理】 组建专业化管理机构，实行大企业团队式、专业化管理，改进税收分析，提升纳税评估，加强对重点税源、重点行业、重大项目的专业化管理。重点企业入库收入占总收入的比重达到70%。

【税收执法】 坚持依法行政、依率计征，把握组织收入原则。推行税收执法责任制，执法过错率持续下降，规范税收执法行为。强化对重点岗位、重点环节、重点人员的监督，构建覆盖税收执法全过程的执法风险防控体系。强化税务稽查，开展电力、银行、房地产等重点行业专项稽查，结案43户，入库税款711万元。强化地方税收保障，采集第三方涉税信息1533条，入库税款1782万元。与济宁中院联手，扣缴欠税企业应纳税款251.12万元，实现部门联合护税的历史性突破。

【纳税服务】 审批22家企业32项优惠项目，认定小微企业6家，依法减免税款4668万元。被评为济宁市地税系统“征纳共盈”纳税服务品牌创建先进单位。

【信息化建设】 坚持信息管税，运用系统软件工具开展税收疑点查找和分析，开展专业化团队式评估，强化信息化支撑，配强信息运维力量，提高信息化应用水平。

【干部队伍建设】 加强干部队伍建设，优化人力资源配备；开展分类分级业务培训12次，完成三年轮训任务；加强干部作风建设，提高队伍的执行力。党组书记、局长常静获全国税务系统先进个人荣誉称号。

【基层建设】 完成5个中心所改造，改善办公条件，理顺经费体制，完善管理制度，基层面貌焕然一新，直属征收分局被评为济宁地税系统优秀基层分局。

【党风廉政建设】 运行廉政风险防控平台，构筑集教育、监督、惩治于一体的反腐倡廉工作体系。坚持一岗双责，层层签订《党风廉政责任书》，加大政务公开，强化税检共建，接受社会监督。开展勤廉文化创建，书院勤廉文化园被命名为曲阜市廉政教育基地。承办济宁市地税系统文化建设现场会、曲阜市廉洁教育讲堂推进会，勤廉文化建设得到各级领导认可，成果得到推广应用。

【精神文明建设】 开展健康有益的文体活动，增强队伍活力。连续13年保持“省级文明单位”荣誉，连续9年保持“省级卫生先进单位”荣誉。荣获曲阜市政风行风建设先进单位、百佳文明单位称号。所有分局均通过济宁市级以上“文明单位”或“青年文明号”的复审验收。在曲阜市政风行风评议活动中荣获行政执法类单位第二名。

（姜俊峰 宋 才）

邹城市地方税务局

经济概况

2012年，全市实现生产总值671.32亿元，按可比价格计算，增长11.1%。其中，第一、二、三产业增加值为43.48亿元、403.30亿元、224.54亿元，分别增长4.3%、11.7%、11.3%。社会消费品零售总额183.2亿元、增长16.3%。进出口总额1.82亿美元，下降33%，固定资产投资255.7亿元，增长25.2%。实际利用外资1.28亿美元。财政总收入109.93亿元，其中地方财政收入41.48亿元，增长16.3%，税收收入占地方财政收入的比重达到63.5%。金融机构年末存款余额534.92亿元，贷款余额366.21亿元，分别比年初增加78.07亿元、72.86亿元。

收入概况

2012年，全局共完成各项地税收入26.45亿元，同比增长12.64%，增收2.97亿元。其中：中央级收入3.32亿元，同比增长-14.42%，增收-5596万元；省级收入1.95亿元，同比增长4.69%，增收874万元；市县级收入21.18亿元，同比增长19.39%，增收3.44亿元

工作概述

【税政管理】 加强二手房、土地交易环节的税收管理，征收地方各税1.25亿元。开展涉税土地清查活动，入库税收2316.47万元；开展行业综合整治活动，入库税款4017.84万元。加强企业所得税管理，986户企业进行汇算清缴申报，入库7174.23万元，增长13.85%，增收873.75万元。

【征收管理】 加强征管基础建设，开展税源普查活动，清理未办证户396户，新增达到起征点个体纳税人303户，入库税款215万元，清理非正常户3365户，增收52万元；强化欠税清理，共清理欠税企业64户次，清理税款3013万元。深化地方税收保障网络建设，实施交通运输业“扎口”管理模式，年增税款600万元，对白马河航运实施税源控管，年增税款1000万元。

【税收执法】 建立健全税收执法风险防范体系，开展税收执法检查活动，规范税收执法程序；制定并完善重大税务案件审理工作规程，强化集体审理，提高审理水平。共查结重点行业133户，查补税款6017.37万元。

【纳税服务】 融入地方经济建设大局，建言献策，当好党委政府参谋助手，受到市委、市政府领导的高度评价；落实税收优惠政策，减免各项税收8779.24万元；代征、代收教育费附加1.15亿元、

残疾人就业保障金291.95万元、文化建设事业费99.66万元、价格调节基金1.47亿元，支持各项社会事业发展；全面推行“一站式”服务，进一步压缩工作流程，将审批环节向前台逐步转移，创建“征纳共盈”服务品牌，提高服务水平。

【信息化建设】 加大信息化建设的硬件投入，全年斥资10.70万元购置20台笔记本电脑和3台打印机；自主开发一体化税源监控系统，利用“大集中”数据进行税源变化、征管质量等各个方面的分析研究，深化数据增值应用，提高税收信息化管理水平。

【干部队伍建设】 实施轮岗交流，共有114人重新调整工作岗位，覆盖面达到70%；加大干部培训力度，组织开展各类培训16期，培训人员600余人次，实现基层建设三年规划提出的全员轮训一遍的目标。

【基层建设】 完成基层建设三年规划，升级改造基层办公用房及“小伙房”4处；落实《基层中心所经费收支管理暂行办法》，增强基层经费保障能力。

【党风廉政建设】 贯彻落实党风廉政责任制，开展廉政文化示范点创建活动，得到济宁市纪委验收组的好评；推广应用好廉政风险防控平台，共组织复核风险信息49条。

【精神文明建设】 荣获“全省地税系统先进集体”“征纳共盈”品牌创建先进单位称号，被济宁市地税局评为“2012年度全市地税工作先进单位”，连续14年保持省级“文明单位”，连续11年被邹城市委、市政府授予“服务经济建设集体三等功”。

（张　鹏）

兖州市地方税务局

经济概况

2012年，全市实现地区生产总值506.19亿元，增长13.1%。完成规模以上固定资产投资178.05亿元，增长25.2%。规模以上工业实现工业总产值1124.88亿元，增长26.2%，实现利税85.84亿元，增长14.5%。实现地方财政收入30.08亿元，增长22.65%。实现社会消费品零售总额148.01亿元，增长16.7%。城镇居民人均可支配收入2.41万元，农民人均纯收入1.16万元，分别增长15.68%、17.9%。

收入概况

2012年，全局征收入库各项收入23.08亿元，增长15.72%，增收3.13亿元，其中县级收入完成1.58亿元，增长24.7%，增收3.12亿元，地方财力总量居济宁市县市区第2位，实现了“十年增十倍，三年翻一番”的目标。

工作概述

【税政管理】 开展企业所得税汇算清缴工作，对576户企业开展了汇缴辅导，补缴企业所得税7291万元，增长35.57%，增加1913万元；对787户企业所得税纳税人进行征收方式鉴定，核定征收497户，同比提高2.5个百分点；受理年收入12万元以上个人所得税自行纳税申报1193人，申报应税收入3.23亿元，补缴186万元；落实税收优惠政策，服务企业发展，按照政策规定，为27户企业减免所得税969万元。为780户纳税人免收发票工本费15.5万元。

【征收管理】 推进税源专业化管理新模式，以分级、分类、分行业为主导，重点抓好房地产建筑业、餐饮业等重点行业的管理；强化对土地价值计入房产原值数据的监管，核实土地价值6.34亿元，增加房产税360万元；抓好民间借贷税收专项清理工作，增加税收340万元；加强重大建设项目、新上项目的税收管理，房产税、土地使用税、土地增值税、印花税等小税种共计征收3.92亿元。

【税收执法】 坚持依法治税，遵守收入纪律，防范执法风险。加强税收法治教育宣传，开展规范性文件清理备案工作，落实重大案件审理等制度，定期下达执法预警通报，全年下发12期，开展执法责任制考核工作，全年全局执法考核申辩前数据实现零过错。

【纳税服务】 开展“征纳共盈 阳光地税”纳税服务品牌创建、“税收宣传月”等活动，开展“地税局长服务日”活动和纳税人税法培训，全年开展集中辅导12次16场，集中辅导培训纳税人1395人次，发放宣传资料6500份，受理纳税咨询3650人次，增强纳税人的税法遵从度。

【信息化建设】 截至年底，全局有计算机220台、打印机75台、服务器8台。对信息设备进行摸底排查和及时更换，按照高标准、高定位的要求，全部重新配置，推行财税库银联网工作，提升信息技术应用水平和工作效率。

【干部队伍建设】 开展干部教育培训，2人通过注册税务师考试，6人选入省局骨干人才库，3人选入市级人才库。加强机关作风建设，承办全市创先争优工作现场会和中央驻鲁、省垂管单位加强系统机关党建工作经验交流会。

【基层建设】 截至年底，内设办公室等8个科室，稽查局、直属征收局2个直属单位，下辖新兖、大安、新驿、城区4个中心税务所。在岗干部职工107人，本科以上学历64人，占59.81%。按照新一轮基层建设工作要求，抓好硬件建设，加大对软件建设的资金投入、人力投入和精力投入，完成新一轮基层建设各项工作。

【党风廉政建设】 落实党风廉政建设责任制，加强党风廉政建设。结合省局廉政风险防控平台的上线运行，通过发送廉政短信、组织廉政讲座等各种形式开展廉政教育，推行民主评廉、个人述廉、政务财务公开等制度，参与行风政风测评活动，实行工作时间禁酒令，被市纪委、市监察局命名为“兖州市廉政文化示范点”。

【精神文明建设】 开展各项文明创建和创先争优活动，在兖州市科学发展实绩考核中，获垂直管理部门第一名，连续3年被评为“机关效能建设十佳单位”“服务兖州发展先进单位”等荣誉称号。截至年底，拥有国家级“巾帼文明示范岗”1个，省级文明单位2个，省级“青年文明号”2个，济宁市级文明单位5个。

（刘继奎）

金乡县地方税务局

经 济 概 况

2012年，全县实现地区生产总值137.8亿元，增长12.6%。规模以上固定资产投资86.62亿元，增长26.1%。社会消费品零售总额66.42亿元、增长18.5%。外贸自营出口3.15亿美元，增长–28.6%。地方财政收入7.01亿元，增长36.9%。金融机构年末存款余额140.16亿元、贷款余额79.96亿元，分别比年初增长14.71%、28.31%。

收 入 概 况

2012年，全局完成各项地税收入5.81亿元，增长34.81%，增收1.5亿元。其中，中央级收入4732万元，增长4.81%；省级收入4865万元，增长8.74%；县级收入4.85亿元，增长42.23%。

工 作 概 述

【征收管理】 推进税源专业化管理，对税源进行分类、分级、分岗管理，实施税源一体化管理。依托“大集中”数据平台开展纳税评估工作，共纳税评估90户次，其中重点税源户41户，行业评估49户，税收预警263户项，入库税款1240万元。开展发票专项整治，加大代开发票监管力度，提高消费者索票积极性。深化社会综合治税，共采集各类信息1.92万条，可利用并录入软件涉税信息7461条，入库税款662.58万元，新增税务登记225户。

【税收执法】 落实《依法行政实施纲要》和《山东省地方税收保障条例》，提高地税收入质量。开展税收执法检查，对8户重点税源企业进行专项检查，并按专项检查工作方案对打字广告行业进行专项治理，查补入库各项税收收入610万元。

【纳税服务】 整合全县纳税服务场所，推行集中征收模式，对办税服务厅进行全面规范建设，统一形象标识，规范功能区和窗口设置，推广综合服务窗口和自助办税终端，推行“一站式”服务。共举办所得税汇算清缴、12万元以上个人申报辅导、财税库银横向联网等各类培训班13期，培训纳税人588人次。

【信息化建设】 做好Symantec防病毒服务器、notes邮件系统的升级工作和网络安全综合管理监控工作。通过税收预警监控软件处理预警任务263户次，查补税款1240万元，发挥信息技术支撑作用。

【干部队伍建设】 利用以会代训、集中培训和视频培训等方式开展岗位业务和新政策、新业务培训。组织机关科室和基层一线人员到山东科技大学继续教育中心举办更新知识培训班。完成三年培训计划；发挥“乐学在线平台”的支撑作用开展快乐学习，提升干部职工综合素质。

【基层建设】 制定《金乡县地税局关于实行集约化办公的实施方案》，完成对金乡镇、王丕、羊山中心税务所集约化办公的选址建设工作，改善基层环境、提高工作效率，基层建设三年规划基本完成。

【党风廉政建设】 组织全系统120

余名党员举行廉政勤政集体宣誓、参观廉政案例警示教育巡回展，参与“行风热线”“廉政文化进机关、进办税场所、进家庭”等活动。建立检察官讲堂和预防职务犯罪警示教育展室，加强廉政文化建设。

【精神文明建设】 通过省文明委“文明单位”考核验收，纳税服务中心通过“省级巾帼文明岗”复审。羊山中心税务所被表彰为市级青年文明号。组织“为贫困儿童捐赠御寒棉衣献爱心”等社会公益事业捐助活动。组队参加第七届中国金乡大蒜节唱红歌拉歌活动，展现地税系统良好的精神风貌。

（张红星）

嘉祥县地方税务局

经济概况

2012年，全县完成地区生产总值（GDP）199.53亿元，同比增长12.7%，其中：第一产业增加值27.25亿元，增长5.0%；第二产业增加值107.44亿元，增长14.3%；第三产业增加值64.84亿元，增长13.2%。三次产业比例由上年的14.4 ∶ 53.9 ∶ 31.7调整为13.7 ∶ 53.8 ∶ 32.5。固定投资完成123.1亿元，增长26.1%。地方财政收入10.02亿元，增长30.53%，占GDP比重为5.0%。税收收入占地方财政收入的比重为76.3%。

收入概况

2012年，全局组织各项收入6.70亿元，增长37.59%，增收1.83亿元，其中：中央级收入5946.04万元，省级收入5171.68万元，县级收入5.34亿元，省、市县级收入分别增长24.83%、47.35%。

工作概述

【税政管理】 一是加强企业所得税汇算清缴。创新汇算清缴新模式，强化汇缴辅导工作，入库企业所得税5061万元。二是加强耕、契两税管理工作。落实地方税收保障条例，坚持“先税后证”原则，保证两税及时足额入库，入库耕地占用税9107.72万元、契税3363.08万元，分别增长304.95%、88.93%。三是加强年所得12万元以上高收入个人自行申报工作。通过排查摸底，累计受理180人申报纳税，补缴税款35.7万元。四是加强全员全额明细申报工作。提高扣缴登记管理水平，提升明细申报质量，上线率和申报率都保持95%以上，解决申报人员不全、申报金额不足、长期零申报等问题。

【征收管理】 建立重点税源管理局，对各重点税源进行专业化、一体化管理，提高税源管理水平。监督审批流程，加强税负核定工作，对暴露出的问题及时加以整改。深化社会综合治税工作，利用综合治税力量对南部山区锯石机等行业和区域性税收进行清理，增加税收1000多万元。加大内部发票管理和纳税人使用发票的检查力度，共检查代开发票5877份。成立评估小组对35户重点税源企业进行纳税评估，增加税收260.32万元。

【税收执法】 推行税收执法责任制，落实税收监督机制，完善税收执法监督考核。加大过错责任和连带责任追究，完善追究手段，发挥追究惩戒的作用。推进队伍执法能力建设，加强绩效考核，强化干部依法行政责任。

【纳税服务】 以提升服务质效为目标，在全县征管系统内建立虚拟办税大厅，实现"同城通办"，远程申报普及率达到99%。推行和普及网上申报，实行税银联网和税库联网，纳税人满意度提升；落实税收优惠政策，按照程序进行审核审批，确保数据真实，共减免各项税收580万元。

【信息化建设】 在现有软件资源的基础上，依托自行研究开发的税源屏网监控系统，对各类税源通过地理定位、日常管理、数据分析等方式实行立体监控，提高信息化应用水平。

【干部队伍建设】 围绕提高队伍素质，加大教育培训与政治理论学习力度，增强干部职工的凝聚力、向心力、战斗力。深化"以能定级，以岗定责"的全员能级管理，强化岗位练兵。加强工作作风建设，坚持实事求是、艰苦奋斗的作风，纠正行业不正之风。

【基层建设】 协调政府争取专项资金，把基层建设放到重要位置，加强组织领导，强化制度措施，对3个基层中心所进行集中治理、统一规划，基层工作环境得到全面改善。在全省基层建设工作评比中被评为全省地税系统先进集体。

【党风廉政建设】 落实党风廉政建设责任制，完善惩防体系配套制度，层层签订《党风廉政建设责任书》。树立廉政文化宣传栏，丰富廉政文化，加强廉政教育。利用典型案例开展警示教育，增强队伍自律意识。强化"两权监督"，与检察部门加强协作，控制渎职犯罪行为的发生。

【精神文明建设】 通过省级"文明单位"复审。被市委授予"济宁市第八届职工职业道德先进集体"称号。2个分局荣获市级"文明单位"称号。4个基层党支部被县委授予"先进基层党组织"称号，4人获得"优秀共产党员"荣誉称号。

（吕占省）

鱼台县地方税务局

经济概况

2012年，全县实现国内生产总值119.27亿元，按可比价格计算，增长11.20%。其中第一产业增加值28.65亿元，增长4.90%；第二产业增加值52.04亿元，增长14.60%；第三产业增加值38.58亿元，增长11.50%。社会消费品零售总额58.78亿元、增长13.70%。规模以上固定资产投资81.95亿元、增长27.20%。实际利用外资2015万美元，增长92.60%。外贸出口总额3110美元，增长30%。全县规模以上工业企业45家，增长61%。金融机构年末存款余额79.45亿元、贷款余额34.62亿元，分别比年初增加15.67亿元、6.32亿元。

收入概况

2012年，全县地税系统累计组织各项收入5.96亿元，增收1.15亿元，增长23.28%，完成地方财力4.27亿元，增收1.17亿元，增长38.07%。扣除耕、契“两税”及水利资金，按可比口径完成各项收入4.53亿元，增收2950万元，增长6.95%。

工作概述

【税政管理】　强化民间借贷税收管理，制定下发《城镇土地使用税宗地管理工作实施方案》，明确宗地管理工作的指导思想、主要内容和工作目标，对工作方法和实施步骤作出详细规定。

【征收管理】　成立评估小组对部分重点税源企业、连续零申报企业、低税负企业以及通过第三方信息掌握的纳税异常企业进行纳税评估。确定重点税源评估对象45户，评估税款380万元，入库348万元。研究制订年所得12万元以上人员自行申报工作实施方案，自行纳税申报203人，申报应税所得额2651万元，应缴个人所得税447万元全部入库。

【税收执法】　落实各项税收优惠政策，支持产业结构优化升级，为高新技术企业、农产品初加工和小型微利企业减免税款447.88万元。对房地产开发经营业、建筑安装业、内河道路货物运输业、商业银行，以及高收入者个人所得税等行业实施税收专项检查，共检查各类企业30余户，查补税款400万元，加收滞纳金、罚款82万元。

【纳税服务】　开展“擦亮窗口、服务纳税人”和“服务企业发展”活动，实施“集中征收”“一窗通办”新模式。依托财税库银横向联网优势，在全省地税系统率先采取固话POS机刷卡征税、通过TIPS系统即时入库零散税收的办税服务。

【干部队伍建设】　坚持“思想先导、机制同步、素质为基”的队伍建设理念，抓好干部教育培训，以执法水平、管理水平和岗位操作能力为重点，加大对高层次、复合型专业人才的培养力度。

【基层建设】　对县局机关科室和基层中心所办公设施进行更换，对机关伙房进行改造，对王鲁分局整修，办税办公条件得到改善。

【党风廉政建设】　层层签订《党风廉政建设责任书》和《家属助廉责任书》，以“立说立行抓落实、问责问效转作风”为主题开展行风纪律整顿活动，制定一系列措施加强廉政建设和政风行风建设，召开全县特邀监察员会议，接受社会各界监督。

加强党风廉政建设，组织税务干部参观警示教育巡回展

【精神文明建设】 连续7年被县委、县政府记集体三等功，县局机关和7个基层分局均通过省市级文明单位验收，县局机关党支部获得济宁市先进基层党组织称号，张黄中心所被团市委授予市级“青年文明号”，纳税服务中心被评为鱼台县创先争优服务品牌。

（郑华鑫）

汶上县地方税务局

经济概况

2012年，全县实现地区生产总值193.45亿元，增长11.8%。其中第一产业增加值32.42亿元，增长5%；第二产业增加值102.67亿元，增长14.5%，第三产业增加值58.36亿元，增长11%。社会消费品零售总额72.8亿元，增长15.5%。全社会固定资产投资124.3亿元，增长25.5%。实际利用外资2586万美元，增长76.3%。财政总收入17.03亿元，地方财政收入9亿元，增长26.76%，其中，县级地税收入5.33亿元，增长38.82%，占全县地方财政收入的59.18%，提高9.39个百分点。

收入概况

2012年，全局共组织各项收入7.51亿元，增收1.93亿元，增长34.54%。其中，中央级收入1.28亿元，增收2913万元，增长29.45%；省级收入6624万元，增收915万元，增长16.03%；县级收入5.57亿元，增收1.55亿元，增长38.41%。被县委县政府授予集体三等功。

工作概述

【征收管理】 巩固民间借贷税收管理成果，创新股权转让税收双管双控模式，推进建筑业和房地产业项目管理系统上线，开展宗地管理、存量房交易评估管理工作，提高主体税源的税收贡献率。完成全县征管质量分析及城区税源风险控管分析，对数据管理及辅助指标实施全面自查，对征期后大额税款入库实施计会科备案、局党组审批的双项控管机制。征期入库率上升6.1个百分点，临时征收户占比下降3.3个百分点。

【税收执法】 开展“行政程序年”活动，推进执法内控机制建设，规范税收规范性文件管理，贯彻落实《山东省地方税收保障条例》，严格税收执法程序，强化税收执法监督，完善执法考核评价体系，防范税收执法风险。

【纳税服务】 推进办税服务厅实体化和标准化建设，优化资源配置，统一内外标识，12366服务热线、外部网站、办税服务厅等服务平台作用得到发挥，局长服务日、纳税人税法培训中心、集中征收等特色服务得到纳税人认可，获全市“征纳共盈纳税服务品牌创建先进单位”称号。

【干部队伍建设】 抓党组班子建设，研究通过《党组班子成员约法三章及六点基本要求》，提高班子执政能力；围绕贯彻十八大精神，建立理论学习常态化制度，由党组班子成员轮流授课，讲解十八大提出的新思想、新论断；围绕开展“悦读励志·岗位成才”全员读书活动，举办春训、新闻信息写作等专题培训，与市中地税分局联合选送干部到烟台鲁东大学进行知识更新培训。

【基层建设】　各基层中心所建造党员活动室、图书阅览室，县局改造机关食堂，筹建启用健身房，实现汶上、寅寺、杨店中心税务所三所集中办公；形成“管理文化、窗口文化、社团文化、廉政文化”的多维文化体系；启动税收分析、纳税评估、税源监控、税务稽查四位一体的税源管理实体运作，《税源一体化管理的主要做法》被省市局推广。11 月代表市局接受省局检查验收，获全省地税系统基层建设先进单位称号。

【党风廉政建设】　构建网上廉政文化教育基地，打造四大虚拟展馆，学习贯彻《税收违法违纪行为处分规定》，举行廉政勤政宣誓，组织干部职工参观县检察院“预防职务犯罪警示教育基地”和市局警示教育巡回展，开展“依法履职、廉洁从税”主题征文活动，开展“读书思廉”活动，落实承诺践诺。

【精神文明建设】　截至年底，有 3 个单位（部门）分别获省级文明单位、省级青年文明号、省级巾帼文明岗等称号，4 个单位（部门）获市级文明单位称号，4 个单位（部门）获市级青年文明号。

（刘翠华）

梁山县地方税务局

经济概况

2012 年，全县实现地区生产总值 193.51 亿元，增长 11%；三次产业结构比例为 19.5 ∶ 52.5 ∶ 28；财政总收入 13.64 亿元，增长 22.3%；地方财政收入 6.51 亿元，增长 28.6%；城镇居民人均收入 1.81 万元，增长 16.4%；农民人均纯收入 9244 元，增长 17.4%。

收入概况

2012 年，全局共组织各项收入 5.52 亿元，同比增长 16.73%，增收 7908 万元；其中中央级收入 5439.78 万元，下降 26.84%，减收 1996.22 万元；省级收入 4812.88 万元，增长 16.37%，增收 677.88 万元；县级收入 4.49 亿元，增长 29.77%，增收 1.03 亿元；第二产业实现税收 2.73 亿元，第三产业实现税收 2.75 亿元。

工作概述

【税政管理】　开展年所得 12 万元以上个人所得税自行申报工作，入库税款 393.75 万元；加大重点企业、重点行业、重大项目税收管理力度；与国土部门联合推进宗地管理；与工商部门联合建立股权变更登记信息交换机制；拟定《关于加强企业工资薪金支出税前扣除管理的通知》；制作房产、土地信息卡片薄，加强税收管理。

【征收管理】　召开征管改革研讨会；落实《税收保障条例》，参与全县税收集中治理活动；提交《关于进一步提高车船税收入暨堵漏增收的建议》。推行“先税后证”制度，对耕、契“两税”实现源泉控管；参与小产权房集中清理；开展漏征漏管户清查和征管状况分析；

推行税源一体化管理；税源专业化管理的主要做法得到省、市局领导充分肯定；制造业纳税评估方法在市局做典型发言；棉纺纱加工业纳税评估模型被省局评为“2012年度全省地税系统优秀纳税评估模型”。

【税收执法】 落实提高收入质量防范执法风险实施方案，完善《税收执法责任制考核追究办法》，加大责任追究力度，开展执法预警，防范执法风险；对担保公司、民间借贷企业开展突击检查，查补入库税款110万元；开展对高收入者个人所得税、服装出口退税、挂车行业区域专项整治活动，查补入库税款226万元；实行电子查账软件查补入库税款及罚款137万元。

【纳税服务】 出台《全民创业税收优惠政策汇编》；开展骑车出行、低碳环保税法宣传活动；召开税法宣传座谈会；优化办税服务措施，完善办税流程内控机制，制定《纳税服务业务规范手册》和《纳税服务工作流程》，开展“局长服务日”活动，深化“一站式”服务，推行首问负责制，举办纳税人培训班。

【信息化建设】 完善计算机管理制度，明确使用人员操作规程，规范内外网IP地址，加强计算机安全监控，举办信息化应用培训班，提高信息化应用水平。

【干部队伍建设】 学习十八大精神；参加承诺践诺活动；加强绩效考核；举办“地税文化讲堂”，邀请彭城书院汉风院长讲学；鼓励乐学平台在线学习；召开民主生活会，增强队伍凝聚力；参加“三下乡”和“慈心一日捐”活动；对大路口乡沙窝李村开展结对帮扶；对拳铺镇中学捐资建立青少年宫；召开庆“三八”妇女节座谈会；组织健康查体；开放图书阅览室、健身房；举办交通安全知识教育讲座。

【基层建设】 对党员活动室、图书室、娱乐室、杨营中心税务所制度进行更新更换，创建办公楼文化长廊。

【党风廉政建设】 落实党风廉政建设责任制；排查廉政风险点；开展“优化环境从我做起、转变作风向我看齐”主题活动；组织“恪守从政道德、保持党的纯洁性”知识测试；举办《税收违法违纪行为处分规定》专题学习班；推广应用廉政风险防控平台；建立完善《岗责体系》和《风险防控体系》；编写印发《岗位责任体系工作手册》和《税收工作执法风险预防手册》。

【精神文明建设】 开展党建知识和重温入党誓词活动；走访慰问离退休老干部和困难干部职工。宋纯振被山东省委授予“齐鲁先锋共产党员”称号，为近年来获得的最高级别个人荣誉，同时被县委、县政府评选为首届“感动梁山”十佳人物。

（杨奉汉）

泗水县地方税务局

经济概况

2012年，全县地区生产总值119.2亿元，增长12.1%；固定资产投资79.9亿元，增长44%；地方财政收入5.01亿元，增长26%；全县规模企业新增37家、达到85家，实现销售收入110.1亿元、利税13.3亿元，分别增长24.6%、16%。

收入概况

2012年，全局完成各项收入3.91亿元，增收6244万元，增长19.02%。其中，完成中央级收入2450万元，下降18.11%；省级收入3544万元，下降3.43%；市县级收入3.31亿元，增长26.42%；入库财政口径纯县级收入3.18亿元，增收6455万元，增长25.45%。地税收入占全县财政收入的比重为63.09%，提高3.47个百分点。

工作概述

【税政管理】 2012年，执行营业税起征点提高等税收政策，调整个体达点户506户，减免税款101.52万元。开展“三金一费”代收工作，支持各项社会事业发展，代征各项费（金）2412万元，增长37.91%。

【征收管理】 突出重点行业、重点企业和重点税种管理。入库建筑业、房地产税收1.67亿元，增长10.6%。重点监控年纳税50万元以上重点企业，查补税款2044万元。加大房产税、土地使用税管理，核增应税土地面积212.79万平方米，新增税款1574.07万元。加大资源税、房地产开发项目土地增值税预征力度，入库资源税2802万元，同比增长57.06%；入库土地增值税2407万元，同比增长568.61%。加强个体工商户微机定税管理。实行微机定税3236户，占个体总户数的99.8%。加强年所得12万元以上高收入个人所得税申报管理，受理自行纳税申报130人，申报年所得额2088.88万元，补税0.43万元。开展企业非核心业务剥离工作，挖潜增收、壮大地方财力，对11户规模以上企业开展非核心业务剥离工作，入库税款1300余万元。

【税收执法】 制定《企业所得税汇算清缴审核规程》，实行前台受理人员、主管机关、县局三级对纳税人申报的信息进行全面审核，确保申报数据质量。通过“汇算通”查补企业所得税640.64万元。

【纳税服务】 开展税收宣传进桃园、“税、医”联合下乡、“局长服务日”等活动；在县局“纳税人税法培训学校”举办8期纳税人培训班；参加县《政风行风热线》服务纳税人。4月，与泗水县国税局联合举办“全国第21个税收宣传月暨国地税联合办理税收业务”活动，实现国、地税联合办税。

【信息化建设】 按照“发现问题—分析原因—研究对策—监控落实—双向反馈”的“链条式”工作流程，研发《税源一体化管理平台》管理软件，实现“分级、分类、分项”税源一体化管理模式。

【干部队伍建设】 联合济宁市局高新区分局在山东科技大学泰安分校区举办税收知识更新培训班；组织4名新进人员参加市局组织的岗前培训。全年举办10期培训班、培训人员862人次。参加省局第4周期骨干能手选拔考试，3人被命名为省级骨干能手、4人进入市级人才库。

【基层建设】 完成县局办公楼扩

建工程，新增办公面积2100平方米，办公条件得到改善。加强机关小伙房建设，在苗馆中心所建设蔬菜温室大棚，为干部职工提供绿色、有机、放心蔬菜，确保大家吃上放心菜。

【党风廉政建设】 落实党风廉政建设第一责任人制度、分级负责制度和“一岗双责”制度。开展“家庭助廉”、预防职务犯罪专题讲座、廉政勤政宣誓、廉政勤政承诺、观看地税案例巡展等活动。创新廉政文化，建设廉政文化长廊、廉政文化墙、廉政文化家园，实现廉政文化进家庭、进机关、进场所、进网络。

【精神文明建设】 成立地税文学社、书画社和摄影社，举办第二届职工运动会和第二届登山比赛。荣获“全省地税系统十佳党员示范窗口”“全省地税系统先进集体”“全省地税系统‘征纳共盈’纳税服务品牌创建先进单位”“全市地税工作先进单位”“全县群众满意先进单位”“全县十佳精神文明建设先进单位”等荣誉；保持省级文明单位、省级文明机关、省级巾帼文明岗、省级青年文明号等荣誉称号。

（尤明忠）

微山县地方税务局

经济概况

2012年，全县实现地区生产总值304.6亿元，增长11.8%。其中，第一产业增加值33.44亿元，增长5%；第二产业增加值152.47亿元，增长14.5%；第三产业增加值118.69亿元，增长10.1%。社会消费品零售总额81.31亿元，增长13.2%。进出口总额6815万美元，增长57.3%。实际利用外资额2200万美元，增长95.0%。完成固定资产投资142.56亿元，增长25.5%。实现地方财政收入20.51亿元，增长21.0%。

收入概况

2012年，全县地税总收入22.47亿元，增长19.94%，增收3.74亿元。其中：中央级收入完成7.86亿元，增长19.57%，增收1.29亿元；省级收入完成1.58亿元，增长14.07%，增收1921万元；县级收入完成13.05亿元，增长20.91%，增收2.26亿元。征收耕地占用税2.72亿元，征收契税1660万元。代征代收征收教育费附加6342.30万元、地方教育费附加4721.98万元、文化事业建设费11.88万元、煤炭价格调节基金1.47亿元、残疾人保障金479万元、代征工会经费287万元。

工作概述

【征收管理】 应用煤炭产量监控系统，加强对煤炭开采、销售、运输等各个环节的税收监控。制定下发《关于进一步加强税收征管基础建设的意见》，重点加强发票管理、欠税管理和临时户、非正常户、漏征漏管户管理。推广应用《建筑房地产业项目信息系统》《存量房交易评估管理系统》，规范建筑业、房地产业管理。加强所得税管理，其中，枣矿集团驻微煤矿企业实现企业所得税10.89亿元，增加地方财力3.48亿元。加强民间借贷、国际税收管理，深入开展土地增值税清算，推进宗地管理，挖掘新的税收增长点。深化社会综合治税，处理涉税信息6569条，入库税款4691万元，新增税务登记户数70户。加强汇缴评估检查和税收预警管理，入库各项税款1.66亿元。

【执法服务】 加强经济税收研究，向县委、县政府提报《2012年全县地方税源预测情况的报告》《2012年全县房地产行业税收情况的报告》等多个调研报告。用足、用好各项税收优惠政策，批准政策性减免20户次，减免税款4.05亿元，批准15户残疾人员享受个人所得税优惠，为1户纳税人办理再就业人员税收优惠。整合纳税服务资源，规范统一服务厅内外标识，优化办税服务功能区域，添备POS刷卡机、排队叫号机、双屏显示等设备，开展形式多样的纳税服务活动，推行个性化服务措施，提高纳税满意度和税法遵从度。

【基层建设】 坚持精力、财力、物力向基层倾斜，完成新一轮基层建设三年目标任务，基层面貌焕然一新，工作安心、生活舒心。代表济宁市地税局通过省局新一轮基层建设工作检查验收。

【干部队伍建设】 制订教育培训计划，组织5名基层干部参加在扬州举办的所得税培训，联合兖州市地税局、曲阜市地税局在鲁东大学举办60余人次业务培训，开展省级骨干人才选拔等专项培训40余人次。开展学沭阳活动，加强和改进思想政治工作，倡导“快乐学习、积极工作、健康生活”的理念，组织开展健身操、拓展训练等丰富多彩的文体活动。开展“慈心一日捐”“驻村入户帮扶”等系列活动，落实党风廉政建设责任制，开展作风集中整顿活动，进行廉政勤政宣誓；应用“廉政和执法风险防控平台”，强化对税收执法权和行政管理权的全程监督；开展行风评议活动，参加《行风热线》上线活动，及时处理纳税人反映的问题。年内荣获全省地税系统基层建设优秀单位、全市地税工作先进单位、全县支持地方经济发展先进单位、全县平安建设先进单位、微山县为民服务创先争优服务品牌先进单位等多项荣誉，被县政府连续十年记集体三等功。在全县“服务对象评机关”活动中，荣获第一名。

（王　晗）

泰安市地方税务局

经济概况

2012年，全市实现生产总值（GDP）2547亿元，比上年增长10.7%，各季度生产总值增速稳步提高，经济呈现“下行—触底—回升”的运行轨迹。第一产业实现增加值233.1亿元，增长4.7%；第二产业增加值1290.5亿元，增长11.2%；第三产业实现增加值1023.4亿元，增长11.4%。完成公共财政预算收入完成158.9亿元，增长15%，其中税收收入完成103.8亿元，增长11%，税收收入占地方财政收入的65.3%。

收入概况

2012年，全市地税系统共组织入库各项收入108.76亿元，增长19.6%，增收17.82亿元，其中，耕契两税完成22.66亿元。地方级收入完成66.36亿元（不含耕契两税），同比增长18.66%，增收10.44亿元，地税收入首次突破百亿元。

工作概述

【征收管理】 加强征管基础建设，强化发票控管，严格计算机定税。加大企业所得税管理，抓好年所得12万元以上个人所得税自行纳税申报，推进全员全额明细申报。贯彻实施车船税法，全年入库税款1.08亿元。做好存量房交易税收征管工作，共采集50.9万套房屋信息。深化非核心业务分离，增收9242万元。强化土地价值计入房产征税工作，增加房产原值27亿多元，增加税款2290万元。全面落实税收预警信息，补税3519万元。开展纳税评估，补缴税款5519万元。

【税源专业化管理】 围绕优化源泉控管、流程再造和岗责配置，完善税源管理运行机制，深化以税源专业化管理为核心的税收征管改革。优化执法管理机制，全市确定7个税收法治重点建设项目，初步形成较完备的地方税收执法管理体系。深入贯彻落实《山东省地方税收保障条例》，深化社会综合治税，增强部门合力，减少执法干扰。国家税务总局征管与科技发展司司长李林军在山东调研时，对此做法给予肯定。

【税收执法】 探索城区“一体化”稽查，整合驻泰各单位骨干力量，引入中介机构参与，将驻泰缴纳地方各税综合排名前100位的企业纳入检查范围。全市共检查纳税单位231户，入库税款、罚款、滞纳金2.03亿元，同比增长53.79%。在市政府的统一领导下，与财政部门配合，开展全市土地增值税专项检查，采取与中介机构会合编组方式，以土地增值税检查为重点，各税统查，共查补税款2.49亿元，其中入库土地增值税1.54亿元。加大对高收入行业的专项检查，开展电力行业个人所得税代扣代缴情况检查，补缴个人所得税451万元。

【纳税服务】 加强办税服务厅整体建设，全市6个县（市、区）局全部整合，实现在全区（县）范围内的集中征收和县域通办。建设泰安地税网上综合服务平台，完善12366纳税服务系统。通过邮箱发送、上门接访等方式，调处纳税人涉税争议，解答纳税人咨询，维护纳税人合法权益。利用纳税人税法培训中心，组织培训20余期、6000余人次。做好纳税信用等级评定，共对2.45万户纳税人进行信用等级评定。

【基层建设】 对照《关于实施新一轮基层建设工作的指导意见》，开展“回头看、向前赶”活动，深入基层，督促落实，重点查找问题，制定整改措施，全市23个集中办公地点完成标识形象规范化建设，实现收入质量、税收征管质效、干部队伍素质、地税整体形象等“四个提高”，实现三年任务目标，连续三年被评为全省地税系统服务基层优秀单位。

【信息化建设】 做好联合办证系统、货运管理及代开系统、执法责任制系统、车船税管理系统、综合治税软件、个人所得税管理系统等“大集中”子系统的应用。做好“双定户”批扣工作，扣税2.45万余条，涉及税款695万元。及时处理联合办证系统信息，全市按期清分6538户，按期导库5575户，被评为全省地税系统数据质量优秀单位。加大资金投入，新购置微机690台，全市计算机配备达到1390台；强化业务类软件运维，做好新系统上线培训，完成数据应用平台、企业所得税预缴申报等6期上线应用培训，参训500余人。

【干部队伍建设】 调整市局领导班子成员5名，通过竞争性选拔提任领导班子副职1名，副处级领导干部6名。交流县局局长2名，新提拔1名。做好省地税局第四周期骨干人才选拔考试，有36人进入省局骨干人才库。做好全国第三批企业所得税考试，取得在全国地税系统第三名、全省第二名的好成绩，有4人进入国家税务总局所得税司人才库，16人进入省地税局所得税人才库。完成22名两税人员划转地税工作和9名公务员招录工作。

【党风廉政建设】 抓好廉政风险防控平台试点，被确定为全省地税系统3个试点单位之一。落实廉政风险“四查”制度，共核查风险信息415条。与市检察院联合开展预防职务犯罪警示教育，组织警示教育巡回展41场，参观人员1500余人。开展廉政文化“四进”活动，共组织廉政书画、摄影展3次，知识竞赛9次；建立廉政文化长廊49处，宣传栏174个，发放短信近万条，被泰安市纪委命名为全市首批廉政文化示范点。参加“阳光政务热线”“政风行风热线”，及时解决纳税人和社会各界反映的问题，处理问题31个，获得全市政风行风评议行政执法类第三名。被命名为全省地税系统政风行风建设考核先进单位、全省地税系统纪检监察先进集体。

（曹丙珂）

泰安市地方税务局泰山分局

经济概况

2012年，泰山区经济发展平衡，全年实现生产总值378.7亿元，比上年增长12%；三次产业比例调整为2.2 ∶ 36.5 ∶ 61.3；地方财政收入实现22.7亿元，比上年增长16%。

收入概况

2012年，全局共组织地方税收10.98亿元，同比增长16.84%，增收1.58亿元。其中，营业税入库4.31亿元，占39.22%；企业所得税入库8167万元，占7.43%；个人所得税入库1.73亿元，占15.71%；土地增值税入库1.44亿元，占13.15%；城建税入库6003万元，占5.46%；

房产税入库3010万元，占2.74%；土地使用税入库4989万元，占4.54%；印花税入库1106万元，占1.01%。

工作概述

【税政管理】 强化与房管、建设、国土等部门协作配合，共清理统计存量房19.13万套。展开土地增值税清算工作，清理入库税款6120余万元。抓好企业所得税工作，被表彰为“全市企业所得税调查先进单位”。

【税收管理】 集中进行税源普查，普查登记户数21538户，清理无证业户1304户，摸清税源底数。推进税源专业化管理进程，成立“重点企业税收管理办公室”，对年纳税额100万元以上的115户重点税源“分级、分类、分行业”实时监控，全年评估增税1.2亿元。落实税源“下沉式管理”和“一线工作法”，形成共管合力，堵塞税收漏洞。

【依法治税】 协调地方政府逐步健全地方税收保障体系，提升各级依法治税、依法征收意识。强化税务稽查，集中对房地产业、建筑安装业、广告业等行业实施专项检查，收缴税款8823万元。完善税收执法预警措施，共处理税收预警记录639条，补税159户项、922万元，防范执法风险。年内，被表彰为“全市‘五五’普法、‘四五’依法治市先进集体”。

【纳税服务】 建设规范化办税服务厅，修订完善各项服务规范，推行服务承诺制、首问责任制、一次告知制，深化“一站式”服务功能。扎实组织“征纳共盈”和“零距离、心服务、满意在地税”纳税服务品牌创建活动，为纳税人提供方便、快捷的服务。年内，分局服务纳税人的经验做法被《泰安日报》头版头条刊发；被省局表彰为“征纳共盈”纳税服务品牌创建先进单位。

【基层建设】 投资100余万元，改造办公场所，完善办公设施，改善办税服务厅和办公条件。规范税源管理设置，优化岗位、职责和工作流程，加强内部管理，提高运转效能。

【干部队伍建设】 开展“讲学习、讲政治、讲纪律、讲团结、讲工作、讲形象”的“六讲”和党员“亮身份、亮标准、亮承诺”活动，形成“风正、气顺、心齐、劲足”良好氛围。采取请进来、走出去等多种方式，加强对全员教育培训，举办或参加各类培训班31期，人均达到165课时，4人进入省局骨干人才库。分局被确立为全市“理论大众化示范点”。

【党风廉政建设】 推进以防范廉政风险为重点的制度建设，将责任落实到岗、风险防控到岗、制度建设到岗，监督管理到岗，构建犯错“不值、不能、不敢”的廉政风险防范体系，全年无一起违纪违法行为发生。

【精神文明建设】 创新形式，完善载体，开展“创先争优”活动。年内，分局被表彰为“全市地税系统目标管理考核先进单位”；被区委、区政府授予“科学发展创业奖”，并记集体三等功；荣获“全区政风行风建设先进单位”称号。分局纳税服务中心被省工会表彰为“巾帼建功标兵岗”；1人被授予“山东省为民服务创先争优‘服务标兵’”称号、1人被记个人二等功，另有90人次受到各级表彰。

（陈　军）

泰安市地方税务局岱岳分局

经济概况

2012年，岱岳区实现地区生产总值286.18亿元，同比增长11.1%。其中，第一产业增加值47.27亿元，增长6.0%；第二产业增加值127.30亿元，增长13.1%；第三产业增加值111.61亿元，增长10.9%。

收入概况

2012年，分局共组织各项收入8.93亿元，同比增长25%，增收1.77亿元。其中，中央级收入6543万元，增收441万元，增长7%；省级收入7299万元，增收362万元，增长5%；区级收入7.54亿元，增收1.69亿元，增长29%。

工作概述

【税政管理】 强化税收政策执行，完善《山东税收政策评价反馈系统》，此软件在全省地税系统推广。推进企业剥离非核心业务工作，抓住钢架结构建设和商贸企业两个重点，加大协调力度，建立长效工作机制，分离企业累计22户，入库税款1035万元。建立“以预警防范为基础、以限额管理为抓手、以强化督查为保障”的“三位一体”的货物运输业自开票纳税人税收预警机制，强化货物运输业税收管理。推进个人所得税代扣代缴工作，加强高收入个人纳税申报管理，全员全额明细申报个人所得税入库1743万元，扣缴率和申报率均达到90%。

【征收管理】 实施税收专业化管理，按照分类分级管理，逐步构建“立体化、专业化、精细化”的税源管理体系。推行“大企业专业化管理，中等企业实体化管理，零星税源巡查化管理”新模式，整合纳税服务，实现集中征收、县域通办。开展重点行业及重点税源企业征管质量专项检查，推进税源管理新模式，开展税收预警，强化纳税评估，开展行业峰值测算和税务约谈，共检查入库税款5167万元。加强和规范发票管理，实行票证“三级审核”制度，做到先税后票，税票同步，共代开发票9154份，入库税款1.4亿元。贯彻落实免征小微企业税务发票工本费政策，严格政策执行，享受减免纳税人达3146户，免征工本费15万元。年内推广税控收款机139台，累计安装税控装置达到905台，占应安装使用税控装置的纳税人的99%。加强国地税信息比对，全局准期申报率在98%以上，计算机定税面达到100%。围绕征管模式改革和征管基础建设两项重点工作，探索创新，开展调研，在省局征文“我为征管质效建言献策”中，《规范临时征收户管理的建议》《外出经营税收管理工作中存在的问题及建议》两篇文章，分别获得省局二、三等奖。

【税收执法】 健全执法监督机制，

制定执法岗位责任津贴制度，全年各月执法过错追究为零。开展行政事业单位、重点行业专项检查，全年检查各类纳税户14户，查补收入17.14万元，滞纳金4.94万元，罚款12.92万元（其中：发票罚款2万元，查处假发票2.4万份）。稽查局荣获全省打击假发票违法犯罪行动先进单位称号；研发的《税务稽查后续管理系统》在全市地税系统推广。

【纳税服务】 对全区办税服务厅进行整合，成立分局办税服务厅进驻区公共行政服务中心，实现纳税服务全区通办、城区集中征收，满足纳税人自由选择纳税地点就近纳税的需求，提高工作效率和纳税人满意度，节省人力、物力、财力，分局办税服务厅被区公共行政服务中心评为红旗窗口。与国税部门采取联查、联审、联评的方式对全区3000多户纳税人进行纳税信用等级评定。完善纳税咨询辅导制度，召开12次“地税局长服务日”座谈会。开展服务经济建设建言献策活动，被当地政府采纳下发公文的建议28条，列入政务会议纪要的建议4条。

【信息化建设】 做好网络信息系统的安全稳定工作，加大日常运行技术服务力度，确保端口级故障10分钟内、设备级故障2小时内、线路级故障3小时内恢复。制订全员培训计划，从初级到高级，从基础到应用，开展培训活动10多次，培训面达到100%，通过有针对性的培训，分局员工的计算机水平有明显提高。

【干部队伍建设】 加强“骨干人才库”建设，在全局范围内公开选拔30人进入分局人才库。组织开展以“十佳爱岗敬业标兵”“十佳业务能手”为主题的“双十佳”评选活动。组织两期全员更新知识培训班、一期骨干人才培训班，多次派人参加上级组织的培训班，有7人考入省市局人才库。实施以“关爱、和谐、勤奋、质效”为主要内容的愿景建设，组织“愿景促进工作再提高”报告会，增强干部职工的凝聚力、向心力、执行力、战斗力。组织实施“三优两满意”机关创建工程，在支部、机关党员干部中开展“争创学习型组织、争当知识型干部”活动和“爱岗位、讲奉献、促发展”学习教育活动。组织慰问离退休老党员、扶贫帮困等活动，加强基层党建工作。

【基层建设】 围绕省市局党组的整体部署，在转变工作作风、提升干部队伍素质、实施集中办公、集中征收与推进专业化税源管理、完善税收经费长效保障机制和改善基础条件等方面都取得了成效，实现“硬环境”与“软实力”同步提高。推行集中办公的管理机制，以满庄为试点先行，山口、范镇先后完成标识形象规范化建设，所容所貌焕然一新，全市中心税务所标识形象规范现场会在岱岳分局召开。分局投资140余万元实施“暖心工程”和办公场所升级改造工程，更新完善食堂建设，解决干部办公、取暖、值班等多个难题。分局被省局表彰为“全省地税系统基层建设优秀单位”，被山东省人力资源和社会保障厅、山东省地方税务局联合表彰为“全省地税系统先进集体”。

【党风廉政建设】 层层签订党风廉政建设责任书、家庭助廉责任书、遵守“禁酒令”保证书、廉政承诺书，聘请特邀监察员和义务监督员。参加全区行风热线直播节目，举办特邀监察员座谈会，邀请各乡镇纪委书记求计问策，塑造清正廉洁的队伍形象。成立岗位廉政风险管理工作领导小组，排查个人及其岗位廉政风险点43项，制作廉政风险警示牌，借助市局廉政巡展对全局干部职工进行再教育。开展以“增强制度意识、争做执行表率”为主题的“党风廉政思想教育月”活动，组织全体人员参观岱岳区检察院廉政建设教育基地，开展警示教育。完善惩防并举的廉政风险防范机制，开展对干部提拔、政府采购、税收优惠政策落实等工作的监察，增强廉洁自律意识。分局被确定为“全市党风廉政建设示范点”“全市廉政文化进家庭示范点”。在全区行风评议中取得行评第二名，被区委、区政府评为“全区政风行风建设先进单位”。

【精神文明建设】　开展文明创建活动，在机关楼道悬挂税务文化牌匾，制作文化建设专题片，举办社交礼仪知识讲座，参加无偿献血，组织乒乓球比赛、演讲比赛等活动。分局被市区两级总工会和区妇联工作，分别授予全市“巾帼文明岗”、岱岳区“先进妇委会”、全区工会工作先进单位等荣誉称号，被区委表彰为“岱下先锋”。分局现有“省级文明单位”3个，省级“青年文明号”3个，省级“巾帼文明岗”1个，“市级文明单位”11个，市级“青年文明号”7个。

（李振安）

泰安市地方税务局高新技术产业开发区分局

经济概况

2012年，泰安高新区实现技工贸总收入300.4亿元，同比增长23.5%；规模工业主营业务收入202亿元，同比增长20.8%；完成固定资产投资53.5亿元，同比增长26%；实现地方财政收入14.65亿元，同比增长18%。8月，泰安高新区被国务院正式批准为国家高新技术产业开发区，标志着泰安高新区的发展迈入一个新阶段，站在一个新的起点上。

收入概况

2012年，全局累计组织各项收入10.39亿元，同比增收2.79亿元，增长37%。其中：税收收入完成4.78亿元，同比增收2346万元，增长5%；其他收入完成4409万元，同比增收878万元，增长25%。分级次：中央级完成1.1亿元，同比减收725万元，下降6%；省级完成4214万元，同比增收52万元，增长1%；区级完成8.87亿元，同比增收2.86亿元，增长48%。

工作概述

【税源管理】　分解收入计划，加强对收入组织协调，及时分析税收增减因素，保证收入的稳定增长；控管重点企业和重点项目，重点税源共实现税款4.2亿元；狠抓小税种堵漏挖潜。累计征收房产税、土地使用税、土地增值税及印花税税款1.2亿元；深化计算机定税，全年新安装税控装置26台，对361户个体工商户进行计算机定税，定税额31.14万元，同比增长20%；推进第二、三产业分离工作，分离企业9户，入库税款1773万元。

【税收执法】 年内，评估企业36户，入库税款1.37亿元；处理预警信息217户项，补缴税款326万元；发票管理工作日趋规范。以货运业发票管理为重点，加强自开票纳税人资格认定审核和代开票业务真实性审核，提升货物运输业税收管理水平；发挥税收检查职能。全年检查16户企业，查补入库税款720万元；试点推行POS机刷卡缴税，通过POS机实现入库税款760万元，提高征收效率；遵循《山东省地税系统税收执法责任制度》，开展执法过错追究和绩效考核，增强对税收执法风险的防范能力，实现"无过错"。

【干部队伍建设】 加强对领导班子和领导干部的监督管理。领导班子坚持民主集中制原则，增强整体合力，发挥表率作用；创建学习型分局。按照"注重综合素质、提升岗位能力、创新培训方式、促进终身学习"的思路，根据不同岗位工作的需要，对干部职工开展岗位练兵，拓展训练活动，组织业务骨干到专业院校进行业务培训，提升干部职工的专业知识和业务能力。

【党风廉政建设】 层层签订《党风廉政建设责任书》，开展纪律教育，加强廉政文化建设，应用廉政防控平台，全年对41条税收预警风险信息进行复核，有效监督干部职工，避免执法风险。全年未发生一起违法违纪案件，没有一个人受到党政纪处分，促进党风廉政建设责任制的落实。

【精神文明建设】 发挥部门优势，为地方党委、政府献计献策，当好参谋助手；落实各项税收优惠政策，全年为符合条件的单位减免各类税款8100万元。推行一系列的诚信服务措施，简化办税手续，提升服务效能，融洽征纳关系。加大文明创建力度，细化创建措施，务求实效。被市地税局授予"十佳党员先锋岗""十佳党员示范窗口"和"十佳党支部"等称号，被高新区管委授予"服务经济建设先进单位"称号，通过省级文明单位复审。满足纳税人需求，达到纳税人满意，解决纳税人反映强烈的突出问题，开展行业纠风工作，赢得社会各界的好评，获得高新区行风评议执法类第三名。

（武　战　王永博）

泰安市地方税务局
泰山风景名胜区分局

经济概况

2012年，泰山风景名胜区接待游客500.86万人，增长9.03%，其中进山游客390.53万人，增长12.74%，连续五年领先国内山岳型景区；门票、索道、旅游客运等收入9.09亿元，增长9.39%. 完成财政收入5.03亿元，同比增长6.79 %，形成景区级财力3.03亿元，同比增9.82%。

收入概况

2012年，全局组织各项收入11329

万元，占年计划的104.42%，比上年增长30.67%，增收2659万元。其中，中央级收入1812.01万元，省级1430.13万元，市（县）级8086.86万元，分别增长73.09%、30.15%和23.96%。

工作概述

【税政管理】 贯彻执行税收政策，减免税审核、审批手续。年内办理减免税审核、审批手续3笔，为下岗职工再就业减免税款10余万元，经审计全部符合税收政策和办理程序。落实延期缴纳税款、欠税公告、地方税收减免管理办法，确保国家税收政策执行无误。

【征收管理】 加强户籍管理、税基管理和重点税种管理。完善户籍管理制度、办法，做好户籍信息的比对、巡查和抽查，确保户籍管理到位。依托综合治税，加强景区内基础工程建设税收管理，完善零散税收的流程控制、开展税收源泉控管工作，全年零散税收入库400余万元，景区地税征收管理再上新台阶。

【税收执法】 执行税收法律法规，依法行政。落实执法责任制，完善执法程序，规范行政处罚，杜绝混级混库、有税不收、收“过头税”的现象。

【纳税服务】 树立“为发展服务、对工作负责、方便纳税人，让人民满意”的理念，提升服务质量，为纳税人服务，景区地税分局强化“一站式”服务理念，为纳税人更周到地服务提高了工作实效，提升地税形象。

【信息化建设】 规范数据录入、审核、监督和分析应用规程，加强软件学习应用、数据审核和系统运行维护，通过软件应用运行维护体系，实现运行维护工作的标准化、规范化。信息化建设达到一个新高度。

【干部队伍建设】 强化思想政治、作风纪律和业务能力建设，加大学习、教育、培训力度，景区分局坚持“请进来，走出去”的原则，组织干部培训、教育，定期进行业务考试与现场抽考，增强全局的凝聚力和向心力。

【基层建设】 开展“学习实践科学发展观 创新税源管理新模式”活动。从基础抓起，落实科学化、规范化要求，分工负责，夯实责任，具体到人，逐项规范。年内景区地税分局下大气力，投资10余万元为办税服务大厅购置一些新设施。改善基础设施，提升税收征管质效，改善纳税服务工作。

【党风廉政建设】 完善规章制度，建立内外监督体系，定期开展党风廉政教育，到监狱参观，开展“高墙内警示教育”“重敲警示钟，高筑防范墙”“规范执法行为，端正行业作风”等主题教育活动，以各项活动为载体，“聚平安之力，奏和谐之曲”，把住干部职务犯罪的“总开关”，促进党风廉政建设的健康发展。

【精神文明建设】 开展文明创建工作，开展捐资助学、扶危济困和扶贫包村工作。在景区管委会年终评比中被评为2012年度先进单位，6人次获得先进个人、优秀工作者称号。

（高　颖）

肥城市地方税务局

经济概况

2012年，全市完成生产总值630亿元，比上年增长11%；实现地方财政收入31.87亿元，增长16.1%；城镇居民人均可支配收入25613元、农民人均纯收入11874元，分别增长13.4%和17%。在全国县域经济基本竞争力百强和最具投资潜力百强中分列第44位、19位，比上年分别提高1个和5个位次；首次入选福布斯中国大陆最佳县级城市30强，列第29位。

收入概况

2012年，全局累计组织入库地方各税22.8亿元（含两税），同比增收3.7亿元，增长19.3%。县乡级完成11.1亿元（不含两税），同比增收1.4亿元，增长14.7%，代征残保金和价格调节基金4469万元，为全市经济社会发展和地方财政收入的增长提供保障。

工作概述

【征收管理】 开展12万元以上个人所得税自行申报，共受理自行申报961人次，补缴税款467.7万元，申报人次及补税额列县市区首位。做好汇算清缴工作，汇缴申报率达100%，入库企业所得税3.3亿元。推广存量房交易计税价格自动评估系统，与财政局、房管局等部门紧密配合，发挥中介评估机构作用，对全市8.3万套住宅及商业用房进行价格评估。采取政府主导、地税主管方式，开展煤矿塌陷地耕地占用税清查，累计清理入库税款2580万元。深化土地使用税宗地管理，征收税额同比增收3090万元，自主开发的宗地管理软件受到省局高度评价。制定落实旧村改造和新农村建设税收管理办法，清理入库建筑业营业税1524万元，销售不动产营业税6.9万元，土地使用税7.9万元。引入中介机构进行土地增值税业务鉴证，对7户13期达到条件的项目进行清算，补缴各种税费1322万元。开展税收专项检查和专案稽查，荣获全省地方税收专项检查先进单位称号，检查纳税户56户，查补入库各税2047万元。打击发票违法犯罪行为，查处发票违法案件14起，查补税款及罚款12.4万元。

【税源管理】 “企业综合办税平台”成功上线，其做法在省局专业会议上进行典型发言，泰安市地税局召开现场会推广。研发重点税源数据管理模块，预警审核修正数据2295条。强化重大建设项目管理，实现税收占建筑业和房地产业“两个比重”分别达到96%和72%，均超过省局要求的控管比例。依托两个“综合治税平台”，采集信息11511条，新增税款3204万元。建立“行业评估为主线，项目指标相结合，集中评审锁疑点”的纳税评估新模式，在全国税务系统税源管理基层培训班上进行专题交流，创新案头审核方法的做法得到省局推广，2个评估案例和模型入选省级优秀案例库。

【纳税服务】 强化落实各项服务举措，用好用足用活税收优惠政策，服务重大项目建设、支持做大骨干企业、扶持产业集聚，有23户企业、19名个人享受税收减免1524万元。制定《肥城市地税局支持小型微利企业发展税收优惠政策和服务措施》，累计为152户小微企业减免各类税收265万元，促进小微企业发展。落实营业税纳税人起征点调整政策，2897户营业税纳税人享受未达起征点政策优惠。举办两期纳税人汇缴辅导班，对452户企业进行新税法变化、汇缴申报和查前辅导，得到广大纳税人好评。开展税法宣传活动，“花季少年齐行动、百信广场颂心声暨校园小记者共筑诚信征文活动”获得全省地税系统税收宣传月优秀项目奖，全省“税收连结你我他”拍客大赛中有三幅作品获奖。纳税服务工作在全省专题会议上作典型发言。

【干部队伍建设】 围绕新一轮基层建设的任务目标，以“建设人文地税、共筑和谐家园”为主题，开展“敬老爱亲、子女培育、爱岗敬业、文明家庭”四星评选活动，邀请专家教授进行专题讲座，联合检察院、财政局、国税等部门开展拓展训练，举办登山比赛、第四届运动会等系列活动。组织部分中层干部赴辽宁锦州、省内潍坊、淄博等地学习先进经验，拓宽视野；以山东科技大学为培训基地，分批组织开展知识更新培训。在全省骨干人才选拔中，6人考入省级人才库，李冰取得全省税务稽查岗考试第一名，7人在全国所得税考试中取得优异成绩，张爱国入选全国企业所得税专业人才库。推进反腐倡廉建设，建立廉政警示教育基地，利用参观看守所、清风阁等形式，将自律理念内化于心；推广应用“廉政和执法风险防控平台”，加大“科技防腐”力度，核查风险67次，实现税收执法与廉政监管同步运行，促进党风廉政建设。第九次连续在全市行风评议中获执法部门第一名。

【精神文明建设】 推进工作创新，对确定的21个工作创新项目，按照定项目、定方案、定计划、定人员、定问效的“五定”要求，实行重点攻关，层层推进，取得成效，税收征管、纳税服务、纳税评估、队伍建设等多项工作在全市乃至全省地税系统予以交流和推广。市局以目标考核第一名的成绩荣获泰安地税系统先进单位称号，取得全省地税系统纪检监察先进集体、全省基层建设先进单位、全省地税系统先进集体、泰安市首批“廉政文化进机关示范点”等荣誉称号。全系统11个基层单位全部跨入泰安市级文明单位行列，涌现全省地税系统十佳党员示范窗口、桃乡先锋等一大批先进集体和先进个人。组织下派第一书记，开展敬老院慰问、困难户走访、捐助特殊教育等募集捐款17万元，履行社会责任，提升地税形象。

（张　华）

新泰市地方税务局

经济概况

2012年，新泰市实现生产总值760亿元，同比增长11.6%。地方财政收入完成38.4亿元，同比增长3.99%。规模以上工业企业实现主营业收入1710.8亿元、利税241.3亿元，分别增长19.2%和10.6%；社会消费品零售总额完成207亿元，增长15%。在第十二届全国县域经济基本竞争力百强县排名中居第22位。

收入概况

2012年，全局累计组织各项税费27亿元。其中，新泰市级工商税收14亿元，增长18.7%，增收2.2亿元；煤炭价格调节基金7010万元；地方教育附加3808万元；水利基金1901万元；残疾人就业保障金262万元；耕、契两税7.2亿元。

工作概述

【征收管理】 强化临界点餐饮业户管理，下达达点率硬性指标，全局餐饮业户达点率由年初的12%上升到50%。规范企业内部食堂管理，对已经实行承包经营的内部餐厅全部纳入征收管理。举行四期发票摇奖活动，产生获奖消费者124名，兑付奖金20万元。通过《山东省存量房交易价格评估系统》实施存量房交易计税价格信息化评估，办理存量房交易639件，入库税款477万元。强化对外来施工企业的巡查和登记管理，通过委托代征严控税款流失。协调乡镇政府或建设单位委托代征，解决新农村建设、城中村改造、棚户区改造等建设项目征收难度大的问题。通过召开现场会、促进会推进运输联合体做法，全市组建运输联合体69个，控管载货2吨以上车辆2200余辆。实行委托辖区内的企业在支付运费时代扣代缴运输营业税，实现以货源控税源。聘请专家教授、中介机构，对1000余名企业会计、税务人员进行汇缴业务培训。引进中介机构对97户重点企业进行汇缴辅导，增加税收4124万元。

【税收执法】 组成3个检查小组，对39户建筑房地产企业2009—2012年三个年度的纳税情况进行重点检查，查补税款3521万元。筛选企业所得税纳税疑点，对57户疑点企业进行重点稽查，追缴企业所得税1637万元。对辖区内开发区的闲置、种树、租赁土地进行重点检查，增加税收1540万元。对涉电企业2010年来个人所得税代扣代缴情况进行检查，查补个人所得税447万元。开展房产税清理检查，共检查837户，增加房产原值12.3亿元，追补税款1397万元。利用3个月时间，分4个检查小组，对城区房屋租赁业进行清理检查，入库税收86万元。联合中介机构对纳税异常的采掘业、制造业、金融保险业18户企业进行纳税评估，评估税款1876万元。

【纳税服务】 充实政务服务中心窗口人员，规范完善业务流程和相关制度，加强窗口内部管理。年内窗口办理房屋交易3402件，征收地方各税4575万元，增收400万元，被市委、市政府表彰为“优质服务先进单位”。全省率先开通地税系统官方微博，微博粉丝数量突破500人，发布涉税信息643条。

【干部队伍建设】 20人代表泰安市局参加省局骨干人才考试，7人被选拔为省级骨干人才。7人代表泰安市局参加企业所得税考试，2人入选省所得税人才库，2人入选总局所得税人才库。在机关党员中实施“亮牌示范”活动，以“五亮”为内容制作党员“名片”，以党小组为单位打造特色展板，此经验在全省发文推广。

【基层建设】 开展“形象标识”

达标活动，细化、延伸和补充省局标准。规范内部行政管理，夯实征管基础，提高各单位的软、硬件建设。9月在羊流中心税务所召开基层建设工作推进会。年底省局党组成员、纪检组长王莉莉一行来新泰检查验收新一轮基层建设工作，对本局的基层建设工作给予肯定和高度评价："新一轮基层建设创新举措，成效显著，实现了让党委政府满意、基层干部满意和纳税人满意"。被评为"全省地税系统基层建设优秀单位"。

【党风廉政建设】　组织反腐倡廉警示教育巡回展览，以鲜活的案例警示全体职工，提高廉洁意识。抓好廉政风险防控平台试点，核查风险信息80条。被泰安市纪委命名为首批廉政文化示范点。

（毕研星）

东平县地方税务局

经济概况

东平县版图面积1340平方公里，辖14个乡镇、街道办事处，716个行政村，年底全县总人口79.42万人。2012年，全县实现国内生产总值270.3亿元，按可比价格计算，比上年增长11.5%，其中第一产业增加值35亿元，增幅6.1%；第二产业增加值133.7亿元，增长13.6%；第三产业增加值101.6亿元，增长10.6%。

收入概况

2012年，全局累计组织入库各项收入8.43亿元，同比增长26%，增收1.71亿元。

工作概述

【税政管理】　落实建筑业、房地产业税收政策，开展全县建筑业、房地产业税收专项清理，入库税款1137万元；积极开展新车船税法的政策宣传和业务辅导，代征入库车船税706.7万元，增收145.9万元；以委托代征为抓手深化双向申报，以综合治税为依托强化动态监控，提升重点项目管理质效，实现税款2.78亿元；开展房产税纳税评估工作，通过评估增加税收410.5万元，年均增加房产税100余万元。

【征收管理】　规范数据标准、业务流程、管理监控和岗位职责，改进数据质量，夯实税收征管基础；完善分行业、分税种管理办法，推进房地产业、餐饮业税源专业化管理，实现税款1.15亿元；强化信息管税理念，加大综合治税力度，采集信息2571条，新增税款3659万元，《依托信息管税，掌控分析信息打造立体化、专业化综合治税新格局》在全省综合治税工作会议上做经验交流。

【税收执法】　规范税收执法，防范执法风险，坚持"依法征税，应收尽收，坚决不收过头税，坚决防止和制止越权减免税"的组织收入原则；健全完善代开发票手续，规范临时户管理，通过财税库银系统实现税款直接入库，杜绝现金缴税和税款滞解；夯实征管基础，杜绝漏征漏管，全年税收执法零过错。

【纳税服务】　开展税法宣传活动，组织开展"局长服务下基层""巧借春风送税法""岗位学雷锋、行业树新风"

等宣传活动，提高税法遵从度；发挥纳税人税法培训中心作用，开展各类培训，提高纳税人依法纳税的意识；受理各类涉税咨询、投诉、举报，畅通纳税人诉求渠道，贯彻落实各项税收优惠政策，为企业减免税款共计3247万元，助力企业发展。

【干部队伍建设】 组织各类培训共计22期，4人入选省局骨干人才库，委托高校举办更新知识培训班，开展全员岗位培训；为每名干部职工建立电子培训档案，实行业务抽考制度；发放读书卡，组织开展全员读书学习活动，营造读书氛围；加大干部选拔、交流力度，推进公平、公正、公开竞争上岗。

【基层建设】 抓硬件，加大资金投入，改善基层集中办公条件，对城区集中办公场所进行全面修缮，改造县局办税服务厅，更换办公家具设施，为纳税人提供好的办税环境。抓软件，加强“软实力”的提升，完善基层建设工作目标考核联系点制度和工作巡查制度，促进机关与基层的互动。

【党风廉政建设】 落实党风廉政建设责任制，开展向纳税人述职述廉活动，定制执法监督卡，接受纳税人监督；组织开展全员集中教育、警示教育巡回展览、税检共建预防职务犯罪、廉政知识测试等活动，增强全局干部的法律意识；全面加强廉政文化建设，一年内，被中共泰安市纪委、泰安市监察局授予首批“廉政文化示范点”荣誉称号。

【精神文明建设】 开展文明创建，被评为“全省地税系统先进集体”“泰山先锋窗口单位”“党风廉政建设先进单位”等荣誉称号；连续9年保持“省级文明单位”荣誉称号；连续12年荣获“政风行风建设先进单位”荣誉称号，年年被评为“经济发展环境建设先进单位”。

（刘传新　赵新征）

宁阳县地方税务局

经济概况

2012年，全县实现生产总值281.4亿元，比上年增长11.6%。其中，第一产业44.8亿元，第二产业131.2亿元，第三产业105.3亿元，分别比上年增长4.4%、16%和9.3%。地方财政收入9.04亿元，增长30%。

收入概况

2012年，全局组织税收收入7.81亿元，占年计划的103.63%，比上年增长22.86%。其中，中央级收入9861.35万元，省级8428.94万元，县乡级5.98亿元，分别增长16.65%、18.97%和24.53%。

工作概述

【税政管理】 执行各项税收法律法规和政策，加强减免税管理，严格审核、审批手续，确保国家税收政策执行无误。年内办理减免税164.1万元、资产损失税前扣除2187.2万元，经审计全部符合税收政策和办理程序。

【征收管理】 实施税源分类管理，抓住大户，控好中户，重点税源全面监控。创新税源管理“管—评—查”互动新机制，得到省、市地税局充分肯定和发文推广。

加强税收预警和纳税评估工作，完成房产税专项评估，对18户金融保险业企业开展纳税评估，查补税款、滞纳金、罚款977万元。开展全县范围内耕地占用税和城镇土地使用税的清理清查工作，纳入正常管理。创新股权转让反避税检查管理方式，被市地税局发文推广，省政府《决策参阅》予以刊载推介。

【税收执法】 开展“行政程序年”活动。落实税收执法内控机制、重大案件审理制等制度办法，避免出现执法争议和纠纷案件。实行执法责任制，完善执法程序，规范行政处罚，杜绝混级混库、有税不收、收“过头税”的现象。加强税务稽查，全年稽查23户，查补税款472.3万元，罚款47.66万元，滞纳金63.1万元，区域整治、自查256.6万元，全部足额入库。

【纳税服务】 推行政务、税务公开和服务承诺制度。开展“三服务”和“地税局长服务日”活动。规范办税服务厅建设。优化办税流程和办税服务厅的软件建设，实行“零距离”“一窗式”的纳税服务和首问责任制。实现税收业务同城通办，县域通办，提升服务质效。

【信息化建设】 加强软件学习应用、数据审核和系统运行维护，规范数据录入、审核、监督和分析应用规程，加强对“大集中”子系统的应用。研发运行《收入规划核算电子档案应用软件》，得到省地税局认可，市地税局发文推广。完善《企业所得税管理信息系统》，企业所得税管理由主观经验粗放型，向“以数管税”精细化、规范化管理转变。

【干部队伍建设】 组织多种形式的干部教育培训。兴办教育培训基地，聘请专家教授讲课，组织业务骨干外出学习培训。培养具有数据解读能力的评估、分析、检查、反避税、纳税服务等方面的现代化人才。在省地税局骨干人才选拔考试中，6人考入全省骨干人才库。在全国企业所得税业务考试中，2人分别考取山东考区第一和第二名。

【基层建设】 完善基层建设保障机制。建立基层工作联系点制度和工作调研制度，实现机关与基层的互动。在人力资源配置、干部培养使用等方面向基层倾斜，加大考核督察力度，提高基层干部的工作能力。被省地税局表彰为“全省地税系统基层建设先进单位”；被省人社厅、省地税局表彰为“全省地税系统先进集体”。

【党风廉政建设】 规范制度管理，落实述职述廉、民主评议、廉政谈话等制度。完善《兼职监察员管理办法》，推广应用《廉政风险防控平台》。邀请县检察院预防职务犯罪科工作人员授课，举办专业知识讲座。被省局授予“全省地税系统政风行风建设考核先进单位”称号。被市纪委树为“廉政文化建设示范点”。被县委、县政府授予政风行风建设十佳单位称号。

【精神文明建设】 加强精神文明建设，开展捐资助学、扶危济困和扶贫包村工作。通过县级局“省级文明单位”、八个基层“市级文明单位”、三个“省级青年文明号”、一个“山东省工人先锋号”复审，县级局纳税服务大厅被中华全国总工会授予“全国五一巾帼标兵岗”。

（许崇良）

威海市地方税务局

经济概况

2012年，全市实现生产总值2337.86亿元，按可比价计算，增长9.4%。其中，第一产业实现增加值180.11亿元，增长5%；第二产业实现增加值1249.3亿元，增长9.7%；第三产业实现增加值908.45亿元，增长9.7%。全市实现财政总收入421.48亿元，下降3.3%。其中，实现公共财政预算收入158.4亿元，增长16.1%。

收入概况

2012年，全市地税系统共入库各项税收132.83亿元，增长25.06%。其中，中央级收入入库12.68亿元，增长8.07%；省级收入入库11.07亿元，增长10.51%；市县级收入入库109.08亿元，增长29.15%。

工作概述

【税收管理】 以组织收入为中心，夯实征管基础，促进收入质量提高。一是强化收入质量管理。确定4个方面16项内容为检查重点，开展收入质量问题自查自纠活动。加大欠税清缴和稽查力度，入库税款15亿元，占收入总额的11.33%。二是强化重点税源管理。全市纳税额超过50万元的2182户企业，入库税款113.97亿元，增长45.99%。利用“项目税收管理软件”，强化对大项目重点环节的监督和监控，839个大项目入库税款32.56亿元，占收入总量的24.51%。三是强化国际税收管理。全市涉外企业入库税收10.61亿元，增长21.81%。四是强化税种管理。规范民间借贷、金融理财产品、不动产、建筑业营业税项目管理，营业税入库43.78亿元，增长11.48%。加强企业所得税管理，做好所得税汇算清缴工作，企业所得税入库12.95亿元，增长11.09%。推行个人所得税全员全额明细申报，个人所得税入库8.19亿元，增长3.62%。五是强化地方小税种管理，地方税种合计入库67.91亿元，增长43.33%。六是强化纳税评估和税收预警分析，评估460户，补缴税款1402万元；处理税收预警信息8923户次，核实需补税2214户次、补缴税款2.39亿元。建立的“税收效能位差评估模型”被选送国家税务总局展评。

【服务经济】 以服务科学发展为主线，开展税收经济分析，促进经济社会平稳较快发展。一是开展“千家企业大走访活动”。将市委“千家企业大走访活动”中的企业全部列入走访范围，为企业解决实际问题。共走访企业1058

户，发放宣传材料1941份，解决问题906个。二是加强优惠政策落实。重点做好小型微利企业、高新技术企业、资源综合利用项目等税收资格认定和政策落实，依法减免税收6.6亿元。三是优化企业发展环境。围绕“税收·发展·民生”主题，开展税收宣传月活动；依托“局长服务日”和税法培训中心等载体，加大宣传力度，共接待纳税人374人次，培训纳税人7315人次，发放宣传资料9275份。

【法治建设】 推进“法治建设工程”，增强行政执法意识，加强执法过程监督，提高税收执法水平。一是推进标准化执法活动。对税款征收、税收管理、税收优惠、税收法治等4大项107小项内容进行梳理，形成近30万字的《税收执法标准化实用手册》。“山东地税标准化执法示范区”建设在全省政策法规会议上做典型交流。二是加强法治地税建设。开展“行政程序年”活动，对涉税犯罪案件移送、涉税财产查封扣押、税收优惠政策适用等40多个问题加以规范。加大对《山东省地方税收保障条例》的宣传力度，完善地方税收保障体系。三是加强执法监督。推行税收执法责任制，利用网上执法检查发现6个方面800多条疑点数据，逐一进行分析、整改。

【素质建设】 推进“素质建设工程”，以提升干部队伍素质和优化人力资源配置为核心，激发干部队伍活力。一是强化教育培训。依托“网络学习平台”和“电子图书馆”，提高干部职工的学习力和执行力，共组织新闻发言人及舆情管理、税收法治、反避税业务等培训班25期，1237人次参训。“自主化网络学习工作法”入选“山东省学习型党组织建设典型案例”。被评为“山东省理论大众化示范点”。二是新一轮基层建设。通过实地查看、与基层干部职工座谈、征求意见建议等形式，开展专题督导调研。在全省地税系统基层建设经验交流会上进行典型发言。三是加强文明创建。树立“真者永存”理念，依托“蓝色情怀”艺术社、《蓝色情怀》杂志等载体，开展各类文体活动，提升干部职工的文明素质。代表威海市参加全省工间操通信赛，获得三等奖，被省体育局评为“山东省全民健身先进单位”。在市直机关第三届羽毛球比赛、省局羽毛球比赛和省局第三届登山比赛均取得优异成绩。

【科技强税】 推进“科技强税工程”，畅通信息采集渠道，提高信息采集的质量、效率和综合应用水平。一是用好“政府涉税信息共享平台”。争取政府支持，拓宽采集范围，统一采集标准，共采集涉税信息80余万条。二是用好“电子稽查系统”。对设立电子账务的企业全面推行电子稽查，利用电子稽查系统检查企业360户，查补税款7205万元。三是用好“三方信息税收应用平台”。丰富完善三方信息税收应用平台功能，三方信息税收应用平台获得“山东省科技进步三等奖”“山东省信息化应用成果二等奖”和“威海市科技进步二等奖”。

【效能建设】 推进“效能建设工程”，落实“三位一体”问责机制，转变机关作风，提高工作效率。一是开展机关作风建设年活动。以“转作风、重规范、提效能”为抓手，改进考核办法，提升服务质量，新建并完善工作制度11个。倡导“一线工作法”，转变干部的作风和形象。在行风评议中位列执法部门第一名。整体工作在省局和威海市委市政府的目标管理考核中进入优秀行列。二是落实“三位一体”问责机制。重点对有税不收、违规执法、侵害纳税人合法权益等进行问责，先后问责524人，补征税款1391万元。三是强化廉政建设。开发网上廉政文化教育基地，实现廉政文化建设与地税具体工作的融合。推广应用“廉政和执法风险防控平台”，深化廉政风险防控管理。威海市纪委派驻第二纪检组在该局召开现场会，介绍推广全市地税系统廉政文化建设和惩防体系建设的经验做法。省、市纪委领导先后调研惩防体系建设和廉政建设情况，给予充分肯定和高度评价。

（连伟光　赵　镭）

威海市地方税务局环翠分局

经济概况

2012年，环翠区实现生产总值243.03亿元，按可比价计算，增长9.42%。其中，第一产业增加值20.95亿元，增长3%；第二产业增加值100.7亿元，增长10.1%；第三产业增加值121.38亿元，增长10%。公共财政预算收入25.6亿元，增长16.15%，税收收入占公共财政预算收入的比重达到81.22%。

收入概况

2012年，全局共组织各项收入11.55亿元，增长18.57%。其中，中央级收入入库1.51亿元，下降5.7%；省级收入入库1.19亿元，增长14.63%；区县级收入入库8.41亿元，增长23.51%。

工作概述

【税收征管】 一是强化税源分析，从税收收入结构入手，调研分析辖区税源变化情况，形成税源分析报告，强化税源管理。二是强化重点税源管理，实行专人重点控管、定期走访调研、计算机实时监控的管理格局。全年纳税100万以上的159户企业，入库税款9.37亿元，增长33.88%。三是畅通“大项目绿色服务通道”，抓好辖区100个重大建设项目的税收征管，入库税款2.45亿元，增长15%。四是提高收入质量，通过综合分析影响税款入库变化的原因，确保“依法治税、应收尽收”。五是抓好税收预警工作，规范税收预警的处理流程，实现“所、科、局”三级审核，处理预警信息1319户次，补缴税款2049万元。

【税收执法】 一是抓好执法风险内控机制建设。依托“廉政和执法风险防控平台”，及时查找执法风险点，强化执法行为的事前、事中、事后监督。二是拓展外部监督渠道。实施办税公开，接受社会各界监督，争取地方党委政府和上级的支持，营造良好的外部环境。三是执法队伍素质得到提高。树立执法风险、廉政风险和责任意识，提升税收执法能力，从思想上和行动上杜绝执法随意化。四是开展电子稽查。共检查企业107户，查补税款1810万元，提高稽查效率和准确率，被省局稽查局授予“全省地方税收专项检查先进集体”称号。

【纳税服务】　一是完善“服务内容”。通过集体学习、集中查找，科学解决纳税服务环节存在的突出问题，配发纳税服务手册和服务联系卡，推行预约服务、延时服务、提醒服务、上门服务等措施。二是加强“税企交流”。开展“局长服务日”“所长走访日”“千家企业大走访”“科级干部联系企业”等活动，及时收集纳税人意见和建议，融洽税企关系。三是公开“办税信息”。通过环翠有线台《阳光地税》栏目、政府信息公开网站、地税外部网站，及时公开地税动态，公布最新税收政策，让纳税人交“明白税”“放心税”。

【干部队伍建设】　一是完善干部教育培训激励机制，组织各类业务学习和培训，将学习培训成效与干部的培养使用相结合，调动广大干部参与培训的积极性。二是完善基层所基础设施建设，为基层干部职工提供良好的办公环境。三是丰富“翠苑”文化艺术社活动内容，陶冶干部职工情操。

【党风廉政建设】　以“两权”监督为重点，落实党风廉政建设责任制，开展网上执法监察和效能监察，强化执法过程监督。落实“三位一体”问责机制，共问责24人次，补缴税款61万元。在旅游度假区中心税务所建立“廉政文化教育基地”，提升干部廉政文化修养和道德水平。在环翠区政风行风评议活动中再次荣获第一名。

【精神文明建设】　地税文化建设丰富多彩。在环翠区庆祝建党91周年系列文艺演出活动中取得优异成绩。社会慈善事业投入范围广泛。在“扶贫联系村”“慈心一日捐”等活动中，累计捐款12万余元。年内，荣获全省地税系统“廉政文化进机关先进单位”“征纳共盈纳税服务品牌创建先进单位”“威海市地税系统目标管理考核优秀单位”等20余项荣誉称号。

（李　明　常嵘林）

威海市地方税务局
火炬高技术产业开发区分局

经济概况

2012年，火炬高技术产业开发区实现总产值168.7亿元，增长10.4%。其中，第一产业实现增加值1.2亿元，增长2.8%；第二产业实现增加值106.8亿元，增长9.1%；第三产业实现增加值60.7亿元，增长13.3%。实现财政收入55.9亿元，下降6%。其中，地方财政收入36.5亿元，下降15.3%。

收入概况

2012年，全局共组织各项收入12.58亿元，增长25.17%。其中，中央级收入入库1.53亿元，增长10.83%；省级收入入库1.1亿元，增长16.20%；区县级收入入库9.94亿元，增长28.85%。

工作概述

【征收管理】 强化税收征管，成立收入工作领导小组，印发《关于大力加强税收征管工作 牢牢把握组织收入主动权的意见》和《关于加大清理欠税工作力度的通知》，坚持月税月清制度，每周统筹调度税收收入，通过签订清欠计划书、约谈等多种措施，清理欠税2亿元。开展税务稽查，与中介机构合力对房地产企业进行税务稽查，查补税款2800余万元。开展以房产税和土地使用税为主税种的税收专项检查工作，查补税款2516万元。

【税政管理】 树立执法风险理念，建立执法责任制。从税收征、管、查等各环节明确执法程序、权限和标准，提高收入质量，防范执法风险。开展执法程序年活动。利用信息化手段对税务登记、发票管理、税款征收、税务检查等税收工作全过程进行科学界定，排查各环节可能出现的风险点116个，制定相应的规避措施，推动收入质量的提高。

【纳税服务】 广泛征求纳税人意见，开展换位思考活动，深入企业车间现场感受纳税人创业的艰辛，急纳税人之所需，帮纳税人之所求，制定个性化服务措施。提高信息化服务水平，开通税企QQ群、短信通平台和税企协同办公系统，拓宽税企沟通交流渠道，为纳税人提供信息化服务2万多次，满足纳税人需求，提高服务效率。做好办税服务，狠抓硬件建设和人员素质，推行一站式服务、限时服务、预约服务，开展纳税服务零差错、零投诉、零举报活动和“局长服务日活动”，拉近与纳税人的距离。

【基层建设】 加大教育培训力度，坚持周五集中学习制度，年内，有54人参加各类培训，6人进入省、市级业务骨干人才库。开展创先争优活动，坚持“三会一课”制度，以“学习身边人，做好平凡事”为主题，广泛开展向身边优秀共产党员学习活动。获得“全省地税系统基层建设优秀单位”称号。

【党风廉政建设】 学习《税收违法违纪行为处分规定》，明确新形势下干部职工出现不廉洁行为对个人、对家庭的重大危害，在涉税行为的各环节杜绝人情税、关系税，防止不廉行为的发生。层层签订党风廉政建设责任书，落实执法监督、行政监察、纪律检查“三位一体”问责机制。通过向企业发放征求意见信、走访纳税人、召开特邀监察员座谈会等形式，广泛听取社会各界对地税工作的意见和建议，接受外部监督。获得2012年度行风评议第一名。

为加强行风建设，召开全区特邀监察员座谈会，诚征意见建议

【精神文明建设】 参加全国文明城市创建、包扶村建设、街头学雷锋、登山比赛、书画摄影比赛等活动。举办“五四

青年节”乒乓球比赛、工间操、户外、摄影、拓展训练等系列活动，展示地税干部形象，提高队伍的凝聚力。

（李 勇 王仁德）

威海市地方税务局经济技术开发区分局

经济概况

2012年，经济技术开发区实现生产总值164.27亿元，增长8.11%；实现规模以上工业总产值374.1亿元，下降0.6%；实现财政总收入44.15亿元，下降6.5%，其中，公共财政预算收入14.94亿元，增长16%。

收入概况

2012年，全局共组织各项收入13.81亿元，增长24.81%。其中，中央级收入入库1.45亿元，增长18.77%；省级收入入库1.3亿元，增长21.69%；区县级收入11.06亿元，增长26.03%。

工作概述

【税源管理】 加强税源分析。通过税源分析，处理涉税疑点58个，新增税款751.7万元。加大重点税源监控力度。年纳税100万元以上的160户重点税源企业入库税款11.55亿元，占总收入的83.6%。重大建设项目入库税款3.01亿元，增长22.76%。加强非居民税收管理。将非居民税收管理作为涉外管理重点，开具对外付汇证明223份，入库税款914.26万元，增长30.88%。

【征收管理】 加强营业税管理。开展货运自开票纳税人专项检查，检查企业23家，查补税款15.87万元。开展票税比对，比对企业623家，查补税款97.6万元。营业税入库5.23亿元，增长26.57%。加强企业所得税管理。1002家企业参加所得税汇算清缴，补缴税款3612万元。企业所得税入库1.62亿元，增长70.96%。加强个人所得税管理。开展工薪比对、律师行业专项检查、电力行业代扣代缴专项检查，查补个人所得税70.51万元。个人所得税共入库7952万元。加强房产税、土地使用税管理。开展土地价值计入房产原值核查，对375户企业进行检查，年增税款427万元。加强对区外企业区内占地的土地使用税和房产税清查，入库税款4017.92万元。加强土地增值税管理。对5个房地产项目进行清算，补缴土地增值税1180万元。土地增值税入库9314万元，增长24.07%。加强保险机构代收代缴车船税管理，车船税入库769万元，增长35.39%。

【税收执法】 加大稽查力度。开展日常检查和专项检查106家企业，共计查补税款3724.17万元。开展一级稽查19家，查补税款63.2万元。查处举报案件2起，查补税款94.62万元。加大清欠力度。成立清欠工作领导小组，对21家企业实施保全或强制措施，共清理欠税9601万元，占总收入的8.6%。

【纳税服务】 开展企业所得税汇算清缴、税务登记年检等各类培训25期，3200人次参加。举办局长服务日活动10期，接访纳税人70人次。开展执法服务大走访活动，走访企业200家，通过短信征求企业意见150条。

【干部队伍建设】 学习贯彻党的十八大精神，开展建党91周年庆祝活动、“税徽闪亮 党旗飘扬”党建品牌创建活动，调整机关党总支人员构成，建立党务政务公开平台。定期召开党组会、局长办公会、局务会等，各项决策集体研究、民主透明，得到广大干部职工的拥护。

【党风廉政建设】 开展廉政教育活动，邀请区检察院领导进行教育讲座，组织参观反腐倡廉教育基地，加大廉政教育力度。落实“三位一体”问责机制，制定《预警约谈工作制度》。推进“廉政和执法风险防控平台”，提高廉政和执法风险防范力度。在全区行风评议中，再次荣获驻区执法单位第一名，并荣获“全省地税系统纪检监察先进集体”称号。

加强精神文明建设，开展以“弘扬诚信文化·强化诚信理念”为主题的“现代文化促进周——青年文明号在行动”活动

【精神文明建设】 开展“学雷锋、树新风”和“迎接建团90周年、靓青年文明号品牌”主题实践活动，举办职工运动会，定期开展文化艺术社活动。被省总工会授予“全省富民兴鲁劳动奖状”；被市局评为“全市地税系统党建工作先进集体”；被区直机关党委评为“先进基层党组织”；在全区半年工作表彰会议上，获得特殊贡献奖。

（毕建秋　林　懋）

威海市地方税务局工业园区分局

经济概况

2012年，工业园区实现生产总值51亿元，增长8.1%；固定资产投资59亿元，增长27.4%；财政总收入9.8亿元，公共财政预算收入3.2亿元，增长20.7%；社会消费品零售总额5.6亿元，增长14.5%；规模以上工业实现主营业务收入119.5亿元，增长8.4%。

收入概况

2012年，全局共组织各项收入2.7亿元，增长27.8%。其中，中央级收入入库2655万元，增长15.5%；省级收入入库1698万元，增长8.9%；区县级收入入库2.26亿元，增长31.1%。

工作概述

【税政管理】 加强个人所得税申报管理，共完成年所得12万元以上个人所得税自行申报105人，补办行政事业单位明细申报登记17户，受理个人转让股权申请37户，补缴税款11万元。加强企业所得税年度申报管理，共完成年度申报129户，补缴税款616万元；对74户企业所得税零申报户进行清查，查补税款124万元。加强营业税欠税管理，对房地产企业欠税全面清理，落实欠税报告、欠税公告等制度，清理欠税2000万元。加强土地增值税清算管理，对已竣工的9个房地产项目开展土地增值税清算，新增税款393万元。

【征收管理】 规范登记基础信息管理，开展国地税登记信息比对、工商发证信息核查、财务报表异常整改、税务登记年检等征管基础工作，共核实整改异常信息4565条。规范临时开票征收流程，严格临时征收户登记审批流程，对开票超过3次以上的临时户督促其办理正式登记或临时登记，对发票开具额超过10万元以上业户，实行逐级审批。规范委托代征流程，重新对委托代征资格进行审核，对代征票证管理及税款结报情况开展专项整顿，重新理顺15户并签订协议，清理未结报税款417万元。

【信息管税】 开展土地价格计入房产原值清查，新增税款426万元。利用国土部门信息开展闲置土地清查，共清查土地31宗，补缴税款720万元。利用国税信息开展税费比对清查，清查漏管户57户，查补税款171万元。发挥税收预警和纳税评估信息系统作用，分季开展异常信息核查，查补税款87万元。开展征管质量评审，提高基础数据质量，共评审企业288户，查补税款134万元。

【纳税服务】 公开办税流程，将17项日常业务制作办税流程图，通过提供导税服务，避免纳税人多头询问、重复跑腿。缩短办税时限，扩大“即时办结”业务范围，将所有不涉及实地调查的涉税事项由各税务所转移到办税大厅，实现窗口统一办理。建立资料预审和办税预约制度，对办税资料提前审核，及时辅导、补办相关手续，对企业办税人员发放“预约服务联系卡”，随时提供上门服务。加强税收宣传，利用税企QQ群、局长服务日、科级干部联系企业、千家企业大走访活动等形式，确保纳税人及时、全面享受税收权益。

【基层建设】 年内，实现集中办公，按省局编制要求重新设置机关科室和中心所，明确科室及中心所工作职责。实现规范化管理，创新班子成员跟班制度、科室负责人晨会制度、每周工作小结制度等8项管理制度，强化工作落实与推进。加大教育培训力度，共组织参加各类培训16期23人次，干部素质得到提升。丰富地税文化建设内容，组织干部职工参加义务植树、慈心一日捐、学雷锋志愿服务、青年文明号靓牌、野外拓展训练、帮扶贫困村等志愿者活动及羽毛球、爬山、篮球、乒乓球、演讲等文体比赛活动，营造文化地税良好氛围。

【创先争优】 提倡树立“艰苦创业、潜心创优、大胆创新、齐力创牌”意识。获得各类荣誉19项，其中草庙子中心税务所被省人社厅、省公务员局、省地税局联合授予“全省地税系统先进集体”称号；办税服务厅被威海市妇联授予“巾帼文明岗”称号。

（邵仁民）

荣成市地方税务局

经济概况

2012年，荣成市实现生产总值800.06亿元，按可比价计算，增长11.5%。其中，第一产业实现增加值70.22亿元，增长4.4%；第二产业实现增加值420.03亿元，增长11.8%；第三产业实现增加值309.81亿元，增长12.8%。全市实现财政总收入100.11亿元，增长25.05%。其中，实现公共财政预算收入42.7亿元，增长18.3%。

收入概况

2012年，全局共组织各项收入33.42亿元，增长29.75%。其中，中央级收入入库1.93亿元，下降18.11%；省级收入入库2.22亿元，增长16.76%；市县级收入入库29.27亿元，增长36.15%。

工作概述

【税政管理】 加强建筑房地产一体化管理，开展土地增值税清算，补缴税款5100余万元。理顺和规范货运业自开票税收秩序，补缴税款660余万元。多渠道采集蓝色海洋经济区建设和城乡一体化建设等重大经济活动信息，下达《督查通知书》12期，控管重点项目142个，入库税款4.5亿元。坚持政策宣传、摸底调查、核定征收、发票管理、执法检查五到位，抓好起征点税收政策落实。细化营业税、企业所得税、个人所得税等税种管理，推进“提高收入质量、防范执法风险”重点工作落实。

【税收征管】 强化“先税后证”管理。贯彻《山东省地方税收保障条例》，对房产土地交易、商品房预售、股权变更、外汇审批、车辆审验过户、建筑项目开工审批和竣工验收等七个环节，实行“先税后证”源头控税把关。强化信息管税。加强信息采集、纳税评估、预警管理和信息增值利用，取得40个部门58类信息4.5万条，新增税款2956万元。对69户企业进行纳税评估，补缴税款671万元。派发预警信息2306户次，补缴税款1694万元。强化涉外税收管理。建立12个级别的“薪酬评估指标”，强化税收预警和约谈机制，构建部门协作的反避税网络，入库涉外税收2.01亿元，增长24.71%。

组织开展蓝色海洋经济税收宣传活动

【税收执法】 依托大集中系统、三方信息税收应用平台、纳税评估软件等载体，排查执法疑点，筛选重点检查对象，查补税款1403万元。与公安经侦部门联合开展发票专项检查，查处21户企业，补缴税款31.16万元。推行信息化稽查，强化“查管”互动，建立纳税自查补报机制，提高纳税人税法遵从度，共有70户企业通过自查补缴税款832.47万元。

【纳税服务】 将全市10个办税服务厅，整合成3个办税服务厅，把服务中心推向核心位置，实行标准化、集约化、效能化升级，搭建“一体化”纳税服务平台。成立“诚信建设年”活动领导小组，开展“向市民承诺、为市民办事、请市民监督”活动，走访企业252户次，群众500余户，在线答复纳税人各类问题1880个，开展税法培训6期，2300人次参加。

【基层建设】 提高干部队伍素质。学习贯彻党的十八大精神，做好“引、训、考、激”四篇文章，实施“人才强税”战略，提升干部队伍素质。开展“我为发展献一策”活动，举办首届趣味运动会，抓好大走访、防火护林、党员先锋岗等工作落实。加强党风廉政建设。举办廉政案例警示教育巡回展，开展执法风险排查，完善制度措施186条，启动“税检共建”预防职务犯罪防控机制，深化“三位一体”问责机制，全系统无一起行政复议和涉税诉讼案件，无一起违纪违法案件。推进基层建设。成功整合北、中、南三大集中办公区，实施税源专业化、一体化管理。以争创为突破口，夯实基础，打造亮点，先后荣获“全省地税系统先进集体”“全省征纳共盈品牌创建先进单位”“山东省特级档案室”“荣成市创先争优先进基层党组织”和“上级驻荣优质服务单位”等荣誉称号。

（张国华　高均海）

文登市地方税务局

经济概况

2012年，文登市实现生产总值560亿元，增长11%；地方财政收入达到31.2亿元，增长16.4%；完成规模以上固定资产投资332亿元，增长21.9%；实现社会消费品零售总额226.51亿元，增长17.3%。

收入概况

2012年，全局共组织各项收入27.22亿元，增长33.31%。其中，中央级收入入库1.39亿元，下降0.93%；省级收入入库2.43亿元，增长31.73%；市县级收入入库20.49亿元，增长34.43%。

工作概述

【税政管理】 做好税收经济预测分析，提出发展意见和建议，为党委、政府领导决策提供参考。加大税收政策宣传和扶持力度，及时将企业应享受的税收优惠落实到位。共办理审批（备案）减免税企业6户，减免税款54万元。

【征收管理】 加强重大建设项目管理，全年控管重大建设项目214个，入库税款5.6亿元，增长7%。抓好企业所得税汇算清缴工作，765户企业补缴税款1241万元。推进房地产税收一体化管理，建筑业、房地产业合计入库税款14.69亿元，增长24%。深入开展房产税、土地使用税清查，新增税款4800多万元。

【税收执法】 落实清欠目标责任

制，统一执行标准，全面清理欠税。通过《文登大众》、地税网站对15户企业发出欠税公告，先后对20户企业采取停供发票等措施，共清理欠税3.5亿元。推行电子稽查系统，共对93户企业实施电子稽查，查补税款928万元。对住宿和餐饮、建筑、房地产等重点行业开展税收检查，检查企业38户，查补税款2172万元。

【纳税服务】 将全市9个办税服务厅整合成3个，全面实行“一站式”服务，落实全程服务、预约服务、提醒服务、延时服务、“二次优先”服务等措施，提升纳税服务质量。开展“千家企业大走访活动”，解决涉税问题。共走访企业163户次，发放宣传资料300余份，解决问题151个。

【信息管税】 利用信息化和社会综合治税手段，依托数据应用平台，强化房地产行业管理，定期从房管局取得房地产企业网签协议备案数据，及时核实比对，确保月税月清。与国土资源部门联系，通过比对、分析和评估，抓好矿产资源税源管理。

【干部队伍建设】 依托“网络学习平台”和“电子图书馆”，开展岗位练兵、业务比武活动。加大教育培训力度，举办企业所得税、小企业会计准则、税收法治等培训班4期，506人次参加，提升干部职工素质。

【基层建设】 制定并完善《机关科室职责划分》《督查督办工作制度》《工作纪律考核制度》等制度，理顺日常工作流程。科学整合办公资源，优化资源配置，7个中心税务所实现集中办公，基层办公环境得到改善。深入开展基层党建工作，组织开展争创“党员先锋岗”“党员示范窗口”“优秀党务工作者”等典型示范活动，提高党建工作水平。

【党风廉政建设】 落实党风廉政建设责任制，推行“三位一体”问责机制，建立廉政教育基地，定期开展廉政警示教育。向全市纳税大户、部分人大代表、政协委员、机关事业单位、社会团体等发送《征求意见函》500封，广泛征求意见和建议，有针对性地加以改进。获得“文登市2012年度政风行风评议执法类第一名”。

【精神文明建设】 广泛开展群众性精神文明创建活动，成立文登地税志愿服务队，组织开展志愿服务活动，弘扬“奉献、友爱、互助、进步”的志愿服务精神，推动学雷锋活动常态化、机制化。被中华全国总工会评为“全国模范职工之家”；被省人社厅、省地税局联合授予“2012年度全省地税系统先进集体”称号；被威海市总工会评为“工会会员爱心互助工程先进单位”；被文登市委、市政府评为“突出贡献单位”。

（侯登岭　唐鹤鹤）

乳山市地方税务局

经济概况

2012年，乳山市实现生产总值369.29亿元，按可比价计算，增长8.5%。其中，第一产业实现增加值31.21亿元，增长5.7%；第二产业实现增加值201.2亿元，增长9.8%；第三产业实现增加值136.89

亿元，增长7.1%。全市实现财政总收入41.45亿元，下降3.77%。其中，实现公共财政预算收入20亿元，增长15.83%。

收入概况

2012年，全局共组织各项收入17.07亿元，增长11.78%。其中，中央级收入入库1.5亿元，下降17.1%；省级收入入库1.1亿元，下降39.77%；市县级收入入库14.48亿元，增长24.3%。

工作概述

【税收征管】 开展房产税和土地使用税专项清理整治活动，掌握税源基础信息，新增房产税和土地使用税2005万元。利用“项目税收管理软件”对全市在建的193个重大建设项目进行控管，入库税款8.4亿元，增长10%。完善与政府部门税收联动机制，主动加强跨区跨境业务税收动态管理，入库税款2716万元。

【纳税服务】 优化办税服务厅职能，简化办税流程，融洽征纳关系。立足于“征纳共盈”品牌创建，开展问需服务和纳税服务质量评价。开展“税收宣传月”“科级以上干部联系企业”“千家企业大走访”和“局长服务日”等活动，发放宣传资料3200余份，解决问题461个。加强税收经济分析和政策研究，向地方政府报送专报24期，为领导决策提供依据。发挥税收政策在促进经济转型中的引导、管理和服务作用，支持蓝色经济区建设。对符合条件的20户企业落实税收优惠政策，减免税收531万元。

加强纳税服务，税务干部深入企业送政策

【税收执法】 强化税收业务和相关法律法规培训，拓展涉税违法举报渠道，完善执法责任制考核机制，推行执法案卷评查制度。开展重点行业和重点企业的专项检查，抓好区域税收整治和涉税举报案件查处。推行电子稽查系统，检查企业73户，查补税款1147万元。依托执法和廉政风险防控平台对90余条红色预警信息进行复查，查补税款577万元。

【信息管税】 加快税收信息化建设步伐，增加软硬件建设投资。强化涉税信息的采集和利用，拓展信息采集渠道，扩大采集范围，准确掌握企业纳税情况。完善税收预警指标体系，开展日常纳税评估，筛选查找疑点，开展纳税约谈和实地核查。共评估企业9户，补缴税款208万元；处理预警信息875条，补缴税款216万元。

【干部队伍建设】 开展形式多样的业务培训和思想教育活动，提高干部职工的综合素质，提升税收征管业务水平。围绕岗位承诺和纳税服务开展党员干部“践诺评诺”活动和创先争优活动。开展丰富多彩的业余文化活动，增强团队的凝聚力和战斗力。开展地税文化建设，丰富“创争”展室和楼寓文化内涵，依托《山东地税》《蓝色情怀》等载体开展健康向上的地税文化宣传。

【党风廉政建设】 加强干部职工廉政教育，提高拒腐防变能力。健全“一岗双责”廉政建设责任机制，推行廉洁指数评价体系。落实“三位一体”问责机制，依托“廉政风险防控平台”加强对干部职工廉洁自律的监督检查。加强廉政教育阵地建设，依托“党风廉政教育基地”和网站廉政园地，开展廉政文化活动，营造勤政廉政的文化氛围。再次获得2012年度政风行风评议执法类第一名。

【精神文明建设】 年内，获得“全省地税系统先进集体”“山东省依靠职工办企(事)业先进单位”“全省地税系统‘征纳共盈’纳税服务品牌创建先进单位”等荣誉称号；再次被乳山市委、市政府授予“2012年度支持地方建设先进单位”称号。

（宋志文　杨伟强）

日照市地方税务局

经济概况

2012年，日照市实现国内生产总值1352.57亿元，比上年增长11.8%；全年地方财政收入78.86亿元，比上年增长15.12%；规模以上工业实现增加值575.1亿元，比上年增长12.7%；社会消费品零售总额实现420.1亿元，比上年增长15.0%；固定资产投资完成922.38亿元，比上年增长20.2%；第一、第二、第三产业比例由上年的9.2 ∶ 54.4 ∶ 36.4调整为8.7 ∶ 53.5 ∶ 37.8。

收入概况

2012年，全市地税系统累计组织各项收入57.94亿元，同比增长15.84%，增收7.93亿元。其中，中央级收入完成6.03亿元，同比增长0.53%，增收0.03亿元；省级收入完成5.75亿元，同比增长10.10%，增收0.53亿元；市（县）级收入完成46.16亿元，同比增长18.99%，增收7.37亿元。

工作概述

【学习贯彻党的十八大精神】 通过集中学习、座谈研讨等多种形式，系统学习党的十八大的重大意义、丰富内涵和精神实质，邀请省社科联副主席周忠高做全省百名理论工作者党的十八大辅导报告会，组织收听收看中央文献研究室张贺福、中国社科院辛向阳、国务院发展研究中心研究员李佐军等专家教授的辅导报告。坚持学用结合的原则，把贯彻落实党的十八大精神与研究谋划今后一个时期的地税工作结合起来，开展调查研究，把学习成果转化成推动工作的动力。

【提高收入质量，防范执法风险】 应对政策性减收和收入质量标准严、收入基数高的现实情况，强化组织收入措施，注重经济税收形势研究，加强收入科学调度，把握组织收入主动权；提高税收质量和风险防控意识，定期开展收入质量情况测算分析，研究落实改进措施，切实防范执法风险，全年地税收入在保持较高质量的基础上实现了平稳增长，为全市经济社会发展和民生改善提供财力保障。

【基层建设】 开展四个标准化体系建设和创建标准化中心税务所活动，形成日照市地税基层建设品牌，在全省地税系统基层建设经验交流会议上进行推广。市（县）两级三年共投入资金 966.5 万元（其中区（县）局投资 489.5 万元），用于规范统一中心税务所形象标识，改善交通工具，配备取暖、降温设施，更新计算机设备，修缮改造中心所食堂、图书阅览室和文体活动场所等基础设施，基层办公生活条件得到改善。

【税收征管】 改进数据质量，重点企业年报采集率达到 99.4%，异常数据整改完成率月均达到 100%，连续三年被省局评为年度数据质量优秀单位。探索实施税源专业化管理模式，临时征收户入库税款占比同比降低 2.7 个百分点；代开发票所得税核征面、委托代征税款占比分别由 2010 年的 14.9%、4.7% 提高到 88%、6%。完成对 4 个区（县）5 个乡镇 1789 户纳税人征管范围调整和征管业务迁移。研发廉政和执法风险防控平台，开发税源基础信息平台，推广“税讯通”短信服务平台。

【干部队伍建设】 深化干部人事制度改革，三年共提拔和调整交流科级干部 143 人，投入教育培训经费 640 万元，兑现奖励资金 8.2 万元；与高校联合举办培训班 13 期，大专以上学历、财税专业以及中级以上职称人员分别比 2009 年提高 6%、4% 和 5%。创建“网上党支部”，推行党务工作标准化建设、党支部工作记录簿，开展学习型党组织创建和创先争优活动，被确定为全省理论大众化示范点，省直机关工委书记卢得志，省委宣传部副部长、文明办主任刘宝莅等领导在检查指导机关党建工作时给予充分肯定。

【党风廉政建设】 年初召开动员会，狠抓推进过程中的网上考核和执法复查，保障平台的运行效果，组织执法复查 14 次，纠正执法过错 22 条；预警信息由上年平台上线时的 10 项 933 条，下降至去年年末的 5 项 46 条，每月整改率都达到 100%。开展“恪守从政道德、保持党的纯洁性”教育、反腐倡廉警示教育，开展廉政文化建设，参与廉政文化示范点创建，廉政歌曲《老百姓最爱这样的官》获全市一等奖，市局和全部区县局均位列行评优秀单位。

【精神文明建设】 年内，市局召开会议进行动员部署，制定关于加强文化建设、文明创建工作的意见，开展“身边雷锋”评选活动、与省局女职工“庆三八”联谊活动、全市地税系统羽毛球比赛、庆“六一”社会实践活动、登山友谊赛、第四届职工运动会，组建地税合唱艺术团；在中心税务所建设标准化图书阅览室、文体活动室，在山东地税文学社首届文学创作评选中诗歌类、散文类分别荣获一等奖、二等奖、三等奖。三年中，全系统单位和个人共获得国家级荣誉8项，省级荣誉51项。

【税收管理】　税收管理质效提升，预警补税11019.42万元，纳税评估入库税款4176.24万元。探索船货代理业差额纳税警戒管理，开展企业所得税汇算清缴工作，做好年所得12万元以上纳税人自行申报。探索加强走出去企业税收服务与管理，加大外资企业和外籍个人税收管理，推进存量房评估系统上线运行，探索城镇土地使用税宗地化管理，规范耕契“两税”管理。开展“行政程序年”活动，加强执法预警分析，完善执法内控体系和执法标准化建设，规范税务处罚自由裁量权。持续开展12366热线服务、网送税法、“局长服务日”等活动，开展标准化办税服务厅建设，开展营业税改征增值税、营业税起征点调整等调研，全年共计办理各项审批、备案类减免税8108万元。

（孙传峰　牟现宏）

日照市地方税务局东港分局

经济概况

2012年，日照市东港区全年地区生产总值达到421亿元，比上年增长10.5%；实现地方财政收入24.9亿元，增长15%；社会消费品零售总额达到162亿元，增长15%；完成进出口总值65亿美元，增长33.7%；第一、第二、第三产业比例由上年的4.6：45.6：49.8调整为4.4：45.3：50.3。

收入概况

2012年，全局共组织各项收入101264.2万元，同比增长36.6%，增收27121.7万元。其中，中央级收入完成3461.3万元，同比增长13.2%，增收402.5万元；省级收入完成11307万元，同比增长19.6%，增收1855.3万元；区级收入完成67298.5万元，同比增长25.3%，增收13570万元，占年度计划的103.4%。另外，代收地方教育附加1859.4万元，残保金152.8万元，地方水利基金882.7万元。

工作概述

【税收征管】　开展征管基础标准化建设活动。实行征管质量月分析报告制度，每月由各征管单位对15项征管指标进行分析。对征管质量分析中发现的问题，区局采取随机抽取户数的措施，进行集体约谈、税源评估和催报催缴。加强重点行业重点税源管理。对重点税源企业，派出专人进行跟踪管理、服务。强化高收入人群个税管理，全年12万元个人所得税申报人数达503人，征收税款1060万元。实施“拉网”战术，加强小税种管理，做到“抓大不放小”，使小税种也能做出大贡献。印花税、城镇土地使用税、房产税、土地增值税、企业所得税分别同比增长80%、29.7%、76.9%、25.3%、50%。强化税务稽查。全年组织各类检查活动5次，重点检查企业53户，协助公安、国税查办涉税、涉票、涉证案件6起，查办举报案件4起，共计入库税款、滞纳金、罚款433.2万元。

【干部队伍建设】 完善教育培训制度，制订了全年教育培训计划。组织参加省、市局调训工作；办好各项专题培训；建立定期学习制度。完善制度，规范管理。对各项内部管理制度进行修改完善，使各项工作规范运行。开展“道德讲堂”活动和文化体育活动。组织“庆五一、迎五四展税官风采”登山比赛活动、“税检共建”登山友谊比赛，参加全区运动会荣获团体第六名，在区委组织的迎国庆歌咏比赛中荣获一等奖。参加全市地税系统第四届职工运动会，取得团体第二名的好成绩。

【党风廉政建设】 抓好“廉政和执法风险防控平台”运行。加强行业作风建设。落实工作日中午禁酒制度；健全政务公开制度；加大明查暗访力度，每月一检查，每月一通报。全区地税系统未发生违法违纪问题和群众上访事件，未发生行政复议和诉讼案件。

切实转变工作作风，积极服务企业发展

【创新做法】 “推行廉政和执法风险防控平台”项目和“相约梦幻海滩，共品税收文化”宣传项目，分别被评为2012年度全市地税系统创新一等奖和二等奖。市局转发东港分局《加强信息化基础建设，实现建设管理标准化》《建筑业企业所得税实行“五率预征、逐项比对、三动联控、分类管理”成效显著》和《东港分局非正常户认定管理办法》等经验做法。对于建筑业企业所得税管理办法，省局领导进行专题调研，充分肯定东港分局的经验做法，并在《山东地税情况调研专刊》全文刊发。

（王　宏）

日照市地方税务局岚山分局

经济概况

2012年，岚山区实现国民生产总值455.9亿元，比上年增长12.2%；全年地方财政收入17.84亿元，比上年增长6.2%，规模以上工业实现增加值233.95亿元，比上年增长16.1%，民营经济增加值和营业收入分别增长20.8%和22.3%，社会消费品零售总额实现64.96亿元，比上年增长15.3%，规模以上固定资产投资完成332.87亿元，比上年增长38.4%；第一、第二、第三产业比例由上年的7.7：66.1：26.2调整为7.3：66.1：26.6。

收入概况

2012年，全局累计组织各项收入9.63亿元，同比减少0.15%，减收146.1万元。其中，中央级收入完成7862万元；省级收入完成7455万元；区级收入完成7.78

亿元，比上年增长5.7%，增收4193.5万元。

工作概述

【税收执法】 加强《行政强制法》《山东省行政程序规定》等法律法规学习，进行业务达标考试；抓好税收规范性文件清理、制定和备案工作；坚持文明办税"八公开"，实施"阳光稽查"；化解税务行政争议，连续15年无税务行政复议诉讼案件发生。加强执法内控机制建设，完善重大税务行政决策管理、重大税务案件集体审理等规章制度。提高稽查执法风险的防范意识和能力，符合行政处罚条件的案件处罚面达到100%；滞纳金加收面达100%；稽查入库率在99%以上。切实加强稽查基础建设，共检查各类纳税人26户，检查入库税款616.7万元。联合举行专项打击发票违法犯罪宣传活动，查处涉案发票31份，补税罚款19.1万元。

开展地方税收专项清查，规范税收秩序

【税收征管】 推进办税服务标准化建设，统一规范办税服务厅窗口设置、内部设施、标识标志、整体布置。推行专业化服务，实行定点企业联系服务制度，为企业提供个性化纳税服务。深化征管基础建设工作，做好户籍管理、发票管理、微机定税等日常工作。制定《税收征收管理标准化操作规范》，通过健全规范征收、管理、稽查部门职责范围、岗位设置、作业标准、操作流程、工作衔接、目标要求等22类139项涉税业务事项，解决工作中岗责不清、工作不规范、操作流程不顺等问题。探索形成"以地控税、信息比对、疑点核实、动态监控"城镇土地使用税管理新模式，提升宗地税收管理水平。

【干部队伍建设】 加大教育培训力度，制订培训计划，参加稽查、会统、国际税收、纳税服务、纳税评估等业务培训，不定期进行税收业务知识达标考试；组织中层以上干部赴清华大学，参加提升公共管理能力培训班，干部队伍综合素质得到提升。培育以"阳光地税，和谐奋进"为特色的文化品牌，提炼岚山地税理念和精神，打造"两廊、三室、四处楼宇"文化阵地，编印《岚山地税之窗》《不竭的动力》等系列文化丛书，增强队伍的向心力、凝聚力和战斗力；提请成立机关党委，通过打造"永不褪色的旗帜"党建文化品牌，开展"读经典好书，建文化地税"等系列活动。完成全局形象标识统一及标准化建设，加强"五小"建设力度，优化办公环境，全省地税系统基层建设交流会进行现场观摩。惩防体系建设不断健全，按照"以岗施教、因人施教、分类施教、以教促廉"的思路，通过开展廉政党课、检税共建、廉政大家谈等形式，强化廉洁从税意识。编写《情景案例》，编印《税廉璀璨》《廉由心生》等系列丛书，以家庭助廉为内容制作 Flash 动漫，借助廉政和执法风险防控平台，开展廉政风险防控“七个一”活动，强化内控机制，规范权力运行，通过加强预警分析和预测，实现关口前移，预防在先。

（郑世伟）

日照市地方税务局经济技术开发区分局

经济概况

2012 年，日照经济技术开发区共完成生产总值 217.76 亿元，增长 16.2%；规模以上工业总产值 512.12 亿元，增长 25.3%；工业增加值 159.31 亿元，增长 20.3%；工业利润 12.48 亿元，增长 21.7%；工业利税 22.11 亿元，增长 23.2%；固定资产投资 97.94 亿元，增长 64%；地方财政收入 11.14 亿元，增长 18.2%。

收入概况

2012 年，全局共组织各项收入 48812 万元，同比增长 22.63%，增收 9008 万元；其中区级收入 39189 万元，同比增长 25.51%，增收 7965 万元。

工作概述

【组织收入】 定期测算通报收入质量情况，强化收入预测分析，规范税收执法程序，防范税收执法风险。优化纳税服务，加强税法宣传，落实各项税收优惠政策，提高纳税人自觉依法纳税的主动性和积极性。强化纳税评估和地方税收检查。开展全区城镇土地使用税清理清查工作，共组织入库城镇土地使用税 3725 万元，同比增长 26.01%；发挥纳税评估检查作用，开展制造业、物流业、房地产业等专项税收检查，共入库税款及滞纳金 1380 万元。抓牢主体税种，强化小税种管理。其中，房产税入库 1690 万元，同比增长 82.70%；印花税入库 2768 万元，同比增长 99.57%；土地增值税入库 3079 万元，同比增长 52.88%。

【税收征管】 完善标准化征管档案室的建设，做好纳税人登记资料的补充录入，加强国地税联合办证系统的应用管理，建立定期考核通报制度，完善政府主导、部门协调的三级综合治税网络。强化数据质量管理。严把数据采集关，正确修订异常数据，及时补录缺少数据，严格数据质量日常监控和定期考核，对数据清查和修改实行主动监控方式，及时发现数据管理中存在的问题，及时督导相关数据管理责任岗位人员第一时间进行整改落实。强化考核，提升信息管税水平。将征管质量指标列入日常考核。利用大集中系统采集到的涉税数据，对各项征管质量指标进行全面、深入地分析、评价、预测、预警。通过分析，查找征管薄弱环节和管理漏洞，扫除征管死角。

【基层建设】 一是打造文明地税。年内，荣获山东省“雷锋号”先进集体、日照市五四红旗团支部、日照市“五一劳动奖状”、全市地税系统目标管理考核先进单位、依法行政工作先进单位、全区2011年度先进单位等多项荣誉称号。二是打造文化地税。修改完善《关于鼓励干部职工参加文体活动的激励办法》，成立各类兴趣小组，营造浓厚的文化氛围。在第21个全国“税收宣传月”期间，举办“兴业杯税收带来日照美”摄影大赛活动，被省局评为全省地税系统优秀宣传项目。三是打造和谐地税。对内，开展“为职工做好事、办实事”活动，开展干部职工素质提升培训、健康查体等。对外，倡导文明服务，将优化纳税服务作为地税工作的永恒主题，创新服务方式，自主开发的“税讯通”服务平台得到市局现场推广。四是打造廉洁地税。推进廉政与执法风险防控平台的应用，加强廉政文化建设，设立廉政谈话室、警示教育室，重新建设廉政文化长廊，布置廉政文化书画展览、完善廉政图书专柜，通过全市廉政文化示范点验收。打造网上廉政文化教育基地，为干部职工打造廉政教育平台。

（张修香）

日照市地方税务局山海天旅游度假区分局

经济概况

2012年，山海天旅游度假区完成地方财政收入1.68亿元，同比增长20.08%；招引内资实现到位注册资金1.76亿元，同比增长10%；完成固定资产投资23.6亿元；接待境内外游客1300万人次，实现旅游综合收入48亿元，分别同比增长10%、14.5%。

收入概况

2012年，全局共组织各项收入8840万元，占全年收入计划的104.25%，同比增收1983万元，增长28.92%。其中，税收收入完成8452万元，占全年收入计划的103.16%，同比增收1814万元，增长27.33%；其他收入完成388万元，占全年收入计划的135.19%，同比增收169万元，增长77.17%。其中：中央级收入完成396万元，同比增收93万元，增长30.69%；省级收入完成1186万元，同比增收322万元，增长37.27%；区级收入完成7258万元，同比增收1568万元，增长27.56%。

工作概述

【税收管理】 深化土地增值税清算管理，开发应用“土地增值税清算综合管理系统”应用平台。依托信息技术，实现对土地增值税清算的全过程监督管理，提高土地增值税清算工作质量。深化跨地区施工个人所得税管理，按照“项目登记、核定预征、代扣代缴、以票控税、跟踪管理、项目清算”流程化管理原则，严控六个关键环节，建立全过程控管机制，确保外来施工个人所得税“摸得清、控得住、收得上、漏不了”。

【税收征管】 年内，分局贯彻落实市局“征管基础标准化建设年”活动精神，推动征管基础工作规范化、科学化、法制化，税收征管基础建设得到规范和加强。通过催报催缴，每月纳税申报率达100%，滞纳金加收率达100%，财务报表报送率达100%。强化税收执法责任制，提高税收执法质量。加强税收执法考核，规范税收执法行为，全年实现税收执法零过错，分局实现“零复议、零诉讼、零上访”目标。

【干部队伍建设】　推进干部队伍管理标准化建设，开展“新形势、新任务、新作为”主题教育活动，增强纪律意识，改进工作作风。参加市局举办的重点培训项目，制订全年的教育培训计划，开展岗位业务大练兵活动，深化“和睦家庭”创建活动，塑造山海天地税的文化品牌。

【党风廉政建设】　推进廉政和执法风险防控建设，开展应用培训，邀请市局监察室人员就廉政和执法风险防控平台进行演示讲解，提高平台操作实际应用水平。抓好分解落实，落实到具体责任人。抓好监督考核。将平台推进情况与税收执法考核、目标绩效考核相结合，实行责任追究。防范机制到位。构建流程规范、监督到位的廉政和执法风险防范机制，开展在线检查、考核，定期督查，按月通报，确保平台规范运行，防范廉政和执法风险。

（高志华）

莒县地方税务局

经济概况

2012年，莒县实现国民生产总值241亿元，比上年增长11%；全年地方财政收入达27亿元，比上年增长17.7%，规模以上工业实现增加值比上年增长14%，社会消费品零售总额实现104亿元，比上年增长15.27%，规模以上固定资产投资完成140亿元，比上年增长28%；第一、第二、第三产业比例由上年的17.6∶48.1∶34.3调整为15.6∶49.4∶35。

收入概况

2012年，全局累计组织各项收入6.08亿元，同比增长17.87%，增收9217.4万元，占年初计划的103.73%。其中，中央级收入完成4629.5万元，同比增长11.87%，增收491.2万元，占年初计划的158.49%；省级收入完成5125.9万元，同比增长8.47%，增收400.4万元，占年初计划的99.37%；县级收入完成5.1亿元，同比增长19.49%，增收8325.8万元，占年初计划的101.01%。

工作概述

【依法治税】　加强税源调查，做好收入预测与分析；加强收入调度和考核，严肃组织收入纪律；加强征管资料整理，夯实收入工作基础；强化税务稽查，整顿规范税收秩序。

【新一轮基层建设】　从工作重点、资金投入等方面，优先向基层分局、中心所倾斜，基层工作环境和条件明显改善，人员素质有所提高，新一轮基层建设工作任务全面完成，长效机制逐步建立。

【税收管理】　完成应用房地产估价技术试点工作，市局召开现场会予以推广；制定《物业行业税收管理办法》，加强对物业行业税收的全程管理；优化流程，加强税控机使用管理，提升税收征管质量；强化事前审核，规范流程，过程监控，规范代开发票管理；开展调研，提出《关于加强物流业税收管理的建议》，加强物流业税收管理。

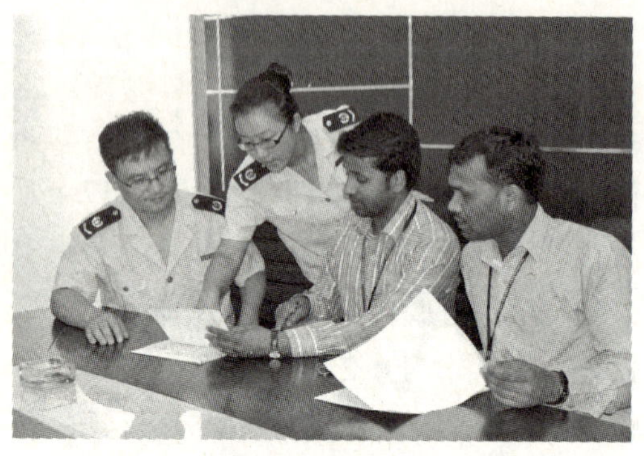

进一步加强非居民税收管理，提高税收收入质量

【执法服务】 深化税收执法责任制，落实执法过错追究考核办法；开展办税服务厅标准化建设，获得全市“征纳共盈”纳税服务品牌创建先进单位称号；加强税收宣传，以“文化振兴，地税先行”为主题，开展系列宣传活动，荣获全省地税系统“税收宣传月”活动先进单位称号。

【干部队伍建设】 加强领导班子能力建设，建立和完善党组理论学习制度，坚持民主集中制，增强班子执行力；强化教育培训，制定教育培训规划，举办三期岗位业务强化培训班；开展文体活动，丰富干部职工的业余生活，在市局运动会上获得总分第一名；加强党建工作，提高基层党建工作水平。

【党风廉政建设】 抓好廉政和执法风险防控平台运行工作；开展“提高行政效能、优化发展环境”活动，提高行业形象；抓好廉政制度落实，加强廉政教育；加强廉政文化建设，荣获市级“廉政文化示范点”，创作的廉政歌曲《老百姓最爱这样的官》被市纪委评为一等奖，被省纪委评为三等奖。

【精神文明创建】 被省人社厅、省地税局联合表彰为“全省地税系统先进集体”，获得全省地税系统“纪检监察工作先进单位”称号，被市局表彰为“征管基础标准化建设年”活动先进单位，获得全县“目标综合考核先进单位”“行风建设先进单位”等多项荣誉称号，70余人次获各级表彰奖励。县领导先后7次对地税工作做出批示，给予充分肯定。

（史兴良）

五莲县地方税务局

经济概况

2012年，五莲县实现国民生产总值162亿元，比上年增长12.7%；实现财政收入23.85亿元，比上年增长30.67%；实现农民人均纯收入、城镇居民人均可支配收入9579元和1.88万元，分别比上年增长15.2%和16.5%；完成固定资产投资86.9亿元，比上年增长43.5%；实现社会消费品零售总额52.7亿元，比上年增长15.4%。

收入概况

2012年，全局累计组织各项税收收入5.87亿元，比上年增收1.25亿元，增长27.11%；其中，县级收入入库4.05亿元，比上年增收1.05亿元，增长34.35%，实现税收收入的持续稳定增长。

工作概述

【税收管理】 一是实施税源专业化管理。制定实施《关于推进集中办公与税源专业化管理工作的意见》，建立符合地方实际的税源专业化管理新模式。年内，纳入省局控管的28户重点税源企业入库各项税款2.47亿元。二是推进征管标准化建设。制定实施《集中征收常见税收征管业务规范》，明确工作职责，优化办税流程。三是加强信息监控。实施“查前评估”制度和税务稽查建议信息化管理办法。评估入库税款299.65万元。四是规范税收执法。推行廉政和执法风险防控平台，制定实施《不征税收入税收监督管理办法》《股权转让个人所得税管理办法》等管理制度，堵塞征管漏洞，年内，查补税款、罚款、滞纳金353.8万元。

提高纳税服务意识，开展“三上门”服务活动，助推企业发展

【纳税服务】 发挥参谋助手作用，向地方政府提出各类意见建议，3条得到县委、县政府主要领导的肯定，并做出重要批示。开展“三上门”“纳税人之家”等服务活动。全年，为52户企业减免税款1465万元。开展选派机关干部到村任职“第一书记”、帮扶后进村和公益捐款等活动，树立地税部门的社会形象。

【干部队伍建设】 开展“推进素质再提升，全员争当好税官”主题教育活动，组织干部职工学习十八大精神，开展道德讲堂、每月一讲等活动。实行按需施教的培训模式，由各业务科室按照不同岗位类别，分月制订学习计划，组织专业知识培训。建立廉政文化示范点，定期开展廉政文化教育，推行基层纪检监察员管理制度，制定实施《重大决策落实监督检查办法》，筑牢反腐倡廉防线。制定实施《基层兼职党务工作人员管理办法》，推行“党支部工作记录簿”，建立党建教育基地，设立兼职党务人员。举办财税审联谊会、“地税杯”经典诵读会，参加全省登山比赛、全市职工运动会等文体活动。

【基层建设】 开展标准化中心税务所争创活动。制定实施《标准化中心税务所争创方案》《标准化中心税务所建设标准考评办法》和《机关科室服务基层单位实施方案》，保证基层中心税务所标准化建设工作落实到位、取得实效。制定实施《基层预算单位经费收支管理办法》，初步建立基层经费保障机制，保障基层中心税务所的经费需求。

（于善发）

莱芜市地方税务局

经济概况

2012年,全市实现生产总值630亿元,增长11%;全市规模以上固定资产投资达到440亿元,增长23.4%。全市人民币存贷款余额分别达到719亿元和558亿元,分别增长19%和14%。社会消费品零售总额完成228亿元,增长15%。进出口完成21亿美元。地方财政收入完成42.02亿元,增长7.1%,其中税收收入增长14%,占财政收入比重达到76.2%,实际可用财力66.7亿元,增长12.7%。城乡居民人均收入达到26450元和11000元,分别增长13%和15%。

收入概况

2012年,全局共组织各项地税收入33.55亿元,同比增收5.77亿元,增长20.79%。其中,组织地方财政收入24.09亿元,同比增收3.85亿元,增长19%,地税部门组织地方财政收入占全市地方级税收收入的比重达到72.66%,完成市委、市政府安排的地税收入任务。

工作概述

【税收征管】 推行重点税源分行业集中管理、一般税源属地管理的税源专业化管理模式,提升税收管理质效。抓好企业所得税、个人所得税管理,两税补缴9631万元;加强对全市105个投资亿元以上开工大项目的税收管理,入库税款1.31亿元;针对“营改增”税收政策的变动趋势,加大对相关行业的营业税征管力度,查补入库税款100多万元;开展土地使用税的专项清理工作,入库税款3.21亿元,增长31%;推动存量住房计税价格评估系统上线,缴纳地方各税1092万元,与上线前相比,增长63%。推进重点税源一级稽查和全员稽查,查补税款6300多万元,其中百万元以上大要案14起;组织欠税清缴工作,全年全系统清缴欠税3.5亿元,清欠力度为历年之最。开展税收预警和纳税评估,查补税款3475万元。

【税收执法】 按照“行政程序年”活动的要求,建立健全重大行政决策方案合法性审查制度和风险评估机制。落实税收执法责任制,对全系统128个执法岗位、2300个执法点进行实时监控、考核、追究和通报,全年共下发执法考核通报和执法预警报告各12期。开展收入质量自查自纠和税收执法督查活动,查找、化解执法风险点67个,规范执法行为。

【纳税服务】 开展办税服务厅执法行为试点,创建规范化办税服务厅,全系统各级办税服务厅通过省局达标验收。

强化12366和地税外部网站建设，增强纳税服务的针对性，提升纳税人满意度。落实税收优惠政策，全年办理各项税收减免1.21亿元，免收各类工本费51万元。服务大招商、大发展，编制《支持服务大项目建设税收优惠政策及纳税服务指南》。针对山钢股份莱芜分公司的管理变化情况，开展调查研究，提出的相关建议，得到市委、市政府主要领导的肯定。

【基层建设】 落实新一轮基层建设三年规划，开展“回头看、向前赶”活动，加强基层基础设施建设，健全完善基层经费保障机制，改进基层办公环境、工作条件、作风效能。年内，市局荣获“全省地税系统服务基层建设优秀单位”称号，莱城分局、钢城分局双双荣获“全省地税系统基层建设优秀单位”称号。

【干部队伍建设】 开展各类主题教育活动和“干部大培训、岗位大练兵、业务大比武活动”，年内，全系统9人获得第四期全省骨干人才称号。成立“齐鲁志愿者莱芜地税服务团”，设立莱芜地税道德讲堂，抓好党风廉政建设责任制的落实，推动“廉政和执法风险防控平台”的上线运行，与市人民检察院建立查处和预防职务犯罪协作配合机制，从社会各界聘请17名特约监察员，推动全市地税系统行业作风建设和廉政建设。

（李文才）

莱芜市地方税务局莱城分局

经济概况

2012年，莱城区实现地区生产总值336.11亿元，同比增长12%；完成地方财政收入16.31亿元，增长20.08%；城镇居民人均可支配收入24879元，农民人均纯收入10789元，同比分别增长13.09%和13.11%。

收入概况

2012年，全局共组织各项收入8.64亿元，同比增收1.43亿元，增长19.8%。其中地方级完成6.31亿元，同比增收8662万元，增长16%。

工作概述

【税收征管】 开展“抓规范、降风险、重执行、提质效”活动，编纂《税收业务操作指南》，对政策、流程、标准、时限等进行统一规范，提高执行力，降低执法风险。开展土地使用税专项清理活动，共清理入库土地使用税税款600余万元。扎实做好汇算清缴，对1500余家企业进行查前辅导，督促企业自行申报税款700余万元。强化外来施工单位报验登记管理，全年共登记管理外来业户867家，征收税款2293万元。加大大项目管理力度，对新落地新开工的大项目靠上服务，跟踪管理，落实项目专人负责制，大项目实现税款4404万元。强化社会综合治税，依靠党委政府的领导和社会各部门的支持，破解征管难题，拓展新税源，年内通过社会综合治税征收税款2600余万元。

【税收执法】 加大执法检查考核力度，实行网上执法考核与实地执法检查相结合，确保执法考核无缝隙，实现全年执法零过错；提升政策服务水平，制定支持工业经济税收优惠政策和服务措施30条；落实税收优惠政策，年内备案审批小型微利企业201家，比上年增加169家。

【纳税服务】 开展“地税局长服务日”活动，共接待纳税人86人次，解答疑问130次，发放资料500余份。为纳税人提供提醒服务、延时服务、预约服务、二次优先卡和特需服务等人性化服务。推行涉税业务同城通办和“一窗式”服务，对324项涉税事项全部置于办税服务厅“一窗”受理。莱城分局纳税服务中心年内被评为“省级工人先锋号”、全省“征纳共盈”品牌创建先进单位。

【干部队伍建设】 年内共举办业务培训班12次，组织业务考试4次，专家、教授进行廉政教育、品格塑造讲座2次。新提拔一名副主任科员与一名副科级干部。实施党的建设“六个一”工程与“一人一岗一支部”典型带动工程，提高素质，提升能力，激发活力。开展“机关干部下基层”活动，围绕“理思路、摸税源、搞调研、优环境、解难题”五大任务，与基层同生活、同工作，实现思路在一线形成并完善，问题在一线发现并解决，作风在一线转变和提升，工作在一线落实和发展。

【基层建设】 年内投入资金200余万元新建苗山中心税务所办公楼，对区局沿街楼进行改造装修，实现直属局、稽查局、高庄所的集中办公，三年共新建办公楼面积7735平方米，改扩建面积4618平方米，基层建设规划任务全面完成，基层的工作、生活、交通、取暖条件得到改善。

【精神文明建设】 做好包村点的帮扶工作，到莱城区羊里镇朱家庄、中土屋、孟家洼三个村走访困难群众26户，发放慰问金7800元。“爱心妈妈联盟”向贫困学生捐款2000余元，26人参加无偿献血。组建篮球、乒乓球、自行车等文体团队，成立书法摄影协会。组织拔河、跳绳、登山等比赛4次。排练文艺节目，参加全市地税系统春节文艺晚会。口镇中心税务所被评为“省级文明单位”。

【党风廉政建设】 加强“莱城地税文化教育基地”的平台功能，组织廉政教育活动，全年接待系统内外干部职工现场观摩600余人次。推进廉政风险防控平台的上线运行，通过平台严格监控廉政风险点，防范执法风险。加强干部管理，继续落实好廉政作业、廉政短信提醒等制度，完善“单位保廉、家庭助廉、社会督廉”防控机制。健全社会监督监察员制度，向社会各界聘请15名社会监察员，主动接受社会监督。莱城分局连续十年取得全区行风评议行政执法类第一名。

（张建银）

莱芜市地方税务局钢城分局

经济概况

2012年，钢城区国内生产总值（GDP）完成210亿元，增长10%，地方财政收入完成14.59亿元，规模以上固定资产投资完成180亿元，增长80%。实现社会消费品零售总额56亿元，增长16%。城镇居民人均可支配收入和农民人均纯收入分别达到30169元、11515元，分别增长14%、16%。

收入概况

2012年，分局共组织各项地税收入4.97亿元，同比增收329万元，增长1%；其中：组织地方财政收入3.81亿元，同比增收1454万元，增长4%；为地方代征教育费附加、地方教育附加、文化事业建设费、残疾人保障金、水利建设基金、工会经费等3013万元。

工作概述

【税政管理】 落实个人所得税政策调整、国家支持小型微利企业、高新技术企业、节能环保类企业、现代服务业等税收优惠政策，加大对文化事业和文化产业的税收扶持力度，扶持企业发展，促进经济结构优化。把握经济热点、税收难点、政策调整点，深入进行研究分析，当好各级党政领导参谋助手。

【征收管理】 借助税源管理任务推送平台，开展不同类型的风险分析，排查税种管理政策风险点，直接应对重大或复杂的税收政策类风险项目。定期梳理重点税种重要税收政策实施风险评估，将政策执行风险关口前移，优化纳税服务，提升纳税遵从和税源控管水平。重视运用第三方信息，与各职能部门沟通协调，实现信息共享，堵塞征管漏洞。

【税收执法】 探索风险管理，加强执法风险排查，形成“统一领导、分级负责、各尽其能、相互联动、齐抓共管”的收入质量管理和执法风险防范一体化格局。开展集中纳税评估工作，坚持以评促管，发现税收管理漏洞，组织收入，深化“预警+评估”工作模式，税收评估预警水平得到提升。

【纳税服务】 规范执法行为试点工作，对办税服务厅的定位、设置管理、涉税业务执法权限等工作进行进一步规范，完善“集中征收、同城（域）通办，一窗通办”服务，优化审核、办理和转办涉税事项，探索推行网上办税服务及其他个性化服务，制定《办税服务厅执法行为工作考核暂行办法》，完善相应的制度、机制，提高纳税服务水平。

【信息化建设】 立足税源专业化管理，突出信息管税，外聘软件工程师参与开发“钢城地税税源管理任务推送平台”，利用信息系统“固化”专业化管理流程和权限，自动实现各个部门和岗位的工作派发、业务流转和绩效考核，打破管理层级，弥补大集中系统无法进行考核的不足，加强各科室、各岗位、各环节的衔接和协调，调动工作人员的积极性和主动性。

【基层建设】 按照“拓展深化、全面提高”的要求对照规划目标查漏补缺，完成基层建设专题片“三年磨一剑”、基层建设历程展“镜头中的辉煌”等成果展示工作。被省局评为“全省基层建设优秀单位”。

【干部队伍建设】 按照省局干部队伍培训三年规划，累计参加省局培训16人次、市局培训120人次、自主培训690人次，超额完成三年培训一遍的目标。全局获得专业对口中级以上职称资格的比率高达56%。

【党风廉政建设】 落实各项廉政教育培训，开展正面示范教育、反面警示教育；搭建廉政教育平台，自主设计开发廉政教育网站，营造以廉为荣、以贪为耻的氛围。定期开展廉政谈话、谈心等活动，及时掌握干部职工思想动态，发挥外部监察员作用，加强对工作纪律、工作作风的日常检查，地税形象得到提升。

【精神文明建设】 开展地税文化建设、创建学习型组织、学习型机关等一系列活动。与莱钢党校定期开展合作交流。开展“温暖工程”“温情工程”和“关爱工程”，以温馨情感凝聚人，增强干部职工的归属感、责任感。荣获全省“富民兴鲁劳动奖状”，全市“赢牟先锋基层党组织”等荣誉称号。

（刘永禄）

莱芜市地方税务局高新区分局

经济概况

2012年，高新区实现生产总值83亿元，增长3.75%，规模以上工业增加值52亿元，增长30%，完成固定资产投资82亿元，增长36.7%，地方财政收入6亿元，增长20%。

收入概况

2012年，全局共组织各项税收收入34562万元，同比增收6761万元，增长24.32%；实现地方财政收入28875万元，同比增收5396万元，增长22.98%。

工作概述

【税收征管】 推行税源专业化管理，做好对年纳税额50万元以上重点税源企业和50万元以下企业及个体工商户分类管理，重点加强对大项目的税收管理，建立大项目管理台账，对新上项目实行从立项、签约、开工到投产等各环节全程监控，确保大项目税款及时足额入库。深入24户大项目施工现场开展建筑营业税检查，共补缴税款260多万元。开展旧村的改造税源清理，制定《旧村改造税源清理工作实施方案》，对全区28个行政村税源情况进行核查清理，共入库税款1252.87万元。对全区房产税、土地使用税进行摸底核查清理，抽调财政、地税、国土和公安等部门11名骨干成立专项清理工作组，对43户欠税额较大的企业进行实地核查清理，共入库税款2400多万元。主动协调争取管委会和财政部门支持，8月，率先在全市实现行政事业单位个人所得税全员全额明细申报。明确2名业务骨干专职进行评估工作，对35户纳税人进行纳税评估，评估税款730万元，入库440万元。

【税收执法】 把“提高收入质量，防范执法风险”工作目标任务层层分解落实，开展收入质量问题自查自纠活动，防范税收执法风险。全面推行政务公开制度，坚持“阳光执法”“阳光办税”，增强税收执法的透明度。每月应用山东地税廉政风险防控平台，对税收预警信息进行筛选、采集和实地核查，实现对“税收执法权”的节点控制和监督。落实各项税收优惠政策，共为61户企业减免各项税额545万元。

【纳税服务】 开展“转提优保促”和“双提双升”竞赛活动，推行“一窗式”服务模式，落实首问责任制、办税承诺服务、限时服务和延时服务等制度，开展争创“共产党员先锋岗”活动，组织12期“地税局长服务日”活动，共接待纳税人110人次，受理涉税咨询问题135个，发放税收宣传资料420多份，促进征纳关系。

【基层建设】　分局党组成立，提出“高起点、高标准、高要求，全方位、全过程、全责任，新措施、新作为、新贡献”的“三高、三全、三新”的工作要求，健全完善考核奖惩、行政接待、财务收支等一系列管理办法，激发干部职工的工作积极性和主动性。加强地税文化建设，制作标识墙、走廊文化展板、学习园地和活动园地，完成反映分局发展纪实的专题片——《十年铸辉煌　扬帆启新程》。

【信息化建设】　规范信息数据录入、审核、校验工作，提高税收数据质量。新增设电子显示屏，购置10台计算机、打印机和扫描仪等办公设施，自动化办公水平提高。设立内部网站，围绕工作重点，及时编发信息，推广工作中的做法、经验。

【干部队伍建设】　分局党组落实民主集中制，加强团结和协作配合，发挥领导干部的模范带头作用。定期召开全体人员会议和座谈会，开展思想政治工作，保持干部队伍的和谐稳定。每季组织一次税收业务知识考试，提升干部职工的业务素质。

【党风廉政建设】　落实党风廉政建设责任制，组织干部职工参观“以案为鉴　筑牢防线”反腐倡廉警示教育展览，人人写出心得体会；落实“一岗双责”，强化“两权”监督，促进干部职工严格自律，树立地税形象。

【精神文明建设】　抓好文明创建工作，组织参加演讲比赛、文体活动，荣获市局“学习的力量”诗歌朗诵会一等奖。开展扶贫助残、结对帮扶活动，为8名小学生和5户贫困家庭送去帮扶物品。

（陈长征）

临沂市地方税务局

经济概况

2012年，全市实现生产总值3012.8亿元；城市居民人均可支配收入27624元；农民人均纯收入9149元；完成公共财政预算收入170.1亿元；完成规模以上固定资产投资2016.7亿元；实现社会消费品零售总额1571.9亿元。

收入概况

2012年，全市地税系统累计组织各项收入137.41亿元，增收30.75亿元，增长28.8%；其中，市县级收入113.93亿元，增收27.04亿元，增长31.1%。市（县）级收入增幅比财政收入增幅高10.8个百分点，占全市地税收入和地方财政收入的比重分别为82.9%、67%，分别比上年提高1.5个、5.5个百分点。

工作概述

【税收管理】 制定实施建筑用砂石资源税代扣代缴管理办法、转让自然资源使用权税收管理办法和国际税收控管办法，提请市政府下发《关于进一步加强建筑业和交通运输业税源控管、鼓励企业加强剥离非核心业务以及加强股权变更税收征管的意见》（临政办发〔2012〕55号）。深化社会综合治税，提请市政府下发《关于进一步推进社会综合治税工作的通知》（临政办发〔2012〕52号）、召开全市社会综合治税工作座谈会、开展社会综合治税督导检查，重点抓好车辆、房产、土地、资源等领域的税收管理。发挥稽查职能作用，年内全市检查纳税人656家，查补入库税款9564万元。推行收入质量督察约谈制度，市局先后三次对15个县（区）局、26个基层征收单位负责人进行督察约谈，对存在的问题进行通报，责令限期整改。市局被市委、市政府表彰为“全市依法行政先进集体”。

【纳税服务】 落实各项税收优惠扶持政策，年内全市累计落实支持经济社会发展和服务改善民生税收优惠政策减免5.8亿元。发挥以一个活动日（地税局长服务日）、三条热线（行风热线、12366纳税服务热线、地税连线）、一所培训学校（纳税人税法培训中心）为主要内容的“131”纳税服务平台作用，开展税收宣传月、服务企业“四比四看”“千名地税干部进千家企业”和纳税信用等级评定等活动，推进规范化办税服务厅建设。市局和4个县区局被表彰为“2011—2012年度全省地税系统‘征纳共盈’纳税服务品牌创建先进单位”。

【信息化建设】 整合搭建集“风险识别、任务推送、监督问责”三位一体的“临沂地税风险防控平台”在兰山分局的试点运行。完善风险防控体系建设实施方案及配套措施，加强全市风险识别库的建设。制定下发《信息化建设项目管理办法》，规范信息化建设秩序，建立基层信息化建设项目市局审批、备案制度，本着“科学、节约、高效”的原则，建立统一规划、规范有序的信息化建设格局。《关于加强税收数据综合管理的探索和实践》调研报告在省局专期刊发。

【干部队伍建设】 突出“领导干部、业务骨干、一线人员”三个培训重点，落实干部教育培训三年规划和年度计划，开展“岗位大练兵、业务大比武”活动，推进学习型机关建设，实现干部教育培训三年规划目标。年内全市累计举办各类培训班120余期，培训人员6000余人次。组织参加省局岗位能手（骨干人才）选拔考试和全国税务系统企业所得税业务知识考试，55人获得省级岗位能手（骨干人才）称号，市局荣获全市“创建学习型机关先进单位”和“学习型组织标兵单位”称号。市局和7个县（区）局被省、市委表彰为“先进基层党组织”“党建工作示范点”，苍山县局党建工作经验做法在国家税务总局党建工作会议上交流。5个县区局和1个中心所被省人社厅、省地税局、省公务员局联合表彰为“全省地税系统先进集体”。

【基层建设】 按照“拓展深化、全面提高”的工作要求，制定实施《关于新一轮基层建设工作情况及下一步推进意见》，研究基层建设与税源专业化管理、人力资源整合有机结合的问题，建立健全基层中心所经费保障机制，拓展基层建设的领域和层次，实现基层建设三年规划目标。9月17日，省局局长宋文军到沂水县局调研时，对新一轮基层建设工作给予肯定和评价，并在《山东地税》杂志撰写卷首语予以表扬。沂水县局被表彰为“全国税务系统先进集体”，市局被评为“全省地税系统服务基层优秀单位”，莒南、蒙阴县局被表彰为“全省地税系统基层建设优秀单位”。

【党风廉政建设】 开展廉政文化“六创建”活动、建设反腐倡廉教育基地、加强党风党纪教育，突出抓好“廉政风险防控平台”的推广应用，推进科技防腐，丰富监督手段，提升监督效果，实现纪检监察工作与税收业务工作的结合。落实行政问责制度，加大责任追究力度，规范领导干部廉洁从政行为。市局荣获第一批“山东省廉政文化示范点”，被市委、市政府确定为“临沂市反腐倡廉教育基地”。市局和7个县区局被市委、市政府表彰为“2011年度行风建设先进单位”，市局和12个县区局被命名为“临沂市廉政文化‘六创建’示范点”。

【精神文明建设】 在全系统集中开展“弘扬沂蒙精神、争做地税先锋”主题活动。通过实施“典型培养”等“六项工程”以及“十佳沂蒙税官”“十佳业务能手”等十六项评比活动、建立岗位学习题库、组织全员岗位练兵和能手选拔考试，激发广大干部职工的学习热情和工作干劲。通过开展党性教育活动、开设“道德讲堂”、承办和举办登山比赛，将弘扬沂蒙精神的内生动力转化为推进科学发展的强大力量，培育和形成以“爱岗奉献、公正廉洁、务实创新、和谐奋进”为主要内容的新时期临沂地税精神。市局先后被省局确定为“山东地税系统党性教育基地、文化建设示范基地”，被总局党校确定为“现场教学基地”。

（赵　艳）

临沂市地方税务局兰山分局

经济概况

2012年，临沂市兰山区完成国内生产总值（GDP）630.6亿元，比上年增长11.3%；实现地方财政总收入40.5亿元，增长34.27%；规模以上固定资产投资441.12亿元；完成第三产业增加值303.35亿元；社会消费品零售总额453.1亿元。三次产业结构比例为1.1 ∶ 50.8 ∶ 48.1。

收入概况

2012年，全局累计组织入库地方税收24.29亿元，同比增收5.54亿元，增长29.55%。其中，完成中央级1.18亿元；完成省级2.65亿元，增收0.63亿元；完成市、区级收入20.46亿元，同比增收4.64亿元，增长29.32%。

工作概述

【税政管理】 规范减免税资料报送，做好资料审核审批工作。共办理7户福利企业减免税备案，减免房产税60.38万元、城镇土地使用税217.12万元；对全区4户符合安置残疾人职工工资加计扣除的企业进行备案，减免企业所得税153.67万元；办理3家高新技术企业备案，减免企业所得税131.32万元；为全区10家小型微利企业办理税收优惠备案，减免企业所得税0.60万元。

【征收管理】 开展国地税联合办税，共同成立兰山区税收管理协会，全年代征税款359万元。加大耕地占用税、土地使用税清查力度，耕地占用税入库5531万元，土地使用税入库2.03亿元。做好“营改增”试点准备工作，对全区物流业进行专项检查。加强楼宇管理，在城区选择4栋写字楼进行试点，检查漏管户300多家，累计增加管户160家。强化综合治税，依靠各级党委政府的领导，依靠各部门的支持配合，全年累计代征税款4.79亿元。

【税收执法】 开展“行政程序年”活动，规范行政执法程序。优化服务流程，提高依法执政的效能。制定《执法责任制工作考核办法》和《执法过错责任追究办法》，及时对税收执法中“苗头性”“倾向性”问题进行预警。打击各种涉税违法行为。开展多次发票打假联合行动，收缴假发票1.2万余份，行政拘留8人，治安警告9人。

【纳税服务】 规范办税服务厅，将各项功能理顺，开展“税银通”业务，安装12台POS机。开展“四比四看”活动，召开重点纳税企业座谈会，建立“征管微博”、纳税服务QQ群等交流园地，定期回访纳税人，印制发放回收《对税务人员服务评价表》。

【干部队伍建设】 加强教育培训。组织人员到山东科技大学、湖南长沙税务学院进行纳税评估等税收业务强化培训，组织开展中层干部执行力培训。加强作风建设。教育和引导干部职工树立大局意识、责任意识和团结意识，营造朝气蓬勃、奋发向上的工作局面。

【精神文明建设】 加强四德建设，开设“道德讲堂”。通过唱道德歌曲、写道德格言、讲道德故事、贴道德漫画、学道德人物，树立社会主义道德新风尚；成立“学雷锋志愿者先锋队”，慰问孤寡老人；开展党员干部帮扶和文明单位联系点活动，与义堂镇小葛庄村20多户群众结对帮扶，帮助汪沟镇闵寨村治理村容村貌。

【党风廉政建设】 加强地税文化建设。将“干部教育基地”进行升级改造，成为“全省地税系统文化教育基地”“全市反腐倡廉教育基地”“全区廉政教育基地”，共接待全省地税系统10批1400多名干部进行党性教育、全国各地20多批1000多人参观学习和全区科级以上干部廉政教育。加强党风廉政建设。印发廉政笔记本，开展自我剖析改进活动，按照严肃认真、触及思想、深入剖析的要求，围绕“六个有没有”等内容，开展批评和自我批评。组织参观“以案为鉴、筑牢防线”反腐倡廉警示教育展览活动，保持警钟长鸣。

（解丽君）

临沂市地方税务局罗庄分局

经济概况

2012年，罗庄区完成地方生产总值300亿元，增长15%，全年地方财政收入16.85亿元，增长31.20%。

收入概况

2012年，罗庄分局共组织各项收入9.16亿元，同比增收2.85亿元，增长45.07%。其中，地方级完成7.09亿元，同比增收2.20亿元，增长45.12%。

工作概述

【税政管理】 落实税收优惠政策，全年共为民政福利企业减免税金323万元，为高新技术、资源综合利用、节能环保等类企业减免税金4971万元。

【税收征管】 一是加强重点税源管理。做好重点税种、重点税源管理工作，抓好重大建设项目税收管理，提高“两个比重”。二是加强税务稽查。共对45家企业进行检查，累计入库税款1366万元。三是加强数据质量管理。深化数据整改，提高税收数据质量。加大预警信息核实力度，抓好纳税评估，预警、评估共入库税款985万元。

【税收执法】 坚持执法与服务并重，营造良好的税收环境。通过不断加强执法内控机制建设，深化税收执法考核，加强执法预警，提高依法行政水平和风险防范能力，分局被评为“2012年度全区依法行政先进单位”。

【纳税服务】 深化“征纳共盈”服务品牌创建，改进完善集中办公条件下“自助服务上网、集中服务进厅、个性服务上门”多层次纳税服务体系，全面提升纳税服务水平，提高纳税人的满意度。

【信息化建设】 抓好信息化与多元化申报方式相结合，拓展多元化申报渠道，构建信息化支撑下的管理格局。抓好信息化与税收执法责任制结合，加强网上考核。围绕构建现代税收征管体系，在现行的体制框架内，进行以重点税源管理与服务为重心的体制调整。

【干部队伍建设】 开展“弘扬沂蒙精神、争做地税先锋”主题活动，“践行税务精神，凝练共同愿景”，加强系统党建工作，推进“基层组织年”活动，完善制度化、长效化党建工作机制。强化教育培训，组织分类别分层次人员培训，坚持“以考促学”制度，组织进行2012年度全员业务考试，进一步调动全系统干部职工抓学习、增素质、比才干的主动性，年内全区2人入选省局能手库，6人入选市局能手库。

认真进行业务培训，不断提升干部队伍素质

【基层建设】 按照“拓展深化、

全面提高”的工作要求，实现集中办公，推进基层地税文化建设，加强软件建设，实现基层集中办公效能的最大化。与临沂市图书馆协调，建立临沂市图书馆罗庄地税分馆，形成“资源共享、一卡通用”的图书借阅格局，搭建起地税干部读书学习的平台。在系统内开展“书香人家”“廉政家庭”“孝老爱亲明星”“学习型个人”“职业道德标兵”等评选活动，加强“四德教育”，年内，1人被授予“临沂市八〇、九〇十大孝子”荣誉称号。

【党风廉政建设】 全面落实党风廉政建设责任制，开展廉政教育和廉政文化建设，强化廉政风险内控机制建设，构建起覆盖各岗位、全流程的廉政风险防范管理网络。加强行风建设，接受社会各界监督。分局连续四年被评为“全区行风建设先进单位”。

【精神文明建设】 落实省、市局文明创建三年规划，精神文明建设取得成果。共获得“全省地税系统先进集体”“临沂市政府税收征管先进单位”“临沂市行风建设先进单位”“全市地税系统目标考核先进单位”“罗庄区年度考核红旗单位”等20余项荣誉称号。

（张天石）

临沂市地方税务局河东分局

经济概况

2012年，临沂市河东区全区完成地方生产总值148亿元，同比增长16%。其中规模固定资产投资90亿元，增长25%；实现社会消费品零售总额68亿元，增长22%；完成地方财政收入8.7亿元，增长26%。

收入概况

2012年，全区共组织入库地税各项收入58473.64万元，同比增收15276.09万元，增长35.36%。其中一般预算收入入库56690.9万元，同比增收14980.77万元，增长35.92%；地方级完成48705.03万元，同比增收14719.72万元，增长43.31%。

工作概述

【税政管理】 以“依法从税”为主线，树立“经济决定税源，管理增加税收”的治税理念，以执法责任制为载体，以素质建设为基础，以优化服务为手段，以监督管理为保障，完善执法机制，强化执法监督，推进科学化、精细化、规范化管理，提升管理质效。

【征收管理】 严格政策、遵循程序、强化征管，完成个体定税工作。加强与同级国税部门的联系，对未达到起征点信息相互交换，确保城建税等税费的核定依据准确。规范管理，完善制度，发挥以票控税措施。结合户籍管理制度，针对临时户入库比重过高的问题，对代开发票制度进行补充完善，规范外来经营报验登记税收管理，通过以票控税实现重点施工项目税源控管。

【税收执法】 创新监督制约机制，规范税收行政执法行为，推行和完善税收执法责任制，强化程序监督；开展税收执法检查，强化实体监督；开展税收执法监察，强化廉政监督；健全机制建设，强化机制保障监督；维护纳税人权益，创造和谐治税环境，强化社会外部监督。

【纳税服务】　开展星级办税服务厅的创建活动，对办事流程、服务质量、制度公示、硬件设置进行规范，落实各项纳税服务措施。实施地税系统纳税服务总体方案和服务标准，规范办税服务厅建设。实施绿色通道、预约服务、电子申报、网上划款，加强服务质量评价、开展“局长服务日”，建立纳税人税校等人性化的服务措施，为广大纳税人提供服务。

【干部队伍建设】　围绕“五个一”开展“文明在岗位”活动。按照“注重综合素质、提升岗位技能、创新培训方式、实施全员培训、促进终身学习”的要求，实施分岗位、分层次培训及“跟班代训”。累计举办各类培训、讲座20期次，培训人员220余人次。

【党风廉政建设】　以读书思廉、家庭助廉、发送廉政短信、观看警示教育戏曲电影等多种形式，利用网络进行廉政教育，提高党员干部的思想道德观念和廉政文化素养。

【精神文明建设】　开展文明创建活动。被省地税局评为“全省地税系统纪检监察工作先进集体”；被市局授予集体三等功、“地税先锋杯”羽毛球比赛道德风尚奖、登山比赛道德风尚奖；被市委市政府评为“行风建设先进单位”“全市税收征管工作先进单位”；被省妇女联合会评为“幸福进家活动先进单位”；被市政府残疾委员会评为“全市残疾人就业保障金征收工作先进单位”； 被市总工会评为“全市工会工作先进单位”；被区委、区政府授予“招商引资先进单位”“平安建设先进单位”“最佳服务单位”“三八红旗集体”“文明城市创建工作先进集体”“十佳服务企业发展先进单位”“行风建设先进单位”“创先争优示范窗口单位”等荣誉称号。

（刘　炜）

临沂市地方税务局
高新技术产业开发区分局

经济概况

2012年，高新区实现国内生产总值70.1亿元，增长30.1%；地方财政收入24002万元，增长43.8%；完成固定资产投资54.5亿元，同比增长44.3 %；实现技工贸总收入335.2亿元，同比增长38.2 %；出口创汇2.41亿美元，同比增长60 %；合同引进项目总投资140.4亿元，其中，实际利用外资1720万美元，居全市前列。

收入概况

2012年，全局共组织地税各项收入1.81亿元，同比增收3528万元，增长24.27%，其中税收收入1.68亿元，其他收入1225万元。分税种看，各税种总体均实现较快增长，其中营业税、土地使用税、个人所得税分别完成6205.85万元、1006.38万元、1809.83万元；分经济类型看，股份公司占主导地位，共入库地方税收9105万元，占总收入的54%。

工作概述

【税政管理】 落实国家高新区各项税收优惠政策，促进企业技术进步、扶持下岗失业人员再就业和退伍军人创业，促进产业结构调整。做好企业所得税汇算清缴和12万元自行申报工作，实现税款增收。

【征收管理】 建立组织收入工作机制，加强税收分析预测，把握组织收入主动权。规范网上报税流程，做好纳税户籍资料管理，发挥“以票控税”的作用，夯实征管基础。强化对重点税源和重点税种的管理，深化纳税评估，提高征管质效。

【税收执法】 强化制度建设，完善税收执法检查制度，规范税收执法程序。推进普法工作。贯彻落实全市普法工作会议精神，深入企业、学校、社区进行税法宣传。严格执法考核。依靠数据管理平台，加强执法过程监管，减少执法过错，提高执法水平。强化税收检查，实现税款增收。以土地税、房产税检查为重点，查补入库税款、滞纳金共计378万元。

【纳税服务】 开展各项纳税服务活动。对新办纳税户进行“入门”培训，提高办税能力。开展“局长服务日”活动。开展“一站式”服务。遵循纳税服务流程，发挥纳税服务大厅的平台作用。提高服务技能，打造“征纳共盈”服务品牌。把纳税服务体现到征管全过程，提高服务质效。

【信息化建设】 落实各项数据分析制度，加强税收数据管理，推进信息管税。加大硬件投入，应用各类系统软件，实现行政办公、财务管理信息化，保障各项工作顺利开展。加强网站建设，完善内、外部网站内容，提高地税形象。

【干部队伍建设】 加强思想、作风和组织建设，开展学习实践科学发展观活动，加强学习教育培训，提高干部队伍素质，完善民主科学的用人机制。

【基层建设】 完善各项规章制度，加强对执法行为、服务水平、税容风纪等工作情况的检查，落实考核、问责等工作措施，全面促进基层建设。

【党风廉政建设】 完善教育、预防与惩处机制，加强对地税干部执行“十条廉政规定”情况的监督检查，将廉政监督延伸到八小时之外。建立健全相互监督、相互制约的权力监督体系。

【精神文明建设】 开展红色革命教育，推进地税文化建设，开展“文明单位”“文明机关”“青年文明号”及“政风行风示范窗口”等创建活动，发挥文明单位的示范引领作用，被市委、市政府评为“群众满意的县区部门”“行风建设先进单位”和“全市税收征管工作先进单位”。

（赵建伟）

临沂市地方税务局经济技术开发区分局

经济概况

2012年，临沂经济技术开发区完成业务总收入800亿元，增长31%；完成规模以上工业总产值550亿元，增长27%；实现规模以上工业增加值120.5亿元，增长19.3%；完成规模以上固定资产投资125亿元；实现财政总收入22亿元，国、地税分别组织收入10.7亿元、9.2亿元；实现公共财政收入预算收入12.2亿元，增长36%；完成进出口总额6.2亿美元，增长20%。

收入概况

2012年，全局共组织各项收入入库各税80231万元，同比增收25251万元，增长45.93%。其中税收收入入库76608万元，同比增收26382万元，增长52.5%；其他收入入库3623万元。分级次看，中央级入库4168万元，同比减收2086万元，下降33.35%；省级入库4389万元，同比增收1280万元，增长41.17%；市（县）区级入库71674万元，同比增收26057万元，增长57.12%。

工作概述

【税源专业化管理】 按照“外分为主，集约控管”的工作思路，实行税源专业化管理，一是征收服务集中化。整合纳税服务资源，将申报征收业务集中到纳税服务中心办理，将税收执法环节、执法流程、风险节点等逐一分解到岗、落实到人，变传统的人对户为人对事、事对户的管理方式。二是将现有征管机构按照事项分解为税源管理科和日常管理科。辖区内纳税人按“行业＋规模”进行分类，由两个管理科专门负责日常管理，三个管理科专门负责税源管理。三是科室协作一体化。建立各业务科室的横向互动机制，通过税政征管科、税源管理科、计划财务科等科室的信息沟通互动，加强对税源的综合管理。

【税收管理】 一是实行源头控管。开发区管委会下发《关于规范企业股权变更税收征管有关问题的通知》，实行“先税后证”，确保税款在办理变更前及时、足额入库。二是明确职责。各业务科室加强协作，科学分工，细化量化信息获取、评估审核、税款入库和回馈检查等职责。三是强化后续监管。每月及时交流股权变更信息，加强比对工作，建立股权基础信息数据库。

【纳税服务】 一是帮企业用好政策。了解企业生产经营、资金周转、财务管理等情况，帮助符合条件的企业用足用好各项财税优惠政策。二是助企业抓好管理。开展企业所得税、营业税以及减免税等政策法规面对面进行跟踪培训辅导，即时为企业解疑释惑，提高其财务核算水平，规范其内部管理，增强其抵御风险能力。三是为企业做好服务。全面完善“一站式”服务的同时，推行延时、上门、提醒等特色服务方式。

【开展“弘扬沂蒙精神，争做地税先锋”主题活动】 实行“三个严格、三个保证”，即严格学习请假制度，保证学习次数；严格检查学习笔记，保证学习内容和质量；严格完成所布置的作业，实行定期测试，保证学习效果，避免学习流于形式。年内，2人次进入省局人才库，在市局组织的税政、所得税考试，分别获得全体第一名、第二名。参与爱心公益活动，11月1日在得知梅家埠街道办事处杨同友的不满一岁双胞胎患白血病因无钱治疗面临放弃的情况后，分局25名正式人员踊跃捐款，共捐款8600元，得到开发区和社会各界的赞许。

【税收执法】 一是固本强基，打造规范执法队伍。邀请开发区检察室人员进行预防职务犯罪专题讲座，利用典型案例进行警示教育，避免作为不当、不作为或者渎职行为的发生。二是内外并举，全面强化监督制约。定期召开征管查联系会议，开展税收执法检查，查找管理漏洞，解决执法过程中存在的不衔接、不流畅、不规范等问题；利用公开栏、显示屏等载体加强行政权力公开透明运行，定期召开税企恳谈、特邀监察员会议，主动接受纳税人及社会各界监督。三是明确责任，强化检查追究。同分局执法人员签订“税收执法责任书”，明确责任主体，强化执法责任落实。开展明查暗访、执法监察等活动对执法情况监督检查，对存在问题的人员严肃处理、限期整改，追究相关领导的连带责任。

（姚桂林）

临沂市地方税务局
临港经济开发区分局

经济概况

2012年，临沂临港经济开发区完成生产总值30.86亿元，增长13.6%；完成固定资产投资84.4亿元，增长23.9%；实现地方财政收入2亿元，增长149.2%。

收入概况

2012年，全局共组织入库地方各税16612.5万元，同比增收11087万元，增长200.66%，增幅居全市（县）区第一位。分级次看：中央级收入完成335.3万元，增长49.43%；省级收入完成1313.1万元，增长200.54%；按财政口径统计，区（县）级收入完成14611.9万元，增长208.97%。

工作概述

【税政管理】 发挥主体税种在组织收入中的主导作用。一是加强营业税管理，全年入库营业税6270万元，增长218%；二是加强个人所得税的全员全额申报和高收入个人的监控，全区年所得12万元以上个人所得税自行纳税申报人数达84人，补缴税款2.6万元。全年个税扣缴登记率、全员全额扣缴率、申报率均达到100%。三是强化企业所得税汇算清缴及日常检查，共计入库企业所得税379万元，增长90.7%。

【税收征管】 提高收入质量、防范执法风险，推行税源专业化管理，加强税收征管。针对全区重点建设项目多的实际情况，实施“链条式”管理模式，加强对项目从立项、建设、竣工等所有环节的监控，全年入库税款4313万元；抓好社会综合治税向重点行业、重点税种和零散税源的延伸，减少税收管理盲点，全年累计采集各类涉税信息258条，新增登记219户，新增税款946万元；规范税收秩序，开展税收专项检查活动，8月，联合财政、国税及辖区乡（镇）政府，在全区开展为期一个月的税收大检查活动，累计检查各类纳税人280户，查补入库税款460万元。

坚持依法征税，全面开展税源调查活动

【税收执法】　落实税收执法责任制和执法过错责任追究制，加强风险排查，对重点执法事项，推行“两级审核、两级审批”机制，规范税收执法行为，每月执法过错数量均为零，全年无行政复议、行政诉讼案件发生。分局被评为“全市地税系统行政程序执法年活动先进单位”。

【纳税服务】　围绕服务经济建设，发挥税收职能优势，搞好税收经济分析；围绕服务社会发展，落实各项税收优惠政策，做好各项社会规费的代征工作，完成代收费收入808万元；围绕服务纳税人，推行“一窗式”服务，推行企业挂点联系帮扶制度，提高服务质效。加强税收政策宣传，从3月开始，联合财政、国税等部门在全区开展为期一个半月的税收集中宣传活动，提高社会各界的依法诚信纳税意识。分局被授予“全市残保金征收工作先进单位”“全区先进服务单位”等荣誉称号。

【干部队伍建设】　开展“弘扬沂蒙精神、争做地税先锋”主题活动，加强对干部职工的教育培训，累计投入教育培训经费6万元，开展集中培训24次，外出培训4次；开展“道德讲堂”，加强党的组织建设，加强党员思想教育。年内，全局7人次荣获省市局表彰，3人次获得“省级计划财务能手”、市级“十佳征管能手”和“十佳计财能手”称号；分局被授予“全区好例型基层党组织”荣誉称号。

【党风廉政建设】　落实党风廉政建设责任制，加强廉政教育和廉政文化建设，提高干部职工拒腐防变的能力，全年全局未发生一起违规违纪案例，被授予“全市廉政文化六创建示范点”称号。

【精神文明建设】　加强地税文化建设，开展文明创建活动，开展扶危济困和帮扶活动，全局文明程度提高，被授予“全市职业道德先锋岗”“全市地税系统优秀青年文明号”“全区先进工作单位”等称号。

（谢　伍）

郯城县地方税务局

经济概况

2012年，郯城县实现国内生产总值220亿元，同比增长12.5%。城镇居民人均可支配收入20794元，同比增长15%。规模以上固定资产投资115亿元，增长25%。社会消费品零售总额93亿元，增长20%。公共财政预算收入6.39亿元，增长18.6%。

收入概况

2012年，全局共组织各项收入

5.52亿元，同比增收11001万元，增长24.87%。其中，营业税完成15000万元，企业所得税完成3108万元，个人所得税完成3023万元。县级收入累计完成4.67亿元，同比增收9483万元，增长25.54%。

工作概述

【税收征管】 一是强化重点税源管理。241家年纳税额20万元以上的重点企业入库税款3.55亿元，76个1000万元以上的重点建设项目入库各税1.36亿元。二是抓好所得税汇算清缴、12万元以上个人所得税自行申报和全员全额申报工作。补缴企业所得税365万元、个人所得税70万元。三是开展纳税评估和税收预警，评估入库税款291.30万元，税收预警补税213.35万元。四是开展漏征、漏管户清理，共清理934户，征收税款85万元，登记户数6200余户，较上年增加1570户，增长24%。五是开展房产税、土地使用税、耕地占用税、契税清查，入库税款4447万元。六是强化社会综合治税工作。共采集信息28774条，其中涉税信息20676条，入库税款2061.5万元。七是强化税收稽查。稽查入库税收1495万元，查获假发票案件两起，查补税款29.98万元，6名涉案人员被公安机关处理。

【税收执法】 落实执法过错责任追究制度，全年网上执法考核零过错。强化执法监督，规范执法行为，全年未发生一起行政复议和行政诉讼案件。加大宣传力度，优化执法环境。

【纳税服务】 一是搞好政策服务。落实税收优惠政策，审批备案各类减免税1229.42万元。二是优化环境服务。开展服务企业“四比四看”和“文明服务大走访”活动，扶持企业发展。三是搞好纳税服务。以创建“征纳共盈”纳税服务品牌为载体，开展税收宣传月、“地税局长服务日”、纳税人税法培训活动，参加行风热线，提高服务质效。

【干部队伍建设】 开展“弘扬沂蒙精神、争做地税先锋”主题活动，加强干部教育培训，在省税校举办综合业务知识培训班，开展春季集中培训和“岗位大练兵、业务大比武”活动。开展地税文化建设。成立太极拳、乒乓球、羽毛球等兴趣小组并积极开展活动，在市局组织的羽毛球比赛和登山比赛中均取得团体第二名。举办“爱我地税、建我郯城”征文活动，获全县“爱我家乡、建我郯城”电视知识竞赛三等奖。参与公益活动。开展“慈心一日捐”、见义勇为基金捐款、义务献血活动，捐助现金28500元。开展学雷锋活动和“道德讲堂”。举办学雷锋“身边的人”先进事迹报告会和“道德讲堂”。

【党风廉政建设】 开展党性教育、廉政教育、廉政谈话、“五讲五比五争当”活动以及“强化宗旨意识，保持党的纯洁性”主题教育活动，抓好“廉政风险防控平台”的推广应用，全面落实党风廉政建设责任制，加强廉政建设。

【精神文明建设】 开展多种形式的创先争优活动，县局通过省级文明单位复查；被授予省级税收专项检查、全市税收征管、全市残疾人就业保障金征收、全市营业税纳税人税收资料调查先进单位称号；被县委、县政府授予经济工作、平安创建、计划生育工作、行风建设、服务企业发展等先进单位称号。

（凌宗全）

苍山县地方税务局

经 济 概 况

2012 年，苍山县全年实现地区生产总值 248 亿元，增长 12%；地方财政收入 8.07 亿元，增长 34.1%；规模以上固定资产投资 114 亿元，增长 25%；社会消费品零售额 141 亿元，增长 20%；城镇居民人均可支配收入 23600 元，农民人均纯收入 9100 元，分别增长 13% 和 15%。

收 入 概 况

2012 年，全局共组织各项收入 71186 万元，增收 18328 万元，同比增长 34.67%，其中县级收入完成 61462 万元，增收 17013 万元，同比增长 38.28%，为全县经济社会发展提供财务支持。

工 作 概 述

【税政管理】 用好用足用活税收优惠政策，服务重大项目建设，促进经济结构和产业结构优化升级。年内，依法减免地方各税 1909 万元，落实提高营业税起征点、个人所得税费用扣除标准、支持小微企业发展等各项税收优惠政策，支持地方经济社会发展。

【税收执法】 推行政务公开，提高税收政策法规的透明度，促进税法遵从度。严肃组织收入工作纪律，落实组织收入原则，确保地税收入质量。加大稽查查处力度，维护税收秩序，以整顿和规范税收秩序，查处税收违法案件和开展税收专项检查，抓好重点行业、重点税源的税务检查和纳税人自查，取得效果。

【税收征管】 成立物流业、矿产业、房地产业和城镇土地使用税四个征收管理领导小组，强化重点税源企业和税种的税收征管，找准夯实税源税基的切入点，抓住税收征管的关键环节，堵塞税收管理漏洞，促进税收增长。房地产业完成 12683 元，增收 7412 万元，同比增长 141%；全年采矿业共缴纳税款 11835 万元，增收 2149 万元，同比增长 22%；物流业共入库税款 14587 万元，增收 1447 万元，同比增长 11.01%，2012 年，共征收城镇土地使用税 2754 万元，增收 1333 万元，同比增长 93.87%。

加强税收征管，税务人员深入房地产企业进行调研

【纳税服务】 狠抓“征纳共盈”纳税服务品牌创建工作，被省局表彰为 2012 年度省级“征纳共盈”纳税服务品牌创建工作先进单位。加强服务窗口建

设，安装POS刷卡机、排队叫号机、自助办税电脑等服务设备，多方位为纳税人提供方便。

【信息化建设】 加大对机房建设的力度，投入3万元，对机房进行改造，安装三级防雷设施，在防静电活动地板铺设等电位联结带，更换机柜、UPS蓄电池等设备。在信息化应用方面，组织人员对西部铁矿区远程监控系统设备进行检修、维护。

【基层建设】 开设“道德大讲堂”，组织开展青年志愿、走访贫困户、驻村帮扶、听党史报告等丰富多彩、形式多样的系列活动，陶冶干部情操，激发工作热情。年内，苍山县地税局被评为全省地税系统先进单位，2011年度全省地税系统基层建设先进单位。《融入中心工作，虚功实做，创新党建工作促活力》的经验做法，在国家税务总局党建工作会议上进行材料交流，并在全省地税系统党支部书记培训班上进行经验交流。

【干部队伍建设】 本着“将一般培养为骨干、将骨干培养为师资、将师资培养为标兵”的理念，对骨干人才进行选拔考核，组织46名干部职工到山东科技大学进行业务知识培训，并从8月开始，每月抽出3天时间，对骨干人才进行统一集中培训。对新进人员实行双岗锻炼，以老带新，搞好传帮带。

【党风廉政建设】 做好廉能风险防范上墙、上网、上桌“三上”工作，强化源头预防治腐。组织开展警示教育，观看廉政教育展板，增强地税干部的廉洁从税意识。

【精神文明建设】 推进文明单位创建工作，年内，县局机关省级文明单位复审合格，基层8个单位市级文明单位复审全部合格。

（付　伟）

莒南县地方税务局

经济概况

2012年，莒南县实现生产总值204.26亿元，同比增长11.5%；实现地方财政收入8.10亿元，同比增长41.8%。三次产业结构比例为13.8 ∶ 40.9 ∶ 5.3。

收入概况

2012年，全局共组织入库各项收入65077万元，同比增长39.45%，增收18411万元，其中县级收入53199万元，同比增长54.8%，增收18832万元。县级收入增幅在六区九县中位居第三。

工作概述

【税政管理】 开展企业所得税汇算清缴工作，342家企业办理企业所得税年度纳税申报，申报税款3067万元，补缴税款364万元。开展年所得12万元以上个人所得税自行申报工作和个人所得税全员全额明细申报，入库税款分别为2632万元和2891万元。探索建立全县房地产交易计税价格评定机制，严把二手房交易价格审核和过户环节的控管。加强建筑业、交通运输业、金融保险业税收管理。探索建立源头控管委托代征资源税模式，加强重点行业、重点税种的税收管理，增加地税收入。

【征收管理】 开展征管规范化建设活动，强化外部协作，加强户籍登记管理；规范发票管理，强化“以票控税”，规范税收征管档案管理，严格征管质量考核和责任追究机制。制定《税收预警处理审核制度》，全年共处理预警信息1328条，补缴税款1356万元。对磨料磨具行业进行纳税评估，共评估入库税款126万元。加强对重点税源、新兴税源的控管，形成覆盖所有涉税行业的社会综合治税网络，采集涉税信息近38000条，新增税款1500余万元。

不断强化管理措施，提升征管质效。图为税务干部深入企业进行税收调研

【税收执法】 健全收入质量分析点评机制、党组成员联系重点税源机制等各项工作机制，确保各项收入实现依法征收、应收尽收。探索建立涉税重大案件依法移交模式、司法提前介入机制，推行社会中介机构审核评税机制。开展“行政程序年”活动，层层签订《税收执法责任书》，制定推行税收执法和纳税服务标准化操作示范，提高执法水平。对房地产、建筑安装、交通运输等7个行业、61户企业进行稽查预告和重点检查，查补入库各项收入400万元。

【纳税服务】 立足纳税人需求做好税收宣传与政策辅导，开展好“局长服务日”活动。推进以政务大厅办税服务厅为主体、乡镇便民服务中心代办服务点为补充的城乡一体化纳税服务管理模式的开展。开展“三访三问”优服务促发展等活动，落实各项税收优惠政策，促进经济、社会发展。

【信息化建设】 2月，参加山东地税数据综合应用平台试点，洙边中心所被确定为试点单位，及时测试系统，规范设置权限，强化人员培训，确保应用平台正式上线后各项工作正常开展。强化网络安全、系统软件培训，完善计算机资产管理与维护，加强信息数据管理，提高利用率。

【干部队伍建设】 开展“素质提升”工程，采取“请进来”与“走出去”相结合的培训模式，组织开展全员集中整训、专项业务培训。健全教育培训激励机制，组织干部职工参加“争做地税先锋”练兵考试、岗位能手选拔考试等活动，实现工作、学习的有机结合。

【基层建设】 从资金投入、人力资源配置等方面向基层征收单位倾斜，改善基层工作、生活环境。抓好软件建设，推进规范化办税服务厅建设，被省地税局授予“全省基层建设先进单位”荣誉称号。

【党风廉政建设】 抓好“廉政风险防控平台”的推广应用，突出对税收执法权和行政管理权的监督；开展廉政谈话和家庭助廉活动，实行特邀监察员、税企座谈会制度，参加“行风热线”，丰富监督手段，提升监督效果，被评为全市行风建设优秀单位。

【精神文明建设】 开展“十佳明星”“劳动之星”“身边的感动”等评先树优活动。举办“地税先锋杯”职工运动会。组织成立志愿者服务队，选派“第一书记”到企业开展帮扶工作，协助上级援建涝坡镇留守儿童“爱心家园”，被评为省级“巾帼建功活动先进单位”、全市“关爱困难儿童爱心集体”。

（孙晓玲）

沂水县地方税务局

经济概况

2012年，沂水县实现生产总值285亿元，同比增长16%；三次产业结构调整为10.5 ：48.6 ：40.9；规模以上固定资产投资142亿元，增长23.8%；全县金融机构存贷款余额分别为244亿元、222亿元，分别增长18.3%和37.2%；地方财政收入13.7亿元，增长29.3%，税收占比达到84.3%。

收入概况

2012年，全局组织入库各项税收11.35亿元，同比增收2.59亿元，增长29.57%；实现地方财政收入9.4亿元，同比增收2.24亿元，增长31.28%。

工作概述

【税政管理】 开展上年度企业所得税汇算清缴，实施评估式汇缴，补缴企业所得税446万元。开展年所得12万元以上个人所得税自行申报工作，受理申报人数405人，申报税款1297万元。推行个人所得税全员全额扣缴申报工作，申报入库税款2812万元；强化对土地、房产、车船、房屋租赁税收等静态税源的普查核实，挖掘新生税源。抓好重大建设项目的税收管理，对城乡拆造、基础设施建设、跨境高速公路和铁路等项目，实行源头控制、跟踪管理，年内，全县纳入管理1000万元以上建设项目73个，累计入库税收3.68亿元，同比增收5685万元。

【税收征管】 开展征管基础规范化体系建设，自主开发“征管档案综合管理应用系统”，实现对所有税收业务资料的“电子化采集、一户式存储、多方共享、随机查询”。深化社会综合治税，采取“先税后证、先税后审、先税后检”等措施，创新建筑用砂石资源税扣缴、存量房评估等管理办法，强化重点行业源泉控管。推进税源专业化管理，加强分类管理，强化纳税评估和税收预警，商品混凝土制造行业评估模型被评为“全省地税系统优秀纳税评估模型”。开展重点行业地方税收专项检查，查补入库税款4000万元。

【税收执法】 开展“行政程序年”活动，健全执法内控机制，强化网上执法监控考核，提高执法预警能力，严格过错追究，强化执法考核结果的转化和运用，规范执法行为，防范执法风险。

【纳税服务】 落实各项税收政策，年内落实减免、优惠等各项税收1059万元。升级改造办税服务大厅，推进纳税服务标准化体系建设，开展“局长服务日”、服务企业“四比、四看”“征纳共盈”服务品牌创建等活动。纳税服务中心获“山东省工人先锋号”称号。

【信息化建设】 推进“信息管税”，实施设备更新，开展全员软件应用培训，强化数据质量审核，保障“大集中”系统高效运行。

【干部队伍建设】 开展“弘扬沂蒙精神，争做地税先锋”主题活动，实施“六大工程”、16项评比，加强教育培训，开展岗位练兵、以考促学等活动，年内，9人考选省地税局岗位能手；加强基层党建工作，开展“基层组织建设年”、创先争优、包村帮户等活动，在办实事中惠民生、树形象。

【基层建设】 持续改善基层环境，提升软件建设水平，加强地税文化建设，编辑印制“地税文化丛书”，组织开展富有特色的文化活动，推进集中办公，规范工作程序，提高行政效能。年内，省地税局局长宋文军前往调研，对沂水县地税局基层建设工作给予充分肯定和高度评价，并在《山东地税》杂志专门撰写卷首语进行表扬；《山东地税杂志》、山东电视台分别对沂水县地税局基层建设工作进行专题报道。

【党风廉政建设】 落实党风廉政建设责任制，加强廉政教育和风险预警，强化社会监督，开展行业作风建设，获“临沂市行风建设先进单位”称号。

【精神文明建设】 推进“四德”建设，开展文明创建活动，强化教育引导、沟通交流和人文关怀，增强队伍战斗力、凝聚力和向心力。年内，获得“全国税务系统先进集体”称号，荣获38项市级以上荣誉称号。

（纪　真）

平邑县地方税务局

经济概况

2012年，平邑县实现生产总值220亿元，同比增长16%；固定资产投资115亿元，增长31%；公共财政预算收入7.3亿元，增长36%；全县经济快速发展、综合实力明显增强。

收入概况

2012年，全局累计完成地方税收收入7.22亿元，增收2.33亿元，增长47.79%，其中县级收入完成5.24亿元，增收1.52亿元，增长40.67%，占全县地方财政收入的比重为72.2%，同比提高2.3个百分点，占全县财政增收入的78.5 %，拉动地方财政收入增长10.3个百分点。

工作概述

【税政管理】 提出“实施信息管税、强化计价评估，加强转让自然资源使用权税收管理”等项目，开展企业所得税汇算清缴和年所得12万元以上自行纳税申报；规范重大建设项目税收管理和国际税务管理，税收管理质效实现新提高。

【税收征管】 制定出台《平邑县地方税务局特色行业地方税收管理办法》，加强石材、金银花、手套、石膏、罐头五大产业的税收征管。适时开展各类税收清查活动，提高税收征管质效。

【税收执法】 开展“行政程序年”活动，强化程序意识和法治意识，减少执法的随意性和盲目性。实施风险管理，强化风险预警，形成以风险防控为核心的工作运行机制。全年编发执法预警报告12期，对60多个苗头性问题提出220余条应急措施，预防和化解可能发生的执法问题。

【纳税服务】 开展服务企业“四比、四看”“局长服务日”、纳税人纳税需求问卷调查、纳税服务质效回访等活动，满足纳税人的需求；参加第二十二次全国助残日集中服务活动，为残疾人提供税收优惠政策辅导；适时举办“集中服务企业发展座谈会”“企业所得税税收优惠专题讲座”和“纳税人培训班”，主动送政策上门，帮企业解忧，受到广大纳税人的好评。落实各项税收优惠政策，累计减免各项税收2000余万元，支持经济社会事业发展。

【信息化建设】 强化网络管理，提高信息传输效率和安全水平；强化运维和数据管理，提高“大集中”系统运行和数据分析利用水平。

【干部队伍建设】 通过实施岗位分类培训，集中开展春季集中学习、专题讲座、基础知识培训、信息化应用等“岗位大练兵、业务大比武”活动，组织全体人员赴吉林财经大学进行更新知识培训，对现行税收、财会和法律知识进行系统培训学习，提高干部队伍的综合素质和业务技能。

【基层建设】 围绕着“三个集中”办公区域进行调整完善，优化办公环境，合理调整工作岗位，完善小食堂建设，办公生活条件得到改善。

【党风廉政建设】 成功上线运行，利用山东地税廉政风险防控平台，防范税务人员的执法风险和廉政风险。以廉政文化建设和开展的“四比、四看”活动为切入点，开展“廉政文化进机关、进办税场所、进家庭”和“百名税干进百家企业服务纳税人”主题活动，为企业发展创造良好的税收环境。年内，被县委、县政府授予“全县廉政文化建设先进单位”和“行风建设先进单位”称号，有两个基层所被县纪委推荐为市级三基联创“农村党风廉政建设示范站所”。

【精神文明建设】 组织开展“慈心一日捐”活动，累计捐款8200元；开展“学雷锋、助学童”活动，21名干部职工与22名贫困学生结成对子，帮助他们完成学业。56名干部职工“爱心义务献血”15700毫升；为帮扶对象累计捐款10余万元。举办检税共建趣味运动会、“税收连着你我他”征文和摄影比赛。年内，单位和个人共获得各级荣誉120多个。

（张　敏）

费县地方税务局

经济概况

2012年，费县实现生产总值201亿元，同比增长13%。公共财政预算收入8.4亿元，增长33.9%。固定资产投资102亿元，增长24%。社会消费品零售总额75亿元，增长15%。金融机构存贷款余额分别达到157.6亿元和87.1亿元。城镇居民人均可支配收入 1.74 万元，农民人均收入 9109 元，增长 15%。三次产业比例调整为 14.6：48.7：36.7。在全省县域财政收入排名中进入前 100 名。

收入概况

2012 年，全局共组织各项收入 6.34 亿元，同比增收 1.68 亿元元，增长 36.2%，超年初计划 5486 万元；其中财政口径县区级累计入库 5.20 亿元元，同比增收 1.48 亿元，增长 39.84%，超年初计划 5145 万元。

工作概述

【税政管理】 做好企业所得税汇算清缴工作，共计汇缴企业 146 户，检查地方税费 501 万元；做好企业所得税小型微利企业认定及优惠政策的落实工作，共认定小型微利企业 19 户；做好企业所得税的核定征收工作，对 32 户企业进行核定征收。做好年收入 12 万元以上个人所得税年度申报工作，申报 182 人，申报税款 391 万元；做好个人所得税全员全额明细申报工作，全县通过财政局代发工资的所有行政事业单位全部纳入明细申报范围。抓好新的营业税条例的贯彻落实、娱乐业税收政策的调整和营业税差额征税管理。重点做好耕地占用税和契税的划转接收管理工作，共计征收耕地占用税 4828 万元，契税 2505 万元。

【征收管理】 加大税收预警和纳税评估力度，实现税款 2160 万元。深化地方税收保障工作。加强涉税信息的采集与应用，采集涉税信息 1 万余条，涉税金额 6000 多万元。深化委托代征和代扣代缴工作，推广建筑企业资源税代扣代缴管理办法，委托县黄砂管理办公室加强对黄砂资源税的代征工作，规范完善车船税委托代征管理，实现代征代扣税款 9019 万元。

【税收执法】 开展“提高收入质量，防范执法风险”和“行政执法程序年”活动，被临沂市地税局评为“全市行政执法程序年活动先进单位”。加大稽查力度，开展以地方股份制银行、地方商业银行和重点税源企业检查为主的税收专项检查，以整顿汽车销售行业为主的税收区域专项整治，实现查补收入 423 万元。

【纳税服务】 开展“效能服务提升年”和“‘四问四治’提效能、‘四比四看’促发展”活动，组织开展“百名地税干部进百家企业”结对帮扶活动。加强服务窗口建设。将办税服务大厅搬迁到县政务大厅，推进“一站式”纳税服务，加强网上申报和委托代征工作，继续开展好“局长服务日”和“网送税法”服务活动。开展税收宣传月活动，被中国税务网评为“全国税收宣传先进单位”。

【信息化建设】 加强计算机软件、硬件维护工作，保证网络畅通和应用软件的正常运行。做好信息数据的整改和监控，提升数据质量。积极巩固、扩大税银联网成果，加大网上申报和双委托申报工作。

【干部队伍建设】 开展“弘扬沂蒙精神、争做地税先锋”主题活动，开设“道德讲堂”，开展扶贫济困活动，组织全员进行健康查体，举办庆“五一”登山比赛。

深化干部职工教育培训，加强对山东地税网络教育学院在线学习情况的督促管理，开展“岗位大练兵、业务大比武”活动。

【党风廉政建设】 深化党风廉政建设。层层签订《党风廉政建设责任书》；抓好廉政作业和网上廉政课堂学习；推广应用“廉政风险防控平台”；举办“以案为鉴 筑牢防线”反腐倡廉警示教育展览活动。推进行风和作风建设，参加“行风热线”和“行风评议”活动，取得全县行政执法类民主评议行风第二名的好成绩。

【精神文明建设】 开展文明创建、爱心同行结对帮扶和无偿献血等活动。县局和各征收单位分别通过省级文明单位、市级文明单位的复查验收。县局荣获“全市职业道德先锋岗”“全市学习型组织先进单位”“全县党风廉政建设先进单位”“平安建设先进单位”和“五五普法先进集体”等荣誉称号，被县委、县政府荣记集体三等功。

（姚　静）

临沭县地方税务局

经济概况

2012年，临沭县实现生产总值167.26亿元，增长12%。全年地方财政收入实现7.23亿元，增长32.51%。三次产业比例为10.2∶51.5∶38.3；全县规模以上工业完成总产值385.9亿元，增加94.81亿元，分别增长16%、18.7%；全县规模以上固定资产投资114.8亿元，增长22.9%。

收入概况

2012年，全局共组织各项收入5.83亿元，增收1.31亿元，增长29.04%。中央级、省级、市县级收入分别完成5513万元、5361万元、47410万元，其中地方级收入完成3.94亿元，同比增收9141万元，增长30.2%，县级税收收入占地方财政收入比重的61.07%。

工作概述

【税政管理】 加强重点项目及税源管理，投资额1000万元以上项目累计入库税款13396万元。全县共有164户企业申报上年度企业所得税，汇缴申报应纳企业所得税6291万元，补缴560万元，汇缴面达到100%。共有1074户扣缴单位实行全员全额扣缴申报，累计扣缴申报个人所得税2810万元。外籍个税征收管理成效显著，累计扣缴个人所得税194万元。宗地税收管理不断创新，发现漏征、漏管土地21宗，挖掘隐性税源1100万元。落实国家税收优惠政策，减免税收1737万元。

【税收征管】 加强委托代征管理，共委托代征及代扣代缴税款4613万元，同比增长36.03%。与县交通运输局签订《委托代征协议书》，代征交通运输业税收。全年交通运输业实现税收1124万元，增长56.25%。开展耕、契两税的征收工作，累计入库耕、契两税6289万元。对全县所有税源按照上一年度纳税总额实行ABC分类管理，全县纳入重点监控企业完成43046万元，占收入总量的

73.85%。

【税收执法】　开展“行政程序年”活动，在全市税收执法系统考核中保持申辩前零过错，被市局表彰为“行政程序年”活动先进单位。开展电子查账，累计查补各项收入332万元。完善纳税评估机制，累计完成省局派发的制造业评估任务14户，金融保险业评估任务3户，自行开展重点税源评估59户，评估税款共计524万元。

【纳税服务】　建立面向纳税人的全方位的税收优质服务体系，推行AB岗制度，实行“一站八化”服务，提升办税服务厅的服务功能。利用POS机刷卡缴税、自助缴税服务、网上申报等服务手段完成传统税收业务，为纳税人提供方便、快捷、安全、高效的纳税服务。开展“地税局长服务日”活动12次，解答纳税人问题192个，形成具有地税特色的个性化服务渠道，被市局表彰为2011—2012年度“征纳共盈”纳税服务品牌创建先进单位。

进一步加强税法宣传，提高纳税意识

【干部队伍建设】　推行“集中培训、岗位帮带、特色互补”和“达标考试”相结合的“3+1”教育培训新模式。其做法在国家税务总局《税务干部教育月报》第12期刊登。在全市地税系统年度岗位能手选拔考试中，4人考入省级骨干人才库、5人成为“十佳能手”、8人成为“骨干能手”，取得团体第三名的好成绩。

【党风廉政建设】　开展反腐倡廉教育，组织观看廉政教育警示片，开展案例警示教育巡回展、“春节送廉”活动，增强地税干部廉洁从税、勤政为民意识。通过税务科技防腐系统审批经费支出330条次，金额162万元，报告车辆动态8944次，实现对“两权”的监督。参加行风热线栏目6期，当场解答问题18个，满意率达100%。廉政文化“六创建”工作赢得市纪委高度评价，评为市级廉政文化示范点单位。

【精神文明建设】　开展“弘扬沂蒙精神，争做地税先锋”主题活动，开展“五不五比”主题实践活动、服务企业“四比四看”活动、“文明服务大走访”活动、学雷锋志愿服务活动等。荣获省级“巾帼文明岗”、全省地税系统先进集体、振兴沂蒙劳动奖状、全市财税征管工作先进单位、全市行风建设先进单位、全市学习型组织标兵单位、全市职业道德先锋岗、全市优秀职工书屋示范点等荣誉称号，荣立全市地税系统集体三等功、临沭县集体三等功。

（徐　健）

蒙阴县地方税务局

经济概况

2012年，全县实现国民生产总值

（GDP）147.6亿元，增长11.7%；其中地方财政收入完成5.4亿元，增长30.1%。规模固定资产投资89.8亿元，全县年产值过亿元企业92家，纳税过百万元企业35家，第二产业增加值占GDP的比重为40.5%，税收贡献占地方财政收入的56%。

收入概况

2012年，全局完成地方税收收入45745万元，同比增收13173万元，增长40.44%。县级收入完成36391万元，同比增收10742万元，增长41.9%，占地方财政收入比重67.39%。三大主体税种增幅明显。营业税入库19258万元，同比增长46.18%，企业所得税入库3166万元，同比增长11.28%，个人所得税入库2027万元，同比增长40.18%。

工作概述

【征收管理】 加强重点税源管理，对年纳税10万元以上的896户纳税人实行党组成员帮扶、税管员专户管理，实现税款38480万元，占比84.12%。制造业、建筑业、批发和零售业、交通运输仓储及邮政业、金融业和房地产六大行业分别完成8911万元、6943万元、6769万元、4323万元、4722万元和9239万元，合计40907万元，占整体征收税款的比重达89%。加强土地增值税预征管理，实现税款入库1678万元。加强耕地占用税和契税的征收管理，两税入库5403万元。加强社会综合治税平台建设，加大涉税信息采集和利用，累计采集涉税信息16607条，新增税款2091万元。做好纳税评估和税收预警工作。加强发票日常管理，严格自开票纳税人认定，开展发票专项检查。加强征管基础建设，推行征管示范一条街和税收管理员巡查制度等征管方式创新。年底被市政府表彰为“全市财税征管工作先进单位”，被县委、县政府授予集体三等功。

【税收执法】 落实税收执法责任制，层层签订《执法责任书》，落实执法责任。开展“行政程序年”活动，规范税收执法行为，在各中心所设立税收法治员，聘请20名社会人士担任特邀监察员，发放4000余张“执法监督卡”，及时收集合理化的意见和建议。加大稽查工作力度，实行重点稽查和专项检查相结合，对34家重点企业进行重点稽查，查补入库税款613万元。被市局授予“全市地税系统行政程序年活动先进单位”称号。

【纳税服务】 搞好经济税收分析，当好党委政府的参谋助手；做好地方教育附加、工会费、残保金、水利基金等各项规费的代征工作，实现入库1932万元；发挥各办税服务厅、12366纳税服务热线、地税连线、行风热线和地税网站的作用，推行“一窗式”服务、预约服务，“网送税法”和“手机短信纳税申报提醒”服务，开展“局长服务日”，发送提醒信息19560余条，依托纳税人税法培训学校组织企业财会人员税法培训370人次。开展服务企业“四比、四看”活动，服务质效全面提升。被省局表彰为“全省地税系统‘征纳共盈’纳税服务品牌创建先进单位”。

【信息化建设】 加强信息化基础

设施建设，加大系统软件应用培训力度，提高干部职工微机应用水平。加强信息数据管理，严格信息数据的采集、录入和审核，提高信息数据利用率。推行网上办公和无纸化作业，提高行政效能。

【干部队伍建设】 开展政治理论和业务技能培训，开展心理辅导、道德修养和十八大精神专题讲座，全年培训280人次；加强思想政治工作，强化地税文化建设，开展“四德”教育，推动创先争优活动，为地税工作注入新动力。建立完善人才选拔机制，激发干部队伍活力。

【基层建设】 以夯实基础、做实基层为目标，新一轮基层建设成效明显。累计投资150万元的基层中心所办公设施配套、基层取暖、小食堂改造以及营院环境建设基本完成，全面改善基层办公生活条件。被省局授予“全省地税系统基层建设先进单位”称号。

加强教育培训，组织开展“十佳岗位能手”选拔考试

【党风廉政建设】 开展廉政教育，层层签订《党风廉政建设责任书》，建立全员廉政档案，组织开展廉政谈话，加强廉政文化阵地建设，积极开展“税检、税纪共建”，强化“两权”监督，落实廉政责任。被市委、市政府授予“行业作风建设先进单位”称号。

【精神文明建设】 推进文明创建工作，保持县局“省级文明单位”和五个乡镇中心所“市级文明单位”，县局被市总工会、市文明委授予“市级职业道德先锋岗”称号，县局党组被市局、县委分别授予“先进基层党组织”称号。

（马腾飞）

沂南县地方税务局

经 济 概 况

2012年，沂南县完成地区生产总值171亿元，同比增长13%；规模以上固定资产投资112亿元，实现社会消费品零售总额78亿元，分别增长23.5%和16%；实现地方财政收入8亿元，同比增长39.2%，增幅居全市第三位，其中税收收入完成6.6亿元，占地方财政收入的82.5%；所有乡镇（街道、经济开发区）地方财政收入均超过1000万元。城镇居民人均可支配收入18090元，农民人均纯收入9230元，分别增长16%和16.6%。

收 入 概 况

2012年，全局组织入库地方各税6.67亿元，同比增收1.91亿元，增长40.11%。其中中央级收入完成5260万元，增收1207万元，增长29.77%；省级收入完成6193万元，增收1590万元，增长34.53%；县级税收完成5.52亿元，同比增收1.63亿元，增长41.84%，占收入总量的82.82%，同比提高1个百分点。

工作概述

【税政管理】 落实税收各项优惠政策，服务地方经济发展；加强年纳税20万元以上重点税源监控，入库税收5.28亿元，同比增收1.79亿元，增长51.57%；健全机制，强化重大建设项目税收管理，年度入库1.53亿元，同比增收3976万元。全面抓好企业所得税汇算清缴、年所得12万元个税自行申报等工作开展，促进税收收入增长。

【税收征管】 加大网络在线考核力度，征期申报率、入库率等各项征管指标逐步提高；以房产税、土地使用税等税种为检查重点，对县城及界湖街道开展区域税收专项整治，查补入库税款1208万元；加大税务稽查力度，对生产正常、税负偏低以及零税负申报的企业开展评估检查，对大型企业和建筑房地产企业组织重点清理检查，查补入库税款、罚款及滞纳金1405万元。

【税收执法】 以提高执法风险防控能力为重点，全面落实税收执法责任制，推进内控机制建设，重点抓好税款征收、发票管理、行政处罚及稽查审理执行等，加大税收执法监控力度，强化日常网络在线考核，税收执法在线考核全年实现9个月均为零过错。

【纳税服务】 以创建"征纳共盈"纳税服务品牌为目标，深化"一站式"服务、限时办结、绩效评价等纳税服务体系建设；巩固和加强"三线一网""局长服务日"、纳税人税法培训、纳税咨询、纳税回访等网络化、多元化宣传服务阵地，为纳税人提供优质、高效、便捷的服务。

【信息化建设】 发挥信息化支撑作用，加强对全县数据采集质量及管理过程中异常数据出错情况的考核，确保全县每月数据出错率总体上不高于1%；加强税务登记、纳税申报等信息的监控、审核，提高纳税申报的真实性、准确性，提高信息数据质量。

【干部队伍建设】 以开展"弘扬沂蒙精神，争做地税先锋"主题活动为主线，通过践行沂蒙精神，开展理想信念和党性教育一系列活动，推进学习型组织、实干型集体建设，通过开展"十佳岗位能手"选拔及全员业务练兵活动，在系统内形成"比、学、赶、超"的氛围。

进一步加强精神文明建设，开展爱心志愿活动

【基层建设】 深化新一轮基层建设，推进党建工作制度化、规范化，成立县局机关党委，为加强基层党的建设提供组织保障；本着"勤俭节约、规范高效、服务基层、保障基层"的导向，规范"三公"经费管理，完善各项制度，加大督办落实力度；转变作风、提高效率、规范工作秩序，开展"作风建设年"活动，增强干部服务观念、纪律意识。

【党风廉政建设】 开展反腐倡廉和预防职务犯罪教育，完善廉政风险防控措施，加强党风廉政建设责任制的贯彻落实，增强党员干部廉洁自律意识。开展服务企业“四比四看”和“百名地税干部职工进百家企业”结对帮扶活动，行风建设得到加强，树立良好的地税形象。

【精神文明建设】 开展精神文明建设，县局在荣获全国税务系统文明单位的基础上，连续13年被表彰为复查合格省级文明单位，年内被市委、市政府表彰为“行风建设先进单位”。1个基层单位被重新认定为“省级青年文明号”，4个基层单位被表彰为复查合格“市级文明单位”。

（秦晓东）

德州市地方税务局

经济概况

2012年，德州市实现地区生产总值（GDP）2230.56亿元，按可比价格计算，比上年增长12.1%。其中第一产业增加值244.39亿元，增长5.2%；第二产业增加值1208.65亿元，增长14.7%；第三产业增加值777.52亿元，增长10.2%。三次产业比例为10.9：54.2：34.9。完成地方财政收入120.2亿元，增长26.5%；固定资产投资完成1401.62亿元，增长23.4%。固定资产投资规模亿元以上施工项目401个，增长47.4%，完成投资654亿元，增长65.8%。

收入概况

2012年，全市地税系统组织收入92.47亿元，同比增长28.81%。其中，中央级完成9.6亿元，增长7.59%；省级完成7.84亿元，增长22.07%；市级完成16.17亿元，增长25.98%；县级完成58.85亿元，同比增长34.98%。营业税、企业所得税、个人所得税三大主体税种分别完成30.59亿元、10.35亿元、5.65亿元，分别增长27.34%、10.95%、1.94%，三税合计占全部收入的50.38%。耕地占用税和契税的征收管理工作，分别完成8.7亿元、6.21亿元，合计14.91亿元。负责代征地方水利建设基金，完成8206万元。

工作概述

【税收管理】 一是提高税源控管水平。对重点税源和重点项目实行精细化管理，制造、建筑、房地产和金融四大主体行业完成地税收入61.43亿元，同比增长31%。加强社区改造项目税收管理，征收税款4.02亿元。二是加强征管基础管理。组织税源普查，清理漏征、漏管3863户，核增税款8000万元；通过多方数据核对，核增土地使用税7800万元；深化地方税收保障工作，采集第三方涉税信息3.6万条，全年新增税款2.9亿元。加强对股权转让、土地使用权转让行为的源泉控管，征收税款3.5亿元。三是提高专业化管理水平。开展交通运输、建筑、房地产等行业的专项检查，清理营业税3.3亿元；推进存量房评估工作，核增房产税6700万元；加强民间借贷税收管理，征收税款6095万元；组织企业所得税汇算清缴工作，查补税款6400万元。四是加强收入质量管理。将提高收入质量与防范执法风险结合起来，对内统一思想认识，对外争取理解支持，营造良好的工作氛围。坚持“眼睛向内”抓管理，查摆问题差距，督促落实整改。建立收入质量管理长效机制，借鉴审计式软件，研究制定收入管理、考核、责任追究等办法，提升收入质量。

【税收执法】 将风险管理理念引入税收征管工作，梳理排查了11项205个执法风险点，根据风险识别情况在执法前进行预警和提醒，建立执法风险内控机制，防范税收流失，减少执法过错。对执法事项发布《标准模板》，实现标准化作业、流程化操作、目标式管理，“让习惯服从标准，让标准成为习惯”，减少执法随意性。利用计算机系统自动考核每个岗位的执法质量，发现问题及时预警并督促整改，提高监督考核的硬度和力度。通过特邀监察员会议、税企恳谈、问卷调查等外部监督方式，对税收执法实现全方位、多角度监督，推进依法行政。

【纳税服务】 围绕全市“10+3”现代产业培育、县域经济发展等重点工作展开专项调研活动，向市领导提出意见、建议20余项。对50户重点企业进行“大走访”，宣传税收政策，献计企业发展。落实结构性减税政策，为高新技术、新材料、新能源、小微企业等落实税收优惠2.9亿元。代征教育费附加、文化事业费、残保金、水利基金2.59亿元。推广“同城通办”、服务前移，深化国地税联合办税，方便纳税人。开展预约服务、提醒服务、延时服务、一站式服务、绿色通道等特色服务，提高服务效率。

【干部队伍建设】 一是加强教育培训。在相关高校和专业培训机构举办脱产培训14期，培训814人次；开展各类岗位培训276期，参训人员1400人次，取得培训效果。二是抓好党风廉政建设。深化廉政文化教育，建成全市廉政文化教育基地和网上廉政文化教育基地，开展“廉接你我、幸福人生”主题教育活动。利用网上廉政风险防控平台，对税收业务和行政管理的风险点进行有效防控。三是加大党建工作力度。开展基层党建科学化建设，充实党务工作者力量，强化党性教育，创先争优。四是深化活力地税建设。开展“四德”建设，组织“岗位先锋”“十好家庭”评选，系统上下涌现出一批体现德州地税精神、展现地税风采的先锋模范人物；深化人文关怀，为职工办好事、办实事，解决困难，改善条件，提高干部职工的归属感、使命感和认同感。

【基层建设】 加强硬件建设，加大资金投入力度，改善基层办公生活条件，各县（市、区）局、中心所的硬件水平有很大改善；深化软实力建设，各基层单位在税源专业化管理体系构建、执法服务、素质提升、文化建设、规范管理等方面，实现环境变、管理变、素质变、作风变。市局连续三年被确认为全省地税系统“服务基层优秀单位”，并作为全省6个先进单位之一，被授予“全省地税系统先进集体”的荣誉称号。

（张　健）

德州市地方税务局德城分局

经济概况

2012年，德城区完成国内生产总值223亿元，同比增长15%；实现财政总收入24.2亿元，地方财政收入11.2亿元，同比分别增长22.1%和30.5%；完成规模以上固定资产投资126.5亿元，同比增长40.3%；社会消费品零售总额124亿元，同比增长22.2%，服务业提供税收占地方财政收入比重达65%；三次产业比例调整为2.2∶43.7∶54.1。

收入概况

2012年，全局累计入库各项税收收入4.28亿元，同比增长29.49%，增收9747万元。其中，中央级、省级、市级和区级收入分别完成4759.7万元、4210.1万元、1.27亿元、2.07亿元，同比分别增长5.81%、21.92%、19.75%、44.42%。

工作概述

【税政管理】　一是强化重点税源控管。对年纳税额30万元以上的重点税源企业及重大建设项目，实行重点监控。年内，纳税额在30万元以上的企业实现税收2.79亿元，同比增长46.39%。重点税源税收占全部税收的比重为65.08%，比上年提高7.51个百分点。二是强化土地使用税和房产税征收。以税源普查为契机，强化土地使用税和房产税征收。全年入库土地使用税7781.4万元，房产税2953.5万元，同比分别增长41.92%和87.11%。三是狠抓所得税汇缴检查。对87家重点企业，采取分类、分行业进行重点评估检查，共查补入库各税801万元。全局931户企业所得税纳税人，共自行汇缴2080万元，申报率达到100%，补缴入库税款344万元。四是加强个人所得税管理。完成12万元以上个人所得税自行申报工作，共受理自行申报316人，同比增长20.1%，补缴税款101万元，申报质量和水平大幅提升。

【征收管理】　一是狠抓户籍管理。集中开展税源普查，登记注册工商户13907户，其中单位纳税人3613户，个体工商户10294户。二是加强计算机定税工作。加强调查核实，开展票税比对，加强税负调整，达起征点户数为2824户，比年初增加1843户；个体月定税总额为148.05万元，比年初增长41.22%；个体平均税负增加到524.25元，比年初增长90.41%。三是继续规范发票管理。严格发票领购、缴销环节管理，执行代开发票管理办法，强化报验登记，督促纳税人安装使用税控装置等，降低代开发票征收税款入库比例。

【税收执法】　一是强化税收执法责任制考核。开展执法标准化建设，强化税收执法风险排查，落实执法考核责任制，年内实现执法考核零过错。二是强化税收稽查。采取电子查账和调账检查相结合的方式，开展重点行业和重点税源企业的专项检查，餐饮业年定税额提高260多万元。全年，查补各税739万元。

进一步加强党风廉政建设，图为德城区地税局组织干部职工参观检察院警示教育基地，提高干部职工廉洁自律意识

【纳税服务】 推进“同城通办”，落实“局长服务日”制度，共接受纳税人咨询600条，解决疑难问题300余个。利用12366服务系统，做好纳税咨询、纳税辅导工作，全年共接听解答咨询电话4200多个，受理发票举报59起，接转12345承诺热线举报15次，全部予以妥善处理。

【基层建设】 组织基层建设“回头看、往前赶”活动；开展中心所标准化建设，对各中心所标志牌、警言警句等宣传牌匾进行重新整理，统一规范；对职工宿舍楼进行取暖和节能保温改造，改善干部职工居住条件。

（陈 涛 朱治国）

德州市地方税务局经济开发区分局

经济概况

德州经济开发区属省级开发区，人口30万人，占地317平方公里。2012年全区实现国内生产总值（GDP）190.3亿元，财政总收入34.2亿元，固定资产投资126.8亿元，进出口总值3亿元，同比分别增长14.4%、28%、34.2%、11%。

收入概况

2012年，全局地税收入完成12.32亿元，同比增收3.68亿元，增长43%。其中，区级地方收入完成7.39亿元，占全部收入的59.98%。

工作概述

【税政管理】 明确征纳双方的权利和义务，解决征纳双方的模糊认识问题，以考核评估、平台建设、“两权”监督为导向，将收入质量、执法、服务、风险相结合，减少人情税、关系税，确保税收和税务干部两个安全。

【征收管理】 着眼于理念跟进，着手于征管基础，着重于转变方式、着力于提升质效，使机构、流程和人员尽可能多地面向征管，为数据服务，为税源管理服务，强化重点税源管理，理顺重点行业管理，规范一般企业（制造业）管理，完善商贸流通企业管理，加强专业市场和个体税收管理。

【税收执法】 全面抓好风险点排

查、工作流程梳理、防范措施完善，实现防控机制、收入质量、征管改革、队伍素质、信息管税、执法服务、税源管理、廉政建设、行政管理、地税形象十个方面的创新工作。

【纳税服务】 健全覆盖开发区区域内直达到村、居委会办税点的纳税服务信息网络（格），实现征纳一体、信息共享、功能完善、服务规范、征管高效、风险共担的纳税服务目标。

加强纳税服务，图为分局征管人员上门开展纳税服务

【信息化建设】 建立经济税收公共信息工作平台，对全区税源尤其是重点税源、社区、市场和工业园区实行全覆盖监控，增强综合治税力度，堵塞税收征管漏洞，促进财政收入持续快速增长。

【干部队伍建设】 强化教育培训，以远程学历教育为主要载体，创新“多元化”教育培训方式。通过坚持一周一学、一月一考，及时通报学习情况，推广典型，树立先进，干部队伍的整体素质得到提高。

【基层建设】 加大对基层的软硬件投入，改善办公、生活环境，干部队伍的整体素质、业务水平有所提升，降低行政成本和执法风险，确保各项工作任务的完成。

【党风廉政建设】 建立廉政文化长廊，组织干部职工观看廉政教育巡展，开辟“学习宣传”和“情况通报”专栏，加强对干部职工“两权”的监督，全年无一例违反党纪政纪的案例，打造地税文明执法、廉洁勤政的窗口形象。

【精神文明建设】 荣获“全省地税系统先进集体”“全市地税系统目标管理考核优秀单位”“开发区先进集体”等多项省、市、区级荣誉称号。

（冯振发　赵　坤）

德州市地方税务局
运河经济开发区分局

经 济 概 况

运河经济开发区下辖 1 个街道办事处，人口 15 万人，面积 32 平方公里。2012 年，国内生产总值实现 62.2 亿元，同比增长 11.3%。其中，第一产业实现增加值 1.24 亿元，同比增长 2.2%；第二产业实现增加值 44.99 亿元，同比增长 14.2%；第三产业实现增加值 15.97 亿元，同比增长 4.3%。地方财政收入 2.82 亿元，同比增长 26.11%。

收 入 概 况

2012 年，全局共组织地税收入 6271 万元，同比增收 1015 万元，增长 19%。其中，中央级收入 954 万元，增长 12%，增收 103 万元；省级收入 728 万元，增长

15%，增收 97 万元；市级收入 1995 万元，增长 9%，增收 167 万元；区（县）级收入 2594 万元，增长 33%，增收 648 万元。

工作概述

【税收管理】 做好企业所得税汇算清缴工作，自行汇缴面达 100%，申报个税 158 万元，同比增长 32%；加大重大建设项目管理，累计入库地方各税 1593 万元；加大村居企业所得税税收征管力度，实现所得税 213 万元；强化物业税收管理，对全区 27 个物业公司进行排查，补征各项税收 182 万元。

【税收执法】 一是完善收入质量调控。每月征期后，召开局务会，组织收入质量比对分析，坚持收入规模、增幅、质量并重，每季开展一次收入质量和执法风险自查自纠。二是全面推行督查通报制度。每月编发收入月报，按月通报重点收入质量指标，对存在问题，责令限期改正，防止异常税款入库，提高税收收入质量。三是创新风险管理手段。突出风险防范机制，成立收入质量防范执法风险检查小组，监督整个执法流程，促进执法规范化。

【纳税服务】 开展“地税局长服务日”活动，共接待纳税人 125 人，解决问题 118 件，发放宣传资料 286 套。以网络为依托，提供 QQ 在线服务，在线答疑 224 次，解答涉税问题 121 个；开辟网上地税之窗栏目，及时为纳税人提供最新的税收政策法规；组织开展第五次纳税信用等级评定，密切征纳关系，提高纳税人的税法遵从度。

【信息化建设】 依托税源专业化管理，借助信息管税，建立和完善税收预警机制，对年纳税额 10 万元以上的纳税人按月分析比对，及时发布收入异常企业信息，调查分析异常原因，采取措施解决问题，提高收入质量。

【干部队伍建设】 组织各类培训班 50 余期，培训人员 300 余人次。组织干部职工到西柏坡、沂蒙红色革命根据地接受革命传统和党性教育；实施“美丽运河、活力地税”建设，形成运河文化标识，建设高标准文化墙、文化走廊，打造地税文化氛围；举办“践行雷锋精神、做运河好税官”活动，激发干部职工奉献精神；开展“大家谈”活动，征集干部职工问题、意见和建议 95 条，建立“全覆盖”谈心制度，畅通干部职工建言献策渠道。

【基层建设】 按照“拓展深化、全面提高”的工作要求，开展“回头看，向前赶”活动，逐条逐项对照检查、整改落实，促进三年规划目标的全面实现。拍摄完成《嬗变》专题片，研究基层建设与税源专业化管理、人力资源整合、干部素质提升等工作的有机结合，拓展基层建设的领域和层次。

不断加强党风廉政建设，联手区检察院积极推动“税检共建”工作

【党风廉政建设】　突出抓好“廉政风险防控平台”的推广应用，推进科技防腐，全年累计对38户风险信息进行执法监察；在全局范围内开展“谈廉日”活动，定期对全局中层干部进行廉政谈话。年内，被市纪委授予“全市廉政文化进机关示范点”。

【精神文明建设】　荣获省级“文明单位”荣誉称号，连续八年通过省级“青年文明号”复查验收，连续五年通过市级“文明机关”复查验收，被授予“综合考评先进单位”“机关效能、行风民主评议先进单位”等多项荣誉称号，连续六年获得全区行风评议第一名。

（郭红星）

陵县地方税务局

经济概况

2012年，陵县国内生产总值完成195.64亿元，同比增长1 2.8%，全县财政总收入10.81亿元，较上年增长20.2%，社会消费品零售总额达63.66亿元，同比增长15%，地方财政收入6.76亿元，同比增长31%，规模以上（含500万元）固定资产投资121.37亿元，同比增长28.6%。

收入概况

2012年，全局共组织各项收入6.25亿元，占地方财政总收入的58%，同比增长47%，增收2亿元。其中中央级收入完成4309万元，省级收入完成4149万元，市（县）级收入完成54052万元，个人所得税收入1712万元，城建税收入2109万元，房产税收入2403万元，车船税收入584万元，耕地占用税收入8394万元，契税收入2988万元。

工作概述

【税政管理】　在全县范围内开展为期3个月的土地使用税清理征收工作，核实澄清土地使用税税源底数。做好存量房评估工作，评估居民小区31个、存量房13808套，涵盖具有产权证房源的96%。在招商引资项目落地把关方面，主动提前介入、将服务关口前移，对提请的18个项目进行税收测算，为地方党委、政府决策提供依据。

【征收管理】　加强内部征管指标的管理，建立“三堂会审”内部审计制度，对征管数据实行税收管理员与税收管理员互审、科室对征收管理单位严审、征收管理单位与征收管理单位互审，提高税收征管质量。

【税收执法】　开展“行政程序年活动”，梳理涉税行政权力，公开明确运行程序。强化对税收执法权的监督制约，开展税收执法督察工作，对2009—2011年度税收执法督察工作进行总结，及时纠正违法违规行为，保证税收法律法规的贯彻执行。

【纳税服务】　转变服务理念，推进管理创新，通过“三简化”（简化行政审批、简化办税流程和简化办税资料）活动，纳税人办理税务登记减少材料7项，减填、少填表内容20多项；办理契税申报减少材料3项，减填、少填表内容10

项，提高办税效率。加快推行24小时自助办税系统，提升服务手段的科技含量，提高纳税服务质效。

积极开展“税收政策进万家”税法普及活动，组织干部职工送税法“进机关、进乡村、进社区、进学校、进企业、进单位”

【干部队伍建设】 树立人才是第一税源理念，坚持注重实效的原则，将提高教学质量和培训效果作为干部培训工作的基本要求，通过开设“网上课堂”“一帮一”活动等，丰富教学培训形式，培养干部职工对学习的兴趣，促进干部职工队伍素质提高。

【基层建设】 做好3年收官之年的各项工作，坚持点面结合、整体推进的工作方法，开展基层建设“回头看、向前赶”活动，狠抓硬件统一、化学反应、长效机制及成果展现等重点环节，提高队伍素质、推进征管改革、深化提质量防风险工作，完成新一轮基层建设的各项任务目标。

【党风廉政建设】 组织全体党员干部学习《廉政准则》，开展以“廉接你我，幸福人生”为主题的学习教育活动，坚持把廉政文化建设纳入税收工作和党风廉政建设的整体布局，依托内部网络，建立陵县地税局网上廉政文化教育基地并挂网运行，打造富有时代气息的廉政文化教育新平台。

【精神文明建设】 开展各类创先争优、文明创建活动，在各基层中心所建立各具特色的学习型组织，开展以“五比五新”为主要内容的“建高地、亮绝活、争先锋”立功竞赛活动，自下而上评选各类先进典型，提高活动效果。县局被省总工会颁发“富民兴鲁劳动奖状”，全系统荣获省、市、县各级先进集体称号23个、先进个人称号51个。

（崔明礼）

平原县地方税务局

经 济 概 况

平原县总面积1047平方公里，辖8镇2乡2个街道办事处1个省级经济开发区，46万人。常年粮食产量达80万吨，蔬菜180万吨，蛋鸡、肉鸽饲养量2000万只，年产鲜蛋10万吨，肉类5万吨，是全国著名的“粮食生产基地”“京津蔬菜园区”“畜牧业强县”“鸽子之乡”，工业特色鲜明，化工、造纸、机械、酒水饮品、农产品加工、农副产品加工、纺织、建材、工艺品九大产业已形成规模，新能源、新材料、生物制造、现代化物流等新兴产业正在崛起。2012年，全县完成地方生产总值168.6亿元，地方财政收入4.4亿元。

收 入 概 况

2012年，全局组织地税收入42886万元，同比增收6763万元，增长18.72%。其中，中央级收入完成5364万元，同比增收1102万元；省级收入完成4207万元，同比增收540万元；市级收入完成5487万元，同比增收617万元；县级收入完成27824万元，同比增收4500万元。营业税、企业所得税、个人所得税分别完成16204万元、5357万元、3583万元，其他地方税费完成17739万元。

工作概述

【税政管理】　组建重点企业和两个行业税收管理组，形成以重点企业、重点行业和一般税源为管理对象的机构设置格局。占征收人员20%的业务骨干集中管理占税收总额80%的重点企业和重点行业，税源专业化管理稳步推进。

【征收管理】　开展纳税业户清理排查，加强户籍管理，杜绝漏征、漏管。扩大电子缴税覆盖面，提高征收期申报入库率。落实《发票管理办法》，规范发票领、用、存及缴销行为。分解量化税收任务，确保税收进度。开展税法宣传，助推依法诚信纳税。加大税务稽查力度，组织专项检查、专项整治，以查促管，以查促收。

【税收执法】　在2011版《税收执法标准化》的基础上，增加减免税执法标准和要求，印制2012版本，并制作模板细则，形成税收执法标准化长效机制。经验做法在《山东地税》全文刊登。

【纳税服务】　制定限时服务、延时服务、预约服务、提醒服务、全程服务等20项服务标准，明确3大类24项业务事项的流转时限，编发《纳税服务标准化手册》，规范服务行为，提升税收服务水平。

【信息化建设】　制定和完善一系列信息化管理制度，加强日常维护，优化网络架构，网络安全畅通。举办信息化知识培训班6期，培训120人次，提高计算机操作技能。开发重点企业财务报表采集统计分析软件，在全市得到推广应用。

【干部队伍建设】　配齐配全领导班子，规范内部机构，明确科室职责。组织干部职工学习贯彻党的十八大会议精神，赴西柏坡、临沂进行党性教育；举办身边的典型事迹报告会，被县委授予党建工作先进单位称号。狠抓教育培训，入选省级骨干人才5人，市级骨干人才12人，注册税务师2人。

加强基层建设，图为组织干部职工参观新一轮基层建设成果展厅

【基层建设】　举办新一轮基层建设成果展。统一中心税务所标识，实现基层集中办公区的整齐划一。集中办公区行政管理的工作经验被《山东地税》等报刊杂志全文刊登，全省推广。

【党风廉政建设】 加强税纪、税检共建，组织干部职工参观廉政教育基地，完善楼宇廉政文化，建成网上廉政文化教育基地，率先启动廉政风险防控平台，打造廉洁从税的文化氛围，被评为“全省廉政文化建设示范单位”和“全省地税系统纪检监察先进集体”。

【精神文明建设】 深化创先争优，强化党员星级化管理，加强“四德”教育，组织主题演讲，开展健康向上的文体活动，印制《榜样的力量》《历程》等画册，增强干部队伍的凝聚力和向心力。

（沙志杰）

夏津县地方税务局

经济概况

2012年，夏津县实现生产总值149.17亿元，比上年增长11.1%；其中第一产业增加值19.83亿元，增长4.1%；第二产业增加值87.41亿元，增长12.75%；第三产业增加值41.93亿元，增长11.2%。三产业比例为13.29∶58.6∶29.11。全社会完成固定资产投资75.6亿元，增长24.6%；全年实现财政总收入7.95亿元，同比增长16.24%，其中地方财政收入5.15亿元，同比增长28.17%。

收入概况

2012年，全局共完成税收收入3.99亿元，同比增收8687万元，增长27.74%。其中中央级收入完成3205万元，同比增收421万元，增长15.13%，省级收入完成3156万元，同比增收238万元，增长8.16%，市（县）级收入完成3.36亿元，同比增收7959万元，增长31.08%。

工作概述

【税政管理】 一是强化营业税管理，落实运输业票表比对、营业税差额征税管理，加强重大建设项目营业税管理，6月，存量房交易评估征税系统上线。二是做好年所得12万元以上个人所得税自行申报工作，共受理申报198人，补税60万元。三是加强民间融资机构个人所得税管理，“把好四个关口、提升四项水平”工作做法被省局推广。四是做好上年度所得税汇算清缴工作，共181户企业参与汇缴，补税540.4万元。五是加强耕契两税管理，与县国土局联合制定《国有土地出让涉税信息反馈单》，解决农用地认定及耕地占用税征收依据问题。

【征收管理】 建立以风险防控中心为点，以城区集约化和税源专业化为核心的税源管理模式，推动税收征管效能提高。制定《重点税源企业管理办法》等一系列的征管制度，针对各行业特点分别制定行业管理模型和税收风险评估模型，为全县税源专业化管理提供理论依据。强化综合治税信息平台的应用，共接收信息11546条，核实税款入库772.3万元。

【税收执法】 建立“征管基础体系、风险导向体系、考核评价体系”三大体系，从夯实征管基础入手，规范税收执法，把好节点监控，对组织收入全程跟踪监控。加大预警信息处理力度，对各征收单位上报的处理信息及时核实复查，做到预警信息核实反馈意见描述准确规范，预警信息处理完成率和正确率均达到100%。

不断加强税收征管，图为税务干部职工深入企业开展调研活动

【纳税服务】 建设统一形象标识、统一功能区域、统一窗口设置、统一服务流程、统一服务要求的“五个统一”纳税服务中心。构建“纳税人发起、集中式管理、一站式办结”的标准化、集约化、规范化纳税服务新格局。打造集“需求调查、政策宣传、服务评价、风险提醒、廉政监督、涉税举报、个性化服务”等功能于一体的全市首家纳税人网上维权平台，实现纳税人与地税部门的零距离沟通。

【基层建设】 建成涵盖纳税服务、集中办公、后勤保障等功能齐全的综合办公区，对香赵、宋楼两个中心税务所进行高标准改造。更新计算机设备，为基层中心所配备车辆，使全局办公生活设施、计算机配备、食堂建设、交通工具及冬季取暖等基础性不足问题得到解决。

【党风廉政建设】 打造以“我清廉，我幸福”为核心的“福廉”文化品牌，建设廉政文化长廊、福廉文化展室、网上廉政教育基地、廉政主题公园、纳税人网上维权平台五位一体的“福廉”文化教育体系，营造廉政文化建设氛围。

【精神文明建设】 通过“省级文明单位”复审，获得“全省幸福进家活动先进单位”、全省地税系统2012年度“基层建设优秀单位”、2011—2012年度“征纳共盈”品牌创建先进单位、2010—2012年度“全市地税系统基层建设优秀单位”等荣誉称号。承办全市地税系统职工趣味运动会，开展羽毛球比赛、篮球比赛等文体活动，增强干部职工的幸福感、归属感，推动和谐地税建设。

（李 兵）

武城县地方税务局

经济概况

2012年，武城县实现国内生产总值151.15亿元，同比增长15.7%；三次产业结构比例为11.8∶56.1∶32.1。完成地方财政收入4.81亿元，增长33.98%。

收入概况

2012年，全局共组织各项收入4.49亿元。按可比口径计算，组织收入3.21亿元，同比增长42.23%，增收9539万元。其中，中央级收入3933万元，省级收入3655万元，市级收入4949万元，县级收入3.24亿元，分别增长45.83%、44.35%、45.47%，67.25%。

工作概述

【税政管理】 落实税收优惠政策，对21家小型微利企业、农林牧渔企业进行资格认定和审核备案。加强年所得12万元以上个人所得税自行申报管理与补税工作，全县共申报195人，应纳税额229.2万元，补缴税额6.17万元。做好企业所得税汇算清缴工作，检查入库各项税款189.32万元。加强民间借贷工作的管理，实现民间借贷税收收入313.92万元。

【征收管理】 开展个体工商户清查、工商地税登记户数比对、国地税登记户数比对、房产土地核查等系列税源普查活动，摸清税源底数。严格发票管理制度，开展票税稽核比对，规范发票领、用、存及缴销行为。强化行业纳税评估，完成制造业纳税评估36户、金融保险业纳税评估8户，查补入库税款88.7万元。通过“大集中”系统以纳税评估自查补税口径入库税款607.37万元。

加强税源管理，开展棉花加工行业税源调查，强化棉花加工行业管理

【税收执法】 制定完善《武城县地税局收入质量考核办法》《税收会计操作考核暂行办法》，开展收入质量和执法风险自查自纠活动，防范执法风险工作得到深入推进。开展税收专项检查，共检查各类企业61户，查补入库税款（滞纳金、罚款）367万元。

【纳税服务】 利用税收宣传月、移动飞信、外部网站、《武城时报》、电视台等媒介开展税收宣传，扩大税法宣传的辐射面和影响力。将纳税服务中心迁入武城县社会事务服务中心办公，按照“程序简化、职能前移”的原则拓展前台窗口职能，推行“同城通办”业务，提高服务水平。

【干部队伍建设】 坚持“一月一考”制度和业务学习小组每周三学习制度，营造“学、比、赶、帮、超”的良好氛围。开展春训学习、全员培训、更新知识培训和骨干人才分级别、分岗位、分专业的培训活动，取得良好的培训效果。

【基层建设】 加大资金投入力度，对各集中办公点的形象标识、办公设施、取暖设施、会议室、档案室、活动室以及餐厅、宿舍等进行改造和完善，提升基层形象。推进基层党建工作，加强组织、思想和作风建设，提升基层软实力。

【党风廉政建设】 运行廉政和执法风险防控平台，与县人民检察院联合开展廉政风险防范管理工作。开展“三治三提”主题实践活动和“廉接你我，幸福人生”学习教育活动，增强干部职工廉洁从税的意识。

【精神文明建设】 通过省级“文明单位”复审，获得“全县机关效能暨政风行风建设先进单位”荣誉称号。开展“四德”工程建设活动，荣获2012年度全县“四德”工程建设工作先进单位称号。开展健康查体、健康知识讲座、工间操、趣味运动会等人文关怀活动，激发干部职工的活力。

（全玉秀）

齐河县地方税务局

经济概况

2012年，齐河县经济社会发展实现历史性的突破，国内生产总值位居全市第一。全年实现国内生产总值318亿元，同比增长26%，地方财政收入完成14.36亿元，同比增长30.42%。全县完成工业增加值136.88亿元，同比增长20.51%，产品销售收入681.24亿元，同比增长28.31%。

收入概况

2012年，全局共组织各项地方税收8.69亿元（不含耕地占用税和契税2.55亿元），同比增长37.82%。按全口径统计，地税收入累计完成11.24亿元，同比增长40.98%。其中，中央级收入完成1.05亿元，省级收入完成0.93亿元，市级收入完成1.25亿元，区（县）级收入完成7.99亿元。

工作概述

【税政管理】 建立以税源、征管、稽查、纳服等部门的税源管理职责相互配合的“闭环式”管理机制；按照《齐河县地税局税源分类管理办法》，按月、按季到企业进行摸底调查，掌握企业生产经营动态变化，形成重点税源调查分析报告，提高企业按期纳税申报准确率；参照省局“大集中”系统技术规范，引入数据仓库技术，研发齐河地税税源管理工作平台，分为税源管理专业化、税源管理一体化等六大模块27个子模块，突出风险防控和预警前置，促进税源专业化管理信息化应用。

【税收执法】 完善《齐河县地税局提高收入质量防范执法风险实施办法》，加强8项税收收入指标的监控，强化过程控管，提高收入质量，防范执法风险。落实执法责任制，建立完善重要税收事项集体审理等制度，实行政务公开、阳光操作，提高干部职工防范执法风险的能力。

【纳税服务】 推行办税服务厅标准化建设，设立办税服务区、咨询辅导区、自助办税区和等候休息区四个功能区域，实行“一站式”服务，设置排队叫号和纳税人评价系统。简化申报环节，部分业务改为现场办结、事后审核，实现扁平化服务。推行“同城通办”，深化国地税联合办税，形成全方位合作机制。推广免填单、设立限时服务、预约服务、自助办税等服务方式，拓展纳税服务深度和广度。

【干部队伍建设】 完善“梯级递进式”教育培训机制，提高全员素质能力，抓好骨干人才选拔培训，在省级骨干人才考试中有5人进入省级人才库，其中有2人的成绩进入全省前20%。

【基层建设】 开展基层中心所标识规范化建设和办税服务厅标准化建设，协助市局建设完成全市地税系统新一轮基层建设成果展，推动税源专业化管理，提升干部队伍素质，作为德州市局新一轮基层建设验收点通过省局督导组的验收。

加强党风廉政建设，图为“德州地税系统廉政文化教育基地”揭牌

【党风廉政建设】 按照市局部署，建成面积420平方米的德州地税廉政文化教育基地。11月15日，省局党组成员、纪检组长、监察专员王莉莉，德州市纪委书记刘子玉为德州地税廉政文化教育基地揭牌，基地被市纪委授予“德州市廉政文化示范点”称号。省、市、县各级领导多次视察基地，系统内部25批次600余人次到基地接受廉政教育，社会各界参观者达500余人次，一致给予赞誉和好评。

（王吉斌）

禹城市地方税务局

经济概况

禹城市总面积990平方公里，人口52万人，现辖8镇2乡2个街道办事处，是大禹治水之域，酿酒之乡，扒鸡之城，龙山文化发祥地之一。禹城工业发展迅速，商业流通繁荣活跃，循环经济结构合理，高新产业特色鲜明，2012年，实现国民生产总值204.5亿元，同比增长11.6%，地方财政收入10.03亿元，增长33.8%。

收入概况

2012年，全局组织各项收入8.87亿元，同比增收2.99亿元，增长50.74%。其中完成中央级收入9693.9万元，同比增收1407万元，增长16.98%；省级收入6645.9万元，增长39.17%；市级收入8588.71万元，增长42.58%；县级收入42453万元，增长41.32%。

工作概述

【征收管理】 开展12万元以上个人所得税申报和审核工作，共申报268人次，入库税款178.94万元；完成276家企业所得税自行汇算清缴，汇缴面达100%，入库企业所得税1331.56万元，同比增收900多万元。取消全职能科所，设置集中办税服务厅，将纳税人所有涉税事项扎口管理、集约服务。成立风险防控中心，发挥专业化团队优势。按规模加行业双标准，重新划分征管范围，打破乡镇属地管理，成立重点税源管理分局和两个行业管理中心税务所。征管模式实现由“属地管理”向“分类管理”“分散服务”向“集约服务”“经验管理”向“风险管理”“单兵作战”向“团队协作”“任务主导”向“质量主导”的转变。

【纳税服务】 开展以“六个一”为内容的税收宣传培训工作。即建立一个“税收宣传服务”微博，每月开展“一个税种（或一个主题）的税法宣传”活动，编印一套税收宣传册（卡），开通一辆流动服务车，组建一个“税收政策宣讲团”，每月举办一期税法培训班。

【干部队伍建设】　加强基层一线人员培训，组织税收业务、工作软件、计算机知识培训共80课时，4000余人次。现有4名注册税务师，大学以上学历人员占78%。

【基层建设】　以基层中心所建设为切入点，在人力、财力、物力等方面给予重点倾斜。筹措资金120余万元，对基层中心所办公楼、食堂等进行改造和装修，统一标识，配全计算机、打印机等日常工作设备。两个基层单位被市局授予“新一轮基层建设先进单位”称号；6人被德州市人力资源和社会保障局和市局评为“新一轮基层建设先进个人”，并荣立三等功。

【党风廉政建设】　开展机关作风整顿，不定期对各单位工作任务完成情况、效能建设情况、纳税服务情况等开展明察暗访，及时发现问题，督促整改。深化风险内控机制建设，利用风险防控平台，开展执法预警监督。针对出现的风险苗头，进行风险预警，落实执法监督、行政监察、纪律检查“三位一体”问责机制。在全市执法部门政风行风测评中取得第一名成绩。

（邢仁宝）

乐陵市地方税务局

经济概况

2012年，乐陵市实现国内生产总值（GDP）185亿元，增长13.2%。三次产业比例调整为13.3 ：56.5 ：30.2。完成地方财政收入4.9008亿元，同比增长40%。规模以上工业实现销售收入510.9亿元、增加值102.4亿元、利税57.2亿元，同比分别增长26.3%、19.5%和24.2%。农民人均纯收入达到10806元，增长29.9%。全社会存款余额118.48亿元，增长20.9%。人均储蓄余额12976元，增长22.5%。

收入概况

2012年，全局共完成地方税收53345万元，同比增收18226万元，增长51.9%。其中，中央级收入完成6905万元，省级收入完成5484万元，地市级完成7090万元，县级税收完成31175万元，同比增收12168万元，增长64.02%。

工作概述

【征收管理】　强化个人所得税12万元申报工作，采取比对排查和强化考核措施，自行申报人数301人，补缴税款28万元，实现申报人数和税款“双增长”。搭建涉税信息交换平台，全年实现信息交换35284条，增收税收86.369万元。加强对重点税源企业的重点监控，重点跟踪，堵塞征管漏洞。年内第二产业税收完成2.3亿元，占地税总收入的43.07%，增长54.35%；第三产业税收完成3.01亿元，占地税总收入的56.44%，增长49.28%。房地产业、建筑业、制造业、金融业、交通运输业五个行业完成4.59亿元，占地税总收入的86.11%，增收1.65亿元，占总增收额的90.26%，直接拉升增幅46.84个百分点。推行和实施信息管税，全市重点税源监控户达15家，入库税款7795万元。通过引导第二、第三产业剥离，20家企业形成地方税收1240万元。

【税收执法】 将日常检查、专项检查和全面检查有机结合。通过落实以事定岗、依法定责、权责相当等制度，强化对执法风险点的排查和防控，实现科学整合岗位和执法责任明晰的目标。主动接受财政、审计监督，增强税收执法的透明度。

【纳税服务】 依照“办税在前台集中，服务在外部拓展”的原则，对征收业务各个流程进行归并、优化，强化网络电子报税、“双委托报税”等措施，提高纳税服务水平。

积极开展税法宣传活动

【干部队伍建设】 按照“分级实施，区别对待，节约成本，注重实效”的思路，全年开展职工教育培训84次，培训650人次，派出学习56人，获得研究生学历2人，大学以上学历68人，师资资格6人。

【基层建设】 按照税源专业化管理的需要，整合人力资源，调整岗责体系，优化工作流程，规范行政管理，先后投资150余万元改造杨安、郭家、黄夹三个集中办公点。添置空调28台、计算机81台，公务用车7辆，改善基层单位办公条件，提高基层征管能力和水平。

【党风廉政建设】 开展“税检共建”活动，建立网上监察平台，将信息来源充足、流程清晰、可控程度较高的关键环节和重要事项纳入计算机监控，建立起人机结合“内部控权”的新机制。执行“八条禁令”“五个禁止”，通过巡视检查、电话抽查、明察暗访等形式，优化政风行风。

【精神文明建设】 开展“双百结对帮扶”等活动，共为帮村投入帮扶资金1.5万多元。连续12年获得省级“文明单位”称号，先后获得省级“职工代表大会优秀星单位”“一级档案管理先进单位”荣誉称号，市级“扶残助残先进单位”荣誉称号，乐陵市“支持地方经济发展先进单位”“全市政风行风建设先进单位”等荣誉称号。

（顾文超）

临邑县地方税务局

经济概况

2012年，临邑县国内生产总值实现204.3亿元，同比增长15%。地方财政收入完成7.02亿元，增长15.4%；城镇居民人均可支配收入22000元，农民人均纯收入10100元，分别增长14.8%和19.8%。

收入概况

2012年，全局组织地方收入65573万元，同比增长32.41%，增收16049万元。其中，从分级次来看，中央级入库

7915万元，比上年减收354万元，减少4.28%；省级入库5024万元，比上年增收709万元，增长16.43%；市（县）级入库52635万元，比上年增收15695万元，增长42.49%。

工作概述

【征收管理】　通过税源普查，全县税务登记户数由上半年的3977户增加到4716户。加强重点项目税收管理，全县43个项目完成收入14276万元，建筑、房地产业分别入库9007万元、11525万元，分别增长62%、36%。开展税收预警工作，完成省局派发税收预警任务492户/项，完成省局派发制造业评估任务49户，金融保险业评估任务4户，交通运输业7户，自行评估企业17户，入库税款385万元，滞纳金24万元。

【税收执法】　深化“四位一体执法流动红旗示范岗”活动。全年实现网上税收执法考核零过错。强化日常税收执法风险排查，制定31个岗位61个风险点，组织各征收单位进行排查和自查，规避风险隐患。开展稽查检查工作，对全县159家企业进行辅导自查，辅导自查税款8809万元。

【纳税服务】　推进办税服务厅实体化和标准化建设，优化资源配置，统一内外标识，发挥12366服务热线、外部网站、办税服务厅等服务平台作用。优化承诺服务、预约服务、引导服务、提醒服务等传统服务，推进“局长服务日”、国地税联合办税、“订单套餐式”服务、“免填单”等特色服务，提高服务效率。

【干部队伍建设】　围绕队伍建设，提出实现“队伍素质、思想道德水平、廉政勤政意识”三提高的思路；围绕机关建设，提出提高“一种能力”（管理、监督、协调能力），增强“两种意识”（开拓创新、自我加压意识）、协调“三个关系”（上级部门、相关部门、基层所的关系）的工作要求。从内部筛选8名业务骨干，围绕“如何做好税收收入分析预测”等6个课题，对全员进行集中培训。从党校聘请3名讲师，围绕“当前经济形势及热点分析”等课题，进行三场讲座。围绕提高激发工作活力、迸发工作动力，先后开展作风整顿、“三比三看”对比启示教育、“谈心帮扶”和“书香地税”读书活动。

举办行政程序年知识竞赛活动

【基层建设】　完善升级“六室一厅一场一长廊”建设，对基层征收单位办公场所进行科学规划、改造设施、完善升级，办公环境进一步优化。修订完善一整套制度，将新一轮基层建设实践成果纳入日常性的规范管理。

【党风廉政建设】　开展以“廉接

你我、幸福人生”为主题的廉政教育活动。建立“幸福墙”，激励干部职工珍惜岗位、防范风险。建立由“五馆四厅三区两库”组成的“网上廉政文化教育基地”，增强廉政文化熏陶。组织全局中层以上人员赴齐河“德州地税廉政文化教育基地”参观学习，感受启迪和教育。

【精神文明建设】 在县委开展的文明创建动中，该局选送的“着力打造‘征纳相盈’服务品牌”“开展‘创先争优、树身边标兵’活动”“开展‘执法流动红旗示范岗’活动、促进依法治税工作上水平”三个党建品牌被评为“优秀党建品牌”。在全市地税系统趣味运动会上获得第二名成绩。恒源中心所荣获省级“工人先锋号”称号。

（王　晶）

宁津县地方税务局

经济概况

2012年，宁津县实现生产总值165.4亿元，比上年增长12.1%；地方财政收入4.5亿元，比上年增长32%；规模以上固定资产投资114.8亿元，比上年增长27.6%；规模以上工业实现增加值103.9亿元，比上年增长21.5%。

收入概况

2012年，全局组织税收收入4.43亿元。其中，中央级收入完成3330万元，省级收入完成3578万元，市级收入完成4837万元，县级收入完成3.25亿元，组织征收耕地占用税5010万元，契税4769万元。

工作概述

【税政管理】 坚持“学习政策、落实政策、用好政策”工作思路，将税收政策贯彻落实到位。制定《分税种管理办法》，明确各税种管理标准、要求与措施。通过定期征询、集中反馈、一事一报等方法，落实税收政策，反映纳税人意见。

【征收管理】 加强财产类税务登记信息管理，建立健全征管档案资料，组织实地核查和定期抽查，确保纳税人基础信息齐全真实。加强发票管理，开展发票专项检查，规范发票领用、保管、发售和开具行为。依靠政府支持，突出地税主体，实施“多元互动、公开办税”管理思路，设立机械制造、家具木器、营业税主体行业、个体税收四个税源管理组，实行税源专业化管理。

【税收执法】 加强对工作人员岗位培训和执法风险识别教育，开展依法行政业务能力比武竞赛，提高执法风险防范意识。落实执法责任制，严格责任追究，促进执法规范。

【纳税服务】 打造“阳光地税，和谐共赢”服务品牌。推行税务公开，将重点行业、个体税负、稽查案件等列为公开重点，全县纳税人的纳税情况实现全面公开。在城区建立个体业户阳光地税示范街，设立税负公开触摸屏，实现税收管理过程公开、执法程序公开。

【信息化建设】 成立信息安全加固工作领导小组，定期开展信息设备加固，提高设备稳定性和安全性。加强信息系统维护，做好计算机硬件保养、重要数据备份、病毒预防查杀。自行开发应用办公平台、政务公开触控平台、在线学习考试系统，促进各项工作开展。

【干部队伍建设】 打造“以党建引领队建，以先锋带动全局”的党建工作品牌，健全基层党组织，建立党员活动中心，设立党建文化长廊，编印党建画册，购置党建学习资料，为党建工作开展奠定基础。开展“组织自主申报、党员公开领牌”自主争创活动，通过自主申报、公开领牌、社会承诺、组织推荐、动态考核、群众评议、组织点评、自我评价、考核认定等十二项环节产生先锋党支部和先锋党员。开展学习型组织创建活动，倡导“快乐学习，快乐工作”学习理念，实行学习积分管理，建立考核激励机制，促进干部队伍素质提升。

注重基层人员的道德建设，开展建设“廉洁之家、学习之家、幸福之家、孝道之家”活动。7月，宁津县地税局被省妇联授予“幸福进家活动先进单位”荣誉称号

【基层建设】 巩固基础设施建设，统一形象标识。加强税源专业化、纳税服务、地税文化建设、制度建设和行政管理，提高基层建设软实力。编印《基层建设变奏曲》经验材料，《人在地税》《家在地税》《爱在地税》《美在地税》系列税收文化丛书，全方位展示基层建设成果。

【党风廉政建设】 按照“以公开建公平，以廉洁提升效能”的廉政工作理念，加强廉政风险教育和内控预防体系建设，通过岗位自查、上下互查，查找确认税收管理、征收管理、行政管理、工作作风方面存在的116个风险点，明确防控措施、工作流程、考核追究。加强廉政文化建设，编印《廉政文摘》，建设“廉政剪纸长廊”，被德州市纪检委授予“廉政文化进机关示范单位”称号。

【精神文明建设】 开展“税收爱心妈妈”活动，评选出“廉洁、学习、幸福、孝道”四型家庭。年内，被中华总工会授予全国职工书屋示范点，被省妇联授予“幸福进家”活动先进单位，被山东省委宣传部授予省级“理论大众化示范点”等称号。

（郑钧予）

庆云县地方税务局

经济概况

2012年，庆云县国内生产总值实现120.26亿元，同比增长13%；其中，第一、第二、第三产业分别增长5.1%、15.6%和11.4%；实现地方财政收入3.71亿元，增长30%；社会消费品零售总额49.1亿元，增长15%。

收入概况

2012年，全局共组织地方收入3.05

亿元，同比增收8100万元，增长36%。其中，中央级收入3653万元，增收1428万元；省级收入完成3185万元，增收711万元；县级收入23662万元，增收1257万元。

工作概述

【税政管理】 初步完成税源专业化管理新模式的转换，成立重点税源管理局，加强税源管理岗位的力量，对基层人员进行全面的整合。贯彻“只有解决有税不收才能杜绝无税乱收”的理念，提高收入分析预测、税收执法、税源管理和政策把握水平。加强土地面积核查与印花税核定征收管理，确保地方税及时足额入库。

【征收管理】 加强税务登记及非正常户认定等各项管理工作。对营业税起征点提高后未达起征点纳税户作为正常户管理，落实“以票控税”，确保做到“免征”不“免管”。

【税收执法】 推行税收执法责任制，执法过错考核、督导和整改，发布税收执法预警14期，庆云县地方税务局税收执法过错连续保持为零，在全市执法考核中位居第一。加大地方税收保障条例的落实力度，将地方税收征管纳入其他职能部门办理有关事项的流程之中。通过职能部门在关键环节的源泉控管、流程制约、必要审核，初步构建“主动型”税收征管新格局。

【纳税服务】 规范办税服务厅建设、落实公开服务承诺、畅通12366纳税服务热线，开展“网送税法”“纳税短信提醒”“地税局长服务日”“税法知识培训”等活动，密切征纳关系、提升地税形象。

【信息化建设】 落实“信息管税”的要求，强化数据管理意识，严把数据质量关，抓好纳税人动态信息采集，提高收入质量系统软件及执法预警软件上线运行等工作。开发推广征纳e信通涉税事项查询系统，纳税人通过发送短信的形式就能了解到自己的涉税信息，解决纳税人对税收工作中税款的预存、税款的去向、定额的高低、发票的领用、未达起征点的认定等诸多疑惑，提高税收工作的透明度。

【干部队伍建设】 围绕“三年全员轮训一遍”的计划安排，坚持以教育培训为主线，落实《干部教育培训工作计划》，以提升岗位能力为重点，以专业化培训为主题，以考核奖惩为保障，多渠道、多层次大力实施分类、分级培训。累计投入教育培训经费65万元，举办和参加各类培训班24期，培训干部1360人次。

【基层建设】 投入经费150万元，规范和统一基层办公场所，改造启用高标准办税服务厅，更新办公设施（设备），粉刷、亮化办公楼，建设党务公开长廊，改善整体办公、生活环境。

【党风廉政建设】 加强系统党建工作，通过定期召开“党员民主生活会”、邀请党校专家讲授专题党课、接受红色教育、重温入党誓词等，增强党性修养。年内，作为全市唯一一个县直部门接受省委党务公开督导组的验收，廉政展室也被市县两级纪委确定为廉政教育基地。

【精神文明建设】 开展创先争优活动，加强精神文明建设，获得“全市地税系统绩效考核”一等奖“2012年度科学发展综合考核”一等奖“服务科学发展先进单位”等多项荣誉称号。

（王泽祥　苗雪磊）

聊城市地方税务局

经济概况

2012年，聊城市实现生产总值2150亿元，按可比价格计算，比上年增长12.5%；完成地方财政收入104.5亿元，按可比口径增长18%；城镇居民人均可支配收入23800元，农民人均纯收入9088元，分别增长15.3%和17.5%。

收入概况

2012年，全系统共组织各项地税收入74.09亿元，收入总量突破70亿元大关，同比增长27.88%，增收16.15亿元，收入增幅高于全省增幅3.85个百分点，列全省17市第7位。其中，市（县）级公共预算口径收入54.37亿元，占地税总收入的73.38%，占全市财政公共预算收入的52%。

工作概述

【税政管理】　执行支持服务业、高新技术、节能环保等税收优惠政策，减免扶持地方经济发展税收1.14亿元，较好地支持了企业发展。落实营业税、个人所得税、车船税等税收调整政策，减免惠民生税收1.05亿元。按照国家政策和省、市政府要求，依法代征、代收各类规费5.33亿元，支持教育、文化、水利、残疾人等社会事业发展。加强重点税源管理，纳入省级监控的204家年纳税100万元以上企业实现税款26.12亿元，同比增长14.12%，增收3.23亿元。加强主体税种和重大建设项目税收管理，开展企业所得税汇算清缴工作，加强高收入行业和群体的管理，加强房地产业、建筑业、金融业税收管理，营业税、企业所得税、个人所得税管理累计入库42.37亿元。强化零散税收管理，开展存量房交易管理，做好耕、契两税欠税摸排清理入库，开展土地增值税清算，应用宗地管理系统强化涉税土地财产信息比对及征收管理，加大纳税评估和税收预警分析力度，地方零散税种增收贡献率达到60.92%。

【征收管理】　加强征管质量建设，开展征管状况分析，强化非正常户、临时征收户、发票代开、个体定税、征期外大额入库等风险点的管理，取得新成效。全市地税收入预测准确率达到96.1%，月度收入增长偏离度为0.18，征期内入库率达到88.5%，征期后大额税款异常控制在5%以内，临时户税收变动率控制在5%以内，各项收入质量指标均居全省前列。

以分级、分类、分岗为主导，全面推行税源专业化管理，调整优化机构、岗位职责，调整完善税源专业化管理，全市10个征收单位64个中心税务所全部运行税源专业化管理模式。推进企业主辅业务分离工作，全市174家分离企业完成地方税收3.89亿元。

【税收执法】 贯彻落实《山东省地方税收保障条例》和《全省地税系统提高收入质量防范执法风险工作实施意见》，完善管理制度，夯实征管基础，规范分税种管理，强化纳税评估和税收预警分析，开展自查自纠，主动规范执法行为，年内税收执法过错数量同比下降65.7%。加大稽查工作力度，重点对以缴纳营业税为主的资本交易、传媒产业以及房地产业、建筑安装业等开展专项检查，全年查补入库各项收入1.5亿元，同比增长33%，增幅列全省地税系统第一位。

【纳税服务】 全市各级地税部门发挥税收职能作用，服务全市科学发展，搞好经济税收比对分析，及时向党委、政府提出发展经济、调整结构、培植税源的建设性意见。以“征纳共盈”服务品牌建设为抓手，推进纳税服务标准化建设，全面推行“一站式”“一窗式”服务，推行“免填单”“同城通办”服务，探索推行国地税联合办税，包括联合税务登记、联合定额核定、联合停复业管理等“十项联合”措施，提高办税效率、降低征纳成本。4月8日，省委常委、副省长孙伟到莘县地税局视察，对地税部门的纳税服务工作给予充分肯定。

【信息化建设】 加强公共数据信息管理，挖掘数据信息利用潜力，提升“信息管税”水平。推进软件应用，做好信息化设备及网络安全管理工作，保障全市地税系统计算机网络的安全高效运行。

【干部队伍建设】 围绕争当“学习型个人”活动主线，按照分级、分类、分层的原则，开展大规模教育培训，突出培训重点，拓展培训范围，加大培训投入，全年全市地税系统投入教育培训资金516万元，举办各类培训230期12000余人次，干部队伍素质得到提高。以提高党建工作科学化水平为主线，加强队伍党的思想建设、组织建设、作风建设、反腐倡廉建设和制度建设，开展创先争优活动。截至年底，全市地税系统有党总支10个，党支部60个，党员1200人，占在岗职工比例达到83.62%。

【基层建设】 做好新一轮基层建设的总结收尾工作，解决基层的基础建设、经费保障、人才缺乏、减负增效以及征管、执法、服务等现实问题，截至年底，省、市、县三级累计投入基层建设资金4220万元，9个县（市、区）局全部实现集中办公，全部建立基层经费保障机制，10个征收单位全面推行税源专业化管理，基层面貌改观，综合管理效能提高，基层干部的凝聚力、战斗力增强，幸福指数提升。

【党风廉政建设】 加强党风廉政建设，学习贯彻《廉政准则》，抓好反腐倡廉教育，强化以税收执法权和行政管理权为重点的“两权”监督制约，推进科技防控，推广应用“廉政与执法风险防控平台”，实现纪检监察工作与税收业务工作有机结合，增强干部职工的廉洁自律意识和执法风险意识。加强巡视检查工作，发挥监督、指导和廉政预防作用。

【精神文明建设】　加强文化阵地建设，开展文化活动，推进民主管理，开展文明创建活动，增强集体归属感和团队认同感，激发广大干部职工干事创业的热情。市局被聊城市委、市政府授予“2011继续提升年综合考核优秀单位”奖，市局机关、市局直属征收局及9个县（市、区）局全部通过“省级文明单位”复查。

（姜会峰　王继飞）

聊城市地方税务局东昌府分局

经济概况

2012年，东昌府区实现生产总值201.55亿元，财政收入完成10.2亿元，固定资产投资完成141.7亿元，三次产业比例为15.2 ∶ 40.2 ∶ 44.6，城镇居民人均可支配收入达23685元，人均纯收入达8892.5元。

收入概况

2012年，全局累计完成各项收入9.67亿元，同比增长32.58%，增收2.38亿元。其中区级预算收入（不含两税）完成3.19亿元，同比增长21.36%，增收5618万元；含两税完成4.57亿元，同比增长2.16%，增收968万元。

工作概述

【税政管理】　深化个人所得税全员全额申报管理工作，上线率与申报率均达到100%。全年受理年所得12万元以上个人所得税自行申报193人，缴纳个人所得税531.87万元，补缴税款5.12万元。加强文化建设事业费征收管理工作，连续三年评为“全省文化事业建设费征收管理先进单位”。推进第二、第三产业分离工作，全年共分离10家企业，入库税款3212.8万元。

【征收管理】　建立征收方式认定、所得税管理、定额核定、发票监管等系列管理措施，规范业务流程，完善岗位配置，推进税源专业化管理。强化发票管理，查处举报案件58起，罚款45660元，兑付举报奖励17484元。严格数据质量管理，全局数据错误率控制在0.1%以内，数据修改率达到100%，反馈终止率为零。

【税收执法】　深化依法治税和执法考核制度建设，多渠道强化普法宣传教育，营造良好税收法治环境，全年执法考核申辩前过错数量为38条，申辩后过错数量为零。

【纳税服务】　践行“服务、公平、阳光”的工作理念，办税服务厅全年组织入库1.25亿元、电子转账6320万元、委托代征699万元，开具完税证2.4万份，缴款书4000余份。编写办税工作指南，实施标准化服务，被评为全省地税系统“十佳党员示范窗口”。

【信息化建设】　做好系统软件及服务器、机房等设施的日常维护工作，全年无重大问题和责任事故。推进财税库银横向联网工作，签约银行达到7家。全面推行电子查账方式，扩大电子查账范围，所有检查人员均能熟练应用省局查账软件，全年组织稽查收入810万元，其中电子查账145万元。

【干部队伍建设】 开展争当“学习型个人”和“学习型党组织”的“双带双创”活动，实施以岗位技能培训为重点的素质教育，全年共有1261人次参加各级各类培训，5人获得省局第四周期“业务能手”称号。鼓励参加在职教育，全局大专以上学历占92.7%，大学以上学历占63.6%。

【基层建设】 坚持基层优先、群众至上的工作理念，新一轮基层建设完美收官。累计向基层投资270余万元实施集中办公改造，购置更新机动车10辆、空调26台、计算机60余台，改善基层工作、生活、办公条件。定期开展心理疏导和健康查体活动，干部职工幸福指数攀升，全局奉献地税事业的责任感、归属感、成就感增强。

【党风廉政建设】 签订《党风廉政建设责任书》，明确目标任务，细化职责分工，强化责任考核。开展“使命、正气、厚德”主题教育活动，筑牢思想防线，健全规章制度。注重廉政网络教育平台建设，推进风险防控平台的操作应用，政风行风评议获得全区行政执法单位优秀名次。

【精神文明建设】 科学统筹各项工作，坚持用优秀文化凝聚人心，鼓舞干劲，锤炼精神，各项工作得到发展，获得国家税务总局授予的“税务系统先进集体”荣誉称号，被中共山东省委表彰为“为民服务、创先争优示范窗口单位”，全年共获得市级以上荣誉称号23个。

（王子房）

聊城市地方税务局经济开发区分局

经济概况

2012年，聊城市经济开发区公共财政预算收入累计完成7.01亿元，同比增长32.61%。全社会固定资产投资达130亿元，同比增长40%，主要经济指标保持较快增长速度。

收入概况

2012年，全局共组织收入6.67亿元，同比增收1.88亿元，增长39.09%。其中，区县级收入4.8亿元，同比增收1.4亿元，增长41.46 %。

工作概述

【税政管理】 强化税源预测分析，建立健全收入预测管理机制，与财政、国税、土管等部门互通信息，提高税源预测的准确性；加强对纳入省局重点监控的重点税源的监控力度，按照省、市局的要求，对重点税源的各项指标体系进行严格的数据审核，指导和培训企业办税人员正确填报数据，确保各项报表报送及时、准确；规范土地使用税管理，将辖区内的农村企业纳入日常规范管理，填补辖区农村集体土地征收土地使用税的空白。

【征收管理】 探索“把好三大环节，掌控六大税种”的新的征管方式，年内，组织入库耕地占用税5440万元，契税3688万元，增幅104.58%；组织入库土地使用税5486万元，房产税1597万元，补缴房产税155万元。

【税收执法】 组织开展对部分餐饮住宿业纳税人税控发票数据核查工作，对发票数据与应缴税款有差异的进行分类分析，针对分析结果对餐饮住宿业提出管理建议，加强餐饮住宿业的税收征管。

【纳税服务】 利用地税外网、各类专题辅导等形式和载体，向纳税人宣传税收法律法规和政策。组织业务骨干深入企业，了解情况，为企业排忧解难。召开税企座谈会，向企业发放税收知识小册子。

召开税企联席会议，架起税企沟通桥梁

【信息化建设】 做好数据综合应用平台的推广应用工作，配合省局“数据应用平台”正式上线运行。做好网络安全专用服务器使用情况的调查工作，对服务器的名称、主要配置、主机序列号、应用运行情况及维修服务情况进行登记上报。

【基层建设】 为新成立的中心所调配力量，购买办公家具、办公用品，建立完善中心所管理制度，确保各项工作的衔接和正常开展。

【干部队伍建设】 组织开展内部机构整合和股级干部竞争上岗工作。加大教育培训力度，以“抓党建、转观念、强素质、促和谐”为主题，联合开发区财政局、国税局进行集中整训；组织全员分两批到烟台鲁东大学进行培训；制定奖励措施，鼓励干部职工参加能手考试。

【党风廉政建设】 层层签订《党风廉政责任书》，组织干部职工观看廉政教育警示图版，开展案例警示教育；组织开展以“扬廉洁之风、育清廉之人”廉政承诺签名活动；召开以“保持党的纯洁性”为主题的民主生活会。

【精神文明建设】 组织全体干部职工学习党的十八大会议精神。结合办公楼装修，在走廊内外挂各种名人名言，营造地税文化氛围，完善基础文化设施。参加社会活动，结对帮扶困难群众。

（田　杰）

临清市地方税务局

经济概况

2012年，临清市生产总值完成294.3亿元，较上年增长13%，公共财政收入19.6亿元，较上年增长13%，地方公共财政收入完成10.64亿元，增长20%。城镇居民人均可支配收入20546元，农民人均纯收入9105元，分别增长17%和19%。全市生产总值过亿元的企业14家，过10亿元的3家，其中民营经济税收达到10.7亿元，增长22%。

收入概况

2012年，全局共组织入库税款6.92亿元，同比增长22.68%，增收1.28亿元。其中，县级收入完成5.2亿元，同比增长31.87%，增收1.25亿元，县级收入增幅首次跨过亿元大关，为促进临清经济社会发展提供了财力保障。

工作概述

【税政管理】 推行存量房交易计税价格评估系统上线运行，经验与做法在聊城市地税系统得到推广，年内通过评估系统受理存量房交易734户，实现税款524万元。集中开展耕地占用税清理征收工作，入库耕地占用税1.4亿元，同比增长764.1%，增收1.2亿元。对重点建设项目实行严格监控，强化环节控管，在建重点项目实现税款1.6亿元，同比增长17.5%，增收2385万元。

【征收管理】 利用政府综合治税信息平台，开展漏征、漏管户检查和营业税纳税人专项清理，重点强化异地经营税收管理和临时户的征收管理，提高征管质量，降低执法风险。开展所得税汇算清缴，落实个人所得税核定工作，强化年所得12万元以上个人所得税自行申报工作，强化发票管理。年内计算机定税9265户，其中未达起征点8459户，月核定税款80.4万元。

【税收执法】 开展重点行业检查和打击发票违法犯罪活动，以房地产开发业、建筑安装业、金融、电力等高收入等行业为主要对象，全面开展税收专项检查工作。全年对42家企业进行检查，累计查补入库税收1198万元，维护税收秩序。

【纳税服务】 开展“擦亮窗口、服务纳税人”“百名税务人员进千家”等活动，实现办税服务零距离、办税程序零障碍、办税质量零差错、办税对象零投诉，纳税人满意度和社会认可度提高。在临清市行风政风评议中实现“八连冠”，部门形象提升。

【信息化建设】 依托信息技术，加强对存量房和重大建设项目的税收征管，提升管理质效。应用廉政风险防控平台，借助信息化管理，强化工作监督管理力度。加强对内部网络安全管理，定期对信息化安全开展检查，确保网络安全、稳定运行。

【干部队伍建设】 提高干部队伍素质，开展争当“学习型个人”活动，加强教育培训，加大教育投入，累计参加省局组织的培训358人次、聊城市局组织的培训132人次、内部组织的培训2000余人次，干部队伍素质提升。在年内省级骨干人才考试中，有5人获得“省级骨干人才能手”称号。

【基层建设】 合理分区、统筹规划，综合考虑税源管理需求，采取相对集中的办公方式，强化基层征管力量和征管基础。投入专项资金改善基层办公条件，重视并解决基层合理需求，基层面貌改观，战斗力增强。

【党风廉政建设】 挖掘廉政文化内涵，丰富廉政文化活动形式，充实机关阅览室廉政书籍资料，层层签订《廉政责任书》，开展“读书思廉”活动和道德模范评选，摆放廉政台历，发送廉政短信，组织参观警示教育巡回展，举办预防职务犯罪专题演讲比赛，健全税检共建机制，多渠道、多方式地扩展廉政文化影响力，提高廉政文化建设的层次和品位，增强廉政文化效应的感染力。

【精神文明建设】 加强地税文化建设，将“崇德尚法、笃学尚行、尽责至善、追求卓越”作为临清地税精神，健全物态文化建设，实施人性化管理，开展文化活动，提高队伍凝聚力和战斗力，营造文化氛围。年内获得山东省“幸福进家”活动先进集体等各项荣誉60余项，其中省级荣誉17项。

（赵 伟）

冠县地方税务局

经济概况

2012年，冠县实现国内生产总值201.2亿元，增长13%；实现公共财政预算收入4.42亿元，增长22.6%，城镇居民可支配收入2.04万元，增长20.5%，农民人均纯收入8783元，增长16%。

收入概况

2012年，全局共计入库各项收入3.89亿元，同比增长28.33%，增收8573万元。其中县级收入入库3.1亿元，同比增长30.8%，增收7300万元。

工作概述

【税政管理】 加强房地产税收一体化管理，全年入库销售不动产营业税3178万元，增收415万元。落实小型微利企业发展的各项税收优惠政策，规范高新技术企业税收优惠资格认定和研发费加计扣除政策执行，全年受理备案类减免税7个，减免税款2116万元。

【征收管理】 开展土地使用税、房产税税源核查及契税、耕地占用税清理工作。全年入库土地使用税3820万元，房产税997万元，契税1827万元，耕地占用税2511万元，取得增收效果。将年纳税额50万元以上的71家企业纳入重点税源企业，建立重点税源企业日常监控管理台账，每月对重点企业申报、入库、财务报表等资料进行分析比对，对重点税源企业纳税情况进行检查，全年检查入库632万元。

组织开展土地使用税和房产税税源核查工作

【税收执法】 开展“行政程序年”活动，规范税收规范性文件管理，严格税收执法程序，强化税收执法监督，完善执法考核评价体系，防范税收执法风险。建立税收预警跟踪体制，实现由预警信息分配到处理结果反馈的“闭环式”管理。全年处理预警信息634条，补税入库税款

294.7 万元。

【纳税服务】 围绕“高效率办税、高质量服务”，创新服务手段、畅通纳税人的维权渠道，定期开展监督员座谈会和纳税服务满意度调查。建立工作联系制度，定期走访纳税人，了解纳税服务需求。关注社会公益事业，组建“蓝色梦想”冠县地税志愿服务队，经常开展走访贫困学校、资助贫困学生，走访贫困家庭、帮助孤寡老人等服务活动。

【信息化建设】 树立信息管税意识，以业务技能提高和软件应用培训为着力点，分岗位、分级次进行全员培训。利用现有信息化手段加强税源监控，坚持对各基层单位征管数据实行每日一检测。加大硬件投入力度，投资 2.3 万元，为新进人员配齐了计算机及相关设备。

【干部队伍建设】 广泛开展“争创学习型个人活动”。全年投入培训经费 38 万元，外出培训 228 人次。5 人入选省局骨干人才库，5 人入选市局人才库，3 人入选全省地税系统企业所得税人才库，1 人取得注册税务师资格。县局被评为“全市地税系统争创学习型个人活动优秀组织单位”。

【基层建设】 办公环境和生活条件得到改善，软件、硬件建设稳步推进，增强干部职工对地税部门的归属感和幸福感。开展“扬正气、促和谐、提效能、塑形象”主题活动，激发基层干部职工的工作热情，增强基层队伍凝聚力。

【党风廉政建设】 开展以“加强党性修养 保持党的纯洁性”的党性教育活动，增强党员干部的党性修养。组织全体人员观看廉政警示教育片，召开廉政监督员座谈会，参观警示教育巡回展，开展中层干部述职述廉活动。加强廉政文化建设，抓好廉政文化“进机关、进办税场所、进家庭”活动，营造廉政氛围。

【精神文明建设】 年内，县局获得全省地税系统先进集体、全省“幸福进家”先进单位、“征纳共盈”品牌创建先进单位、全市“职工职业道德先进单位”“聊城市工人先锋号”等 19 项荣誉称号。

（袁海荣）

莘县地方税务局

经济概况

2012 年，莘县实现国内生产总值 233.6 亿元，同比增长 13.5%。地方财政收入完成 5.02 亿元，同比增长 18.5%，税收占财政收入的比重达到 77%。

收入概况

2012 年，全县地税系统共组织各项收入 37555.7 万元，同比增收 7858.4 万元，增长 26.46%。

工作概述

【税政管理】 做好企业所得税汇算清缴，全县企业汇缴 217 家，汇缴面 100%，入库税款 1779 万元。做好年所得 12 万元以上个人所得税自行申报工作，全年入库税款 746 万元。推进土地使用税宗地管理工作，对全县 800 多户企业土地使用信息进行重新核查，摸清全县土地使用税税源底数。做好存量房交易税收征管评估工作，评估了700多栋，24800余套房屋。

【征收管理】 加强户籍管理，开展与工商、国税等部门的信息比对工作，严格非正常户管理。加强发票管理，实施以票控税，做好发票的发放工作，确保用票户发票发放面达100%。推行电子报税，个体双定户电子报税面达到100%，单位纳税人网上报税面达到95%以上。

【税收执法】 深化税收执法责任制考核，坚持周监控、月通报制度，执法过错率同比降低93%。整顿税收秩序坚持查纠并举，以金融、房地产建筑安装业和重点税源企业为重点，开展税务专项稽查，全年，查补入库税款、滞纳金、罚款1434万元。开展税收执法督察工作，对2009—2011年度结构性减税落实情况、纳税评估、税务稽查等七项重点工作开展执法督察。规范代开发票管理。落实省局《代开发票管理办法》，强化代开手续的审核，规范临时发票使用。

【纳税服务】 立足纳税需求，广泛开展涉税宣传辅导，组织税收政策辅导16期。整合服务平台，利用国地税共驻县行政服务中心的优势，从办税、信息、宣传、管理四个方面建立起立体化、全方位的服务渠道。增进征纳和谐，落实有关税收优惠政策，全年累计减免各项税收1200余万元，助推地方经济发展和民生建设。

【信息化建设】 开展网络与信息安全检查，修订信息安全制度办法，建立不定期抽查工作机制，完善运维管理，实现信息安全的全方位监控，增强网络运行保障能力。

【干部队伍建设】 鼓励干部职工参加各类学历和职称教育，分类别组织干部职工到潍坊税校等院校进行专项业务培训，组织业务骨干走上讲台，把税收工作中的真实案例加以典型化，为不同岗位的人员开展专业化岗位技能培训。

【基层建设】 加大资金投入力度，对基层单位进行全面改造维修，改善基层单位的办公生活条件。推进科学管理，整合人力资源，规范工作流程，实现集中办公。规范基层经费管理，实现基层单位经费与地方党委政府脱钩，完成基层建设三年规划各项目标任务。

【党风廉政建设】 聘请42位社会监督员，多次召开社会监督员座谈会。向社会各界和广大纳税人发放征求意见表300余份，社会满意度达到98.2%，地税部门形象得到提升。落实国税总局《税务人员“十五不准”廉洁自律若干规定》等有关规定，提高全部职工的大局意识，责任意识、效率意识。

【精神文明建设】 组织干部职工参加全县全民健身运动会；承办全市地税系统第六届乒乓球赛；派驻两名干部到张寨镇主卜营村担任驻村第一书记，进行定点帮扶，为帮扶村联系帮扶资金68万元，维修道路1.5公里，得到当地村民的一致认可。

（张敬全）

阳谷县地方税务局

经济概况

2012年，阳谷县实现生产总值223.6亿元，增长12.5%；实现公共财政预算收入6.1亿元，增长18.1%；总财力达到21.2亿元，增长27.2%。

收入概况

2012年，全局共组织各项收入5.6亿元，增收8224万元，增幅16.9%。其中，县级收入3.8亿元，增收3692万元，增幅10.5%。

工作概述

【税政管理】 执行房地产业、建筑业税收政策，入库房地产业税收1.04亿元，建筑业税收7451万元。开展年收入12万元以上个人所得税自行申报和个人所得税全员全额扣缴申报，入库个人所得税5506万元；做好车船税集中征收，加大对保险公司车船税代扣代缴检查和控管力度，入库车船税646万元；做好企业所得税汇算清缴工作，汇缴面达到100%，补缴企业所得税539万元。

【征收管理】 围绕提高收入质量防范执法风险，夯实征管基础，制作征管状况报表，对各类征管报表进行比对分析，各项征管指标得到全面优化。抓好联合办证系统管理，导库率、清分率、处理信息及时准确率、强制办结率均达到100%；加强对重点企业财务报表报送和采集的管理，对纳入报表监控的重点企业全部进行财务报表核定，核定比例达到100%。

加强房地产税收管理成效显著，全市地税系统房产税税源数据核查现场会在阳谷召开

【税收执法】 推进社会综合治税，提高涉税信息质量和税收贡献率。加强地方税收保障，推动以政府考核为主的督导考核制度，全年采集涉税信息11863条，入库税款1594万元。落实税收执法责任制，推行标准化执法和说理式执法，防范执法风险。

【纳税服务】 开展“地税局长服务日”活动，实行纳税信用等级动态管理，搞好分类服务，提高服务效能。发挥品牌效应，扩大网上纳税人税法培训品牌影响力，组织纳税人税法培训12期，“网送税法”7233户次，提升服务质效和服务形象，网上纳税人税法培训被评为聊城市首届“十佳文明服务品牌”。

【信息化建设】 发挥纳税评估和税收预警系统作用，处理税收预警信息248条，处理完成率达到100%，补缴税款223.6万元；对46家企业开展纳税评估，评估入库税款 105.5 万元；开展房产税税源计税依据核查工作，核查企业纳税人 364 户，新增应税房产原值 11.6 亿元，查补入库房产税 977.9 万元。

【干部队伍建设】 开展以“我爱地税，我爱我家”为主题的地税文化建设。在第四周期全省地税系统骨干人才（业务能手）选拔考试中，9 人进入全省骨干人才库，4 人进入全省企业所得税人才库，1 人通过注册税务师执业资格考试，42 人荣获市级以上荣誉号。

【基层建设】 实现基础设施建设“三年三大步”的目标，三个集中办公点设施齐全、环境整洁、标识统一、工作生活便利，全局容局貌焕然一新；建立集中办公条件下的行政管理、纳税服务、征管协作及党建学习等一系列工作运行机制；突破基层经费制约瓶颈，畅通基层经费渠道。

【党风廉政建设】 开展反腐倡廉教育，邀请县检察院召开党风廉政建设警示教育活动报告会，组织参观警示教育图片巡回展，承办全市地税系统自办案件暨廉政文化建设推进会，增强干部职工拒腐防变意识和抵御风险能力。

【精神文明建设】 保持省级“文明单位”“文明机关”称号，被评为全省地税系统先进集体，“山东省全民健身活动先进单位”“全省代收残疾人就业保障金工作先进集体”，所属基层单位中 3 个省级“青年文明号”，4 个市级“文明单位”，7 个市级“青年文明号”。

（张国庆　李　健）

东阿县地方税务局

经济概况

2012 年，东阿县实现地区生产总值 158 亿元，增长 18%，三次产业比例调整为 12.4 ∶ 55.8 ∶ 31.8，全社会固定资产投资完成 80.3 亿元，增长 30%，社会消费品零售总额实现 51 亿元，增长 18%，城镇居民人均可支配收入 16646 元，增长 16%，农民人均纯收入 8452 元，增长 16%。

收入概况

2012 年，全局共组织各项收入 51665 万元，同比增长 44.15%，增收 15824 万元。其中，县级预算收入完成 27539 万元，同比增长 34.16%，增收 7012 万元。

工作概述

【税政管理】 严格税收执法责任制，突出重点税源控管，重大建设项目实现税收占整体税收比例达到 70%；加强企业所得税汇算清缴，汇缴入库所得税 15279 万元，同比增长 157.06%，增收 9335 万元；个税自行申报人数达到 208 人，入库税款 920 万元；全员全额明细申报率和上线率达 100%；加强运输企业管理，实现地方各税 6000 余万元；加强耕地占用税和契税征收管理，推行“先税后证”制度，实现“两税”入库 4765 万元，同比增长 276.08%，增收 3498 万元；开展房产税税源数据核查，核增房产原值 4.2 亿元，核增年应纳房产税354万元；利用卫星定位系统对应税土地面积进行测量核实，核增土地使用税1500余万元。

【征收管理】 以税源专业化管理为抓手，探索区域税源监控与行业管理相结合的控管模式，实行重点行业专业化管理、重点税源精细化管理、中小企业标准化管理、零散税源社会化管理。同时不断加强税务登记、发票管理等征管基础建设，强化基础数据核查、票表比对，基础数据修正率和重点企业财务报表报送率达到100%。

【税政执法】 加强内部执法监督，完善监督制约机制，规范税收执法行为，提高执法水平。纳税登记率、申报率平均达到98%以上。税收执法考核实现“零过错”，各项税收收入及时足额入库，全年未发生一例违法、违规行为。

加强与纳税人交流，及时了解企业经济状况

【纳税服务】 开展服务经济社会发展建言献策等税收宣传活动，落实各项税收优惠政策；规范办税服务厅建设，开展“擦亮窗口服务纳税人”、纳税服务明星评选、“征纳共盈”纳税服务品牌创建等活动；坚持开展“地税局长服务日”活动，解疑答惑，和谐互动，提供优质服务。

【信息化建设】 提高科技服务能力，强化岗位操作培训，加强技术和业务衔接，加强网络与信息安全，全面提高数据质量，规范运维渠道和工作流程，实现事件管理流程一体化推送。

【干部队伍建设】 实施25项培训计划，对全员实施分级分类教育，提高干部职工综合素质和岗位技能，组织参加省、市局能手选拔活动，3名干部入选省级骨干人才库，9名干部入选市级骨干人才库。

【基层建设】 完成新一轮基层建设三年规划目标，基层面貌发生变化，干部队伍素质提高，科学管理水平提升，被省地税局授予“全省地税系统基层建设优秀单位”荣誉称号。

【党风廉政建设】 落实党风廉政建设责任制，举办预防职务犯罪警示教育讲座，广泛开展税检、税纪共建和廉政文化进机关、进家庭等活动，争创“全县廉政文化进机关示范点”，组织开展廉政书画创作活动，“廉政文化长廊”正式落成。

【精神文明建设】 开展创先争优和文体比赛活动，全年取得省市级以上荣誉100余项。被县委、县政府授予“东阿县2012年度垂直单位科学发展综合考核”第一名“东阿县垂直部门服务管理考核”第一名及“2012年度政风行风建设先进单位”等荣誉称号；连续三年被县委、县政府评为“学习型先进集体”，三年连续获得执法单位行评第一名，六年连续保持“市级花园式单位”荣誉称号，九年连续保持“山东省文明单位”荣誉称号，十年连续保持“省级卫生先进单位”荣誉称号。

（张琳希）

茌平县地方税务局

经济概况

2012年，茌平县国内生产总值（GDP）完成332亿元，同比增长12.8%；地方财政收入32.9亿元，增长17.3%；规模以上企业358家，中小企业集群1600多家，城镇居民人均可支配收入、农民人均纯收入分别达到23676元、9259元，城镇化率达到51.2%；综合实力居全国科学发展百强县第83位。

收入概况

2012年，全局共组织各项收入9.71亿元，同比增收2.02亿元，增长26%；其中，县级预算收入完成6.12亿元，较上年增收1.35亿元，增长28%。

工作概述

【税政管理】 深化社会协助，强化源泉控管，入库契税、耕地占用税1.09亿元。做好年所得12万元以上个人所得税自行申报工作，申报数量和质量明显提高；做好年度企业所得税汇算清缴，补缴企业所得税650万元；落实小型微型企业和高新技术企业税收优惠政策，落实各类涉税优惠12户，涉税金额5130万元；执行结构性减税政策，全县95%以上的小规模纳税人不达起征点，免收税务登记证和发票工本费20余万元。

【征收管理】 提高收入质量防范执法风险，深化税源专业化管理。从“征、评、管、查”等业务环节着手，健全岗责体系，完善管理链条，以人力资源整合、分级分类管理、税源评估分析为重点，提高专业化管理质效。成立大企业管理组，实现重点税源重点管；强化行业管理，加大对房地产业、交通运输业等重点行业的管理力度；在部分零散税源、异地税源管理上，依法规范委托代征，实行社会化管理。

【税收执法】 开展“行政程序年”活动，规范税收规范性文件制定管理，严格程序，强化监督，应用执法考核系统严格责任追究，首次实现税收执法申辩前“零过错”。开展城中村改造和房产税专项检查，分别查补入库税款1035万元、456万元。发挥税务稽查以查促管、以查促收的作用，开展电子查账试点，对全县5大行业64家单位进行重点稽查，查补税款1182万元。

【纳税服务】 加大国地税联合办税力度。10月，纳税服务中心全面入驻县政务服务大厅，以办税环境、业务流程、纳税服务、工作考核四个“标准化”为目标，发挥联办优势，推进“全职能”窗口建设，所有涉税业务“一窗受理，一窗办结”，服务质效提升。

【干部队伍建设】 加大教育培训和资金投入力度，提前实现省局提出的“三年内基层干部轮训一遍”的工作目标。在省局组织的业务能手考试中，有6人获得省级、8人获市级骨干人才称号，

3人入选省局所得税骨干人才库。

【基层建设】 稳步推进集中办公，改善基层办公生活条件，加强基层经费保障，建立健全与集中办公相配套的制度，完成新一轮基层建设三年规划目标。县局被省人社厅、省公务员管理局、省地税局评为“全省地税系统先进集体”，振兴中心所、信发中心所被市地税局评为“基层建设优秀单位”。

【党风廉政建设】 加强党风廉政建设，健全财务管理、车辆管理、基建管理等各项规章制度，杜绝廉政隐患。加强基层党建工作，强化“五项建设”，在党员干部中开展“我承诺、我清廉、我服务”“五评五看”等活动，机关作风得到改善，县局荣获全县“服务地方科学发展优秀单位”称号，全县政风行风评议第一名；利用“廉政教育基地”开展廉政教育，山东电视台以《清风徐来听廉声》为题进行专题报道，县局被评为“聊城市廉政文化示范点”。

【精神文明建设】 县局保持省级“文明单位”称号，被省地税局授予“全省地税系统纪检监察先进单位”，获全省“幸福进家”活动先进单位、全市“残疾人工作先进集体”等称号，10个基层单位分获市级“青年文明号”“文明单位”“文明机关”等称号。

（吴志远）

高唐县地方税务局

经济概况

2012年，高唐县全年实现生产总值280亿元，同比增长12%；实现地方财政收入9.11亿元，按可比口径增长16.1%；完成全社会固定资产投资180亿元，同比增长18%。

收入概况

2012年，全局共组织各项收入6.78亿元，同比增长12%，增收7302万元。其中，县级收4.58亿元，同比增长36%，增收1.21亿元。

工作概述

【税政管理】 加强房地产业和建筑业税收征管，加强综合治税，对房地产业严格实行《预售许可证》制度，强化地税和房管部门的相互制约式管理，做到“以证控税”和“以票控税”；对建筑业中投资500万元以上的重点建设项目，实行全过程控制。全年房地产业相关税收入库11715万元，同比增长189%，增收5503万元；建筑业营业税入库3648万元，同比增长11%，增收375万元。

【征收管理】 全县实行土地综合治税专项行动，完成土地使用税8773万元，同比增长226%，增收6085万元。通过推行重点税源专业化管理制度、强化重点企业税收监控预测分析、开展纳税评估等，提高管理质效，全县重点税源企业实现税收5.69亿元，同比增长5.62%。

【税收执法】 年内，全县29个部门提供相关涉税信息10256条，新增税款1250万元，新增税务登记40个。强化税务稽查。组织开展重点税源专项检查、中小企业专项检查等活动，累计查补入库税款、滞纳金及罚款 1780 余万元，规范税收秩序。

【纳税服务】 将全县范围内的申报征收和发票管理业务全部集中到县局办税大厅，提高工作效率。推行办税公开，组织纳税服务培训，完善办税服务厅功能，规范“一站式”纳税服务模式，融洽征纳关系。

全面加强税收宣传，不断提高纳税意识

【信息化建设】 加强基础建设，强化数据分析应用，依托信息化支撑，开展税收预警、纳税评估、发票核查等工作，促进税收管理质效提升。年内，全局有高性能计算机 145 台，实现人均 1 台。

【干部队伍建设】 加强干部教育培训和“省级能手”选拔工作，加大组织领导、学习奖惩和教育培训力度。全年全局投入学习补助奖励资金 20 万元。1 人入选国家级骨干人才库，36 人（次）获得省级“征管能手”“稽查能手”等各类称号。

【基层建设】 开展新一轮基层建设，集中办公，加大硬件改造力度，解决基层的就餐、取暖、交通、装备等问题，解除后顾之忧。日常经费保障机制初步建立，全局基础建设得到加强。

【党风廉政建设】 贯彻落实党的十八大精神，开展党风廉政教育，学习贯彻《廉政准则》和《税收违法违纪行为处分规定》，全局上下层层签订《党风廉政建设责任书》，开展明查暗访活动，改进干部队伍作风，树立良好地税形象。在县纪委组织的垂直部门延伸评议中，全局有两个单位列第一名和第二名，有五个单位进入前十名。

【精神文明建设】 开展创先争优活动，年内先后被评为“全市地税系统组织收入工作先进单位”“服务基层建设先进单位”；通过国家级“巾帼文明岗”、省级“文明单位”、省级“青年文明号”的复查；被县委、县政府授予“优质服务”一等奖“优化经济发展环境先进单位”等荣誉称号，在年度行评中取得优异成绩。

（张　轲）

滨州市地方税务局

经济概况

2012年，滨州市实现生产总值(GDP)1987.73亿元，按可比价格计算，增长10.8%；三次产业结构为9.5∶52.6∶37.9，服务业增加值占GDP比重比上年提高1.2个百分点；规模以上工业主营业务收入5994.41亿元，增长19.5%；固定资产投资完成1262.73亿元，增长22.7%；财政总收入超过266亿元，比上年增收23亿元；公共财政预算收入完成150.46亿元，增长15.1%，其中，税收收入完成106.3亿元，增长20.3%，占财政预算收入的比重达到70.7%。

收入概况

2012年，全局共组织各项收入104亿元，同比增长22%，增收18亿元，首次突破百亿元大关；其中，组织税收收入95亿元，同比增长20%，增收16亿元；组织地方财政收入79亿元，同比增长25%，增收16亿元。

工作概述

【税收征管】 推进税源专业化管理，形成以征管责任区跨区整合、重点税源管理、风险管理为主线的三类管理模式，提高税源控管能力；修订下发《关于进一步加强税收征管基础建设的实施意见》，抓好税务登记、申报征收等基础管理工作，完善以“四个提高、四个降低”为核心的征管指标考核体系，改善各项征管指标；推进县（区）局班子成员抓企业带行业工作，探索建立4个行业管理模型、6个管理规程、12个管理办法，所抓企业和所带行业税收均实现稳定增长；以房地产业、建筑业等八项税收管理指引为内容开展专题培训，提高基层人员对重点税源控管的能力；强化税务稽查，探索实行稽查建议和“引入中介机构参与税收检查”模式，组织开展税收专项检查，实现稽查收入1.17亿元；深化国地税合作，在规范执法行为、提升征管质效、优化税收服务等方面实现互利共赢。

【税收执法】 开展“依法行政先进单位创建活动”，规范基层执法行为；落实《提高收入质量防范执法风险工作实施意见》和《收入管理评价办法》，建立税收资金运转监控平台，完善收入质量评价指标体系；健全工作点评制度和每周例会制度，对收入、征管、执法等重点工作进行点评，对税收增减变化进行分析，对热点难点问题进行立项督查督办；建立重点工作情况报告制度，争取领导支持，提交《工作情况报告》15期，多期得到市领导批示。

【纳税服务】 向市委、市政府提报加强经济税源建设、打造旅游精品等多项意见建议，得到市领导的高度评价；组织开展“税法宣传进机关”活动，市委书记、市人大常委会主任邓向阳做出批示予以肯定，市委副书记、市长张光峰为《财税基础知识读本》作序；落实营业税起征点提高、个人所得税费用扣除标准提高等各项税收优惠政策及相关扶持措施；做好代征代收工作；以“‘征纳共盈’纳税服务品牌”创建为载体，打造高规格、标准化的办税服务厅，组织开展应急演练，开展“三比三评，争创一流办税服务厅”活动，推行个性化服务措施，提升服务质效；参加市直部门在线访谈，拉近征纳距离，促进征纳和谐。

【基层建设】 10个县（区）局全部实现集中办公，统一形象标识，加强办税服务厅规范化建设，优化资源配置，提升管理质效；探索建立基层经费保障机制，按照每人每年3000元的标准，对中心税务所进行补助，实现中心所经费与乡镇财政拨款的完全脱钩；加大资金倾斜力度，改善基层办公、交通和生活条件，基层面貌焕然一新。

【干部队伍建设】 举办科级干部、中心税务所长等综合性培训班，开展税收基础知识、信息化应用等专题培训，提升干部队伍素质；开展“学法纪、提素质、防风险”集中学习教育活动，增强干部职工的遵纪守法意识、责任意识和风险防范意识，省局党组书记、局长宋文军等领导做出批示予以肯定；出台《学习培训奖励办法》，鼓励参加各类在职学历教育和培训；建立领导干部和机关人员到办税服务厅学习调研制度；推行竞争上岗、轮岗交流、上挂下派等工作，共轮岗科级干部58人，9人挂职锻炼，50多人被提拔重用；以创先争优为载体，深入推进系统党建工作，市委组织部部长张凯作出批示予以肯定；以“幸福地税”建设为主题，依托“三社”及各俱乐部，开展系列文体活动；举办“阳光心态”“仁孝”文化等专题讲座，成立博爱理事会，打造和谐幸福、团结奋进的地税团队；建立楼宇文化廊亭，提炼工作、学习、风险防控等14项核心价值理念，搭建地税文化体系。

【党风廉政建设】 推进检税共建，下发《关于检税共同推动地税系统惩防体系建设的意见》，共同开展预防职务犯罪工作，定期举办警示教育专题讲座，增强干部职工的廉洁自律意识；开展“十百千示范带动工程”示范点创建、“整治不正之风”等活动，荣获全市党风廉政建设“十百千示范带动工程”市级示范点荣誉称号；推广应用“廉政风险防控平台”，落实廉政谈话、待岗学习等工作制度，取得效果；加强与地方人大、纪检监察、审计等沟通联系，定期召开特邀监察员会议，推进政务公开，接受社会各界的监督。滨州市地方税务局在全市行风评议中列行政执法类部门第二名，荣获“全国军民共建社会主义精神文明先进单位”等多项荣誉称号，被市委、市政府荣记集体二等功。

（郭　瑞）

滨州市地方税务局滨城分局

经济概况

2012年，滨城区国内生产总值实现306亿元，社会固定资产投资实现210亿元，地方财政收入实现31.96亿元，同比分别增长8.6%、19%和15.03%；三产比例调整为3.16 ∶ 48.16 ∶ 48.68；实现规模以上工业增加值96.3亿元，同比增长12.47%；社会消费品零售总额实现133.12亿元；城镇居民人均可支配收入达到2.55万元，农民人均纯收入达到1.03万元。

收入概况

2012年，分局共组织各项收入23.37亿元，同比增长12.38%，增收2.57亿元。其中，中央级收入2.04亿元，省级收入1.96亿元，市县级收入19.36亿元。组织教育费附加1.41亿元、地方教育附加9544万元、文化事业建设费137万元、残疾人就业保障金632万元、地方水利建设基金4721万元。

工作概述

【税政管理】 落实各项税收优惠政策，为47家享受政策优惠企业依法办理减免税收1998万元。突破民间借贷税收管理瓶颈，组织税收入库1487万元。强化国际税收征管，组织税收入库101万元。加强交通运输行业税收控管，整改自开票企业13家，取消自开票企业资格2家，纳税人自开票行为得到规范。

【征收管理】 加强班子成员抓企业带行业管理，形成一系列行业税源管理规范，班子成员所带的交通运输、金融、保险、石油化工和电力5个行业累计入库税款5.29亿元，同比增长23.9%，增收1.02亿元。制定《宗地管理亮点工作实施方案》，加强部门配合，借助现代化手段，强化宗地信息比对监控，组织入库土地使用税1.35亿元，同比增长22.37%，增收2466万元。

加强与国土部门合作，获取土地信息，强化土地使用税管理

【税收执法】 强化法制培训和宣传教育，落实税收执法责任制和过错追究制，规范执法行为，实现抽象行政行为零过错、无具体行政行为诉讼、无涉税群体上访案件发生的目标。

【纳税服务】 在优化税收结构、培植地方税源、深入挖潜增收等方面，为地方政府建言献策。代收各项社会保障费用2.97亿元，到位招商引资项目投资额9900万元。开展“地税局长服务日”和“纳税人税法培训”活动，全面推行“一站式”纳税服务。

【信息化建设】 加强软件应用培训，提升干部职工信息化适应能力。推进网络与信息安全应急体系建设，做好软件和硬件运维工作，保证系统安全运行。加大数据管理力度，确保系统信息数据的真实性和完整性，大集中系统数据质量提高，信息化支撑能力提升。

【干部队伍建设】 突出干部教育培训，抓好初任培训、在职培训、专业知识培训和更新知识培训，保证干部职工熟练掌握岗位所需的专业知识和业务技能。组织开展沂蒙革命老区参观学习、“走进车间”启示教育、素质拓展训练等一系列活动，提升干部队伍风险防范能力，增强爱岗敬业意识。组织实施竞争上岗和双向选择工作，为地税事业发展提供组织保证。

【基层建设】 注重人文关怀，加强和谐共建，成立博爱理事会，进行健康查体，开展困难职工救助捐款活动。对基层加大人力、物力和财力投入，以滨北中心所为代表的规范化建设取得成效。推进地税文化建设，开展各种文体活动，基层面貌发生新变化。

【党风廉政建设】 构筑教育、制度、监督并重的预防和惩治职务犯罪工作体系，深化廉政教育和廉政文化建设，组织开展“检税共建”和廉政文化进机关、进办税场所、进家庭、进网络“四进”活动，健全廉政风险防控机制，惩防体系建设见成效。

【精神文明建设】 开展创先争优活动，被市委、市政府荣记财税工作集体三等功，被区委、区政府评为“人民满意优秀机关”，荣获滨州市“五四红旗团支部”荣誉称号，市西中心税务所、纳税服务中心被省工会授予“工人先锋号”，1 人获得滨州市“五一”劳动奖章。

（孙建卫）

滨州市地方税务局
经济开发区分局

经 济 概 况

2012 年，滨州市经济开发区实现财政总收入 12.4 亿元，增长 15.6%，地方财政收入 6.6 亿元，增长 15.3%；规模以上工业增加值增长 14.9%；固定资产投资 85.1 亿元，增长 22.7%；高新技术产业产值 75.4 亿元，增长 59.4%，占工业总产值比重为 49%；实现地区生产总值 80.13 亿元，增长 12%；工业企业主营业务收入 160 亿元，增长 36.5%。

收 入 概 况

2012 年，分局共组织入库各项收入 4.89 亿元，同比增长 2.99%，增收 1420 万元。其中，组织入库税收收入 4.38 亿元，同比增长 5.90%，增收 2439 万元；完成地方财政收入 4.1 亿元，同比增长 17.07%，增收 5973 万元。

工 作 概 述

【征收管理】 探索专业化管理模式，提高征管质效。分局设立办税服务厅、日常管理组、税源管理组三个模块，明确职责，优化工作规程，实行分岗管事。日常管理组主要由四个基层征收单位组成，税源管理组主要由业务科室组成。

【纳税服务】 按照省局新一轮基

层建设要求的标准对办税厅进行全面升级改造，打造标准化办税服务厅，抓好语言规范、着装规范、举止规范、纪律规范，营造“和谐温馨，方便快捷，整洁规范，健康高雅”的办税环境；整合办税服务资源，简化办事程序，实现“一站式”服务，方便纳税人；丰富载体，创新纳税服务形式，开展“地税局长服务日”活动，现场为纳税人提供服务，排忧解难；举办契税、所得税等纳税人培训班，送税法进企业，提升纳税人满意度。

【税收执法】 一是推行税收执法责任制。签订《税收执法责任书》，严格执法过错考核、督导和整改，每月发布税收执法预警，税收执法过错连续多月为零；二是建立半年点评分析会议制度。每半年由业务科室对收入、征管、执法等情况逐项进行点评，在查摆问题、强化整改、规范管理、促进收入增长等方面取得成果；开展“抓企业带行业”活动，每名班子成员分别从税源重点户、风险大户、征管难户、欠税大户中选取典型业户，作为规范管理的对象，通过对典型企业进行全面剖析，查找税源管理规律，研究制定规范管理措施，发挥领导干部抓税源管理的示范、带动、指导、监督和导向作用。

【信息化建设】 加强网络与信息安全检查，建立网络安全巡检体制，加强对大集中等各类管理应用系统的日常维护。投资10万元，通过政府采购渠道，购入笔记本电脑、打印机15台，全部充实到征管一线，提高信息化支撑力。

【干部队伍建设】 开展分级分类培训，鼓励干部职工参加“三师”考试，抓好学历学位教育，鼓励分局35岁以下干部攻读研究生。开展各类培训15期，培训368人次。建立教育培训激励机制，把教育培训情况作为奖先评优和干部选拔任用的重要依据，对取得研究生学历、注册会计师、注册税务师、会计师、律师等资格的干部职工，给予奖励。

【党风廉政建设】 落实党风廉政建设责任制，层层签订责任书；推进廉政风险防控管理工作，排查廉政风险点，防范违法违纪问题的发生；开展党风廉政教育，将廉政教育纳入2012年教育培训计划，每月不少于1次廉政教育课，每季度布置一次“廉政作业”，每年开展一次党风廉政主题活动；推进廉政文化建设，建设廉政文化长廊，开展廉政文化进机关、进家庭活动，营造廉洁勤政的氛围；加强外部监督，公开举报邮箱和监督电话，落实特邀监察员制度、税检共建制度，树立地税部门良好形象。

（姜新亮）

博兴县地方税务局

经 济 概 况

2012年，博兴县实现地区生产总值257.5亿元，同比增长17%，增收22.5亿元；规模以上工业企业实现主营业务收入首次超过1000亿元；完成财政总收入35.5亿元，其中地方财政收入20.88亿元，同比增长16%，增收2.88亿元，地方财政贡献过千万元企业达到37家，过亿元企业达到7家。

收入概况

2012年，全局共组织各项收入15.82亿元，同比增长32.48%，增收3.88亿元。其中，中央级收入2.68亿元，同比增长14.24%，增收3344万元；省级收入1.23亿元，同比增长28.75%，增收2747万元；市县级收入11.9亿元，同比增长37.84%，增收3.27亿元。

工作概述

【税收征管】 强化税务登记、监控分析、数据质量等各项征管基础工作，对征管数据质量适时监控，税务登记率同比增长14.7%，企业、个体税种登记条目户分别增加到5.4条、4.1条，当期入库率达到98.7%。对制造业、金融保险业和出口货物免抵增值税附征税费进行纳税评估，查补入库税款、滞纳金442万元。核实、处理预警信息550条，处理率达100%，补缴税款235万元。7月入驻县行政审批中心，与国税、房管等部门实现联合办公，代征地方各税费960多万元。

【税收执法】 制定《日常税收执法检查实施办法》，重点对执法的事前、事中、事后进行监督制约。通过政务公开栏、地税网站加强政务公开，借助外部网站、税法培训中心、第21个税收宣传月和“网送税法”等载体宣传税收法律、法规和政策。实施“引入中介机构参与税收检查”模式，对房地产业、建筑业、现代服务业和重点税源企业实施专项检查，立案检查10户，查补入库税款3015万元。

【纳税服务】 以纳税服务中心被省局确定“全省地税系统规范办税服务厅执法行为试点单位”为契机，投资20多万元安装集叫号机、评价器、身份证扫描于一体的有线排队系统、语音视频监控系统和LED显示屏，更换办公桌椅，对内部设置进行改造，对各种标识进行规范，对窗口功能进行优化整合。编印《办税服务厅规范执法行为工作手册》，规范明确各办税环节步骤，对12项主要办税业务印制办税指南。

开展“大手拉小手，娃娃学税法”活动

【行政管理】 制订全年目标管理考核办法和县局全年工作重点，借助考核和督查提高行政运转效能。对公务用车、考勤、经费预算、公务接待等行政管理制度进行修订完善。开展节约型机关建设，压缩“三公”经费支出。

【党风廉政建设】 层层签订《党风廉政责任书》，组织全体干部职工到县检察院参观警示教育室、观看警示教育片，到市局观看税务系统警示教育图片展，参加市局组织的“学法纪、提素质、防风险”集中学习教育活动。结合省局大集中系统和执法责任制考核，完善内控机制，细化执法权力运行流程，对重点部位和关键环节排查，防范执法风险。

【干部队伍建设】 制订全年教育培训方案，开展党性修养、理想信念和思想政治教育和分级、分岗位、分专业培训。组织干部职工80多人次赴扬州税务学院、山东税校等地进行脱产培训。通过公开竞聘提拔中心所长2名，对各征收单位负责人进行轮岗，对部分人员工作岗位进行调整和优化组合。

【精神文明建设】 依托羽毛球、太极拳、瑜伽等社团组织广泛开展文体活动，踊跃参与无偿献血、捐献造血干细胞志愿者、义务劳动和包村帮扶等公益事业。在全县"千名干部下基层"工作中，为结对帮扶的西一村修路捐资15万元；在全县"百名干部包企业"工作中，为结对帮扶企业引进外资2000万元。荣获"全省地税系统纪检监察先进单位""全省地税系统专项检查先进单位"等13项荣誉称号，在全县行风评议中名列第一，执法评议继续名列前茅。

（崔 超）

邹平县地方税务局

经济概况

2012年，邹平县完成地区生产总值695亿元，实现财政总收入95.17亿元，其中地方财政收入51.33亿元。全国县域经济基本竞争力百强跃居第13位，被评为中国投资价值城市示范区、全国粮食生产先进县、全国纺织产业集群模范区、全省县域经济"两个同步"先进单位、全省人才工作先进县、全省服务业发展先进县、全省金融创新试点县、首批"乡村文明行动"省级示范县、首批省级现代农业示范区。

收入概况

2012年，全局共组织各项收入35.48亿元，比上年增长15.91%，增收4.87亿元。其中，中央级收入6.15亿元，同比减收2.12亿元；省级收入2.66亿元，比上年增长1.53%，增收442万元；市级收入18万元，比上年增长12.5%，增收2万元；县级收入26.66亿元，比上年增长35.12%，增收6.93亿元。

工作概述

【税收管理】 加强收入调度，纳税过百万元的企业累计入库28.61亿元，同比增收2.03亿元；抓企业带行业工作取得成效，加强进口设备安装调试业务税收管理实现历史性突破，被省局科研专刊、《县长参阅》刊发，民间借贷税收管理做法被编入《全省民间借贷案例选编》；抓好所得税汇算清缴，调增应纳税所得额3.13亿元，补征税款1405万元；加强年所得12万元以上纳税人个人所得税自行申报管理，同比增长117.33%，增收5213万元；推进应用房地产评估技术，开展地价计入房产原值计征房产税工作；加大稽查力度，查处某商业银行将支行贴现利息收入划入总行缴纳营业税的问题，追缴税款341万元；推行税源专业化管理，建立以预警评估系统为依托，以"分类、分级、分岗"管理为主要内容，团队协作、分权制衡、责任到人的税源专业化管理体系；加强征管基础建设，当期税款应征入库率和滞纳金加收率均达到100%，税务登记增长率同比增长13.94%，个体达点户签约率达到100%，企业户均税种登记条数10.61条，高于全市平均条数5条；规范正常业户跨镇（办）经营管理，降低临时户数量，临时户入库税款占比由年初的8.19%下降为3.9%，占比率全市最低。

【纳税服务】 落实《山东地税办税服务厅管理规范》，投资50多万元，统一标识管理、窗口设置、业务流程，新上叫号机、评价器、监控系统及拾音器等设施；按照“前台受理、内部流转、限时办结、统一出件”的要求，形成“一次性”告知、“一窗式”受理、“一站式”服务的纳税服务格局；规范办税服务厅应急处理，制定应对预案，提高对各类突发事件的应对能力；落实优惠政策，为39户企业办理税收优惠备案、资产损失税前扣除手续，减免税款932.8万元。

【税收宣传】 开展“地税局长服务日”、纳税人满意度调查、纳税服务质量评价、纳税服务明星评选等活动，接待来访人员100多人，解决实际问题130多个；组织“税法杯”乒乓球赛，开展“税法进机关”等活动；加强内外部宣传，已发表稿件分别为中央级1篇、省级18篇、市级30篇、县级以上内刊刊发信息110篇。

【干部队伍建设】 开展“学法纪、提素质、防风险”集中学习教育活动，举办各类教育培训10余期；以构建温馨、激情、和谐、幸福的地税大家庭为抓手，组织全县地税系统首届登山比赛、元旦家庭文艺联欢会等活动；成立博爱理事会，实施“平安校车”工程，开展查体活动2次，慰问职工10余次；提拔任用副科级以上干部4名，选拔培养后备干部12名，实行双向选择交流轮岗干部39名。

【党风廉政建设】 建立“网上廉政文化教育基地”，开展“保持党的纯洁性”教育活动，组织干部职工赴鲁中监狱接受警示教育、听取县检察院预防职务犯罪报告、参观廉政书画展等。在全县综合评议中，综合成绩位列第一名。

【精神文明建设】 获得全省地税系统“先进集体”“‘征纳共盈’纳税服务品牌先进单位”，全市地税系统“目标管理考核先进单位”“行政程序年”先进集体，邹平县“科学发展综合考核先进单位”“招商引资先进单位”“执法责任制先进单位”“行风建设先进单位”等多项荣誉称号。

（朱　莹）

惠民县地方税务局

经济概况

2012年，惠民县地区生产总值实现150.43亿元，同比增长10.8%；地方财政收入实现6.03亿元，同比增长16.50%；固定资产投资实现113亿元，同比增长25%；规模以上工业增加值同比增长13.70%，主营业务收入、利税、利润分别增长36.17%、63.16%和56.6%。

收入概况

2012年，全局共组织各项收入4.73

亿元，占年度计划的 100.7%，同比增长 26.97%，增收 1.01 亿元，收入总量首次突破 4 亿元大关；地方财政收入完成 3.92 亿元，占年度计划的 104.49%，增收 1683 万元。

工作概述

【税收征管】 开展班子成员抓企业带行业工作，班子成员所带五个行业实现收入近 3 亿元，同比增长 21.30%，增收 5283 万元。其中，房地产业入库税收 9575.59 万元，同比增长 83.58%，增收 4359.5 万元；开展“局长收税日”和“局长收税月”活动，做到“阵地前移，靠前指挥，现场办公，示范带动”，促进各项工作任务的完成，改进工作作风、提高工作质量；联合财政、公安等部门制定出台《车船税“先税后审”管理办法》，推进车船税“先税后审”工作，在交警车管所服务大厅内设立车船税稽核窗口，共审核通过车辆 50909 辆，征收税款 101.23 万元，其中查补 2011 年度税款近 30 万元。

加强税源管理，深入房地产企业调研，帮助企业解决实际困难

【标准化建设】 7 月导入 ISO9001 质量管理体系，11 月 25 日通过 ISO9001 质量管理体系现场审核，形成以税源专业化管理、纳税服务、行政管理、风险防控机制建设为主要内容的标准化管理体系，促进各项工作的规范和提高。

【基层建设】 开展“抓作风，转模式，提质效”活动，实施集中办公和税源专业化管理，建立起“岗位设置科学，责任清晰明确，信息相互反馈，权力相互制约”的税源专业化管理模式。帮助基层加强硬件和软件建设，改善基层办公、交通和生活条件。

【依法治税】 强化提高收入质量防范执法风险意识，层层签订《税收执法责任书》、落实税收执法责任制，推进依法治税、依法行政，提升执法水平，防范执法风险。探索“引入中介机构参与税收检查”模式，组织开展税收专项检查，全县实现稽查收入 823.2 万元。

【纳税服务】 做好教育费附加、工会经费和水利建设基金的代征代收工作，支持各项社会事业发展，发挥税收职能作用，落实各项税收优惠政策，帮助企业解决实际问题，受到纳税人和社会各界的好评。

【干部队伍建设】 开展“培训教育月”等活动，举办税收基础知识、八大行业税收管理指引、标准化建设、文明礼仪等多期培训，提升干部职工的能力素质；建立领导干部和机关人员到办税服务厅学习调研制度；开展竞争上岗、轮岗交流等工作，整合人力资源，优化队伍结构，调动干部职工的积极性和主动性。

【党风廉政建设】　查找思想作风、党性原则、廉洁自律等方面存在的突出问题，认真梳理、整改，提高党性修养，提升风险防控能力。通过组织观看省局《案例警示教育巡回展》、举办廉政警示教育报告会等活动，增强干部职工的廉洁自律意识和风险防范意识。参加滨州市、惠民县广播电台的《行风热线》节目，解答听众的涉税问题，密切征纳关系，提升地税形象。

【精神文明建设】　荣获“滨州市2012年度财税工作先进集体”“2012年度全市地税系统目标管理考核先进单位”“2012年度惠民县税收征管先进单位”“2012年度惠民县综治暨平安建设先进单位”等多项荣誉称号，通过“省级文明单位”复审。

（郭兴增）

阳信县地方税务局

经济概况

2012年，阳信县实现生产总值120.15亿元，同比增长9.8%。其中，第一产业增加值20.57亿元，同比增长4.2%；第二产业增加值50.63亿元，同比增长11.8%；第三产业增加值48.96亿元，同比增长10.1%。三次产业比重17.12 ∶ 42.14 ∶ 40.74。

收入概况

2012年，全局共组织各项收入3.23亿元，同比增长30.02%，增收7459万元。其中，中央级收入完成1431万元，省级收入完成3405万元，县级收入完成2.78亿元。

工作概述

【税政管理】　研究税收政策，搞好政策调研，加强营业税重点行业和企业监控管理，增加税收收入。实行税收减免集体审议制度和社会公示制度，确保税收政策不折不扣执行到位。规范货物运输业税收管理，深化房地产税收一体化管理。做好企业所得税核定征收及年度汇算清缴工作。

【征收管理】　加强税收征管基础建设，抓好临时征收户、代开发票、非正常户等各项基础工作，突出抓好登记环节土地、房产等底层信息采集的管理。抓好“四个提高、四个降低”指标。重点抓好零负申报比例、临时户占比及临时户入库税额比重等指标。开展班子成员抓企业带行业工作。完善制度、办法，总结推广先进经验做法。

【税收执法】　深化税收执法责任制，开展税收执法检查，优化执法环境。开展“行政程序年”活动，优化税收执法环境。建立纳税人维权服务体系、涉税扶助服务体系和税收执法风险识别与管理体系，防范执法风险。

【纳税服务】　用好用活各项税收优惠政策，为下岗职工再就业、退伍军人创业、维护社会稳定、困难企业发展提供税收扶持。推出“预约服务”“延时服务”等特色服务举措，为纳税人提供及时、方便、快捷的服务。

【信息化建设】　强化上线软件的

维护和管理，做好在线考核、数据管理、日常运维等工作的监控和指导。为基层提供技术保障、为纳税人提供技术服务，保障信息系统应用的安全和稳定，确保“大集中”系统正常运行。

【干部队伍建设】 以“幸福地税”建设为主线，依托博爱理事会，开展凝心聚心工程，增强干部职工的荣誉感和团队归属感。开展分级分类岗位培训，干部队伍素质得到提高。实施“青年成长成才工程”，探索出一套关注青年干部成长的系统性举措。

【基层建设】 建立健全班子成员联系点制度，班子成员包靠基层中心税务所，协调帮助解决实际困难。以开展“规范化中心税务所”创建活动为契机，为基层配置更新计算机、复印机、打印机、空调、执法执勤用车，基层办公、生活环境得到改善，执法服务效率提高。

开展“检税共建”活动，以反面典型为警示，切实增强干部职工的法纪意识、风险意识、责任意识

【党风廉政建设】 落实党风廉政建设责任制，完善廉政风险防控机制建设。以开展“学法纪、提素质、防风险”集中学习教育活动为契机，开展廉政风险自查自纠活动，举办廉政教育晚会。加强与纪委、检察、审计等部门的沟通交流，开展检税共建活动，及时解决苗头性、倾向性问题。

【精神文明建设】 确定“和谐包容、务实创新、奋斗超越”的阳信地税精神，构建“单位有精神，团队有愿景，部门有理念，个人有座右铭”的核心价值体系。将《梨乡地税》刊物改为双月刊，增加“青年成长成才”栏目，扩大赠阅范围，把《梨乡地税》打造成阳信地税亮丽的文化名片。开展群众性文体娱乐活动，增进交流，打造“幸福地税”。

（陈　勇）

无棣县地方税务局

经济概况

2012年，无棣县实现国内生产总值（GDP）211.7亿元，同比增长11.1%；实现财政总收入15.95亿元，同比增长24.2%；实现地方财政收入10.43亿元，同比增长25.2%；全县规模以上工业总产值329.3亿元，同比增长17.6%。

收入概况

2012年，全局共组织各项收入6.53亿元，同比增长22.49%，增收1.2亿元。其中，中央级完成1823万元，同比下降8.26%，减收164万元；省级完成3678万元，同比下降9.81%，减收400万元；县(区)级完成5.98亿元，同比增长26.57%，增收1.26亿元；地方财政收入5.79亿元，同比增长26.41%，增收1.21亿元。

工作概述

【税收征管】　一是开展抓企业带行业工作，班子成员对全县房地产业、餐饮业、白酒制造业、盐业制造业、工艺品制造业五大重点行业进行调研，整理出各行业的税收管理指引。深化税收预警和纳税评估工作，全年税收预警自查补税47户项，补税226万元，比对入库66户项，入库税款370万元。评估制造企业3家、金融企业2家、出口企业免抵增值税25户项、交通运输业2户，补缴税费103万元。二是开展存量房交易评估、宗地管理工作，土地税源管理系统共维护土地信息1117户，维护比例达71%。房地产交易评估系统完成申报交易套数87套，合同申报价格1333万元，评估计税价格2057万元，评估后调增价格723万元。

【税收执法】　加强现代物流业管理，剥离自开票运输公司11家，并对社会的闲散运输资源进行整合，实现独立核算，共计实现营业收入1.39亿元，入库地方税款1316万元，同比增收399万元。开展房产税计税依据核查，全年测量房屋面积100多万平方米，增加房产计税原值1.6亿元，增收房产税130万元，增幅达14%，形成"统一基准地价标准、调整房产计税依据"的工作机制。

【纳税服务】　落实结构性减税政策，为个体工商户、小微企业等落实税收优惠28万元。通过营业税起征点调整，698户个体纳税人受益，占全部营业税个体工商户的48.64%。代征代收教育费附加、地方教育附加、文化事业建设费、残保金、工会经费、地方水利建设基金等3849万元。受理发票举报案件14起，12366热线反映问题转办处理及反馈率均达100%，发售定额和卷式发票31万份，代开填用发票2.2万份，代开发票15.32亿元，入库税款4424万元。

积极参加行风热线活动，就民众关心的税收问题进行解答

【干部队伍建设】　加强硬件建设，基层单位提前一年完成集中办公；将信阳、碣石山、水湾、小泊头4个中心税务所、直属局和稽查局的申报征收业务全部集中到县局纳税服务中心；加强领导班子和干部队伍建设，制订全县地税系统三年培训计划，年内举办各类培训班58期，全系统干部职工人均参加培训7次。

【党风廉政建设】　廉政风险防控平台正式上线运行，形成教育、制度、科技相结合的科技防腐体系，实现税收执法权和管理权的规范运作。强化检税共建，制定《关于检税共同推进地税系统惩防体系建设的实施意见》，加强预防职务犯罪工作。

【精神文明建设】　荣获反腐倡廉建设暨勤政效能先进集体、"富民兴棣"先进单位、招商引资先进单位、全县平安无棣建设工作先进单位、无棣县生态文明村创建集体三等功、全县执法责任制工作优秀执法机关、无棣县五四红旗团支部、无棣县行风评议免评单位、滨州市五一劳动奖状、山东省全民健身活动先进单位等多项荣誉称号。

（寇　勇）

沾化县地方税务局

经济概况

2012年，沾化县实现国内生产总值（GDP）147.05亿元，比上年增长10.9%，实现财政总收入8.42亿元，比上年增长20.11%。第一产业实现增加值32.35亿元，增长5.3%；第二产业实现增加值56.97亿元，增长13.9%；第三产业实现增加值57.72亿元，增长11%。人均生产总值达到4.15万元，增长10.35%。

收入概况

2012年，全局共组织各项收入5.99亿元，占年度计划的105.3%，同比增长35.92%，增收1.58亿元。其中，入库县级收入（地方财政口径）5.4亿元，占年度计划的113.03%，超计划6230万元，同比增长43.96%，增收1.65亿元。

工作概述

【征收管理】　以“一厅、一科、六所（局）”为布局，形成“以税源管理为中枢，全县集中征收，基层征收机构按行业和规模分类管理”的税源专业化管理模式。对重点税源实行梯级式监控，形成县局、中心所、税源管理科三级“塔式”管理，完善国地税信息共享交流平台，推进土地使用税专项整治，更新税源数据库，追缴欠税。

【税收执法】　开展“强素质、防风险、树新风、提效能”教育整顿活动，查摆不足，全面整改；落实税收执法责任制，层层签订《税收执法责任书》。组织规范税收执法和征管质量专项检查活动，对各单位执法工作进行督导和检查，执法责任制考核实现“零过错”。加强税收评估、稽查，利用大集中系统和征管部门提供的信息，结合国土部门和城建部门提供的材料，对全县48家房地产企业进行全面的摸底调查。

【纳税服务】　开展“局长服务日”活动，搭建“零距离”服务平台，接待纳税人600人次，现场解答办理涉税事项200人次。两次在办税服务大厅进行“应急演练”；推行“预约服务”，完善税库银横向联网、网上自助申报、网上认证、POS机刷卡缴税等多元化申报缴款方式，满足纳税人的需求。获得全省地税系统“‘征纳共盈’纳税服务品牌创建先进单位”、滨州市“富民兴滨劳动奖章”“巾帼文明示范岗”“三八红旗手”等荣誉称号。

【干部队伍建设】　对基层征收机构及县局科室的管辖范围和职责进行重新划分，组织两次竞争上岗和双向选择，按需设岗，有8人走上中层以上领导岗位。组织“每周一学、每月一考、每季一评”集中学习教育活动，组建“两组”（税收管理研究课题组、行政管理研究课题组）、“两队”（考试团队，授课团队），提升全局人员的业务水平和理论素质。组织开展“爱岗敬业”“纳税服务”“税收管理”等10项优秀标兵评选活动。

【基层建设】 建立经费保障机制，经费预算向一线倾斜；完善办税服务大厅功能，重新配备打印机、复印机、计算机等设备；按照示范中心所的标准对泊头、下洼中心税务所进行改造，达到绿化、美化、亮化，使办公环境、生活条件得到改善，荣获全省地税系统“基层建设先进单位”称号。

【党风廉政建设】 制定下发《关于进一步加强党建工作的实施意见》，开展“党政日”活动，将“党政日”活动的巡视、督导工作与廉政风险防控结合起来，做到防范执法风险“关口前移”；建立“教育引导、制度控导”综合管理机制，开展“三个教育”（集中学习教育，形势教育，警示教育）活动，抓好内外监督，以“四个公开”（公开政务、公开述职述廉、公开重大事项、公开违法违纪惩处情况）为切入点，构建“阳光”地税。设立网络平台了解民情、汇集民智，聘请特邀监察员对地税工作进行监督，促进党风廉政建设工作的开展。

【精神文明建设】 建立“文学协会”“摄影协会”“乒羽协会”“书画协会”等团体，定期组织“周末电影院”，创办《心灵视窗》群众刊物，举办沾化地税首届群众运动会，筹措资金，推进廉政教育室、荣誉室、党员活动室和职工活动室“四室”建设，营造文化氛围，打造地税品牌。与下洼镇卢家村结成帮扶对子，为其建设办公楼，支持和服务地方发展。

（花仁军）

滨州市地方税务局高新技术产业开发区分局

经 济 概 况

2012年，滨州高新技术产业开发区实现地区生产总值（GDP）30亿元，比上年增长7.3%，其中，第一产业增加值完成4.4亿元，比上年增长4.3%，第二产业增加值完成13.96亿元，比上年增长8.5%，第三产业增加值完成11.66亿元，比上年增长7.1%。全区实现地方财政收入1.8亿元，比上年增长54.83%。

收 入 概 况

2012年，分局共组织各项收入1.97亿元，比上年增长44.75%，增收6096万元。其中，中央级收入完成520万元，比上年下降31.96%，减收245万元；省级收入完成1221万元，比上年下降1.38%，减收17万元；县区级收入完成1.8亿元，比上年增长54.83%，增收6357万元。

工 作 概 述

【税政管理】 完善税源管理联动机制，强化各科室一体化协作配合，加强税源管理、分析预警、纳税评估和纳税服务等各环节间的互联互动，健全完善各科室之间横向综合协调机制和纵向任务分配反馈机制，促进税源控管的集约化、精细化和专业化。以省局大集中系统为基础，依托信息技术支撑，健全理顺税收预警、评估、任务派送等操作流程，发挥信息化税源监控手段。全年处结预警信息78条，核实需补税信息47条，补缴入库税款34万元。根据调研结果，结合大集中信息调取涉税数据，通过分析研究，综合比对，建立行业征管参数模型，规范行业税收征管，提升纳税人纳税遵从度。

【征收管理】 贯彻落实《山东省地方税收保障条例》，争取地方党委、政府支持，制定《高新区关于进一步加强地方税收保障工作的意见》，发挥社会综合治税、协税护税职能作用，采取先税后证、先税后审、委托代征等有效措施，合力做好税源控管。通过政务协同办公系统定期采集涉税信息，建立涉税信息共享机制，形成税源控管强大合力，全年采集综合治税信息4574条，增收税款2439万元。

【税收执法】 落实税收风险责任制，层层签订《税收执法责任状》。强化税务执法人员的法制和警示教育，树立依法行政意识，做到学法、懂法，严格执法。定期组织开展政策法规学习，组织税收执法人员参加省市局举办的各类税收政策法规和业务知识学习培训，提高税收执法人员整体素质。教育干部职工从思想上树立执法风险意识。

【纳税服务】 探索“开展前置服务，提供办税温馨提示”“实施个性服务，畅通网络交流平台”“进行跟进服务，建立定期随访机制”三项服务机制；对内建立“每周例会制”“行业管理制”“科室负责制”“综合协作制”四项机制，创新服务形式，提升管理水平。

【干部队伍建设】 开展税收业务培训，提高干部职工的业务水平；推行人才分类管理，制定科学的考核标准和合理的考评机制，激发干部职工活力。采取集中学习、岗位培训相结合的方式进行培训；开展全员读书活动，利用有限资金，购入涵盖法律法规、政治理论、经济理论、税收征管实务、信息技术、健康保健、文学艺术等各类图书3000余册。转正党员2名，发展预备党员1名，2人荣获残疾人就业保障金征收工作先进个人，1人获得团市委先进团干部、团省委先进团干部荣誉称号。

干部职工深入企业开展调查研究

【党风廉政建设】 落实《党风廉政建设责任状》，贯彻执行领导干部“十廉工程”和基层反腐倡廉建设“十项机制”，把学习党风廉政建设作为每周例会的必学内容、必讲话题。坚持民主集中制原则，正确处理个人与组织、与全局的关系，做到原则性问题集体研究，重大性问题民主决策，一般性问题成员通气，确保每项决策的科学性。

【精神文明建设】　依托“幸福地税”建设，丰富建设内容，成立摄影社、文学社、书画社、体育社等社团活动，依托节庆活动，组织广大党团员青年参与，在地方党委政府和上级主管部门开展的“春季运动”“全市地税系统羽毛球比赛”“全市地税系统摄影大赛”“全市地税系统书画大赛”等各项文体赛事中荣获佳绩。分局荣获“省级青年文明号”、山东省总工会“职工体育建设先进单位”，滨州市“残疾人就业保障金征收工作先进单位”、滨州市妇联“春蕾计划”爱心单位、滨州市总工会“职工职业道德建设十佳单位”、高新区“综合治税工作先进单位”等荣誉称号。

（苏洪杰）

滨州市地方税务局北海经济开发区分局

经济概况

2012年，滨州北海经济开发区实现地区生产总值10.55亿元，同比增长12.3%；规模以上固定资产投资101.1亿元，同比增长110.6%；实现地方财政收入2.2亿元，同比增长12.3%，以上增幅均列全市首位。

收入概况

2012年，滨州市地方税务局北海经济开发区分局共组织各项收入2.07亿元，收入总量首次突破2亿元，同比增长86.44%，增收9585万元。其中，组织县级财政收入1.83亿元，完成年度任务的126.4%，增幅名列全市第一。

工作概述

【税收征管】　探索实行“分税种按事设岗”的税源专业化管理模式，明确管理岗位和管理职责，形成无缝隙、精细化、全方位税源管理新格局。开展税源清查，摸清税源底数，重点开展土地使用税、房产税、耕地占用税等相关税种的清理核查，各税种增幅明显。开展“领导班子成员抓企业带行业”工作，通过深入调研、规范整顿、典型带动，建筑业、盐业和房地产业税收实现快速增长。全区建筑业实现税收4539万元，增长2.6倍；盐业实现税收5749万元，同比增长98.24%；房地产业实现税收217万元。

【税收执法】　开展“学法纪、提素质、防风险”集中学习教育活动，并与全体人员签订《税收执法责任书》，推行执法责任制和过错追究制，严肃组织收入纪律，强化干部职工的风险防范意识。拓宽执法监督渠道，利用公开栏公开纳税服务承诺、各项办税服务流程，设置举报电话、举报箱等，广泛接受纳税人的监督批评。组织开展税收执法督察，排查风险点，抽调精干人员选择重点行业、企业进行执法检查，深度分析和评估执法现状，化解执法风险，分局成立以来未出现一起复议、诉讼案件。

【纳税服务】　整合办税服务厅，推行“一站式”服务，将“地税局长服务日”活动落到实处，真正服务纳税人。开展税法宣传进机关、进企业、进工地“三进”活动。服务地方政府，争取无偿资金800

万元，落实税收优惠政策，被北海经济开发区管委会授予“优质服务年活动先进单位”荣誉称号。

【党风廉政和干部队伍建设】 层层签订《党风廉政建设责任书》，组织观看廉政教育警示图板，用发生在地税系统、发生在身边的案例警示教育干部职工。完善干部管理，开展股级干部竞争上岗工作，规范内设机构，建立完善的中层干部体系，合理调配各科室的人员构成。制订教育培训计划，结合省、市局“业务能手”选拔，出台奖励政策，调动干部职工学习自觉性、积极性。

【基层建设】 投入资金三十余万元修缮办公楼、安装取暖设施，修建浴室、晾衣房；将院内空地改造为小菜园。

【精神文明建设】 加强“幸福地税”建设，改善精神面貌和转变工作作风；树立创先争优意识，获得“滨州市财税工作先进集体”“滨州市五一劳动奖状”“滨州市残疾人就业保障金征收工作先进单位”“滨州市工会经费收缴工作先进单位”“滨州北海经济开发区财税工作先进单位”“滨州北海经济开发区创先争优先进单位”等多项荣誉称号。

（高　强）

菏泽市地方税务局

经济概况

菏泽市地处山东省西南部，与苏、豫、皖三省接壤，地处北纬34° 39′～35° 52′，东经114° 45′～116° 25′之间。南北长157公里，东西宽140公里，总面积12238.62平方公里。辖牡丹区和曹县、定陶、成武、单县、巨野、郓城、鄄城、东明1区8县及10个省级经济技术开发区，人口969万人。全年完成地区生产总值1787.36亿元，可比增长13%，增速高于全省3.2个百分点，高于全国5.2个百分点，居全省第一位。分产业看，第一产业实现增加值241.01亿元，增长3%；第二产业实现增加值974.22亿元，增长16.2%；第三产业实现增加值572.13亿元，增长12.3%，占国内生产总值比重比上年提高1.2个百分点。

收入概况

2012年，全市地税系统累计组织各项收入1027315万元，同比增长28.78%，增收229565万元。市县级收入完成891613万元，同比增长34.45 %，增收228448万元。

工作概述

【收入质量】 年初组织开展全市税源调查和“风险无处不在　防范人人有责”主题实践活动，层层签订《提高收

入质量 防范执法风险责任书》，执行大额收入事项提前报告审批制度。把好临时户、地方小税种、代开发票、征期入库、网上监督五个收入关口，加大收入调度力度，及时掌握收入完成情况及动态。开展“行政程序年”活动，12月19日，市局作为唯一市直部门代表市政府接受省政府检查验收并受到充分肯定。

【基层建设】 按照定目标、定内容、定责任、定进度的“四定”要求，明确目标，分解责任，狠抓落实。基层基础条件明显改善，各级共投入基层建设经费1147万元，解决了基层一线的取暖改造、计算机配备、食堂建设、交通工具等问题。三年中，全市配备计算机612台，新装空调546台，车辆75辆，办公桌椅460套。推进集中办公，基层办公点减少到现在的26个，101名工作人员充实到基层税收征管岗位。积极建立经费保障机制，市直和8县1区均以政府发文或报告批复的形式出台经费保障办法，基层经费保障能力增强。

【税收征管】 深化征管改革，实现1区8县9个单位的县级集中征收，制定《深化征管改革推进税源专业化管理的实施意见》。加强户籍管理，强化发票管理，加大对重点税种的管理力度，强化数据管理，强化反避税管理，强化税源分类管理，税源控管成效显著。推行委托代征管理，强化与保险、房管、国土、国税、交通、工商和专业市场管委会的配合，委托代征管理效率不断提高。深化纳税评估和税收预警，强化税务稽查，多措并举确保征管质效。

【干部队伍建设】 加强教育培训，举办企业所得税专题培训、中心税务所长、分局长和业务骨干人才培训班。在全省地税系统税收征管等七类业务骨干人才考试中，菏泽综合成绩列全省第五名，其中牡丹区局皇甫华萍获“全省计划财务能手”第一名、定陶县地税局叶华获全省国际税收及“反避税工作业务能手”第一名。加强干部管理，按照《党政领导干部选拔任用条例》等有关规定，对县区局缺职的干部进行任免交流。加强班子建设，开展“六好”领导班子创建活动。开展“六爱”“四德”“和谐机关”创建、党员做“表率”、支部创“五好”和创先争优活动，提升菏泽地税的良好形象。

【党风廉政建设】 落实党风廉政建设责任制，调整充实党风廉政建设领导小组，召开廉政工作会议和廉政集体谈话会议，层层签订《党风廉政建设责任书》。加强廉政风险防范机制建设，加强廉政教育，加强廉政文化建设，开展行风评议活动，全系统党风廉政建设取得成效。在1月19日菏泽市民主评议政风行风现场会上，市地税局在“行政执法类”24个单位排名第一，在参评的三大类别71个部门中总分数第一。在民主评议行风评比中，市地税局列“行政执法类”第二名。

【纳税服务】 开展服务经济社会发展建言献策和“我为企业服好务，我为企业献计献策”活动。做好教育费附加、地方教育附加、文化事业建设费、残疾人就业保障金、工会经费、地方水利建设基金等征（代）收工作，落实残疾人就业、下岗失业人员再就业、军转干部再就业等各项税收优惠政策，加强办税服务厅规范化建设，开展“擦亮窗口服务纳税人”“集中服务企业发展”、纳税服务明星评选、青年志愿者服务、“局长做客市长热线”“地税局长服务日”“征纳共盈”纳税服务品牌创建等活动，促进地方经济社会发展。6月13日，在菏泽市首届公共服务单位满意度调查表彰大会上，市地税局荣获菏泽市首届公共服务单位满意度调查政府职能部门第一名，被授予“最佳公共服务单位”称号。

【精神文明创建】 广泛开展创建文明单位、青年文明号等各类创先争优活动。市地税局和所有县区局及8个基层中心税务所被评为省级文明单位，市局被评为全国文明单位，全国精神文明建设先进单位，全国五五普法中期先进单位，山东省思想政治工作先进单位，山东省再就业工作先进单位，山东省扶残助残先进集体，山东省档案工作优秀集体，山东省四五普法依法治理先进集体等。

（游　斌）

菏泽市地方税务局牡丹分局

经济概况

牡丹区总面积1249.3平方公里，2012年底全区人口为126万人，辖21个乡（镇办事处），660个村（居委会）。2012年完成地区生产总值208.76亿元，可比增长14.4%，其中，第一产业25.76亿元，增长3.1%；第二产业98.20亿元，增长18.5%；第三产业84.80亿元，增长13.7%。

收入概况

2012年，全区地税系统共组织税收收入11.6586亿元，同比增长38.5%，增收3.242亿元；其中省级完成8823万元，同比增长30.5%，增收2066万元；区级完成104353万元，同比增长42%，增收30944万元。

工作概述

【税收征管】 推进税源管理新模式，形成多部门联动协作，税前、税中、税后三道防线的执法监控体系。组织全区范围内的税源普查，澄清税源底数。开展企业所得税汇算清缴，共汇算企业437户，缴纳税款1966.95万元；加大对高收入行业、企业的管理力度，抓好个人所得税全员全额扣缴申报和12万元以上个人自行纳税申报工作，申报税款906.17万元，补税8990元。推进大项目税收专业化、流程化、规范化和信息化管理，累计入库税收3883万元；推进“存量房评估系统”的上线和运用，征收税款1073万元，增收269万元；与市场管委会按月交换市场纳税人涉税信息，对市场内7621户纳税人各项税收实行委托代征工作；强化“以票控税”，组织开展全区范围的发票自查和专项检查，规范发票管理。

【税收执法】 树立执法风险无处不在、无时不在的意识，执行国家税收法律法规和政策，推行政务公开制度，坚持“阳光执法”“阳光办税”，提高税收执法的透明度；执行税收执法的各项程序规程，将执法环节全部纳入标准化管理，明确执法标准，规范税收执法行为。落实《山东省地方税收保障条例》，完善社会综合治税体系，采集各类社会综合治税信息41528条，入库税款2417.89万元，信息处理率达到100%。定期组织开展岗位风险点的排查，落实好风险防范长效机制。强化执法监督，开展专项检查、执法检查，采取多种形式主动接受社会监督。加强税收执法责任制工作，利用执法责任制考核系统，分析税收执法中的矛盾和风险。

【纳税服务】　确立“人人是窗口、个个是阵地、处处是环境”的服务原则，发挥税收职能，为地方经济发展出谋划策。落实各项税收优惠政策，为安置残疾人的企业落实税收优惠37万元。围绕支持社会事业发展，全年代收教育费附加、地方教育附加、文化事业建设费、残保金、工会经费、地方水利建设基金等1335万元。被评为全省残疾人保障金征收工作先进单位和全省文化事业建设费征收管理先进单位；发挥12366热线功能，落实“局长服务日”活动，开展税法宣传，通过“网送税法”，网送企业达2438家户。开展个性化、专题化、公开化、综合化的纳税辅导，实行服务前置的稽查方式，提升服务效能。

【干部队伍建设】　加强干部的培养使用，按照《领导干部选拔任用条例》，分别选拔任用1名中心所所长和4名科室负责人；健全完善考学、考评、考勤等学习制度，每周以局机关、中心所为单位组织一次集中学习。统一制订业务培训计划，统筹安排培训内容和方式，共计培训300多人次。采取每季一考的方法，全员网上考试。注重骨干人才的培养和选拔，1人获得全市职工职业技能大赛优秀选手，7人获得“市级能手”，3人获得“省级能手”，1人获得“全省计财能手”第一名。加强党建工作和争先创优工作，坚持将党建、争先创优与思想政治、队伍建设、群众文体活动等各项工作相结合，提高工作质效。在全区“庆七一健康行”全民健身大赛中荣获第一名，完成各级青年文明号的复审，通过“省级文明单位”复审。

【党风廉政建设】　党风廉政建设责任制与税收工作同部署、同落实、同检查、同考核，层层签订《党风廉政建设责任书》；结合“加强党性修养　永葆党的纯洁性”主题教育、纪律学习教育、警示教育等活动，邀请检察院做预防职务犯罪讲座，受教育人员400多人次；组织参观案例警示教育巡回展、开展“党风廉政建设教育月”活动，增强宗旨意识和廉政意识；开展3次明察暗访活动，制作纪录片；开展“四进”活动，打造廉政环境，营造文化氛围。廉政文化建设受到市纪委领导赞扬，被评定为廉政文化建设示范点；开展政风行风建设，在行风评议中位列“行政执法类”第一名，政风行风工作被菏泽市纪委制作成专题片在菏泽市广播电视台进行宣传。推广应用廉政风险防控平台，开展风险点排查，完善防控措施，廉政风险防控工作被牡丹区纪委树为典型。

（王　超）

曹县地方税务局

经 济 概 况

曹县地处鲁西南边陲，与河南省三县区毗邻，总面积1974平方公里，总人口158万人，下辖27个乡镇办事处和一个省级经济开发区。2012年，全县实现国内生产总值210亿元，同比增长19.6%，三次产业的比例为15.5 ∶ 55.7 ∶ 28.8。

收 入 概 况

2012年，全局实现地税收入12.23亿元，同比增长37.53%，增收3.39亿元。其中，省级收入完成7855万元，同比增长15.37%，增收1046万元；县级收入完成10.73亿元，同比增长44.32%，增收3.29亿元。

工 作 概 述

【税政管理】 贯彻落实税收法律法规，建立健全税政监管机制，加强执法考核，强化执法预警。开展企业所得税汇算清缴工作，提高汇缴质量。

【征收管理】 以组织收入为中心，提高收入质量，防范执法风险。加强户籍管理，对重点行业、重点税种实施重点监控，企业登记率达到100%、个体经营户登记率达到98%以上。强化发票管理，规范代开发票行为，完善发票的管理和使用。

【税收执法】 建立健全执法责任制，加强对税收执法的监督监管，依法治税。推行政务公开，增加执法透明度，主动接受群众的监督，确保执法程序规范，维护纳税人的合法权益。

加大税收宣传力度，提高公民纳税意识

【纳税服务】 坚持税务“九个公开”，在服务大厅办理涉税事宜深入推行“一窗式”“一站式”“一条龙”服务。组织“纳税服务志愿者”活动，开展为纳税人送税法、搞培训、帮管理、送信息、当参谋的“五上门”服务活动，建立和谐的征纳关系。推行多元化申报方式，提升网络申报、邮件申报、电话申报、双委托申报水平，用现代化、多元化、规范化的手段，为纳税人提供服务。

【信息化建设】 适应全省大集中系统运维的需要，开展对计算机操作人员的业务培训工作，加强对信息网络的安全维护。强化对基础资料的录入、审核、修正工作，提高信息化管税水平。

【干部队伍建设】 加强干部队伍管理，推进竞争上岗、轮岗交流、挂职锻炼等工作，完善干部考核激励机制，激发队伍活力。加强教育培训工作，按照计算机操作、征收管理、财务会计、税务稽查、发票管理、税收法规和行政管理七种岗位类别，举办专业培训班，参培人员达到

500人次以上，提高干部职工的整体素质。

【基层建设】 投入经费，为基层分局、中心税务所配备计算机、购置车辆、安装空调、整修办公场所等，改善基层的办公条件；改造完善小餐厅，完善小图书室建设，开辟小菜园，增加娱乐室等，基层面貌有了改观。

【党风廉政建设】 把党风廉政建设责任制，与税收工作同部署、同落实、同检查、同考核，层层签订《党风廉政建设责任书》。落实“一岗双责”，强化两权监督。开展党性修养教育、职业道德教育、行业作风教育、正反面典型教育等活动，组织开展廉政风险点排查以及《廉政准则》执行情况的自查自纠活动。

【精神文明建设】 广泛开展以“创先争优”为主题的精神文明创建活动。年内，获得省局“政风行风建设先进单位”“全省地税系统先进集体”等荣誉称号；被山东省卫生厅授予“山东省卫生先进单位”荣誉称号；获得市局“目标管理考核达标单位”“财务管理工作先进单位”“组织收入工作先进单位”和“纳税服务品牌创建工作先进单位”等荣誉称号。

（周　琨）

定陶县地方税务局

经济概况

定陶县面积846平方公里，人口66万人。2012年，全县实现地区生产总值101.71亿元，增长13.2 %；三次产业比为20.84 ：51.12 ：28.04；完成地方财政收入6.11亿元，增长39.9%；农民人均纯收入8150元，增长15%；金融机构存款余额91.85亿元，贷款余额51.37亿元，较年初分别增加17.63亿元、10.07亿元。

收入概况

2012年，全局组织入库地方各税4.7亿元，同比增长49.3%，增收1.55亿元；其中，市（县）级收入4.33亿元，同比增长53.65%，增收1.51亿元；县本级地方财政收入6330万元，同比增长48.59%，增收2070万元。

工作概述

【税政管理】 规范执法程序，连续8个月税收执法零过错，累计办理减免税115万元，全年全县没有税务行政复议和诉讼案件发生。

【征收管理】 4月，调整52家企业纳税人的归属管理，检查纳税人381户。年内全县申报率达到99.95%，入库率达到99.9%，处罚率达到100%，征管质量较同期提高幅度较大。依托“风险管理”模块，分配预警任务294户项，补缴税款及滞纳金357.82万元。

【税收执法】 同当地党委、政府沟通协调，合理确定任务。层层签订《税收收入质量责任书》，开展专项非法开具、使用、异地代开及虚假发票治理行动，被市地税局评为“全市地税系统年度目标管理考核达标单位”。

【纳税服务】 设立办税服务厅，设置综合窗口，4月举办“税法宣传暨服务企业”税企恳谈会，7月举办“地税之夜文艺汇演”专场宣传税法，8月走进市广播电台直播间做客“定陶民生面对面”栏目，开展每月6日的“行风热线”、9日的“地税局长服务日”活动。全县规模企业评议职能部门活动中，获行政执法类第一名。

进一步加强纳税服务，不断提高服务水平。图为税务干部做客菏泽电台“民生面对面”栏目，解决纳税人疑难问题

【信息化建设】 年内，配备计算机57台，强化应用培训，选配计算机操作水平高的同志充实到纳税服务大厅；重新调查核实涉税信息，据实录入电子数据，清理失实历史数据，提高税收数据质量。

【干部队伍建设】 坚持周二集中学习日制度，选派17人赴扬州、长春、潍坊、烟台等财经类院校参加业务培训和研讨，1人取得2012年度全省地税系统反避税业务能手第一名。2人进入县局领导班子，推荐2名主任科员。12月，重新选拔配备22名基层单位副职，全系统75人参与岗位交流，占在职在岗人员的62.5%，全员面貌焕然一新。

【基层建设】 设置局机关、定陶、陈集三处集中办公地点，配备计算机57台、空调14台、公务车辆5辆，修缮职工食堂，县政府下发专文《关于加强2012年税收征管和奖惩的意见》，11月县局召开工会委员会二届一次职代会。

【党风廉政建设】 3月，开展《加强党性修养 永葆党的纯洁性》专题警示教育活动；6月集中开展“转作风、消毒瘤、正法纪”专项治理活动，查找涉税风险点69个，制定防范措施120余条；分批参观全省地税系统涉税犯罪图片展，赴枣庄、台儿庄等地接受革命传统教育。

【精神文明建设】 县地税局被市委宣传部评为菏泽市地税系统思想政治工作先进单位，被中国税务网评为“通讯报道先进单位”，坚持开展学雷锋活动。

（邵明亭　马春岭）

成武县地方税务局

经济概况

2012年，全县地区生产总值达到122.4亿元，增长13.1%；规模以上固定资产投资41.8亿元，增长25.6%；地方财政收入7.37亿元，增长25.1%；农民人均纯收入8252元，增长14.4%。

收入概况

2012年，全县地税系统共组织各项收入59592万元，同比增长24.29%，增收11645万元；其中：县级收入53998万元，同比增长24.3%，增收11291万元，为地方经济的发展作出贡献。

工作概述

【征收管理】 创新税收征收管理，

规范完善房地产税收、餐饮服务业税收、经营用房屋租赁税收、行政事业性收费税收和土地使用税征收五个办公室的职能。全年房产税完成3569.9万元，同比增长87.7%；土地使用税共完成14447.9万元，同比增长114.7%。

【税收执法】 规范税收执法，强化“两权监督”，落实内外监督制约机制，按照省、市局要求，层层签订《税务执法责任书》《税收执法岗位定位书》及《依法履职保证书》，推广以计算机自动监控考核系统为重点的税收执法责任制，年内被市局评为全市地税系统执法考核先进单位。

【纳税服务】 树立“三服务”思想。及时向县委、县政府提出有关税收的建设性意见和建议10余条。开展爱心捐助和双拥慈善“一日捐”活动，共捐款善款6万余元。开展纳税服务志愿者活动、质效回访活动和“局长服务日”活动，推行政务公开和服务承诺，定期召开“税企座谈会”，纳税服务水平得到提高。

【信息化建设】 做好“大集中”系统应用答疑及日常运维管理工作，做好日常的计算机与网络维护维修工作，保障各设备和系统的安全稳定运行。按照省、市局要求，完成县局、稽查局、直属局及五个中心所的网络改造工程，提高工作效率。

【干部队伍建设】 坚持“科教兴税”思想，定期组织开展各类业务培训，受训人员达120余人次。建立全员普考制度，全局135名在岗人员全部参加考试。在省、市局组织的能手考试中，5人荣获“省级业务能手”的称号，4人荣获“市级业务能手”的称号；3人代表省局参加全国企业所得税业务考试。加强干部队伍管理，公开选拔1名主任科员和1名副主任科员；根据工作需要和3名中心所负责人进行交流。

【基层建设】 基层建设工作开展三年，实现了集中办公，抓好干部队伍作风建设、争取经费、减轻基层负担，加强职工食堂、基层取暖等职工福利和环境建设。基层建设工作得到上级领导的肯定和赞扬，被省局评为全省基层建设优秀单位。

【党风廉政建设】 层层签订《党风廉政建设责任书》，强化廉政准则学习，组织全员参观县看守所和廉政教育展厅，邀请县纪委、县检察院开展预防职务犯罪讲座，营造以廉为荣、以贪为耻的氛围。落实信访工作责任制。开展明察暗访等多种活动，年内无一起涉税上访事件发生，得到市局表彰。加强行风建设，在县纪委组织的行风评议中，再次荣获第一名；在政协评议中，再次荣登榜首。

【精神文明建设】 开展精神文明创建活动。通过一个国家级“青年文明号”和多个省市级“青年文明号”“文明单位”“文明机关”的验收。获得全省文化事业建设费代征先进单位、全省地税系统先进集体、全省地税系统税收宣传月活动先进单位、全省地税系统纪检监察先进单位、全市“五五”普法先进单位等多个称号。

（赵 杰）

单县地方税务局

经济概况

单县位于山东省西南部，辖22个乡镇（办事处），人口120.9万人，面积1702平方公里。年内，国内生产总值完成208.9亿元，实现地方财政收入15.1亿元，分别增长12.9%和15.1%，人均GDP 1.91万元，同比增长18%。其中，第一产业增加值34.3亿元，增长3%；第二产业增加值108.6亿元，增长17%；第三产业增加值66亿元，增长12.2%。三次产业的比例为16.4 ∶ 52 ∶ 31.6。

收入概况

2012年，全县地税系统共组织入12.05亿元，同比增长32.24%，增收2.94亿元。其中，中央级税收收入完成5320万元，省级税收收入完成1.11亿元，市（县）级税收收入完成9.95亿元。

工作概述

【税政管理】 全县年所得12万元以上自行纳税申报人数为89人，申报应纳税额2466万元，补缴税款512万元。做好个人所得税全员全额扣缴明细申报工作，全县626户扣缴单位全部成功上线。做好企业所得税汇算清缴工作，共对109家企业进行汇算清缴，汇算清缴入库企业所得税129万元。代征代收残疾人就业保障金164万元、文化事业建设费22万元、工会经费184万元、水利建设基金737万元。

【征收管理】 强化重大建设项目地方税收管理，73个重大建设项目累计入库地方税收1.7亿元；强化房地产税收征管，共组织入库税款2.9亿元；开展房地产行业纳税评估，共评估企业17户，评估出税款3万元；加强全县规模以上企业税收管理，全县规模以上企业入库税款1.03亿元；做好契、耕“两税”征管工作，契税完成5856万元，耕地占用税完成1.03亿元；狠抓土地使用税和房产税方面清理检查，土地使用税完成1119万元，房产税完成5297万元；推行税源专业化管理，税源控管到位。

【税收执法】 严格执法考核，强化申辩调整，实现12个月申辩后零过错。强化反避税管理，通过反避税调查调整税款448万元。强化税务稽查，共查补税款、滞纳金等800万元。贯彻落实《山东省地方税收保障条例》，依托政府网站建立信息采集交换平台，共采集涉税信息2428条，新增税款245万元。

【纳税服务】 开展“擦亮窗口服务纳税人”“地税局长服务日”“征纳共盈”纳税服务品牌创建等纳税服务活动。落实首问责任制、一站式、网送税法、服务联系点、质效回访等措施，深化“集中服务、集中征收”办法，纳税服务水平得到提高。

【信息化建设】 加强网络信息安全管理，强化计算机病毒防范，做好“大集中”系统应用答疑及日常运维管理工作，强化税收预警，深化数据管理，提高信息管税水平。

【干部队伍建设】 加强干部队伍

管理，推进竞争上岗、轮岗交流等工作，加大干部教育培训力度，推行“综合知识月考”制度，组织各类培训班18期，培训300余人次，在岗人员全部达到大学以上文化程度，获得“省级业务能手”5人，获得“市级业务能手”2人。

【基层建设】 通过资产置换办法，完成黄岗、终兴两个点的集中办公任务，对集中办公点及办税服务厅内外部各类标识按照省局要求进行统一和规范，配备计算机130台，新装空调120台，购置公务车辆9辆，办公桌椅80套，基层工作环境得到改善。

【党风廉政建设】 推进廉政内控机制建设，拓展廉政风险防控范围，组织全系统干部职工观看案例警示教育巡回展览，分别组织人员到单县监狱、单县检察院开展反腐倡廉警示教育，5月，组织县局机关人员赴革命圣地开展党性修养教育，增强干部队伍防范风险的能力，荣获全县行政执法部门行风评议第一名。

【精神文明建设】 县局被评为“创先争优先进基层党组织”“政风行风建设先进单位”“精神文明信息调研先进集体”；终兴中心所被评为全市“十佳党员示范窗口”“第一批廉政文化示范点”；直属分局被评为市级“文明单位”、全市“精神文明建设先进集体”。

（黄 慧）

巨野县地方税务局

经济概况

巨野县位于菏泽市东部，人口101万人，面积1308平方公里。2012年，全县完成国内生产总值176亿元，比上年增长15%。地方财政收入完成16.1亿元，增长25.1%；城镇居民可支配收入16920元，同比增长16%，农民人均纯收入8410元，同比增长16.5%。

收入概况

2012年，全县地税部门共入库各项税款117839.4万元，同比增长27%，增收25052.5万元。其中，中央级完成8453.9万元；省级完成7308万元；市级完成2016.5万元，县级完成100061万元，同比增长35%，增收25941.7万元。

工作概述

【征收管理】 按照省市推行税收专业化管理要求，实施房地产税收专业化管理。通过摸清税源底数，严格“以票控税”“先税后证”，开展专项检查。严格建筑业发票代开认定，全年入库房产税收16237万元；推行交通运输业源头控管。严把资格认定，规范代开票纳税人的发票审核、税款缴纳、清单报送，全年交通运输业入库地方各税24054万元；强化服务业专项管理。通过实行税控装置和计算机定税相结合，服务业入库地方各税983万元；抓好土地使用税、房产税专项清理。加强涉税信息录入采集、核实比对；抓好税收预警和纳税评估工作。共评估纳税人79户次，补缴税款56万元；处理税收预警疑点纳税人360户次，补缴税款450万元。

【税政管理】 全年入库契税3141

万元，耕地占用税20145万元。代征工会经费206万元、代征残保金138万元，代征地方水利建设基金1171万元。抓好企业所得税、个人所得税汇缴清算工作，自行汇缴面和重点检查面达到100%，入库企业所得税9173.9万元，个人所得税4915.9万元。

【税收执法】 执行税收政策，严格税收优惠管理；深化税收执法责任制。健全组织领导体系，明确机构职责，严格执法过错责任追究；强化税务稽查，开展高收入者个人所得税、金融保险、房地产、煤炭等行业的税收专项检查，全年共查处有问题纳税人45户，查补税款568万元。

【纳税服务】 利用税收宣传月，开展金山税收宣传摄影活动，开展“地税局长服务日”活动、税收“征纳共盈”创建活动，宣传税收政策，服务税收发展、服务民生；办税服务厅率先进入新办公大楼，加强软件的更新调试及硬件设备更新，实现了成功运行。合理分配窗口职能，网上申报普及推广，办税效率得到提升。

【信息化建设】 加大基层信息化硬件配置力度，为基层增配60台计算机。定期对网路设备及计算机终端进行巡视安检，加装升级防病毒软件。举办6次网络信息专题培训班，提升信息化建设应用能力。

【干部队伍建设】 落实周五学习日制度，开展能手集中培训，3人获得“省级能手”称号，5人获得“市级能手”称号。开展文明地税、青年服务志愿者、慈心一日捐等系列活动。加强干部选拔配备工作，选拔3名副主任科员。开展送生日蛋糕活动，开展登山比赛活动，增强干部队伍凝聚力。

【基层建设】 整合办税流程，完善基础设施，严格后勤保障管理，开展“回头看”活动，提升基层软实力建设，实现工作作风转变。

【党风廉政建设】 开展以《加强党性修养　永葆党的纯洁性》为主题的专题警示教育活动，开展“廉政一日行”、主要负责人讲党课、观看廉政警示片等活动。加强廉政文化建设，成立内部廉政教育室，设立廉政文化长廊12处，制作展板220块。组织《行风热线》和《阳光政务热线》上线活动。

【精神文明建设】 县局通过省级文明单位验收，被市局评为市地税系统政风行风建设先进单位，被市工会评为菏泽职业道德建设十佳标兵单位、全市工会工作先进单位等，连续十年在全县行风评议中名列前茅，7个基层单位通过“市级文明单位”验收，一批获省、市、县级表彰。

（陶东亮）

郓城县地方税务局

经济概况

郓城县位于山东省西南部，全县下辖21个乡镇，1个省级开发区，总面积1634平方公里，总人口122万人，属典型的农业大县。2012年，全县实现生产总值208亿元，地方财政收入17.23亿元。

收入概况

2012年，全县地税系统累计组织各项收入15.33亿元，同比增长32.21%。其中，中央级收入1.27亿元，省级收入1.06亿元，市县级收入13亿元，地税部门组织县级收入占地方财政收入的比重达到73.13%。

工作概述

【税政管理】 抓好营业税、企业所得税、个人所得税三大主体税种管理，分别入库4.27亿元、1.56亿元、5509万元。深化第二、第三产业分离，对大型企业、集团企业附带的第三产业全部按规定纳入管理。加强小税种征收管理，执行《山东省车船税代收代缴管理办法》。与国税部门签订《委托代征协议书》。落实下岗再就业、残疾人就业等各项税收优惠政策，维护社会稳定。

【征收管理】 开展税源普查，将应征户全部纳入正常管理。加强煤炭业税收管理，年内煤炭业实现税收2.8亿元。规范房地产业及相关产业管理，实行“环节控制”和“先税后证”，加强税源监控，全县房地产开发项目实现各类税款1.4亿元。组织开展城市房地产开发、农村城镇化建设、房屋租赁业、夜市烧烤业、土地使用税等专项税收清理活动，清理入库各项税款1.03亿元。强化税务稽查，查补入库各项税款、滞纳金、罚款1060万元，维护税收法律尊严。

【税收执法】 执行税收执法责任制，兑现考核奖惩；规范税收执法建设，将税收执法行为划分为9大类50条，制作213个税收执法模板，规范指导执法行为，此项做法在全市得到推广。实施“阳光地税”工程，落实政务公开，接受社会各界监督，广泛听取纳税人意见和建议，密切征纳关系，年内全县未出现一例税务行政复议案件。

【纳税服务】 推行“一站式”“一窗式”服务，简化办税流程，规范资料报送，将原来的纳税服务中心和8个农村纳税服务厅整合为1个标准化办税服务厅，负责全县范围内的税款征收、发票发售等工作，减轻纳税人负担，群众满意率逐步提高，2人荣获“全县十佳文明科股长”荣誉称号，取得全县行风评议第一名。

【干部队伍建设】 加强思想教育，组织68名副股级以上干部到冀鲁豫革命纪念馆接受红色教育。推进学雷锋活动常态化，开展“六爱”“四德”教育活动，提高道德水平。开展全员教育培训，按月组织抽考，参加省市局举办的各类业务能手选拔考试，11人分别荣获省、市级业务能手，取得全市业务能手选拔考试综评第一名。

【基层建设】 对基层办公场所进行统一规划，投资360余万元整修改造办公场所附属设施，购置新的办公桌椅和冬季取暖设备，基层办公条件得到改善。投资56余万元，购置106台计算机和20台打印机充实到征管一线，满足税收征管现代化的需要，被山东省地税局评为全省地税系统新一轮基层建设优秀单位。

【党风廉政建设】 落实党风廉政建设责任制，组织副股级以上干部68人到菏泽监狱实地接受警示教育。加强廉政文化建设，建立廉政文化网上教育基地，被菏泽市纪委确定为全市廉政文化建设示范点，开展税检共建活动，加强廉政风险防控平台应用，廉政风险防范能力得到提升。

【精神文明建设】 县局机关通过省级文明单位复查验收，被山东省妇联评为“全省幸福进家庭”先进单位，被市委宣传部授予“全市‘四德’工程建设现示范点”称号；被菏泽市妇联授予“全市妇女工作先进单位”称号，被共青团菏泽市委授予“全市优秀团支部”称号；侯咽集中心税务所被菏泽市文明委授予“市级文明单位”荣誉称号。

（徐福兵）

鄄城县地方税务局

经济概况

鄄城县位于菏泽市北部，辖17个乡镇，人口83万人，面积1032平方公里。2012年，实现生产总值121.32亿元，同比增长12.83%，三次产业比调整为18.46 ∶ 49.9 ∶ 31.64，第二、第三产业比重均提高了1.7个百分点。完成地方财政收入6.21亿元，增长29.51%。

收入概况

2012年，全县地税系统组织入库各项收入47122.88万元，同比增长30.68%，增收11064.42万元。其中，中央级收入完成1519.07万元，同比增长6.36%，增收90.88万元；省级收入完成3320.34万元，同比下降11.72%，减收440.84万元；县级收入完成42283.46万元，同比增长36.98%，增收11414.38万元。

工作概述

【征收管理】 加强征管基础管理，开展户籍定期巡查，深化计算机定税，制定《代开发票管理办法》，强化数据日常管理，建立长效管理机制。加强所得税管理，91名年收入超过12万元的个人进行自行申报，补缴个人所得税19.12万元，同比增长13.75%；73家企业进行上年度企业所得税汇缴，汇缴面达到100%，补缴企业所得税169万元。加强税源管理，全县重大建设项目入库地方税收8545万元；强化税收预警，处理预警任务379户项，补缴税款445.97万元；对制造业、金融业、交通运输业、建筑业和服务业等51户纳税人开展纳税评估，补缴入库税款及滞纳金89.83万元。组织开展“九项清查”活动，先后对户籍管理、耕地占用税和契税、房产税和土地使用税、房地产业和建筑业、房屋租赁业、餐饮服务业、发票使用情况、行政事业单位税收及一税两费进行清查，入库税款3492.35万元。

【税收执法】 落实税收执法责任制，强化执法风险预警，按月进行考核通报。组织开展“行政程序年”活动，加强法制教育，规范执法行为。推进地方税收保障，报请县政府出台《鄄城县房产交易税收征收管理办法》《鄄城县房产税、城镇土地使用税征收管理办法》《鄄城县房屋出租税收征收管理暂行办法》《关于进一步加强土地税收管理工作的通知》

四个办法，全年通过社会综合治税信息平台入库税款1335.15万元，其中新增税款719.66万元。强化税务稽查，以开展税收专项检查和查处涉税违法案件为重点，组织检查各类企业27户，查补入库税款及滞纳金350.5万元。

【纳税服务】 深化"一站式"服务，安装POS刷卡机，完善内部工作流程，减轻纳税人负担。每月9日开展"地税局长服务日"活动，为纳税人解决实际涉税问题。开展"税收服务经济民生"大宣传大走访、"税收宣传进万家""打造高地、地税在行动"等活动，服务经济发展。

加强纳税服务，开展"一对一"服务，为大企业开展上门税收辅导

【干部队伍建设】 加强班子建设，坚持民主集中制，强化团结协作，推行"一线工作法"，提高工作落实力。加强学习教育，建立"每周集中学习、每月开展讲评、每季全员考试、年度进行总评"的学习机制；建立"网上试题库"，搭建学习平台，在骨干人才选拔考试中，3人入选省级人才库，4人入选市级人才库。加强和谐建设，开展走访慰问，救助困难职工，提高老干部福利待遇；到武装部、县武警中队和消防大队开展拥军慰问，在"慈心一日捐"活动中捐款1.23万元，成立志愿者服务队为农村留守老人开展收麦帮扶。加强党建工作，选派干部到帮扶村担任"第一书记"，向帮扶村赠送2台计算机和一批办公桌椅，为改善农村办公条件、引导农民科学致富提供帮助。

【基层建设】 通过多次向县委、县政府主要领导汇报和多方协调，县政府出台《鄄城县人民政府办公室关于鄄城县地税部门基层征管单位经费补助奖励办法的通知》（鄄政办发〔2012〕41号文件），对各基层征收单位的经费补助办法和奖励办法进行明确。在全市第一个建立基层中心所经费保障机制。

【党风廉政建设】 落实党风廉政建设责任制，开展"加强党性修养，永葆党的纯洁性"主题教育、到县检察院参观典型案例图片展、组织观看山东地税系统案例警示教育巡回展等活动。抓好"廉政和执法风险防控平台"应用，对50条风险信息进行核查。加强政风行风建设，开展以"治懒提神、治庸提质、治慢提效、治奢提廉、治乱提正"为主要内容的转变作风，提升效能集中活动，强化自查自纠，整顿纪律作风。在全县民主评议政风行风活动中名列第一。

【精神文明建设】 县局通过省级"文明单位"复审，被市纪委评为廉政文化示范点，被市总工会授予"全市职工示范书屋"称号，8项单项工作被市局授予先进称号。

（李秀丽）

东明县地方税务局

经济概况

东明县地处鲁西南部，黄河南岸，为黄河入鲁第一县，东临菏泽牡丹区、曹县，南与河南兰考接壤，西北与河南长垣、濮阳隔河相望。现辖8镇5乡1个省级开发区，389个行政村，921个自然村，人口80万人，面积1370平方公里。2012年，国内生产总值为186.1亿元，同比增长14.80%。其中，第一产业21.6亿元，同比增长3.1%；第二产业123亿元，同比增长17.9%；第三产业41.5亿元，同比增长12.8%。地方财政收入13.3亿元，同比增长26.1%，县域经济实力显著增强。

收入概况

2012年，全县地税系统组织各项收入10.21亿元，同比增长20.62%，增收1.75亿元。其中，县级预算收入8.85亿元，同比增长30.14%，增收2.05亿元，支持地方经济发展和社会各项事业。

工作概述

【税收收入】 制定《全县地税工作要点》，明确工作思路，营造全员全力抓收入的氛围。强化税收征管，创新征管方式，强化目标分解，狠抓工作落实，组织收入工作有序推进，收入数量和收入质量大幅提升。

【税收征管】 强化户籍管理，开展税源普查，对企业纳税人信息进行审核和比对。强化征管基础建设，实现税务登记率、纳税人建档率、涉税信息准确率、税款申报征收率达到100%。强化数据质量管理，全年清理纳税人行业和税种登记信息等相关信息2132户次，整改和实录数据266条。加强税收管理重点环节监督，开展收入质量、税收优惠政策、发票管理等专项检查，纠正和预防不规范执法行为21项，查处纳税人违法行为16起，查补税款86万元。加强个体税收管理，强化起征点税收管理，严把纳税人停歇业关口，拓展信息应用，强化以票控税，严格计算机定税，全面推行税负公开。强化重点税源和重点行业税收控管，加强委托代征管理，加强重大建设项目附属设施的税收管理、存量房评估和个人所得税全员全额申报管理工作。强化纳税评估和税收预警，全年处理税收预警信息297户次，补税109户次，补税483.87万元；实施纳税评估59户次，评估税款490.59万元，入库税款386.81万元，滞纳金38.97万元。强化税务稽查，开展重点税源企业和重点行业税收检查，开展大型企业甲方供料、发票检查，医疗卫生行业专项检查。推介东明地税，突出工作亮点，东明地税局涉外税收管理、税源专业化管理以及存量房评估工作得到省、市局领导的肯定。

【干部队伍建设】 制定科室年度工作目标，明确工作责任，兑现工作奖惩，增强队伍凝聚力。强化教育培训，参加省、市局组织的各类培训，组织县级业务培训和能手选拔考试，干部队伍素质得到提高。加强党风廉政建设，加强“廉政风险防控平台”建设，开展警示教育活动、“加强党性修养，永葆党的纯洁性”主题教育活动，观看廉政教育片，参观省局反腐倡廉警示教育图片巡回展，加强税检结对预防工作，提高风险防范能力。加强宗旨意识教育，召开税企恳谈会，聘请行风政风监督员，组织人员开展经济调研，为企业发展建言献策。在全县企业客商评议部门和个人活动中，被评为“最受企业客商欢迎的行政执法类单位”。

不断加强税收法治建设，采用多种形式进行税收法治宣传

【和谐地税】 强化纪律管理，转变工作作风，优化人力配置，提高行政效能。加强安全维稳工作，加强网络舆情监控，利用税收内、外网站发布税收信息和宣传税收政策，及时反映地税工作情况和处理纳税人关注热点，维护地税系统正面形象。加强文化建设，建立图书室、健身房，统一地税标识，营造税务文化氛围和人文气息。优化纳税服务，开展“地税局长服务日”活动，参与“行风热线”节目，及时处理纳税人和社会各界反映的涉税问题。开展税收宣传，通过网送税法、企信通、税苑（纳税服务）群等方式，激发纳税人参与税收宣传的热情，改善征纳关系，促进征纳和谐。

【文明创建】 创新工作方法，制定创建目标，完善创建措施，相继获得“全省职业道德建设先进单位”“全省地税系统先进集体”“全省地税系统‘征纳共盈’纳税服务品牌创建活动先进单位”“全省地税系统纪检监察先进单位”“全市税法宣传月活动先进单位”“全市地税系统信息（网站）工作先进单位”等称号。其直属征收分局获得“省级文明单位”称号，稽查局获得“全省税收专项检查先进集体”称号、刘楼、东明集中心税务所获得“全市地税系统税收工作先进集体”等荣誉称号。

（陈北领）

第四篇　统计资料

1994—2012 年
山东省地方税收收入概述

山东省地税局在山东省委、省政府和国家税务总局的领导下，围绕经济社会发展大局，始终坚持以组织收入工作为中心，依法治税，科学管理，完成省委、省政府和国家税务总局确定的各项税收任务，为山东省经济和社会各项事业的稳定和谐发展作出突出贡献。1994—2012年，全系统累计组织各项收入14599亿元，2012年地税收入比1994年增长39倍，年均递增22.7%，比同期国内生产总值（现价）年均增幅高7.4个百分点，地税收入与经济增长的弹性系数为1.48。

一、主体税收与零散税收协调增长。营业税、企业所得税、个人所得税与城市维护建设税构成地方税收的主体税种，2012年比1994年增长30倍，年均递增21.1%，占总收入的比重一直保持在60%以上，对整体收入的稳定增长发挥了主导作用。其中，营业税累计收入4940亿元，2012年比1994年增长32倍，年均递增21.4%；企业所得税累计收入2601亿元，2012年比1994年增长24倍，年均递增19.5%；个人所得税累计收入1495亿元，2012年比1994年增长261倍，年均递增36.3%；城市维护建设税累计收入1316亿元，2012年比1994年增长18倍，年均递增17.8%。其他地方税种收入与主体税收保持协调增长，其中，车船使用税累计收入167亿元，2012年比1994年增长71倍，年均递增26.8%；房产税累计收入611亿元，2012年比1994年增长26倍，年均递增20.2%；土地使用税累计收入958亿元，2012年比1994年增长75倍，年均递增27.2%。

二、东部地区收入总量较大，中、西部地区收入增长较快。从收入规模看，东部地区占优势。1994—2012年，半岛城市群地税收入达到9760亿元，占全部地税收入的67%，年均递增22%。从收入增幅看，中西部地区增长相对较快。1994—2012年，半岛城市群以外的中、西部地区地税收入达到4839亿元，年均递增24.3%，高于半岛城市群增幅2.3个百分点，高于全省平均增幅1.6个百分点。

三、市（县）级收入比重所得税共享前明显上升，共享后先稳后升。1994—2001年，地税收入分为省和市（县）两个级次，其中市县级收入比重逐年上升，地税收入的省级和市县级结构由1994年的15：85调整为2001年的10：90。2002年所得税共享，地税收入分为中央、省和市（县）三个级次，2002—2008年中央级、省级和市（县）级收入比重基本稳定在 18.5∶8.5∶73 左右。随着企业所得税税率调整、个人所得税扣除限额提高和资源税、土地使用税税负提高、耕地占用税和契税由财政部门划转地税部门管理等政策的实施，2009—2012 年中央级和市（县）级收入比重一降一升，省级收入比重基本稳定，其中，2012 年中央、省和市（县）三个级次收入比为 13∶8.6∶78.4。

1994—2012 年山东省地方税收收入在全国的位次表

单位：万元

年　份	完成数	居全国位次
1994	711160	5
1995	958861	4
1996	1375788	3
1997	1728779	4
1998	2001695	4
1999	2255298	4
2000	2559480	4
2001	3330439	5
2002	3452384	6
2003	3939643	6
2004	4852650	6
2005	6098304	6
2006	7447742	6
2007	9469906	6
2008	11043935	6
2009	12328248	6
2010	15829283	6
2011	19769074	6
2012	26755362	6

1994—2012年山东省地方税收收入与国内生产总值（GDP）对照表

单位：亿元

年　份	GDP绝对额	地税收入	地税收入占GDP的比例
1994	3872.18	80.84	2.09%
1995	5002.34	110.31	2.20%
1996	5960.42	143.32	2.40%
1997	6650.02	179.75	2.70%
1998	7162.20	208.14	2.91%
1999	7662.27	234.68	3.06%
2000	8542.44	266.77	3.12%
2001	9438.30	345.34	3.66%
2002	10552.06	360.09	3.41%
2003	12430.00	412.21	3.32%
2004	15490.70	507.52	3.28%
2005	18468.30	642.97	3.48%
2006	21846.70	791.70	3.62%
2007	25887.70	1004.44	3.88%
2008	31072.06	1170.06	3.77%
2009	33805.30	1309.30	3.87%
2010	39416.20	1676.02	4.25%
2011	45429.21	2311.37	5.09%
2012	50013.24	2866.81	5.70%

1994—2012年山东省地方税收

项　　目	1994年	1995年	1996年	1997年	1998年	1999年	2000年	2001年
总　计	721107	968411	1433222	1797525	2081433	2346823	2667726	3453382
一、税收合计	711160	958861	1375788	1728779	2001695	2255298	2559480	3330439
营业税	273462	352407	515826	622174	752249	790222	876706	926914
企业所得税	156406	250132	357671	479042	466418	536676	669152	1301599
个人所得税	9062	28876	89492	126799	166975	187584	247491	369916
资源税	46726	51305	50360	56735	53931	59696	62165	64399
固定资产投资方向调节税	34082	44289	62379	83070	131146	181918	107162	36529
城市维护建设税	111288	135933	172077	202160	226213	238127	276204	290459
房产税	36724	45431	61064	80812	107543	134883	155593	165321
印花税	6506	8075	10055	13372	17573	19982	22441	26972
城镇土地使用税	27765	27115	31878	32532	47481	71806	88201	89100
土地增值税		12	193	811	2975	3504	7423	10660
车船税	4999	6778	11355	13706	17501	19398	31851	36384
屠宰税	1715	5762	9407	11411	11690	11502	15091	12186
烟叶税								
耕地占用税								
契税								
税款滞纳金、罚款收入	2425	2746	4031	6155				
二、其他收入	9947	9550	57434	68746	79738	91525	108246	122943
教育费附加收入	9947	9550	57434	68648	77688	88442	104506	118653
地方教育附加								
文化事业建设费收入				98	2050	3083	3395	3890
税务部门其他罚没收入							345	400
残疾人就业保障金								
地方水利建设基金								

分税种收入情况表

单位：万元

2002 年	2003 年	2004 年	2005 年	2006 年	2007 年	2008 年	2009 年	2010 年	2011 年	2012 年
3600937	4122082	5075229	6429654	7916990	10044384	11700593	13092962	16760154	23113651	28668105
3452384	3939643	4852650	6098304	7447742	9469906	11043935	12328248	15829283	21528646	26755362
1176413	1447081	1764494	2177923	2717264	3397117	3960900	4706107	6315156	7657298	8966408
908568	862326	1118360	1421658	1674078	2104347	2232781	1910072	2456018	3266011	3841006
418883	464404	588111	736558	844179	1076782	1300373	1516535	2003282	2405191	2374970
97596	104766	135148	182436	261370	289856	288062	328078	332925	383610	911082
41004	24298	14680	5376	1567	2191	30				1949
373981	444011	549267	659511	784308	924640	1041369	1202183	1451284	1945636	2129671
209772	244710	267771	327948	387000	443516	472575	578634	646532	740186	1008336
37253	46618	62914	92515	123034	159013	203026	238721	337440	411073	465853
117203	198079	211727	294435	359712	659575	1035691	1208809	1376896	1584567	2116930
19771	54904	90829	143925	220165	325270	365579	438426	661940	1058559	1452137
43614	48420	49349	56019	64230	75279	126424	176906	232687	297220	358557
8326	26									
				10835	12320	17125	23777	15123	19723	33628
									562049	1329886
									1197523	1764949
148553	182439	222579	331350	469248	574478	656658	764714	930871	1585005	1912743
143806	177161	216047	267274	339244	410714	457581	532888	641880	857242	932327
			56039	97113	123589	147447	175707	219724	549367	616120
4316	4715	5450	6315	10320	12988	15673	17687	20078	25185	25859
431	563	1082	1722	1626	2450	2679	2319	3081	57016	63545
				20945	24737	33278	36113	46108	2958	2709
									93237	272183

2012年山东省各项地方

项　　目	合计	济南	青岛	淄博	枣庄	东营	烟台
合　　计	28668105	3342396	5002485	1673558	898938	1655260	2842575
一、国内税收收入合计	26755362	3105872	4627969	1537064	857505	1499212	2684642
1. 营业税	8966408	1333013	1721588	441694	181114	400138	828878
2. 企业所得税	3841006	314025	634542	182996	131586	59882	545813
3. 个人所得税	2374970	406962	558666	140752	39460	113135	261726
4. 资源税	911082	12005	5293	37695	23185	429749	98253
5. 固定资产投资方向调节税	1949	1949					
6. 城市维护建设税	2129671	250411	420522	155152	96329	172607	178187
7. 房产税	1008336	119152	186371	51038	99535	29623	85370
8. 印花税	465853	58136	75861	28275	9831	26843	45822
9. 城镇土地使用税	2116930	134011	242092	109282	164072	160508	152459
10. 土地增值税	1452137	169816	349160	112422	26787	33879	164719
11. 车船税	358557	37466	47743	20695	9546	15452	31783
12. 烟叶税	33628		796	682			
13. 耕地占用税	1329886	44605	63295	168487	26396	8744	125909
14. 契税	1764949	224321	322040	87894	49664	48652	165723
二、其他收入合计	1912743	236524	374516	136494	41433	156048	157933
1. 教育费附加收入	932327	109028	180653	69171	21395	77844	78249
2. 地方教育附加	616120	72624	120231	46162	11728	51585	50613
3. 文化事业建设费收入	25859	15559	4755	498	276	214	646
4. 残疾人就业保障金收入	63545	8881	20119	3413	1079	1057	3811
5. 税务部门罚没收入	2709	419	1022	155	37	110	107
6. 地方水利建设基金	272183	30013	47736	17095	6918	25238	24507

税收收入分市完成情况表

单位：万元

潍坊	济宁	泰安	威海	日照	莱芜	临沂	德州	聊城	滨州	菏泽
2649663	2164493	1087573	1328296	579421	335513	1374088	924674	740933	1040924	1027315
2486973	2040097	1029472	1258749	541772	312204	1284559	869255	689764	956313	973940
817330	471023	290384	437757	232519	105524	523223	305864	257780	303788	314791
413600	706026	118301	129461	61809	41433	99559	103491	104491	143229	50762
143593	166589	78030	81912	38683	44592	81652	56517	61378	54890	46433
69698	44712	37808	21224	5298	9249	49651	5173	4471	6065	51553
178280	127988	64649	83299	41931	26742	88029	57649	50528	90300	47068
73995	47716	35389	80038	15524	12395	34357	29174	23252	40931	44476
33376	29661	12723	22373	19803	9172	24381	14384	20217	22262	12733
223939	116669	97563	164840	38241	35320	109935	92003	49526	81226	145244
149626	71555	56286	106085	19451	6905	60228	42252	29155	27260	26551
51161	19099	11766	16203	9504	4519	30156	13660	12983	13318	13503
12592				5548	1417	12593				
103065	149499	82121	29085	13906	8230	98542	86972	46776	106844	167410
216718	89560	144452	86472	39555	6706	72253	62116	29207	66200	53416
162690	124396	58101	69547	37649	23309	89529	55419	51169	84611	53375
78284	59932	28154	35459	18934	11379	42830	27888	25716	41523	25888
52490	40535	18740	21405	12598	7438	28258	17460	17338	29926	16989
578	446	182	359	149	108	902	348	329	256	254
6296	3481	1702	2443	910	676	3768	1447	933	1575	1954
68	133	56	54	64	18	77	70	65	212	42
24974	19869	9267	9827	4994	3690	13694	8206	6788	11119	8248

2012年山东省地方税收收入分市分企业类型完成情况表

单位：万元

项目	合计	内资企业								港澳台投资企业	外商投资企业	个体经营	附列资料：乡（镇）企业
		小计	国有企业	集体企业	股份合作企业	联营企业	股份公司	私营企业	其他企业				
合计	28668105	24332642	2555614	555237	233007	18398	16009873	3864379	1096134	700628	1826135	1808700	1673230
济南	3342396	2900319	473552	41713	14765	448	1855794	347007	167040	125312	159858	156907	15504
青岛	5002485	3922908	312383	39285	42946	2145	2572884	780544	172721	167088	570576	341913	51672
淄博	1673558	1502436	112789	23695	37234	170	948105	298659	81784	34046	57385	79691	106966
枣庄	898938	768196	85751	56599	2783	941	559862	52684	9576	11505	14773	104464	190909
东营	1655260	1569168	200771	7907	11986	33	1092702	211627	44142	17571	16236	52285	107971
烟台	2842575	2423262	236657	70085	10029	695	1569086	410376	126334	72052	220942	126319	169820
潍坊	2649663	2367703	206974	41862	12986	7857	1708470	322003	67551	55978	77249	148733	75291
济宁	2164493	1636189	351559	28715	10232	248	999716	181356	64363	26270	432901	69133	141918
泰安	1087573	958220	91207	79151	7710	3567	517560	184937	74088	9586	19368	100399	30436
威海	1328296	1158221	75365	38849	16953	218	665261	323904	37671	39791	66239	64045	105857
日照	579421	460061	43247	10611	1887	1	362820	16921	24574	34891	37559	46910	28521
莱芜	335513	310623	37693	6210	404	798	237040	22410	6068	5110	6086	13694	33157
滨州	1040924	945443	65445	14449	5626	3	745568	87545	26807	22452	18049	54980	109098
德州	924674	802318	78002	25596	14754	93	539004	112943	31926	13236	28003	81117	36820
聊城	740933	673489	55275	9319	8423	45	427234	151691	21502	17172	17032	33240	77782
临沂	1374088	1160336	82999	38500	18144	1009	800220	113522	105942	28318	60819	124615	122197
菏泽	1027315	773750	45945	22691	16145	127	408547	246250	34045	20250	23060	210255	269311

2012年山东省营业税分市分企业类型完成情况表

单位：万元

项目	合计	内资企业								港澳台投资企业	外商投资企业	个体经营	附列资料：乡（镇）企业
		小计	国有企业	集体企业	股份合作企业	联营企业	股份公司	私营企业	其他企业				
合计	8966408	7856682	821863	208471	120016	5606	5070925	1266665	363136	224905	369621	515200	369567
济南	1333013	1180943	204382	18730	7003	293	739588	146351	64596	46896	63496	41678	3304
青岛	1721588	1425218	109192	14409	19205	1446	925252	304010	51704	58224	161211	76935	15020
淄博	441694	396502	34491	8617	16940	9	220406	94825	21214	14307	10170	20715	17950
枣庄	181114	156036	20860	11081	1006	39	114354	7312	1384	2270	3722	19086	12095
东营	400138	367567	43896	3968	9210	14	199041	81120	30318	6757	3554	22260	36932
烟台	828878	744303	88948	19982	4584	258	465753	130474	34304	16102	35643	32830	32583
潍坊	817330	743503	58033	17383	7697	38	536850	94177	29325	16835	15045	41947	17693
济宁	471023	422703	42279	13716	5189	47	269302	65596	26574	9894	18309	20117	44273
泰安	290384	232574	32570	13311	4452	2981	126903	45198	7159	3235	6208	48367	14310
威海	437757	399739	37080	15053	4988	8	222370	105109	15131	11122	9670	17226	21101
日照	232519	209041	15786	6153	1089	1	163524	8544	13944	6416	7729	9333	9209
莱芜	105524	97789	12974	2532	93	9	73903	4966	3312	2215	189	5331	5218
滨州	303788	275728	27278	8195	3842	2	205059	18351	13001	6072	3981	18007	18704
德州	305864	268701	22294	15066	8746	43	178172	33577	10803	5873	5205	26085	8718
聊城	257780	236663	22001	4687	5186	1	151437	49773	3578	2547	5335	13235	29008
临沂	523223	454227	29786	23335	11937	417	322816	36888	29048	14365	12723	41908	42213
菏泽	314791	245445	20013	12253	8849		156195	40394	7741	1775	7431	60140	41236

2012年山东省企业所得税分市分企业类型完成情况表

单位：万元

项目	合计	内资企业								港澳台投资企业	外商投资企业	个体经营
		小计	国有企业	集体企业	股份合作企业	联营企业	股份公司	私营企业	其他企业			
合计	3841006	3581179	347138	58222	25816	676	2654645	445102	49580		259827	
济南	314025	314025	25241	4854	1923	21	236769	35565	9652			
青岛	634542	634542	14370	11166	8126	-73	454581	131713	14659			
淄博	182996	182996	19439	2104	5674	58	113201	40809	1711			
枣庄	131586	131586	6652	2699	353		121129	673	80			
东营	59882	59882	5049	1419	323	1	42899	10029	162			
烟台	545813	545813	53271	11054	911	144	400174	70292	9967			
潍坊	413600	413600	5354	3334	247	12	369335	29610	5708			
济宁	706026	446199	165865	3902	859	5	252421	21417	1730		259827	
泰安	118301	118301	6492	762			102176	7876	995			
威海	129461	129461	3651	7018	6813	21	73099	37471	1388			
日照	61809	61809	2585	1351	2		57134	472	265			
莱芜	41433	41433	1205	371	62	460	34454	4581	300			
滨州	143229	143229	5422	1170	1		131828	4519	289			
德州	103491	103491	13372	2476	8	17	70692	16266	660			
聊城	104491	104491	6160	1045	31	1	77372	19495	387			
临沂	99559	99559	7336	1449	475	9	83501	5610	1179			
菏泽	50762	50762	5674	2048	8		33880	8704	448			

2012年山东省资源税分市分企业类型完成情况表

单位：万元

项目	合计	内资企业								港澳台投资企业	外商投资企业	个体经营	附列资料：乡（镇）企业
		小计	国有企业	集体企业	股份合作企业	联营企业	股份公司	私营企业	其他企业				
合计	911082	808585	38570	26778	606	7766	627842	50135	56888	6004	18022	78471	91113
济南	12005	8030	458	1314			4232	1637	389	1175	93	2707	1945
青岛	5293	4002	157	322	10		1400	993	1120	107	48	1136	402
淄博	37695	36361	477	1486	498		9232	11943	12725		28	1306	13828
枣庄	23185	20338	1449	634		10	17603	442	200	390	1732	725	5968
东营	429749	429749	10972				418277	500					963
烟台	98253	93228	1090	7494			71584	8869	4191	1407	1864	1754	17206
潍坊	69698	65165	3050	11706		7643	31604	6095	5067	695	9	3829	11576
济宁	44712	27630	9218	9	2		14744	831	2826	1	12713	4368	4813
泰安	37808	24408	2703	1731	36		10710	3668	5560			13400	2317
威海	21224	20005	18	165			9247	6970	3605	46	727	446	2395
日照	5298	3275	1	31			2139	19	1085		428	1595	1258
莱芜	9249	9049	3379	240	57	105	3720	1459	89	7	1	192	1374
滨州	6065	5772	1257	37			3194	835	449			293	3054
德州	5173	3680	375	433			2490	10	372			1493	573
聊城	4471	4252	3140	2				300	810			219	310
临沂	49651	43092	552	664	1	8	20912	4433	16522	168	379	6012	10586
菏泽	51553	10549	274	510	2		6754	1131	1878	2008		38996	12545

2012年山东省个人所得税分市分企业类型完成情况表

单位：万元

项目	合计	内资企业								港澳台投资企业	外商投资企业	个体经营	附列资料：乡（镇）企业
		小计	国有企业	集体企业	股份合作企业	联营企业	股份公司	私营企业	其他企业				
合计	2374970	1769182	249738	29643	28514	240	1109531	201530	149986	60177	271868	273743	63379
济南	406962	329480	45754	4786	2896	7	201493	27237	47307	17709	36027	23746	1565
青岛	558666	366554	26636	2301	4535	28	246755	42089	44210	13252	110241	68619	5572
淄博	140752	109207	9369	1452	6024	18	65470	20899	5975	2457	10979	18109	13309
枣庄	39460	30485	7203	2044	324		19227	613	1074	886	932	7157	3278
东营	113135	103914	30308	717	608		60318	8516	3447	1506	2344	5371	3561
烟台	261726	185845	22614	1504	2168	73	103426	47304	8756	4525	38929	32427	4454
潍坊	143593	103187	11299	1256	1544		71808	8140	9140	2227	9793	28386	2095
济宁	166589	120844	34551	5597	1559	55	64394	7931	6757	1476	29774	14495	7214
泰安	78030	68936	14017	1622	518		43963	6311	2505	954	2455	5685	1318
威海	81912	58114	5758	1210	1433	14	37456	9885	2358	2688	11596	9514	2420
日照	38683	24977	3717	981	450		15855	1633	2341	3757	4405	5544	541
莱芜	44592	40350	5611	679	15	18	32319	605	1103	404	770	3068	1203
滨州	54890	42905	6433	992	471		32083	1632	1294	1388	1186	9411	3931
德州	56517	37543	7226	749	975	11	23366	2868	2348	907	2551	15516	1090
聊城	61378	53645	6332	938	891	6	35487	7228	2763	1373	1809	4551	3056
临沂	81652	60617	7411	1722	2222	10	41309	3625	4318	2056	6587	12392	3186
菏泽	46433	32579	5499	1093	1881		14802	5014	4290	2612	1490	9752	5586

2012年山东省涉外税收收入分市分税种完成情况表

单位：万元

项目	合计	营业税	企业所得税	个人所得税	城市维护建设税	资源税	房产税	城镇土地使用税	印花税	土地增值税	车船税	其他各税
合计	2237728	594526	259827	332045	315710	24026	149082	223918	75562	138166	3523	121343
济南	261933	110392		53736	25580	1268	15368	12070	7797	20076	375	15271
青岛	657007	219435		123493	90506	155	41657	49540	15670	90400	1287	24864
淄博	79573	24477		13436	11848	28	6591	10741	3579	3510	423	4940
枣庄	23465	5992		1818	4177	2122	3291	4247	573	300		945
东营	28929	10311		3850	4901		1625	5849	1967	12		414
烟台	242686	51745		43454	57092	3271	25318	27140	16261	4318	541	13546
潍坊	116658	31880		12020	17842	704	12025	20297	3644	6458	202	11586
济宁	431277	28203	259827	31250	32117	12714	7291	34681	5234	3496	158	16306
泰安	25442	9443		3409	3837		3105	4378	585	227		458
威海	91491	20792		14284	16459	773	9470	11470	3957	3017	157	11112
日照	63245	14145		8162	11241	428	5272	11667	6889	1715	1	3725
莱芜	9808	2404		1174	1505	8	1586	2233	230		261	407
滨州	34233	10053		2574	5828		4218	5946	2393	155	29	3037
德州	35720	11078		3458	6036		3403	6650	1262	1625	13	2195
聊城	27729	7882		3182	6781		2236	3777	1856	2	76	1937
临沂	75521	27088		8643	13475	547	4601	10047	2905	2781		5434
菏泽	33011	9206		4102	6485	2008	2025	3185	760	74		5166

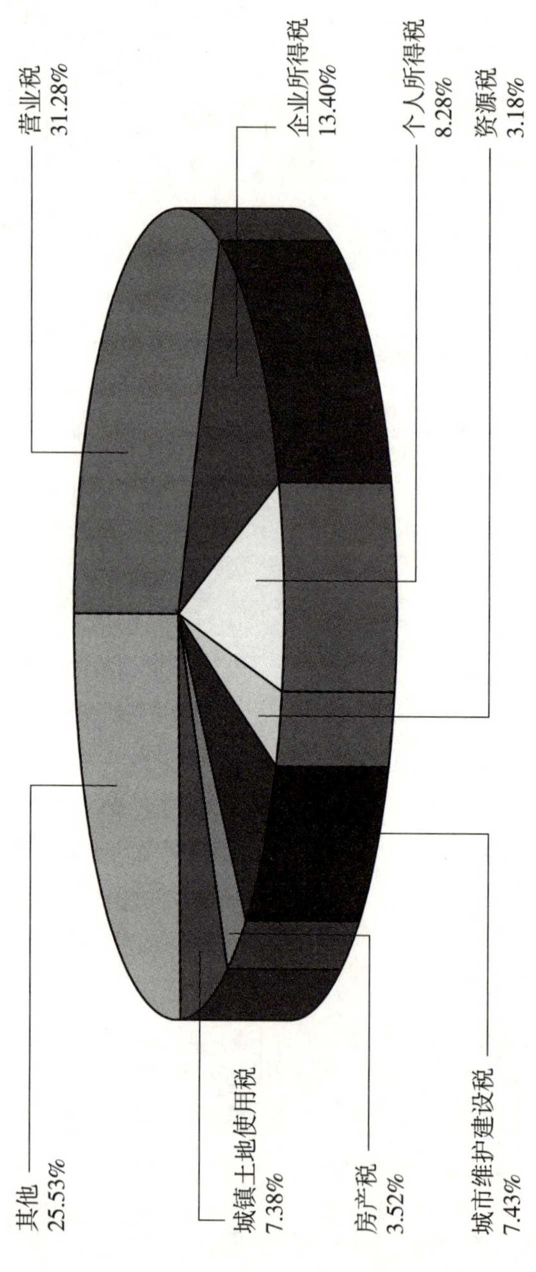

2012年山东省地方税收入分税种对比图

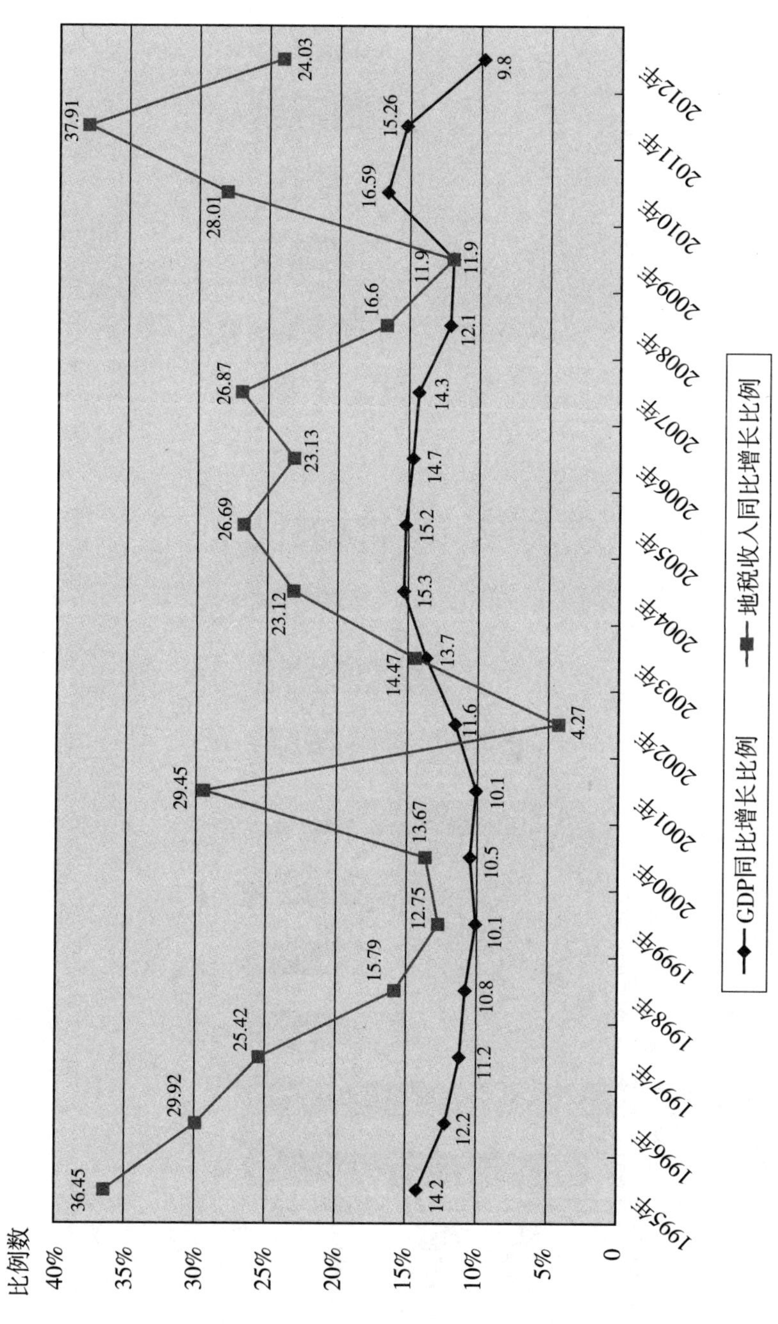

1995—2012年山东省地方税收收入与国内生产总值（GDP）增长比例对比图

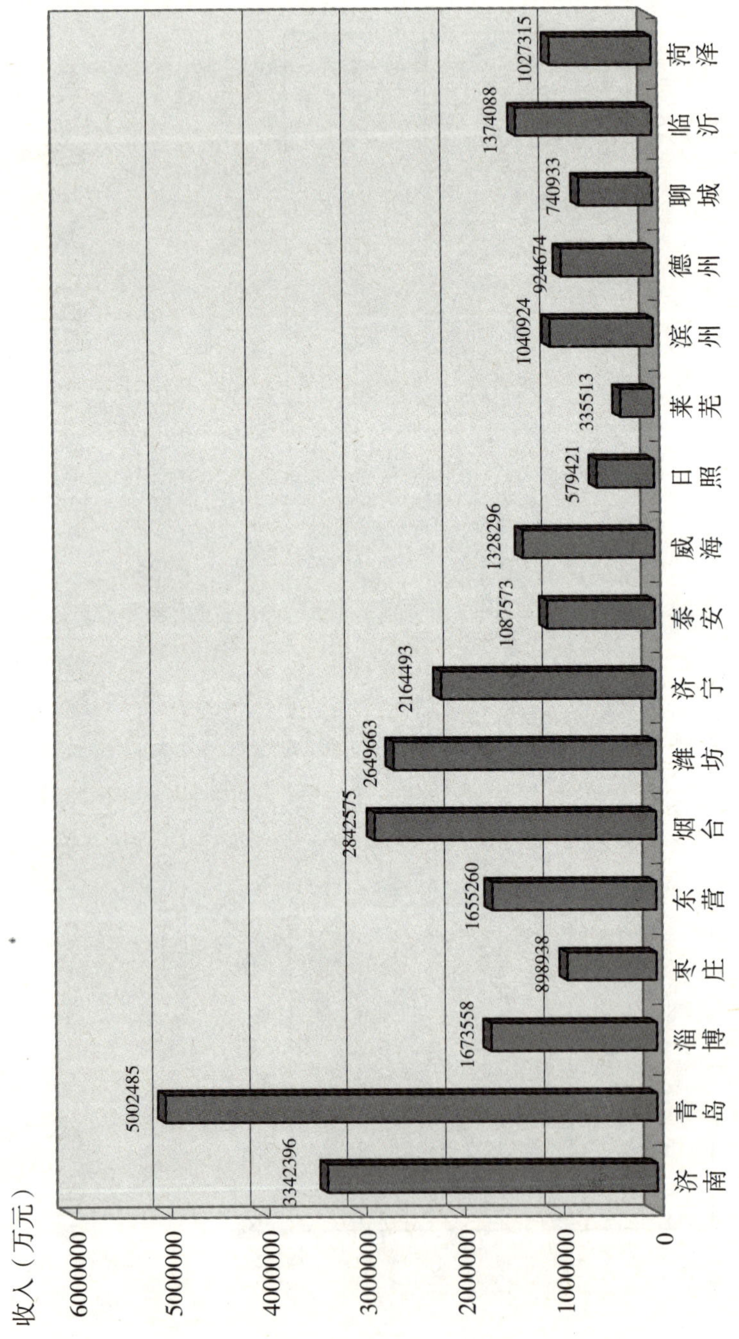

2012年山东省地方税收收入分市统计图

2012年山东省地方税收税务登记行业与经济类型构成统计表（一）

单位：户

序号	项目 户数 行业	上年年末户数	本年增减数		本年年末户数	年末登记户数分注册类型情况	
						内资企业	
			增加	减少		小计	国有企业
	顺序号	1	2	3	4	5	6
1	合计	1750744	266671	162536	1854879	720460	18595
2	农、林、牧、渔业	12485	5531	2118	15898	11893	152
3	采矿业	4568	397	421	4544	2584	128
4	制造业	276305	22077	28325	270057	165683	1736
5	电力、热力、燃气及水生产和供应业	2364	209	79	2494	2096	466
6	建筑业	64629	14745	7285	72089	60540	1881
7	批发和零售业	851541	140846	76045	916342	271413	5106
8	交通运输、仓储和邮政业	44465	8516	2480	50501	21790	1310
9	住宿和餐饮业	139545	19184	14057	144672	11532	1046
10	信息传输、软件和信息技术服务业	13774	947	1340	13381	10476	395
11	金融业	9953	2632	502	12083	11772	1196
12	房地产业	26280	4764	2196	28848	26147	505
13	租赁和商务服务业	93867	14239	9750	98356	71203	1777
14	科学研究和技术服务业	10876	11339	1615	20600	11191	839
15	水利、环境和公共设施管理业	1420	339	147	1612	1342	144
16	居民服务、修理和其他服务业	168839	15764	13355	171248	29852	1044
17	教育	6323	1251	479	7095	2296	134
18	卫生和社会工作	9550	962	893	9619	1309	195
19	文化、体育和娱乐业	9805	2280	1196	10889	5327	388
20	公共管理、社会保障和社会组织	4148	649	253	4544	2014	153
21	国际组织	7			7	0	0

2012年山东省地方税收税务登记行业与经济类型构成统计表（二）

单位：户

序号	项目 户数 行业	年末登记户数分注册类型情况						
		内资企业						
		集体企业	股份合作企业	联营企业	有限责任公司	股份有限公司	私营企业	其他内资企业
	顺序号	7	8	9	10	11	12	13
1	合计	20374	3355	481	269419	12336	385618	10282
2	农、林、牧、渔业	438	352	58	3299	95	4437	3062
3	采矿业	354	5	6	998	94	975	24
4	制造业	6254	720	100	55358	1986	99281	248
5	电力、热力、燃气及水生产和供应业	49	3	0	1033	50	472	23
6	建筑业	2001	192	32	28420	683	26860	471
7	批发和零售业	5998	824	170	95321	2900	160425	669
8	交通运输、仓储和邮政业	426	63	20	10081	209	9613	68
9	住宿和餐饮业	922	72	10	4417	97	4899	69
10	信息传输、软件和信息技术服务业	69	13	3	3249	180	6520	47
11	金融业	676	737	3	3073	4877	1149	61
12	房地产业	378	69	11	15094	310	9650	130
13	租赁和商务服务业	1010	145	37	28086	479	38837	832
14	科学研究和技术服务业	318	56	13	4065	70	5543	287
15	水利、环境和公共设施管理业	43	4	0	670	16	367	98
16	居民服务、修理和其他服务业	1023	85	15	14154	239	12708	584
17	教育	61	0	0	405	11	371	1314
18	卫生和社会工作	201	6	0	129	12	399	367
19	文化、体育和娱乐业	76	6	2	1531	27	3092	205
20	公共管理、社会保障和社会组织	77	3	1	36	1	20	1723
21	国际组织	0	0	0	0	0	0	0

2012年山东省地方税收税务登记行业与经济类型构成统计表（三）

单位：户

序号	项目 / 户数 / 行业	年末登记户数分注册类型情况				
		港澳台投资企业	外商投资企业	外国企业	个体经营户	其他
	顺序号	14	15	16	17	18
1	合计	6400	20134	875	1092550	14460
2	农、林、牧、渔业	123	240	0	2682	960
3	采矿业	26	50	1	1877	6
4	制造业	3098	12725	19	88490	42
5	电力、热力、燃气及水生产和供应业	108	139	0	127	24
6	建筑业	192	291	10	10845	211
7	批发和零售业	852	2565	27	641352	133
8	交通运输、仓储和邮政业	215	386	10	28039	61
9	住宿和餐饮业	199	819	2	132061	59
10	信息传输、软件和信息技术服务业	350	483	6	2015	51
11	金融业	45	174	13	38	41
12	房地产业	373	381	1	1844	102
13	租赁和商务服务业	514	1166	663	23347	1463
14	科学研究和技术服务业	61	174	12	8127	1035
15	水利、环境和公共设施管理业	14	28	0	45	183
16	居民服务、修理和其他服务业	192	391	107	139244	1462
17	教育	4	21	0	1055	3719
18	卫生和社会工作	0	7	0	6754	1549
19	文化、体育和娱乐业	32	90	1	4565	874
20	公共管理、社会保障和社会组织	1	2	0	42	2485
21	国际组织	1	2	3	1	0

1994—2012年山东省地方税收各类经济纳税人税务登记结构变动统计表

单位：户

年度	合计	国有企业	集体企业	联营企业	股份合作	有限责任	股份有限	私营企业	港澳台资	外商投资	外国企业	个体经营	其他
1994	221440	64078	137474	959			1801	12418	0	0		0	4710
1995	228771	68610	134879	1451			4273	15579	0	0		0	3979
1996	678809	68330	137250	1677			6398	23187	4234	5860		422843	9030
1997	788650	72557	137859	2083			9182	28818	6731	2876		519472	9072
1998	861476	66845	132541	4909			17209	39007	3672	7328		580393	9572
1999	832369	52192	79553	1522			35727	49449	3770	6450		597898	5808
2000	917811	51889	73751	1500			43027	59322	3651	7483		671369	5819
2001	937681	43751	60734	1061	2989	31790	6806	49837	2885	5447		728441	3940
2002	990746	42463	54947	1000	3126	41271	6920	63238	3198	6531	81	762890	5081
2003	1019938	38405	48740	891	2877	54611	7353	81665	3392	7951	103	767018	6932
2004	1005162	34617	41611	639	3329	59825	7207	112505	3349	9119	152	725918	2847
2005	986298	26281	32232	528	2163	72064	7454	119690	3840	9917	178	704818	4663
2006	1003054	24243	29188	555	2427	84423	7699	140002	3605	9662	175	690845	6106
2007	1058035	20922	24955	492	2312	93701	7541	169902	3696	10010	284	715864	8356
2008	1167325	18796	22774	431	2353	113607	8433	195134	3941	11484	268	781454	8650
2009	1285433	18178	21450	434	2321	131136	8918	220202	4018	11555	288	856561	10372
2010	1349009	17363	20407	420	2332	157827	9284	241254	4167	11626	271	872976	11082
2011	1750744	21184	24469	580	3660	238154	11482	374224	6822	23419	1209	1024076	21465
2012	1854879	18595	20374	3355	481	269419	12336	385618	6400	20134	875	1092550	24742

注：1. 1994年、1995年个体户和涉外企业的税收管理全部在国税。

2. 2011年、2012年其他类型的统计口径进行了调整。

2012年山东省地方税务系统信息化建设与应用情况统计表

序号	项目	数量	序号	项目	数量
1	中小型计算机装备数量（台）	30	27	入侵检测 IDS（台）	23
2	PC 服务器装备数量（台）	1428	28	漏洞扫描（套）	6
3	其中：刀片式服务器数量	96	29	安装杀毒软件的计算机数量（台）	27784
4	机龄5年以上（含5年）	508	30	部署桌面安全审计系统终端数量（台）	16255
5	存储设备总容量（TB）	347	31	市级机房面积（m²）	2664
6	其中：磁盘阵列容量（TB）	323	32	10KVA（含）以上 UPS 装备数量（台）	65
7	磁带库容量（TB）	24	33	电子申报的情况	
8	PC 机装备数量（台）	30585	34	其中：网上报税（户数）	593935
9	其中：台式机数量	25561	35	IC 卡或优盘申报（户数）	21300
10	笔记本电脑数量	5024	36	大厅自助申报（户数）	62376
11	其中：业务单位使用数量	20043	37	委托代理申报（户数）	115817
12	行政管理单位使用数量	6843	38	其他方式申报（户数）	178012
13	当期报废 PC 机数量（台）	1835	39	电子申报的范围	
14	打印机配备数量（台）	9995	40	其中：税务登记（百分比）	
15	其中：业务单位使用数量	7235	41	纳税申报（百分比）	
16	行政管理单位使用数量	2578	42	网络发票（百分比）	
17	广域网联通节点数（个）	1089	43	其他业务（百分比）	
18	其中：地市级节点	17	44	全市信息技术人员数（人）	625
19	区县级节点	198	45	其中：市局技术人员数	79
20	分局级节点	874	46	市局运维人员数	67
21	与外部门互联单位数（个）	23	47	区县局技术人员数	224
22	路由器数量（台）	111	48	区县局运维人员数	255
23	交换机数量（台）	3013	49	全市征管软件使用操作人员数（人）	20101
24	其中：三层（含）以上交换机数量	1172	50	其中：市局软件使用操作人员数	2416
25	网闸数量（台）	6	51	区县局软件使用操作人员数	17685
26	安装防火墙数量（台）	105			

第五篇 机构和人员

山东省地税系统机构和人员概况

截至2012年底，山东省地税系统现有各类机构1495个，其中省级机关1个，副省级机关2个，市级机关15个，县级机关140个，直属派出机构340个，其中省局2个，市局74个，县（市、区）局264个。基层中心税务所886个，地税系统所属事业单位111个。从机构级别看，正厅级1个，副厅级2个（济南、青岛市局），正处级49个，副处级51个，科级以下1392个。全系统各类各级编制23786名，其中行政编制20296名，工勤编制1921名，事业编制1569名。全系统实有人员23277人，其中省级224人，占总人数的0.97%；市级4357人，占总人数的18.71%；县级18696人，占总人数的80.32%。大学本科以上15114人，占总人数的64.93%，大专文化程度的6264人，占总人数的26.91%，中专及以下文化程度的1899人，占总人数的8.16%。

山东省地方税务局
机关内设机构和人员概况

截至2012年底，山东省地方税务局机关内设18个处室，分别是：办公室、政策法规处、营业税处、企业所得税处、个人所得税处、财产和行为税处、土地房产税处、国际税务处、征管和科技发展处、税源管理处、收入规划核算处、财务管理处、督察内审处、人事处、离退休干部处、基层工作处、机关党委、监察室（纪检组）。其中，监察室（纪检组）上划省纪委，人事处和离退休干部处合署办公；2个直属单位：稽查局、重点企业税收管理局；3个事业单位：机关服务中心、信息中心、纳税服务中心。

省局共有在职正式干部职工224人，其中，副厅级以上干部10人，处级干部93人，科级干部107人，科以下干部职工14人；党员209人。退休人员30人。

山东省地方税务局领导名单

局　长、党组书记：宋文军
副局长、党组成员：赵洪波
党组成员、纪检组长：王莉莉
副局长、党组成员：李　功
副局长、党组成员：郭凤晓
巡　视　员：吕凤强
副巡视员：杨殿国
副巡视员：李　亚
副巡视员：马奎升
副巡视员：于　波
副巡视员：杨丰仪
副厅级检查员：周科纯
总会计师：白　洁
总经济师：张荣琳

山东省地方税务局机关内设机构领导名单

办公室

主　任：张期鹏
副主任：杨雪芳（正处级）
副主任：王荣跃
副主任：尹　才
副主任：陈道胜

政策法规处

处　长：范廷祥
副处长：王永安

营业税处

处　长：孙永秀
副处长：姜常春

企业所得税处

处　长：李广进
副处长：陈艳艳

个人所得税处

负责人：王士金

副处长：王　忠

财产和行为税处

负责人：汤永强
副处长：陈　伟

土地房产税处

处　长：王志波

国际税务处

处　长：王建中
副处长：王淑增

征管和科技发展处

处　长：任长河
副处长：王晓明
副处长：程　惠
副处长：王胜超

税源管理处

负责人：李崇西
副处长：李　达

收入规划核算处

处　长：高　虹
副处长：姜爱萍

财务管理处

处　长：张成家
副处长：王纳纳

督查内审处

处　长：冉照坤

人事处（离退休干部处）

处　长：傅廷民
处　长：杨永军
副处长：贾伯森
副处长：毕文敏

副处长：张秀臻
副处长：于　前

基层工作处

处　长：张　辉
副处长：刘筱庆
副处长：孙永祥

机关党委

专职副书记：刘键锋
机关纪委书记：蒋立新

纪检组（监察室）

副组长（主任）：李茂楠

税务稽查局

局　长：王发升
副局长：杨义庆
副局长：孟宪岭

重点企业税收管理局

局　长：张　皓
副局长：郭永田

机关服务中心

主　任：曲永生
副主任：张绍远
副主任：王　扬

地方税务信息中心

负责人：徐夫田
副主任：李　铁
副主任：齐艳红

纳税服务中心

负责人：杨义庆（兼）
副主任：祝洪溪

山东省各市地方税务局领导名单

济南市地方税务局

局　长、党委书记：　张志明
副局长、党委副书记：　张吉茂
副局长、党委委员：　王建刚
副局长、党委委员：　王利民
副局长、党委委员：　王先进
党委委员、纪委书记：　刘庆才
副局长、党委委员：　孔　静

青岛市地方税务局

局　长、党委书记：　蔡自力
副局长、党委副书记：　李　钢
副局长、党委副书记：　刘文和
副局长、党委委员：　孙辉业
副局长、党委委员：　任希巍
副局长、党委委员：　李宁国
党委委员、纪委书记：　何　倩

淄博市地方税务局

局　长、党组书记：　于　波
（省局副巡视员兼）
副局长、党组副书记：　潘荣文
副局长、党组成员：　赵德森
副局长、党组成员：　石光华
副局长、党组成员：　司　平

枣庄市地方税务局

局　长、党组书记：　段培真
副局长、党组副书记：　陈　勇
副局长、党组成员：　孙学华
党组成员、纪检组长：　张体恒
副局长、党组成员：　孙中洲

东营市地方税务局

局　长、党组书记：　张洪起
副局长、党组副书记：　张　岩
副局长、党组成员：　杨永卿
油田分局局长、党组成员：翟宝山
党组成员、纪检组长：　安晓刚
副局长、党组成员：　蒋冬梅

烟台市地方税务局

局　长、党组书记：　杨丰仪
（省局副巡视员兼）
副局长、党组成员：　吴晓飞
副局长、党组成员：　姜永利
副局长、党组成员：　刘中太
副局长、党组成员：　徐永军
党组成员、纪检组长：　孙绍敏

潍坊市地方税务局

局　长、党组书记：　马奎升
（省局副巡视员兼）
副局长、党组副书记：　张传庭
党组成员、纪检组长：　滕一良
副局长、党组成员：　李　强
副局长、党组成员：　武伟刚

济宁市地方税务局

局　长、党组书记：　姜亚南

副局长、党组副书记：　许从法
副局长、党组成员：　高　杰
副局长、党组成员：　宋伟洲
副局长、党组成员：　朱洪坤
党组成员、纪检组长：　翟华斌

泰安市地方税务局

局　长、党组书记：　葛明跃
副局长、党组副书记：　郝　玲
副局长、党组成员：　张继颖
党组成员、纪检组长：　张鲁光
副局长、党组成员：　朱海明

威海市地方税务局

局　长、党组书记：　孔庆俊
副局长、党组副书记：　孙忠显
副局长、党组成员：　侯凤志
党组成员、纪检组长：　王叔娟
副局长、党组成员：　王成林

日照市地方税务局

局　长、党组书记：　林桂军
副局长、党组副书记：　徐厚臣
副局长、党组成员：　费秀云
副局长、党组成员：　马　青
党组成员、纪检组长：　张永学
（兼直属征收局局长）

莱芜市地方税务局

局　长、党组书记：　高庆功
副局长、党组副书记：　刘　涛
副局长、党组成员：　侯继才
副局长、党组成员：　王　钧
党组成员、纪检组长：　李建国

临沂市地方税务局

局　长、党组书记：　聂奎亮
副局长、党组成员：　商庆顿
副局长、党组成员：　王光新
党组成员、纪检组长：　徐　军
副局长、党组成员：　王丽英

德州市地方税务局

局　长、党组书记：　宓东生
副局长、党组副书记：　李晓冬
副局长、党组成员：　周书华
副局长、党组成员：　郭世峰
副局长、党组成员：　周鲁平
党组成员、纪检组长：　徐兴海
副局长、党组成员：　刘书庆

聊城市地方税务局

局　长、党组书记：　张川英
副局长、党组副书记：　郝晓伟
副局长、党组成员：　宗彦博
副局长、党组成员：　侯国华
党组成员、纪检组长：　姜凤利

滨州市地方税务局

局　长、党组书记：　王海军
副局长、党组副书记：　李登峰
副局长、党组成员：　刘英杰
副局长、党组成员：　刘思文
党组成员、纪检组长：　刘金生

菏泽市地方税务局

局　长、党组书记：　刘新建
副局长、党组副书记：　贾希雪
副局长、党组成员：　刘　勇
副局长、党组成员：　赵友鹏
副局长、党组成员：　李圣君

附 录

山东地税年鉴·2013

LOCAL TAXATION YEARBOOK OF SHANDONG

2012年山东省地方税务局大事记

1月

4日 山东省地方税务局党组书记、局长宋文军主持召开第1次局党组(扩大)会议，传达学习全省经济工作会议和全国税务工作会议精神，就全省地税工作会议筹备方案、全省地税工作要点、局机关推行公务卡、发挥社会中介机构作用提高税收管理质效、免征小型微型企业税务发票工本费、贯彻落实全国税务系统大企业税收管理工作会议和全省精神文明建设工作表彰大会精神等问题进行了研究，并就加强全系统文化建设、评选基层建设优秀单位和服务基层优秀单位、评选局机关先进党支部、优秀党员和优秀党务工作者、评选表彰政风行风建设考核先进单位和纪检监察先进集体及先进个人、系统目标管理考核情况等问题进行了研究。党组副书记、副局长吕凤强，党组成员、纪检组长、监察专员王莉莉，党组成员、副局长李功、郭凤晓出席会议，副巡视员杨殿国、李亚，总会计师白洁列席会议。

4日 山东省地方税务局总会计师白洁在济南出席山东省烟草专卖局(公司)庆新春联谊会。

5日 山东省地方税务局党组成员、纪检组长、监察专员王莉莉在济南参加省纪委召开的2011年度工作汇报会。

5—6日 山东省地方税务局党组成员、副局长赵洪波在广东省佛山市参加全国财产行为税工作会议。

6—11日 山东省省委书记、省人大常委会主任姜异康，省委副书记、省长姜大明，省委副书记、省政协主席刘伟，省委常委、省纪委书记李法泉，省委常委、组织部部长高晓兵等领导分别作出重要批示，对山东地税2011年工作给予充分肯定，对2012年工作提出了希望和要求。

8日 山东省地方税务局副巡视员李亚在菏泽参加支持菏泽打造鲁苏豫皖交界地区科学发展高地座谈会。

9日 山东省地方税务局机关召开2011年度述职大会，各单位主要负责人就本单位2011年工作情况和2012年工作打算进行专题述职，并由分管领导进行现场点评。山东省地方税务局党组书记、局长宋文军作总结讲话，山东省地方税务局党组成员、副局长李功主持会议。局机关副处级以上干部参加会议。

9日 山东省地方税务局党组成员、副局长赵洪波在济南出席山东省金融系统新春茶话会。

11日 全省财政税务工作会议在济南召开，省委常委、副省长孙伟出席会议并作重要讲话。省局领导、总会计师，省局机关各单位主要负责人，各市局局长、办公室主任及各县（市、区）局长参加会议。

11 日 山东省地方税务局机关组织收看2012年全国税务稽查工作视频会议。党组副书记、副局长吕凤强在国家税务总局主会场参加会议并发言，介绍省局在稽查现代化建设中推行电子查账、搭建三方信息应用平台、改革稽查体制机制等方面的具体做法及取得的成效。

11 日 山东省地方税务局党组成员、副局长郭凤晓在济南参加山东省省长质量奖颁奖大会。

11 日 山东省地方税务局副厅级检查员周科纯在济南参加省纪委召开的传达贯彻中纪委七次全会精神专题会议。

11—12 日 全省地方税务工作会议在济南召开。会议学习贯彻全国税务工作会议、全省经济工作会议和全省财税工作会议精神，总结2011年全省地税工作情况，表彰先进，部署2012年全省地税工作任务和措施。同时，研究部署了推广“廉政和执法风险防控平台”工作。山东省地方税务局党组书记、局长宋文军代表省局党组做工作报告，并与各市局局长签订了2012年度《党风廉政建设责任书》；党组副书记、副局长吕凤强主持会议，进行会议总结，并对春节前有关工作进行部署安排；党组成员、副局长赵洪波传达姜异康、姜大明等省领导对地税工作的重要批示；党组成员、纪检组长、监察专员王莉莉就党风廉政建设和在全系统推广“廉政和执法风险防控平台”工作进行了安排部署；党组成员、副局长李功和省文明办、人社厅领导宣读有关表彰决定，对全国文明单位、政风行风考核先进单位、系统目标管理考核优秀单位、基层建设优秀单位、服务基层优秀单位进行表彰；山东省地方税务局党组成员、副局长郭凤晓宣读2012年度《党风廉政建设责任书》。会议期间，日照市局演示“廉政和执法风险防控平台”。省局领导、总会计师，省局机关各单位主要负责人，各市局局长、办公室主任及各县（市、区）局长参加会议；各市、县（市、区）局中层以上干部在各地分会场通过视频收看会议内容。

13 日 山东省地方税务局党组成员、纪检组长、监察专员王莉莉在济南参加省纪委九届八次全会。

13—17 日 山东省地方税务局局领导、总会计师分别到各市走访慰问基层单位。

17 日 山东省地方税务局党组成员、副局长赵洪波在济南参加省人大常委会预工委召开的情况汇报会，汇报全省地税2011年税收完成情况和2012年税收计划安排。

18 日 山东省地方税务局省局机关召开2011年度总结表彰会议，总结工作，表彰先进，部署新一年工作任务。山东省地方税务局党组成员、纪检组长、监察专员王莉莉代表省局党组做工作报告。省局机关全体干部职工参加会议。

20 日 山东省地方税务局党组书记、局长宋文军在济南参加山东省各界人士迎春茶话会。

21 日、30 日 山东省省委常委、宣传部部长孙守刚对全省各级地税部门全面加强文化事业建设费征收管理，服务文化繁荣发展，及积极争取全省动漫产业发展税收政策等工作作出批示并给予充分肯定。

30—31 日　山东省地方税务局副巡视员李亚在济南参加全省农村工作会议。

31 日　山东省地方税务局副巡视员杨殿国在济南参加全省工业经济运行电视会议。

2 月

1 日　山东省地方税务局党组书记、局长宋文军主持召开第 2 次局党组会议，就机关预算、系统党建工作等进行研究。山东省地方税务局党组副书记、副局长吕凤强，党组成员、副局长赵洪波，山东省地方税务局党组成员、纪检组长、监察专员王莉莉，山东省地方税务局党组成员、副局长李功、郭凤晓出席会议。

2 日　山东省地方税务局下发《关于印发〈2012 年全省地税系统干部教育培训工作实施意见〉的通知》（鲁地税发〔2012〕11 号），明确 2012 年全省地税系统干部教育培训工作的基本思路、工作要求和计划安排。

3 日　山东省地方税务局下发《关于印发〈2012 年全省地税工作要点〉的通知》（鲁地税发〔2012〕1 号），围绕全面贯彻中央和全省经济工作会议、全国税务工作会议、全省财税工作会议精神，提出 2012 年全省地税工作的总要求和需要重点抓好的十个方面的工作。

6 日　山东省地方税务局副巡视员杨殿国在济南参加工信部来鲁调研座谈会。

8 日　山东省地方税务局党组书记、局长宋文军，山东省地方税务局党组成员、纪检组长、监察专员王莉莉在济南参加省直机关落实 2012 年反腐倡廉任务分工会议。

8 日　山东省地方税务局党组书记、局长宋文军在济南参加蓝色经济区产业基金管理有限公司暨中国蓝色经济产业基金管理有限公司（美元）揭牌仪式。

10 日　山东省地方税务局党组书记、局长宋文军在济南参加省直机关各部门（单位）党组（党委）主要负责人会议。

10 日　山东省地方税务局党组书记、局长宋文军在济南参加省长经济责任审计整改工作协调会。

13 日　山东省地方税务局副巡视员李亚在济南参加全省政府法制工作会议。

14 日　山东省地方税务局机关举办“山东地税大讲堂”第四期专家讲座，邀请清华大学教授、博士生导师邹广文作《以健康的文化观引领工作和生活》专题讲座。

14 日　山东省地方税务局下发《关于全面加强全省地税系统文化建设的指导意见》（鲁地税发〔2012〕16 号），对全面加强全省地税系统文化建设，以文化引领地税事业科学发展、和谐发展提出具体指导意见。

15 日　山东省地方税务局党组书记、局长宋文军在济南参加山东半岛蓝色经济区和黄河三角洲高效生态经济区建设工作领导小组第二次（扩大）会议。

15 日　山东省地方税务局党组副书记、副局长吕凤强在济南参加全省机构编制工作会议。

15—17 日　国家税务总局办税服务

厅规范化建设检查组到山东省地税系统检查指导工作。山东省地方税务局副巡视员李亚陪同。

16日 山东省地方税务局党组书记、局长宋文军在济南参加全省科学技术奖励大会和第十届中国艺术节山东省筹委会第三次会议。

16日 山东省地方税务局召开全省地税稽查工作视频会议，学习贯彻全国税务稽查工作会议精神，总结2011年全省稽查工作，表彰先进，部署2012年稽查任务。山东省地方税务局党组副书记、副局长吕凤强出席会议并讲话。

16日 山东省地方税务局党组成员、副局长李功在济南参加孟祥民同志先进事迹表彰大会。

18—23日 山东省地方税务局党组副书记、副局长吕凤强在济南列席政协第十届山东省委员会第五次会议。

19—24日 山东省地方税务局党组书记、局长宋文军在济南列席山东省第十一届人民代表大会第五次会议。

20日 山东省地方税务局总会计师白洁在济南参加全省社会保障资金审计进点电视会议。

21日 山东省地方税务局党组成员、副局长赵洪波在济南参加山东人民广播电台《阳光政务热线》直播节目。

22日 江苏省地方税务局副局长陈茂峰一行来山东考察国际税收工作。山东省地方税务局党组成员、副局长赵洪波会见并进行座谈交流。

27日 山东省地方税务局党组成员、副局长李功在济南参加省文明委全委会。

27日 山东省地方税务局副巡视员李亚在济南参加第119次省政府常务会议，参加关于《山东省企业权益保护条例（草案）》议题的研究。

27—28日 山东省地方税务局党组书记、局长宋文军，党组成员、纪检组长、监察专员王莉莉在北京参加全国税务系统党风廉政建设工作会议。省局组织机关副处级以上干部，各市、县（市、区）局领导班子成员和系统全体纪检监察干部通过视频收看27日上午的大会。

28—29日 山东省地方税务局党组成员、副局长赵洪波在济南参加全省文化创意产业统计监测工作暨业务培训会议。

29日 山东省地方税务局党组书记、局长宋文军主持召开第4次局党组会议，就贯彻全国税务系统党风廉政建设工作会议精神等问题进行研究。党组副书记、副局长吕凤强，党组成员、副局长赵洪波，党组成员、纪检组长、监察专员王莉莉，党组成员、副局长李功、郭凤晓出席会议。

29日 山东省地方税务局下发《关于印发〈山东省地税系统办税服务厅管理规范（试行）〉的通知》（鲁地税发〔2012〕18号），对加强办税服务厅管理、提高办税质效、优化纳税服务提出具体的管理规范。

29日 山东省地方税务局下发《关于发挥社会涉税中介机构作用提高税收管理质效的意见》（鲁地税发〔2012〕20号），对充分发挥社会涉税中介机构作用，进一步提高税收管理质效，提高收入质量防范执法风险，依法维护纳税人的合法权益等提出具体意见。

29日—3月1日 山东省地方税务局总会计师白洁在济南参加全省档案工作暨表彰先进会议。

3月

2日 山东省地方税务局党组书记、局长宋文军主持召开第一次局长办公会议，就2012年省级部门预算、全省地税系统执法执勤用车配备使用管理办法、部分单位资产管理等问题进行了研究。山东省地方税务局党组副书记、副局长吕凤强，党组成员、副局长赵洪波，党组成员、纪检组长、监察专员王莉莉，党组成员、副局长李功、郭凤晓出席会议，副巡视员杨殿国、李亚，副厅级检查员、纪检组副组长周科纯，总会计师白洁列席会议。

2日 山东省地方税务局党组书记、局长宋文军主持召开第一次局务会议，就山东地税岗位培训丛书编写方案、贯彻落实全省机关党的工作会议精神、提高全省地税系统党建工作科学化水平指导意见、加强办税服务厅管理等问题进行研究。山东省地方税务局党组副书记、副局长吕凤强，党组成员、副局长赵洪波，党组成员、纪检组长、监察专员王莉莉，党组成员、副局长李功、郭凤晓，副巡视员杨殿国、李亚，副厅级检查员、纪检组副组长周科纯，总会计师白洁出席会议。

5—8日 山东省地方税务局党组成员、副局长李功在青岛参加中国居民企业对外投资与劳务税收研究报告（续篇）终审会。

6日 山东省地方税务局总会计师白洁在济南参加全省保密工作会议和全省密码工作会议。

7—8日 全省地税系统政策法规工作会议在枣庄召开，会议传达全国税务系统依法行政工作会议精神，总结2011年度政策法规工作，研究部署2012年工作任务。山东省地方税务局副巡视员李亚出席会议并讲话。

8日 山东省地方税务局副巡视员李亚在济南参加商品交易市场建设管理专题会议。

8—10日 山东省地方税务局机关妇委会组织妇女干部职工到日照参观学习，庆祝“三八”妇女节。山东省地方税务局副厅级检查员、纪检组副组长周科纯带队。

12日 山东省地方税务局党组书记、局长宋文军主持召开第5次局党组会议，就2012年税收宣传月活动方案、关于深入开展学雷锋活动实施意见等问题进行研究。党组副书记、副局长吕凤强，党组成员、副局长赵洪波，党组成员、纪检组长、监察专员王莉莉，党组成员、副局长李功、郭凤晓出席会议。

15—16日 山东省地方税务局党组书记、局长宋文军带领省局有关处室负责同志，到潍坊、烟台等地调研指导工作，对当前的基层工作提出三点要求：一是切实抓好新一轮基层建设和干部教育培训两个三年规划的落实；二是大力抓好提高收入质量防范执法风险工作；三是切实加强宣传思想工作。

19日 山东省地方税务局机关组织全系统收看国家税务总局召开的全国国际税收工作视频会议。党组成员、副局长赵洪波参加。

21日 山东省委组织部在省局召开省直单位干部教育培训工作现场会。省委组织部副部长刘永巨出席会议并讲话，省直31个单位分管领导、干部（人事、教育）处长等参加会议，省委组织部干部教育处处长白皓主持会议。会议传达了省委常委、组织部部长高晓兵的批示，党组书记、局长宋文军介绍了山东地税干部教育培训工作情况，山东省地方税务局人事处介绍了全省地税系统推进教育培训工作创新的具体做法，济南市地税局基层单位代表汇报培训体会，潍坊市地税局演示“快乐学习平台”。与会代表还参观山东省地方税务局教育培训工作情况展板，到山东财经大学现场观摩青岛市地税局兼职教师培训班。

22日 山东省地方税务局党组成员、纪检组长、监察专员王莉莉在济南市局历下分局参加省委省直机关工委党建工作现场观摩会。省直机关工委副书记赵修东出席会议并讲话，省直机关工委、省直机关部分单位党建工作负责人参加会议。

26日 山东省省委常委、副省长孙伟对省地税局领导班子2011年工作情况和主要负责同志2011年度述职述德述廉情况作出批示，给予充分肯定，并提出希望和要求。

27日 山东省地方税务局党组书记、局长宋文军在济南参加国务院第五次廉政工作电视电话会议。

28日 山东省地方税务局党组成员、副局长李功在济南出席山东大厦开业十周年庆祝活动。

29日 山东省地税局与国税局联合召开2011年度山东省纳税百强排行榜暨山东税务系统第21个税收宣传月新闻发布会。党组副书记、副局长吕凤强出席会议。

30日 山东省地方税务局党组书记、局长宋文军在济南参加全省扶贫开发工作会议。

31日 山东省地方税务局党组成员、副局长赵洪波在济南参加全省金融工作会议。

31日 山东省地方税务局总会计师白洁在济南出席《联合日报》战略合作理事会2012年会暨“创新驱动，转型发展”主题研讨会。

4月

1日 山东省地方税务局党组书记、局长宋文军在济南参加全省政府系统调研工作会议。

5日 山东省地方税务局党组书记、局长宋文军主持召开第7次局党组（扩大）会议，传达学习了4月1日山东省委常委（扩大）会议精神，研究贯彻落实意见，并就省局党组读书会初步筹备方案、加强机关管理、选派“第一书记”抓党建促脱贫工作意见及有关人事问题进行研究。山东省地方税务局党组副书记、副局长吕凤强，党组成员、副局长赵洪波，党组成员、纪检组长、监察专员王莉莉，党组成员、副局长李功、郭凤晓出席会议，副巡视员李亚，副厅级检查员、纪检组副组长周科纯，总会计师白洁列席会议。

6日 山东省地方税务局党组成员、

纪检组长、监察专员王莉莉在济南参加省纪委召开的全省纪检监察机关查办案件工作会议。

7—8日　山东省地方税务局党组书记、局长宋文军陪同省委常委、副省长孙伟赴济南、济宁、聊城调研。期间，山东省副省长孙伟视察了莘县地税局办税服务厅并给予肯定。

9日　山东省地方税务局党组书记、局长宋文军在济南参加第121次省政府常务会议，听取研究促进物流业健康发展的政策措施。

10日　山东省地方税务局召开局机关"能力年"活动动员大会，并举办"山东地税大讲堂"第五期专家讲座，邀请山东行政学院基础部副主任邱丽莉教授作"阳光心态"专题讲座。省局机关全体干部职工参加。

12日　山东省地方税务局副巡视员李亚在济南参加"税收大讲堂——山东省税务系统与高等院校联合税宣活动"。

13日　山东省地方税务局副巡视员李亚在济南参加全省就业工作暨农民工工作联席会议。

14—15日　山东省地方税务局党组书记、局长宋文军在济南参加中国共产党山东省省直机关代表会议。

17日　山东省地方税务局党组成员、副局长李功在济南参加全国集中开展安全领域打非治违专项行动电视电话会议。

18日　山东省地方税务局党组书记、局长宋文军在济南参加山东省99个文化产业项目集中开工暨山东书城开工奠基仪式。

18日　山东省地方税务局党组成员、副局长赵洪波在济南参加第122次省政府常务会议，听取一季度经济社会发展情况，研究做好下一步工作。

20日　山东省地方税务局副巡视员李亚在济南参加2011年淘汰落后产能工作意见反馈会。

20日　山东省地方税务局副巡视员李亚在泰安参加全省出口农产品质量安全示范区建设工作会议暨一季度商务形势分析会和全省商品交易市场建设工作座谈会。

26—27日　山东省地方税务局组织机关干部职工参加2012年财税机关春季运动会暨省局机关第六届田径运动会。

26—28日　山东省地方税务局党组书记、局长宋文军专程赴临沂莒南县涝坡镇看望任职"第一书记"的五名省局干部。期间，走访慰问老党员，实地调查了解驻村包扶工作情况，听取有关工作情况汇报，对如何做好任职帮扶、发展地方经济提出具体要求。

26—28日　山东省地方税务局党组成员、副局长赵洪波在济南参加庆祝山东烟草成立30周年大会。

27日　山东省地方税务局党组成员、纪检组长、监察专员王莉莉在济南参加省纪委召开的全省纪检监察系统领导干部视频会议。

28日　山东省地方税务局党组成员、副局长赵洪波在济南参加第123次省政府常务会议，听取研究省直文化单位改革发展方案和全省就业工作及山东省促进就业规划（2011—2015年）有关情况。

5 月

7—11 日 山东地税系统领导干部（井冈山）培训班在江西省地税干部井冈山培训基地举办。山东省地方税务局领导、总会计师和各市局局长、山东省地方税务局机关各单位主要负责同志参加培训。培训期间，听取有关领导、专家和学者作的《井冈山精神及其时代价值》《十七届六中全会精神解读》和《领导干部的心理调适》等专题报告；开展互动教学，与老红军后代、红军传人等典型人物座谈互动，近距离接触；观看大型革命实景演出《井冈山》，瞻仰井冈山革命烈士陵园，参观井冈山革命博物馆、茅坪八角楼、大井朱德毛泽东旧居、黄洋界哨口，亲身体验重走红军挑粮小道。就省局党组理论学习中心组读书会筹备、新一轮基层建设和干部素质提高、安全稳定和舆情管理以及基层经费长效机制建设、1—4 月全省地税收入情况和全年地税收入形势分析及提高收入质量防范执法风险工作、反腐倡廉工作等进行安排部署。

10 日 山东省地方税务局副巡视员杨殿国在济南参加全省钢铁产业结构调整试点工作领导小组会议。

14日 山东省地方税务局党组书记、局长宋文军主持召开第 13 次局党组扩大会议，就部分单位资产管理、山东地税岗位培训丛书编写进展情况、2012 年表彰工作初步方案等进行研究。党组副书记、副局长吕凤强，党组成员、副局长赵洪波，党组成员、纪检组长、监察专员王莉莉，党组成员、副局长李功、郭凤晓出席会议，副巡视员杨殿国、李亚，副厅级检查员、纪检组副组长周科纯，总会计师白洁列席会议。

14 日 山东省地方税务局副巡视员李亚在济南参加全省就业工作电视会议。会议学习了胡锦涛总书记在中央政治局第三十二次集体学习时的重要讲话，总结 2011 年全省就业工作，签订“十二五”就业目标责任书，安排部署当前和今后一个时期的全省就业工作。

15 日 山东省地方税务局副巡视员李亚在济南参加省政府专题会议，研究讨论《关于进一步鼓励和引导社会资本举办医疗机构的实施意见》。

16 日 山东省地方税务局副巡视员杨殿国在济南参加全省节能考核奖励电视会议。会议总结了 2011 年全省节能工作，分析当前节能工作形式，安排部署下一步节能工作。

17—18 日 山东省地税系统第二届羽毛球比赛在邹城市体育馆举办。山东省地方税务局党组成员、纪检组长、监察专员王莉莉出席开幕式并讲话。

18 日 中共山东省纪委九届九次全体会议在济南召开。会议讨论省纪委向省第十次党代表大会的工作报告，审议通过省纪委九届九次全体会议决议。山东省地方税务局党组书记、局长宋文军参加会议。

21 日 山东省地方税务局副巡视员杨殿国在济南参加全省企业技术创新工作座谈会，研究进一步加大企业技术创新支持力度、深入推进企业技术创新工作措施。

22—23 日　山东省地方税务局在济南分片召开基层经费保障机制建设座谈会。党组成员、副局长李功出席会议并讲话。

24 日　山东省省政府组织收看全国政府信息公开工作电视电话会议，安排部署政府信息公开工作。山东省地方税务局党组成员、副局长李功在济南参加会议。

24—28 日　中共山东省第十次代表大会在济南召开。会议听取和审议了中共山东省第九届委员会工作报告和中共山东省第九届纪律监察委员会工作报告，选举中共山东省第十届委员会和第十届纪律检查委员会，选举山东省出席中国共产党第十八次代表大会代表。山东省地方税务局党组书记、局长宋文军参加会议。

25 日　国家税务总局财产行为税司副司长周茵、副巡视员程大群一行 14 人，在济宁市地税局市中分局开展学雷锋党员志愿服务活动。山东省地方税务局党组成员、副局长赵洪波陪同参加活动。

29 日　山东省政府全体会议在济南召开。会议的主要内容是认真贯彻中共山东省第十次代表大会精神，研究部署省政府当前工作。山东省地方税务局党组成员、副局长赵洪波参加会议。

29 日　山东省地方税务局党组书记、局长宋文军主持召开第 14 次局党组扩大会议，就舜耕路 66 号院办理个人房产证需缴纳税费有关情况、落实总局收入规划核算处长培训班要求继续做好 2012 年全省减免税统计调查工作等问题进行研究。山东省地方税务局党组副书记、副局长吕凤强，党组成员、副局长赵洪波，党组成员、纪检组长、监察专员王莉莉，党组成员、副局长李功、郭凤晓出席会议，副巡视员杨殿国、李亚，总会计师白洁列席会议。

30—31 日　全省地税系统基层建设经验交流会议在日照市召开。会议对新一轮基层建设工作进行阶段性总结，交流部分市县局先进工作经验，就工作推进中存在的突出问题进行深入探讨，进一步统一思想，明确方向，并就下步工作推进措施进行安排部署。党组副书记、副局长吕凤强出席会议并讲话。

31 日　山东省地方税务局副巡视员杨殿国在济南参加山东省工商业联合会第十二次会员代表大会。

31 日—6 月 1 日　山东省地方税务局党组副书记、副局长吕凤强到莒南县涝坡镇调研机关选派“第一书记”工作情况，实地走访柿树园等 5 个任职帮包村，出席“省地税局援建莒南县留守儿童‘爱心家园’落成典礼”和“省地税局向大柳沟中心小学捐资助学仪式”等活动。

6 月

1 日　2012 年全省纠风工作电视会议在济南召开，党组成员、纪检组长、监察专员王莉莉参加会议。会议学习贯彻 2012 年全国纠风工作会议精神，总结近年来纠风工作，部署 2012 年全省纠风工作任务。

4 日　山东省地方税务局组织机关干部职工举行园博园健步行比赛。党组成员、副局长赵洪波，党组成员、纪检组长、监察专员王莉莉参加活动。

5日 山东省地方税务局副巡视员李亚在济南参加中日韩地方经济合作示范区建设专题会议。

5—6日 山东省地方税务局党组成员、副局长赵洪波陪同省委常委、副省长孙伟到滨州市沾化、无棣、阳信县调研科技、财税、环保等方面工作。

5—7日 山东省地方税务局党组成员、副局长李功在济南参加省委举办的市厅级领导干部经济责任审计培训班。

7日 山东省地方税务局组织开展党组中心组专题辅导学习活动，集体收看中组部制作的《战斗正未有穷期》宣传片，党组副书记、副局长吕凤强讲解干部任用条例、四项监督制度和换届纪律要求，就省局机关如何做好组织工作满意度调查工作提出要求。山东省地方税务局局领导、总会计师，省局机关各单位主要负责同志参加会议。

9日 山东省地方税务局党组书记、局长宋文军在济南参加山东财经大学揭牌庆典、部省共建签字仪式暨原山东财经学院建校60周年纪念活动。

13日 山东省地方税务局党组副书记、副局长吕凤强主持召开第2次局长办公会议，就舜耕路66号院办理个人房产证有关营业税缴纳问题进行专题研究。山东省地方税务局党组成员、副局长赵洪波，党组成员、纪检组长、监察专员王莉莉，党组成员、副局长李功、郭凤晓出席会议，副巡视员杨殿国、李亚，副厅级检查员、纪检组副组长周科纯，总会计师白洁列席会议。

13日 山东省地方税务局党组成员、副局长赵洪波在济南参加第126次省政府常务会议，听取省发展改革委关于《县域工作有关文件起草和全省会议筹备情况》的汇报。

14日 山东省地方税务局在济南举行与山东齐鲁税务师事务所、山东中税税务师事务所、国富浩华会计师事务所3家中介机构聘用其协助参与税收检查环节的纳税审核协议签署仪式。党组副书记、副局长吕凤强出席会议并讲话，对即将开展的重点税源税收检查工作进行部署，指出要突出稽查部门的执法主体地位，在税收检查中认真履行职责，强化稽查“以查促收、以查促管、以查促依法治税”整体效能。

16日 山东省地方税务局党组副书记、副局长吕凤强在海阳市出席第三届亚洲沙滩运动会开幕式。

19日 山东省地方税务局党组副书记、副局长吕凤强主持召开联席会议，就省局直属征收局管辖纳税户移交济南市局征收管理问题进行专题研究。山东省地方税务局党组成员、副局长赵洪波、李功、郭凤晓，副巡视员杨殿国出席会议。

20日 山东省地方税务局总会计师白洁在济南山东剧院观看山东省参加全国第16届“群星奖”音乐、舞蹈作品汇报演出。

20—21日 山东地税文学社第二届代表大会在东营召开，会议总结了三年来全省地税系统文学创作成果，表彰首届山东地税文学奖获奖作品，对《山东地税文学社章程》进行修改，选举产生新一届文学社理事会和领导机构。党组副书记、副局长吕凤强出席会议并讲话。

25日　山东省地方税务局党组成员、副局长李功在济南参加全省农村住房建设总结表彰暨小城镇建设工作电视会议。

25日—7月2日　山东省地方税务局党组成员、纪检组长、监察专员王莉莉带领省局机关优秀党务工作者、优秀共产党员、先进党支部及部分党员代表到新疆维吾尔自治区地税局进行学习考察。

26日　山东省地方税务局党组副书记、副局长吕凤强在济南参加全省创先争优争做齐鲁先锋活动表彰大会。中共山东省委通报表彰了100个基层党组织“齐鲁先锋基层党组织”和100名共产党员“齐鲁先锋共产党员”。其中，济南市地方税务局历下分局机关党委、青岛市地方税务局市南分局党委荣获“齐鲁先锋基层党组织”荣誉称号，梁山县地方税务局考核办公室主任宋纯振荣获“齐鲁先锋共产党员”荣誉称号。

27—28日　全省纳税服务工作会议在烟台召开，副巡视员李亚出席会议并讲话。会议传达学习全国纳税服务工作视频会议精神，总结交流近年全系统纳税服务工作情况，安排部署工作。

28日　山东省地方税务局总会计师白洁在济南参加省委理论学习辅导报告会，听取中央财经领导小组办公室主任、国家发展改革委党组副书记、副主任朱之鑫作的以当前宏观经济形势分析为主题的辅导报告。

28—29日　山东省地方税务局党组成员、副局长赵洪波参加全省社会主义核心价值体系建设“四德”工程现场观摩会。会议学习贯彻党的十七届六中全会精神和省第十次党代会精神，实地观摩考察济南市、淄博市淄川区、莱州市社会主义核心价值体系建设“四德”工程工作情况，总结交流全省“四德”工程的成绩和经验，研究部署工作任务。

29日　山东省地方税务局副巡视员李亚在济南参加全省非公有制经济组织创先争优活动表彰大会。

7月

3日　山东省纪委、省委宣传部在济南举办谭明建同志先进事迹报告会。山东省地方税务局党组副书记、副局长吕凤强，党组成员、纪检组长、监察专员王莉莉，副厅级检查员、纪检组副组长周科纯出席报告会。

5日　山东省地方税务局党组副书记、副局长吕凤强在济南参加全省推动县域科学发展整体提升综合实力工作会议。

山东省地方税务局机关组织收看国家税务总局召开的全国税收政策法规工作视频会议。总会计师白洁在省局分会场参加收看。

5—6日　全省地税系统廉政风险防控平台推广应用试点工作座谈会在青岛召开。山东省地方税务局党组成员、纪检组长、监察专员王莉莉出席会议并讲话。

9日　山东省人大常委会预算工作委员会到省局调研。党组成员、副局长赵洪波向调研组汇报了上半年地方税收收入及全年收入形势等有关情况。

9—13 日 四川省地方税务局党组成员、副局长邓国建一行来山东考察纳税服务、信息管理、征管与科技发展等工作。山东省地方税务局副巡视员李亚参加。

10 日 山东省地方税务局党组成员、纪检组长、监察专员王莉莉做客鲁网访谈直播厅，参加由省纪委、省监察厅与鲁网、《山东商报》联合开展的“山东纪委书记在线”活动，就群众关心的税务工作及税务部门党风廉政建设等问题进行讲解并在线回答网友提问。

10—11 日 国家税务总局党组书记、局长肖捷率办公厅、征管和科技发展司、稽查局、大企业税收管理司负责人在烟台开展税收征管改革工作调研，召开包括辽宁、江苏、浙江、山东、大连、青岛、宁波七省（市）国税局、地税局主要负责人参加的深化税收征管改革座谈会，看望和慰问基层税务干部职工。党组副书记、副局长吕凤强， 党组成员、副局长郭凤晓参加座谈并陪同调研。

12 日 山东省地方税务局机关组织收看国家税务总局召开的税务系统创先争优活动总结工作视频会议。党组成员、副局长赵洪波，党组成员、纪检组长、监察专员王莉莉，党组成员、副局长郭凤晓，副巡视员杨殿国，总会计师白洁在省局分会场参加收看。

17 日 中央召开全国维护社会稳定工作电视电话会议。山东省地方税务局党组成员、副局长李功在省分会场参加会议。

18 日 山东省地方税务局党组书记、局长宋文军在济南参加第 128 次省政府常务会议，听取省发展改革委、省统计局上半年全省经济社会发展情况分析，研究部署工作。

19—20 日 全省地税系统廉政风险防控平台推进会暨师资培训班在烟台举办。党组成员、纪检组长、监察专员王莉莉出席会议并讲话。

20 日 山东省地方税务局党组书记、局长宋文军主持召开第 3 次局长办公会议，就 2011 年度税收征管质量审计问题整改核实情况、原因分析以及责任追究和完善管理的意见等问题进行研究。党组副书记、副局长吕凤强，党组成员、副局长赵洪波，党组成员、纪检组长、监察专员王莉莉，党组成员、副局长李功、郭凤晓出席会议。副巡视员李亚，副厅级检查员、纪检组副组长周科纯，总会计师白洁列席会议。

20 日 山东省地方税务局组织收看国家税务总局举办的全国税务系统《小企业会计准则》视频培训。党组成员、副局长郭凤晓在省局分会场参加培训。

20 日 山东省地方税务局副巡视员杨殿国在济南参加全省工业转型升级第一次联席会议。

22—28 日 山东省委举办省委理论学习中心组读书会。山东省地方税务局党组成员、纪检组长、监察专员王莉莉在济南参加了集中学习。

23 日 山东省纪委在济南召开全省纪律检查机关处理进京上访工作座谈会。山东省地方税务局党组成员、纪检组长、监察专员王莉莉参加会议。会议传达贯彻中央纪委部分省（市）纪委信访室主任座谈会精神，安排部署群众到中央纪委、监察部机关上访处置工作。

24日　山东省地方税务局党组书记、局长宋文军主持召开第16次党组会议，就蔡自力试用期满正式任用问题进行研究。党组副书记、副局长吕凤强，党组成员、副局长赵洪波，党组成员、纪检组长、监察专员王莉莉，党组成员、副局长李功、郭凤晓出席会议。

25—28日　国务院房地产市场调控督察组对山东省地方税务局落实房地产调控政策措施、成效及存在的问题，上半年房地产市场运行态势等进行督导检查。党组成员、副局长赵洪波在济南参加汇报会。

26—27日　山东省地方税务局党组书记、局长宋文军参加国家税务总局在合肥召开的全国税务系统深化税收征管改革工作会议。会议分析了税收征管工作面临的形势，研究部署深化税收征管改革、构建现代税收征管体系工作。

28日　山东省地方税务局党组成员、副局长赵洪波在济南参加全省领导干部会议。

31日　山东省地方税务局党组书记、局长宋文军主持召开第17次党组会议，反馈省委组织部年初对省局领导班子和省管干部的考核情况，就落实工作进行研究。党组副书记、副局长吕凤强，党组成员、副局长赵洪波，党组成员、纪检组长、监察专员王莉莉，党组成员、副局长李功、郭凤晓出席会议。副巡视员杨殿国，副厅级检查员、纪检组副组长周科纯，青岛市局党委书记、局长蔡自力列席会议。

31日—8月3日　山东省地方税务局党组理论学习中心组读书会在青岛召开。会议的主题是，深入学习贯彻省第十次党代会和全国税务系统深化税收征管改革工作会议精神，结合山东地税实际，重点研究税收征管和信息化建设问题。党组书记、局长宋文军围绕全面推进各项工作开展，对上半年工作进行总结，对下一步的工作进行安排部署。党组成员、副局长郭凤晓代表省局党组作了题为《把握方向　夯实基础　扎实推进现代税收征管体系建设》的主题发言。党组副书记、副局长吕凤强对会议进行总结，并就会议的贯彻落实提出具体要求。同时，会议传达学习全国税务系统深化税收征管改革工作会议精神，印发总局关于依法行政、规范征管的有关文件，印发省局关于对审计情况的通报和基层中心所经费保障办法。读书会期间，还听取了专题讲座，采取书面材料、大会发言和分组讨论的形式进行了广泛交流。省局领导、总会计师，各市局局长，省局机关各单位主要负责人参加会议；省局机关全体干部职工，各市、县（市、区）局中层以上干部在各地分会场收听收看有关会议内容。

8月

6—10日　山东省人大常委会预算工委调研组对青岛、烟台、济宁、泰安市《山东省地方税收保障条例》贯彻实施情况进行调研。党组成员、副局长赵洪波、李功，副巡视员李亚分别陪同调研。

8日　山东省地方税务局党组成员、副局长李功在济南参加全省维稳信访工作电视电话会议。

9日 山东省地方税务局党组副书记、副局长吕凤强在济南参加山东省社会管理综合治理委员会全体会议。会议传达贯彻全国社会管理综合治理工作会议精神，安排部署推进社会管理创新工作。

9—11日 山东省地方税务局党组成员、副局长赵洪波参加国家税务总局在青岛召开的2012年全国地税系统税收资料调查汇审工作会议。

15日 山东省地方税务局党组成员、副局长李功参加山东人民广播电台《阳光政务热线》直播节目，并现场解答群众咨询的问题。

15—21日 山东省地方税务局党组书记、局长宋文军，党组成员、副局长郭凤晓带队赴黑龙江、吉林地税局学习考察税收征管改革、大企业管理、营业税改征增值税、督查内审、国际税务管理等工作。

16—17日 山东省地方税务局党组成员、副局长李功参加国家税务总局在银川召开的全国税务系统保密工作会议。会议研究完善税务系统保密工作制度，部署加强新形势下税务系统保密工作任务。

17日 山东省地方税务局党组副书记、副局长吕凤强参加第130次省政府常务会议，听取省发展改革委关于《鼓励和引导民间投资健康发展的实施细则》有关情况的汇报，山东省人社厅《关于全国就业创业工作表彰大会主要精神及贯彻意见的汇报》。

18日 山东省地方税务局党组成员、副局长赵洪波陪同省委常委、副省长孙伟到高密、安丘调研县域经济发展工作。

21日 山东省地方税务局总会计师白洁在济南参加山东省红十字会第八次会员代表大会。

21日 山东省地方税务局举办“山东地税大讲堂”。山东省地方税务局党组副书记、副局长吕凤强，党组成员、纪检组长、监察专员王莉莉，副厅级检查员、纪检组副组长周科纯参加。

21—23日 山东省地方税务局举办全省地税系统基层党组织书记培训班，山东省地方税务局党组成员、纪检组长、监察专员王莉莉出席并讲话。

22—23日 山东省地方税务局党组成员、副局长赵洪波参加国家税务总局在福州召开的部分地区税收形势座谈会。会议分析了前七个月税收收入完成情况和当前经济税收形势，研究当前组织收入工作中存在的问题，安排部署后五个月的组织收入工作。

22—24日 江西省地方税务局党组成员、副局长王显和一行来山东考察深化税收征管改革、税源专业化管理、风险管理及信息管税和地税文化建设等工作。党组成员、副局长郭凤晓参加会见交流。

23日 山东省地方税务局党组书记、局长宋文军主持召开第18次局党组会议，对全省维稳信访工作电视电话会议精神及贯彻意见等问题进行研究。党组副书记、副局长吕凤强，党组成员、纪检组长、监察专员王莉莉，党组成员、副局长李功、郭凤晓出席会议，副巡视员杨殿国，副厅级检查员、纪检组副组长周科纯，总会计师白洁列席会议。

24日 山东省地方税务局副巡视员

杨殿国在济南参加省节能减排领导小组工作会议。会议总结节能工作情况，分析形势，部署下一步节能工作任务。

24—31日　山东省地方税务局党组副书记、副局长吕凤强带队赴新疆地税局学习考察提高收入质量、防范执法风险，财务管理，基层建设和干部队伍建设等工作，并看望山东省援疆博士团成员李建国。

28日　山东省地方税务局召开全省地税系统维稳、信访和保密工作视频会议。党组成员、纪检组长、监察专员王莉莉主持会议，党组成员、副局长李功对全省地税系统的维稳、信访和保密工作进行安排部署。各市、县（市、区）局分管领导和科（处）室负责人在各地分会场参加会议。

28日　山东省地方税务局总会计师白洁在济南参加工业经济运行座谈会。会议分析工业经济运行形势，研究部署后四个月工业稳增长的工作措施。

29日　山东省地方税务局副巡视员李亚在济南参加全省台商恳谈会。

29日　山东省地方税务局总会计师白洁在济南参加山东省农村支付服务环境建设工作领导小组座谈会暨成功实现“双百目标”通报会。

9月

4日　山东省地方税务局党组副书记、副局长吕凤强在济南参加省直部门评比达标表彰管理工作会议。

4—5日　山东省地方税务局副巡视员李亚在泰安参加全省推进大学生创业工作经验交流观摩会。

6日　山东省地方税务局党组成员、副局长赵洪波在济南参加当前国际经济形势、中国经济转型与银行转型专题报告会。

11日　十八大重要信息系统等级保护工作专项督导检查小组对山东省地方税务局工作开展情况进行督导检查，总经济师张荣琳参加汇报。

12日　山东省地方税务局总经济师张荣琳在济南参加纪念《山东省涉案物品价格签证条例》颁布实施十周年座谈会。

12—13日　山东省地方税务局党组书记、局长宋文军带领省局相关处室负责人赴济宁调研提高收入质量防范执法风险及征管改革等工作，听取济宁市局、邹城市局工作情况汇报，并对提高收入质量、落实《山东省地方税收保障条例》及税收征管改革等工作提出要求。

14日　山东省地方税务局党组书记、局长宋文军参加第131次省政府常务会议，听取省审计厅关于《山东省审计监督条例（草案）》的汇报。

14—18日　辽宁省地方税务局副局长赵振芳一行来山东考察税收征管制度改革、征管信息化建设、税源专业化管理、税收风险分析监控和纳税评估、纳税服务等工作。山东省地方税务局党组成员、副局长郭凤晓，总经济师张荣琳参加会见交流。

17—19日　山东省地方税务局党组书记、局长宋文军带领省局有关处室负责人赴沂水县、莱芜市莱城区等基层地税部门开展调研，实地查看基层集中办公场所和工作流程，看望慰问部分基层中心税务所干部职工，听取市、县两级地税局工作情况汇报，征求基层干部职工的意见和建议，并就提高收入质量防范执法风险、深化税收征管改革等工作提出要求。

17—21日 2012年第十三届全国友好城市地税局长座谈会在济南召开。党组副书记、副局长吕凤强出席座谈会并讲话。

18日 山东省委理论学习中心组举行集体学习，围绕“提高自主创新能力、培育发展战略新兴产业”主题，邀请国务院发展研究中心产业经济研究部部长、研究员冯飞作辅导讲解。山东省地方税务局党组成员、副局长赵洪波参加。

19日 山东省地方税务局副巡视员李亚在青岛参加国家税务总局12366热线规范机构建设和运行机制保障调研会。

20日 中央纪委、监察部、人力资源社会保障部、国家税务总局联合召开贯彻落实《税收违法违纪处分规定》电视电话会议。山东省地方税务局党组副书记、副局长吕凤强，党组成员、纪检组组长、监察专员王莉莉，副厅级检查员、纪检组副组长周科纯在山东分会场参加会议。

20日 山东省地方税务局党组成员、副局长郭凤晓在济南参加省钢铁产业结构调整试点工作领导小组会议，研究审议淘汰压缩落后钢铁产能实施方案、钢铁企业兼并重组实施方案等。

20日 山东省信息安全检查小组对山东省地方税务局重点领域网络与信息安全情况进行督导检查，总经济师张荣琳参加汇报。

21日 全省党外代表人士队伍建设工作电视电话会议在济南召开。会议学习贯彻中央和省委关于加强新形势下党外代表人士队伍建设的文件精神，交流党外代表人士队伍建设工作经验，并对下一步工作进行研究部署。山东省地方税务局党组书记、局长宋文军参加会议。

21日 全国人大常委会委员、教科文卫委员会副主任委员宋法棠一行来山东调研体育产业发展情况，副巡视员李亚出席座谈会。

21日 山东省地方税务局总会计师白洁在济南参加研究讨论《深化科技体制改革加快全省创新体系建设若干意见（试行）》有关问题协调会。

21—22日 全省地税系统自办案件工作会议在济南市长清区召开。山东省地方税务局党组成员、纪检组长、监察专员王莉莉出席会议并讲话，副厅级检查员、纪检组副组长周科纯参加会议。

24日 山东省地方税务局党组书记、局长宋文军在省博物馆参加蓝黄辉映新山东——喜迎十八大“两区”成就图片展。

26—27日 山东省地方税务局党组成员、副局长赵洪波在广东参加全国税务系统收入规划核算工作会议。

27日 山东省地方税务局党组书记、局长宋文军在济南参加严肃换届纪律集体谈话会。

27日 山东省地方税务局副巡视员李亚在济南参加加强和改进最低生活保障工作电视电话会议。

27—28日 山东省地方税务局党组成员、副局长李功在济南参加第十届中国艺术节倒计时一周年暨吉祥物、志愿者标志揭晓晚会和宣传活动启动仪式。

29日　山东省地方税务局党组书记、局长宋文军主持召开第2次局务会议，传达中共中央关于薄熙来严重违纪案审查情况和处理决定的通报。省局处级以上党员干部出席会议。

29日　山东省地方税务局党组书记、局长宋文军主持召开第19次局党组会议，对2013年各处室召开会议情况统计等问题进行研究。山东省地方税务局党组副书记、副局长吕凤强，党组成员、副局长赵洪波，党组成员、纪检组长、监察专员王莉莉，党组成员、副局长李功、郭凤晓出席会议，副巡视员李亚、总会计师白洁、总经济师张荣琳列席会议。

10月

8—28日　山东省地方税务局党组成员、副局长郭凤晓一行18人赴加拿大参加税务稽查技能培训班。

9日　山东省地方税务局党组书记、局长宋文军参加第132次省政府常务会议，听取省发改委《关于全省战略性新兴产业发展“十二五”规划的报告》和省国资委《关于我省贯彻落实国办发〔2011〕18号文件开展厂办大集体改革实施意见的汇报》。

9日　山东省地方税务局党组副书记、副局长吕凤强在济南参加“军事日”活动。

9—10日　党组书记、局长宋文军带领省局有关处室负责同志赴聊城市高唐县、临清市调研新一轮基层建设、干部素质提高、提高收入质量、防范执法风险和税收征管改革等工作。

10日　山东省地方税务局党组书记、局长宋文军在聊城参加中国（聊城）生态文明建设国际论坛开幕式。

10—11日　富士康集团公司总裁郭台铭在烟台与省委姜异康书记会谈。山东省地方税务局党组书记、局长宋文军陪同参加活动。

10—11日　山东省地方税务局党组副书记、副局长吕凤强在济南参加全省社会管理综合治理工作会议。

12日　山东省地方税务局副巡视员李亚在济南参加省人大常委会地方立法规划编制工作会议。

13日　中央纪委驻中国社科院纪检组组长李秋芳带领中科院重大国情调研课题组对山东省地方税务局反腐倡廉惩防体系建设等方面的情况进行调研。省局领导班子成员、各处室主要负责人及部分党员干部参加活动。

16日　山东省地方税务局党组副书记、副局长吕凤强在枣庄为枣庄市地税局“全国文明单位”和“中国运河税史馆”揭牌。

山东省地方税务局党组成员、副局长赵洪波在济南参加省文化体制改革和发展工作领导小组会议。

16—17日　山东省地方税务局党组书记、局长宋文军在江西南昌参加《中国税务年鉴》创刊20周年座谈会。

17日　山东省地方税务局副巡视员杨殿国在济南参加全省工业经济运行电视会议。

18日　山东省地方税务局党组成员、副局长李功在北京参加全国大企业税收管理工作座谈会。

21日　山东省地方税务局党组书记、局长宋文军参加第133次省政府常务会议，听取省科技厅《关于深化改革加快全省科技创新的若干政策（试行）》和《山东省人民政府关于加强知识产权（专利）工作提高核心竞争力的意见》的汇报。

22日　山东省地方税务局党组书记、局长宋文军参加第134次省政府常务会议，分析前三季度经济社会发展情况，研究下一步工作意见和措施。

22日　山东省地方税务局党组副书记、副局长吕凤强在济南参加山东省庆祝老人节大会。

23日　山东省地方税务局总经济师张荣琳在济南参加2013年度全省重点党报党刊发行工作视频会议。

25日　山东省地方税务局党组成员、副局长赵洪波在济南参加部署2013年国民经济和社会发展计划编制会议。

26日　山东省地方税务局党组书记、局长宋文军，党组成员、副局长赵洪波在济南参加营业税改征增值税试点工作领导小组会议。

26—30日　新疆维吾尔自治区巴音郭愣蒙古自治州地方税务局党组书记车敏生一行来省局学习考察，并与莱芜市地税局签订友好单位协议书。党组副书记、副局长吕凤强参加会见交流。

29日　山东省地方税务局党组成员、纪检组长、监察专员王莉莉主持召开省地税局科技防腐相关系统建设工作推进会，传达省级科技防腐有关系统推进工作座谈会主要精神，部署有关系统上线运行工作。

30日　山东省地方税务局党组书记、局长宋文军在菏泽市东明县出席东明石化300万吨/年重质油综合利用项目竣工投产典礼。

30日　山东省地方税务局总经济师张荣琳在日照参加全省重点旅游企业座谈会。

30—31日　山东省地方税务局党组书记、局长宋文军带领省局有关处室负责人赴菏泽市东明县、泰安市东平县调研新一轮基层建设、提高收入质量防范执法风险及深化税收征管改革等工作，实地查看基层税务所，看望慰问基层干部职工，召开座谈会，并对当前工作提出要求。

11月

2日　中央驻鲁、省直垂管单位加强系统机关党建工作经验交流会在济宁召开，会议采取现场观摩和经验交流的方式，实地观摩济宁市泗水县、兖州市地税局的党建工作情况，观看全省地税系统党建工作专题片。山东省地方税务局党组书记、局长宋文军作经验交流发言。党组成员、纪检组长、监察专员王莉莉出席会议。

2日　山东省政府召开推进济南区域性金融中心建设调研座谈会。山东省地方税务局副巡视员李亚参加会议并发言。

3—4日　全省地税系统党建工作第三协作片组会议在兖州市召开，山东省地方税务局党组成员、纪检组长、监察专员王莉莉出席会议并讲话。

5 日　山东省地方税务局党组成员、纪检组长、监察专员王莉莉在济南参加山东省财政收支及专项资金审计进点会议。

7 日　山东省地方税务局党组书记、局长宋文军带领有关处室负责人到济南市地税局长清分局，就新一轮基层建设等工作进行调研，实地查看五峰山集中办公点的工作、生活环境，看望慰问基层中心税务所干部职工，听取市、区局及中心所工作情况汇报，征求基层干部职工的意见和建议。

8 日　山东省地方税务局党组书记、局长宋文军主持召开第 20 次局党组会议，围绕学习贯彻党的十八大精神、做好地税工作进行研究。党组成员、纪检组长、监察专员王莉莉，党组成员、副局长李功、郭凤晓出席会议。

11—14 日　山东省地方税务局党组成员、副局长郭凤晓带领有关处室负责同志赴烟台、威海调研提高收入质量防范执法风险和深化税收征管改革等工作。

12 日　山东省地方税务局副巡视员杨殿国在济南参加全省落实小型微型企业政策工作会议。

13—16 日　山东省地方税务局党组副书记、副局长吕凤强带领有关处室负责同志赴聊城、滨州调研提高干部队伍素质等工作。

15 日　山东省地方税务局党组成员、纪检组长、监察专员王莉莉出席德州地税系统廉政文化教育基地启用仪式，并为教育基地揭牌。

16 日　山东省地方税务局党组成员、副局长郭凤晓主持召开提高收入质量防范执法风险领导小组会议，研究部署下一步工作。山东省地方税务局总经济师张荣琳参加会议。

17 日　全省领导干部会议在济南召开，传达贯彻党的十八大精神，并做出安排部署。山东省地方税务局党组书记、局长宋文军，党组成员、纪检组长、监察专员王莉莉，总会计师白洁、总经济师张荣琳参加会议。

19 日　山东省地方税务局党组书记、局长宋文军参加第 135 次省政府常务会议，听取省教育厅《加快建设适应经济社会发展的现代职业教育体系的意见》的汇报。

19 日　山东省地方税务局党组书记、局长宋文军主持召开第 4 次局长办公会议，就贯彻落实《中国税务年鉴》部分京外编委会议暨《中国税务年鉴》创刊 20 周年座谈会精神等问题进行研究。党组副书记、副局长吕凤强，党组成员、纪检组长、监察专员王莉莉，党组成员、副局长李功、郭凤晓出席会议，副巡视员杨殿国、李亚，总会计师白洁，总经济师张荣琳列席会议。

19 日　山东省地方税务局党组书记、局长宋文军主持召开第 21 次局党组会议，就深入学习贯彻党的十八大会议精神等问题进行研究。山东省地方税务局党组副书记、副局长吕凤强，党组成员、纪检组长、监察专员王莉莉，党组成员、副局长李功、郭凤晓出席会议。

22 日　山东省地方税务局党组书记、局长宋文军在济南参加临枣高速公路、烟海高速公路通车及寿平地方铁路开工庆典仪式。

22日 山东省地方税务局副巡视员李亚参加省政府专题会议，研究讨论《山东省人民政府关于加快养老服务体系建设的意见》和《山东省城镇化发展纲要》。

23日 山东省地方税务局副巡视员李亚在济南参加全省科技创新与奖励大会。

26日 山东省地方税务局机关举办“山东地税大讲堂”第七期专家讲座，邀请中央文献研究室研究员、法学博士张贺福作《全面建成小康社会的行动纲领——十八大核心精神解读》辅导报告。党组副书记、副局长吕凤强，党组成员、纪检组长、监察专员王莉莉，副厅级检查员、纪检组副组长周科纯，总经济师张荣琳参加。

26—27日 山东省地方税务局党组书记、局长宋文军在济南参加中共山东省委十届二次全体会议。

26日—12月3日 山东省地方税务局领导带领有关处室人员对各市局新一轮基层建设等工作情况进行检查验收。

27日 国家税务总局信息安全评测小组来山东省地方税务局进行2012年度第三阶段税务系统信息安全评测，总经济师张荣琳参加评测启动会。

27日 山东省信息化工作领导小组对山东省地方税务局电子政务工作进行绩效考核，总经济师张荣琳参加座谈。

28日 山东省地方税务局党组书记、局长宋文军参加第136次省政府常务会议，听取山东省民政厅关于《加快社会养老服务体系建设的意见》的汇报。

28日 山东省地方税务局总经济师张荣琳在济南参加鲁商集团20周年庆典大会。

29日 山东省地方税务局党组书记、局长宋文军在济南参加中央宣讲团党的十八大精神报告会。

29—30日 全国税务系统大企业税收管理工作会议在成都市召开，山东省地方税务局总经济师张荣琳参加会议并做交流发言。

30日 山东省地方税务局党组书记、局长宋文军在济南参加全省领导干部会议。

12月

3—12日 国家税务总局在长沙市举办深化税收征管改革高级培训班，山东省地方税务局党组成员、副局长郭凤晓、总经济师张荣琳参加。

4日 山东省地方税务局党组书记、局长宋文军在济南参加规范津贴补贴检查进点工作会议。

4日 山东省地方税务局党组成员、纪检组长、监察专员王莉莉主持召开迎接津贴补贴检查组进点会议。

5日 山东省地方税务局总会计师白洁在济南参加山东省烟叶生产工作表彰会。

6日 山东省地方税务局副巡视员杨殿国在济南参加第十届中国艺术节文化部山东省第二次联席会议暨山东省筹委会第四次全体会议。

6—28日 山东省地方税务局领导在济南分别参加全省领导干部学习贯彻党

的十八大精神专题培训班。

7日　山东省地方税务局副巡视员李亚在济南参加全省社会养老服务体系建设工作会议。

7日　山东省地方税务局总会计师白洁在济南参加全省城镇化工作会议。

10日　山东省地方税务局党组书记、局长宋文军在济南参加各市委组织部部长、统战部部长和省直有关部门负责人会议。

山东省地方税务局党组成员、副局长李功在济南参加中国移动山东公司2013年工作会议。

11日　山东省地方税务局党组书记、局长宋文军带领省局有关处室负责人赴济南市地税局市中分局进行调研，听取市中分局的工作情况汇报，查看纳税服务中心、区局新办公楼，看望慰问基层中心税务所干部职工，征求基层干部职工的意见和建议。

12日　山东省地方税务局副巡视员杨殿国在济南参加山东出版集团股改上市有关优惠政策协调会。

13日　山东省地方税务局党组书记、局长宋文军在济南参加省政府有关部门、单位主要负责人会议。

14日　山东省地方税务局党组书记、局长宋文军主持召开会议，传达学习中央文件，局领导班子成员、两总师、各处室主要负责人参加会议。

14日　山东省地方税务局党组成员、纪检组长、监察专员王莉莉在济南参加省纪委召开的加强派驻机构工作和管理会议。

14日　山东省地方税务局总经济师张荣琳在济南参加省属事业单位监督管理工作联席会议。

17日　山东省地方税务局党组书记、局长宋文军在济南参加全省职业教育工作会议。

18日　山东省地方税务局举办学习十八大精神经验体会交流暨“能力年”活动总结表彰大会，党组书记、局长宋文军，党组副书记、副局长吕凤强，党组成员、纪检组长、监察专员王莉莉，副巡视员杨殿国、李亚，总会计师白洁，总经济师张荣琳参加。

18—19日　山东省地方税务局党组成员、副局长郭凤晓在深圳参加全国财产行为税工作会议。

22日　山东省地方税务局党组书记、局长宋文军在济南参加中共山东省委十届三次全体会议。

23—24日　山东省地方税务局党组书记、局长宋文军在济南参加全省经济工作会议。

24日　山东省地方税务局党组成员、纪检组长、监察专员王莉莉在济南分会场收看全国审计工作电视电话会议。

24—26日　山东省地方税务局党组书记、局长宋文军在北京参加全国税务工作会议。省局机关副处级以上干部及各市、县局领导班子成员在各自分会场收看有关会议内容。

27日　监察部部长、国家预防腐败局局长马馼在济南主持召开预防腐败工作座谈会。山东省地方税务局党组成员、纪检组长、监察专员王莉莉参加会议并发言。

28日 山东省地方税务局党组成员、副局长赵洪波主持召开第23次党组会议，就第十一届政协常委初步人选问题进行专题研究。党组成员、纪检组长、监察专员王莉莉，党组成员、副局长李功、郭凤晓出席会议，巡视员吕凤强列席会议。

28日 山东省地方税务局党组书记、局长宋文军主持召开第3次局务会议，传达学习全省经济工作会议和全国税务工作会议精神，并就2013年全省地税工作会议筹备方案等问题进行研究。山东省地方税务局巡视员吕凤强，党组成员、副局长赵洪波，党组成员、纪检组长、监察专员王莉莉，党组成员、副局长李功、郭凤晓，副巡视员杨殿国、李亚，副厅级检查员周科纯，总经济师张荣琳出席会议。

28日 山东省地方税务局党组书记、局长宋文军主持召开第5次局长办公会议，就制定《山东省地方税务局关于进一步加强耕地占用税、契税、城镇土地使用税管理的意见》等问题进行研究。山东省地方税务局党组成员、副局长赵洪波，党组成员、纪检组长、监察专员王莉莉，党组成员、副局长李功、郭凤晓出席会议，巡视员吕凤强，副巡视员杨殿国、李亚，副厅级检查员周科纯，总经济师张荣琳列席会议。

28日 山东省地方税务局党组书记、局长宋文军主持召开第24次党组会议，就部分处级干部交流调整意见等问题进行研究。党组成员、副局长赵洪波，党组成员、纪检组长、监察专员王莉莉，党组成员、副局长李功、郭凤晓出席会议，巡视员吕凤强列席会议。

28日 山东省地方税务局党组成员、副局长李功在济南参加全省贯彻《机关事务管理条例》工作会议。

28日 山东省地方税务局机关举行2013年元旦联欢晚会，总结过去，展望未来，鼓劲加油，共迎新年。驻济省局领导、总经济师及局机关全体干部职工参加联欢，巡视员吕凤强致新年贺辞。

31日 山东省地方税务局副巡视员李亚在济南参加推进钢铁产业结构调整建设日照钢铁精品基地开工部署工作会议。

2012年度山东省地税系统获得省厅级以上荣誉称号先进单位统计表

单　位	称　号	发文单位（字号）
济南市地税局	税收宣传月活动先进单位	山东省地税局 鲁地税办发〔2012〕16号
济南市地税局	地税系统纪检监察先进集体	山东省地税局 鲁地税〔2012〕14号
济南市地税局	税收调查工作先进单位	山东省财政局 山东省地税局 鲁财税〔2012〕102号
济南市地税局市中分局	税收宣传月活动先进单位	山东省地税局 鲁地税办发〔2012〕16号
济南市地税局市中分局	山东省残疾人就业保障金征收工作先进集体	山东省残联、 山东省地税局 鲁残联〔2012〕81号
济南市地税局市中分局 办税服务厅	山东省妇女创先争优先进集体	山东省妇联 鲁妇发〔2012〕16号
济南市地税局槐荫分局	地税系统纪检监察先进集体	山东省地税局 鲁地税〔2012〕14号
济南市地税局天桥分局	地税系统纪检监察先进集体	山东省地税局 鲁地税〔2012〕14号
济南市地税局天桥分局 办税服务厅	山东省工人先锋号	山东省总工会 省总工会〔2012〕1号
济南市地税局历下分局	山东省残疾人就业保障金征收工作先进集体	山东省残联 山东省地税局 鲁残联〔2012〕81号
济南市地税局历下分局	齐鲁先锋基层党组织	山东省委 鲁委〔2012〕219号
济南市地税局历下分局	山东省档案管理考核特级档案室	山东省档案局
济南市地税局历下分局 大明湖中心税务所	全省地税系统“十佳党员示范窗口”	山东省地税局

续表

单　位	称　号	发文单位（字号）
济南市地税局历城分局	山东省残疾人就业保障金征收工作先进集体	山东省残联 山东省地税局 鲁残联〔2012〕81号
济南市地税局历城分局	为民服务创先争优示范窗口单位	中共山东省委创先争优争做齐鲁先锋活动领导小组
济南市地税局高新分局	山东省残疾人就业保障金征收工作先进集体	山东省残联 山东省地税局 鲁残联〔2012〕81号
济南市地税局高新分局纳税服务中心	省级巾帼建功示范窗口	山东省妇联
青岛市地税局	2012年度全国营业税工作先进单位	国家税务总局
青岛市地税局稽查局	2011年度全省地税税收专项检查先进集体	山东省地税局 鲁地税办发〔2012〕2号
青岛市地税局稽查局	2011年度全省地税系统电子查账先进集体	山东省地税局 鲁地税办发〔2012〕3号
青岛市地税局稽查局	税务系统打击发票违法犯罪活动工作成绩突出的单位	国家税务总局 国税发〔2012〕50号
青岛市地税局保税港区分局	全省地税系统纪检监察先进单位	山东省地税局 鲁地税发〔2012〕14号
青岛市地税局保税港区分局	2012年省级文明单位	鲁文明委〔2012〕26号
青岛市地税局市南分局	山东省委齐鲁先锋基层党组织	山东省委
青岛市地税局市南分局	地税代收残疾人就业保障金工作先进集体	鲁残联发〔2012〕81号
青岛市地税局市北分局	地税代收残疾人就业保障金工作先进集体	鲁残联发〔2012〕81号
青岛市地税局四方分局	全省地税系统纪检监察先进集体	山东省地税局 鲁地税发〔2012〕14号
青岛市地税局四方分局	2012年省级文明单位	鲁文明委〔2012〕26号
青岛市地税局崂山分局	全省地税系统税收宣传月先进集体	山东省地税局 鲁地税办发〔2012〕16号
青岛市地税局崂山分局	全省地税系统地方税收专项检查先进集体	山东省地税局 鲁地税办发〔2012〕2号

续表

单　位	称　号	发文单位（字号）
青岛市地税局城阳分局	全省地税系统政风行风建设先进单位	山东省地税局 鲁地税发〔2011〕5号
青岛市地税局城阳分局	2011年度全省地方税收专项检查先进集体	山东省地税局 鲁地税办发〔2012〕2号
即墨市地税局稽查局	2011年度打击发票违法犯罪活动基层先进单位	山东省地税局 鲁地税办发〔2012〕4号
即墨市地税局	山东省地税系统基层建设优秀单位	山东省地税局 鲁地税发〔2012〕5号
即墨市地税局	2012年省级文明单位	鲁文明委〔2012〕26号
胶南市地税局	山东省地税系统基层建设先进单位	山东省地税局 鲁地税发〔2012〕5号
胶南市地税局	青岛市扶残助残先进集体	青残工委字〔2012〕1号
胶南市地税局	全省税收宣传月获优秀创新项目	山东省地税局 鲁地税办发〔2012〕16号
胶南市地税局	2012年省级文明单位	鲁文明委〔2012〕26号
平度市地税局稽查局	全省地方税收专项检查县级先进集体	山东省地税局 鲁地税办发〔2012〕2号
平度市地税局	2011年度打击发票违法犯罪活动基层先进单位	山东省地税局 鲁地税办发〔2012〕4号
平度市地税局	地税代收残疾人就业保障金先进集体	鲁残联发〔2012〕81号
莱西市地税局	2011年度全省地方税收专项检查先进集体	山东省地税局 鲁地税办发〔2012〕2号
莱西市地税局	2011年度全省地税系统电子查账先进集体	山东省地税局 鲁地税办发〔2012〕3号
淄博市地税局	2011–2012年度全省先进县级党委（党组）中心、理论教育工作先进单位	山东省委宣传部 鲁宣发〔2012〕50号
淄博市地税局	2012年全省地方税收调查工作先进单位	山东省财政局 山东省地税局 鲁财税〔2012〕106号
淄博市地税局	全省地税代收残疾人就业保障金工作先进集体	山东省残联 山东省地税局 鲁残联发〔2012〕81号

续表

单　位	称　号	发文单位（字号）
淄博市地税局	全省地税系统政风行风建设考核先进单位	山东省地税局 鲁地税发〔2012〕2号
淄博市地税局	全省地税系统纪检监察先进集体	山东省地税局 鲁地税发〔2012〕14号
淄博市地税局	全省地税系统服务基层优秀单位	山东省地税局 鲁地税发〔2012〕5号
淄博市地税局	全省地税系统目标管理考核优秀单位	山东省地税局 鲁地税发〔2012〕3号
淄博市地税局	全省第一批廉政文化进机关示范点	山东省纪委 山东省监察厅 鲁地税纪〔2012〕1号
淄博市地税局	全省地税系统税收宣传月活动先进单位	山东省地税局 鲁地税办发〔2012〕16号
淄博市地税局稽查局	2011年全省地税系统电子查账先进集体	山东省地税局 鲁地税办发〔2012〕3号
淄博市地税局直属局	省级青年文明号	山东团省委
淄博市地税局张店分局	全省地税系统基层建设优秀单位	山东省地税局 鲁地税发〔2012〕5号
淄博市地税局淄川分局	幸福进家活动先进单位	山东省妇联 鲁妇发〔2012〕16号
淄博市地税局临淄分局	全省地税系统纪检监察先进集体	山东省地税局 鲁地税发〔2012〕14号
淄博市地税局临淄分局	山东省职业道德建设先进单位	山东省总工会 山东省委宣传部 鲁会〔2011〕95号
淄博市地税局临淄分局	全省地税代收残疾人就业保障金工作先进单位	山东省残联 山东省地税局 鲁残联发〔2012〕81号
淄博市地税局临淄分局金岭中心所	山东省巾帼文明岗	山东省妇联 鲁妇领字〔2011〕4号
淄博市地税局临淄分局直属局	山东省工人先锋号	山东省总工会
淄博市地税局张店分局	全省地税代收残疾人就业保障金工作先进单位	山东省残联 山东省地税局 鲁残联发〔2012〕81号

续表

单　位	称　号	发文单位（字号）
淄博市地税局张店分局	2011 年度打击发票违法犯罪活动先进单位	山东省地税局 鲁地税办发〔2012〕4 号
淄博市地税局高新区分局	全国五四红旗团支部	团中央 中青发〔2012〕5 号
淄博市地税局高新区分局	2011 年度打击发票违法犯罪活动先进单位	山东省地税局 鲁地税办发〔2012〕4 号
淄博市地税局高新区分局	全省地税代收残疾人就业保障金工作先进单位	山东省残联 山东省地税局 鲁残联发〔2012〕81 号
桓台县地税局	全省地税系统基层建设优秀单位	山东省地税局 鲁地税发〔2012〕5 号
桓台县地税局	全省地税系统政风行风建设考核先进单位	山东省地税局 鲁地税发〔2012〕2 号
桓台县地税局起凤中心所	山东省巾帼文明岗	山东省妇联 鲁妇领字〔2011〕4 号
沂源县地税局	山东省富民兴鲁劳动奖状	山东省总工会 鲁会〔2012〕46 号
沂源县地税局	全省地税系统纪检监察先进集体	山东省地税局 鲁地税发〔2012〕14 号
枣庄市地税局薛城分局	残疾人就业保障金征收工作先进集体	鲁残联发〔2012〕81 号
滕州市地税局纳税服务中心	省三八红旗集体	鲁妇发〔2012〕8 号
滕州市地税局纳税服务中心	全省地税系统十佳党员示范窗口	鲁地税党〔2012〕14 号
滕州市地税局荆河中心税务所	省幸福进家活动先进单位	鲁妇办〔2012〕6 号
滕州市地税局滨湖中心税务所	省级文明单位	鲁文明委〔2012〕26 号
东营市地税局	全国五一劳动奖状	中华全国总工会
东营市地税局东营分局	省级文明单位	鲁文明委〔2012〕26 号
东营市地税局东营分局	全省地税系统“征纳共盈”先进单位	山东省地税局（复审合格）
东营市地税局东营分局纳税服务中心	省级巾帼文明岗	山东省妇联（复审合格）
东营市地税局东营分局东城中心所	省级巾帼文明岗	山东省妇联（复审合格）

续表

单　　位	称　　号	发文单位（字号）
东营市地税局东营分局 东城中心所	省级青年文明号	山东省地税局 山东省文明委（复审合格）
东营市地税局东营分局 东城中心所	全国模范职工小家	牌匾
东营市地税局东营分局 文汇中心所	省级青年文明号	山东省地税局 山东省文明委
东营市地税局东营分局 史口中心所	省级青年文明号	山东省地税局 山东省文明委
东营市地税局河口分局	省级文明单位	山东省文明委 山东省地税局
东营市地税局河口分局	全省地税系统基层建设优秀单位	山东省地税局
东营市地税局河口分局稽查局	全省地方税收专项检查先进集体	山东省地税局
东营市地税局河口分局 直属征收局	省级青年文明号	山东团省委 山东省地税局
东营市地税局河口分局 河口中心所	省级青年文明号	山东团省委 山东省地税局
东营市地税局河口分局 仙河中心所	省级青年文明号	山东团省委 山东省地税局
东营市地税局河口分局 义和中心所	全省地税系统先进集体	山东省人力资源和社会保障局 山东省地税局
垦利县地税局	省级文明单位	山东省文明委（复审合格）
垦利县地税局	全省特级档案室	山东省档案局（复审合格）
垦利县地税局	富民兴鲁劳动奖状	山东省总工会
垦利县地税局	2012 年全省地税系统税收宣传月活动先进单位	鲁地税办发〔2012〕16 号
垦利县地税局	全省地税系统基层建设优秀单位	山东省地税局
垦利县地税局纳税服务中心	全国巾帼文明岗	中国妇联
垦利县地税局直属征收局	省级青年文明号	山东团省委
垦利县地税局胜坨中心所	全国青年文明号	团中央
垦利县地税局胜坨中心所	省级巾帼文明岗	山东省妇联
垦利县地税局垦利中心所	省级青年文明号	山东团省委
垦利县地税局永安中心所	省级青年文明号	山东团省委

续表

单　位	称　号	发文单位（字号）
垦利县地税局永安中心所	全省地税系统先进集体	山东省人力资源厅 山东省地税局
利津县地税局	省级文明单位	山东省文明委
利津县地税局	“幸福进家”活动先进单位	山东省妇联
利津县地税局纪检组监察室	全省地税系统纪检监察先进集体	山东省地税局
利津县地税局纳税服务中心	省级巾帼文明岗	山东省妇联
利津县地税局利津中心所	省级青年文明号	山东团省委
利津县地税局汀罗中心所	省级青年文明号	山东团省委
利津县地税局北宋中心所	省级青年文明号	山东团省委
东营市地税局经济技术开发区分局	全国巾帼文明岗	全国妇女“巾帼建功”活动领导小组
东营市地税局经济技术开发区分局	省级文明单位	山东省文明委
东营市地税局经济技术开发区分局	省级青年文明号	山东团省委 山东省地税局
东营市地税局经济技术开发区分局办税服务厅	全省地税系统十佳党员示范窗口	鲁地税党〔2012〕14 号
东营市地税局东营港经济开发区分局	省级青年文明号	山东团省委 山东省地税局
烟台市地税局	山东省富民兴鲁劳动奖状	山东省总工会
烟台市地税局	2011 年度地方税收调查工作先进单位	山东省财政局 山东省地税局 鲁财税〔2012〕106 号
烟台市地税局	代收残疾人就业保障金工作先进集体	鲁残联发〔2012〕81 号
烟台市地税局	全省地税系统政风行风建设先进单位	鲁地税发〔2012〕2 号
烟台市地税局	全省地税系统纪检监察先进集体	鲁地税发〔2012〕14 号
烟台市地税局	行风评议第一名	山东省地税局 鲁地税发〔2012〕53 号
烟台市地税局	全省地税系统税收宣传月先进单位	山东省地税局 鲁地税办发〔2012〕16
烟台市地税局纳税服务中心	全省地税系统十佳党员示范窗口	山东省地税局 鲁地税党〔2012〕14 号
烟台市地税局保税港区分局	代收残疾人就业保障金工作先进集体	鲁残联发〔2012〕81 号

续表

单　　位	称　　号	发文单位（字号）
烟台市地税局稽查局	全国税务系统打击发票犯罪活动工作先进单位	国税发〔2012〕50号
烟台市地税局芝罘分局	代收残疾人就业保障金工作先进集体	鲁残联发〔2012〕81号
烟台市地税局牟平分局	山东省三八红旗集体	山东省妇联 鲁妇发〔2012〕8号
龙口市地税局稽查局	2011年度打击发票违法犯罪活动先进单位	山东省地税局 鲁地税办发〔2012〕4号
龙口市地税局纪检组监察室	全省地税系统纪检监察先进集体	山东省地税局 鲁地税发〔2012〕14号
龙口市地税局	“幸福进家活动”先进单位	鲁妇办发〔2012〕6号
龙口市地税局	全省首批廉政文化示范点	省地税纪〔2012〕1号
蓬莱市地税局	“幸福进家活动”先进单位	鲁妇办发〔2012〕6号
招远市地税局	全省地税系统税收宣传月先进单位	山东省地税局 鲁地税办发〔2012〕16
招远市地税局	全省地税系统纪检监察先进集体	山东省地税局2012.1奖牌
招远市地税局	“幸福进家”活动先进单位	山东省妇联 鲁妇办发〔2012〕6号
招远市地税局	山东省富民兴鲁劳动奖状	山东省总工会2012.4奖牌
莱州市地税局	代收残疾人就业保障金工作先进集体	鲁残联发〔2012〕81号
潍坊市地税局	全国五一劳动奖状	中华全国总工会
潍坊市地税局	2011年度全省地税系统目标管理考核优秀单位	山东省地税局 鲁地税发〔2012〕3号
潍坊市地税局	全省地税系统服务基层优秀单位	山东省地税局 鲁地税发〔2012〕5号
潍坊市地税局	全省地税系统政风行风建设考核先进单位	山东省地税局 鲁地税发〔2012〕2号
潍坊市地税局稽查局	全国税务系统打击发票违法犯罪活动成绩突出单位	国家税务总局
潍坊市地税局奎文分局	全省地税系统纪检监察先进集体	山东省地税局 鲁地税发〔2012〕14号
潍坊市地税局奎文分局	2011年度文化事业建设费征收管理工作先进单位	山东省委宣传部 山东省财政厅 山东省地税局

续表

单　　位	称　　号	发文单位（字号）
潍坊市地税局奎文分局	富民兴鲁劳动奖状	山东省总工会 鲁会〔2012〕40 号
潍坊市地税局奎文分局 直属征收局	山东省青年文明号	山东团省委 山东省地税局
潍坊市地税局奎文分局稽查局	山东省青年文明号	山东团省委 山东省地税局
潍坊市地税局奎文分局	山东省文明单位	山东省文明委
潍坊市地税局潍城分局	山东省文明单位	山东省文明委
潍坊市地税局潍城分局 直属征收局	山东省青年文明号	山东团省委 山东省地税局
潍坊市地税局潍城分局稽查局	2011 年度打击发票违法犯罪活动 先进单位	山东省地税局 鲁地税办发〔2012〕4 号
潍坊市地税局寒亭分局	山东省文明单位	山东省文明委
潍坊市地税局寒亭分局 纳税服务中心	山东省青年文明号	山东团省委 山东省地税局
潍坊市地税局坊子分局	全省地税系统政风行风建设考核 先进单位	山东省人力资源和社会保障厅 山东省地税局 鲁地税发〔2012〕2 号
潍坊市地税局坊子分局	全国职工书屋建设示范点	中华全国总工会
潍坊市地税局坊子分局	全省地税系统 2011 年度“基层建设 优秀单位”	山东省地税局 鲁地税发〔2012〕5 号
潍坊市地税局坊子分局	山东省文明机关	山东省文明委
潍坊市地税局坊子分局 纳税服务中心	山东省青年文明号	山东团省委 山东省地税局
潍坊市地税局滨海分局 央子中心税务所	山东省青年文明号	山东团省委 山东省地税局
潍坊市地税局滨海分局	山东省文明单位	山东省文明委
潍坊市地税局高新分局	山东省文明单位	山东省文明委
潍坊市地税局农业分局	山东省文明单位	山东省文明委
昌乐县地税局	山东省财贸金融系统“工人先锋号”	山东省总工会
昌乐县地税局	山东省文明单位	山东省文明委
昌乐县地税局稽查局	税收专项检查先进集体	山东省地税局 鲁地税办发〔2012〕2 号

续表

单　位	称　号	发文单位（字号）
昌乐县地税纳税服务中心	山东省青年文明号	山东团省委 山东省地税局
昌乐县地税局直属征收局	山东省青年文明号	山东团省委 山东省地税局
寿光市地税局纪检组监察室	全省地税系统纪检监察先进集体	山东省地税局 鲁地税发〔2012〕14 号
寿光市地税局纳税服务中心	山东省“工人先锋号”	山东省总工会 鲁会〔2012〕40 号
寿光市地税局	山东省文明单位	山东省文明委
寿光市地税纳税服务中心	山东省青年文明号	山东团省委 山东省地税局
寿光市地税局直属征收局	山东省青年文明号	山东团省委 山东省地税局
青州市地税局	全省地税系统基层建设优秀单位	山东省地税局 鲁地税发〔2012〕5 号
青州市地税局稽查局	税收专项检查先进集体	山东省地税局 鲁地税办发〔2012〕2 号
高密市地税局	山东省文明单位	山东省文明委
高密市地税局	“幸福进家活动”先进单位	山东省妇女联合会
高密市地税局	2011 年度文化事业建设费征收管理工作先进单位	山东省委宣传部 山东省财政厅 山东省地税局 鲁宣发〔2012〕32 号
高密市地税局纳税服务中心	山东省青年文明号	山东团省委 山东省地税局
高密市地税局直属征收局	山东省青年文明号	山东团省委 山东省地税局
高密市地税局稽查局	2011 年度打击发票违法犯罪活动先进单位	山东省地税局 鲁地税办发〔2012〕4 号
临朐县地税局	山东省文明单位	山东省文明委
临朐县地税局	山东省女职工劳动保护特别规定知识竞赛优胜单位	山东省总工会 山东省安全生产监督管理局
临朐县地税纳税服务中心	山东省青年文明号	山东团省委 山东省地税局

续表

单　位	称　号	发文单位（字号）
昌邑市地税局	山东省青年文明号	山东团省委 山东省地税局
昌邑市地税局	山东省文明单位	山东省文明委
昌邑市地税局纳税服务中心	山东省青年文明号	山东团省委 山东省地税局
诸城市地税局	山东省文明单位	山东省文明委
诸城市地税纳税服务中心	山东省青年文明号	山东团省委 山东省地税局
安丘市地税局	山东省文明单位	山东省文明委
安丘市地税纳税服务中心	山东省青年文明号	山东团省委 山东省地税局
安丘市地税局凌河中心税务所	山东省青年文明号	山东团省委 山东省地税局
青州市地税局高柳中心税务所	山东省青年文明号	山东团省委 山东省地税局
青州市地税局	山东省文明单位	山东省文明委
青州市地税局纳税服务中心	山东省青年文明号	山东团省委 山东省地税局
济宁市地税局	全省地税系统优秀纳税评估模型	山东省地税局
济宁市地税局	全省地税系统优秀纳税评估案例	山东省地税局
济宁市地税局	全省地税系统服务基层优秀单位	山东省人社厅 山东省地税局
济宁市地税局	全省营业税资料调查先进单位	山东省地税局
济宁市地税局	山东省特级档案管理先进单位	山东省档案局
济宁市地税局	山东省就业工作先进集体	山东省人民政府
济宁市地税局	全省地税系统代收残疾人就业保障金工作先进集体	山东省地税局
济宁市地税局稽查局	全省打击发票违法犯罪活动先进集体	山东省地税局
济宁市地税局国际税务分局	省级文明单位	山东省文明委
济宁市地税局直属征收局征收科	山东省青年文明号	共青团 山东省委

续表

单　　位	称　　号	发文单位（字号）
济宁市地税局市中分局稽查局	全省地方税收专项检查先进集体	山东省地税局
济宁市地税局市中分局	全省地税系统“征纳共盈”纳税服务品牌创建先进单位	山东省地税局
济宁市地税局市中分局	省级文明单位	山东省文明委
济宁市地税局市中分局	全省地税系统先进集体	山东省地税局
济宁市地税局市中分局 唐口中心税务所	山东省青年文明号	共青团 山东省委
济宁市地税局市中分局 直属征收局办税服务厅	山东省青年文明号	共青团 山东省委
济宁市地税局市中分局 直属征收局	山东省工人先锋号	山东省总工会
济宁市地税局任城分局	省级文明单位	山东省文明委
济宁市地税局任城分局	省级卫生先进单位	山东省爱卫委
济宁市地税局任城分局	山东省为民服务创先争优“示范窗口单位”	山东省创先争优领导小组
济宁市地税局任城分局	省级廉政文化示范点	山东省纪委监察厅
济宁市地税局任城分局	全国妇女创先争优先进集体	全国妇女联合会
济宁市地税局任城分局 直属征收局	山东省青年文明号	共青团 山东省委
济宁市地税局任城分局 李营中心税务所	山东省青年文明号	共青团 山东省委
济宁市地税局任城分局 南张中心税务所	山东省青年文明号	共青团 山东省委
济宁市地税局高新技术产业 开发区分局	省级文明单位	山东省文明委
济宁市地税局高新技术产业开发区分局征收科	山东省青年文明号	共青团 山东省委
兖州市地税局	全省地税系统先进集体	山东省地税局
兖州市地税局	省级文明单位	山东省文明委
兖州市地税局稽查局	全省打击发票违法犯罪活动先进集体	山东省地税局
兖州市地税局新兖中心税务所	省级文明单位	山东省文明委

续表

单 位	称 号	发文单位（字号）
兖州市地税局直属征收局	山东省青年文明号	共青团 山东省委
邹城市地税局	省级文明单位	山东省文明委
邹城市地税局	全省地税系统先进集体	山东省地税局
邹城市地税局	全省地税系统“征纳共盈”纳税服务品牌创建先进单位	山东省地税局
邹城市地税局稽查局	全省地方税收专项检查先进集体	山东省地税局
邹城市地税局中心店中心税务所	全国青年文明号	共青团 中央委员会
邹城市地税局太平中心税务所	省级文明单位	山东省文明委
邹城市地税局办税服务厅	山东省巾帼文明岗	山东省妇联
嘉祥县地税局	全省地税系统先进集体	山东省地税局
梁山县地税局	全省地税系统先进集体	山东省地税局
微山县地税局	全省地税系统基层建设优秀单位	山东省地税局
微山县地税局	山东省“幸福进家”活动先进单位	山东省妇联
微山县地税局鲁桥中心税务所	省级卫生先进单位	山东省爱卫委
微山县地税局直属征收局	山东省青年文明号	共青团 山东省委
汶上县地税局	省级文明单位	山东省文明委
汶上县地税局	全省地税系统基层建设优秀单位	山东省地税局
汶上县地税局直属征收局	山东省青年文明号	共青团 山东省委
汶上县地税局办税服务厅	山东省巾帼文明岗	山东省妇联
泗水县地税局办税服务厅	全省地税系统十佳党员示范窗口	山东省地税局
泗水县地税局	全省地税系统“征纳共盈”纳税服务品牌创建先进单位	山东省地税局
泗水县地税局	山东省法制维权示范单位	山东省廉政与法制文化建设典范宣传办公室
泗水县地税局	全省地税系统先进集体	山东省地税局
泗水县地税局	山东省巾帼文明岗	山东省妇联
泗水县地税局	省级文明单位	山东省文明委

续表

单　　位	称　　号	发文单位（字号）
泗水县地税局直属征收局	山东省青年文明号	共青团 山东省委
泗水县地税局柘沟中心税务所	山东省青年文明号	共青团 山东省委
鱼台县地税局	省级文明单位	山东省文明委
鱼台县地方税务局	全省地税系统“征纳共盈”纳税服务品牌创建先进单位	山东省地税局
鱼台县地税局清河中心税务所	山东省青年文明号	共青团 山东省委
鱼台县地税局王鲁中心税务所	山东省青年文明号	共青团 山东省委
鱼台县地税局纳税服务中心	山东省巾帼文明岗	山东省妇联
梁山县地税局	省级文明单位	山东省文明委
梁山县地税局直属征收局	山东省女职工建功立业标兵岗	山东省妇联
梁山县地税局直属征收局	山东省巾帼文明岗	山东省妇联
梁山县地税局办税服务厅	全国三八红旗集体	全国妇女联合会
梁山县地税局韩岗中心税务所	山东省青年文明号	共青团 山东省委
微山县地税局	省级文明单位	山东省文明委
嘉祥县地税局	省级文明单位	山东省文明委
曲阜市地税局	省级文明单位	山东省文明委
曲阜市地税局	省级卫生先进单位	山东省爱卫委
曲阜市地税局直属征收局	山东省青年文明号	共青团 山东省委
曲阜市地税局鲁城中心税务所	省级卫生先进单位	山东省爱卫委
曲阜市地税局王庄中心税务所	省级卫生先进单位	山东省爱卫委
曲阜市地税局小雪中心税务所	省级卫生先进单位	山东省爱卫委
曲阜市地税局书院中心税务所	省级卫生先进单位	山东省爱卫委
曲阜市地税局书院中心税务所	山东省巾帼文明岗	山东省妇联
曲阜市地税局书院中心税务所	山东省青年文明号	共青团 山东省委
邹城市地税局北宿中心税务所	山东省青年文明号	共青团 山东省委

续表

单 位	称 号	发文单位（字号）
金乡县地税局	省级文明单位	山东省文明委
金乡县地税局	省级卫生先进单位	山东省爱卫委
金乡县地税局纳税服务中心	山东省巾帼文明岗	山东省妇联
金乡县地税局胡集中心税务所	山东省青年文明号	共青团 山东省委
金乡县地税局王丕中心税务所	山东省青年文明号	共青团 山东省委
嘉祥县地税局卧龙山中心税务所	山东省青年文明号	共青团 山东省委
泰安市地税局	2012 年全省营业税纳税人税收资料调查工作先进单位	山东省财政局 山东省地税局 鲁财税〔2012〕106 号
泰安市地税局	全国三八红旗集体	全国妇女联合会 妇字〔2012〕9 号
泰安市地税局稽查局	全省打击发票违法犯罪行动先进单位	鲁地税办发〔2012〕4 号
泰安市地税局泰山分局	省特级档案先进单位	泰档发〔2012〕3 号
泰安市地税局泰山分局	省级文明单位	鲁文明委〔2012〕26 号
泰安市地税局岱岳分局	全省地税系统税收宣传月活动先进单位	山东省地税局 鲁地税办发〔2012〕16 号
泰安市地税局岱岳分局	省级文明单位	鲁文明委〔2012〕26 号
泰安市地税局岱岳分局稽查局	全省打击假发票违法犯罪行动先进单位	山东省地税局 鲁地税办发〔2012〕4 号
新泰市地税局	全省地税系统纪检监察先进集体	山东省地税局 鲁地税发〔2012〕14 号
新泰市地税局	全省文化建设事业费征收管理先进单位	鲁宣发〔2012〕32 号
新泰市地税局	省级文明单位	鲁文明委〔2012〕26 号
新泰市地税局	全省残疾人保障金代收先进单位	鲁残联发〔2012〕81 号
新泰市地税局稽查局	全省地方税收专项检查先进集体	山东省地税局 鲁地税办发〔2012〕2 号
新泰市地税局新汶中心税务所	全国女职工建功立业标兵岗	文件待发（2012 年 12 月上报）

续表

单　位	称　号	发文单位（字号）
肥城市地税局	省级文明单位（复审合格）	鲁文明委〔2012〕26号
肥城市地税局	全省地税系统纪检监察先进集体	山东省地税局 鲁地税发〔2012〕14号
肥城市地税局	全省代收残保金工作先进集体	鲁残联发〔2012〕81号
肥城市地税局	全省地税系统基层建设优秀单位	山东省地税局 鲁地税发〔2012〕5号
肥城市地税局稽查局	全省地方税收专项检查先进集体	山东省地税局 鲁地税办发〔2012〕2号
肥城市地税局老城分局	全省地税系统“十佳党员示范窗口”	山东省地税局 鲁地税党〔2012〕14号
肥城市地税局直属分局	幸福进家活动先进单位	鲁妇办发〔2012〕6号
宁阳县地税局	省级文明单位	山东省文明委 鲁文明委〔2012〕26号
东平县地税局	省级文明单位	山东省文明委 鲁文明委〔2012〕26号
泰安市地税局高新技术产业开发区分局	省级文明单位	山东省文明委 鲁文明委〔2012〕26号
威海市地税局	省级文明单位	山东省文明委 鲁文明委〔2012〕26号
威海市地税局	全省地税系统政风行风建设考核先进单位	山东省人社局 山东省地税局
威海市地税局	山东省科技进步三等奖	山东省科技厅
威海市地税局	山东省计算机应用优秀成果二等奖	山东省经信委
威海市地税局	山东省理论大众化示范点	山东省委宣传部
威海市地税局	2012山东省全民健身先进单位	山东省体育局 鲁体群字〔2012〕53号
威海市地税局	山东省第九套广播体操通讯赛三等奖	山东省体育局 鲁体群字〔2012〕47号
威海市地税局	2012年全省地方税收调查工作先进单位	山东省财政厅 山东省地税局 鲁财税〔2012〕106号
威海市地税局	全省地税系统纪检监察先进集体	山东省地税局

续表

单　　位	称　　号	发文单位（字号）
威海市地税局纳税服务中心	全国巾帼文明示范岗	中华全国妇女联合会
威海市地税局纳税服务中心	省级青年文明号	山东团省委 山东省地税局
荣成市地税局	巾帼文明示范岗	中华全国妇女联合会
荣成市地税局	省级文明单位	山东省文明委
荣成市地税局	全省富民兴鲁劳动奖状	山东省总工会
荣成市地税局	省级卫生先进单位	山东省爱卫委
荣成市地税局	省特级档案室暨全省档案管理先进单位	山东省档案局
文登市地税局	省级文明单位	山东省文明办
文登市地税局	2012 全省地税系统税收宣传月活动先进集体	山东省地税局 鲁地税办发〔2012〕16 号
文登市地税局直属征收局	国家级青年文明号	团中央 国家税务总局
文登市地税局张家产中心所	省级青年文明号	山东团省委 山东省地税局
文登市地税局南海中心所	省级青年文明号	山东团省委 山东省地税局
文登市地税局天福中心所	省级青年文明号	山东团省委 山东省地税局
文登市地税局葛家中心所	省级青年文明号	山东团省委 山东省地税局
文登市地税局稽查局	省级青年文明号	山东团省委 山东省地税局
文登市地税局直属局	省级青年文明号	山东团省委 山东省地税局
乳山市地税局	省级文明单位	山东团省委
乳山市地税稽查局	国家级青年文明号	国家税务局 团中央
乳山市地税局纳税服务中心	省级青年文明号	省〔2007〕49 号文
乳山市地税局银滩中心所	省级青年文明号	山东团省委
威海市地税局环翠分局	省级文明机关	山东省文明委

续表

单　　位	称　　号	发文单位（字号）
威海市地税局环翠分局	全省地税系统廉政文化进机关先进单位	山东省地税局 鲁地税纪〔2012〕10 号
威海市地税局环翠分局	代收残疾人就业保障金工作先进集体	山东省地税局 山东省残联 鲁残联发〔2012〕81 号
威海市地税局环翠分局 省级旅游度假区中心税务所	省级青年文明号	山东团省委
威海市地税局环翠分局 孙家疃中心税务所	省级青年文明号	山东团省委
威海市地税局环翠分局 羊亭中心税务所	省级青年文明号	山东团省委
威海市地税局经区分局	富民兴鲁劳动奖状	山东省总工会
威海市地税局经区分局	省级文明单位	山东省文明委
威海市地税局经区分局	省级青年文明号	山东团省委
威海市地税局经区分局	省级巾帼文明岗	山东省妇联
威海市地税局工业园区分局	省级文明单位	山东省文明委
威海市地税局工业园区分局	税收宣传月优秀宣传项目	山东省地税局 鲁地税发〔2012〕16 号
日照市地税局	2011 年度文化事业建设费征收管理先进单位	山东省委宣传部 山东省地税局
日照市地税局	全省地税系统政风行风建设先进单位	山东省地税局
日照市地税局	全省地税系统纪检监察工作先进单位	山东省地税局
日照市地税局稽查局	全省地方税收专项检查先进集体	山东省地税局 鲁地税发（2012）2 号
日照市地税局直属征收局	山东省工人先锋号	山东省总工会
日照市地税局直属征收局	2011 年度文化事业建设费征收管理先进单位	山东省委宣传部 山东省财政厅 山东省地税局 鲁宣发〔2012〕32 号
日照市地税局直属征收局	地税代收残疾人就业保障金工作先进集体	山东省残疾人联合会 山东省地税局 鲁残联发〔2012〕81 号

续表

单　位	称　号	发文单位（字号）
日照市地税局岚山分局 后村中心税务所	山东省“五四”红旗团支部	共青团 山东省委 鲁青发［2012］13 号
五莲县地税局稽查局	全省地方税收专项检查县级先进集体	山东省地税局
日照市地税局东港分局	文化事业建设费征收管理先进单位	山东省委宣传部 山东省财政厅 山东省地税局 鲁宣发（2012）32 号
日照市地税局东港分局	全省“幸福进家”先进单位	山东省妇联
日照市地税局东港分局秦楼中心所	全省“幸福进家”先进单位	山东省妇联
日照市地税局山海天分局	山东省女职工建功立业标兵岗	山东省总工会
莒县地税局	基层建设优秀单位	山东省地税局 鲁地税发〔2012〕5 号
莒县地税局	全省地税系统纪检监察先进集体	山东省地税局
莒县地税局	税收宣传月活动先进单位	山东省地税局 鲁地税办发〔2012〕16 号
莒县地税局稽查局	地方税收专项检查先进集体	山东省地税局
莒县地税局碁山中心所	山东省服务新农村建设先进单位	中国三农协会
五莲县地税局	全省地税系统基层建设优秀单位	山东省地税局
五莲县地税局	全省地税系统政风行风先进单位	山东省地税局
五莲县地税局	2011 — 2012 年度“征纳共盈”纳税服务品牌创建先进单位	山东省地税局
日照市地税局开发区地税局	山东省“雷锋号”先进集体	共青团 山东省委
日照市地税局开发区地税局	全省文化事业建设费征收管理 先进单位	山东省委宣传部 鲁宣发〔2012〕32 号
日照市地税局开发区地税局	全省地税系统税收宣传月活动优秀创新项目	山东省地税局办公室 鲁地税办发〔2012〕16 号
莱芜市地税局	山东省“雷锋号”先进集体	共青团 山东省委 鲁青联〔2012〕49 号
莱芜市地税局	2012 全省地税系统税收宣传月活动优秀创新项目	山东省地税局 鲁地税办发〔2012〕16 号

续表

单　　位	称　　号	发文单位（字号）
莱芜市地税局莱城分局 纳税服务中心	工人先锋号	山东省总工会
莱芜市地税局钢城分局	富民兴鲁劳动奖状	山东省总工会 鲁会〔2012〕46号）
莱芜市地税局钢城分局	全省地税系统纪检监察先进集体	山东省地税局
莱芜市地税局钢城分局稽查局	2011年度打击发票违法犯罪活动先进单位	山东省地税局 鲁地税发〔2012〕17号
莱芜市地税局钢城分局 黄庄中心所	全省地税系统“十佳党员示范窗口”荣誉称号	山东省地税局 鲁地税党〔2012〕14号
莱芜市地税局高新区分局	省级卫生先进单位	山东省爱卫会 鲁爱卫办发〔2012〕3号
临沂市地税局	2012年度全省营业税纳税人税收资料调查工作先进单位	山东省财政厅 山东省地税局
临沂市地税局兰山中心税务所	全省地税系统十佳党员示范窗口	山东省地税局
临沂市地税局兰山中心税务所	山东地税系统文化建设示范基地	山东省地税局
临沂市地税局金雀山中心税务所	省级文明单位	山东省文明委
临沂市地税局兰山分局	全省地税系统基层建设优秀单位	山东省地税局
临沂市地税局兰山分局	山东廉政法制建设创新单位	山东省廉政与法制文化建设典范宣传办公室 山东富民强省典范品牌推评宣传组委会 山东工人报社 中国廉政法制报道 中国名家名牌网
临沂市地税局罗庄分局 办税服务厅	省“巾帼建功”竞赛活动先进单位	山东省妇女“双学双比巾帼建功”竞赛活动领导小组 山东省妇联
临沂市地税局罗庄分局	全省地税系统先进集体	山东省人力资源和社会保障厅 山东省地税局
临沂市地税局罗庄分局	省级文明单位	山东省文明委
临沂市地税局罗庄分局	省级青年文明号	山东省文明委

续表

单　　位	称　　号	发文单位（字号）
临沂市地税局罗庄分局	地税代收残疾人就业保障金工作先进集体	山东省残疾人联合会 鲁残联发〔2012〕81 号
沂南县地税局	省级文明单位	山东省文明委
莒南县地税局	省级文明单位	山东省文明委
莒南县地税局洙边中心税务所	省级青年文明号	山东省文明委 共青团 山东省委
莒南县地税局石莲子征收处	省级青年文明号	山东省文明委 共青团 山东省委
莒南县地税局	省特级档案室	山东省档案局
莒南县地税局	省级卫生先进单位	山东省爱卫委
莒南县地税局金税社区	省级绿色社区	山东省文明委 山东省环保局
蒙阴县地税局	全省地税系统基层建设先进单位	山东省地税局
蒙阴县地税局	省级文明单位	山东省文明委
平邑县地税局	省级文明单位	鲁文明委〔2012〕26 号
平邑县地税局	全省地方税收专项检查先进集体	山东省地税局
德州市地税局	全省地税系统目标管理考核先进单位	山东省地税局
德州市地税局	全省地税系统政风行风考核先进单位	山东省人社厅 山东省地税局
德州市地税局计统科	2011 年度营业税纳税资料调查工作先进集体	山东省财政厅 山东省地税局
德州市地税局稽查局	2011 年度全省打击发票违法犯罪活动先进单位	山东省地税局
德城地税分局	征收文化事业建设费先进集体	山东省宣传部 山东省地税局
陵县地税局	富民兴鲁劳动奖状	山东省总工会
平原县地税局监察室	全省地税系统纪检监察先进集体	山东省地税局
夏津县地税局	幸福进家活动先进单位	鲁妇办发〔2012〕6 号
齐河县地税局稽查局	全省地方税收专项检查先进集体	山东省地税局 鲁地税办发〔2012〕2 号

续表

单　　位	称　　号	发文单位（字号）
乐陵市地税局	省一级档案管理先进单位	山东省档案局
临邑县地税局直属征收局	山东省残疾人保证金征收先进集体	山东省残联
临邑县地税局恒源中心所	山东省工人先锋号	山东省工会
宁津县地税局	全国职工书屋示范点	全国总工会
宁津县地税局	为民服务创先争优示范窗口单位	山东省委创先争优争做齐鲁先锋活动领导小组
宁津县地税局	全省理论大众化示范点	山东省委宣传部
宁津县地税局	全省幸福进家活动先进单位	山东省妇联
庆云县地税局	省特级先进档案室	山东省档案局
庆云县地税局	省级巾帼文明岗	山东省委宣传部
聊城市地税局	文化事业建设费征收管理先进单位	山东省委宣传部 山东省财政厅 山东省地税局 鲁宣发〔2012〕32号
聊城市地税局稽查局	全省地方税收专项检查先进集体	山东省地税局 鲁地税办发〔2012〕2号
聊城市地税局东昌府分局	全国税务系统先进集体	国家税务总局 国税函〔2012〕391号
聊城市地税局东昌府分局 纳税服务中心	十佳党员示范窗口单位	山东省地税局 鲁地税党〔2012〕14号
聊城市地税局东昌府分局稽查局	全省地方税收专项检查先进集体	山东省地税局 鲁地税办发〔2012〕2号
聊城市地税局东昌府分局	省“幸福进家”活动先进集体	山东省妇联 鲁妇办发〔2012〕6号
聊城东昌府分局纳税服务中心	为民服务创先争优示范窗口单位	山东省委
临清市地税局	省“幸福进家”活动先进集体	山东省妇联 鲁妇办发〔2012〕6号
临清市地税局	文化事业建设费征收管理先进单位	山东省委宣传部 山东省财政厅 山东省地税局 鲁宣发〔2012〕32号

续表

单　位	称　号	发文单位（字号）
高唐县地税局	省“幸福进家”活动先进集体	山东省妇联 鲁妇办发〔2012〕6号
高唐县地税局	全省地税系统政风行风建设考核先进单位	山东省人社厅 山东省地税局
高唐县地税局	文化事业建设费征收管理先进单位	山东省委宣传部 山东省财政厅 山东省地税局 鲁宣发〔2012〕32号
茌平县地税局	省“幸福进家”活动先进集体	山东省妇联 鲁妇办发〔2012〕6号
东阿县地税局	省“幸福进家”活动先进集体	山东省妇联 鲁妇办发〔2012〕6号
东阿县地税局稽查局	省“幸福进家”活动先进集体	山东省妇联 鲁妇办发〔2012〕6号
东阿县地税局稽查局	打击发票违法犯罪活动基层先进单位	山东省地税局 鲁地税办发〔2012〕4号
冠县地税局	省“幸福进家”活动先进集体	山东省妇联 鲁妇办发〔2012〕6号
茌平县地税局监察室	全省地税系统纪检监察先进集体	山东省地税局 鲁地税发〔2012〕14号
莘县地税局监察室	全省地税系统纪检监察先进集体	山东省地税局 鲁地税发〔2012〕14号
莘县地税局稽查局	打击发票违法犯罪活动基层先进单位	山东省地税局 鲁地税办发〔2012〕4号
阳谷县地税局稽查局	全省地方税收专项检查先进集体	山东省地税局 鲁地税办发〔2012〕2号
阳谷县地税局	山东省全民健身活动先进单位	山东省体育局
滨州市地税局	军民共建社会主义精神文明先进单位	中宣部 中央文明办 解放军总政治部
滨州市地税局	2011年全省营业税纳税人税收资料调查工作先进单位	山东省财政厅 山东省地税局 鲁财税〔2011〕107号

续表

单　位	称　号	发文单位（字号）
滨州市地税局纳税服务中心	工人先锋号	山东省总工会 鲁会〔2012〕46 号
滨州市地税局滨城分局	省级巾帼文明岗	山东省妇联
滨州市地税局滨城分局	文化事业建设费征收管理先进单位	山东省委宣传部 山东省财政厅 山东省地税局 鲁宣发〔2012〕32 号
滨州市地税局滨城分局 市西中心所	工人先锋号	山东省总工会 鲁会〔2012〕46 号
滨州市地税局滨城分局	全省残疾人保障金代收管理先进单位	山东省残联 山东省地税局 鲁残联发〔2012〕81 号
滨州市地税局高新区分局	省青年文明号	山东团省委 鲁青发〔2012〕31 号
邹平县地税局	全省残疾人保障金代收管理先进单位	山东省残联 山东省地税局 鲁残联发〔2012〕81 号
邹平县地税局	全省地税系统政风行风建设考核 先进单位	山东省人事厅 山东省地税局 鲁地税发〔2012〕2 号
邹平县地税局	文化事业建设费征收管理先进单位	山东省委宣传部 山东省财政厅 山东省地税局 鲁宣发〔2012〕32 号
阳信县地税局	全省残疾人保障金代收管理先进单位	山东省残联 山东省地税局 鲁残联发〔2012〕81 号
无棣县地税局	全民健身活动先进单位	山东省体育局 鲁体群字〔2012〕53 号
菏泽市地税局稽查局	全省打击发票违法犯罪活动先进单位	山东省地税局
菏泽市地税局直属征收局	全国工人先锋号	全国总工会
菏泽市地税局直属征收局	全省残疾人就业保障金征收工作 先进集体	山东省残联 鲁残联〔2012〕81 号

续表

单　位	称　号	发文单位（字号）
菏泽市地税局直属征收局	全省文化事业建设费征收管理先进单位	鲁宣发〔2012〕32号
菏泽市地税局经济开发区分局	全省地税系统“征纳共盈”纳税服务品牌创建先进单位	山东省地税局
菏泽市地税局经济开发区分局	全省残疾人就业保障金征收工作先进集体	鲁残联〔2012〕81号
菏泽市地税局牡丹分局	全省残疾人就业保障金征收工作先进集体	鲁残联〔2012〕81号
菏泽市地税局牡丹分局	全省文化事业建设费征收管理先进单位	鲁宣发〔2012〕32号
曹县地税局	山东省卫生先进单位	山东省卫生厅
曹县地税局直属征收局	全省地税系统先进集体	山东省地税局
曹县地税局	全省地税系统政风行风建设考核先进单位	山东省人力资源和社会保障厅 山东省地税局 鲁地税发〔2012〕2号
成武县地税局	全省地税系统先进集体	山东省地税局
成武县地税局	全省地税系统税收宣传月活动先进单位	山东省地税局
成武县地税局	全省残疾人就业保障金征收工作先进集体	鲁残联〔2012〕81号
成武县地税局纪检组监察室	全省地税系统纪检监察先进单位	山东省地税局
单县地税局黄岗中心税务所	全省地税系统先进集体	山东省地税局
巨野县地税局巨野中心税务所	全省地税系统先进集体	山东省地税局
郓城县地税局	2012年度全省地税系统基层建设优秀单位	山东省地税局
郓城县地税局	全省地税系统“征纳共盈”纳税服务品牌创建先进单位	山东省地税局
鄄城县地税局稽查局	全省残疾人就业保障金征收工作先进集体	山东省残联 鲁残联〔2012〕81号
东明县地税局	全省地税系统先进集体	山东省地税局
东明县地税局	全省地税系统“征纳共盈”纳税服务品牌创建先进单位	山东省地税局

续表

单　　位	称　　号	发文单位（字号）
东明县地税局	全省残疾人就业保障金征收工作先进集体	山东省残联 鲁残联〔2012〕81号
东明县地税局稽查局	全省税收专项检查先进集体	山东省地税局
东明县地税局纪检组监察室	全省地税系统纪检监察先进单位	山东省地税局